兰州年鉴

LANZHOUYEARBOOK 2017

兰 州 市 人 民 政 府　主 办

兰州市地方志编纂委员会办公室　编

甘肃民族出版社

图书在版编目（C I P）数据

兰州年鉴. 2017 / 兰州市地方志编纂委员会办公室编. --兰州：甘肃民族出版社，2017.12
ISBN 978-7-5421-3723-4

Ⅰ. ①兰… Ⅱ. ①兰… Ⅲ. ①兰州—2017—年鉴 Ⅳ. ①Z524.21

中国版本图书馆CIP数据核字（2017）第306137号

书　　名：兰州年鉴（2017）
作　　者：兰州市地方志编纂委员会办公室　编
出 版 人：王永生
责任编辑：刘新田
助理编辑：王哲棋
封面设计：兰州志鉴印务设计中心
出　　版：甘肃民族出版社（730030　兰州市城关区读者大道568号）
发　　行：甘肃民族出版社发行部（730030　兰州市城关区读者大道568号）
印　　刷：甘肃鑫统印务有限责任公司
开　　本：889毫米×1194毫米　1/16　印张：25　插页：12
字　　数：918千
版　　次：2017年12月第1版　2017年12月第1次印刷
印　　数：1～1000
书　　号：ISBN 978-7-5421-3723-4
定　　价：298.00元

甘肃民族出版社图书若有破损、缺页或无文字现象，可直接与本社联系调换。
邮编：730030　地址：兰州市城关区读者大道568号　　网址：http://www.gansumz.com
投稿邮箱：448925720@qq.com
发行部：王哲棋　联系电话：0931-8773312　8773264（传真）E-mail：275052316@qq.com

兰州市地方志编纂委员会

（《兰州年鉴》编辑委员会）

《兰州年鉴》编辑部

数字兰州 2017

SHUZI LANZHOU

总面积	13085.6 平方公里	金融机构各项贷款余额	8401.56 亿元
户籍总人口	324.23 万人	城乡居民储蓄存款余额	1743.18 亿元
市区人口	300.18 万人	城镇居民人均可支配收入	29661 元
流动人口	89 万人	城镇居民家庭恩格尔系数	31%
年平均气温	6.6~11.4℃	农村居民人均纯收入	10391 元
年降水量	309.9~355.4 毫米	农村居民家庭恩格尔系数	33%
生产总值	2264.23 亿元	保险业务收入	98.4 亿元
第一产业增加值	60.36 亿元	专利申请量	7488 件
第二产业增加值	790.09 亿元	高等院校在校生	31.89 万人
第三产业增加值	1413.78 亿元	中等专业学校在校生	4.91 万人
非公有制经济增加值	1015.76 亿元	普通中学在校生	9.8 万人
地区性财政收入	606.75 亿元	小学在校生	21.20 万人
公共财政预算收入	215.48 亿元	医疗卫生机构	2379 个
公共财政预算支出	422.9 亿元	卫生技术人员	2.11 万人
固定资产投资额	1990.95 亿元	病床位	2.24 万张
工业增加值	526.83 亿元	公共图书馆	8 个
规模以上市属工业增加值	502 亿元	文化馆	9 个
社会消费品零售总额	1263.33 亿元	货运量	148.45 亿吨
居民消费价格总指数	100.8%	客运量	38.48 亿人
国内外游客	5337.57 万人（次）	电信业务总量	135 亿元
旅游业总收入	447.07 亿元	邮政业务总量	8.49 亿元
房地产开发施工面积	4368.69 万平方米	移动电话用户	319.19 万户
房地产开发竣工面积	306.12 万平方米	计算机互联网用户	345.5 万户
商品房销售面积	883.93 万平方米	售电量	237.3 亿千瓦时
金融机构各项存款余额	8707.76 亿元		

甘肃省省委书记林铎视察甜永高速公路项目

2017 年 1 月 26 日，省委常委、市委书记李荣灿春节前检查安全生产、供气保障，并慰问一线职工

2017 年 2 月 20 日，省委常委、市委书记李荣灿在红古区调研

2017 年 4 月 26 日，段广平副市长在市地方志办公室调研

20116年3月17日，市委常委、副市长何向东会见土库曼斯坦驻华大使馆代表团

2016年11月25日，王镇副市长会见丹麦驻华商务参赞

2016年1月5日，马来西亚桑佛州考察团在兰州访问

2016年4月23日，尼日利亚奥托姆州长一行在兰州参观访问

2016年5月"兰州号"南亚公铁联运国际货运列车首发仪式

千手观音

安宁区九州台生态运动休闲健身步道

兰州新区二号湖滨区及绿地集团

兰州市第七届生态道德实践活动

2016 年兰州国际马拉松赛

五泉山

南亚国际货运列

南滨河路模纹花坛

险情就是命令——抢险队伍赶赴现场

调压站一角

昆仑燃气 奉献能源 创造和谐

柳泉门站鸟瞰图

带气作业

昆仑燃气大厦外景

不忘初心 继续前进“七一”歌咏比赛全体观众

“红色文化下基层”及“两学一做”巡演

农业银行 服务三农

不忘初心 继续前进“七一”歌咏比赛

总行著名画家送文化下乡

永登通远边岭村赠送锦旗

兰州新区综合保税区

兰州新区综合保税区于2014年7月15日由国务院批准设立，2015年8月18日通过国家十部委联合验收，2015年12月24日正式封关运营，现累计完成进出口贸易额79亿元人民币。综保区主要面向中亚、西亚、欧洲等地区，生产和进出口手表、集成电路、相机镜头、芯片电阻和手机触摸屏、电视机等电子产品，正在建设中亚粮油储运加工产业园。兰州新区综合保税区正以打造西北内陆开放经济的前沿基地和战略平台为目标，努力成为加工贸易承东启西的桥头堡、国际物流连通亚欧的新枢纽和国际贸易面向全球的新引擎。

兰州新区综合

LANZHOU NEW AREA FREE

网站二维码　微信公众号二维码

保障中欧班列
服务一带一路

编辑说明

1.《兰州年鉴》是兰州市人民政府主办、兰州市地方志办公室主编的综合性地方年鉴，全面、系统地载录兰州地区上年度经济社会发展的基本情况，为国内外人士了解兰州提供全面、系统、翔实、准确和权威的资料，逐年出版，公开发行。

2.《兰州年鉴》（2017）采用分类目体编辑法，除特载、大事记、兰州专文和统计公报外，主体内容分为类目、分目和条目几个层次，其中部分分目下设子分目。共设类目 23 个，分目 148 个，含有条目 1323 个。

3.《兰州年鉴》各部分初稿、资料由市辖各县区、市直各部门、中央和省属驻兰州单位提供，并经各供稿单位领导审定。由于有些单位未能提供资料和稿件，致使本卷有所缺漏。

4.《兰州年鉴》所用数据均经各供稿单位审核；反映全市国民经济和社会发展的统计数据采用兰州统计局公布的资料。

5.《兰州年鉴》所用图片资料由兰州晚报和相关单位提供。

6.《兰州年鉴》的编辑出版得到全市各级党政领导的热情关心和社会各界的大力支持，在此谨表示衷心的感谢。

特 载

大事记

兰州综述

兰州概貌

国民经济和社会发展

中共兰州市纪律检查委员会

兰州市人大常委会

兰州市人民政府

·应急管理·

·政务服务·

·法制工作·

·地方志工作·

兰州市残疾人联合会

红十字会

政　法

公　安

检　察

审　判

司法行政

军　事

兰州警备区

铁 路

中川机场

轨道交通

邮 政

中国联通兰州分公司

中国电信兰州分公司

经贸·非公经济·旅游

商务贸易

经济管理与监督

发展与改革

国土资源管理

国有资产监督管理

工商行政管理

价格管理

质量技术监督

统 计

审　计

安全生产监督管理

食品药品监督管理

教育·科学技术

教　育

校外教育

科学技术

气　象

地　震

高等教育

·兰州大学·

·西北师范大学·

·兰州理工大学·

·兰州交通大学·

·西北民族大学·

文广·新闻·卫生·体育

文　化

广播影视

兰州日报社

卫　生

计划生育

体　育

社会生活

社会保障

劳动就业

民　政

民族宗教

人物与荣誉榜

人　物

荣誉榜

县区概况

城关区

七里河区

安宁区

西固区

红古区

永登县

榆中县

皋兰县

法规文件

地方法规

政府规章

文件选目

附　录

索　引

政府工作报告

2016年12月17日兰州市第十六届人民代表大会第一次会议

各位代表：

现在，我代表市人民政府向大会作工作报告，请予审议，并请各位政协委员和其他列席会议的同志提出意见。

一、过去五年政府工作回顾

5年来，按照省委、省政府建设幸福美好新甘肃的目标和“做大做强做美兰州”的要求，在市委的坚强领导下，全市上下聚焦中心带动，奋力攻坚克难，加速推动发展，完成了“十二五”规划和本届政府的各项目标任务，开创了经济社会发展的崭新局面，奠定了全面建成小康社会的坚实基础。奋进中的兰州，展现出一幅发展提速、产业升级、民生改善、社会和谐的美好画卷。

——这5年是“做大兰州”卓有成效的5年，中心带动的空间格局不断拓展。编制实施第四版城市总体规划，中心城区规划面积由221平方公里扩大到741平方公里。抢抓“国办47条”政策机遇，获批建设国家级兰州新区，形成老城与新区互动发展的“大兰州”格局。高新区、经济区实现增容扩区，东部科技城、青白石等重点区域开发积极推进。建成西客站、兰新高铁和中川城际铁路，铁路交通跨入高铁时代，中川机场升级为国际机场，国际和地区航线达到21条，兰州融入区域发展大格局的步伐明显加快。

——这5年是“做强兰州”卓有成效的5年，中心带动的实力水平大幅提升。全市生产总值年均增长10.73%，预计今年达到2220亿元以上，是2011年的1.6倍，占全省的比重由27.09%提升到30%以上。固定资产投资、社会消费品零售总额、第三产业增加值、一般公共预算收入、农村居民人均可支配收入实现翻一番，城镇居民人均可支配收入提高85%。全市300个贫困村实现整体脱贫，累计减贫29万人，贫困发生率由24%下降到1%以下。5年招商引资累计到位资金7300多亿元，引进各类500强企业56家，为做强兰州带来了新的支撑。

——这5年是“做美兰州”卓有成效的5年，中心带动的环境形象明显改善。特别是面对长期严重的大气污染，在国家的大力支持下，省市联动、全民行动，齐心协力向大气污染宣战，打造了国内外瞩目的“兰州蓝”，创造的“兰州经验”得到国家充分肯定，在巴黎世界气候大会上荣获“今日变革进步奖”，被“中国经济生活大调查”评为2015年度十大幸福城市之一。成功举办兰州国际马拉松赛、中国金鸡百花电影节、敦煌行·丝绸之路国际旅游节等大型节会赛事，兰州国际马拉松赛成为国内马拉松十大金牌赛事和国际田联铜牌赛事，向国内外充分展示了“黄河之都、金城兰州”的美好形象。今年接待国内外游客可达5150万人次，实现旅游总收入435亿元，分别是2011年的3.66倍和4.23倍。中川机场旅客吞吐量连年大幅增长，截至今年11月28日突破1000万人次，是2011年的3倍。

5年来，全市上下牢牢扭住发展第一要务，加快转变经济发展方式，产业结构实现突破性转变。预计三次产业结构由2011年的2.94：48.27：48.79调整为

2.7：34.82：62.48，第三产业比重提高13.69个百分点。非公经济增加值年均增长22.7%，预计达到996亿元，占生产总值的比重由38.3%提高到44.9%。战略性新兴产业加快成长，预计增加值达到296亿元，占生产总值的比重为13.3%。文化产业增加值达到70亿元，是2011年的2.82倍。电子商务蓬勃兴起。大数据产业发展势头良好。循环经济加快发展，全国节能减排财政政策综合示范城市、国家级"城市矿产"示范基地等创建工作深入推进。金融助推经济发展的作用日渐增强，全市金融机构人民币各项存款余额、贷款余额可达8742亿元和8177亿元，分别是2011年的2.28倍和2.8倍。

5年来，全市上下大力开发建设兰州新区，在"一张白纸"上描绘蓝图，一个产业新城正在快速崛起。累计完成投资1986.58亿元，基本建成核心区120平方公里的基础设施，形成区内路网482公里，兰秦快速通道、中马铁路建成通车。引进产业项目318个，建成投产49个。综合保税区建成运营，注册企业200多家。建成市体育学院和6所中小学、幼儿园，大型职教园区建设快速推进。完成造林绿化18.3万亩，建成栖霞湖、秦王川国家湿地公园等生态景观。预计今年生产总值达到150亿元，是获批建区时的3.84倍。兰州新区的开发建设，解决了城市发展空间不足的问题，成为疏解老城区功能的主阵地和产业转移的承接地，为城市长远可持续发展开辟了新空间。

5年来，全市上下紧紧围绕省会中心城市的发展定位，加快完善综合功能，城市承载力逐步提升。轨道交通1号线一期工程全线开工建设，完成总工程量的76%，2号线一期工程启动建设，全市人民的地铁梦即将变成现实。推进"139"城市骨干路网和"321"环城公路网建设，南山路、北环路2条城区交通大动脉建成通车，南绕城、北绕城东段高速公路加快建设。拓建改造城市主次干道92条，建设黄河大桥5座，建成"上跨下穿"工程4个，新建人行过街天桥地道54座。建成七里河至安宁快速公交专线，开通公共自行车租赁系统和黄河水上公交。积极破解城市安全供水难题，开工建设新的水源地工程。建成餐厨垃圾、生活垃圾、建筑垃圾资源化利用项目，处理水平居于全国前列。实现城区燃煤锅炉天然气全改造。建成黄河风情线健身步道22公里。新建马拉松主题公园等开放景观，城区新增、改造绿地2345.6公顷，绿地率由26.7%提高到32.63%。建成城市规划展览馆，展示了城市历史记忆和建设成就。

5年来，全市上下注重统筹城乡发展，努力缩小二元结构差距，农村面貌发生巨大变化。深入推进脱贫攻坚行动，制定实施"1+21"精准脱贫方案，把人力物力财力向贫困地区倾斜，五年整合投入财政资金182亿元，发放精准扶贫贷款13.73亿元。新增高原夏菜、百合、玫瑰、中药材种植面积55.15万亩，累计达到145.21万亩。市级以上农业产业化龙头企业达到133家。新建农村公路2346公里，建制村通畅率达到100%。引洮工程榆中项目开工建设，完成39座大中型泵站改造，农村自来水入户率达到76%，解决了48.6万人饮水安全问题。完成农村危房改造23万户。实现贫困村标准化卫生室、文化活动室、村委会、文化广场全覆盖。创建省级美丽乡村35个、市级美丽乡村60个。城乡居民收入比由3.04倍缩小到2.76倍。

5年来，全市上下切实保障和改善民生，大力发展各项社会事业，广大群众的获得感明显增加。累计投入资金168亿元，兴办为民实事129件。城乡居民人均可支配收入年均分别增长11.7%和13.87%，预计达到29526元和10679元。新增城镇就业56.09万人。基本建立覆盖城乡的社会保障体系，城乡居民基础养老金提高90.9%，城乡低保补助分别提高85%和188%，城乡医保补助提高90%，新农合参合率达到98.05%。建设保障性住房16.12万套，完成棚户区改造9.2万套。建成城乡公办幼儿园189所、寄宿制学校127所、标准化学校604所，中小学D级危房全面消除，引进北京实验二小等优质教育资源。实施创意文化产业园等文化旅游重点项目。建成市社会福利院老年养护中心。三维数字社会服务管理系统作为国家行业标准在全国推广，兰州入围"第六届中国智慧城市建设50强"。食品安全电子追溯体系建设走在全国前列。安全生产四项控制指标保持平稳和下降。"平安兰州"建设积极推进。依法管理民族宗教事务水平得到提升，全市呈现民族和谐、宗教和顺的良好局面。

5年来，全市上下积极推进重点领域改革，不断扩大对外开放，发展活力有效释放。启动兰白科技创新改革试验区建设，建成运营兰州科技大市场，创办兰州科技成果博览会，培育科技企业孵化器27个、新型众创空间66家，挂牌科技成果转化基地38家、研发机构18家，建立7个产业投资基金。"放管服"改革积极推进，取消、调整和下放行政审批事项316项，编制运行"五张清单一张网"，探索了项目建设"模块化"审批模式。"多证合一"等商事制度改革全面实施。建立统一的公共资源交易平台。组建"1+8"国有资本投资运营公司。积极参与"一带一路"建设，打造丝绸之路经济带核心节点城市。在全国省会城市中率先加入上合组织睦委会。与丝绸之路经济带沿线国家缔结友好城市3个。甘肃(兰州)国际陆港加快建设。开通到中亚、欧洲和南亚的国际货运班列，累计发运115列，南亚班列被国家列为多式联运示范工程。兰州铁路口岸获批开放。启动中韩、中德等国际产业园建设。兰州正在从传统的内陆城市转变为向西开放的前沿高地。

5年来，在推动经济社会发展过程中，政府系统坚持不懈加强自身建设，干部作风持续转变。依法接受市人大及其常委会法律监督和工作监督，主动接受市政协民主监督，办理人大代表建议984件、政协委员提案1828件，办复率100%。强化政府立法工作，提请市人大审议地方性法规20部，制定政府规章29件。推进依法行政和政务公开，健全政府法律顾问制度。严格执行中央“八项规定”、国务院“约法三章”和省委“双十条”规定、市委“十四条”规定，深入开展党的群众路线教育实践活动、“三严三实”专题教育和“两学一做”学习教育，解决了一批不严不实的作风问题。坚持“两手抓两手硬、双促进双落实”，从严治党主体责任有效落实，政府系统党风廉政建设得到新的加强。

5年来，全市审计、统计、税务、司法、人防、地震、供销、地方志、档案、消防、气象、校外教育和社会科学等工作取得新进展，妇女儿童、残疾人、老龄等事业取得新进步，双拥工作荣获全国双拥模范城“八连冠”。

各位代表，五年来兰州各项事业取得的新成就，是省委、省政府和市委坚强领导的结果，是市人大、市政协监督支持和社会各界共同努力的结果，全市上下凝心聚力，克服各种不利因素，为兰州各项事业发展付出了巨大心血和努力。在此，我代表市人民政府，向奋战在全市各条战线的人大代表、政协委员、广大干部群众，向各民主党派、人民团体、离退休老同志，向驻兰部队、武警官兵、公安干警，中央、省属驻兰单位和新闻媒体，以及所有关心、支持和参与兰州建设发展的同志们、朋友们表示衷心的感谢！5年的实践启示我们：加快兰州经济社会发展，必须始终树牢绝对忠诚的政治意识、大局意识、核心意识和看齐意识，坚决有力地贯彻落实中央、省委省政府和市委的各项决策部署，同频共振、步调一致；必须始终扭住发展这个第一要务，充分发挥省会城市的突出优势，调整优化经济结构，加快转变发展方式，提升发展质量效益；必须始终紧盯城市建设中的短板问题，集中力量攻坚克难，完善综合服务功能，提升城市对外形象和影响力；必须始终把握国家向西开放战略机遇，充分发挥兰州独特的区位优势条件，主动融入“一带一路”建设，在向西开放中抢占先机、走向前沿；必须始终坚持以人民为中心的发展思想，统筹城乡发展，全力保障和改善民生，不断增加和提升民生福祉；必须始终强化依法行政，切实加强法治政府建设，提高运用法治思维和法律方式推动工作的能力；必须始终牢记作风建设“永远在路上”，坚持守纪律、讲规矩，着力转作风、强素质，为创造人民满意的发展业绩提供坚强保证。

各位代表，过去的成绩值得肯定，但发展中的矛盾和问题更不能忽视。当前，我市经济总量小，发展速度慢，与全国省会城市相比差距较大；产业结构不合理，创新驱动力不强，传统支柱产业层次不高，新的发展动能培育缓慢，经济增长乏力；投资增量和结构性矛盾明显，产业性重大项目少，缺乏体量大、效益高、带动力强的支撑项目；城市基础设施欠账大，城市管理不够严格精细，交通拥堵和环境问题突出；公共服务供给不够均衡，各项民生设施配套总体不足，与广大群众的需求还有差距；一些政府工作人员缺乏强烈的“省会意识”，担当力、执行力、落实力、服务力仍然不够，政务环境还需改善优化。对此，我们要保持清醒头脑，突出问题导向，采取有力措施，认真加以解决。

二、今后五年发展的目标任务

未来五年的发展，我们既面临严峻挑战，又将迎来难得机遇。虽然宏观经济下行压力依然较大，实现经济平稳较快增长面临不少困难，但随着“五位一体”总体布局和“四个全面”战略布局统筹推进，有利于我们创造和积累加快发展的新优势，后发赶超的时机已经成熟；虽然我市经济发展的结构性矛盾突出，传统动能提升和新动能培育制约因素较多，但随着五大发展理念的深入落实和供给侧结构性改革持续推进，有利于我们适应经济发展新常态，培育新的增长动能，势必推动发展换挡和提质增效；虽然区域发展竞争不断加剧，我市参与区域竞合发展、赢得战略主动挑战很大，但随着“一带一路”战略深入实施，铁路、公路、航空等交通体系日趋完善，有利于我们向东承接产业转移，向西拓展开放空间，进一步形成融合发展的良好局面；虽然我市财力水平与满足人民群众过上美好生活新期待之间的矛盾仍然突出，但随着以人民为中心的发展思想深入人心，有利于我们集中财力办大事、办实事，让城乡群众生活得更加幸福。只要我们积极应对困难挑战，紧紧抓住大好机遇，强化使命担当，凝聚精神力量，自觉奋发作为，就一定能够谱写兰州发展更加灿烂辉煌的美好篇章!

前不久召开的市第十三次党代会，描绘了兰州未来5年发展的宏伟蓝图，确立了建设现代化中心城市的战略导向。今后5年的政府工作，要以党的十八大和十八届三中、四中、五中、六中全会精神为指导，深入学习贯彻习近平总书记系列重要讲话精神，坚决落实省委、省政府和市委的部署要求，紧紧围绕“突出‘一条主线’、扭住‘三大任务’、聚焦‘五大发力重点’”的目标任务，立足构建大都市、大产业、大枢纽、大物流、大市场、大平台，着力加快转型发展，着力改善人居环境，着力推进改革创新，着力扩大向西开放，着力增进民生福祉，着力提升行政效能，加快建设经济繁荣、功能齐全、环境优美、文明和谐、富有活力、辐射带动力强的现代化中心城市。

今后5年全市经济社会发展的主要目标是：

——到2018年，基本实现全面小康社会目标，全市生产总值达到2600亿元以上，城乡居民人均可支配收入分别达到36000元和13000元以上，经济转型实现较大突破，社会和谐度明显提升，城市形象品位进一步彰显，发展的平衡性、协调性、可持续性逐步增强。

——到2020年，完成"十三五"规划目标任务，全市生产总值突破3000亿元，城乡居民人均可支配收入分别达到44000元和16000元以上，经济结构更加合理，群众幸福感进一步提升，城市竞争力明显增强。

——到2021年，新一届政府届满时，全市生产总值达到3300亿元以上，城乡居民人均可支配收入分别达到48000元和18000元以上，形成一批新兴支柱产业，群众生活更加殷实，基本建成现代化中心城市，兰州在全国发展格局中的地位得到较大提升。

围绕上述目标，我们将突出重点，聚焦发力，努力在八个方面实现重大突破：

（一）突出创新驱动发展，在提升经济增长内生动力上实现重大突破。坚持把创新作为发展的第一动力，充分发挥省会城市科技资源聚集优势，加快兰白科技创新改革试验区建设，努力建设"创新之城"，使创新创造成为兰州发展的强大引擎。深入推进大众创业、万众创新，着力打造一批低成本、便利化、全要素、开放式的众创空间，催生和壮大新产业、新技术、新业态、新模式。坚持产学研融合发展，强化科技成果转化应用，做大做优战略性新兴产业，加快形成一批新的经济增长点。大力发展文化旅游、商贸物流、电子商务、金融保险、会展经济、健康养生等新兴服务业，把兰州打造成为带动全省、服务西北的现代服务业中心。

（二）突出"三区"率先发展，在提升辐射带动能力上实现重大突破。加快推进兰州新区开发建设，构建产城融合新体系，重点打造城市核心区，完善基础设施配套，强化公共服务保障，深化体制机制创新，建设全省改革创新的特区和创新创业的高地。发挥高新区和经济区平台优势，积极开展创新政策先行先试，激发各类创新主体活力，建设开放创新先导区、技术转移集聚区、转型升级引领区，努力实现创新成果倍增、经济总量翻番、综合排名提升，切实增强国家级开发区对全市经济发展的带动能力。

（三）突出项目支撑发展，在提升可持续发展后劲上实现重大突破。始终把重大项目建设作为经济社会发展的总抓手，进一步提高项目谋划、争取和落实能力，以大项目拉动大投资、促进大发展，力争5年固定资产投资达到1.2万亿元。推进产业升级项目建设，按照老城区"退二强三"、新区"强二优三"的思路，通过产业延伸和招商引资，实施一批重大产业项目。推进交通枢纽项目建设，实施"6873"交通突破行动和"兰州率先畅通工程"，加快轨道交通建设，实施城市立体交通项目，完善"139"城市骨干路网和"321"环城公路网骨架，构建现代化、立体化、网络化大交通体系。推进民生改善项目建设，在教育、卫生、文化、体育、养老、城市安全等方面实施一批急需的补缺项目，促进基本公共服务均等化。

（四）突出攻坚促进发展，在提升城市建设管理水平上实现重大突破。坚持"尊重规律、集约发展、统筹推进"的城市工作总要求，统筹规划、建设、管理三大环节，抓好文明城市、管廊城市、海绵城市、智慧城市建设，加快形成与省会地位相适应的城市功能。全力开展交通拥堵治理，实施路网畅通、公交优先、智慧交管、综合整治工程，力争打通市内所有断头路、瓶颈路、出口路。大力推进棚户区和城中村改造，实施老旧住宅小区综合整治，基本消除棚户区和危旧房。始终把人民群众生命财产安全放在重要位置，有效预防和遏制重特大安全事故发生。深入推进"五城联创"，不断完善城市管理和服务，提高市民文明素质，努力在全社会营造热爱兰州、宣传兰州、维护兰州、建设兰州的浓厚氛围。

（五）突出城乡统筹发展，在提升新型城镇化水平上实现重大突破。城镇化是现代化的必由之路，也是推动发展的内需潜力和动能所在。我们将以人的城镇化为核心，加快户籍制度改革，积极推进农业转移人口市民化。加强城镇基础设施建设，提升综合承载能力，把远郊"三县一区"建成功能完善、发展强劲的小城市，把重点小城镇建成各具特色的产业和人口集聚中心。着力增加公共产品和公共服务供给，构建均等化、多层次、宽领域、广覆盖的基本公共服务体系。完善小城镇土地利用机制，创新投融资方式，引导社会资本参与建设，着力破解用地、资金等瓶颈制约，促进小城镇健康持续发展。

（六）突出文化推动发展，在提升城市魅力形象上实现重大突破。独具特色、悠久深厚的黄河文化、丝路文化、民族文化，是大自然和历史赐予兰州的宝贵财富。我们将着力加强文化软实力建设，激活城市文化基因，涵养城市精神力量，延续城市历史文脉，绽放兰州文化的绚丽色彩。把文化旅游作为经济社会发展的重要"助推器"，挖掘城市文化内涵，规划建设一批大景区和特色景点，打造文化旅游标志性工程，全面提高文化旅游展示力、感染力和吸引力。促进兰州都市文化产业区建设，培育壮大文化创意、节庆会展、演艺娱乐、出版发行等文化产业集群。通过文化的大发展，让城市散发文化的温度，让文化成为城市的灵魂。

（七）突出绿色承载发展，在提升山水城市品质上实现重大突破。生态脆弱、环境承载压力大，是兰州发展的重大制约瓶颈。我们将倍加呵护兰州的山水资源，加大生态建设和环境保护力度，加快构建国家生态文明先行示范区，让兰州的天更蓝、地更绿、水更清，努力建设西部特色山水城市。推进大气污染防治标准化、精细化、常态化，实现空气质量在全国重点城市排名中稳步上升，让全市人民呼吸上更加清洁的空气。推进河洪道综合整治和景观提升，将市区河洪道打造成市民的休闲娱乐区、城市景观的展示区。推进绿色循环低碳发展，建设一批循环产业链示范工程，提高垃圾分类处置和资源化利用水平，全力打造低碳城市。

（八）突出开放引领发展，在提升外向型经济水平上实现重大突破。立足区位优势，推进互联互通，着力打造丝绸之路经济带核心节点城市。建成甘肃(兰州)国际陆港，发挥综合保税区等国家级政策平台功能，深化与俄罗斯、中西亚及欧洲的商业贸易，推动国际产能合作，争取设立兰州自由贸易区。推进文化旅游西进工程，构建丝绸之路经济带人文交流大平台。力争在国家向西开放战略格局中，兰州成为“一带一路”的重要平台和前沿高地。

各位代表，面对未来5年的美好蓝图，我们激情澎湃、信心满怀。只要我们紧紧围绕市第十三次党代会确定的目标任务，凝心聚力，砥砺奋进，就一定能再铸兰州发展的新辉煌，就一定能让全市人民生活得更加幸福美好!

三、2017年的重点工作

各位代表，2017年是新一届政府的起步之年。我们将牢牢扭住建设现代化中心城市的目标，坚定信心，增强定力，顺势而为，精准施策，努力推动各项工作迈上新台阶。经济社会发展的主要预期目标是：生产总值增长8%以上；第一产业增加值增长5.2%；第二产业增加值增长7%，其中规模以上工业增加值增长6%；第三产业增加值增长9.5%；固定资产投资增长10%以上；社会消费品零售总额增长9%；一般公共预算收入增长10%；城镇居民和农村居民人均可支配收入分别增长9.5%和10.5%；城镇登记失业率控制在4%以内；居民消费价格涨幅控制在3%以内；各项约束性指标完成国家和省上下达的目标任务。

实现上述目标，做好明年政府工作，最关键的是稳中求进、转型突破，改革创新、破解难题。稳中求进，就是牢固树立和贯彻落实新发展理念，科学把握增长速度和质量的平衡点、经济发展和民生改善的契合点，力争各项预期目标增速在合理区间运行；转型突破，就是把经济转型升级摆在更加突出的位置，既努力稳住传统产业存量，更注重培植新兴产业增量，加快塑造产业核心竞争力；改革创新，就是按照中央、省上和市委关于全面深化改革的要求，把改革创新贯穿到政府工作全过程，坚定不移抓好重点领域改革，不断释放改革红利，为经济社会发展增添活力；破解难题，就是强化补短板的思维，紧盯经济社会发展的薄弱环节，统筹加强公共设施、公共服务、公共管理、公共安全，尤其是针对交通拥堵、环境脏乱差、违法建设、各种线缆乱架乱布等突出“城市病”，集中开展强有力的整治活动。

在明年的工作中，我们将重点突出产业升级“七大工程”、城市环境“三大整治攻坚战”、城市形象“六个改造提升”、对外开放“两大平台建设”、为民兴办“25件实事”，以点带面、推动全局。

（一）围绕经济转型升级，聚焦发力“七大工程”。主动适应经济发展新常态，以推进供给侧结构性改革为主线，大力振兴实体经济，实施产业升级“七大工程”，加快培育新产业、新业态、新模式，强化经济发展新动能。

实施创新驱动工程。提升兰白科技创新改革试验区集聚、示范、辐射和带动功能，争取获批国家自主创新示范区。着力打造兰州新区产业孵化中心，构建“创业苗圃+孵化器+加速器+产业园”的全产业链孵化链条。培育发展各类众创孵化平台，为创业者提供优质服务，打造充满活力的创新创业生态圈。继续推进城关省级双创示范区建设。深化院地校企合作，促进新产品研发和产业化发展办好2017兰州科技成果博览会，促进产业、技术、资本深度融合。全力支持科技型中小企业发展，扶持培育10家以上拥有自主知识产权、核心竞争力强的优势企业。

实施“四千七百”产业链延伸壮大工程。坚持传统产业改造与新兴产业培育相结合，着力打造石油化工、新材料、装备制造、电子信息(大数据)四个千亿级和有色冶金、建材、烟草、生物医药、新能源、节能环保、轻工及食品七个百亿级产业链，优化工业结构和产业体系。石油化工产业重点配合实施兰州石化技术改造工程，争取原油加工产能稳定在1000万吨；新材料产业重点做大科天化工水性材料、方大炭素核石墨等特色产业链；装备制造产业重点抓好节能与新能源汽车、正威精铜杆等项目建设；电子信息(大数据)产业重点以“三维数字”技术为基础，加快建设大数据交易中心、大数据产业园、电子商务孵化园等项目，打造国家大数据综合试验区。有色冶金产业重点推进钢铁、铝精深加工产业链延伸，实施榆钢钢结构、兰亚铝业等项目；建材产业重点抓好西部建材商品混凝土、京兰环保新型干法水泥等项目建设；烟草产业重点推进甘肃烟草卷烟生产线技术改造项目；生物医药产业重点支持佛慈制药、陇神戎发等企业发展现代创新中药，支持中成药大品种二次开发；新能源产业重点加快金川科技园二次电池材料示范园等项目建设；节能环保产业重点结合"城市矿产"示范基地创建工作，推进红古再生资源产业园、华壹静脉产业园等项目建设；轻工及食品产业重点发展纺织服装业，提升百合、玫瑰等特色农产品深加工水平。

实施现代服务业优化提升工程。坚持"退二强三"，促进主城区服务业提档升级。抓好西客站、马滩、安宁等新兴高端商务区建设。加快推进毅德、北龙口、省物产集团、五矿钢铁等物流集散中心建设。促进商贸市场转型升级，加快城区各类批发市场"出城入园"。大力发展金融服务业，力争兰州银行在A股成功上市，扶持一批中小企业在新三板挂牌。抓好丝路电商产业园建设，支持百合生活网等本土电商发展，力争电子商务交易额增长35%。大力发展会展经济，举办重点展会65个，实现交易额90亿元以上。

实施文化旅游突围突破工程。坚持以文化为灵魂、以旅游为载体、以项目为支撑，打响"黄河之都、金城兰州"的城市形象品牌，把文化旅游发展成为转型升级的重要支柱产业。加快黄河风情线和兴隆山两个大景区，以及大兰山、吐鲁沟、丹霞地质公园等特色景区建设。推进兰州老街、黄河夜景开发、陇香源民俗文化小镇、游客集散服务中心、仁寿山和天斧沙宫等重点项目建设。做大做强兰州创意文化产业园、飞天文化产业园、华夏收藏文化博览园等现代文化产业园区。实施黄河兰州段水域开发提升工程，建设集陕甘青蒙民俗文化于一体的黄河水上展演区。办好第七届中国(兰州)黄河文化旅游节、第二届黄河母亲节等文化旅游品牌节会。大力发展全域旅游，促进旅游与相关行业融合发展。力争文化产业增加值增长18%，接待国内外游客增长22%，旅游收入增长24%。

实施县域经济振兴工程。制定县域经济振兴发展规划，支持县区走出各具特色、各有优势的发展路子，让县域经济成为充满生机的经济体。把园区作为壮大县域经济的重要抓手，明晰发展定位、功能布局和主导产业，做大做强园区经济。调整优化农业产业结构，发展壮大七里河百合、永登玫瑰、榆中高原夏菜、皋兰瓜果、红古设施农业等特色产业，增加绿色优质农产品供给，加大品牌宣传和推广力度，提升规模化、基地化、品牌化、市场化水平。加大政策扶持力度，培育一批带动作用大、核心竞争力强的农业产业化龙头企业，促进现代都市农业加快发展。

实施非公经济多元发展工程。鼓励非公经济放心、放手、放胆发展，继续实施创业带动就业"万企计划"，重点扶持发展一批潜力大、成长性好的初创微型企业。健全重大项目公开引入社会投资机制，支持非公企业通过PPP、收购股权、参股、控股、租赁和购买服务等形式进入公共行业领域，拓宽民营资本投资渠道。注重发展混合所有制经济，引导民营企业参与市属国有企业改革。

实施全民绿化工程。保护生态环境就是保护生产力，改善生态环境就是发展生产力。我们将牢固树立"绿水青山就是金山银山"的理念，坚持政府引导与社会参与相结合，动员机关、部队、学校、农村和社会各方面广泛参与，营造人人参与、人人尽力、人人享有的造林绿化氛围，大力发展兰州的绿色空间。力争今后五年新增造林绿化60万亩，每年实施12万亩。重点推进黄河两岸、南北两山、农村宜林荒山造林绿化，打造城乡绿色屏障。结合林权制度改革，使造林绿化与产业富民有机融合，开展试点示范，发展林业经济，促进群众增收。

（二）发挥国家平台优势，培育壮大"三区"经济增长极。坚持以产促城、产城融合，掀起兰州新区、高新区和经济区新一轮开发建设热潮，做大产业、完善配套、优化环境、提升人气，彰显经济建设主战场地位，当好全市率先发展"排头兵"。

推动兰州新区产城融合发展。坚持"新"字当头，运用新机制，探索新模式，发展新业态，壮大新产业，力求新突破。继续完善基础设施功能，抓好景中高速、中川至朱家窑铁路建设，加快构建骨架路网体系，实施城市功能配套重点项目。坚持"强二优三"，把产业集聚作为新区开发的生命线，延伸拓展"6+4"产业链，引进产业项目30个以上，建成投产20个以上。加快长城影视城、西部国际文商旅产业园、环球国际嘉年华、中俄文化交流中心等大型文化旅游园区建设。完善公共服务，加快职教园区建设，建成一批具有较高水平的知名学校。坚持节约集约利用土地，严控增量、盘活存量、优化结构，提高项目建设投资强度。研究出台购房、就业、落户等倾斜性政策，引导人口向新区转移聚集，打造人才、产业、经济新高地。

激发高新区和经济区发展活力。高新区坚持以"高"为主轴、以"新"为目标，抓好一批科技企业孵化器建设，建好"创新大街"和"创新工场"，加快榆中园区配套公共服务设施建设，吸引科研院所高精尖技术向东部科技城集聚，打造产城融合发展示范区。经济区着力推进"一区五园"协调发展，壮大园区主导产业规模，加快西部药谷等重点项目建设，扶优做强佛慈制药等

16户骨干企业，提升产业核心竞争力。

持续强化招商引资工作。开展“招商引资促进年”活动，编制招商引资导则，增强招商引资精准性和实效性。强化联动招商，在“一带一路”节点城市推介兰州，互通产业新模式，互联交通新路径。强化产业招商，加大与行业领军企业对接力度，着力引进一批科技含量高、投资体量大、带动能力强的优质项目。强化环境招商，营造“投资放心、发展舒心、收获开心”的投资氛围，创造一流的政务、法制、市场和社会环境，以最优质的服务吸引客商、留住客商。强化节会招商，办好第23届兰洽会，深度参与民企陇上行、浙商陇上行、陇商回家乡等系列活动，力争项目签约和引进资金再创新高。

（三）顺应城市发展规律，做优做美做靓城市。坚持最严的规划、最严的执法、最严的土地管理，高水平规划城市，高质量建设城市，高标准管理城市，努力创造更加便捷、更加舒心、更加美好的人居环境。

全力巩固提升“兰州蓝”。推动大气污染治理向常态化转变，构建完备、标准、规范的治理体系。完成兰州石化重催脱硝、炼油污水处理、废气净化、催化厂工艺尾气治理和西固电厂超低排放等重点深度治理项目，力争国电兰州热电“上大压小”异地扩建项目建成投产。细化扬尘管控，在重点工地安装扬尘智能监控设备，实时监测扬尘数据。加强城区渣土运输统一管理，启动运营渣土车等移动源排污权交易试点工作。淘汰市内所有黄标车，全市油车同步施行国五标准准入。抓好“净水”“净土”工程，继续开展黄河枯水期跨流域水污染联防联控，推进兰州石化地下水修复等重点项目，启动土壤环境保护和综合治理工作。

打好城市环境“三大整治攻坚战”。一是打好交通拥堵大整治攻坚战。强化顶层设计，坚持建管并举，打通一批断头路，实施微循环和立体化改造，推进公交优先，加强智能交通、静态交通和慢行系统建设，全面改进和加强交通执法，推进交通文明进社区、进学校、进机关、进部队，构建全民动员、全员参与、共管共治、共建共享的交通治理新格局，力争城区交通拥堵明显改善。二是打好城乡环境大整治攻坚战。针对城市“七乱”和农村“十乱”问题，坚持城乡同步、点面结合、标本兼治，紧扣整治重点，做到多措并举，持续聚焦发力，推动城乡环境面貌明显改观。三是打好背街小巷大整治攻坚战。立足解决困扰群众的“家门口”问题，铺平群众脚下路，点亮群众门前灯，美化群众居住地，改善背街小巷人居环境和出行条件，大力提高群众生活舒适度。

加快补齐城市功能短板。建成城市轨道交通1号线一期工程，加快建设2号线一期工程，开工建设4号线工程，开展3号线前期工作。启动雁青、古浪路黄河大桥建设和东岗立交桥改造。开展南山路高架快速通道研究论证工作，构建城市快速路网。新建一批大型立体停车场。改造完善城市供水管网。实施雨污管网分流改造。整治城市黑臭水体。扩建七里河安宁、盐场2个污水处理厂。推进马滩片区6条道路地下综合管廊建设工程，申报国家综合管廊试点城市，探索开展海绵城市建设。

推进城市形象“六个改造提升”。一是推进城市风貌改造提升。编制城市风貌规划，提高城市设计水平，确定富有兰州特色的城市建筑风格和色彩色调，在规划执行中严格落实。二是推进黄河风情线改造提升。坚持整体规划、分步推进，突出风格特色，彰显黄河文化，实施夜景亮化，打造璀璨亮丽、独具魅力的滨河景观长廊。三是推进园林绿化改造提升。启动彭家坪中央生态公园和金城公园二期项目，建设改造一批小游园、小广场、小绿地，鼓励推广庭院绿化、立体绿化、屋顶绿化、见缝插绿、拆墙透绿，新增、改造绿地80公顷。四是推进东方红广场改造提升。精心规划设计，全面升级铺装、绿化、灯光、建筑立面等设施，提升综合功能和景观品质，做美做优“城市客厅”。五是推进城市出入口改造提升。突出美化、亮化、绿化、净化，实施山体绿化、治荒治斑、园林造景、水面水系、文化提升和环境整治，打造有特色、多景点、上层次的城市“第一印象”。六是推进坪台地区改造提升。结合地质灾害防治，统筹谋划坪台地区开发改造和环境提升，先行启动伏龙坪地质灾害综合整治。

释放小城镇发展活力。小城镇一头连着城市，一头连着农村，是撬动新型城镇化的支点。我们要着力打造小城镇经济，培育发展休闲旅游、传统文化、农副产品加工、科教服务、工业服务等特色产业，探索推进“智慧小镇”建设，让小城镇成为推动经济发展新的闪亮点和增长点。坚持规划引领、以“特”兴镇，加大政策支持力度，完善基础设施功能，健全公共服务体系，提升小城镇承载力、集聚力、带动力。支持青城古镇国家级特色小镇建设，争取河口黄河风情小镇、什川梨园小镇入选国家特色小镇，抓好阿干、连城、红城、苦水、金崖等特色小城镇建设。

（四）加快改革开放步伐，打造向西开放战略平台。始终把改革开放作为发展进步的“关键一招”，更好发挥改革的牵引作用和开放的引领作用，持续深入推进各项改革，深度融入“一带一路”建设，努力做到改革增动力、开放添活力。

抓好重点领域改革。落实供给侧结构性改革“三去一降一补”任务，主动减量、优化存量、引导增量。继续深化“放管服”改革，推进“三减一压缩”，着力提升审批效率。完善国有资产管理体制，以管资本为主加强国有资产监管。分类推进市属国有企业改革。深化投融资体制改革，大力推广PPP融资模式。完善政府债务限额管理、预算管理、风险预警和监督考核制度。健全生态补偿机制，推广碳排放权、排污权、水权等交易试点。

建好两大开放平台。完善甘肃（兰州）国际陆港交通设施，建成西行线、五〇四立交桥、北滨河路西延段、国道309线西固段和9条内部道路，加快推进铁路集装箱货运中心、铁路口岸监管场所、保税物流中心(B型)、陆港物流信息中心、多式联运物流园建设。提升新区综合保税区运营水平，加快跨境金融结算中心、跨境电商平台建设，设立汽车整车、鲜活肉禽等特殊功能口岸，促进综合保税区与中川航空港、铁路口岸联动发展。

培育贸易畅通新优势。推动兰州至中亚、欧洲、南亚国际货运班列及兰州至迪拜国际货运包机常态化运营，争取获批建设中欧国际货运班列编组枢纽和物流集散转运中心。拓展境外营销网络建设，支持知豆电动汽车开拓国外市场，推动小型客车、特种车辆出口。实施“互联网+外贸”行动，加快推进跨境电子商务和综合服务平台建设，扶持培育一批跨境电商企业。建设进口商品展示中心，打造国际商品集散地。

拓展深化国际产能合作。加快建设中韩、中德、中哈、中以等特色产业园，引进一批电子产品、精密机械等项目，打造国际中小企业合作示范基地。支持兰石集团、大成科技等企业建设面向中西亚、中东欧市场的出口基地。鼓励支持有条件的企业在境外投资建厂，通过境外上市、跨区域兼并重组等方式参与国际竞争。

推进人文交流合作。巩固发展友好城市关系，深化拓展交流合作领域，新缔结2~3个友好交流城市。在丝绸之路沿线国家开展文化交流活动，组织《大梦敦煌》等文化精品赴外演出，推进和扩大文化贸易。拓展国际文化旅游市场，在白俄罗斯、塔吉克斯坦、捷克等国家设立兰州文化旅游推广联络处。同丝绸之路沿线国家城市开展教学研究、人才培养、师生互换、教育展览等交流合作，促进双边学生留学和学者互访。

（五）顺应人民群众期盼，进一步保障和改善民生。始终把增进人民福祉作为工作的出发点和落脚点，把群众的需求和满意作为工作的标准和要求，持续加大保障和改善民生的力度，努力让人民群众有更多的获得感和幸福感。

立足民生之急，深化精准扶贫脱贫。推进220个小康村建设，做到生态宜居环境美、兴业富民生活美、文明和谐乡风美、干净整洁村庄美。大力发展现代农业，实施都市农业、高原夏菜、百合、玫瑰、中药材五大发展规划，抓好10个省级现代农业示范园区建设，新增高原夏菜、百合、玫瑰、中药材种植面积7万亩。新发展市级以上农业产业化龙头企业15家、示范性农民合作社50家、家庭农场30家。推广“互联网+农业”，村级电子商务服务点覆盖率达到80%。建成14个省级美丽乡村、20个市级美丽乡村、60个环境整洁村。

立足民生之本，加强就业和社会保障。继续实施“泛海扬帆·兰州启航”大学生资助扶持计划，促进高校毕业生就业。支持下乡返乡人员创业创新。抓好退伍军人、残疾人、困难家庭等重点人群就业。培育2至3个“万人”就地转移劳务基地。完善被征地农民养老保险制度。建成异地就医结算平台网络系统，建立统一的城乡医保制度，推进医疗、医保、医药“三医联动”，全面实行分级诊疗制度。全力推进棚户区改造和城中村改造，不断改善困难群众住房条件。

立足民生之基，推进社会事业繁荣发展。始终把教育摆在优先发展的战略地位，合理规划学校布局，促进教育均衡发展，扩大一体化办学范围，加快建设兰州二中雁滩分校、兰州五十一中九州分校等项目。出台《健康兰州2030规划》，推动市中医院、市妇幼保健院异地新建。建设医养结合服务机构4家。启动市级“五馆合一”项目，实施县区“三馆”改造提升。开展“百千万”文化惠民工程。继续办好兰州国际马拉松赛。启动奥体中心“一场一馆”建设。全面推广普及三维市民卡。驰而不息抓好全国文明城市创建工作，不断提升城市文明水平。做好“双拥”工作，巩固发展军政军民团结。深入开展“七五”普法。积极推进防范和遏制重特大安全生产事故试点工作。创建国家食品安全城市。严厉打击违法犯罪活动，创造和谐稳定的社会环境。

立足民生之要，扎实办好为民实事。社会保障方面，提高城市低保标准10%；提高农村低保标准20.56%；农村五保集中供养补助标准由年人均5900元提高到6650元，分散供养补助标准由年人均4825元提高到5414元；为1379户计划生育“失独”家庭办理综合保险。社会事业方面，建成50所中小学标准化校园足球场；建成40个城乡社区老年人日间照料中心；建成200个全民健身场地；改造提升五泉山、白塔山公园。农村惠民方面，新建农村公路300公里，重点养护600公里；实施1.46万农村人口饮水安全工程。城市惠民方面，启动建设雁滩中心公园；整治提升927条背街小巷；新建10座过街人行天桥；新建公共停车泊位1.7万个；建成水源地项目。安居保障方面，实施3.05万户棚户区改造；整治改造40个“三不管”楼院；新建和改造主城区老旧供热管网80公里。“双创”方面，向小微企业提供信用贷款2.4亿元；城镇新增就业9万人，安置困难群体就业5000人，培训各类劳动力3.4万人。社会管理方面，建成公共安全视频监控联网应用项目一期工程。便民服务方面，新建和改造提升8个便民市场；创建50家“放心粮店”；改造建设146个村级供销综合服务社；建成国际高原夏菜副食品采购中心一期工程。

各位代表，做好明年工作事关“十三五”发展大局，事关全面建成小康社会进程，我们将紧盯目标、创新实干，踏石留印、抓铁有痕，向全市人民交出一份满意的答卷!

四、加强政府自身建设

全面实现市第十三次党代会确定的目标任务，新一届政府使命光荣、责任重大。我们将始终牢记为民、务实、清廉的宗旨，践行忠诚、干净、担当的要求，不断提高驾驭经济、管理社会、推进改革、服务群众的能力，建设人民满意的政府。

（一）我们要以坚定的信念忠诚担当。始终树牢政治意识、大局意识、核心意识、看齐意识，把对党忠诚、对国家忠诚、对人民忠诚、对事业忠诚体现到实际工作中，认真履职尽责，提升工作境界。更加强化责任担当，切实担负起推进改革发展的重任，面对矛盾问题不回避、不掩饰、不懈怠，善于调动各方面力量攻坚克难。努力以更严的要求、更高的标准推动工作，在抓落实、促发展上争一流、见实效，为全省经济社会发展出大力、作贡献。

（二）我们要以崇高的追求创新谋事。坚持“依靠学习走向未来”，培养战略思维和世界眼光，准确研判把握发展形势，以更高的层次、更宽的视野审视发展、谋划工作。把解放思想作为谋事干事的强大武器，冲破思想观念的束缚，脱离平庸无为的状态，打开思路谋划和推动发展，精准对接上级的部署要求，借助各种有利的机遇条件，加快发展步伐，提升发展层次。把“五大发展理念”贯穿到发展的全过程，在体制机制、工作思路、措施办法等方面勇于创新，努力走出新路、干出实绩、创出亮点。

（三）我们要以高度的自觉服务大局。省会城市肩负着引领发展、服务全局的神圣职责，全体政府工作人员必须树立强烈的“省会意识”，把兰州的发展置于全省发展大局之中，增强中心带动的责任感，催生中心带动的凝聚力，激发中心带动的创造力，培植中心带动的竞争力。牢固树立“大服务”的理念，主动为省直部门单位、中央在兰企事业单位、部队、投资客商以及全社会搞好服务，以服务推动发展、以服务引导投资、以服务促进建设。坚持全心全意为人民服务的根本宗旨，把群众的评价作为衡量工作的重要标尺，真心实意为群众办实事、做好事、解难事，做群众的“贴心人”，当群众的“服务员”。明年，市政府将设立“兰州市民网”，充分听取广大群众对政府工作的意见建议，认真做好办理回复工作，做到件件有着落、事事有回音，使政民互动机制更加畅通完善，让政府工作更加顺民意、暖民心。

（四）我们要以严格的规范依法行政。坚决服从市委领导，自觉接受市人大法律监督、工作监督和市政协民主监督，虚心接受各民主党派监督，落实重大事项向市人大报告清单制度，提高人大代表议案、建议和政协委员提案办理质量。坚持把法治精神、法治思维、法治方式融入政府工作全过程，健全完善公众参与、专家论证、风险评估、合法性审查、集体讨论决定的重大决策机制，做到法定职责必须为、法无授权不可为。强化政务公开、政事公开，坚持以公开为原则、不公开为例外，及时晒出政府重大事项和重点工作，保障群众的知情权、参与权、表达权和监督权，让政府更好地服务人民，让人民更好地监督政府。

（五）我们要以勤勉的精神一心实干。牢记“空谈误国、实干兴邦”，坚持勤奋理事、激情干事、努力成事，大力倡导说了就办、定了就干、干就干好的实干精神，不务虚功、不干虚事、不慕虚名，对确定的重点工作和重大事项以“钉钉子”精神抓好落实，坚决不打折扣。践行“一线工作法”，把工作的重心下沉到基层，多在一线掌握情况，多在一线解决问题，多在一线推动工作。强化行政问效，严肃查处不作为、慢作为、乱作为等行为，杜绝慵、懒、散、慢现象，努力以政府的勤奋指数，提升群众的幸福指数和城市的繁荣指数。

（六）我们要以刚性的约束廉洁从政。始终把纪律挺在前面，把规矩记在心上，把全部心思用在干事创业上，把满腔热情倾注在为民造福上，严格遵守党的各项纪律规定，组织上讲服从、行动上讲纪律，做到遵守纪律没有特权、执行纪律没有例外。严格落实全面从严治党主体责任，切实加强政府系统党风廉政建设，巩固深化作风建设成果，抓好政府工作人员教育管理，多打“预防针”，筑牢“防火墙”，加大对项目建设、土地管理、公共资源交易等重点领域的监管力度，防止发生违纪违规行为。强化行政监察和审计监督，深入开展专项治理，坚决纠正不正之风，确保干部清正、政府清廉、政治清明。

各位代表，建设经济繁荣、功能齐全、环境优美、文明和谐、富有活力、辐射带动力强的现代化中心城市的蓝图已经绘就，让我们在省委、省政府和市委的坚强领导下，真情对待我们的城市，痴情对待我们的事业，激情对待我们的工作，深情对待我们的群众，奋力开创兰州全面建成小康社会新局面，不断谱写全市人民美好生活的新篇章!

兰州市人民代表大会常务委员会工作报告

——2016年12月17日在兰州市第十六届人民代表大会第一次会议上

兰州市人民代表大会常务委员会主任 段英茹

各位代表：

我受市十五届人大常委会委托，向大会报告工作，请予审议。

过去五年的工作回顾

5年来，在市委的坚强领导下，常委会高举中国特色社会主义伟大旗帜，全面贯彻党的十八大和十八届三中、四中、五中、六中全会精神，深入学习贯彻习近平总书记系列重要讲话精神，坚持党的领导、人民当家作主、依法治国有机统一，围绕"五位一体"总体布局、"四个全面"战略布局和"五大发展理念"，认真贯彻中央和省、市委关于加强和改进人大工作的新要求，在探索中不断创新，在履职中务求实效，有力地促进了全市经济社会发展和民主法制建设。共举行常委会会议35次，制定、修改和废止地方性法规22部，审议各类议题179个，组织开展检查、视察和调研200余次，作出决议、决定53项，任免国家机关工作人员421人（次），圆满完成了市十五届人大常委会的各项工作任务。

一、加强和改进立法工作，立法质量显著提高

5年来，常委会始终坚持党对立法工作的领导，充分发挥人大在立法工作中的主导作用，积极探索立法工作的方式方法，不断完善立法工作的体制机制，坚持问题导向，推动问题解决，深入推进科学立法、民主立法，为全市经济社会发展提供了有力的法制保障。

一是重点领域立法不断加强。高度重视人居环境的优化，制定或修改了大气污染防治、煤炭经营使用监督管理、烟花爆竹安全管理、河道管理、南北两山绿化管理等5部地方性法规，为实现和巩固"兰州蓝"奠定了坚实的法制基础。不断提升城市精细化管理水平，制定或修改了物业管理、供热用热管理、客运出租汽车管理、养犬管理、航道管理等5部地方性法规，有力推动城市管理法制化、规范化。把维护民众健康权益摆在重要位置，制定了爱国卫生、药品和医疗器械流通监督管理、公共场所控制吸烟等方面的地方性法规，保障人民群众健康水平得到有效提升。为进一步发挥科学技术对经济社会发展的支撑和引领作用，制定了《兰州市科学技术进步条例》。自觉维护法制统一，及时按照行政强制法要求，对无公害蔬菜管理条例、城市房屋拆迁管理办法等7部地方性法规进行修改或废止。

二是立法工作程序进一步规范。紧扣经济社会发展需要，坚持规划先导，广泛征求社会各界和专家学者意见建议，科学编制五年立法规划和年度立法计划。从制度层面入手，修改了《兰州市人大常委会关于进一步提高立法质量的决定》，保证立法工作规范有序进行；根据立法法，总结我市地方立法的成功经验，及时对《兰州市人民代表大会及其常务委员会立法程序的规定》进行修改，新修改后的《兰州市地方立法条例》更加系统全面，立法调研、论证、听证、评估、协商、审议、报批、公布等环节的各项机制进一步健全；不断健全完善民主开放包容的立法工作机制，创新制定了《兰州市人大常委会立法协商办法》，更加明确了协商主体、对象、内容和方式。坚持依法立法，严格按照立法法等有关法律规定，不断加强对立法工作的整体统筹，突出抓好立法调研、座谈论证、审议协调等工作，确保各项立法活动在法治框架内进行。

三是立法实践探索积极推进。聘请24位立法咨询专家，确定10个立法联系点，拓宽公众有序参与立法途径，注重听取不同利益群体的立法诉求，制定、修改的21部法规草案采纳意见建议2000余条，就法规中涉及的重点立法问题和分歧意见与各方沟通，最大限度地凝聚共识。探索实行立法听证制度，修订《兰州市供热用热条例》中首次召开立法听证会，使公众较为关心、实践中存在争议的立法难点问题得到了有效解决，立法在平衡、调整、规范各种利益关系方面的重要作用得到有效发挥。把立法后评估工作作为检验法规实施效果、提高立法质量的关键措施，制定《兰州市人大常委会立法后评估办法》，对《兰州市南北两山绿化建设管理办法》

《兰州市城市公共汽车电车客运管理条例》等法规进行了立法后评估，为修改完善法规提供了重要依据。

二、加强和改进监督工作，监督实效不断增强

5年来，常委会紧紧围绕贯彻落实市委重大决策部署，突出经济社会发展的重点领域和关键环节，结合行使重大事项决定权和人事任免权，不断加强和改进监督工作，强化跟踪落实，有力促进了改革发展稳定的各项工作。

一是围绕政府全口径预算决算加强监督。严格落实预算法，将国有资本经营预算、社保基金预算纳入监督范围，结合审计工作，每年有选择地对政府重大投资项目、保障性住房资金等进行监督检查，实现了全口径预算监督全覆盖。从2014年起，在听取和审议财政预算执行情况报告的基础上，每年会同财政、审计等部门对市级预算单位预算执行情况进行专项监督检查，形成了常态化的预算执行监督检查机制。对检查中发现的问题及时提出整改落实要求，推动了预算编制的科学化、精准化，强化了预算执行的约束力和严肃性，提高了预算管理水平，优化了财政支出结构，推进了预算公开和阳光财政建设。结合预算决算审查监督，常委会会议专门听取和审议审计查出问题整改落实情况的报告，要求相关部门高度重视整改工作，切实规范预算管理，从源头上杜绝“屡审屡犯”的问题。

二是围绕项目建设和民生保障加强监督。积极回应社会关切，对“3341”项目工程、兰州新区、南山路、北环路、轨道交通、保障性住房等20多个重大项目建设进行检查、视察或调研，就城市路网建设、土地开发利用、招商引资工作等提出具体意见和建议。优先把社会关注度高、群众反映强烈的热点难点问题列入工作议题，及时对我市饮水安全问题开展专题询问，对大气污染防治、停车场建设与管理、义务教育均衡发展、出租车市场管理、文化旅游事业发展等63项工作进行检查、视察或调研，督促政府及有关部门把民生问题解决好，把事关人民群众切身利益的事情办实办好。

三是围绕法律法规的正确实施加强监督。强化对公民、法人和其他组织合法权益的保障，对劳动法、道路交通安全法、食品安全法等23部法律法规的贯彻实施情况进行检查，听取和审议市政府相关工作报告；配合全国人大和省人大对水污染防治法、义务教育法等25部法律法规在我市的贯彻实施情况进行检查，督促市政府及其有关部门高度重视和认真解决法律法规实施中存在的问题。通过执法检查，有力维护了法律法规的严肃性，有效促进了法律法规的正确实施。认真开展规范性文件备案审查工作，不断规范报备与审查的各个环节和操作流程。5年来，共备案审查规范性文件218件，其中督促修改7件。

四是围绕依法行政和公正司法加强监督。有效维护社会公平正义，每年听取和审议市政府关于全市依法行政工作情况的报告，专项听取和审议市法、检两院关于执行工作、人民陪审员工作、规范司法行为、反渎职侵权、预防职务犯罪等工作报告，对政府法制机构审查备案政府合同和协议制度落实情况进行现场督查，对法律援助、监管场所管理、行政审判、侦查监督等工作进行专题调研，有针对性地提出完善工作措施、健全工作机制、加强队伍建设等意见建议，进一步促进了法治政府建设，规范了执法司法行为。高度重视人民群众来信来访工作，受理群众来信来访4763件（次），积极督促有关方面妥善解决事关群众切身利益的问题。

五是围绕行使重大事项决定权和人事任免权加强监督。从我市经济社会发展需要和城市建设实际出发，审查批准了我市“十二五”规划纲要调整报告和“十三五”规划纲要，审查批准了第四版城市总体规划和将北环路工程、兰州新区3个PPP项目资金纳入财政预算的报告，有效保障了全市经济社会平稳健康发展。进一步完善任免程序，制定并实施任前法律知识考试办法，严格落实宪法宣誓制度；制定和推行约谈制度，不断加强对人大任命的国家机关工作人员法治意识和履职情况的监督检查，国家机关工作人员尊法、学法、守法、用法的自觉性和依法履职尽责的主动性进一步提高。

三、加强和改进代表工作，代表主体作用充分发挥

5年来，常委会始终把加强和改进代表工作作为基础性工作来抓，立足代表主体作用发挥，不断加强履职能力和工作平台建设，强化代表议案和建议办理，全力支持和保障代表依法履职。

一是代表履职平台建设不断加强。在全市建成116个“人大代表之家”和438个“人大代表工作站”，健全完善运行机制，为闭会期间加强代表联络、开展代表活动、联系人民群众、发挥代表作用创造了有利条件，代表学习培训、视察调研、向选民述职等活动逐步制度化、规范化、常态化。持续深化拓展双联“人大代表在行动”活动，引导全市5345名各级人大代表积极参与精准扶贫。全市各级人大代表共帮助协调落实项目1543个，涉及资金44614万元，解决了一大批事关群众切身利益的困难和问题，群众认可，社会反响良好，得到了全国人大常委会和省委、省人大常委会的充分肯定。

二是代表履职能力有了新的提升。针对新的形势和任务对代表工作的新要求，全覆盖、多轮次培训省市县乡四级人大代表、基层人大工作者和代表之家（站）负责同志2000余人次，各级人大代表的履职意识、履职能力和基层人大工作者的服务保障水平不断提高。制定“一府两院”听取人大代表意见建议实施办法，不断改进“一府两院”向代表通报政情工作，利用兰州人大网、手机短信平台等及时向代表通报工作情况，组织代表参加检查、视察或调研，邀请有关代表列席常委会会议，保障了代表的知情权、参与权和监督权。建立健全“两联系”制度，进一步加强了常委会组成人员与代表、代表与原选举单位和人民群众的密切联系。

三是代表建议办理质效显著提高。对代表建议及时交办，提出办理要求，明确办理时限。共向市政府交办代表建议984件，对49件涉及面广、社会关注度高的代表建议进行了重点督办。通过全面督办、分类督办，实实在在解决了一批群众关注的热点难点问题，促进了治污染畅交通工作，推进了基础设施建设，加快了农业和农村发展，进一步保障和改善了民生。更加注重代表建议办理实效，对代表建议实行滚动办理，要求市政府对正在解决和列入计划解决的代表建议，建立工作台账，持续办理落实，直至问题解决。总体来看，代表建议办理工作质量不断提高，实效不断增强，代表对办理工作的满意率逐年上升。

四、加强和改进自身建设，常委会履职能力全面提升

5年来，常委会主动适应新形势、新任务、新要求，突出思想政治建设、纪律作风建设、改革创新发展、机关工作质效等重点，切实加强自身建设，常委会依法履职能力和机关服务保障水平得到有效提升。

一是思想政治建设不断深化。坚持把思想政治建设摆在首要位置，认真开展党的群众路线教育实践活动、“三严三实”专题教育、“两学一做”学习教育，深入学习贯彻中国特色社会主义理论以及党的十八大、十八届三中、四中、五中、六中全会和习近平总书记系列重要讲话精神。通过持续加强政治理论武装，常委会组成人员和机关党员干部“四个自信”更加坚定，“四个意识”牢固树立，为民、务实、清廉的群众观念和代表人民行使国家权力的责任意识不断增强，自觉践行“三严三实”和“四讲四有”，模范作用进一步发挥。

二是纪律作风建设全面加强。坚持党要管党、从严治党，严格落实全面从严治党主体责任，不折不扣执行中央和省、市委各项决策部署，不断完善领导体制和工作机制，及时传导责任压力，持续深入抓好常委会及机关纪律作风建设。强化对机关党员干部的日常教育、管理和监督，坚持不懈开展经常性党性教育，认真开展约谈工作，把纪律和作风建设摆在更加突出的位置，严明党的纪律，严格执行中央和省、市委关于作风方面的各项规定，自觉接受代表和人民群众的监督。

三是人大工作创新取得实效。着眼于坚持和完善人民代表大会制度、增强人大工作整体实效，认真贯彻落实中央和省、市委关于加强和改进人大工作的部署要求，着力推进我市人大工作与时俱进、创新发展。加强对立法工作的统筹谋划，启动运行了立法项目库；积极探索刚性监督手段，制定出台了专题询问办法；从制度层面强化预算约束和责任追究，修改完善了财政预算审查监督的决定；不断加强常委会及机关组织建设、机构建设、队伍建设，工作基础更加坚实；从机构、人员、职能、制度等方面进一步加大对县乡人大工作的指导力度，基层人大特别是乡镇人大工作更加规范。

四是机关工作水平明显提升。不断加强人民代表大会制度理论、人大工作业务知识和有关法律法规培训，常委会组成人员和机关干部的工作能力不断提高。以制度提效能、以制度促落实，健全完善机关工作制度，强化制度执行，机关整体服务保障水平有了新的提升。深入开展双联、“工作落实年”等行动，常委会领导班子成员及机关干部深入一线解决实际问题，助力全市经济社会发展。重视人大宣传工作，进一步加强对人大制度理论、工作特色亮点、代表履职尽责和换届选举工作的宣传报道，营造了良好的工作氛围。

2016年，是“十三五”规划实施和全面建成小康社会决胜阶段的开局之年。1年来，市人大常委会紧紧围绕市委十二届十一次全委会议部署要求，依法行使职权，积极开展工作，与时俱进发展，如期完成了年初确定的各项目标任务。**不断加强立法工作**。对《兰州市城市公共汽车客运管理条例》《兰州市中小学生人身伤害事故预防与处理条例》进行了一审，审议通过了《兰州市养犬管理条例》《兰州市河道管理条例》《兰州市烟花爆竹安全管理条例》，对《兰州市清真食品管理办法》进行了立法后评估。**深入开展监督工作**。听取和审议了“一府两院”计划预算执行、司法公开及信息化技术建设、行政执法与刑事司法衔接等专项工作报告，对《消费者权益保护法》《兰州市无公害蔬菜管理条例》《兰州市城市市容和环境卫生管理办法》等3部法律法规进行了执法检查，对非公有制企业发展、精准扶贫精准脱贫、美丽乡村建设等15项工作进行了检查、视察或调研。**规范重大事项决定权**。制定了《兰州市人大常委会讨论决定重大事项规定》，进一步明确了决定权行使的范围和程序。积极推行重大事项清单制度，及时对市政府报送的重大事项清单进行审定，并适时对2015年市级财政决算、2016年市本级财政支出调整安排、PPP项目有关事项等作出决议、决定。**扎实做好换届选举工作**。认真贯彻落实新修改的选举法、代表法和地方组织法，坚持党对换届选举工作的领导，按照中央和省、市委对换届选举工作的安排部署和具体要求，严守换届纪律，严格标准程序，优化代表结构，严把代表入口关，切实加强对县乡人大换届选举工作的指导，精心组织市人大代表换届选举工作，如期圆满完成了我市各级人大换届选举工作任务。**进一步强化代表工作**。坚持把代表工作作为基础性工作抓实抓好，创新思路、完善机制、搭建平台、强化服务，支持、引导、规范和保障代表依法履职。强化对新当选代表的学习培训，有效提高代表的履职意识和能力。**认真贯彻落实省、市委人大工作会议精神**。市、县两级人大及其常委会组织建设不断加强，常委会专职组成人员比例达到了60%，县区人民代表大会结合实际设立了法制、财政经济等专门委员会。乡镇人大建设取得重大突破，设立了人大工作办公室，配备了专职工作人员，部分3万人以上的乡镇（街道）人大配备了乡镇人大副主席或街道人大工委副主任。

各位代表，过去5年，是兰州发展史上极不平凡的5年，也是市人大常委会奋发有为的5年。市人大常委会取得的成绩，是在市委的坚强领导下，常委会组成人员和全体代表积极作为、全市各级人大团结协作的结果，也是"一府两院"密切配合、社会各界和人民群众大力支持的结果。在此，我代表市十五届人大常委会，向各位代表、向所有关心、支持人大工作的同志们、朋友们，表示衷心的感谢并致以崇高的敬意！

五年工作的主要体会

过去5年，市人大常委会主动适应新形势新任务对人大工作提出的新要求，不断开创工作新局面，为全市经济社会发展和民主法制建设作出了重要贡献。回顾5年来的工作，我们深切体会到：

—— 坚持党的领导是做好人大工作的根本保证。常委会始终把党的领导贯穿于人大履职行权全过程、落实到人大工作各方面，注重加强向市委请示报告工作，严格落实市委工作要求，认真做好市委安排的各项工作，将市委意图通过法定程序转化为全市人民的共同意志和自觉行动。

—— 依法履职尽责是做好人大工作的关键所在。常委会认真履行宪法和法律赋予的职权，紧扣大气污染治理、生态环境保护、城市建设管理等事关经济社会发展的全局性、根本性和战略性问题，突出重点，抓住关键，统筹开展立法、监督等各项工作，积极主动参与全市重点工作，有力促进了我市经济社会发展。

—— 维护民生民利是做好人大工作的本质要求。常委会把保障和改善民生作为立法、监督、决定重大事项、督办代表建议等工作的出发点和落脚点，充分发挥人大的优势和作用，及时了解群众诉求期盼，使制定的每一部法规、作出的每一项决定、开展的每一项工作都体现人民的意志、符合人民的利益。

—— 探索创新发展是做好人大工作的活力源泉。常委会主动适应不断发展变化的新形势对人大工作提出的新要求，认真分析研究人大工作面临的新情况、新问题，积极探索依法行使职权的有效途径，推进立法、监督、决定、任免、代表以及自身建设等机制创新，进一步强化了工作规范，提升了履职实效。

—— 加强自身建设是做好人大工作的重要保障。常委会始终把加强自身建设放在重要位置，深入推进全面从严治党，认真开展经常性党性教育，不断加强纪律作风建设和干部队伍建设，努力提高机关服务保障水平，进一步强化理论研究和宣传工作，立法、监督、调查研究等工作质量和水平得到全面提升。

各位代表，在总结回顾工作的同时，我们也清醒地认识到，本届人大常委会虽然做了大量的工作，取得了明显的成效，但与人民的期望、代表的要求还有不少差距。主要是，地方性法规引领和推动经济社会发展还不够有力，立法质量有待进一步提高；宪法法律规定的监督方式运用还不够全面，监督实效有待进一步增强；履行重大事项决定权还不够有效，需要从制度创新和实践探索两个层面共同推进；代表主体作用发挥还不够充分，服务和保障代表履职的能力还需进一步提升；人大新闻宣传工作需要加强，人大干部队伍建设需要不断强化。对此，要坚持问题导向，在今后的工作中努力加以改进。

对下一步工作的建议

各位代表，市十三次党代会认真回顾总结了我市5年来的发展历程，对今后5年我市经济社会发展作出了全面安排部署。新形势、新任务对人大工作提出了新的要求。在此，对下一步工作提出以下建议：

总的思路是：高举中国特色社会主义伟大旗帜，深入贯彻习近平总书记系列重要讲话精神，坚持党的领导、人民当家作主、依法治国有机统一，按照市十三次党代会总体部署，围绕中心、服务大局，求真务实、创新发展，不断提高立法质量，着力增强监督实效，有效行使重大事项决定权和人事任免权，支持和保障人大代表履行法定职责，充分发挥地方国家权力机关作用，为决胜全面小康、建设现代化中心城市作出不懈努力。

一是进一步创新人大工作。全面深入贯彻落实中央和省、市委关于加强和改进人大工作的部署要求，进一步巩固和拓展创新成果，不断优化常委会组织建设，加强人大及其常委会机构建设和队伍建设，加强兰州新区和高新区人大工作，加强县乡人大建设，补齐工作短板，有效解决制约我市人大工作发展的瓶颈问题。

二是进一步加强立法工作。充分发挥人大常委会在我市地方立法中的主导作用，强化对立法工作的组织协调，紧扣经济社会发展实际需要，深入推进科学立法、民主立法，做好城乡建设与管理、环境保护、历史文化保护方面的立法工作，有效发挥立法的引领和推动作用，破解改革发展的关键性难题，为协调推进“四个全面”战略布局提供有力支撑。

三是进一步改进监督工作。围绕推动中央和省、市委决策部署贯彻落实，突出我市经济社会发展中的重点问题和人民群众反映强烈的难点问题，加大刚性监督力度，依法开展法律监督和工作监督，落实依法治国基本方略，推进“法治兰州”建设，保障宪法和法律得到正确实施，保障行政权、审判权、检察权得到正确行使，保障公民、法人和其他组织的合法权益得到尊重和维护。

四是进一步落实重大事项决定权。不断完善人大讨论、决定重大事项工作程序，加强与“一府两院”及有关工作部门的沟通联系，深入开展专题调研，充分了解和掌握经济社会发展状况，不断提高行使重大事项决定权的质量，及时对全市计划、预算等经济社会发展中的重大事项作出决议、决定。

五是进一步行使好人事任免权。坚持党管干部和人大依法任免相统一原则，依照法律程序落实党委人事安排方案。规范任免程序，严格任职资格审查，不断提高人大选举任免干部的公信力。积极探索任后监督的有效方式，不断加强对人大任命人员依法履职、廉洁从政情况的监督。

六是进一步强化代表工作。创新代表培训方式，加大培训力度，不断提高人大代表履职的意识和能力。健全完善“人大代表之家”运行体制机制，继续深化拓展双联“人大代表在行动”活动，不断推进人大代表履职活动常态化、规范化。进一步规范代表建议办理工作，不断拓宽代表知情知政渠道，积极支持和切实保障人大代表依法履职。

七是进一步加强自身建设。始终坚持党对人大工作的领导，牢固树立“四个意识”，始终坚定“四个自信”。严格落实全面从严治党主体责任，认真执行中央和省、市委有关规定，深入推进纪律和作风建设。加强人大机关干部队伍建设，强化人大宣传和研究工作，密切与基层人大的联系，加强对基层人大工作的指导，不断提升全市人大工作整体水平。

各位代表，未来5年，将是我市深入推进“五位一体”总体布局，协调推进“四个全面”战略布局，认真贯彻落实“五大发展理念”，决胜全面小康、建设现代化中心城市的关键时期，市人大及其常委会责任重大、使命光荣。让我们高举中国特色社会主义伟大旗帜，更加紧密地团结在以习近平同志为核心的党中央周围，在市委的坚强领导下，以更加昂扬的精神、更加坚定的担当、更加务实的举措、更加扎实的作风，努力工作，奋力拼搏，为推动兰州经济社会发展和民主法制建设做出新的更大贡献！

中国人民政治协商会议
兰州市第十三届委员会常务委员会工作报告

2016年12月14日在政协兰州市第十四届委员会第一次会议上　王　冰

各位委员：

我受政协兰州市第十三届委员会常务委员会委托，向大会报告工作，请予审议。

一、过去五年工作回顾

十三届市政协任期的5年，是我市全面建设小康社会、推进跨越发展的5年，也是市政协不断创新工作、履职成果丰富的5年。5年来，在中共兰州市委领导下，常委会坚持深入学习贯彻党的十八大、十八届三中、四中、五中、六中全会和习近平同志系列重要讲话精神，紧紧依靠各界委员，牢牢把握团结、民主两大主题，认真履行三大职能，切实加强协商民主建设，为全面贯彻落实中央和省、市委决策部署，推进兰州改革发展做出了积极贡献。

（一）把握方向、深化学习，思想理论建设实现新突破。常委会始终牢牢把握坚定正确的政治方向，严格按照中央和省、市委部署，全面开展各项学习教育活动，深入推进思想理论建设，不断夯实共同思想政治基础。

把握政协性质定位，确保正确政治方向。常委会始终牢牢把握坚定正确的政治方向，不断强化政治意识，把坚持党的领导作为政协工作最根本的政治规矩。准确把握人民政协作为统一战线组织、多党合作和政治协商机构、发扬人民民主重要形式的性质定位，切实发挥政协发扬民主、参与国是、团结合作的重要平台作用，组织带领全市各级政协组织、各界政协委员自觉在宪法法律和政协章程范围内开展工作，紧紧围绕市委市政府中心工作和全市发展大局，以扎实有效的工作，积极履行协调关系、汇聚力量、建言献策、服务大局的职责，确保全市政协工作始终沿着正确的方向不断发展、不断进步。

加强理论学习，夯实共同思想政治基础。通过多种有效形式，组织推动广大委员深入学习贯彻中共十八大和各次全会精神，深入学习贯彻习近平总书记系列重要讲话精神，深入学习贯彻中央关于加强社会主义协商民主建设的理论和方针政策。各界委员在勤奋学习、深入思考的同时，把学习成果运用到领会中央精神、认清发展形势、研究实际问题、助推改革发展的实践中，思想理论素质不断提高，道路自信、理论自信、制度自信、文化自信切实增强，走中国特色社会主义道路的决心更加坚定，团结奋斗的共同思想政治基础更加牢固。

不断深化改革，推进协商民主基础性工作。深入学习领会党的十八大以来关于协商民主建设的新思想、新论断、新决策，全面调研全市政协工作，系统总结、科学研判，先后制定调研视察、提案办理、民主评议、社情民意、委员管理等方面的12项重要工作制度，为我市推进政协协商民主建设作出了有益探索。配合市委出台《中共兰州市委关于进一步加强人民政协工作的意见》，主动向市委请示，同市政府协商，在调研选题、协商监督内容、提案建议落实等方面得到有力支持，使政协履职与中心工作贴得更紧、更有效。

（二）围绕大局、献计出力，助推发展做出新贡献。以推进改革发展、助力党政决策部署落实为目标，聚焦中心工作，集中各方智慧力量，调研献策、主动作为，开展了一系列助推发展、促进工作的协商议政活动。

以服务发展大局为核心，积极开展重大课题研究。紧紧围绕发展大局和中心工作，选取综合性、前瞻性课题，深入调查研究，多方分析论证，积极建言献策。十三届以来，每年都精心选定重点课题，主席会议成员分工协作，集中力量攻关。深入调研兰州新区发展，形成了《加快推进兰州新区开发建设研究报告》和《建议案》等一批成果，提出了几十条有价值、可操作的建议。其中，关于“把兰州新区上升为国家级新区”的建议，为兰州新区获批国家级新区做出了贡献，关于资金、税收、土地、项目、生态、基础设施、社会建设等方面支持新区发展的意见建议，都得到重视和采纳。围绕人口密集、交通拥堵、城市扩张受限等突出问题，及时进行

"中心城区抽疏战略"调研，向市委市政府提出的31条建议，对我市发展思路转型升级产生了积极影响。针对近郊农村贫困现状和扶贫工作的困难，深入实地调研，提出了以搬迁移民为核心的连片扶贫开发思路，许多观点、思路都同国家和省、市精准扶贫政策相吻合。持续关注我市空间狭窄问题，深入调研，多方借鉴，形成了"向地下要空间、建设立体化城市"的思路，其中关于加快轨道交通建设、建设地下综合管廊等具体建议，已经进入决策视野。着眼快速融入"一带一路"和推进产业转型升级，开展现代物流业调研，从培育现代物流企业、构建物流平台、发展保税物流等方面，提出了许多可行的建议。面对老龄化趋势，深入调研养老问题，围绕居家养老、社区养老、机构养老提出40多条建议，引起社会各界广泛关注，成为我市养老服务业发展的重要决策参考。5年来，政协参政议政成果丰硕，重点调研报告有理论、有分析、有见解、有分量，市委市政府主要领导和其他领导先后20多次作出批示，许多建议被市委、市政府借鉴、采纳，发挥了良好的社会作用。

以多角度献计献策为目标，进行全方位视察调研。注意增加广度、挖掘深度，多方面、多角度开展视察调研、参政议政工作，工作触角涉及全市经济社会发展的各个方面、各个领域、各个层次，特别是在"三区"建设、产业发展、结构调整、基础设施建设、城市管理、生态环保、教育文化卫生发展等方面开展了大量调查研究，许多调研成果成为我市相关领域重要的研究蓝本和决策参考。5年来，市政协共组织开展80多项调研视察，向市委市政府报送81篇调研视察报告和建议案，印发《调研视察报告和建议案汇编》60余万字。还组织委员积极参与"十三五"规划建议和纲要、"兰州建设山水城市、宜居城市、活力城市"等研讨活动，发挥了积极作用。

以助推改革发展为己任，积极推进重点项目。围绕全市发展大局，主动融入，积极作为，先后就南山路、轨道交通、上跨下穿工程等重大基础设施建设项目，快速公交、棚户区改造、新水源地建设、地质灾害防治等重大民生项目，兰州港务区、物流产业园、循环经济项目、文化旅游业项目等重大发展项目，开展督导调研工作，力促项目建设。5年来，先后督导调研60多个重点项目，出主意、提建议，协商解决困难。推荐政协委员担任政府部门特邀监督员，组织委员参加预算执行情况检查、"五城联创"、大气污染治理和冬防督查等工作。利用政协优势，积极参与招商引资等工作，为全市重点工作献计助力。

（三）关注民生、服务群众，履职为民取得新成绩。把服务群众、履职为民作为政协工作的出发点和落脚点，锁定群众最关心、最直接、最现实的利益问题，调研民生问题，反映社情民意，努力为群众服务。

调研民生问题，献计民生事业。把献计民生事业、增进群众福祉作为履职重点，抓住群众反映强烈的交通出行、征地拆迁、上学入园、社保养老、食药安全等问题，以及失地农民、环卫职工、残疾人等困难群众生产生活问题，深入开展实地调研，向市委、市政府提出数百条意见建议。关于教育资源均衡配置、农村体育事业发展、食品药品安全监管等调研建议，受到市委、市政府主要领导的重视和批示，直接促成了相关决策。各界政协委员纷纷深入基层访民忧、察实情，形成的关于停车场建设、城市供水安全、清真食品管理、医疗垃圾处理、危化品运输、公共交通发展、农村医保支付等一批调研成果，得到重视、采纳，为改善民生、服务群众发挥了积极作用。

关注民生热点，反映社情民意。完善政协社情民意信息工作制度，组织各级政协组织、各界政协委员积极反映社情民意。各界委员情系百姓冷暖，围绕群众生产生活中的大事小情，出主意、想办法、提建议，提出了关于增加公交线路、改进冬季供暖、治理虚假医药广告、改造城市出口、提升市容环境、建设养老服务体系、解决外来非公人士子女入学、疏通扶贫渠道等一批有价值的建议。省委主要领导及多位省、市领导对有关社情民意信息做出重要批示。5年来，先后向市委、市政府和省政协报送社情民意信息120多篇，获得全省政协反映社情民意信息工作先进集体称号。

（四）创新工作、提高实效，协商民主建设获得新进展。深入贯彻习近平总书记和中央关于协商民主建设的新部署和"懂政协、会协商、善议政"的新要求，从实际出发，不断探索协商形式、拓宽协商渠道、提高协商实效，有效促进了人民政协协商民主建设。

抓好经常性工作，促进协商议政监督。不断巩固全委会集中协商、常委会和主席会专题协商、专委会对口协商的协商议政格局，推进协商制度化规范化。十三届政协共召开全体会议5次，常委会议19次，主席会议42次，分别对发展规划、政府工作报告、计划财政和法检两院报告、政协调研视察报告和建议案进行充分协商讨论。各界委员围绕讨论议题，争相发言，畅抒己见，市委市政府主要领导和其他领导亲临小组会场，倾听意见，共商大计。把大会发言作为政协委员在高规格会议上参政议政的重要平台，改进发言方式，提高发言质量。5年来，先后组织100多名委员进行大会发言，面对面向市委市政府领导和政府部门负责人提出有价值的意见建议500多条，许多建议得到重视和采纳。

开展专题协商，促进科学决策。主动适应协商民主建设新形势，不断创新协商方法，拓宽协商渠道。每年与政府协商确定6至8个重大发展和民生选题，在深入调研的基础上，组织政协委员、专家学者与政府部门负责同志面对面交流，多角度协商，受到党委政府充分肯定，推进协商于决策之前和决策实施之中，打造了政协协商民主建设的新平台。5年来先后开展了户籍制度改革、大气污染治理长效机制、城市民族宗教工作与社会稳定、公共文化体系建设、地质灾害防治工作等专题协商，为党政科学决策提供了有力支持。

改进提案工作，努力提质增效。高度重视提案工作，开展了提案"提质瘦身"和先协商、后立案工作，2013年，针对提案数量多、部分提案质量不高、提案办理走过场等问题，下决心整改，精减数量，提高质量，加强办理，受到全国政协和省政协的充分肯定，《人民政协报》在头版突出位置作了重点报道。加强主席会议成员领衔督办、与政府部门联合督办，强化重点提案现场督办。通过努力，委员提案质量明显提高，办理实效切实增强。5年来，共征集委员提案2312件，立案1828件，年均立案366件，重点督办提案51件，其中关于促进民营经济发展、建立辟谣网站、加快新水源地建设、加强食品安全检验检疫、规划建设兴隆山大景区、发展公共自行车交通、加快学前教育发展等重点提案，得到有效落实，产生了良好的经济社会效应。在政府部门全力配合下，历年提案全部按时办复。

扩大交流交往，拓宽履职渠道。积极配合全国政协、省政协和外地政协来兰开展调研视察等履职工作。利用省政协平台，向上建言支持兰州发展，其中关于支持兰州新区发展、支持兰州大气污染治理、加快养老体系建设等建议，得到了省上和国家有关部委的重视。承办"23城市政协'一带一路'建设协商合作联盟"会议，开展"一带一路"沿线城市政协之间的协商交流活动。发挥政协书画院的独特作用，以文化为纽带，同丝绸之路沿线城市开展艺术交流、举办书画展览，为我市融入"一带一路"战略牵线搭桥。引导非公经济人士、文化科技界人士和各界商会，参与经济文化交流和引资、引智工作，工作视野更加开阔。

（五）夯实基础、多措并举，自身建设迈上新台阶。主动适应新形势，按照促进党派合作、突出界别特色、发挥委员主体作用和加强政协机关建设"四位一体"的要求，切实加强自身建设，为更好发挥作用提供了有力保障。

加强团结联系，凝聚工作合力。加强与民主党派、宗教团体和各族各界人士的团结合作。建立了党组成员联系民主党派和党外代表人士制度，党组成员每年走访党外代表人士40多人次，倾听意见，了解诉求。发挥党外代表人士在协商议政中的作用，重点安排党外代表人士在政协例会上发表意见，加大党派提案督办力度，重点督办提案80%以上是党派及其成员的提案。做好政协民族宗教和港澳台侨工作。定期走访慰问宗教界上层人士和信教群众，走访港澳台侨界人士，开展民族团结进步宣传月活动，围绕发展民族经济、落实民族宗教政策、保护少数民族群众权益等问题，开展调研视察和协商讨论。组织民族宗教界、港澳台侨界委员和"三胞"亲属参加调研视察、学习交流、参观考察活动，激发他们热爱兰州、建设兰州的热情。

依靠委员履职，发挥主体作用。加强委员管理，严格会议纪律，严抓履职登记、通报、委员述职和考核工作。加强委员培训，组织委员参加理论政策学习，开展履职能力培训。组织委员听取经济社会发展情况通报、提案办理情况报告，利用《诤友》、《学习参考资料》、政协网站、短信平台解读政策，帮助委员知情明政。成立10个界别工作组，制定界别活动方案，采取参观、考察、视察等形式，组织39次大型界别活动，有效促进了界别建设。发挥委员的表率作用，积极倡导委员在本职岗位上建功立业，许多委员都以出色的工作业绩赢得社会赞誉。5年来，委员参加调研视察1753人次，参加专题协商会608人次，参加提案督办372人次，参加大型界别活动1108人次，委员履职热情和履职能力不断提高。

开展政协理论研究，加强政协宣传工作。组织政协委员和理论工作者围绕协商民主建设和兰州改革发展，深入开展研究，积极配合省政协的理论研讨活动，5年来先后报送50多篇高质量研究成果参加全省政协的理论研讨，多次获得优秀论文奖和优秀组织奖。实施"四个一"宣传工程，在《兰州日报》开辟"政协委员风采"专栏，在中国兰州网开辟"政协之窗"专题网页，编印出版画册《兰州市政协工作剪影》，拍摄专题片《和衷共济——兰州市政协工作纪实》，充分运用现代传媒宣传政协工作、展示委员履职风采，有效扩大了政协的社会影响，打造了兰州政协的宣传品牌。多方征集亲历、亲见、亲闻史料，征集校订"西部大开发战略史料·兰州史料"，出版文史资料专著《沧桑巨变》，有效发挥了存史资政、团结育人的功能。

加强机关建设，夯实履职基础。组织政协机关全体党员干部深入开展党的群众路线教育实践活动、"三严三实"专题教育、"两学一做"学习教育，全面落实从严治党主体责任，持续改进作风，推进效能建设，落实文风会风、工作作风和生活作风等常态化监督机制，中央"八项规定"和省市委各项规定得到严格执行。积极建章立制，对市政协《常委会工作规则》等64项规章制度进行了全面修订，形成了制度体系，并根据新形势新要求，不断改进、完善，切实打牢工作基础。加强干部队伍建设，积极教育引导，切实监督管理，多方选派干部参加学习培训、挂职锻炼和交流转任，努力振奋精神、提升能力、优化结构。加强会议、调研、接待、办公用房、车辆等日常管理，严防发生违纪违规行为。组织干部职工参加知识竞赛、文体活动，不断丰富机关文化生活，营造了良好的机关工作氛围。　十三届市政协已经圆满完成使命。常委会任期的5年，是勤奋工作、不断创新、积极作为的5年。5年来所获得的新成绩、取得的新进展，是中共兰州市委正确领导的结果，是市人大、市政府及全市各方面大力支持的结果，是各党派团体、各族各界人士热情参与、积极奉献的结果，也是全体政协委员和机关干部恪尽职守、努力工作的结果。在此，我代表十三届市政协常委会，向为政协工作付出心血和汗水的全体委员和各界人士致以崇高敬意！向多年来关心支持政协工作的领导和同志们表示衷心感谢！

回顾5年来的工作，十三届市政协虽然取得了一定的成绩，但与新形势新任务相比，与市委的要求和各界群众的期望相比，还有差距，工作中还存在一些薄弱环节。如协商议政的制度化、规范化、程序化还有待加强，建言献策的前瞻性、可操作性还存在差距，发挥委员和界别作用做得还不够，民主监督实效有待于进一步提高，自身建设还存在着一些不足。这些都需要在今后的工作中努力加以改进。

二、五年来工作的主要体会

十三届市政协继承和发扬历届政协的优良传统，不断深化对人民政协事业特点和规律的认识，努力研究新情况，解决新问题，在实践中积累了许多有益经验。

（一）坚持党的领导是政协工作的根本保证。常委会坚持以促进党委政府决策部署落实为己任，自觉服从服务、主动融入大局。努力学习贯彻党的路线方针政策，坚持把政协工作置于市委的坚强领导下，自觉把市委决策部署贯彻到政协的全部工作中，努力使市委的主张成为各党派团体和各界人士的广泛共识。实践证明，政协工作只有坚持党的领导，才能方向明、路子正、有作为。

（二）坚持团结和民主两大主题是政协工作的关键。常委会坚持服从服务于团结和民主的需要，围绕增进团结、促进民主来开展政协工作。坚持求同存异、体谅包容，调动一切积极因素，团结一切可以团结的力量，致力于协调关系、化解矛盾、凝聚合力。实践证明，与各界人士真诚相待、融洽共事，努力营造生动活泼、宽松和谐的民主氛围，是政协工作推进民主政治建设的必然要求。

（三）促进发展是政协工作的第一要务。常委会坚持紧紧围绕兰州改革发展的战略目标、主要任务、政策措施来谋划工作思路、确定工作抓手。围绕市委市政府重大决策的制定和实施过程，组织好全体会议、常委会议、主席会议、专题协商会议和视察调研活动，精心选择党委政府重视、群众关心、政协有条件做好的事项，引导各界委员知情参政、反映情况、献计出力、助推发展。实践证明，只有围绕发展大局，贴紧中心工作，才能找准政协用力方向，做出积极贡献。

（四）履职为民是政协工作的出发点和落脚点。常委会坚持把履职实践同人民群众的根本利益紧密联系起来，谋富民之策，为利民之举，关心民生热点，关注民生工程，关爱困难群众，协助党委政府解决好民生突出问题，引导委员深入群众了解民意，积极扶贫济困，努力构建人人共享改革发展成果的局面。实践证明，只有把关心群众、服务群众的工作切实做好，才能保持同人民群众血肉联系，真正成为党和政府联系人民群众的桥梁纽带。

（五）不断创新是政协事业永葆活力的源泉。常委会坚持着眼新形势新任务，根据政协工作的特点和规律，在实践中探索完善思想政治建设、调研视察、专题协商、提案协商、社情民意、界别活动的科学方法，在把握政治方向、服务中心工作、推进协商民主建设等方面都有了新举措、新进展、新提高。实践证明，政协工作只有不断探索、勇于创新，才能体现时代性、把握规律性、富于创造性。

三、对新一届政协工作的建议

市政协第十三届委员会已经届满，新一届政协常委会即将产生。今后5年，是我市决胜全面小康、建设现代化中心城市的关键阶段。中共兰州市委第十三次代表大会确定了宏伟蓝图，也进一步明确了人民政协肩负的使命。我们坚信，在新的征途上，新一届市政协一定能抓住新机遇、展现新作为、做出新贡献。现就今后政协工作提出几点建议：

（一）加强学习、把握方向，切实保障科学履职。坚持把学习教育放在首位，深入学习习近平同志系列重要讲话和党的十八大及各次全会精神，学习领会中央关于加强社会主义协商民主建设和加强人民政协协商民主建设的意见等新时期政协工作的纲领性文献，坚决贯彻中央和省、市委的重大决策部署，把握政治方向，提高政治素质。加强委员队伍建设，发挥委员主体作用，鼓励和引导他们在做好本职工作的同时，履行好委员职责。加强政协机关和干部队伍建设，落实党建主体责任，坚持反腐倡廉，进一步加强制度建设、作风建设、纪律建设，努力造就一支政治坚定、作风优良、学识丰富、业务熟练的干部队伍，不断促进政协事业发展。

（二）突出重点、发挥优势，大力推进改革发展。围绕“五位一体”总体布局和“四个全面”战略布局，以全面助推发展、热情服务群众为出发点和落脚点，按照市十三次党代会提出的“一条主线”、“三大任务”、“五大发力重点”和“八个方面重点工作”，突出问题导向，持续关注城市功能布局、基础设施建设、治堵攻坚、大气污染治理、县域经济发展、小康村建设、供给侧结构性改革、非公经济发展以及文化、教育、医疗、养老、社保、公共安全等发展问题和群众切身利益问题，充分发挥政协优势，有效利用协商手段，积极协商议政、建言献策，持续为党政决策提供积极的帮助和有力的支持。

（三）把握关键、凝聚力量，努力促进团结和谐。围绕发扬民主、增进团结、凝聚人心、汇聚力量的职能，加强与各党派合作共事，维护和促进民主团结、生动活泼的多党合作关系，巩固和发展爱国统一战线。注重体现界别特色，充分发挥民族宗教界别和委员的作用，努力促进民族团结、宗教和睦。发挥港澳台侨界别和委员作用，增强凝聚力和向心力。把各党派团体、各族各界人士最大限度地团结起来，共同致力于兰州发展。

（四）完善机制、强化监督，推进民主政治建设。把民主监督同履职活动结合起来，同支持党委、政府工作结合起来，促进政协民主监督制度化、规范化、程序化。拓宽渠道，通过专题调研视察、项目督导、联合检查、委员民主评议等方式，多渠道开展民主监督；选好角度，积极开展对重大发展问题和重大民生问题的协商监督。激发委员监督热情，提高监督能力，提出可行的建议，切实达到改进工作、促进发展的目的。

（五）深入探索、创新工作，不断深化协商民主。深入贯彻落实中央关于协商民主建设的意见精神和省、市委的部署，充分发挥协商民主重要渠道作用，开展好专题协商、提案办理协商、界别协商，进一步探索协商内容、形式和方法，增加密度，完善程序，增强实效，推进重大问题协商于决策之前和决策执行过程中。结合兰州改革发展实际，深化对国家和省、市各项战略部署的认识，努力研究新情况，总结新经验，开拓新视野，推进协商民主建设不断迈上新台阶。

各位委员，过去5年的成绩令人欣慰，新的使命激励我们不断奋进。十四届政协责任重大、使命光荣。我们坚信，只要我们紧密团结在以习近平同志为核心的党中央周围，以党的十八大和各次全会精神为指导，以习近平同志系列重要讲话精神为统领，在中共兰州市委的坚强领导下，切实增强政治意识、大局意识、核心意识、看齐意识，凝心聚力，锐意进取，我市人民政协事业必将在决胜全面小康、建设现代化中心城市新的历史征程中谱写更加辉煌的新篇章！

兰州市中级人民法院工作报告

——2016年12月17日在兰州市第十六届人民代表大会第一次会议上

兰州市中级人民法院院长　王永平

各位代表：

现在，我代表兰州市中级人民法院向大会报告工作，请予审议，并请政协委员和列席会议的同志提出意见建议。

五年工作回顾

过去的5年，法院工作面临许多新形势，三大诉讼法先后修改实施，司法体制改革在重点领域和关键环节不断向纵深推进，人民群众对审判工作有了新的更高期待。面对新形势，全市法院在市委的领导、市人大及其常委会的监督，市政府、市政协及社会各界的关心支持下，以"让人民群众在每一个司法案件中都感受到公平正义"为目标，紧紧围绕司法为民，公正司法工作主线，认真履行审判职责，努力提升司法公信，积极稳妥推进司法改革，持续加强队伍建设，各项工作取得了新进展。全市法院共受理各类案件180749件，年均上升17.8%，本届与上届相比上升38.3%,结案167895件，法定审限内结案率99.9%，其中中院受理各类案件39304件，年均上升17.6%，本届与上届相比上升38.4%，结案34297件，法定审限内结案率99.8%。

一、切实履行审判职责，维护社会公平正义

（一）*着力加强刑事审判，维护社会安全稳定*。共受理刑事案件27162件，年均上升15.4%，审结26120件，法定审限内结案率99.8%，其中中院受理2745件，年均上升4.5%，审结2661件，法定审限内结案率99.1%。加大对涉黑犯罪和暴力犯罪的惩治力度，审结涉黑犯罪、抢劫、故意杀人、故意伤害等案件3963件6732人,依法惩治严重破坏社会和经济秩序的李林胜等26人组织、领导、参加黑社会性质组织犯罪；坚持依法从严惩处毒品犯罪，审结走私、制造、贩卖、运输毒品犯罪案件5750件6455人；严惩职务犯罪，持续推进反腐败斗争深入开展，审结贪污、贿赂、渎职等职务犯罪案件1069件1604人；依法惩处破坏市场经济秩序犯罪，审结传销、金融诈骗、网络诈骗、非法吸收公众存款等案件1543件2400人；严格对"三类罪犯"的减刑、假释案件进行开庭审理，依法对11772名罪犯裁定减刑、假释。依法对181名罪犯进行特赦,对2名被告人宣告无罪。

（二）*妥善审理民商事案件，平等保护各方权益*。共受理民商事案件104510件，年均上升26.5%，审结96260件，法定审限内结案率99.9%，其中中院受理15689件，年均上升21.2%，审结14435件，法定审限内结案率99.9%，调撤率40.1%。有效化解家事矛盾，审结婚姻家庭、抚养继承纠纷案件21599件；及时维护用人单位和劳动者合法权益，审结劳动争议案件6094件；注重保护公民合法人身和财产权利，审结交通、医疗损害等侵权纠纷案件8606件；依法保障人民群众居住权益和房地产市场平稳健康发展，审结房屋买卖、租赁、建筑工程等案件4642件；依法审理"三农"案件，维护农民合法权益，审结土地承包、经营、流转及宅基地使用权等纠纷案件204件；加大环境资源保护力度，设立环境资源合议庭，审结环境资源类纠纷案件40件，依法妥善审理了社会关注度较高的兰州"4·11"局部自来水苯超标引起的侵权责任纠纷案件。维护公平诚信的市场经济秩序，审结商事合同纠纷案件9700件；维护金融安全和秩序，审结金融及各类票据纠纷案件13342件；围绕企业改制，审结股权转让、兼并重组案件492件；协助清退"僵尸"企业，审结破产案件30件，指导和督促破产管理人加强债权清收工作，服务供给侧结构性改革。落实知识产权"三审合一"审判模式，审结专利、商标、著作权纠纷案件560件，其中张弓诉兰州市城关区政府等著作权纠纷案，入选2012年度最高法院公布的全国法院50件知识产权典型案例。

（三）*发挥行政审判职能，致力推进依法行政*。共受理行政案件1844件，年均上升32.3%，审结1781件，法定审限内结案率99.9%，其中中院受理946 件，年均上升9.4 %，审结886件，法定审限内结案率99.9%，办结非诉行政执行案件1818件。落实行政机关负责人出

庭应诉制度，及时向同级人民政府法制部门通报出庭情况，督促行政机关依法行政，维护行政相对人合法权益，中院一审案件行政机关败诉率16.4%；发布行政审判白皮书，就行政执法和行政审判中的问题提出对策建议；加大协调和解工作力度，行政相对人与行政机关和解后撤诉277件。妥善审结大西北板材市场系列行政诉讼案。

（四）多措并举，齐心协力破解“执行难”。共受理执行案件33790件，年均上升26%，执结30350件，执结率89.8%，法定期限内执结率94.3%，执结标的87.5亿元，自动履行率25.5%，强制执行率23%。其中中院受理1406件，年均上升61.5 %，执结 708 件，执结率50.4%，法定期限内执结率94.4%，执结标的22.9亿元。进一步规范执行行为，分离执行裁决权和实施权，有效提升执行工作质量和效率；建成执行指挥中心，建立“执行110”工作模式，向社会公布执行举报电话，提升执行时效和应急处突能力；建立执行联动威慑机制，进一步强化与公安等部门的协作配合，依法严惩拒执违法犯罪行为，司法拘留267人，移送追究拒执罪41案49人，移交公安机关协助查找、控制2053案2050人；落实“失信被执行人名单”制度，在省、市媒体和司法公开平台公布拒不履行法院裁判的被执行人信息，将4443名自然人和1204名法人列入“失信者黑名单”；利用“总对总”执行查控系统，加大财产查控力度，提高执行效率；开展涉党政机关执行积案清理、“一打三反”、百日执行风暴等专项行动；加大司法救助力度，积极协调和筹集救助资金，最大限度保障申请执行人合法权益。

（五）加强监督指导，提高审判质量。注重与一审法院的沟通交流，先后36次通过调研、召开座谈会等形式，对基层法院进行业务指导，规范类案裁判规则、统一司法尺度。共发回重审案件1332件，改判1046件。受理申诉、申请再审案件1592件，决定再审81件，再审改判77件。办理国家赔偿案件26件，确定赔偿6件，赔付金额33.28万元。

5年来，全市法院案件总量持续增长，各类案件从2012年的29458件增长到2016年的56000件，一线法官年人均办案101件，部分基层法院一线法官年人均办案超过136件，中院一线法官年人均办案83件。

二、积极转变审判观念，切实提升司法公信

（一）坚持服务大局，保障中心工作。紧紧围绕省、市发展战略，为全市经济和社会发展提供全方位司法服务。稳妥审理涉及“3341”项目工程、丝绸之路经济带建设相关案件；成立兰州新区法院，明确职能目标，为新区土地征用、招商引资、政策出台提供法律服务，营造良好投资环境；设立少年审判庭，坚持“教育、感化、挽救”的方针，落实前科封存制度，促进失足未成年人回归社会，对413名未成年犯适用非监禁刑，占未成年人犯罪案件的42.3%；积极推进涉诉信访改革，做好重大敏感案件的社会稳定风险评估和稳控工作，预防和化解社会重大矛盾，共受理来信2906件，来访5620人；开展社区矫正、判前社会调查、风险评估、判后回访工作；落实普法责任制要求，先后15次组织干警750人参加普法宣传，助力“七五”普法规划。

（二）坚持阳光司法，深化司法公开。全面推进“三大平台”建设，构建开放、动态、透明、便民的阳光司法机制。实行审判流程、执行信息和裁判文书依法全面公开。自2014年以来，全市法院累计上网公开裁判文书47370份。在电视、报纸等媒体上公布审判执行工作动态、典型案件。开通兰州中院官方微博和微信公众号，运用新媒体推进司法公开，便利业务交流和民意收集。建成淘宝网司法拍卖平台，至2016年11月，网拍标的物达213件，成交金额14638.63万元。

（三）坚持为民司法，落实便民措施。设立诉讼服务中心，将立案登记、诉前保全、诉前调解、诉讼费缴纳、司法救助、查询咨询、材料收转、法律文书送达、申诉、申请再审、投诉举报等工作统一归口办理。采用诉讼提示、诉讼指南、导诉分流、配齐便民服务设施等措施方便群众诉讼。完善诉讼服务网络平台，提供网上立案、预约立案、电子送达、电子卷宗查询等服务。开通12368诉讼服务热线，为当事人提供案件信息查询、约见法官和诉讼指导。设立巡回审判点20个，开展巡回审判500余次，就地及时化解矛盾。对涉及老弱病残、农民工等追索赡养费、抚养费、拖欠工资案件开通绿色通道，实行优先立案、优先审理、优先执行。落实司法救助制度，保障困难群众打得起官司，依法减、缓、免诉讼费707.65万元，为251件案件的当事人申请救助资金1016.02万元。

（四）建设数字法院，强化审判管理。推进全市法院信息化建设，先后投入4000多万元资金，建设高标准的全市法院综合管理软硬件系统。全面实行网上办案，终端延伸到人民法庭，实现了从立案、结案、签章、归档、督办、评查全程网络化管理。建成科技法庭103个，覆盖率达84%，中院实现科技法庭全覆盖，满足全程录像、远程提讯、在线监督和远程接访，全面提高办公办案效率。建立现代审判管理体系，精细管控案件流程节点。利用“大数据”开展审判质效评估、审判态势分析，适时通报两级法院、部门、个人案件质效。

三、坚持问题导向，推动司法体制改革

（一）全面落实改革措施。实行立案登记制改革，制定《兰州市中级人民法院关于深入贯彻落实立案登记制改革的意见》，对依法应当受理的案件，做到有案必立、有诉必理。2015年5月1日实施立案登记制后，当场登记立案率达95%以上，高于全国平均水平。完成法官员额制改革，全市法院586名法官经入额考试、考核，共有411名法官进入员额。积极探索人员分类管理方法，规范审判辅助人员序列管理和聘用工作。推进司法责任制改革，突出法官主体地位，实行谁主审、谁签发、谁负责；改革审判委员会工作机制，强化审判委员会总结审判经验、讨论决定审判工作重大事项的宏观指导职能。出台《兰州市中级人民法院保障律师参与诉讼活动若干意见》，保障和尊重律师依法履职。落实院、庭长办案制度，截至11月底，已有10个法院142名院、庭长办理各类案件6596件，实现院、庭长办案常态化。探索以审判为中心的刑事诉讼制度改革，认真落实无罪推定、非法证据排除、直接言辞证据等原则。全面推进量刑规范化工作，制定《兰州市中级人民法院新增罪名量刑实施细则（试行）》，将危险驾驶罪和引诱、容留、介绍卖淫罪纳入量刑规范化程序。

（二）主动开展试点工作。安宁区法院作为全省司法改革试点法院，已率先完成法官员额制改革，并按照1∶1∶1的比例建立审判团队，各项工作有序开展。兰州新区法院实行新型审判模式，建立以法官为核心的新型审判团队，法官助理、书记员分别对法官负责，各司其职，共同完成审判任务。实行法官会议制度，实现法官民主决策、自我管理。榆中县法院、七里河区法院探索"家事审判"新机制，设立家事审判合议庭，建立符合家事审判理念的家事审判场所，建成家事纠纷调解中心，审理婚姻、家庭、继承类民事案件。各基层法院先后试点"轻微刑事案件快速办理"机制，2016年1—11月，收案741件，审结725件。平均审理天数5.6天，当庭宣判率达100%，服判率99.8%，呈现出服判息诉率高、上诉率低、无抗诉、无信访投诉的特点，降低诉讼成本，缓解人案矛盾，实现案件质量和审判效率的双提升。在人民法庭实行主审法官、合议庭办案责任制，全市人民法庭共审结案件41334件，占全市法院的21.6%。

（三）注重司法改革理论研究。兰州中院中标最高法院2014年司法改革重大课题，完成《人民法院司法统计信息标准化研究报告》，受到最高法院充分肯定，成果内容已在最高法院推行的改革举措中应用。出台兰州中院《关于加强调查研究工作的意见》和《调研成果奖励办法》，鼓励广大干警结合审判执行工作实际开展调查研究和成果转化，有3篇调研文章在《人民法院报》发表，34篇论文获得省级以上表彰奖励。

四、加强队伍建设，提升司法能力和水平

（一）强化思想政治建设。突出理想信念教育，把握正确政治方向。严格落实"三会一课"制度，充分发挥党支部先锋堡垒作用，深入学习《党章》和《廉洁自律准则》《纪律处分条例》《问责条例》《党内政治生活若干准则》等党内法规。认真开展群众路线教育实践活动、"三严三实"专题教育和"两学一做"学习教育，不断增强干警政治意识、大局意识、核心意识、看齐意识。深化法官职业道德教育，通过专题辅导、座谈交流、观看影视教育片、举办演讲比赛等活动，引导法官热爱审判事业，严守公正司法生命线。

（二）强化党风廉洁建设。严格落实党风廉政建设"3783"主体责任和监督责任，以省委"866"为重要标尺，以市委"八查八促"工作为重要抓手，让"两个责任"真正落到实处。全面落实中央"八项规定"、省委"双十条"规定、市委"十四条"规定精神，在传统节日和干警婚丧嫁娶等重要节点及时提醒，防止出现违规现象。以开展"工作落实年"、"效能风暴"等活动为契机，建立责任清单，逐一整改落实。

（三）强化纪律作风建设。持续整治"六难三案"，对审判执行纪律、工作纪律和司法作风以年均3轮次开展审务督查，进一步规范司法行为。严格落实领导干部和法院内部人员干预司法活动、插手和过问具体案件记录制度。认真践行执纪监督"四种形态"，有效发挥约谈工作的提醒、预防作用，加强执纪监督问责，落实"一案双查"制度，给予党纪处分3人，政纪处分49人，诫勉谈话4人，通报批评17人。

（四）强化司法能力建设。加强学习型法院建设，坚持把提高司法能力作为教育培训的主线。分批选派干警赴国家法官学院、舟曲法官培训基地进行轮训，共组织、参加各类业务培训班200余期，轮训干部900余人次。充分运用网络培训、视频授课等方式，实现教育培训全覆盖。2012年以来，共有31人通过司法考试，取得法律职业资格证书（其中A证25人、C证6人）。举办庭审观摩、法律文书评查、典型案例剖析等活动，提升法官驾驭庭审、认定事实、适用法律和化解矛盾的能力。

（五）强化规章制度建设。把建立健全内部管理制度作为抓根本、抓长远的重要环节，出台《兰州市中级人民法院制度汇编》，实现以制度管人、管事、管权、管案，改革工作作风，提升工作效能。制定印发《兰州市中级人民法院落实全面从严治党主体责任15项制度》，确保主体责任各项工作落实落细。

五、自觉接受人大、政协和社会各界监督

依法向市人大及其常委会报告年度全面工作、专项工作8次，认真落实人大整改意见，开展专项座谈会5次，听取人大代表建议意见。聘请20名人大代表、政协委员担任廉政监督员，就司法作风、廉洁司法等进行明查暗访，主动接受监督。邀请人大代表、政协委员旁听案件审理、参与听证和减刑假释案件的审理，配合专项检查、调研16次，自觉接受监督。建立举报投诉机制，公布举报投诉方式，积极接受监督。率先完成人民陪审员倍增计划，定期组织人民陪审员开展座谈、业务培训等活动，获得全国人大好评。

各位代表，5年来，全市法院有8个集体、10名个人获得全国性表彰奖励，有17个集体、54名个人获得省级以上表彰，35个集体、79名个人获得市级以上奖励。这些成绩的取得，离不开市委的领导、市人大及其常委会的监督和市政府、市政协及社会各界的关心和帮助，离不开各位代表的理解和支持！借此机会，我代表全市两级法院干警向各位代表表示衷心的感谢！

肯定成绩的同时，我们也清醒地认识到，全市法院工作在新形势下还存在一些问题和困难。主要表现在：一是人案矛盾突出。在经济发展新常态下，各类矛盾易发多发，人民法院受理案件数量大幅增加，案件审理和执行难度不断加大，尤其在司法改革的背景下，司法辅助人员配备严重不足，导致法官超负荷工作，一定程度影响审判质效。二是司法能力有待提高。一些法官不适应司法责任制的要求，独立认定事实、正确适用法律、妥善化解纠纷的能力尚显不足。三是影响司法公信的问题依然存在。少数干警大局意识、责任意识不强，群众观念仍待提高，极个别干警作风不正，违纪违法问题仍有发生。对此，我们将立足自身，积极争取各方面支持，努力加以解决。

今后的主要工作任务

今后一个时期，全市法院工作的总体思路是：在以习近平同志为核心的党中央坚强领导下，全面深入贯彻落实党的十八大和十八届三中、四中、五中、六中全会精神，以习近平总书记系列重要讲话精神为指导，以“四个全面”战略布局和“五大发展理念”为统领，以“让人民群众在每一个司法案件中都感受到公平正义”为目标，牢固树立“四个意识”，紧紧围绕全市中心工作，坚持为民司法、公正司法，充分发挥审判职能作用，不断加强审判管理，进一步深化司法体制改革，继续打造“五个过硬”法院队伍，为实现兰州市第十三次党代会提出的“决胜全面小康、建设现代化中心城市”的奋斗目标提供有力的司法保障。

一是切实抓好执法办案，服务发展保障稳定。坚持惩罚犯罪和保障人权相统一，落实“宽严相济”刑事政策，加大对严重刑事犯罪的打击力度，稳妥审理涉众型犯罪案件，维护平安兰州建设。继续依法审理民商事案件、知识产权案件，平等保护不同市场主体合法权益，强化对创新、创业的保护；依法妥善审理企业破产案件，促进产业结构调整；妥善审理“三农”案件，推进土地经营权有序流转，依法保护进城落户农民土地承包权、集体收益分配权等权利；依法化解劳动、就业、教育、医疗、保险等涉民生案件，保护弱势群体合法权益。积极探索公正司法与依法行政良性互动的新途径以及行政案件协调解决新机制，既履行好行政审判监督职责，又保护好行政相对人合法权益。抢抓机遇，创新模式，标本兼治，努力实现“用2到3年时间基本解决执行难问题”的庄严承诺。

二是切实抓好审判管理，着力提高审判质效。进一步完善审判管理体系，强化审判管理措施，优化审判运行机制，全面提高审判质效。加强审判质效评价考核，深化运行态势分析，加强和改进审级监督，创新案件评查方式。发挥各层级主体能动作用，实现审判执行工作和各项管理良性运行。进一步加强法院信息化建设，提升信息化技术应用水平，努力打造“智慧法院”。

三是切实推进司法体制改革，确保公正司法。坚持改革创新精神，努力推进以审判为中心的诉讼制度改革。加大案件繁简分流力度，提高小额诉讼程序适用比例，按照繁案精审、简案快结的要求，完善小额速裁程序、简易程序、普通程序相互配套的多渠道诉讼工作运行机制。积极探索建立专业法官会议制度，优化审判资源，下放案件审批和裁判文书签发权，加强审判业务部门辅助力量，将司法资源向审判一线倾斜，确保法官全身心投入执法办案。扎实细致做好法官员额制、司法责任制、法官职业保障、人财物统管等系列改革工作。

四是切实抓好队伍建设，坚持不懈提高队伍整体素质。加强思想政治建设，做政治上的明白人。深入学习贯彻习近平总书记系列重要讲话精神，坚决维护以习近平同志为核心的党中央权威。紧密结合“两学一做”学习教育等活动，教育引导干警坚定理想信念，坚守法治信仰，热爱本职工作，尊崇职业荣誉。坚持从严治党，加强党风廉洁建设，严格落实“两个责任”。加强执纪监督问责，落实“一案双查”制度，以零容忍的态度惩治司法腐败。加强司法能力建设，强化学习培训，继续开展优秀裁判文书评比、案件评查、庭审观摩、法官讲坛等活动，努力提升司法能力和水平。

各位代表，经济发展新常态对司法服务保障职能提出了更高要求，人民群众新期盼对司法公正提出了更严标准，人民法院责任重大，任务艰巨。全市法院将认真贯彻落实本次大会精神，敢于担当，积极作为，为决胜

附件 1：　近五年全市法院受理案件分布图

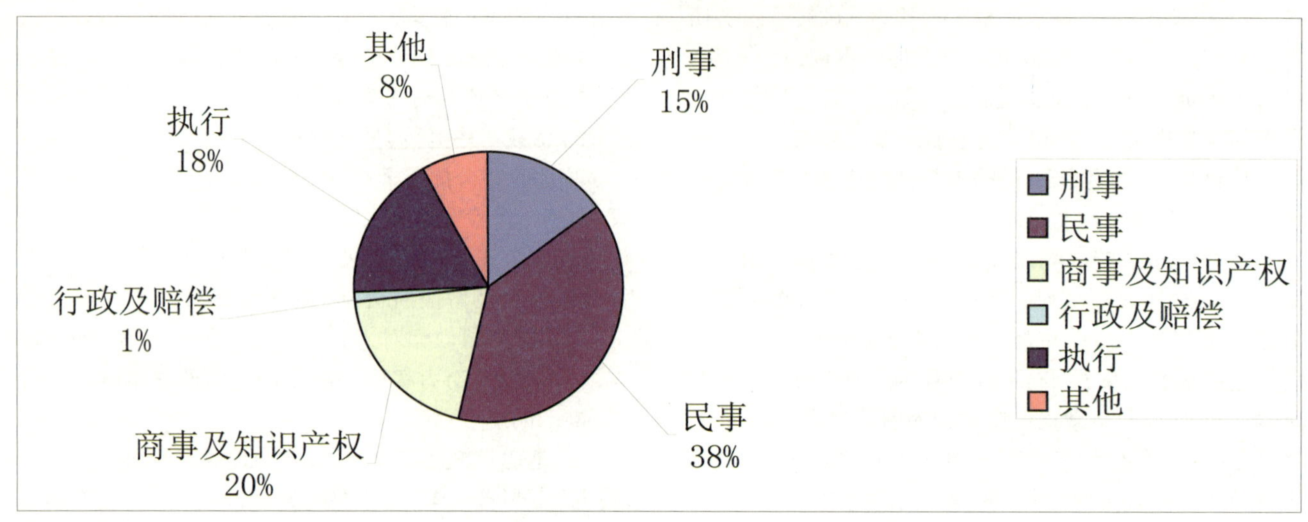

全面小康、建设现代化中心城市做出新的贡献！

相关用语说明

（仅供参考）

1.三类罪犯：即职务犯罪、破坏金融管理秩序和金融诈骗犯罪、组织(领导、参加、包庇、纵容)黑社会性质组织犯罪等三类罪犯。针对个别地方出现的"有钱人"、"有权人"减刑早、频次高、幅度大和假释比例高的问题，2014年2月，中央政法委出台《关于严格规范减刑、假释、暂予监外执行切实防止司法腐败的意见》，从严规定了"三类罪犯"的减刑、假释、暂予监外执行的实体条件。随后，最高人民法院对全国法院办理减刑、假释案件提出了"五个一律"的工作要求，即受理案件后一律公示，"三类罪犯"减刑、假释案件一律公开开庭审理，公开开庭一律邀请人大代表、政协委员旁听，裁定书一律上网公开，违法违纪办案一律从严追究责任，并发布《关于减刑、假释案件审理程序的规定》，对减刑、假释案件审理程序作出相关规定。2016年11月15日，最高人民法院发布《最高人民法院关于办理减刑、假释案件具体应用法律的规定》，该司法解释将于2017年1月1日起施行，又从实体上对"三类罪犯"的减刑条件作出更加严格的规定。

2."三审合一"审判模式：是指知识产权民事、刑事、行政案件统一集中审理的审判机制，其做法是将涉及知识产权的民事、刑事和行政案件全部集中到知识产权审判庭统一审理。这种创新的审判机制显现出了五大优点：一是统一了司法尺度，化解了民事、刑事和行政案件的冲突矛盾;二是节约了审判资源，降低了当事人的诉讼成本;三是提高了审判效率，比较充分地保护了知识产权权利人的合法权益;四是有力地维护了行政机关的权威，促进了行政机关依法行政水平提高;五是有效地打击了知识产权刑事犯罪，产生了较好的社会警示作用。

3.失信者黑名单：根据2013年7月《最高人民法院关于公布失信被执行人名单信息的若干规定》建立的全国统一联网的失信被执行人名单信息库，俗称"失信者黑名单"。2016年9月，中共中央办公厅、国务院办公厅印发了《关于加快推进失信被执行人信用监督、警示和惩戒机制建设的意见》，规定失信被执行人将受到以下联合惩戒。一是从事特定行业或项目限制。二是获取政府补贴限制和获得政策支持限制。三是任职资格限制。主要指限制招录（聘）失信被执行人为公务员或事业单位工作人员；失信被执行人为个人的，不作为组织推荐的各级党代会代表、各级人大代表和政协委员候选人；失信被执行人为个人的，将其失信情况作为入伍服役和现役、预备役军官评先、评优、晋职晋级的重要参考。四是准入资格限制。包括海关认证限制，从事药品食品等行业限制，房地产、建筑企业资质限制。五是荣誉和授信限制。失信被执行人为个人的，不得参加道德模范、慈善类奖项评选，列入失信被执行人后获得的道德模范荣誉称号、慈善类奖项予以撤销。六是特殊市场交易限制。包括从事不动产交易、国有资产交易限制等。七是限制高消费及有关消费。主要包括限制乘坐列车软卧、G字头动车组列车全部座位、其他动车组列车一等以上座位、民航飞机等非生活和工作必需的消费行为；限制住宿星级以上宾馆饭店、国家一级以上酒店及其他高消费住宿场所；限制在夜总会、高尔夫球场等高消费场所消费；限制参加旅行社组织的团队出境旅游，以及享受旅行社提供的与出境旅游相关的其他服务；限制其子女入学就读高收费私立学校等。八是协助查询、控制及出境限制。协助人民法院依法查询失信被执行人身份、出入境证件信息及车辆信息，协助查封、扣押失信被执行人名下的车辆，协助查找、控制下落不明的失信被执行人，限制失信被执行人出境。九是加强日常监管检查。将失信被执行人作为重点监管对象，加大日常监管力度，提高随机抽查的比例和频次，并可依据相关法律法规对其采取行政监管措施。十是加大刑事惩戒力度。公安、检察机关和人民法院对拒不执行生效判决、裁定以及其他妨碍执行构成犯罪的行为，要及时依法侦查、提起公诉和审判。十一是鼓励其他方面限制。鼓励各级党政机关、人民团体、社会组织、企事业单位使用失信被执行人名单信息，结合各自主管领域、业务范围、经营活动，实施对失信被执行人的信用监督、警示和惩戒。

4.“总对总”执行查控系统：“总”分别指代最高人民法院与银行业金融机构。该系统是法院利用计算机网络等现代信息手段，与金融机构实现专线连接，通过“总对总”的实时电子数据交换，系统自动向法院反馈被执行人在银行开立的账户、余额、资金往来等信息。法院执行人员只需通过系统填写申请表、制作法律文书、领导审批、电子文书盖章，直接发送给各银行，便可快速冻结、扣划被执行人账户内的存款。

5.“一打三反”：即开展打击拒执罪、反规避执行、反干预执行、反消极执行专项活动，这是最高人民法院部署开展以系统化方式解决执行难、执行乱问题的一次专项活动。

6.“三大平台”建设：2013年以来，为贯彻中央关于进一步深化司法体制改革的总体部署，推进阳光司法，最高人民法院提出建立完善审判流程公开、裁判文书公开、执行信息公开“三大平台”，并选择部分法院开展试点工作。这是人民法院深化司法公开的一项重大举措。各级人民法院要按照最高人民法院要求，以“天平工程”建设为基本载体，努力实现“三大平台”的一体建设和整体推进，充分发挥现代信息技术的重要作用，推动深化司法公开工作取得实质性进展。

7.立案登记制改革：为进一步落实十八届四中全会精神，切实加强对当事人诉权的保障，2015年4月15日最高人民法院印发了《关于人民法院推行立案登记制改革的意见》。《改革意见》规定，登记立案针对的是人民法院的初始案件，对上诉、申请再审和申诉，不适用登记立案。人民法院对符合法律规定条件的民事起诉、行政起诉、刑事自诉、强制执行和国家赔偿申请，一律接收诉状，当场登记立案；当场不能判定的，应当在法律规定的期限内决定是否立案；在法律规定的期限内无法判定的，先行立案；不符合形式要件的，人民法院应当及时释明，以书面形式一次性全面告知应当补正的材料和期限；对不符合法律规定条件的，应当依法作出裁决。当事人不服的，可以提起上诉或者申请复议。对违法起诉或者不符合法定起诉条件的，涉及危害国家主权和领土完整、危害国家安全、破坏国家统一和民族团结、破坏国家宗教政策的，以及其他不属于人民法院主管的所诉事项，不予登记立案。《改革意见》已于2015年5月1日起施行。由审查立案改为登记立案，是我国立案制度的一次重大改革。

8.法官员额制改革：指在法院内部对法官实行员额制管理，推动建立以法官为中心的人员配置模式，实现法官队伍的正规化、专业化、职业化，并确保进入员额的法官充实到审判一线。根据中央要求，法官员额比例不超过中央政法专项编制的39%。各级法院员额数量根据地区经济社会发展状况、人口数量、案件数量、案件类型、审级职能、审判辅助人员配置、办案保障条件等因素综合确定，同时根据案件数量、人员结构的变化情况，完善法官员额的动态调节机制。根据受理案件数、案件复杂疑难程度以及经济发展水平等因素，确定法院的法官员额，将符合条件的人员选任为法官的一项司法制度。实行法官员额制，是推进法官队伍正规化、专业化、职业化建设的重要制度，是司法改革的核心内容之一。

9.司法责任制改革：是我国司法体制改革的核心内容，在人民法院即实现“让审理者裁判、由裁判者负责”，确保法院依法独立公正行使审判权，让人民群众在每一个司法案件中都感受到公平正义。

10.“轻微刑事案件快速办理”机制：是指对一些构成犯罪，但情节轻微，事实清楚，证据充分，被告人自愿认罪的案件，压缩程序，减少羁押时间，通过公检法三机关合力实现快审快结。其进一步简化刑事诉讼法规定的相关诉讼程序，缩短了判前羁押时间，为适用拘役刑创造了条件，解决了拘役刑虚置的问题，法官可以充分考虑被告人的从宽情节和认罪态度，准确裁量刑罚，带动了轻微刑事案件刑罚整体轻缓化，实现了轻微刑事犯罪“少判、判少”，从而进一步落实了宽严相济的刑事政策，实现了刑罚目的，促进了社会和谐。

11.智慧法院：指以确保司法公正高效、提升司法公信力为目标，充分运用互联网、云计算、大数据、人工智能等技术，促进审判体系与审判能力现代化，实现人民法院高度智能化的运行与管理。智慧法院面向法官、当事人及社会各界提供全方位智能服务，实现审判执行工作全网络办理和全流程公开，充分挖掘利用古今中外海量司法案例资源，探寻新形势下司法规律，提高司法预测预判、应急响应等能力，为类案同判和量刑规范化提供支持，为创新社会治理提供决策参考。

兰州市人民检察院工作报告

——2016年12月17日在兰州市第十六届人民代表大会第一次会议上

兰州市人民检察院代理检察长　张学军

各位代表：

现在，我代表兰州市人民检察院向大会报告工作，请予审议，并请政协委员和列席会议的同志提出意见建议。

过去五年全市检察工作回顾

市第十五届人大一次会议以来的5年，全市检察机关在市委和省检察院的正确领导下，在市人大及其常委会的有力监督下，在市政府、政协及社会各界的关心支持下，紧紧围绕全市经济社会发展大局和省检察院"3521"工程总体要求，忠实履行法律监督职责，强化自身监督和队伍建设，各项工作取得了新的发展进步。

一、紧紧围绕全市工作大局，主动服务经济社会发展

坚持把检察工作放到全市工作大局中谋划推进，充分发挥打击、保护、监督、预防等职能作用，为兰州经济社会发展提供了有力司法保障。

——依法惩治经济犯罪。主动适应经济发展新常态，积极参与整顿和规范市场经济秩序。5年来，批准逮捕非法经营、侵犯知识产权等破坏市场经济秩序犯罪案件918件1263人，提起公诉1315件1943人。批准逮捕危害食品药品安全、生产销售伪劣商品等犯罪案件107件144人，提起公诉158件246人。会同公安机关开展专项整治，批准逮捕集资诈骗、贷款诈骗、非法吸收公众存款等犯罪案件143件271人，提起公诉97件267人，有力维护了良好的经济发展环境。

——积极服务改革发展。牢固树立"司法想到稳定，办案考虑发展，监督促进和谐"的理念，加强与政府有关部门协调对接，出台《服务保障兰州项目建设的意见》《重大建设项目专项预防实施意见》等4个指导性文件。立案侦查项目审批、土地出让、招商引资等领域和环节的职务犯罪293人。办案中准确把握"六个界限"，坚持"四个并重"，做到"三个慎重"，审慎查办涉企案件，审慎把握办案时机，保护了企业家和创业者的创新创业热情。

——扎实开展专项工作。结合兰州实际，立足检察职能，积极开展"两联系、两促进"专项行动，联系服务省列重大建设项目30个，涉及建设资金1400亿元。建立检察服务室169个，帮助企业解决法律事项687个。对兰州新区"三校一区"、兰州第二水源地、棚户区改造等重点项目持续跟踪服务。认真开展"保民生、促三农"专项行动，查办涉农职务犯罪案件65件125人，监督发放各类惠农补贴2.43亿元，开展涉农法制讲座121次。坚持把精准扶贫工作纳入检察工作总体格局，充分发挥组长单位牵头作用，督导协调帮扶单位对榆中县龙泉乡进行扶贫。筹措资金109.1万元，帮助维修村级办公场所、整治村容村貌。协调相关部门硬化道路15条45．4公里。

二、深入推进平安兰州建设，全力维护社会和谐稳定

坚持把维护社会稳定作为第一责任，认真履行审查批捕起诉职责。受理提请批准逮捕案件18098件23582人，经审查批准逮捕16230件20853人；受理移送起诉案件24523件33367人，经审查提起公诉22139件29330人。

——依法严厉打击严重刑事犯罪。认真回应人民群众的平安需求，批准逮捕故意杀人、强奸、抢劫等严重暴力犯罪2669件3953人，提起公诉3757件5819人。持续深化打黑除恶专项斗争，快速批捕起诉了孙发明等34人、李林胜等26人、王佐良等15人组织、领导、参加黑社会性质组织犯罪等一批重大刑事案件，切实保护人民群众生命财产安全，增强了人民群众的安全感。

——深入贯彻宽严相济刑事政策。全面落实罪刑法定、疑罪从无、非法证据排除等司法原则，落实慎捕慎诉政策，依法对不符合逮捕条件的2495人作出不批捕决定，对不符合起诉条件的402人作出不起诉决定。加强对涉罪未成年人的司法保护，不批捕329人，不起诉145人，最大限度地保护了未成年人合法权益。

——积极参与社会治安综合治理。全面推进检察官以案释法工作，增强全民法治观念。积极开展检察官进机关、进企业、进乡村、进学校、进社区活动。针对食品药品安全、环境资源保护、社区矫正等领域存在的问题，提出检察建议439件。建立完善涉罪未成年人关护教育、心理疏导等工作机制，帮助他们早日回归社会。市检察院以涉罪未成年人真实案例为题材拍摄的数字电影《正月》，在中央电视台社会与法制频道播出，社会反响良好。

三、依法查办和预防职务犯罪，积极推进反腐倡廉建设

坚持有案必查、有腐必惩，惩防并举、注重预防，全力营造风清气正政治生态。立案侦查职务犯罪案件781件1174人，为国家挽回经济损失1.26亿元。

——坚决查办贪污贿赂大案要案。不断加大办案力度，立案侦查贪污贿赂犯罪案件623件908人。其中大案584件812人，县处级以上领导干部122人。查办了兰州公路段原段长张守红贪污、受贿等公路系统窝案串案52件67人，兰州市交通运输局原局长颜承鲁受贿等交通系统窝案串案13件15人。根据省检察院指定管辖，查办了甘肃省工业和信息化委员会办公室原副主任万景峰受贿案和白银市景泰县原县长张世军受贿案等一批大要案；依法起诉青海省委原常委、西宁市委原书记毛小兵受贿、挪用公款案，酒泉市政协原主席杨林受贿案等6名厅级以上干部犯罪案件，有力地震慑了职务犯罪。

——严肃查办渎职侵权犯罪案件。会同有关部门出台关于加大惩治和预防渎职侵权犯罪工作的意见，推动解决渎职侵权犯罪发现难、立案难、查证难、处理难等问题。立案侦查渎职侵权犯罪案件158件266人，其中重特大案件93件，县处级以上领导干部21人。依法查办了兰州市工信系统在淘汰落后产能、使用中央财政专项奖励资金中的特大玩忽职守、滥用职权案件5件11人，促使国家机关工作人员增强了依法履职的自觉性。

——积极推进职务犯罪预防工作。着力构建专群结合的预防格局，开展预防调查256件，提出预防检察建议229件，均被相关部门、单位采纳。开展预防宣传和警示教育1952次，受理行贿犯罪档案查询20.3万次。在“两好两促”专项行动中，到87个市直机关部门进行巡回法治宣讲，播放公益广告和微电影68场（次），发放警示教育材料6万多份，2万余名干部接受了法治教育。积极推进预防约谈工作，警示提醒28人，训诫督导9人，责令纠错11人，促使一批走向违法违纪边缘的干部警醒、回头。

四、强化诉讼监督，切实维护司法公正

坚持依法、规范、理性监督，努力做到不枉不纵、纠错补漏，切实维护司法公正。

——强化刑事诉讼监督。不断加强立案、侦查、审判监督工作，监督立案261件，监督撤案173件，追加逮捕574人，追加起诉407人,对法院刑事判决裁定提出抗诉44件，法院已改判14件。加强羁押必要性审查，对无继续羁押必要的221名犯罪嫌疑人建议办案单位变更了强制措施。深入开展行政执法机关移送涉嫌犯罪案件专项监督活动，依法督促工商、质检等部门移送刑事案件219件256人，有效监督纠正了有案不立、降格处理、以罚代刑等问题。

——强化刑罚执行监督。会同公安、法院开展专项检察活动，审查减刑、假释10770人，依法纠正呈报不当减刑、假释664人，对暂予监外执行条件消失的47名罪犯监督收监，对22名审前未羁押判处实刑未交付执行的罪犯监督收监执行。检察监督特赦罪犯181人，清理纠正久押不决案件28件58人，纠正脱管漏管罪犯161人，有效维护了刑事裁判的严肃性和权威性。

——强化民事行政诉讼监督。受理不服法院判决裁定案件890件，对确有错误的裁判提出抗诉11件，提出再审检察建议31件，发出执行监督检察建议42件。全力推进公益诉讼改革试点工作，发出诉前检察建议26件，层报上级院审批7件，经最高人民检察院、省检察院批准，有2件行政公益诉讼案件已进入法院审理环节。

——认真解决涉检信访问题。积极落实“三个穷尽”，出台涉检信访工作意见和协作办法，全力化解信访矛盾。依法处理群众来信来访5224件，办理刑事申诉案件153件，救助刑事被害人150人，发放救助金45.12万元，86件上访案件基本实现了息诉罢访，有力维护了社会稳定。

五、不断强化自身监督制约，确保检察权依法运行

牢固树立监督者更要自觉接受监督的意识，强化内外部监督制约，确保检察权依法正确行使。

——自觉接受人大监督。先后8次向市人大常委会专题报告检察机关反贪污贿赂、侦查监督、民事行政检察等工作情况，对人大常委会提出的意见建议认真整改落实。加强与人大代表的经常性联系，两级检察院先后邀请人大代表、政协委员732人（次）视察检察工作。确定人大代表联络员，通过登门拜访、专网专线联络等多种方式，广泛听取意见建议，对人大代表提出的133条意见建议及时整改答复。

——强化案件管控监督。全面推进案件管理机制改革，实现办案流程网上管控、办案活动网上监督。深入开展规范司法行为专项整治工作，对2013年以来全市检察机关办理的23764件案件，采取逐案自查、抽样检查、专项督查、广泛征求意见等方式，查摆梳理出12个方面3126个不规范的问题，出台规范司法行为意见和办法5项，提出整改措施26条，挂号销账，限期整改。积极推进人民监督员制度改革，提请人民监督员监督评议拟撤案、拟不起诉案件73件104人，进一步规范了司法办案工作。

——全面推进检务公开。坚持以公开促公正、树公信，两级检察院全部建成了检务公开大厅、信访大厅、门户网站和“两微一端”，向社会公开重要案件信息1921条、法律文书5584件，提供案件程序性信息查询17817件，受理辩护与代理网上预约申请499件。向人大代表、政协委员和人民监督员发送检务公开信息12000多人（次）。认真开展“检察开放日”活动，邀请省市区人大代表、政协委员及社会各界人士走进检察机关视察参观，真诚听取意见建议，不断改进检察工作。

六、不断强化队伍建设，努力提升法律监督能力

全面加强检察队伍建设，努力打造信念坚定、司法为民、敢于担当、清正廉洁的过硬检察队伍。

——不断加强思想政治建设。认真贯彻全面从严治党要求，积极履行主体责任和监督责任，扎实开展党的群众路线教育实践活动、“三严三实”专题教育、“两学一做”学习教育，进一步增强了检察人员党性观念、政治规矩和纪律意识。认真落实党风廉政建设责任制，层层签订责任书，坚持把党风廉政建设与检察业务同部署、同考核、同奖惩，进一步增强了干警遵纪守法的自觉性。倡导践行“爱集体、讲奉献、明事理、懂规矩”的机关风尚，开展主题演讲、新任检察官宣誓、重大节日升国旗等活动，增强了检察队伍的凝聚力、向心力。

——不断加强队伍专业化建设。扎实有效推进干警专业化培训，分期分批培训各类人员1502人（次）。通过开展检察业务研讨、岗位练兵、新进人员到一线锻炼等练兵活动，举办全市公诉、侦查监督、民事行政监督、刑事执行检察业务竞赛，检察队伍专业素能有了新提高。根据省、市统一部署，稳妥推进司法体制改革，通过考试考核，遴选员额检察官286名，为落实检察人员分类管理、完善司法责任制等改革任务奠定了基础。

——不断加强基层检察院建设。坚持重心下移，检力下沉，制定出台《基层检察院五年建设工作意见》，推进基层检察院“八化”建设。进一步完善市检察院领导联系基层、定期督导调研、业务部门对口指导等制度，整体提升了基层检察院的履职能力。落实科技强检战略，全市两级检察院完成了综合信息发布平台、网上办公办案、网上举报、法律查询等信息系统，全面提升了全市检察工作的效率和质量。

过去5年，全市检察机关围绕中心服务大局的意识进一步增强，主要检察业务工作每年都居于全省检察机关前列，办案质量效果明显提高，司法规范化建设扎实推进，队伍整体素质明显提升。市检察院先后被最高人民检察院授予全国检察机关基层检察院建设组织奖、全国文明接待示范窗口，市检察院反贪局被最高人民检察院记集体一等功，机关党建工作连续5年被考核为市级优秀，1个派驻检察院、3个基层检察院、3项重点工作分别受到最高人民检察院表彰，有28个集体和75名个人获得市级以上奖励，祁胜军同志被授予“全国模范检察官”。

各位代表，5年来，全市检察工作所取得的成绩，是各级党委正确领导、人大有力监督、政府大力支持、政协和社会各界以及广大人民群众关心帮助的结果。在此，我代表全市检察机关向关心支持检察工作的各位代表、各位委员及社会各界表示衷心的感谢。

在取得成绩的同时，我们也清醒地看到，检察工作中还存在一些问题和不足：一是理性平和文明规范的司法理念还需要进一步强化，司法规范化、透明度有待进一步提高；二是法律监督职能作用发挥还不够充分，监督力度和成效有待进一步加强；三是检察队伍素质能力与新形势新任务要求还有差距。对这些问题，我们将在以后的工作中认真加以解决。

2017年及今后一个时期的工作目标和任务

今后一个时期，全市检察工作的总体思路是：深入学习贯彻落实党的十八届三中、四中、五中、六中全会精神和习近平总书记系列重要讲话精神，围绕“五位一体”总体布局和“四个全面”战略布局，以司法办案为中心，以深化司法改革为动力，切实强化法律监督、强化自身监督、强化队伍建设，忠实履行检察职责，努力为平安兰州、法治兰州建设提供坚强有力的司法保障。

一、充分发挥检察职能，切实服务全市经济社会发展大局

紧紧围绕市第十三次党代会确定的“一条主线”、“三大任务”、“五大发力重点”的目标任务，深入贯彻落实“五大发展理念”，切实担当起服务保障经济社会发展的重任。严厉惩治破坏小康社会建设、经济发展全面转型、城市形象全面提升的各类犯罪活动，深化服务经济社会发展的各类专项行动，服务保障兰州现代化中心城市建设。着力强化生态环境司法保护，依法打击严重污染水源、大气、土壤和严重破坏土地资源、矿产资源和生态环境等犯罪。深化集中整治和预防扶贫领域职务犯罪专项工作，严肃查办和预防民生领域职务犯罪。积极参与规范和整顿市场经济秩序工作，进一步解决有案不立、有案不移、以罚代刑等问题。

二、严厉打击刑事犯罪，着力维护社会和谐稳定

坚持以法治为引领，高度重视影响社会稳定的各种风险挑战，密切关注社会治安综合治理中出现的新情况新问题，认真做好检察环节平安兰州建设各项工作。积极参与打黑除恶和打击暴恐犯罪等专项行动，严惩严重危害社会稳定的刑事犯罪，维护公共安全和社会稳定。依法打击集资诈骗、电信诈骗、非法吸收公众存款等涉众型经济犯罪。加大对黄赌毒、盗抢骗等犯罪的惩治力度，维护群众生命财产安全。积极配合做好群体性事件的防范和处置工作，最大限度降低社会风险，促进社会和谐稳定。

三、强化职责使命，积极查办和预防职务犯罪

认真贯彻中央、省市委反腐败决策部署，继续保持查办案件的高压态势，坚持办案数量、质量、效率、效果、安全有机统一，认真履行查办和预防职务犯罪职责。加强与纪检监察和其他执法司法机关的协作配合，增强反腐合力。把预防工作放在更加突出的位置，综合分析重点领域职务犯罪态势，积极主动向党委政府提出对策建议。充分运用新媒体深化预防宣传，广泛开展警示教育，深化对行贿犯罪档案查询的运用，拓展预防工作影响力，营造不敢腐、不能腐、不想腐的社会氛围。

四、强化诉讼监督，努力维护社会公平正义

始终把公平正义作为核心价值追求，积极适应以审判为中心的诉讼制度改革，切实提高监督能力，加大监督力度，增强监督效果。建立案件评查、个案抽查、类案分析、重大瑕疵案件剖析等制度，做到既敢于监督、依法监督，又规范监督、理性监督。坚守防止冤假错案底线，健全落实发现和防范冤假错案长效机制。加强刑事诉讼监督，着力纠正立案不当、非法取证、违法减刑、假释、暂予监外执行等问题。加大民事行政检察监督力度，综合运用抗诉、再审检察建议等方式，依法监督纠正裁判不公等问题。积极推进公益诉讼改革试点，准确把握监督范围，规范工作流程，总结试点经验。

五、稳妥推进司法体制改革，着力加强过硬队伍建设

积极推进司法体制改革，认真落实司法责任制、人员分类管理、省以下人财物统一管理、职业保障等改革任务，确保司法改革各项政策和制度落到实处。不断增强政治意识、大局意识、核心意识、看齐意识，认真落实全面从严治党主体责任和监督责任，强化责任担当，始终把纪律和规矩挺在前面。深入学习贯彻十八届六中全会精神，坚持抓党建促队建，抓班子带队伍，大力推进人才强检战略和检察队伍正规化、专业化、职业化建设，切实提高检察业务素能。始终把工作重心放在基层，坚持不懈抓基层打基础，全面提升基层检察院建设水平。

各位代表，新形势新任务对检察工作提出了新的更高的要求，我们深感使命光荣，责任重大。全市检察机关将在市委和省检察院的正确领导下，在人大及其常委会的监督下，进一步解放思想，坚守法治，锐意进取，全面履行检察职能，全力维护公平正义，努力为决胜全面小康、建设现代化中心城市做出新贡献！

附件

《兰州市人民检察院工作报告》有关用语说明

1.“3521”工程（见《报告》第1页第12行）。甘肃省检察院提出，全省检察机关努力构建“3521”工程，即坚持“三个理念”：强化监督、维护公正的理念，改革创新、勇创一流的理念，忠诚为民、务实清廉的理念；坚持“五个严惩”：严惩破坏经济发展的犯罪，严惩破坏社会和谐稳定的犯罪，严惩侵害人民群众合法权益的犯罪，严惩贪污贿赂失职渎职等职务犯罪，严惩执法司法人员犯罪；坚持“两个强化”：强化犯罪预防工作，强化自身建设；坚持“一个着力”：着力推进精准扶贫工作。

2.“六个界限”（见《报告》第2页第14行）。把握好经济纠纷与经济犯罪的界限、个人犯罪与企业违规的界限、企业正当融资与非法集资的界限、经济活动中的不正之风与违法犯罪的界限、执行和利用国家政策谋发展中的偏差与钻改革空子实施犯罪的界限、合法经营收入与违法犯罪所得的界限。对法律政策界限不明，罪与非罪、罪与错不清的，注意听取行业主管部门和监管部门的意见，加强研究、慎重处理。

3.“四个并重”（见《报告》第2页第15行）。坚持查办案件与规范司法行为并重，采取强制措施、侦查措施与维护合法权益并重，打击经济犯罪、查办职务犯罪与依法帮助企业挽回和减少经济损失并重，严格公正廉洁司法与理性平和文明规范司法并重。

4.“三个慎重”（见《报告》第2页第15行）。针对法定代表人涉嫌犯罪但仍在正常生产经营的企业，慎重适用拘留、逮捕、指定居所监视居住等人身强制措施，确有必要的，必须提前与主管部门沟通，确保工作顺利交接；慎重查封扣押冻结涉案财物，确需查封扣押冻结的，必须预留必要的流动资金和往来账户；慎重发布涉企案件新闻信息，最大限度维护企业声誉。

5.“两联系、两促进”专项行动（见《报告》第2页第19行）。2013年，甘肃省人民检察院部署在全省检察机关开展的专项行动，即联系企业、联系项目，促进廉洁、促进发展。该专项行动是检察机关认真贯彻习近平总书记“预防职务犯罪出生产力”论述精神，有效发挥自身职能，服务和促进全省经济社会又好又快发展的具体举措，也是建设高效服务型机关和践行群众路线的具体表现。

6.“保民生、促三农”专项行动（见《报告》第3页第1行）。2014年，甘肃省人民检察院部署在全省检察机关开展的专项行动，即保障民生民利，促进农民增收、农村繁荣、农业发展专项行动。其目的是联系促进涉农项目实施，服务农业发展和农村基础建设，监督支农惠农资金管理使用，服务各项强农惠农富农政策落实，为全面深化农村改革发展，加快农业现代化步伐提供强有力的法治保障。

7.“两好两促”专项行动（见《报告》第5页第10行）。2015年，根据中共甘肃省委办公厅《关于在全省党政机关开展“学好法、用好权，促公正、促清廉”专项行动的意见》精神，在全市党政机关开展的“学好法、用好权，促公正、促清廉”(简称“两好两促”)专项行动。通过完善党员干部学法用法制度，把宪法法律列入党委(党组)中心组学习内容，列为党校、行政学院等进行培训的必修课；通过对行政机关违法行使职权或者不行使职权的行为及时提出建议并督促纠正，防止苗头性问题演变为职务犯罪；通过以案释法、警示教育、预防约谈、查处犯罪等有效形式，促使各级党政机关工作人员公正履职、清正廉洁、勤政为民；通过大力弘扬社会主义法治精神，建设社会主义法治文化，增强党员干部依法决策、依法从政、依法办事、厉行法治的积极性和主动性，形成守法光荣、违法可耻的社会氛围，使党员干部都成为社会主义法治的忠实崇尚者、自觉遵守者、坚定捍卫者。专项行动从2015年5月底开始，到2015年12月底结束。

8.公益诉讼（见《报告》第6页第12行）。人民检察院履行职责中发现污染环境、食品药品安全领域侵害众多消费者合法权益等损害社会公共利益的行为，在没有适格主体或者适格主体不提起诉讼的情况下，可以向人民法院提起民事公益诉讼。发现生态环境和资源保护、国有资产保护、国有土地使用权出让等领域负有监督管理职责的行政机关违法行使职权或者不作为，造成国家和社会公共利益受到侵害，公民、法人和其他社会组织由于没有直接利害关系，没有也无法提起诉讼的，可以向人民法院提起行政公益诉讼。

9.诉前检察建议（见《报告》第6页第13行）。根据《人民检察院提起公益诉讼试点工作实施办法》规定，在提起公益诉讼前，检察机关向有关机关或组织提出督促起诉意见书或检察建议书，督促或建议有关机关或组织行使职权、履行职责。它是提起公益诉讼的前置程序、必经程序。

10“三个穷尽”（见《报告》第6页第16行）。针对近年来一些地方出现的上访老户的问题长期得不到有效解决的状况，省检察院要求，构建“三个穷尽”的工作机制，即：一是穷尽法律程序。对符合法定条件、依法应进入法律程序的要及时导入，依法办理。对涉及其他政法机关的，建立健全衔接配合机制，畅通出口，确保每一起案件都有相应的部门接待处理。二是穷尽检察职责。对导入司法程序的信访案件，健全完善办理机制，综合运用案件审查、联合接访、公开听证等多种形式，认真审查，及时办理，按期答复，严防案件在法律程序内“空转”；对已经穷尽法律程序或符合终结条件，当事人坚持缠访缠诉的，依法予以终结，不再受理，不再启动复查程序。三是穷尽检察人员诚心。将心比心、换位思考，带着感情执法，怀着同情接访，以诚心换取信任，以诚心打开心结，切实平息矛盾积怨，促进社会和谐。

11.员额检察官（见《报告》第8页第20行）。根据中央司法改革要求，检察机关实行员额制，员额比例控制在中央政法编制总数的39%以内，严格把握资格条件，公平择优遴选员额检察官，将政治立场坚定、品质优秀、法学基础深厚、业务能力突出的检察官放到办案一线，独立办案，独立承担司法责任。

12.“八化”建设（见《报告》第9页第1行）。2013年，最高人民检察院印发的《2014–2018年基层人民检察院建设规划》中指出，基层人民检察院建设要以全面贯彻落实党的十八大和十八届三中全会精神，以邓小平理论、“三个代表”重要思想、科学发展观为指导，坚持以执法办案为中心，以队伍建设为根本，以司法改革为动力，深入推进执法规范化标准化、队伍专业化职业化、管理科学化信息化、保障现代化实用化建设，不断开创基层检察院建设新局面，为推动检察工作科学发展，服务平安中国、法治中国建设，奠定坚实的基础。

1月

7日 历经4年倾力打造的大型交响合唱《敦煌》在甘肃大剧院正式亮相。

12日 首届“一带一路”中韩产业合作项目签约仪式在兰州新区举行，4家韩国企业与兰州新区分别签订化妆品、服装、食品等项目的框架合作协议。

13日 市政府召开常务会议，传达学习了中央有关批示、文件精神，研究《轨道交通1号线沿线站点地下空间开发方案》《轨道交通1号线一期工程装饰装修方案》，以及兰州城投与兰州国投合并重组等事项。

18日 市政府召开常务会议，研究《2016年兰州市自来水安全联防联控工作方案》，要求进一步加强自来水安全管控和水源地保护工作力度，确保冬春季枯水期期间人民群众饮用水安全。

20日 兰州往返柬埔寨暹粒的旅游包机航班首航成功，这是西北地区首条飞往柬埔寨的包机航线。

28日 市政府召开常务会议，研究《政府工作报告（讨论稿）》和《“十三五”规划纲要（讨论稿）》及为民兴办实事项目，讨论《兰州市文化资源管理办法》、启动建设市第二社会福利院老年养护中心项目建设、安置孤残大中专毕业生及社区菜市场建设事宜。

29日 兰州市唯一一家资产千亿级企业——兰州建设投资(控股)集团有限公司正式挂牌成立。

2月

1日 兰州首次举行国家工作人员任职前宣誓仪式，新任命的兰州市人民政府副市长张国一和兰州市中级人民法院代理院长王永平手抚宪法，面对庄严的国徽郑重宣誓。

3日 全省科技工作会和知识产权工作会在兰州召开，支持兰州积极推进国家知识产权示范城建设。

4日 兰州市水源地建设工程输水隧洞“新水源二号”TBM（双护盾全断面隧道掘进机）在临夏州永靖县刘家峡镇举行始发仪式，国产首台双护盾隧道掘进机进洞工作。

14日 市政府召开常务会议，研究讨论农村公路网调整规划、市属公立医院综合改革等事宜。

20日 由WBC世界拳击理事会、甘肃省体育局、兰州市人民政府共同举办的“2016丝绸之路WBC洲际金腰带拳王争霸赛”在兰州体育馆开赛，来自中国、泰国、菲律宾、印尼、澳大利亚等国家的16名拳手参赛。

26日 市政府召开常务会议，分析研究全市1月份经济运行情况，听取2015年市列重大项目核查和2016年市列重大项目计划编制情况的汇报，讨论通过《兰州市机动车停车场管理体制改革实施方案》《兰州市机动车停车场规划建设和管理实施细则》。

29日 兰州大气污染防治经验交流暨全省大气污染防治工作现场推进会召开，全省14个市州政府代表现场观摩学习了兰州市部分工业企业的治污措施和城区生活面源污染“网格化”管理经验。

3月

2日 兰州市经济合作推介会暨项目签约仪式在北京举行，签约15个项目总额逾260亿元

7日 中央电视台“中国经济生活大调查”揭晓2015年度最具幸福

感的城市，兰州荣登“中国十大幸福城市”，在104个城市样本中居民幸福指数，名列第五位。

8日 市政府召开常务会议，研究2016年城乡基础设施建设和道路率先畅通工程实施、“山水城市、宜居城市、活力城市”建设、兰州国际港务区规划编制工作、《兰州市综合管廊专项规划》以及开展重大政策措施落实情况跟踪审计事宜。

11日 在2015中国最具价值品牌500强中，读者出版传媒股份有限公司的“读者”以141.58亿元的品牌价值排名177位，是甘肃唯一入选的品牌。

14日 中央电视台财经频道推出大型纪录片《五年规划》，兰州轨道交通项目作为国家“十二五”“十三五”重点规划项目在该记录片第四集《天堑通途》中播出。

17日 土库曼斯坦驻华大使馆代表团来兰，双方就经贸、旅游、教育等领域的合作与发展深入交换了意见。

20日 首趟兰州至广州的“丝路快车·兰铁旅游号”专列成功开行。

4月

5日 市政府召开常务会议，传达学习省政府主要领导关于城市管理工作的谈话精神，研究兰州国际马拉松赛、水污染和大气污染防治等工作事宜。

8日 长飞光纤光缆兰州有限公司光纤光缆生产基地年产200万芯公里光缆生产线在兰州新区建成投产。

9日 在第20个世界读书日来临之际，“‘文化兰州·全民共享’公益项目系列活动——‘读者的挚爱’经典美文诵读欣赏”活动在甘肃大剧院举行。

10日 兰州市首个游客服务中心——兰州黄河风情线游客服务中心在特色甘肃馆揭牌。

12日 兰州高新区榆中园区创新工场举行快速制造国家工程研究中心兰州创新示范中心揭牌仪式，标志着兰州高新区创新工场3D打印正式投入运行。

14日 市政府召开常务会议，研究向城市低保户发放蔬菜临时价格补贴、兰州—加德满都南亚国际货运班列开通事宜。

15日 第31届甘肃省青少年科技创新大赛暨第16届中国青少年机器人（甘肃赛区）竞赛在兰州新区的兰州市中小学生综合实践基地举行。

22日 “美丽兰州——2016丝绸之路文化旅游年”宣传活动在北京人民大会堂启动，旨在以文旅为纽带深化开放，强化国际合作，让兰州融入世界，让世界聚焦兰州。

23日 兰州新区“一带一路”中俄文化交流中心暨采列捷利艺术馆项目签约揭牌仪式在宁卧庄宾馆举行。

25日 匈牙利“一带一路”经济考察团一行来到兰州市考察，并就匈牙利企业在兰州市及兰州新区进行项目投资、经济贸易合作、城市综合管理与污水处理等多个领域的项目合作进行座谈交流、探讨合作，推动双方共赢发展。

27日 兰州市第十六中学学生与西安铁一中学生组成的联队，在VEX机器人世界锦标赛上获得冠军，这是甘肃省乃至西北的初中学生首次获得该项比赛的冠军。

28日 兰州新区平湖国际进口商品城开业，商品城汇集20多个国家的4000种特色商品。

5月

11日 首趟“兰州号”南亚公铁联运国际货运列车自兰州国际港务区启程。

14日 西安交通大学与兰州新区签订战略合作协议，双方将在人才培养培训、产学研协同创新、决策咨询、社会事业发展等方面开展全面合作。

19日 兰州市登山协会理事曹淑萍（女）在尼泊尔时间19日上午7时从南坡登顶珠峰成功，成为甘肃省第一位登顶珠峰的女性。

21日 第5届中国创新创业大赛（甘肃赛区）暨“兰州高新杯”甘肃省创新创业大赛启仪式在兰州高新区创新园举行。

29日 “第2届兰州·台北海峡两岸牛肉面产业交流发展论坛”在兰州召开。

6月

7日 第12届反法西斯共同胜利国际影视节日前在塞瓦斯托波尔市举行，纪录片《兰州空战》成功入选2015—2016年度国际记录片优秀作品，并喜获塞瓦斯托波尔国际影视节纪录片特别奖。

11日 2016兰州国际马拉松赛鸣枪开跑，来自23个国家和地区的4.1万名运动员参赛，肯尼亚选手罗伯特获得男子组冠军，埃塞俄比亚选手泽海伊获得女子组冠军。

13日~16日 兰州市组团参加在上海举办的第13届中国国际物流节、第16届中国国际运输与物流博览会、2016亚洲物流双年展，在2016中国物流业创新大奖颁奖晚会上，兰州市被授予“中国物流业十大最具创新力城市”。

15日 蒙古国驻华大使苏赫巴特尔先生及夫人一行来到兰州新区参观考察。

20日 以“畅游绚丽甘肃，发展丝路旅游”为主题的第6届敦煌行·丝绸之路国际旅游节在丝绸之路经济带重要节点城市兰州拉开帷幕。

26日　市长袁占亭会见俄罗斯布里亚特共和国乌兰乌德市市长卡尔科夫·亚历山大·米哈伊洛维奇，双方就加强友好交流及互贸合作进行深入交流，并达成一致共识，现场签订两市友好城市交流协议书。

7月

6日　第4届中国（兰州）国际鼓文化艺术周暨第5届兰州国际民间艺术周在新落成的兰州音乐厅开幕。

9日　兰州新区电子信息产业园暨众志“中国芯”技术产业化项目开工建设。

14日　中国旅游研究院、中国气象局公共气象服务中心联合主办的“2016中国避暑旅游产业峰会”上，兰州等城市被评为“最佳避暑旅游城市”。

26日　在人民日报社主办的2016“一带一路”媒体合作论坛上，兰州市荣获“优秀城市案例奖”，兰石集团、兰州科天荣获“优秀企业案例奖”。

29日　全国双拥模范城（县）命名暨双拥模范单位和个人表彰大会在北京召开，兰州市连续第八次荣获全国双拥模范城命名，实现创建全国双拥模范城“八连冠”目标。

8月

6日　兰州新区首个中外合作大型项目中韩产业园开工建设。

13日　兰州市人民政府与北京大学新媒体研究院签订了战略合作协议，双方将在打造专家智库、建立人才培养基地等方面加强合作，实现互利共赢。

19日　兰州国际港务区正式挂牌成立，标志着兰州国际港务区发展进入了一个新历程，迈上了一个新起点。

23日　市政府召开常务会议，传达学习《关于进一步加强安全生产工作的紧急通知》，通报全市安全生产工作情况，研究《“十三五”时期兰州市统计改革和发展规划》《兰州市城市商业网点规划（2016—2020）》《兰州市城市生态用水供水工程规划》《关于进一步加强机关事务管理工作的意见》《兰州市城市街道、社区综合性文化服务中心建设实施方案》《加强兰州市近郊四区物业收费标准管理的实施意见（修订）》《兰州市物业服务收费管理实施办法（修订）》《关于全面治理拖欠农民工工资问题的实施方案》。

24日　市委常委、副市长段广平和日喀则市市委副书记、常务副市长徐向国代表两市共同签署缔结友好城市框架协议。

9月

1日　来自全国20余家晚报总编辑、记者、西路军后代、西路军研究者相聚兰州，以“信仰的力量”为主题座谈交流，共同缅怀先烈铭记历史。

7日　国际钢琴大师、联合国和平大使郎朗2016兰州专场音乐会在兰州音乐厅震撼亮相，并受聘为“兰州蓝”国际城市形象推广大使。

9日　兰州市率先在全省打造的集法律咨询、心理疏导、纠纷调节、困难救助于一体的妇女维权“一条龙”新阵地——兰州市妇女维权服务中心正式启动。

10日　第2届中国“互联网+”大学生创新创业大赛甘肃省决赛在兰州理工大学拉开帷幕，来自甘肃省32所高校的74个项目进入决赛。

12日　2016“一带一路”中国（兰州）国际跨境电商物流大会开幕，来自“一带一路”相关城市代表、自贸区代表、知名专家、学者、电商、物流企业代表齐聚兰州，共商共谋跨境电商物流发展。

17日　首位中国诺贝尔文学奖获得者、著名作家莫言做客《金城讲堂》，为兰州市民作“讲述中国和走向世界”的精彩报告。

18日　市委常委、副市长段广平会见美国坦帕市市长罗伯特·巴克霍恩，现场签订建立友好城市关系协议书。

20日　兰州本土电影《丢羊》摘得第25届中国金鸡百花电影节国产新片奖，这是该片继荣膺第3届“中美国际电视节”两项大奖后获得的全国性奖项。

22日　北环路全线建成通车，与南山路呼应构建兰州市“二环路”骨架。

23日　北京市西城区党政代表团到兰州新区考察。

24日　以住房和城乡建设部部长陈政高为组长的国务院第三次大督查第十四督查组一行来兰进行督查。

28日　国家财政部副部长刘昆率领国务院解决企业拖欠工资问题部际联席会议督查组来兰，对兰州市全面治理拖欠农民工工资问题情况进行专项督查。

10月

10日　“黄河之都”首届兰州音乐节在兰州音乐厅正式开幕。

12日　由中国计算机学会主办，中国计算机学会大数据专家委员会、兰州大学、兰州新区管委会共同承办的第4届中国计算机学会（CCF）大数据学术会议暨丝绸之路西北大数据高峰论坛在兰州新区召开，来自全国各地计算机领域专家、代表500余人出席会议。

13日　兰州中川国际机场二期扩建工程全面完工。

15日　住房城乡建设部公布第一批中国特色小镇名单，兰州市青城古镇成功入围，将获国家专项建设资金等实质性资源倾斜支持。

31日 “兰州号”(兰州—加德满都)南亚公铁联运国际货运班列常态化运营发车仪式在兰州国际港务区举行。

11月

9日 由世界500强企业正威国际集团投资建设的兰州新区电子信息产业园项目一期工程投产仪式在兰州新区举行，西北地区历史上规模最大的、第一条由全球顶尖冶金设备制造商德国西马克引进的连铸连轧生产线正式投产。

19日 投资40亿元的兰州国际嘉年华主题乐园项目在兰州新区破土动工，此举标志着甘肃省将建成世界顶级的游乐园。

20日零时 兰州市启动机动车单双号限行，为方便市民出行，限行期间客运出租车不受单双号和尾号限行规定，市民还可免费乘坐公交。

25日 甘肃国际陆港（兰州国际港务区）规划（2016—2020）获甘肃省人民政府正式批复。为统筹国际陆港建设，批复中将甘肃国际陆港（兰州国际港务区）更名为甘肃（兰州）国际陆港。

26日 中国共产党兰州市第十三次代表大会在省政府礼堂隆重开幕。李荣灿代表中国共产党兰州市第十二届委员会，向大会作题为《凝心聚力、砥砺奋进、为决胜全面小康建设现代化中心城市而努力奋斗》的报告。

28日 中国共产党兰州市第十三次代表大会圆满完成各项任务，胜利闭幕。大会选举产生了第十三届市委委员、候补委员和市纪委委员，通过中国共产党兰州市第十二届委员会报告的决议和中国共产党兰州市第十二届纪律检查委员会工作报告的决议。

28日 兰州中川国际机场年旅客吞吐量首次突破1000万人次。

12月

6日 国家口岸管理办公室批复同意兰州铁路集装箱场站作为临时口岸对外开放，具体包括兰州新区中川北站、兰州东川铁路物流中心两个作业区，这是甘肃省第一个铁路开放口岸。

14日-18日 中国人民政治协商会议兰州市第十四届委员会第一次会议，在宁卧庄宾馆召开，会议通过了政协兰州市第十四届委员会第一次会议政治决议、关于第十三届委员会常务委员会工作报告的决议、政协兰州市第十四届委员会提案审查委员会关于十四届一次会议提案审查情况的报告。

15日-20日 兰州市第十六届人民代表大会第一次会议在省政府礼堂召开，会议通过了关于兰州市人民政府工作报告的决议、关于兰州市2016年国民经济和社会发展计划执行情况及2017年国民经济和社会发展计划的决议、关于兰州市2016年财政预算执行情况和2017年全市及市级预算的决议、关于兰州市人民代表大会常务委员会工作报告的决议、关于兰州市中级人民法院工作报告的决议、关于兰州市人民检察院工作报告的决议。

24日 市委常委会召开会议，审议并原则通过《兰州市城乡环境综合整治攻坚战实施方案》《兰州市背街小巷综合整治攻坚战实施方案》《兰州市交通秩序大整治行动实施方案》等，听取全省禁毒工作会议精神及兰州市贯彻落实意见的汇报。

28日 中国民航总局批准开通“上海—兰州—达卡”全货运包机航班，这是甘肃省开通的第二条国际货运包机航线。

29日 市政府在兰州大学与4所在兰高校签订《共建兰州创业大学战略合作协议》，挂牌成立兰州创业大学及分校。

兰州概貌

【地理位置】 兰州市位于北纬35°34′20″～37°07′07″，东经102°35′58″～104°34′29″之间，地处甘肃省中部，是中国陆地的几何中心。北部和东北部毗邻白银市的白银区和景泰县、靖远县；东部和南部与白银市的会宁县和定西市的安定区、临洮县及临夏回族自治州的永靖县相邻；西南部和西部与青海省民和县相连；西北部与武威市的天祝藏族自治县接壤。全市总面积13085.6平方公里。

【建置沿革】 兰州历史悠久,旧石器时代晚期，兰州市就有先民居住。夏、商、周时期，为羌戎居地。秦始皇三十三年（前214年）置陇西郡榆中县，为兰州市境最早的行政建置。汉武帝元狩二年（前121年）置金城县。汉武帝元鼎六年（前111年）置令居县(今永登县)，在河桥镇置浩亹县。汉宣帝神爵二年（前60年），在今红古区花庄一带置允街县。西汉在今永登县苦水镇置枝阳县。汉昭帝始元六年（前81年），置金城郡，始领6县，后增至13县，今兰州市境有允街、浩亹、令居、枝阳、金城、榆中6县。十六国时期，前赵、后赵、前凉、前秦、后秦、西秦、后凉、南凉、北凉等占领过金城郡，其中西秦曾建都于兰州。隋文帝开皇元年（581年），置兰州，领金城郡。置兰州总管府，为军事建置。唐代，兰州领五泉、广武、狄道3县。唐代宗广德元年（763年）吐蕃占领兰州，一直到北宋仁宗。宋仁宗景祐三年（1036年），西夏在今永登县红城镇置卓罗和南监军司，并占领兰州。宋神宗元丰四年（1081年）收复兰州，宋与西夏隔黄河对峙。宋高宗绍兴元年（1131年），金占领兰州。元太宗六年（1234年），蒙古占领兰州、金州。明太祖洪武二年（1369年），徐达攻取兰州，降兰州为兰县、金州为金县，属临洮府。洪武五年（1372年），改庄浪州为庄浪卫。明惠帝建文元年（1399年），肃王移藩兰县，加强了明朝的统治。明宪宗成化十三年（1479年），升兰县为兰州。清圣祖康熙五年（1666年）陕甘分省，兰州为甘肃省会。清世宗雍正三年（1725年），改庄浪卫为平番县，属凉州府。清高宗乾隆三年（1738年），临洮府移兰州，改称兰州府，兰州改为皋兰县。兰州府领狄道州、河州、皋兰县、渭源县、靖远县、金县。乾隆二十九年（1764年），陕甘总督移驻兰州，管辖今陕西、甘肃、宁夏、青海、新疆。1913年，并兰州府、巩昌府为兰山道，领皋兰等15县；平番县属甘凉道。1919年，改金县为榆中县。1928年，改平番县为永登县。1941年7月1日，成立兰州市。

1949年8月26日，兰州市解放。兰州市由县级市升为地级市。1950年，兰州市辖9个区和皋兰县，榆中县属定西专区，永登县属武威专区。1958年，辖城关等7个区，永登县划入兰州市，改为永登区。1963年，永登县划归武威专区。1970年4月，永登县、榆中县、皋兰县划入兰州市。1985年10月，白银区划归白银市。至2016年，兰州市辖城关、七里河、安宁、西固、红古5区及永登、榆中、皋兰3县。

【行政区划】 2016年，兰州市行政区域下辖5区3县，53 个街道办事处，19个乡,42个镇。

城关区辖24个街道办事处：临

夏路街道办事处、张掖路街道办事处、白银路街道办事处、伏龙坪街道办事处、酒泉路街道办事处、广武门街道办事处、东岗西路街道办事处、皋兰路街道办事处、渭源路街道办事处、雁南街道办事处、雁北街道办事处、盐场堡街道办事处、草场街街道办事处、靖远路街道办事处、团结新村街道办事处、铁路东村街道办事处、铁路西村街道办事处、五泉街道办事处、火车站街道办事处、拱星墩街道办事处、嘉峪关路街道办事处、焦家湾街道办事处、东岗街道办事处、青白石街道办事处。

七里河区辖9个街道办事处：秀川街道办事处、土门墩街道办事处、西站街道办事处、西园街道办事处、西湖街道办事处、建兰路街道办事处、晏家坪街道办事处、敦煌路街道办事处；2个乡：黄峪乡、魏岭乡；4个镇:西果园镇、阿干镇、八里镇、彭家坪镇。

西固区共辖8个街道办事处：临洮街街道、西固城街道、四季青街道、福利路街道、先锋路街道、陈坪街道、西柳沟街道、新安路街道；5个镇：达川镇、河口镇、新城镇、东川镇、柳泉镇;1个乡：金沟乡。

安宁区辖8个街道办事处：培黎街道办事处、安宁西路街道办事处、银滩路街道办事处、刘家堡街道办事处、孔家崖街道办事处、十里店街道办事处、安宁堡街道办事处、沙井驿街道办事处。

红古区辖4个街道：华龙街道办事处、窑街街道办事处、下窑街道办事处、矿区街道办事处；4个镇：海石湾镇、花庄镇、平安镇、红古镇。

永登县辖4个乡：坪城乡、民乐乡、通远乡、七山乡；12个镇：城关镇、武胜驿镇、中堡镇、连城镇、河桥镇、红城镇、上川镇、树屏镇、大同镇、苦水镇、柳树镇、龙泉寺镇。

榆中县辖12个乡：小康营乡、清水驿乡、中连川乡、园子岔乡、上花岔乡、哈岘乡、马坡乡、银山乡、三角城乡、来紫堡乡、龙泉乡、韦营乡；11个镇：甘草店镇、夏官营镇、城关镇、高崖镇、青城镇、金崖镇、定远镇、和平镇、连搭镇、新营镇、贡井镇。

皋兰县辖3个社区：城北社区、城南社区、三川口社区；6个镇：什川镇、忠和镇、石洞镇、九合镇、黑石镇、水阜镇。

【地形地貌】 兰州市位于陇西黄土高原的西部，是青藏高原向黄土高原的过渡地区。境内大部分地区为海拔1500～2500米的黄土覆盖的丘陵和盆地。石质山地是祁连山的余脉，分布在市境的南北两侧。榆中县南部和永登县西北部的石质山地海拔都在3000米以上，其中马衔山海拔3670米、兴隆山海拔3021米、奖俊埠山主峰海拔3455米，自然植被垂直分布，有云杉林、油松林、辽东栎林、山杨林以及灌丛。兰州地势西部和南部高，东北低，黄河自西南流向东北，横穿全境，切穿山岭，形成峡谷与盆地相间的串珠形河谷。峡谷有八盘峡、柴家峡、桑园峡、大峡、乌金峡等；盆地有新城盆地、兰州盆地、泥湾－什川盆地、青城－水川盆地等。还有湟水谷地、庄浪河谷地、苑川河谷地、大通河谷地等。

兰州黄河谷地盆地西起青石关，东至桑园峡，东西长60余公里，南北最宽约9公里，最窄处不足1公里，平均海拔1500~1550米。

【气候状况】 2016年,兰州市各县区年平均气温在6.6~11.4℃之间，与历年相比，偏高0.6~1.1℃。年降水量在309.9~355.4毫米之间，与历年平均值相比，榆中正常略少，兰州市区、永登县正常略多，皋兰县偏多；兰州市区空气质量优良天数为243天，剔除32天沙尘天气影响后，年度达标率72.8%。

【自然资源】 兰州市地质发育较为齐全，除太古界外，从中生界、前古生界至第四系均有不同程度的分布。在漫长的地质发展史中，形成多种矿产资源，已发现矿产48种。主要有煤、石英石、石灰石、玻璃硅质原料、水泥黏土、铁、铜、铅、金、银等。水泥石灰石分布广，储量4.8亿吨，占甘肃省的⅓。石英石质量好、品位高，储量约3.8亿吨。煤矿已探明储量的有8.26亿吨，占全省的12%。

森林及绿地：全市林业用地面积53.95万公顷，其中，有林地面积6.81万公顷，疏林地面积0.53万公顷，灌木林地面积9.37万公顷，未成林造林地面积3.65万公顷，苗圃地面积0.05万公顷，宜林地面积33.54万公顷，无立木林地面积2万公顷，林业辅助生产用地面积0.04万公顷。森林覆盖率12.21%。天然森林分布在兴隆山、马衔山、冷龙岭、奖俊埠山等石质山地，总面积10.86万公顷。主要树种有云杉、冷杉、祁连圆柏、油松、山杨、白桦、辽东栎等。

2016年，全市城市绿地面积5919.16 公顷，公共绿地面积1740.83公顷，绿化覆盖率31.41%，绿地率28.63%，人均公共绿地面积9.27平方米。

全市共有高等植物122科、541属、1614种，苔藓类植物49种，蕨类植物33种，种子类植物1532种。全市野生高等植物仅南北两山就有61科、145属、270种。

野生动物有5个纲、52个科、182种。其中鸟纲有16个目，37个科、148种。属国家一、二类保护的有金雕、石羊（岩羊）、麝、隼、鹫、梅花鹿、马鹿、雪鸡、中华秋沙鸭、水獭、天鹅等20余种。

【人口民族】 2016年末全市常住人口324.8万人。其中，城镇人口222.73万人，占68.68%，；农村人口101.55万人，占31.32%。2016年，全市可识别的少数民族成份56个，人口12.9万人，占全市人口总数的4.43%，其中信仰伊斯兰教的10个少数民族人口约12.9万人。超过500人的少数民族有10个，即回族、满族、藏族、东乡族、蒙古族、土族、维吾尔族、土家族、壮族、苗族。全市有5个少数民族聚居村，即城关区伏龙坪街道皋兰山回民村、红古区海石湾镇虎头崖回民村、榆中县连搭乡朱家沟回民村、兰州新区秦川镇龙西村、秦川镇东川村。

（市志办）

国民经济和社会发展

【概况】 2016年，全市实现地区生产总值2264.23亿元，增长8.3%，占全省的比重31.66%。其中，第一产业增加值完成60.36亿元，增长6%；第二产业增加值完成790.09亿元，增长4.3%；第三产业增加值完成1413.78亿元，增长10.9%。固定资产投资完成1990.95亿元，增长10.38%；社会消费品零售总额完成1263.35亿元，增长9.7%；一般公共预算收入215.48亿元，增长16.35%；城镇居民人均可支配收入29661元，增长9.5%；农村居民人均可支配收入10391元，增长8%；城镇新增就业人数12.36万人；城镇登记失业率控制在2.17%；居民消费价格指数涨幅0.8%；单位生产总值能耗和主要污染物排放完成国家和省上下达的控制指标。

【农村经济】 2016年，全市粮食种植面积178.72万亩，比上年减少5.47万亩。粮食总产量45.07万吨，下降1.8%。其中，夏粮产量16.15万吨，下降5.29%；秋粮产量28.92万吨，增长0.24%。主要经济作物产量持续增加。蔬菜播种面积108.12万亩，增加7.7万亩，蔬菜产量311.99万吨，增长7.46%；中药材播种面积21.21万亩，增长9%，中药材产量3.61万吨，增长8.84%；园林水果产量17.23万吨，增长7.25%。畜牧业生产保持稳定。全市牛存栏4.99万头，下降0.79%，出栏0.98万头，增长15.4%；羊存栏65.69万只，下降2.42%，出栏33.17万只，增长5.52%；生猪存栏36.05万头，增长1.31%，出栏34.48万头，下降0.14%；家禽存栏220.77万只，下降15.58%。肉产量4.11万吨，下降9.87%；蛋产量1.8万吨，下降23.1%；牛奶产量6.96万吨，下降11.8%。

【工业经济】 2016年，全市规模以上工业企业完成工业增加值502亿元，增长2.6%。从轻重工业看，重工业完成增加值347.9亿元，增长4.7%，占总量的69.3%；轻工业完成增加值154.1亿元，下降1.7%，占总量的30.7%。从企业类型看，国有企业实现增加值45.1亿元，下降1.0%；集体企业实现增加值4.8亿元，增长3.0%；股份制企业实现增加值432.7亿元，增长1.0%；外商及港澳台投资企业实现增加值18.6亿元，增长42%。从主要产品的产量看，原油加工量完成823.02万吨，下降14.91%；生产汽油203.7万吨，下降17.36%；生产钢材135万吨，下降45.3%；生产水泥1130万吨，增长4.4%；生产卷烟293.8亿支，下降15.1%；生产啤酒38012.7万升，下降1.5%。从重点支柱行业看，石化工业完成工业增加值116.4亿元，下降9.2%；装备制造业完成工业增加值51.6亿元，增长9.9%；有色冶炼工业完成工业增加值52.5亿元，增长38.8%；农副产品加工业完成工业增加值118.7亿元，下降4.5%；黑色冶炼工业完成工业增加值4.2亿元，下降17.7%；电力工业完成工业增加值59.7亿元，下降2.5%；煤炭工业完成工业增加值8.8亿元，下降10.0%。

【消费】 2016年，全市实现社会消费品零售总额1263.35亿元，增长9.7%，其中：城镇完成社会消费品零售总额1065.39亿元，增长9.6%；乡村完成社会消费品零售总额197.96亿元，增长10.0%。限额以上按行业分，批发业实现销售额2870.2亿元，增长7.6%；零售业实现销售额506.4亿元，增长6.3%；住宿业实现营业额20亿元，增长8.9%；餐饮业实现营业额20.6亿元，增长8.1%。居民消费价格指数涨幅为0.8%，在省、市确定的调控目标3%内运行。

【社会事业】 完成为民兴办的24件实事。教育方面。完成57所标准化学校建设任务，新建北京实验二小兰州分校、华中师大安宁附属学校。推进住宅小区配建学校工作，教育资源总量不断增加。研究生教育和普通高等教育分别招生1.06万人、8.78万人，增长6.35%、3.56%。科技方面。全年登记科技成果864项，专利申请受理7488件，授权专利3505件，授予发明专利权867件。全年签订技术合同4178项，技术合同成交金额46.72亿元。成功举办2016中国兰州科技成果博览会，共签约科技合作与成果转化转移项目203个，签约金额10.9亿元。文化方面。成功举办丝绸之路国际旅游节、中国西部（兰州）国际汽车博览会等重点展会，会展交易额达到80亿元。兰州创意文化产业园加快建设，兰州文化产权交易中心等项目建成使用，兴隆山、吐鲁沟、鲁土司衙门等重点文化旅游景区公共服务设施不断完善。全市实现文化产业增加值70.56亿元，增长15.84%。卫生方面。覆盖城乡的社会保障体系基本建立，全市新农合年人均筹资标准由490元提高到550元。进一步健全重特大疾病保障制度，将重特大疾病救助病种由26种扩大至52种，救助上限金额由6万元提高至8万元。全市累计医疗救助35021人（次），年末全市共有卫生机构2379个，医院、卫生院拥有床位2.24万张，卫生技术人员2.11万人。体育方面。举办2016兰州国际马拉松赛，建成5个乡镇及社区体育健身中心、200个全民健身场地、20个社区大众健身馆和16个笼式足球场地。获得国家和省级奖牌76枚。社会保障方面。城市低保标准提高10%，农村低保标准提高21.71%。建成棚户区改造房21135套，分配公租房16568套。新农合参合率98.05%，新农合医疗基金支出总额59672.42亿元。

【扶贫攻坚】 2016年，围绕兰州市“1+21”精准扶贫方案，争取落实中央和省、市财政专项扶贫资金4.23亿元，推动小康村、村社道路、光伏扶贫、劳动力培训、贷款贴息等项目建设。改造农村危房1482户，七里河、永登、榆中易地扶贫搬迁有序推进。争取省上精准扶贫专项贷款8.66亿元，扶持农户18053户。贫困发生率由2.26%下降到0.85%，完成省上下达的1.78万人的年度脱贫任务。

（王利杰）

固定资产投资与重大项目建设

【固定资产投资】 2016年，全市完成固定资产投资1990.95亿元，增长10.38%。按三次产业分，第一产业投资36.68亿元，下降7.34%；第二产业投资446.19亿元，增长17.6%，其中工业投资405.64亿元，增长11.26%；第三产业投资1508.08亿元，增长8.91%。按隶属关系分，中央项目完成投资108.7亿元，增长25.72%；省属项目完成投资243.31亿元，增长15.13%；市属项目完成投资1638.94亿元，占全市投资总额的82.32%，增长8.83%。从资金来源看，全市完成民间投资1264.41亿元，增长24.88%，占固定资产投资的比重为63.5%，拉动全市固定资产投资增长13.96个百分点。

【重大项目建设】 2016年，全市市列重大项目111个，年度计划投资759.08亿元，实际完成投资764.12亿元，占年度计划的100.66%。其中71个续建项目完成投资573.71亿元，占年度计划的101.07%。中海河山郡城市商业综合体、兰州名城广场、亚太工业科技总部基地、北车兰州机车有限公司整体搬迁工艺水平提升建设等54个项目完成或超额完成全年投资计划。29个新建项目完成投资190.41亿元，占年度计划的99.46%。兰州国际港务区保税物流中心（B型）、兰州新区东绕城快速路、榆中县盆地大道二期工程、兰州高新区总部经济2号园区二期工程等18个项目完成或超额完成全年投资计划。

（席向鹏）

精神文明建设

【概况】 2016年，兰州市精神文明建设就培育和践行社会主义核心价值观主线，以开展“两学一做”学习教育活动为契机，采取各项措施，推动各项工作任务有计划、按步骤、高标准全面完成。

【公民道德建设】 评选“兰州好人”，推动形成争当“好人”的良好社会风尚。开展“月评十佳、年评百佳兰州好人”活动。采取“三推荐、三评选”方法，每月组织市民群众为“兰州好人”候选人进行网络投票，评选出月度“兰州好人”，在市属媒体进行宣传报道。将评选出的“兰州好人”推荐参加“甘肃好人”和“中国好人”的评选。全年评选出103名“兰州好人”，有9人荣登“中国好人榜”。全市各级设立“善行义举榜”，将好人事迹公布于光荣榜。道德讲堂建设。加强道德讲堂建设，挖掘凡人善举，突出讲堂主题、丰富讲堂内涵、优化讲堂形式、拓展讲堂功能、放大讲堂效应，把思想道德教育、兰州优秀的历史文化融入到市民心中。举办兰州市道德讲堂示范课暨主持人培训班，各县区也相继举办县区道德讲堂示范课暨主持人培训班、道德讲堂交流观摩活动，规范道德讲堂建设。承办全省“道德模范走进道德讲堂”在兰巡讲活动，扩大活动的影响力。全市各县区、各级文明单位积极发挥道德讲堂作用，开展道德模范和身边好人巡讲活动，用身边人、身边事教育群众。开展文明家庭创建工作，宣传和传承良好家风。开展“文明家庭”“最美家庭”“最美母亲”等创评活动。举办“廉政大讲堂清风传家远”专题辅导报告会，清明节前夕面向广大市民开展“祭祖思亲传家风”——好家风好家训征集活动，开展“弘扬家庭美德树立良好家风”的家风讲堂巡讲活动，充分发挥了家庭文明建设在推动和谐文明兰州建设中的重要作用。兰州市有2个家庭入选全国最美家庭，2个家庭入选全国五好文明家庭。发挥典型示范作用，树立崇德向善的舆论导向。对83个精神文明建设先进单位、“四个十佳”志愿服务典型（十佳志愿者、十佳志愿服务项目、十佳志愿服务组织、十佳志愿服务社区）、年度兰州市百佳“兰州好人”进行命名表彰。春节期间，开展慰问生活困难道德模范和“兰州好人”活动，邀请道德模范和“兰州好人”代表观看文艺演出，走访慰问道德模范和“兰州好人”，全市共慰问生活困难的道德模范和“兰州好人”53人，发放慰问金、慰问品价值8万元。推荐先进人物申报参评第5届甘肃省道德模范，启动第4届市级道德模范评选工作。12人被录入中央文明办、中国文明网编撰的《中国好人传》图书。举办两场道德模范和“兰州好人”与市民见面交流活动，通过文艺表演、观众互动等形式，再现道德模范和身边好人的感人事迹。落实诚信“红黑榜”发布制度，推进诚信建设制度化。会同市法院、市食药监局、市农委、市地税局、市质监局等部门每季度发布一期诚信“红黑榜”。全年共发布4期诚信“红黑榜”，对列入“黑榜”名单的企业和个人提出了惩戒措施。同时，在生产企业深入开展“诚信做产品”活动，在商贸流通企业以“履约守信”为主题，开展“百城万店讲诚信”“诚信经营示范点”“守合同重信用”企业公示、“放心消费创建”等活动，在执法监管部门和窗口服务单位开展文明诚信服务等活动，营造诚实守信的社会风尚。加强公益广告刊播，推进社会主义核心价值观“人知人晓”“人信人守”工程。落实公益广告刊播办法，保持公益广告密集刊播态势，形成常态化。户外广告设施按比例设置公益广告，重点宣传社会主义核心价值观、“中国梦”等内容。兰州广播电视各频道在黄金时段持续刊播公益广告，每月每频道刊播公益广告不少于320次。《兰州日报》《兰州晚报》每月刊载公益广告不少于7个整版和8个整版。《中国兰州网》《兰州新闻网》《兰州文明网》开设公益广告大看台，集中展播“讲文明树新风”公益广告。全市制作各类公益广告宣传牌2万多块，建筑工地围挡1万多平方米，963块电子显示屏滚动播放公益广告，印制公益广告宣传海报30多万张，在300多辆公交车体上设置公益广告，形成了高密度、多角度、全方位密集宣传的态势。围绕培育和践行社会主义核心价值观对兰州文明网进行改版，加强网络文明传播工作，占领新媒体宣传阵地。

【未成年人道德建设】 开展文明校园创建工作，打造未成年人工作品牌。成立兰州市文明校园创建工作领导小组，召开全市文明校园创建工作推进会。按照学校自愿申报、逐级推荐、提前公示、择优评选的程序,全市各级各有关部门积极配合、基层学校协调联动、广大师生积极参与，各县区、各学校精心组织、统筹推进，创建工作顺利展开。市文明校园创建工作领导小组组织相关人员对照《兰州市文明校园创建评估标准（试行）》，命名表彰32所市级文明校园。开展未成年人主题活动，大力培育和践行社会主义核心价值观。开展兰州市第4届美德少年评选活动，评选出11名兰州市第4届“美德少年”，并在“六一”期间组织开展“学习和争做美德少年”网上签名寄语活动。在全市中小学组织开展“怀感恩行孝道”主题征文活动，评选出300篇优秀征文、45名优秀指导老师。开展2016年度优秀童谣征集评选传唱活动，分别评选出成人组和未成年人组获奖作品。在城关区耿家庄小学举办兰州市中小学优秀童谣传唱暨社会主义核心价值观宣传活动。开展童心向党歌咏活动。在安宁区长风小学举办兰州市中小学2016年“童心向党”歌咏活动。开展中华经典诵读活动。在七里河区火星街小学举办兰州市2016中小学中华经典诵读展演暨争做美德少年主题活动。以网上网下相结合的方式，组织未成年人开展“向国旗敬礼”主题活动，引导青少年践行社会主义核心价值观，共筑“中国梦”。加强课外活动场所建设。提升乡村（社区）学校少年宫的建设、管理和使用水平。对新建和已建成的少年宫活动项目开设、辅导员队伍建设、档案资料管

2016年8月12日，榆中县新营乡农民文化队利用“八个一”阵地开展秦韵锣鼓表演

理、活动场所建设等方面提出明确要求。举办全市"乡村（社区）学校少年宫"舞蹈教师培训班，来自各学校的90多名舞蹈教师参加培训。11月4日上午在西北宾馆举办兰州市乡村(社区)学校少年宫骨干培训班，下午在城关区华侨实验学校举办全市乡村（社区）学校少年宫成果展，来自全市各县区的145所乡村（社区）学校少年宫负责人和各县区文明办、教育局负责人及市乡村学校少年宫领导小组成员单位参加成果展。优化社会文化环境，营造良好文化生态。按照"校内校外联动、整治管理同步"工作思路和"什么问题突出就整治什么问题"原则，开展校园及周边环境综合整治，实施"护校安园"行动，强化工作举措，形成齐抓共管合力，维护校园及周边秩序的持续稳定，全市校园及周边环境特别是在兰高校周边环境有了明显优化和改善。

【群众性精神文明创建活动】 组织开展文明单位创建活动。命名表彰83家市级精神文明建设先进单位，并在市属新闻媒体上进行集中宣传报道。协调组织各县区、相关部门开展第13批省级各类文明单位申报、推荐、测评验收工作。推荐的60家各类文明单位通过省文明办组织的测评验收，展现兰州市群众性精神文明创建活动的丰硕成果。发动群众参与创建活动。联合相关部门制定印发《兰州市第8届兰州家庭才艺大赛实施方案》《第12届兰州读书节活动方案》，开展兰州家庭才艺大赛活动和读书学习活动。开展以"做文明有礼人的兰州人"为主题的全国第14个公民道德宣传日活动，起草公民道德建设稿件在市属新闻媒体上进行专版宣传,营造广大市民支持创建参与创建的良好舆论氛围，推动全市群众性精神文明创建活动的深入开展。开展提升市民文明旅游素质行动。联合相关部门制定印发《兰州市2016年提升市民文明旅游素质实施方案》，协调指导督促各县区、相关部门深入开展文明旅游活动。联合市相关部门参与承办"为中国加分，为甘肃添彩""5·19"中国旅游日文明旅游系列主题宣传活动。联合相关部门制定印发《兰州市"最美导游""最美游客"评选活动实施方案》《"兰州文化旅游走进出租车"系列活动实施方案》，大力开展文明旅游先进典型选树和实践活动。兰州市评选出10名兰州市"最美导游"、10名兰州市"最美游客"、10名兰州市"金牌导游"。同时，评选出3000 名"兰州文化旅游志愿者"出租车司机、500辆"兰州旅游文明号"出租车、500名"兰州文化旅游宣传形象大使"。开展文明餐桌行动。联合相关部门制定印发《兰州市创建文明餐桌食品安全示范街示范店活动方案》，协调指导督促各县区、相关部门开展文明餐桌食品安全示范街、示范店创建活动，扩大餐饮服务单位参与活动数量，叫响"不剩饭、不剩菜"，推进文明餐桌行动。全市评选出7条兰州市"文明餐桌食品安全示范街"、58家兰州市"文明餐桌食品安全示范店"。开展文明交通行动。联合相关部门制定印发《兰州市2016年"文明交通行动计划"》《关于提升市民综合素质倡导文明出行方案》，深入开展"文明出行 从我做起"主题宣传教育活动和"星级驾驶员""雷锋车队""文明爱心车队""寻找文明出行的你"等活动。统计汇总全市文明交通劝导员数量及文明交通劝导员分布的十字路口数量，协调指导督促各县区、相关部门积极开展文明交通劝导活动。协调相关部门起草印发《关于联合开展2016年"全国交通安全日"主题活动的通知》，开展文明交通主题宣传教育实践活动。开展农村精神文明建设工作。起草国务院调研组在兰调研座谈会上兰州市贯彻落实2016年中央一号文件相关工作情况的发言材料。收集整理审核兰州市优秀乡规民约，制定《兰州市进一步开展百家文明单位结对帮扶百村创建文明村实施方案》，确定了兰州市"百家文明单位结对帮扶百村创建文明村"名单。协调指导各县区开展文明村镇、"五星级文明户""最美家庭""好公婆""好媳妇"等创评活动。

【志愿服务工作】 开展学雷锋志愿服务月活动，集中组织志愿服务。3月5日，在全市范围内开展学雷锋志愿服务日活动，组织形式多样的志愿服务；3月8日前后，市妇联开展"三八"节慰问活动、家庭廉政文化主题报告会等巾帼志愿服务活动；市环保局、市生态局、市水务局、市工商局、团市委等部门结合植树节、森林日、水日、消费者权益日等公众主题活动日，开展保护"母亲河"志愿服务活动；开展"关爱生命 文明出行"志愿服务活动。在企事业单位职工、社区居民、学校学生、进城务工人员中开展教育，引导人们养成文明出行的良好习惯。全市322个城市社区志愿服务工作站开展"情暖金城，邻里守望"志愿服务活动。开展宣传教育，培育志愿服务文化。宣传志愿服务精神和志愿服务中涌现出的先进典型，市属新闻媒体大力宣传全国志愿服务"四个100"先进典型和兰州市志愿服务"四个十佳"的先进事迹。举办"志愿服务 温暖金城""四个十佳"志愿服务先进典型与市民见面交流活动，收到良好的宣传效果。市文明办、兰州志愿者联合会、兰州日报社面向广大市民开展"我是志愿者"志愿服务征文活动，挖掘兰州市志愿服务活动的好经验、好做法和志愿服务的感人事迹。拍摄志愿服务宣传片，展示广大志愿者践行雷锋精神的时代风采，扩大志愿服务的影响力。围绕大型节会开展志愿服务活动，为建设美丽兰州贡献力量。春节期间开展以春运便民志愿服务为主要内容的“红红火火过大年”主题志愿服务活动。在全市组织开展“关爱母亲河·巾帼在行动”志愿服务活动。“兰马赛”前夕，开展“助力马拉松，关爱母亲河”志愿服务活动，组织1000余名志愿者清理赛道两侧河道垃圾。组织兰州市道德模范、兰州好人、美德少年、优秀环保志愿者等先进模范代表人物参加“黄河水·海洋情”为主题的大型绿色环保实践活动，倡导树立绿色生态环保理念。围绕2016年兰州国际马拉松赛、中国丝绸之路国际旅游节等大型赛事和节会，组织10多所大专院校的千名志愿者，开展接待引导、会场礼仪、随团服务、参观讲解、秩序维护等志愿服务。

（兰俊菲）

·五城联创·

【概况】 2016年，全市精神文明建设和创建全国文明城市工作按照中央文明办和省文明委精神文明建设工作要点，在市委、市政府的正确领导下，紧密围绕培育和践行社会主义核心价值观主线，各项工作有计划、按步骤稳步推进。着力“一道一路”沿线景观提升及造林绿化，着力城市园林景观提升，美丽乡村建设，资源保护和绿地安全，统筹推进民生林业、生态林业可持续发展。2016年，全市环境空气质量达标天数243天，剔除32天沙尘天气影响后，年度达标率72.8%。

在省爱卫办的有力指导下，以创建国家卫生城市工作为中心，组织开展了以卫生城市（县城）、卫生乡镇（街道）、卫生村（社区）、卫生单位、卫生小区为内容的卫生创建活动，圆满地完成了爱国卫生年度各项目标和工作任务。

【创建文明城市】 市委常委会专题研究全国文明城市测评工作，针对测评中存在的部分硬件指标不达标、部分重点工作任务未落实、落细、落小等突出问题，对主要任务进行细致分解，进一步明确责任。针对8项未达标的硬件测评指标，要求市发改委、建设局、公安局等7个责任部门和各县区制定月度和年度推进计划，指定专人负责，采取有力措施，抓好任务落实。市文明办建立健全月、季度和半年督查通报的有关制度，紧盯重点问题，靠实相关责任，抓好落实。在媒体深入宣传创建文明城市工作的重大意义和测评体系对市民的要求。市文明办和市广电总台主办“唱响文明——讲文明树新风”歌曲有奖征集活动。市文明办、市教育局面向全市中小学生开展“怀感恩行孝道”主题征文活动。拍摄《兰州好人墙》、微电影、动画公益广告等系列公益广告作品及“兰州好人”微记录、志愿服务宣传专题片，制作完成后在全市室内外电子显示屏和电视台播放，着力扩大宣传范围，强化宣传效果。针对市民文明行为存在的突出问题，充分发挥新闻媒体的舆论监督作用和相关部门管理职能，在市属媒体开展不文明行为曝光活动。各职能部门加强监管和整治，市城管委对市容环境加强管理，加大保洁力度；市交通委、交警支队针对交通违法行为开展宣传教育，整治规范交通秩序；市文化和旅游局开展文明旅游活动，引导游客和旅游行业遵守文明规范；市食药局牵头开展文明餐桌活动，倡导文明节俭的餐饮文化。市委宣传部、市文明办、市广电总台联合召开全市整治不文明行为工作专题座谈会，邀请社会各界共同为不文明行为整治工作建言献策。督促市文明委成员单位提交述职报告，认真总结2015年度工作，筹划2016年工作任务。修订《兰州市创建全国文明城市工作责任追究办法》，起草制定《兰州市创建全国文明城市工作督办制度》《兰州市创建全国文明城市工作明查暗访制度》《兰州市创建全国文明城市工作考核办法（部门）》，提出创建工作组织领导机构调整方案，进一步完善创建机制。开展季度督查和半年督查，对督查情况进行通报，同时下发文明城市创建“督办通知书”63份，使各类问题整改落到实处。开展创建文明城市问卷调查，回收有效问卷11982份，了解掌握市民对创建工作的知晓率、支持率和满意率。召开全市创建测评迎检工作推进会，总结工作，安排部署迎测工作。组成督查组，开展持续督查，努力营造优良环境，为圆满完成测评任务奠定基础。

【创建国家卫生城市】 2016年，全市以创建国家卫生城市工作为中心，组织开展了以卫生城市（县城）、卫生乡镇（街道）、卫生村（社区）、卫生单位、卫生小区为内容的卫生创建活动，以实施《2015-2020年城乡环境卫生整洁行动规划》为重点的城乡环境卫生整治活动，以除“四害”为主的除害灭病病媒生物防制活动，对照新版《国家卫生城市标准》，先后赴20家重点成员单位就指标完成情况进行核实和梳理；围绕梳理出的11个负面问题，以市爱卫会的名义制定下发通知，对各县区、各部门和各单位承担的负面问题清单指标任务，重新进行调整和安排部署，重新明确达标时限，扎实稳步推进国家卫生城市创建工作。结合城乡环境卫生整治行动，围绕创卫负面清单问题，多次对各县区以及创卫重点部门进行了督查。协助相关部门以市委、市政府两办名义下发了《关于开展全市城乡环境卫生综合整治工作的通知》（兰办字〔2016〕45号）《关于开展在兰高校校园及周边环境综合整治的通知》（兰政办字〔2016〕191号）等文件，对全市城乡环境卫生整治工作进行了安排部署。对皋兰、榆中和高新区等部分县区城乡环境卫生整治情况进行不间断的督促检查。并将督查情况汇总上报市委市政府督查室。通过各部门的通力协作，全市环境卫生面貌较以往发生可较大的改善。特别是城关区和高新区雁滩区域整治力度较大，成果显著。各县区开展了各具特点的环境卫生整治工作。如城关区的"垃圾不落地、城关更美丽"；七里河的"互学互查互评"活动；安宁区的"一把扫帚扫到底"活动；这些活动在整体推进全市环境卫生方面都取得了一定成效。为全面完成2020年全市农村卫生厕所覆盖率达到85%的目标和市上确定的全市平均70%覆盖率目标。年初，对各县区分解下达了农村改厕工作目标任务，要求各县区爱卫办积极争取支持，想方设法完成农村改厕年度工作任务。根据年工作目标，要求县区每月上报改厕进展情况，并多次赴皋兰、榆中、永登等县区，对小康村和34个美丽乡村农村卫生厕所建设工作进行调研和技术指导。下半年设计印制《兰州市农村改厕技术规范》，已通过政府公开招标采购，拟于年内完成印制并下发各县区，用以规范指导基层改厕工作。

【创建国家园林城市】 为创建国家园林城市，以新增和改造城市绿地为主，全年新增绿地91.87公顷，超额完成下达的80公顷年度任务；启动城区屋顶绿化试点和城区绿化全覆盖项目，新增屋顶绿化面积0.4万平方米、垂直绿化面积12万平方米；启动兰州野生动物园项目建设前期工作，概念性规划初稿形成，核心区控详规划、可研报告正在编制。着力打造城市道路绿化景观精品工程，重点实施了天水北路、民主西路、酒泉路、静宁路、中山北路、嘉峪关路、敦煌路、南山路、北环路等道路绿化景观改造提升，栽植各类乔木35万株；实施彭家坪中央生态公园，西固金城公园（二期）建设；实施雁滩公园、银滩湿地公园提升改造；实施城市西出口、南出口绿化整治改造及南滨河东路春园、安宁桃趣园、丁香园和沙井驿安置小区、二十九佳园周边环境绿化提升改造。推进市属公园基础改造和设施配套，完成植物园游客服务中心建设、五泉山公园握桥周边环境综合整治，实施白塔山公园塔院北侧边坡加固治理工程、文昌殿西侧护墙加固工程和公园面山雨排及柏树台等水毁路面维修工程。规范管护城市园林绿地，实施黄河风情线沿线斑秃裸露绿地补植补造，在重要节点摆放盆花100万盆，设置绿色雕塑15座。落实城市公园、小游园和道路绿地一级管护，按季度对各物业管护单位落实情况进行检查评定，并开展绿地、绿带清洗压尘作业，为全市重要赛事、节会活动营造良好的园林景观氛围；成功举办兰州植物园金秋菊花展，按期完成敦煌文博会兰州展园的建设。按照市政府部署和要求有效配合了全市大气污染防治工作和雁滩地区集中整治行动。

全市生态修复与治理效果良好，榆中县兰家窑流域30公里范围的整流域治理、生态修复和保护效果明显，得到国家林业局的充分肯定；美丽乡村建设亮点突出，以榆中县马坡乡旧庄村、红古区平安镇夹滩村为代表，通过因地、因村制宜，绿化美化村容村貌，较好地改善了人居环境，根据兰州市"小康村"建设标准，全市40个重点扶持村村庄绿化全面完成。林业产业发展基础进一步夯实，全市建成经济林产业基地1万亩，其中红古区薛家台、奔康台皇冠梨、苹果基地达到千亩以上规模，七里河区上果园村苹果基地建成500亩规模。万亩育苗基地建设，电商平台建设和规划方案编制按时完成，3个国有苗圃结合国有林场改革正在整合、扩大规模，对苗木专业村实行了重点补贴。

2016年，"省门第一道"生态景观提升和兰州至中川机场城际铁路沿线绿化（简称"一道一路"）。

【创建国家环境保护模范城市】 2016年，进一步做好兰州市创建国家环保模范城市规划编制工作，使其更具权威性、科学性和可操作性。3月28日，市创模组与环保部规划院第三次召开国模规划编制工作汇报交流会，进行再次分析研究，使创模规划更具可操作性，发挥创模工作的指导作用。6月12日，市创模组工作人员参加了《兰州市创建国家环保模范城市规划》评审会，与环保部专家面对面进行交流学习。《兰州市创建国家环保模范城市规划》秉承"突出重点，阶段实施，整体推进"的方针，有目标，有计划，有步骤的扎实推进，确保创模"硬件"条件能按期顺利推进，不断提升城市管理，优化城市发展环境，为兰州市创模工作打下了坚实的基础。10月12日，市创模组向兰州市人民政府提交《兰州市创建国家环境保护模范城市工作总体方案》，请求审定印发。目前按领导批示正在向各相关责任单位征求意见中。11月24日，又向兰州市人民政府提交《兰州市创建国家环境保护模范城市规划》，按相关程序待政府常务会审核通过后颁布实施。市创模组组织开展形式多样的创模宣传活动，进一步做好宣传教育工作。结合“六·五”世界环境日主题活动，联合七里河区环保局、兰州绿色联盟NGO、兰州市七里河区敦煌路街道及辖区内社区，在兰石润安小区和黄河母亲雕塑广场开展了大型创建国家环保模范城市宣传活动，对市民集中宣传新《环保法》内容、普及环保知识、曝光违法企业、接受群众举报。同时为进一步营造创建国家环保模范城市的宣传氛围，提高广大市民创建国家环保模范城市知晓率，动员全体市民积极参与创模工作，市创模组印制创模宣传资料5万份在全市发放、宣传。通过多层次、全方位的创模宣传，使人们对环保有了更深入的了解，极大地提高了广大居民参与“创模”的积极性和主动性。城市环境综合整治定量考核连续3年名列本省（区）前列。2016年兰州市按新标环境空气质量达标天数达到243天，达标率70.18%，距创模指标：“城区空气主要污染物年平均浓度值达到或优于国家二级标准，且主要污染物日平均浓度达到二级标准的天数应占全年总天数的85%以上”，尚有巨大差距。市政府成立兰州市城区河洪道黑臭水体综合治理工作领导小组，并下发《关于印发兰州市城区河洪道黑臭水体综合治理工作方案的通知》（兰政办发〔2016〕170号）。城市生活污水集中处理率≥85%。城市清洁能源使用率≥50%。生活垃圾无害化处理率≥85%，中铺子生活垃圾焚烧发电项目一号炉于6月19日点火吹管；二号炉于7月10日点火吹管，三号炉烘炉完成、近期将进行点火；各炉体及管道，尾气处理设备安装及保温基本完成。中铺子垃圾焚烧发电厂项目总体符合倒排工期计划，各建设节点基本完成，项目预计于2016年8月底整体交付投产使用。中铺子生活垃圾焚烧发电项目已建成投入运行。

【申报国家历史文化名城】 根据《兰州市申报国家历史文化名城工作方案的通知》精神和市委、市政府关于“五城联创”工作的总体部署，2016年，兰州市申报国家历史文化名城工作有条不紊的在推进中。从2005年申报国家历史文化名城工作启动以来，兰州市申报名城办制定《兰州市历史文化遗产保护办法》，编制《兰州市历史文化遗产保护规划》，开展了历史文化遗产调查摸底、文本编写、重点文物古建修缮、文化街区恢复规划编制、消失文物点标示等基础工作。为有序推进历史文化名城申报工作，修缮恢复了多处古建项目，如七里河区金天观西侧和西固区河口村两个历史文化街区，以及甘肃举院古建群、金天观、府城隍庙、五泉山、白塔山、广福寺和兴源7处濒危古建，力争尽快达到国家历史文化名城申报所需的硬件要求。完成《历史文化名城——兰州》大型画册的出版和《窑街史话》《连城史话》编撰。兰州市还加大了全市古建周边环境综合整治力度，对古建范围内的违章建筑依法全部予以拆除，对不适宜居住的古建，对住户实行异地安置，保障古建安全。对擅自改变古建原规划布局、建筑风貌和使用功能，协调督促及时恢复原貌，并采取相应补救措施。抓环境整治。结合“五城联创”工作，加大古建范围内环境综合整治力度，对古建范围内的违章建筑依法全部予以拆除；对不适宜居住的古建，对住户实行异地安置，保障古建安全；对古建周边纳入网格化管理范畴，加强环境整治和保洁工作。对擅自改变古建原规划布局、建筑风貌和使用功能，协调督促及时恢复原貌，并采取相应补救措施。

组织机构与负责人

（2016年1月1日~12月31日）

中国共产党兰州市委员会

书　记　虞海燕（10月免）
　　　　李荣灿（10月任）
副书记　袁占亭（8月免）
　　　　李森洙（11月免）
　　　　栾克军（9月任）
　　　　郭智强（11月任）
常　委　虞海燕（10月免）
　　　　李荣灿（10月任）
　　　　袁占亭（8月免）
　　　　李森洙（11月免）
　　　　栾克军（9月任）
　　　　李　睿（11月免）
　　　　张建平（11月免）
　　　　李　军（11月免）
　　　　俞敬东（11月免）
　　　　何向东（2月免）
　　　　周万山（9月免）
　　　　郭智强
　　　　杨建忠（11月任）
　　　　李学民（11月任）
　　　　李宏亚（11月任）
　　　　胥　波　赵　爱
　　　　咸大明（11月任）
　　　　张国一（11月任）
　　　　王　宏（11月任）
　　　　段广平（3月任）
　　　　吴险峰（11月任）
秘书长　高春远（11月免）
　　　　张国一（11月任）
副秘书长　滕耀文　姜晓红　金晋哲
　　　　赵雪涛（5月免）
　　　　郭海泉
　　　　孟凡声（5月任）
　　　　任　钧（5月免）
纪检组长　杜书林

市委办公厅

主　任　滕耀文
副主任　王乐世（7月任）

兰州市人大常委会

主　任　牟少军（3月免）
段英茹（3月任，12月免）
张建平（12月任）
副主任　魏志乐（12月免）
蒙自福（12月免）
毛　仁（12月免）
张淑菊（3月免）
曹丕玉（12月任）
孙晓钢（12月任）
李虎林（12月任）
席飞跃
高兴贵（3月任，12月免）
朱宗礼（3月任）
段迎存（12月任）
秘书长　朱宗礼（3月免）
刘怀君（3月任）
副秘书长　何会宁
王延泽（6月任）
谈敦旺　赵春燕　查永国

市人大办公厅

主　任　何会宁
法制工作委员会
主　任　张福寿
副主任　陈一平
内务司法工作委员会
主　任　郭　华
副主任　曹纯科（8月免）
财政经济工作委员会
主　任　巨洪程
副主任　魏秀在（6月任）
农业与农村工作委员会
主　任　张　松
副主任　王新德
教育科学文化卫生工作委员会
主　任　孟克斌
副主任　尤应耀
城乡建设与环境资源保护工作委员会
主　任　梁维德
副主任　甘培岳
民族侨务工作委员会
主　任　张兰芬
副主任　韩德才（4月任）
代表人事工作委员会
主　任　郁新山（6月免）
副主任　张学常
研究室
主　任　扶元田
副主任　周永荣
信访室
主　任　杨达绪
副主任　牛国巍

兰州市人民政府

市　长　袁占亭（8月免）
栾克军（9月任）
副市长　俞敬东（12月免）
何向东（3月免）
周万山（10月免）
曹丕玉（12月免）
戈银生（12月免）
牛向东（12月免）
胥　波
咸大明（12月免）
严志坚（12月免）
段广平（3月任）
吴险峰（11月任）
王　镇（8月任）
杨建军（12月任）
魏旭昶（12月任）
唐　琦（12月任）
刘军平（12月任）
左　龙（12月任）
杜正喜（12月任）
马彩云（12月任）
秘书长　唐　琦
副秘书长　王延泽（5月免）
淡汉荣　杨映琳
蒋　波（5月免）
张成虎
袁世兴（5月免）
颜烨鲁　岳永宁
王远顺
赵雪涛（5月任）
鲁生明（5月任）

市政府办公厅

主　任　王延泽（5月免）
赵雪涛（5月任）
纪检组长　陈启馥
副主任　张延才　张伦涛
俞周元

政协兰州市委员会

主　席　王　冰（12月免）
俞敬东（12月任）
副主席　滕兴科（12月免）
孙晓刚（12月免）
张荫林（12月免）
陈亲恭（12月免）
魏职勤（12月免）
范　文（12月免）
陈卫东（12月免）
陈　静（6月免）
丁祖全（12月免）
蒙自福（12月任）
苏广林
戈银生（12月任）
严志坚（12月任）
李彦龙（12月任）
王　璇
滕耀文（12月任）
张永财（12月任）
姜晓红（12月任）
田　明（12月任）
杨衍佐（12月任）
秘书长　敬国华
副秘书长　段迎存（12月免）
赵泉富　张　敏
杨志勇（6月免）
纪检组长　张立宏

市政协办公厅

主　任　段迎存（12月免）
研究室
主　任　邓海弟
副主任　曹志兴
提案委员会
主　任　王永岭
副主任　马同人
社会与法制委员会

主　任　　曹利平
文史资料与学习委员会
主　任　　陆宁生
副主任　　马　敏（4月免）
　　　　　张富仓（5月任，10月免）
科教文卫体委员会
主　任　　王蒲新
副主任　　李世香
经济委员会
主　任　　郝春魁
副主任　　赵学英
人口资源环境委员会
主　任　　何如令
副主任　　曾效勇
民族宗教和港澳台侨委员会
主　任　　杨　耀
副主任　　马小燕
农业和农村工作委员会
主　任　　王武年
副主任　　宗满德（1月免）
　　　　　张　斌（5月任）

中共兰州市纪律检查委员会

书　记　　张建平（11月免）
　　　　　李学民（11月任）
常务副书记　李勇红（4月免）
　　　　　谢敏剑（4月任）
副书记　　金安众（11月免）
　　　　　李明珊（4月免）
　　　　　程　华（11月任）
　　　　　陈立江（11月任）
常　委　　李勇红（5月免）
　　　　　金安众（11月免）
　　　　　李明珊（5月免）
　　　　　龙　斌（5月免）
　　　　　程　华
　　　　　李俊杰（11月免）
　　　　　陈立江
　　　　　赫　莉（5月免）
　　　　　张秋兴（5月任）
　　　　　刘立军（5月任）
　　　　　李　瑛（11月任）
　　　　　李东民（11月任）
　　　　　王维军（11月任）

市监察局

局　长　　李勇红（5月免）
　　　　　谢敏剑（5月任）
副局长　　王巧芸　李俊杰
　　　　　陈立江（11月免）
　　　　　赫　莉（5月免）

市中级人民法院

院　长　　任建国（3月免）
　　　　　王永平（3月任）
纪检组长　彭登魁
副院长　　张保利　卓俊林
　　　　　周应福　郝光林
　　　　　张　瑗

市人民检察院

检察长　　华　风（12月免）
　　　　　张学军（12月任）
纪检组长　敬庆萍
副检察长　李一陆（7月免）
　　　　　杨晋骁　李恩崇
　　　　　杨孔永　王　锐
　　　　　席正清

兰州新区

党工委书记　李　睿（11月免）
　　　　　杨建忠（11月任）
党工委副书记、主任
　　　　　牛向东（11月任）
　　　　　徐大武
主　任　　牛向东（11月任）
副主任　　牛向东（11月免）
　　　　　张永平　李西新
　　　　　王　慧（9月免）
　　　　　杨　忠（9月免）
　　　　　何　静
　　　　　赵建利（11月任）
　　　　　师永彦（3月任）
　　　　　刘向荣（11月任）
纪工委书记　李勇红
秘书长　　刘怀君（1月免）
　　　　　杨衍佐（4月任）

兰州高新技术产业开发区管委会

党工委书记　李彦龙
党工委副书记、主任
　　　　　李虎林（4月免）
纪工委书记　龙　斌
副主任　　彭　铖　罗　珽
　　　　　郑宁亮（4月免）
党工委委员　韩兴禄　伊作军
　　　　　杨晓妮

兰州经济技术开发区管委会

党工委书记、主任　潘　恩
党工委副书记、纪委书记　马立岳
副主任　　乔建新　郭新忠
　　　　　马永福
党工委委员　王敦晖（9月任）

市委党校

校　长　　赵建利（11月任兰州新区管委会副主任、党工委委员）
纪检组长　杜书林
副校长　　李一文　濮　政
校务委员　李智明　张　榕
　　　　　李维亮（8月任）

兰州职业技术学院

党委书记　石镜如
院　长　　闫林德（1月免）
　　　　　吴永建（1月任）
党委副书记　李鹤岭（5月免）
副院长、党委委员　张正林
副院长　　范宏伟

市委组织部

部　长　　郭智强（11月免）
　　　　　李宏亚（11月任）
常务副部长　方书英（5月免）
　　　　　蒋　波（5月任）
纪检组长　谢慧芬
副部长　　方书英
　　　　　滕　敏（5月免）
　　　　　李自武（8月免）
　　　　　任　钧（5月任）
　　　　　宋书明（5月任）
　　　　　王华琪（5月任）
部务委员　王华琪（5月免）

李更生（5月免）
苏国强
郝冬梅（2月任）

市委宣传部
部　长　王　宏（11月任）
常务副部长　姜晓红（2月免）
朱建军（2月任）
纪检组长　杭　润
副部长　杨增宽
曾月梅（6月免）
赵　锋（6月免）
张　慧（8月任）
刘立山（6月任）

市委统战部
部　长　段英茹（11月免）
咸大明（11月任）
常务副部长　孟凡声（5月免）
滕　敏（5月任）
纪检组长　康逢恺
副部长　赫志龙　杜吉平
李晓华（8月任）

市委政法委员会
书　记　赵　爱
常务副书记　焦　伟（8月免）
李自武（8月任）
纪检组长　王艳萍
副书记　张禄永　段海明

市委政策研究室
主　任　郭海泉
副主任　刘晓宏　赵　锋

市直机关工委
书　记　付晓利
纪工委书记　童贤方（1月任）
副书记　花福萍　陈　鹏

市机构编制委员会办公室
主　任　李俐娟
纪检组长　张玉峰
副主任　齐西江　唐永辉

市委农村工作办公室
主　任　朱宗诚
副主任　蒋伟传　马凤英

市委老干部工作局
局　长　王华琪
副局长　杨道宽　蒲万堂

市档案局
局　长　李永生
副局长　刘承业

市委保密委员会办公室（市保密局）
主　任（局长）　杨爱民

市委党史办公室
主　任　毕燕成
副主任　郑文成

市委精神文明建设委员会办公室
主　任　汪永国
副主任　李辛村（8月免）
关春雷（8月免）
王　丽（8月任）

市发展和改革委员会
主　任、党组书记　左　龙
纪检组长　高建军（9月免）
张学永（9月任）
副主任　石爱国（2月免）
李威青（4月免）
杨正岱　张兆荣
康　宏（4月任）
王建明（5月任）

市教育局
局　长、党组书记　何泳忠（4月免书记，6月免局长）
南战军（9月任书记，10月任局长）
纪检组长　潘慧琴
副局长　南战军（10月免）
安珑山　李成宏
王茂昌（3月任）

市科技局
局　长、党组书记　杨衍佑（7月免书记，8月免局长）
王　柠（8月任）
纪检组长　郭　杰
副局长　王慰祖
苏　勇（8月免）
吴海芸
陶　军（10月任）

市工业和信息化委员会
主　任、党组书记　冯月旺（4月免）
王正祥（7月任）
副主任、党组副书记
王正祥（4月任，7月免）
纪检组长　张国昇
副主任　鄢　军　鲁北军
丁延辉　张　杰
党组成员　张兴君

市民族宗教事务委员会
主　任、党组书记　黄　凯
纪检组长　杨玉荣
副主任　谢立宏　康建武

市公安局
局　长、党委书记
朱守科（10月免）
肖　春（10月任）
政　委　黄大功
党委副书记、副局长　梁益中
纪委书记　谢敏剑（8月免）
刘　忠（8月任）
副局长　李武平（7月免）
张景吉（7月免）
吴新民
吴学民（7月免）
魏旭杲（7月免）
赵　林　付连宏
于　奕
田俊锋（8月任）
袁新群（7月任）

市民政局
局　长、党组书记　王俊东

纪检组长　魏恩鼎
副局长　魏小文　杜文艳
杨文俊
马俊源（7月任）

市司法局
局　长、党组书记　马海麟
纪检组长　路　伟
副局长　田　禾　严军龙
彭正辉
党组成员　狄华春（11月任）

市财政局
局长、党组书记　刘　军
纪检组长　祁建萍
副局长　钟铭生（8月免）
牛成喆
杨　舒（8月任）
刘　斌
周　伟（10月免）

市人力资源和社会保障局
局　长、党组书记　吴永建（4月免书记，6月免局长）
方书英（4月任书记，6月任局长）
纪检组长　吴晓霞
副局长　郑向先
杨衍佐（4月免）
李·才让卓玛
李沛武
臧晓平（7月任）

市国土资源局（市不动产登记管理局）
局　长、党组书记　刘军平
纪检组长　贾　文
副局长　孙敏毓　张纪勋
李长江　谢国林
总工程师　马　英

市环保局
局　长、党组书记　闫子江（7月免）
副局长、党组副书记
邢力峰（5月任）
纪检组长　王振亚

副局长　常千宗　贾　锐

市城乡建设局
局　长、党组书记　田　明
副局长、党组副书记
宋锦荣（9月任）
纪检组长　苟永昌
副局长　樊勤生
杨　林（7月任）
常培斌
李得亮（5月免）
戴余武
党组成员　武永礼

市城乡规划局
局长、党组书记　杜正喜
纪检组长　李登武
副局长　钟天雷　刘鹏堂
杨正华
总规划师　贾云鸿（9月任）

市住房保障和房产管理局
局　长、党组书记　唐　琦（1月免）
高文阳（1月任，9月免）
王正选（9月任）
纪检组长　黄大兵
副局长　王彦群（3月免）
达朝荣（8月免）
高　佳（8月任）
郭　薇（9月任）
党组成员　王道珍　王慧玲
达朝荣（8月任）

市城市管理委员会
主任、党组书记　党政文（7月免）
刘鸿军（7月任）
纪检组长　张玉华（1月免）
刘平礼（1月任）
副主任　马东篱　郭芷佟
李萧宏（4月免）
马天明（7月任）

市交通运输委员会
主任、党组书记　李文生
纪检组长　李兴俊

副主任　钱　芳
赵　胜（4月免）
张天山
李青锋（4月免）
张鸿燕（4月任）

市安全生产监督管理局（市煤炭安全生产监督管理局）
局　长、党组书记　郑志强
纪检组长　周嘉俊
副局长　邢　磊
杨荣广（10月免）
安胜利（1月任）

市政府国有资产监督管理委员会
主任、党委副书记　杨红心
党委书记　石爱国（2月任）
纪委书记　朱守积
副主任　张忠诚（1月免）
许来强（6月免）
陆爱华　陈建信
龚成久（7月任，9月免）

市农业委员会
主　任、党组书记　韦青祥
纪检组长　王耀臻
副主任　马万荣（7月任）
崔峰巍（6月免）
才吉安
杨　正（4月免）
牟玉祥

市水务局
局　长、党组书记　魏孔仁
纪检组长　程国珍
副局长　冯治良（4月免）
汪文丙
张文雍（7月任）
总工程师　李浩海

市生态建设管理局
局　长、党组书记
马　彬（2月免）
王立吉（2月任）
纪检组长　冯欣宁

副局长　张守琪
王和清（7月免）
王立吉（2月免）
魏云邦（8月免）
王元昌
魏孔毅（8月任）
党组成员　李正平（2月免）
况晓勇

市商务局
局长、党组书记　王　黎
纪检组长　肖文琦
副局长　王永堂　王绍荣
陈海力　刘志强
党组成员　成贵喜（5月免）

市物价局
局　长、党组书记　郑继祖
纪检组长　刘同春
副局长　韩　林
卢光杰（7月任）
冉一翔
马　成（4月免）

市粮食局
局　长、党组书记　杨盛泉
纪检组长　车清泉
副局长　高忠霞　蒋常荣
冯建民（4月免）
曾晓燕（7月任）
党组成员　肖　伟（12月免）

市经济合作服务局
局　长、党组书记　毛玉铎
纪检组长　孙学礼
副局长　刘　英　高　原
郝敬新
党组成员　董　贵

市文化和旅游局（2016年1月机构改革市文化局、市旅游局合并）
局　长、党组书记
陶明贵（1月任书记，3月任局长）
纪检组长　李　洁（1月任）
副局长　何　威（1月任）
赵晓琴（1月任）
杨立强（1月任）
金小平（1月任）

市体育局
局　长、党组书记　龙富国
纪检组长　杨建军
副局长　尚虎珊（4月免）
邓海燕（9月免）
张　磊（10月任）

市卫计委
主任、党组书记
金　敏（7月免书记，8月免主任）
杨衍佑（7月任书记，8月任主任）
党组副书记　甄作俊
纪检组长　李建军
副主任　谢　伟
齐彩虹（4月免）
郝　明（9月免）
尹　君
靳　征（9月任）

市食品药品监督管理局
局　长、党组书记　杨继良
纪检组长　陈芃印（2月任）
副局长　曹彦明　秦万虎
谢　群
赵　伟（9月免）

市审计局
局　长、党组书记　罗建峰
纪检组长　包永胜
副局长　李佐新
靳　芳（1月免）
王新晖（7月任）
张永花
党组成员　魏晓洲（4月任）

市统计局
局　长、党组书记　刘凤恒
党组副书记、副局长
边怀银（9月任）
纪检组长　杨国保
副局长　高亚萍
丁建强（4月免）
李玉秀（7月免）

市政府外事办公室
主　任、党组副书记　火照程
副主任　杨林春　霍宇箭

市政府法制办公室
主　任　贾建军
副主任　康亚鑫　钱崇麟

市政府金融工作办公室
主　任、党组书记　张兆祯（1月免）
副主任　靳　芳（1月任）
黄时武
陈宇峰（8月免）

市人民政府研究室
主　任、党组书记　杨映琳
副主任　李海臣　张超力

市信访局
局　长、党组书记
袁世兴（5月免）
鲁生明（5月任）
副局长　张新辉　张小明

市人民防空办公室
主　任、党组书记
魏周弟（4月免）
李更生（5月任）
纪检组长　赵云平
副主任　张宗辉　孙　伏

市扶贫开发工作办公室
主　任、党组书记　李明珊
纪检组长　刘瑞生
副主任　宋国强
刘祥明（8月任）

市工商行政管理局
局长、党组书记、市非公企业工委

书记　　　权文军
副局长、党组副书记
　　　　　赵国庆（9月任）
纪检组长　魏正禧
副局长　　杨　秦　杨小顺
　　　　　张瑞华　李继军

市质量技术监督局
局长、党组书记　杜兴中
纪检组长　赵松涛
副局长　　保先财　刘　兵
　　　　　延　军
党组成员　李　军

市委市政府接待办公室
主　任　　李赫林
副主任　　马晓花（2月任）

民主党派
中国民主建国会兰州市委员会
主　委　　刘晓瑚
副主委　　韩　林　蔡根泉
　　　　　王卫东　李旭峰
　　　　　马玺晔
秘书长　　刘亚红

中国国民党革命委员会兰州市委员会
主　委　　孙晓刚
副主委　　胡　骏　杜播升
　　　　　马　军　王　虹
　　　　　林建平
秘书长　　滕　真

中国民主同盟兰州市委员会
主　委　　唐浩漩
副主委　　张巨印　沈平奇
　　　　　赵晓琴　付松华
秘书长　　樊惠蕊

中国民主促进会兰州市委员会
主　委　　陈　伟
副主委　　陈永革　王巧芸
　　　　　张　强　李多河
　　　　　聂凤兰
秘书长　　齐新龙

九三学社兰州市委员会
主　委　　谢　伟
副主委　　牛铮超　梁建平
　　　　　李永军

中国农工民主党兰州市委员会
主　委　　魏丽红
副主委　　王　波　徐优文
　　　　　潘建西

人民团体
兰州市总工会
主　席　　席飞跃
党组书记、常务副主席　巩田龙
纪检组长　张文静
副主席　　葛春晖　康灵娜
　　　　　贾冬梅（4月免）
　　　　　郭文凯（5月任副主席候选人）

共青团兰州市委员会
书记、党组书记　丁肃静（2月任党组书记，7月任书记）
副书记　　高　洁（4月免）
　　　　　范永锋
　　　　　孙瑄珲（9月任，试用期1年）

兰州市妇女联合会
主　席、党组书记　刘世英（2月选举为主席）
副主席　　肖迎珺
　　　　　周　玲（2月选举为副主席）

市科学技术协会
主席、党组书记　张富仓（5月免）
　　　　　谭生龙（7月任）
副主席　　王卫东

兰州市文学艺术界联合会
主　席、党组书记　汪小平
副主席　　刘　兵（8月选举为副主席）
　　　　　刘宏远

兰州市工商联
主　席　　马彩云（12月任市政府副市长）
党组书记（兼）　杜吉平（8月任）
副主席　　徐宏林（7月提名为副主席）
　　　　　高尚忠
秘书长　　高万富

兰州市归国华侨联合会
主　席、党组副书记　宋政奎
秘书长　　王育民（4月免）

兰州市残疾人联合会
理事长、党组书记　孔令利（9月任党组书记）
副理事长　王　军　张　军

市红十字会
专职副会长　王明杰

市委、市政府直属事业单位
兰州日报社
党委书记、社长　杨增宽
党委副书记、纪委书记　何大宏
总编辑　　丁　力
副社长　　丁　力　丁　晶

兰州广播电视台（7月更名）
党委书记、台长　王　韧（4月任党委书记）
党委副书记、纪委书记
　　　　　童贤方（1月免）
　　　　　郑勤学（1月任）
副台长　　朱秀红（7月任）
　　　　　王崇斌　李玉明

市南北两山环境绿化工程指挥部
指挥、党组书记　王恩瑞（4月免）
　　　　　严振德（7月任）
副指挥、党组副书记　严振德（4月任、7月免）
纪检组长　贾永前
副指挥　　张志勇（4月免）
　　　　　张丽霞

魏云邦（8月任）
任智斌（7月任）
杨　芳

市土地储备投资中心（5月划归市国土局管理）

副主任　吴　海

市大数据社会服务管理局

局　长　冯乐泉
副局长　秦遇龙（4月任）
邓小雁（4月任）
党组成员　包广斌（4月任）

市地震局

局　长、党组书记　张立民
副局长　廖顺泰（4月免）
羊子健（7月任）

市公共资源交易中心

主任、党组书记　赵　旭
纪检组长　刘　勇
副主任　王来林
阮翱翔（2月任）

市项目投资评审中心

主　任、党组书记　杨立岭
副主任　李有珍　刘　军

市少年儿童活动中心

主　任　王锡森（9月免）
党组副书记、副主任
翟利敏（9月任党组副书记）
副主任　缪金海

市社会科学院

院　长、党组书记　陆春鸣
党组副书记　贺有利
副院长　贺永泉

市供销联社

主　任、党组书记　杨海源（7月任）
主　任　倪惠平（7月免）

纪检组长　王维水
副主任　王成斌（8月任）
赵海峰（10月任）

兰州住房公积金管理中心

主任、党组书记　王维治
纪检组长　马宝新
副主任　周应键　赵晋巍
陈　飞

市轨道交通建设管理办公室

主　任　王　璇（兼）
副主任　冯　杰　张希杰

兰州国际港务区管理委员会

党工委书记　钱承文（7月任、兼）
主　任　徐春花（7月任）
副主任　孙　炜（7月任）
罗　喆（8月任）

垂直管理单位

市地税局

局长、党组书记　刘永智
党组副书记、纪检组长　王虎元
副局长　白映光　李国军
张　弘　张春源
王轶刚

市国税局

局长、党组书记　关云峰
党组副书记、副局长
于洪涛（11月免）
纪检组长　张建明
副局长　张学斌（11月任）
郑学强（11月免）
李树洪　梁文波
李绍武

市气象局

局　长　王遂缠
副局长　徐　强
纪检组长　唐思明
副局长　吴　红

市属重点企业

兰州银行股份有限公司

董事长　房向阳
党委书记　田国强
党委副书记、纪委书记
辛　坚（7月免）
魏旭杲（9月任党委副书记）
监事长　张鹏举
行　长、董事　张俊良
纪委书记　裴东平（2月免）
辛　坚（5月任）
纪委副书记　郭　泉（2月免）
副行长　潘竟琴　李玉峰
杨　阳　王瑞虹
李小林
总稽核　黄莜红

兰州建设投资（控股）集团有限公司（由原国投、城投合并）

董事长、党委委员　李新泉（7月免）
党委书记、董事长　魏肖克（1月任党委书记，7月任董事长）
总经理、党委委员、董事
王樯忠（7月任）
纪委书记　王明军（1月任）
党委副书记、副总经理
孙玉荣（1月任党委副书记、7月任副总经理）
副总经理　张志勇（1月任）
吴　海（1月任）
周　志（2月任）
李　海（2月任）
杨艾杰（9月任）
郭继文（9月任）
总会计师　王　群（1月任）
总工程师　管　林（1月任）
总经济师、董事会秘书
安　伟（7月免）
总经济师　崔润琼（9月任）
工会主席　沈　越（4月免）
张晓曼（9月任）

董事会秘书　贾　桐（9月任）

市轨道交通有限公司

董事长、总经理、党委书记 段廷智
党委委员、纪委书记　韩立荣
党委副书记、董事、副总经理
　　徐学敏（3月任党委副书记）
党委委员、董事、副总经理
　　冯世川（3月任党委委员、6月任董事）
董事、副总经理
　　冉海珍（6月任董事）
副总经理　潘　军　孙红斌
副总经理、总工程师　杨志团
总经济师　李大卫（9月任）
党委委员、董事、工会主席
　　李兰旺（2月任工会主席、3月任党委委员、6月任董事）

兰州三维大数据标准化研究院有限责任公司

董事长（院长） 陈冬梅
副院长　赵　强（6月任）

兰州三维市民卡服务有限公司

董事长　郑纪华
工会主席　丁丽平（2月任）

兰州国际港务区投资开发有限公司

董事长　孙筱伟
董　事　苏　亮　李海峰
副总经理　甘　钧（8月任）
　　韩　龙（8月任）

市政府驻外机构

北京联络处

主　任　蒋　波（5月免）
　　龚成久（9月任）
副主任　陈瀑光

上海联络处

主　任　国　利

深圳（珠海）办事处

主　任　赵国庆（9月免）
　　邓海燕（9月任）
副主任　王树林

厦门办事处

主　任　桑　敏
副主任　冷希敏（4月免）
　　唐占文（5月任）

乌鲁木齐办事处

主　任　魏含虎

拉萨办事处

主　任　杨生义

中国共产党兰州市委员会

【市委常委会】 2016年，中共兰州市委员会召开常委会40次，发会议纪要40期。会议主要内容分别为传达学习国家主席习近平2016年《新年贺词》，习近平同志关于对加强安全生产工作提出的5点指示要求，习近平、李克强、张高丽同志在中央财办调研组《浙江特色小镇调研报告》上的重要批示，《生态环境损害赔偿制度改革试点方案》以及安全生产、城市建设管理、全面建设小康社会、廉政建设、文化建设、干部人事任免等9个方面事项。会议审议并原则通过了《关于加强民兵常备应急分队建设的意见》《兰州市县区纪委书记、副书记提名考察办法（试行）》《兰州市纪委派驻（出）经检组组长（纪工委书记）、副组长（纪工委副书记）提名考察办法（试行）》《兰州市市委管理重点国有企业纪委书记、副书记提名考察办法（试行）》《兰州市市管高等院校纪委书记、副书记提名考察办法（试行）》；听取市委组织部、市委统战部关于调整增补市政协第十三届委员会委员人选意见的汇报；会议审议并原则通过《中共兰州市委兰州市人民政府关于推进农业现代化加快全面建成小康社会进程的实施意见》；听取市政府党组关于《兰州市国民经济和社会发展第十三个五年规划纲要（草案）》修改情况的汇报、关于兰州市实施道路率先畅通工程有关事项的汇报，审议并原则通过《兰州市实施道路率先畅通工程工作方案》《兰州市大气污染防治考核评价及奖惩暂行办法》《中共兰州市委关于进一步加强对外事工作集中统一领导的意见》《兰州市深入推进离退休干部为党的事业增添正能量活动实施方案》。审议《中国共产党兰州市第十二届委员会第十二次全体会议关于召开中国共产党兰州市第十三次代表大会的决议（草案）》；传达学习《中共中央办公厅关于部分中管干部违反中央八项规定精神及其教训警示的通报》；集体学习《中国共产党问责条例》及《甘肃省实施〈中国共产党问责条例〉办法（试行）》《关于构建和谐劳动关系的实施意见》《2016年全国大众创业万众创新活动周兰州市组织实施方案》；听取市委宣传部关于举办"黄河之都"首届兰州音乐节意见的汇报。审议并原则通过《中共兰州市委十三届二次全会暨市委经济工作会议方案》《关于在全市开展"治顽疾、转作风、提效能"作风建设专项行动的意见》；《中共兰州市委常委会开好2016年度民主生活会的实施方案》《2016年市级财政预算调整方案（草案）》《兰州市意识形态工作督查情况报告》，要强化责任担当，要坚持问题导向，要完善工作机制；审议并原则通过《中共兰州市经委派驻机构调整方案》《关于补选张建平为甘肃省第十二届人民代表大会代表的意见》《关于省十三次党代会代表选举工作的方案》《关于酝酿推荐党的十九大代表候选人推荐人选情况的报告》等涉及到环境整治、工农业生产、精神文明建设、教育、体育、文化、旅游、民政、卫生等工作；研究了干部人事任免、机构调整等问题。

【中共兰州市第十二届委员会第十三次全体会议】 8月7日上午，市委常委会召开会议，传达学习《中共中央办公厅国务院办公厅印发<关于2016年上半年贯彻执行中央八项规定情况的报告>的通知》，传达学习省委十二届十七次全体(扩大)会议精神，听取关于召开中国共产党兰州市第十二届委员会第十三次全体会议意见、市人代会换届选举和召开市十六届人大一次会议意见的汇报，审议并原则通过《兰州市首接责任制管理办法(试行)》。会议指出，全市各级党委(党组)和党员领导干部要增强看齐意识，自觉在弘扬党的优良作风上向中央看齐，始终保持高度的政治清醒和行动自觉，坚决贯彻中央决策部署，锲而不舍落实“八项规定”，驰而不息抓好作风建设，不断加强党风廉政建设和反腐败斗争工作力度，确保取得实实在在的成效，推动经济社会实现又好又快的发展。

【中共兰州市十二届十四次全委（扩大）会议】 11月21日，省委常委、副省长、市委书记李荣灿主持会议。会议决定中国共产党兰州市第十三次代表大会于11月26日至28日召开。会议审议通过中共兰州市第十三届委员会委员、候补委员和纪律检查委员会委员的构成原则；对中国共产党兰州市第十三届委员会委员、候补委员和中国共产党兰州市第十三届纪律检查委员会委员候选人初步人选进行大会民主推荐。

【中共兰州市第十二届十五次全委会】 11月22日，省委常委、副省长、市委书记李荣灿主持会议。会议听取市第十三次党代会报告、市纪委工作报告起草情况的说明；审议通过中国共产党兰州市第十二届委员会向市第十三次党代会提交的报告，决定将这个报告提交市第十三次党代会审议；审议通过十二届市纪委向市第十三次党代会提交的工作报告，决定将这个报告提交市第十三次党代会审查；审议通过了市第十三次党代会会议议程和日程。

【中共兰州市委理论中心组（扩大）学习会议】 11月23日，省委常委、副省长、市委书记李荣灿主持会议并讲话。会议围绕学习贯彻六中全会精神和习近平总书记系列重要讲话精神，深刻阐明六中全会的历史贡献、重大意义，深入分析坚定不移推进全面从严治党的形势与任务，全面讲解《关于新形势下党内政治生活若干准则》和《中国共产党党内监督条例》的基本精神、重要原则、基本要求。

【《黄河母亲》雕塑落成30周年】 5月8日是《黄河母亲》雕塑落成30周年。也恰逢“母亲节”，在当天的纪念仪式上，兰州市发布题为《黄河啊，母亲!我们感恩您，赞美您!》的《兰州宣言》。兰州好人、道德模范、兰州最美母亲等各界模范代表向《黄河母亲》雕塑献花。兰州市委副书记、市长袁占亭在致辞时表示，让我们向所有的母亲致以节日的祝福和崇高的敬意。《黄河母亲》雕塑是1986年由中国著名雕塑家何鄂创作完成，同年4月30日在黄河之畔落成。作品长6米，宽2.2米，高2.6米，总重40余吨，由“母亲”和一“男婴”组成构图。

市领导魏志乐、范文、高春远参加活动。

【厦门文化活动】 4月23日至4月27日，由兰州市人民政府主办，厦门办事处和中共兰州市委宣传部、兰州市文学艺术界联合会承办，兰州市美术家协会、兰州市书法家协会、兰州市摄影家协会协办，在厦门举办“黄河之都·金城兰州——兰州市美术书法摄影作品厦门展暨书画招商笔会”，活动期间征集和展出的作品反映兰州深厚的历史文化、日新月异的发展现状和美好未来，在厦门各界引起共鸣。展览开幕式由兰州市文联党组书记、主席汪小平主持，兰州市副市长曹丕玉、兰州市委宣传部常务副部长朱建军及厦门市的部分领导与嘉宾，兰州与厦门的艺术家、企业家等150多人出席了开幕式。

【兰州国际马拉松赛】 2016年6月11日兰州国际马拉松赛开幕，来自23个国家和地区的41000名运动员和选手报名参赛。赛事突出人文和慈善，以黄河文化为主线，增强兰州本土特色与“兰马”之间的关联度，将兰州地方特色融入“兰马”之中，塑造“兰马”品牌精神，赛事影响力和办赛水平大幅提升，在提升城市开放度、拉动文化旅游产业发展、促进城市建设、带动全民健身、提升群众幸福感等方面起到了积极作用。本次兰马赛开幕式省市领导郝远及袁占亭、段英茹、王冰、戈银生、高春远、唐琦参加。

【第22届兰洽会】 第22届兰洽会于7月8日~11日在兰州成功举办。全国政协副主席王正伟出席兰洽会开幕式暨丝绸之路合作发展高端论坛。泰国作为本届兰洽会主宾国，由泰国副总理特别代表、商务部副部长吴缇财率团参会。国家发展改革委等10个国家部委，北京等25个省（区、市），俄罗斯等32个国家，联合国工业发展组织等4个国际组织，以及香港、澳门特别行政区和台湾地区的代表团参会。56家跨国公司高管，中国国际商会、香港中华总商会等34个境内外经贸代表团、商协会以及中国光彩事业庆阳行暨民企陇上行等专项活动代表团参会。围绕培育战略性新兴产业和推进国际产能合作，成功举办58项主题突出、内容丰富的活动。省领导与国际组织、国外政府代表团开展高层次会见、会谈活动12场（次），在相关领域取得深层次合作共识。泰国等境外代表团推介对接合作项目、实地考察相关市州和企业。河北、上海等省区市代表团举办专题项目推介对接活动。省内各市州结合各自优势产业和投资环境，共组织举办20项投资促进活动。首次举办中国西部创客节，为西部地区创业者、投资者提供宣传推广、沟通合作的独特平台。签约省外引资项目1435个，投资总额7607.59亿元，比上届兰洽会增长9.1%。其中，签约PPP项目59个，投资额801亿元。同时，签约了12个对外投资合作和进口合同项目，总金额23.8亿美元。本届兰洽会展览展销面积8万平方米，主展馆设综合展示馆、专业展览馆，重点突出与"一带一路"国家的交流合作，设置丝绸之路国际合作展区和5个专业展区，在兰州市家盛酒店用品批发市场设置酒店用品专业展区。共有1200多家境内外企业参展，展品包括新材料、机械设备、电工电器、生物医药、轻工食品以及葡萄酒等20多大类、上千种产品，参会参展客商达到5000多人。展会期间进馆观众累计36万人（次），主展馆商品展销总成交额10.38亿元，其中订货7.09亿元，现货零售3.29亿元。市领导袁占亭、李睿、牛向东、张永平、李西新、徐大武、李勇红、何静、高春远、唐琦参加"兰洽会"兰州新区专场推介暨重点项目签约仪式。

·组织工作·

【"两学一做"学习教育】 在全市13217个基层党组织和185179名党员中开展学习教育。在牵头制定全市学习教育实施方案的基础上，根据机关、学校、国有企业、非公有制企业、社会组织的特点，研究制定各领域的《实施方案》，形成了"1+5"的指导性文件体系。针对少数基层支部存在搞"花架子"等形式主义问题，明确不得将抄多少笔记、听多少讲座、写多少体会作为衡量学习效果的标准，不准在学习教育中搞名目繁多的形式主义，对学习教育中存在的问题及时进行纠正和指导。搭建载体平台。开通全国第一个市级层面"两学一做"学习教育手机APP，设置党章党规、系列讲话、要闻速览、学做动态、专题党课、心得体会、互动交流、风采录、学习测试9个模块，为学习教育搭建可听、可读、可看、可交流、可测验的载体和平台，开辟党员学习教育的"空中课堂"，有5.8万余名党员下载应用，总点击量达到64万余人次。将兰州电视台生活经济频道变更为党建频道，设置党建播报、热点聚焦、先锋引领、基层视线、微型党课、电视党校6个特色栏目。对党员熟记入党誓词情况进行检查；结合纪念建党95周年，慰问困难党员老党员853名，评选表彰"两优一先"对象290个，组织巡回演讲300多场次，参观文化教育基地12万人次。督导工作方面，从市级层面组建5个督导组、1个巡回督导组和6个行业指导组，对978家基层单位学习教育情况进行督促指导。定期召开督导指导工作会议，听取各督导组、指导组工作汇报，在全市进行通报，督促全市各级党组织开展"回头看"工作，查找整改问题不足，推动学习教育常态化、严格化。宣传先进典型，在《兰州日报》、兰州广播电视、中国兰州网、母亲河网、《兰州组工信息》等开设专栏、专题、专刊，在《兰州日报》刊发报道339篇，在市广播电视台报道583篇，在中央和省级媒体报道1577篇，做到宣传报道天天有、重要精神及时见、先后采访报道16人，征集稿件184篇，结集印发《学入心扉，做在脚下—兰州市"'两学一做'在我身边"征文选集》1000余册。

【领导班子换届】 制定《兰州市县乡换届工作责任追究办法》，逐级压实党委的主体责任、党委书记的第一责任、纪委的监督责任、组织部门的直接责任和其他部门的协同责任。市委主要领导约谈123人次，市委组织部主要领导约谈650余人次。换届办深入县区、乡镇开展专题调研，检查换届政策宣传、培训和落实情况，督促靠实换届工作责任。统筹协调。召开3次换届领导小组会议、3次换届风气监督联席会议、2次换届办主任联席会议、2次换届办工作会议、1次换届工作联席沟通会议、1次县区换届工作推进会议，解决存在问题，确保换届工作推进。制定《兰州市、县区、乡镇换届工作进度安排表》，明确换届方法步骤、时间节点和工作目标。结合换届工作不同时间节点、不同工作侧重点，抽调业务骨干成立乡镇换届指导督导组，县区换届考察组，党代表、人大代表、政协委员考察组等，确保换届工作环环相扣，有条不紊推进。把握政策要求，对班子职数设置、年龄结构、学历结构等做了进一步明细，绘制县区、乡镇换届工作流程图、进度表，明确换届的程序步骤、时间节点和职责分工，确保换届工作方向不偏、步骤不减、环节不漏。执行政策程序，提前开展县区领导班子调研和分析研判、提前审核干部人事档案、提前对个人有关事项报告进行核查、提前组织换届业务培训，确保换届工作政策明确、执行规范到位。履行呈报审批程序，对各县区换届的有关请示和批复工作，保证换届工作的严密性。筹备市党代会召开，开展市党代会代表推选工作，严把"代表委员"关口，履行推荐、提名、考察、协商等各个环节把关责任；提出市十三次党代会代表名额和代表构成比例，制定《党代表选举工作流程图》。对市级“两代表一委员”中副县级以上的160名党代表、86名人大代表、77名政协委员核查个人有关事项，对核查结果与本人填报不一致的3人取消市级党代表提名资格；对461名市级党代表初步人选听取了12家部门的意见,对反馈有问题的9名市级党代表初步人选取消资格；配合市人大、市政协和市委统战部对338名市级人大代表初步人选和336名市级政协委员初步人选听取了12个部门的意见。

【班子建设】　坚持好干部“五条标准”，树立德才兼备、以德为先的用人导向，把政治标准放在首要位置，一批政治强、懂专业、善治理、敢担当、作风正的干部被选拔进入县区和乡镇领导班子。优化班子结构，换届后县区四大班子配备干部218名，党政班子形成以1965—1975年出生为主体，60后、70后、80后3个年龄段梯次配备的年龄结构，40岁左右及以下干部占到党政班子成员总数的38.8%，配备女干部37名，比上届增加7名，配备党外干部29名，配备少数民族干部6名；乡镇领导班子成员平均年龄为39.3岁，比上届下降2.3岁，党委书记学历均为大专以上，党委委员中大专以上学历占88.8%，比上届提高1.3个百分点。选拔104名乡镇事业编制人员、村干部、大学生村官进入乡镇班子，为促进扶贫攻坚工作输入新鲜血液，此做法得到中组部的肯定和推广。审核把关。对涉及换届提名的229名人选干部档案进行审核，取消10名干部提名资格，重新认定4名干部“三龄两历一身份”信息。核查416名县区换届人选个人有关事项，对核查结果与本人填报不一致的5人给予批评教育处理，5人诫勉处理，取消10名干部提名资格。在对374名县区换届人选坚持听取纪检、检察等部门意见的基础上，适当扩大意见听取范围至法院、公安、信访、审计等12部门，对反馈有问题的12名干部提出了暂缓提拔或转任重要岗位建议。查核违反换届纪律举报线索6起，查实2起，处分9人，取消6人镇党代表资格，1人区人大代表资格，做到对有硬伤的干部排除在外，对问题没有查清的干部不得提名，防止干部“带病提名”、“带病提拔”。教育在先、警示在先、预防在先。全市举办各类换届纪律专题培训班185次8000余人（次）；组织观看《镜鉴》414场次16342人（次）；学习中组部《严肃换届纪律的文件选编》230场（次）14858人（次），做到警示教育全覆盖、无盲区。开通信访举报电话、信访举报短信，建立电话、网络、来信、来访“四位一体”监督平台，实行24小时专人值班，及时受理举报。落实“四必谈”的要求，县区“四大班子”主要领导开展谈心谈话5400余人（次），引导干部正确对待进退留转，保证换届工作顺利开展。全程督导，建立“四查四看四听”督查机制，对8个县区换届风气开展3轮巡回督查，不定期赴县区并到乡镇暗访，提前介入、不打招呼，重点掌握各县区“五类责任主体”的责任是否落实、“九严禁”换届纪律是否严格执行、换届各项工作谋划和部署是否到位、“四必看”和“四必谈”要求是否严格执行、“12380”举报渠道是否畅通、举报问题是否及时查处等情况，督促县区换届风气监督责任和措施落到实处。从严查处、从严问责。建立领导干部约谈工作制度和提醒函询诫勉制度，开展约谈2.6万余次、约谈干部7万余人（次）。

【干部队伍建设】　树立正确导向，以好的风气“用”干部。全年先后提交市委常委会研究干部28批次721人（次），一批优秀干部得到提拔重用。通过问责追究、调整不适宜担任现职、违纪违法免职等方式调整市管干部35人，对3名年度考核不称职的市管干部进行了免职。以制度“选”干部。启动实施“细网工程”，制定《兰州市市管干部人选提名推荐办法（试行）》《兰州市市管干部选拔任用考察工作责任追究办法（试行）》《兰州市会议研究讨论干部责任追究办法（试行）》《防止干部“带病提拔”办法（试行）》《兰州市市管领导班子和领导干部日常考察管理办法（试行）》等10多项具体办法，提升干部工作科学化、制度化、精细化、专业化水平，被《人民日报》、新华社驻甘记者专题采访，被《甘肃日报》专题报道。采取“五观察五看”的方法开展干部考察工作，注重对考察对象政治品质和道德品行、工作实绩、党建履职、勤政廉政等情况的考察，最大限度防止用人失察。开展干部免职脱岗培训。采取“党校集中学习+高校集中学习+精准扶贫工作+督查锻炼+党校总结及论文答辩”的模式，举办第4期领导干部免职脱岗培训班。95名学员在督查、精准扶贫岗位锻炼。领导干部上讲台制度。研究制定《兰州市“领导干部上讲台”实施方案》，规定领导干部上讲台总课时占主体班课时数不低于30%，组织25名市级领导和31名县级领导到党校授课61余（次），听课学员达到6200余人（次），提高领导干部理论素养和履职能力。干部日常教育培训。除专业培训外的其他培训中理论教育和党性教育课时数不低于总课时的70%，强化党员干部的纪律意识和规矩意识。开展干部网上教育培训，实行学分制考核管理制度。抓好各类专题培训，举办各类主体班、专题班28期，培训县、科级干部1908人。抓作风建设，以严的态势“管”干部。对85名市管干部做出批评教育、诫勉谈话、调整交流、暂缓任用、免职降职等处理措施。全年有262名干部参加廉政法规知识和法律知识考试，其中2名干部因考试不合格暂缓任用。建立领导干部约谈工作制度和提醒函询戒勉制度，用好监督执纪的“四种形态”。全市约谈干部7万余人（次）、提醒函询戒勉市管干部169人（次）。

【基层党建工作】 开展基层党组织按期换届专项检查。结合市、县、乡换届和“两学一做”学习教育，严格按照中央及省委部署要求，制定下发《关于在“两学一做”学习教育中对基层党组织按期换届情况进行专项检查的通知》，发现未按期换届的基层党组织有1671个。对梳理出的问题，制定整治工作方案，成立专项整治工作小组，有计划、分阶段开展专项整治工作。创建基层党组织建设工作品牌。建成县级为民服务中心8个、乡镇（街道）为民服务大厅70个、村级为民服务代理室730个。试行“支部+协会”村级发展互助资金运行模式，通过组织部门牵头抓总、市财政贴息、银行贷款、村党组织领办互助资金协会的运作方式，着力破解农民群众生产发展资金短缺问题，全市120个试点村共发展会员6293户，结成由“1名党员或致富带头人+3至5户贫困户”的帮扶对子1018个，3444户群众借款6135.7万元，13482人受益，对推动农民增收致富产生了积极影响。做好非公企业和社会组织“两个覆盖”工作。坚持“有党员抓组建，无党员抓发展，有组织抓规范，无组织抓指导”的工作思路，在教育、科技、工信等18家部门依托机关党委成立直属单位党委，选派党建指导员3500多名。截至12月2日，全市非公企业有13756家，建立党组织3996个，党委34个、党总支24个、党支部3625个、联合党支部313个，党组织组建率29.1%；覆盖非公企业5607家，党组织覆盖企业率40.8%；全市社会组织法人单位有1960家，建立党组织253个，其中党委2个、党总支4个、党支部200个，联合党支部47个，党组织组建率12.9%；覆盖社会组织507个，党组织覆盖社会组织率25.9%。整顿涣散基层党组织。按照农村10%、社区等其他领域5%的比例，倒排次序确定268个软弱涣散党组织，逐级建立市、县、乡镇（街道）和系统单位软弱涣散党组织整顿工作台账，针对不同类型的软弱涣散党组织，综合运用调整党组织书记、选派第一书记、开展党组织书记轮训，对既贫困又软弱的村党组织，通过“一村一策”进行重点整顿。选配乡镇领导集体。紧抓乡镇党委换届的有利时机，以乡镇党政正职为重点，选优配强乡镇领导班子。选拔104名“三类人员”进入乡镇领导班子。选派结合，建设基层党务干部队伍。选派55名机关干部到建档立卡贫困村任第一书记，调整不胜任现职村党组织书记7人。选拔150多名优秀年轻干部充实到社区，解决了街道社区党组织工作力量不足的问题。培训基层干部。2016年，全市各县区组织部门、各行业领域牵头单位共举办基层党组织书记轮训班143期，先后培训党务骨干3.1万余人，培训党组织书记10688人，占基层党组织书记的94.86%。继续推进“双培双带”工程，通过“党员+致富带头人”“党员致富带头人+贫困党员”的模式结对帮带，全年在全市农村党组织致富带头人中共确定394名党员培养发展对象，每名致富带头人至少结对帮扶1户以上贫困户，把有致富能力的农民党员培养成致富带头人990名，把党员村干部培养成致富带头人825名。党员队伍建设。集中排查党员组织关系。以查党员档案、访入党介绍人、问亲朋好友为主要手段，依托公安、人社、计生、教育等部门信息平台，排查失联党员2829人，经查找取得联系党员2447人，尚未取得联系党员382人，对128名失联党员，给予相应组织处理。排查党代会代表和党员违纪违法未给予相应处理情况。经排查清理，2013年以来全市共有394名党员违纪违法，已有381名党员受到党纪处分和组织处理。做好党费收缴工作。全市10535个党支部认真开展党费收缴工作专项检查，共有27498名党员补交党费1022.69万元，平均每名党员补交372元。

【基层基础保障】 协调省、市财政补助资金12150万元，提高村、社区办公经费标准和村组干部报酬待遇，使全市村干部年报酬达到1.6万元、组干部年报酬达到4800元；将社区干部年平均报酬提高到2.4万元左右，并购买养老、医疗、失业等“三险”；村级年办公经费标准达到3.5万元，城市社区年办公经费标准达到20万元，乡镇所辖社区年办公经费标准达到10万元。提高阵地建设标准，市、县区财政投入1亿元，新改扩建50个社区、100个村的办公活动阵地，使每个社区（村）新增面积200平方米。

【人才支撑】 以党委领导、政府主导、政策引导、考核督导的原则，健全完善市委人才工作领导小组会议制度、人才工作报告制度、人才工作责任清单制度、导向性管理考核制度。创新人才发展机制。在经费投入上，2016年市财政列支人才专项资金5786万元，全市各级财政投入人才工作的专项经费达到1.86亿元，有力保障了人才培养、人才引进和重点人才工程实施。选派各类急需紧缺人才到复旦大学、兰州大学、南开大学等知名高校进行专题培训。改革人才评价方式，在“乡村致富之星”“金蓝领”“金城文化名家”评选中，评选出一批文化传承人、“田秀才”“土专家”。兑现领军人才。通过考核方式为事业单位引进急需紧缺高层次和实用人才389人，企业自主引进急需紧缺人才300余人，缓解兰州市高层次人才匮乏现状。重点人才工作项目。领军人才工程。35名领军人才赴成都疗养考察；组织实施“百名优秀人才荟萃”工程，评选出第一批“金城文化名家”26名、第二批“金蓝领”高技能人才100名、第二批“乡村致富之星”农村实用人才89名；组织实施“双创”扶持工程，打造兰州创意文化产业园、兰州3D打印产业园、留学人员创业园、生物化工孵化器暨大学生创业园、丝路电商产业园等双创优质平台。全市拥有院士工作站、博士后工作站、工程技术研究中心等各类人才创新创业载体平台426个，选派科技、金融干部到实践一线挂任村书记16人、村主任助理4人，选派科技特派员280名；组织实施人才特区建设工程，紧抓兰白科技创新改革试验区建设契机，推进“人才特区”试点建设工作，兰州新区产业孵化大厦入孵企业300余家，引进创新创业团队50个以上，入孵企业产值达到2亿元以上。设立“兰白试验区联合创新研究院”，为兰白试验区建设和入区企业科技创新提供技术和项目支撑。优化人才发展环境。坚持市领导联系专家制度、重大节日走访慰问专家制度和领军人才定期体检、外出疗养制度等，为700余名引进人才兑现优惠政策。2016年争取省上人才发展专项资金250万元，4个人才发展项目被列为省级重点人才项目，1名高层次人才入选国家“千人计划”专家，14名人才和4个人才团队获得“陇原青年创新人才”称号，24名领军人才分获兰州市科技功臣提名奖，科技进步一、二、三等奖。

【自身建设】　开展“零差错岗位”创建活动，推行接受任务零推诿、承办清单零积压、完成工作零失误、提供服务零投诉“四零”标准，免职并调离组织部3人，促使组工干部增强责任意识。从严治部制。强化岗位风险防控工作，评定风险岗位25个，查找处室风险点91个、个人岗位风险点250个，制定处室防控措施49条、个人防控措施183条。政治理论教育。在全市组织系统开展争创“讲政治、重公道、业务精、作风好”模范部门活动。组织部主要领导带头在市委党校为全市县级干部讲党课。为全市组织人事干部讲党课2次。组织部机关干部采取每月主题学习、每季专题研讨、重温入党誓词、参观教育基地等多种形式，从严律己、知规守矩，明确底线、不踩红线。

（蒽　明）

·宣传工作·

【概况】　2016年，市委宣传部以“两学一做”学习教育为总引领，结合全市宣传思想文化工作的总体要求，打造城市文化形象，内修城市人文底蕴，为开创全市宣传思想文化工作创新局面提供了有力的思想保证、舆论支持和文化条件。

【理论学习】　为确保理论学习高效、落实，年初制定《全市各级党委（党组）理论中心组学习考核办法》《2016年全市各单位理论中心组学习指导意见》《全市党委党组意识形态考核实施细则》，规范理论学习。建立“兰州市党委理论中心组学习”手机APP平台，实行中心组学习线上上报制度，并举办全市理论中心组秘书培训班，全市理论中心组学习通过平台申报自学习1487次，审核通过1392次。在中国兰州网开辟“理论学习专栏”，鼓励党员领导干部发表理论文章，目前已刊发各类理论学习文章445篇。按照阶段学习重点，及时编发《习总书记关于宣传思想工作重要论述学习资料》《中国共产党问责条例宣传手册》等学习资料。全市理论学习年初有意见、阶段有专题、学习有成果、年底有考核。理论宣讲突出主题。制定印发2016年兰州市主题宣讲实施方案，聘请省、市理论学习工作者组成市委宣讲团，确定宣讲课题，对宣传教育的指导思想、重点内容和方式方法等进行科学谋划、精心组织。结合开展“两学一做”教育工作和纪念建党95周年系列活动，在8个县区、市直部门组织开展了学习教育宣讲月和宣讲下基层活动。截至10月底，组织辅导报告会和理论对谈会4112场（次），参加人数28万多人（次）。理论调研着眼成效。围绕全市经济社会发展重大决策部署，开展宣传思想文化调研，宣传思想文化工作创新奖申报,推进调研成果的转化。上报《涅槃重生：染缬文化踏上新丝路》《乡村“电商”文化：用“农家大饼”开启网络市场》《传承幸福：好家风涵养一座城》等10篇优秀的创新文化调研成果，为宣传思想文化工作提供了必要决策服务。截至年底，共收集整理“2016年兰州市宣传思想文化工作创新案例”37例，上报“2016年综合课题调研成果”30篇，上报“小微”课题调研报告36篇。针对今年工作亮点，反复推敲打磨，形成《文化兰州，全民共享——城市文化品格塑造的一次有益探索》《开辟精神文化扶贫主战场》《关于加强基层意识形态工作的思考》等调研精品力作。

【主题宣传】　围绕十八届五中、

六中全会精神，全国、省、市“两会”召开，“两学一做”学习教育活动开展新闻宣传。在市属新闻媒体开设十八届五中、六中全会专栏专题，做好动态报道，通过刊发评论言论、刊发理论文章、专家解读访谈等方式，营造学习宣传贯彻全会精神的良好舆论氛围。为深入报道全国“两会”召开，组建全国“两会”兰州市北京前方新闻中心，将演播室前置北京。开展“两学一做”学习教育新闻宣传报道，开设专栏刊登“两学一做”征文，市属各新闻媒体刊发相关报道3560余篇，兰州日报刊登领导干部“两学一做”心得体会34篇。

【网络宣传】 拓展网络传播形式，打造微博、微信、今日头条号、H5频道等网络平台，网络影响力持续增强。中国兰州网主站日均访问量150万人次，在全国城市网站综合传播力榜中排名前50强，7月份，位列全国城市网站综合传播力排行榜第16位。“兰州发布”头条号累计阅读量突破1000万，粉丝1.63万人，为地市发布类全国第二名；“兰州发布”新浪微博粉丝43万人，连续4个月排名甘肃省第一名。“兰州速读”微信平台已制作1000余期，集约式报道100余期，累计阅读量43万人（次），最好时单篇阅读量高达5000人（次），已经成为移动端的“兰州名片”。在中国兰州网打造“小兰V5”H5频道，制作多期H5微专题，带来了解兰州的全新视角和体验。尝试网络直播手段，利用“微博兰州”平台对2016兰州国际马拉松做了全程视频直播，吸引近7万名网友同时在线观看手机直播，收获近5000个网友点赞。多路径开展对外宣传。用重要节会赛事开展对外宣传，围绕2016兰州国际马拉松赛、第22届中国兰州投资贸易洽谈会、第6届敦煌行·丝绸之路国际旅游、2016中国兰州跨境电商物流大会、2016中国兰州科技博览会等大型节会赛事，协调中央、境外主流媒体，进行全方位的宣传报道。制作兰洽会《2016中国兰州》光盘，设计编辑《美食兰州》《游走兰州》《兰州人手册》等外宣品。在《香港商报》《香港文汇报》等媒体开展兰州城市宣传，刊登《昔时雾遮天，今现兰州蓝——一个西部重工业城市的大气污染治理奇迹》《兰州：铸黄河文化体验之都，建丝路文化产业名城》等专版14个。做好省外媒体来兰的采访服务，全年接待海峡两岸媒体丝路重镇兰州行等媒体采访团8个，为展示兰州、宣传兰州、传播兰州提供便利条件。针对市民关注焦点，召开新闻发布会，回应社会关切，扩大新闻发布会的公信力和影响力。组织召开“文化兰州，全民共享”公益项目系列活动—“金城讲堂”启动仪式暨首场讲座、“兰州银行杯”2016兰州国际马拉松赛等新闻发布会20场。

2016年10月28日，兰州市举办全国道德模范走基层巡演活动（陈丹 摄）

【繁荣城市文化】 文化体制改革。围绕全市年初确定的文化体制改革10项重点工作，推动文化产业“走出去”，用深圳文博会和敦煌文博会等重大节会活动扩大兰州文化产业的实力和影响力，参加第12届中国（深圳）国际文化产业博览交易会，签约项目5个，签约金额142.13亿元。完成首届丝绸之路（敦煌）国际文化博览会参展，共推介项目19个，签约项目10个，涉及签约金额230.68亿元。组织文化企业申报省上文化产业改革发展专项资金项目，共有13家企业的13个项目申报了省文化产业改革发展专项资金，加快了我市文化企业发展。挖掘兰州城市文化元素。立足兰州作为西部交通枢纽、丝路文化重镇的历史文化根源，打造以黄河、丝路、渡口为地理文化符号，以彩陶、唐卡、诗歌为历史文化符号，以兰州牛肉面之乡、《读者》杂志所在地、西部音乐之都等为现代文化符号的城市文化符号系统。举办了“梵华盛世 祈福新年”首届兰州国际唐卡大展及高端论坛、大河之光—黄河彩陶文物精华暨彩陶水墨画联展等展现兰州深厚文化底蕴和多元文化特色的展览；举办“来自大地的深情”—西部诗歌峰会、“黄河情·丝路韵—王秀章油画兰州展、丝路·长城(国际)音乐文化节等展现兰州“一带一路”特点的文化活动。对兰州牛肉面的文化品牌，组织评选发布牛肉面动漫形象“牛大”，举办“面食天下走进兰州—兰州牛肉面发展高峰论坛”，献策兰州牛肉面的发展。针对《读者》文化品牌，邀请王蒙、宋春丽、臧金生、丁建华、王立群等文化名人走进兰州，举办“读者的挚爱”经典美文诵读欣赏活动。与兰州本土乐队“低苦艾”合作，开展“兰州”城市文化主题巡演，展现现代兰州城市文化魅力。城市文化共享活动。从3月起，“文化兰州，全民共享”公益项目系列活动金城讲堂先后邀请贾平凹、苏童、康庄、李敬泽、欧阳江河、翟永明、余华、余秋雨、莫言、张辛、张清华等文化名人要来兰举办讲座。通过网络抢票的方式，邀请市民零票价参与。以高层次、零票价、广参与的形式，打造全民共享的文化氛围，提升市民文化红利指数，打开文化建设的大格局，在文化惠民的同时，起到展示城市、宣传城市、推广城市的目的。城市主题影视作品。尝试以兰州人的日常生活作为镜头聚焦点，探索以纪录片形式讲述兰州故事，发展城市主题影视。推出纪录片《金城兰州》，收集、整理和呈现大量的兰州史料，用精良的制作、厚重的内容、明晰的结构、深沉的思索、艺术化的叙述手段，发掘城市里那些平凡又有意义的重大人物、故事。推出首部从原著、策划、改编、导演、配乐等都由兰州本土影视艺术家完成的电影《丢羊》，在全国农村院线、央视六套进行展映，获得第三届中美国际电视节最佳剧情片和最佳电影原创剧本奖、2016北京青年电影节评委会特别推荐影片奖、第25届中国金鸡百花电影节新片奖等荣誉。文化活动预热敦煌文博会。举办首届丝绸之路（敦煌）国际文化博览会系列活动，邀请余秋雨先生作《中国文脉与丝绸之路》主题讲座，阐释丝绸之路作为文化交流之路的重要意义。邀请莫言先生作《讲述中国与对话世界》讲座并前往敦煌参加文博会。邀请到敦煌题材舞剧《莲花》在兰州公益演出，邀请郎朗先生作为“兰州蓝”国际城市文化形象推广大使并举办郎朗2016兰州专场音乐会。开展首届敦煌文博会社会宣传和氛围营造，在市区主干道制作悬挂道旗4138面，在高速公路沿线制作悬挂大型广告牌21块，制作悬挂文博会标语横幅200余条，用市区电子大屏、公交车LED显示屏、出租车车顶LED显示屏播放文博会宣传标语，为首届敦煌文博会胜利举行营造了浓厚的社会氛围，市委宣传部工作受到省委、省政府表彰。

【精神文明建设】 开展文明城市创建。实施24字“人知人晓”“人信人守”工程，开展文明城市创建系列宣传教育活动。落实创建工作制度，修订《兰州市创建全国文明城市工作责任追究办法》，起草制定《兰州市创建全国文明城市工作督办制度》《兰州市创建全国文明城市工作明查暗访制度》《兰州市创建全国文明城市工作考核办法（部门）》。深化爱国主义教育，举办西北首届航空科技展暨国防知识普及活动。公民思想道德建设。发挥典型引领，开展“兰州好人”、文明家庭、“四个十佳”等评选活动，评选“兰州好人”90名，8人荣登“中国好人榜”。开展上推下传，申报参评第五届甘肃省道德模范，启动第四届市级道德模范评选工作，我市12人被录入中央文明办、中国文明网编撰的《中国好人传》图书，举办了两场道德模范和“兰州好人”与市民见面交流活动，再现道德模范和身边好人的感人事迹。落实诚信“红黑榜”发布制度，加强公益广告刊播。形成高密度、多角度、全方位密集宣传的态势。开展志愿服务。命名表彰了一批学校为2016年度兰州市文明校园，评选出11名兰州市第四届“美德少年”。加强课外活动场所建设，举办全市“乡村（社区）学校少年宫”舞蹈教师培训班。优化社会文化环境，实施“护校安园”行动。全市校园及周边环境特别是在兰高校周边环境有了明显优化和改善，整治工作取得了积极成效。引导志愿服务活动，培育志愿服务文化。围绕春运便民、“兰马赛”等节会开展系列志愿服务活动。

【从严治党】 结合开展“两学一做”学习教育活动，严格干部选拔、管理，加大日常考核的比重，实行周台账记载、月汇总报表和领导月量化评价，科学准确评价干部工作业绩，干部考核工作做到了公开透明。完成部管干部档案专项核查。实施人才培养工程，举办两期“北京大学—兰州市意识形态领域人才培训班”。启动实施“金城文化名家”工程，制定印发《“金城文化名家”管理暂行办法》，对26人授予“金城文化名家”的荣誉称号，对第一层次的7人授予兰州市宣传文化系统“四个一批”人才称号。强化纪律约束。落实党风廉政建设责任制，完成《兰州市党风廉政建设和反腐败重点工作责任书》各项任务。综合运用提醒教育、诫勉谈话、通报批评、组织处理、纪律处分等多种方式，使问责制度化、常态化。强化精准扶贫责任。把精准扶贫工作当作锤炼机关作风的“主战场”。引导党员干部发挥协调作用，对帮扶村建档立卡情况进行复查，协助各成员单位查漏补缺，规范建档立卡工作。把扶贫督查工作当作强化责任担当的“试验田”。要求机关干部对成员单位帮扶村的工作成效和目标任务督查。把为村民寻找致富途径当作锻炼工作能力的“磨刀石”。部分机关领导率先垂范，为帮扶村寻找致富门路，用业务工作交流的机会，衔接西部贫困地区党支部与东南沿海发达地区企业党支部共建活动。

（王文涛）

·统战工作·

【概况】　2016年，全市统一战线工作以推动政党协商、深化“两个共同”、促进宗教和顺、引领非公经济健康发展、拓展台海侨工作平台为职责，统一战线工作呈现良好态势。

【领导体系】　市委主要领导担任市委统一战线工作领导小组组长，主持或出席市委统战工作会议、市委统一战线领导小组会议等会议和活动10余次。市委和各县区委、兰州新区都成立党委主要负责人担任组长的统一战线工作领导小组，建立大统战工作格局。推进县区委统战部部长由同级党委常委担任，8个县区已配备常委统战部长，平均年龄39岁，学历大学以上。

【民主党派工作】　2016年省、市、县区“两会”上，民主党派、无党派人士共提交议案、提案500余件，提交大会发言材料20余篇，上报各类社情民意信息20余条，参政党职能得到有效发挥，作用更加显现。指导市级各民主党派深入社区建立社情民意联系点，开展政策宣传、调查研究、建言献策、参与协商、社会服务等“五大行动”，打造市民革“民情代理室”，市民盟“烛光行动”“黄丝带帮教行动”，市民建“春风行动”，市民进“四点半”助学工程，市农工党“送医送药送健康”行动，市九三学社“科普进社区、进学堂”等“六大品牌”，进一步提升民主党派服务经济社会发展能力和水平。加强对民主党派换届工作的支持和指导，印发《市委统战部关于协助市级民主党派做好换届工作的意见》。2016年年底，民盟、民进、农工党、九三学社4个民主党派换届工作已完成。

【民族宗教工作】　开展全市第十三个民族团结进步宣传月活动，通过120余处墙面、灯箱广告牌、阅报栏、3000张民族团结进步宣传彩页及100余万人次手机短信等形式，宣传党的民族政策；筹集资金4万元，向40名少数民族特困大学生每人发放1000元助学金；组织2500余人次观看《甘南情歌》等10部反映各民族相互帮扶、学习、团结、发展的优秀少数民族题材电影；举办少数民族暨台胞台属美术、书法、摄影展，营造了各民族共同团结进步、共同繁荣发展的良好氛围。以七里河区示范建设为重点，协调市发改委做好“两个共同”建设项目的审核和管理，拨付省、市专项资金1350万元，在全市开展55个“两个共同”示范建设项目。落实省委、省政府对口帮扶支援藏区发展工作决策部署，向临潭、卓尼两县支持帮扶资金5200万元，重点对口帮扶建设涉及两县23个村的生态文明小康村建设项目。指导市满族联谊会和朝鲜族联谊会的自身建设，关注“3.14”敏感时期我市藏传佛教界动态，协调民宗、公安等部门走访调研重点场所，防止“达赖集团”渗透。召开5次全市宗教工作领导小组会议及多次专题会议，确保“浴佛节”“圣纪”月、“开斋节”等重大节日和大型宗教活动平稳顺利度过。开展宗教界代表人士团结教育工作，在“斋月”“圣诞节”等节日期间走访慰问宗教界代表人士。举办全市宗教界代表人士政策法规培训班、全市民族宗教领域平安建设培训班以为2016年度伊斯兰教朝觐人员政策法规、外事纪律、朝觐知识培训班，考察推荐31名少数民族界和宗教界代表人士当选市级人大代表、政协委员，为全市670余名宗教教职人员发放生活补助费168万余元。

【非公经济统战工作】　开展理想信念教育实践活动。举办1期理想信念教育实践活动报告会，组织208名非公经济代表人士参加全省第十期非公经济代表人士培训班，教育引导非公经济代表人士尤其是年青一代企业家坚定听党话、跟党走的信心和决心，建立“亲”“清”新型政商关系。开展“大调研、大走访、大联系”活动，走访商会、企业20余家。指导市工商联围绕“两个健康”工作主题，健全完善服务非公经济发展“323”工作机制，开展主席会长活动日4次，商会进县区活动2次，在“五一”“七一”“十一”三大节日前夕开展全市工商联系统“劳动光荣”运动会、“颂党恩”主题活动、“祝福祖国”文艺汇演3个主题活动，形成了政府、商会、企业沟通交流合作的长效机制。按时保质完成了市人大、市政协换届中100余名非公经济代表人士初步人选的综合评价工作，为非公经济人士政治安排树立了正确导向。引导非公人士参与精准扶贫，开展“百企帮百村”活动，在已完成引导68家商会、企业与70个帮扶村签订共建帮扶协议的基础上，积极促成40家非公企业与贫困村结对帮扶。

【台侨海外统战工作】　全市各级台办举办台海形势报告会30余次。走访21家在兰台资企业，处理台商投诉12件，办理台胞台属信访12件。开展对台招商引资，促进兰台经贸合作，2016年共签约台商投资项目5个，到位台资2.71亿元。全年兰台双向交流41批568人次，兰台人员往来达到3200余人次。慰问23户困难归侨侨眷，共发放慰问金、慰问品合计6000元。

【网络人士统战工作】 开展网络新媒体人士统战试点工作，建立联席会议机制和联络员制度，加强网络人士的培养引导，举办1期网络舆情培训班、1期少数民族网络管理使用人才培训班、2期新媒体人士培训班，培训240余人。开通网站、微博、微信等平台，邀请网络统战人士参与“兰州统一战线”网站和微信公众平台建设。

【新阶层人士统战工作】 建立120余人的新阶层代表人士信息库。设立首个新阶层人士联谊工作站，引导新阶层人士参与不同组织开展的各项活动，增强新阶层人士对党和政府的认同、对统战工作的认同和对统战组织的认同。

【三维数字平台建设】 借助三维数字集成管理系统建立兰州市统战信息大数据应用平台，创新研发统战、民族宗教信息管理模块，将统一战线五大关系、十二类工作对象和民族宗教管理有机融合，建成了三维地理信息、统战对象人员管理信息、宗教场所三维全景视频监控基础平台，使统战、民族宗教信息管理模块实现了综合受理、分类管理、分类统计汇总功能，嵌入实景综合管理平台，实现统战工作数字化。

【党外代表人士队伍建设】 举办兰州市第36、37期党外干部主体培训班，培训86名党外干部。全年共推荐75名干部到招商引资、乡镇街道、帮扶村等基层一线挂职锻炼，其中党外干部17名。市委主要领导、统战部主要领导先后约谈党外优秀干部30余人（次）。8个县区人大、政府领导班子均按要求各配备了1名党外干部，各县区政协领导班子中，永登县配备了3名党外副主席，城关、七里河、榆中各配备2名党外副主席，西固、安宁、红古、皋兰各配备1名党外副主席。

【党风廉政建设】 向广大党员干部通报市纪委近期查处的部分典型案例，组织全体干部职工集体学习10余次。印发《2016年市级统战系统党风廉政建设和反腐败工作重点任务安排》，签订了目标责任书，对领导班子以及成员、内设机构、党员干部进行风险点排查登记。主要领导和领导班子履行第一责任和主体责任，开展约谈，建立约谈台帐，开展约谈201次，约谈对象292人（次）。督查部机关“三公”经费、穆斯林斋月慰问金、“两个共同”项目专项资金、机关和党派机关事务管理处2015年预算收支等资金管理和使用情况。做好春节、清明节、五一、端午节等重要节点廉政教育和提醒工作。

【信息工作】 印发《2016年全市统一战线理论研究和调研工作安排意见》及任务分解表，确定34个调研课题，向中央统战部、省委统战部、市委办公厅信息处、党建信息办公室、双联办等上报信息260篇编发，《兰州统战信息》150期、兰州统战微信50期，编印《兰州统一战线》4期。

（杜　晖）

·政法工作·

【概况】 2016年，兰州市政法机关以全市维稳、信访、消防、禁毒等专项会议安排部署政法各项工作。以市委、市政府名义制定出台《关于加强维稳工作规范化建设的实施意见》《关于加强社会治安防控体系建设的实施意见》《关于进一步加强反恐怖主义工作的实施意见》《关于全面深化法治兰州建设打造全省法治建设先行区的实施意见》等一系列文件，加大对政法各部门保障投入力度，市财政保障政法各项工作经费达2.5亿元。

【维护国家安全和政治稳定】 推进反恐防暴工作。开展反恐怖排查活动，健全完善反恐防暴指挥情报预警监测机制，与新疆及甘肃省周边公安机关的协作交流和情报搜集研判，落实重点领域管控，对全市涉恐重点目标建立基础信息动态数据库，对重点单位和要害部门开展严密排查，确保重要目标的绝对安全。在全市持续深入开展大排查工作，完善应急处置预案，修订完善《兰州地区反恐怖处置基本预案》，健全50部覆盖市、县区两级的预案体系，组织紧急拉动演练，提升反恐应急处置能力。强化机制体制建设，制定出台《兰州地区反恐怖防范工作责任制》《应对恐怖袭击应急处置有关规定》等一系列工作制度，提升反恐怖工作的常态化、专业化水平。

【保障改革】 对结构调整和经济发展中各种矛盾和问题研判预警，督促金融、卫生、建设、人社、房产等部门制定出台《关于创建无欠薪城市实施方案》《兰州市非法集资监测预警工作制度》等一批主动预防、源头治理社会矛盾的制度规范。市中院认真贯彻落实省法院《关于依法处置“僵尸企业”为全省经济转型升级提供司法服务和保障的意见》，切实抓好破产案件审判工作，为供给侧结构性改革提供有力的司法保障。开展“社会稳定风险评估示范创建”活动，将城关区、永登县等6个县区纳入创建范围，县区示范创建达标覆盖面达到100%。依托政务网启动运行“兰州市三维数字社会稳定风险评估信息系统”，共完成评估366件，准予实施365件，暂缓实施1件，信息系统完成录入338件，促进稳评工作的规范化水平。加强与军队、安全、通信等单位情报信息的互通研判和共享共用，确保了“两会”、首届文博会、兰洽会、兰马赛等193次重要节会和大型活动顺利进行。围绕金融诈骗、拆迁安置、拖欠工资等重点领域的矛盾纠纷，加大排查化解力度，共排查重大矛盾纠纷310件，化解273件，化解率达88%。

【社会治理】 建立专业调解组织120个，配备专（兼）职调解员和信息员1.5万人。排查民间矛盾纠纷26913件，化解26487件，化解成功率98.4%。做好非访治理工作，化解稳控责任和措施。开展百日禁毒会战专项行动，破获“5·28”等公安部督、省督毒品案件21起，在省禁毒委年终考核中，兰州市禁毒工作取得了全省第一的优良成绩。对社会治安重点区域和问题进行挂牌整治，解决一批突出治安问题。完善城市大巡防体系。在城区划分94个治安巡区，设立34个处突点和20个治安岗亭，开展巡逻。新建2000个高清、改造1200个标清监控视频探头，扩大视频监控覆盖面。发展网格员、市（商）场摊位经营者、车站安检人员等加入平安志愿者队伍。切实加强公共安全工作。开展严查严惩道路交通违法行为和交通违法“清零”等专项行动。全市发生交通事故数、死亡人数同比分别下降14.9%、7.5%。加大消防安全排查力度，严格重点单位火灾隐患排查整改，全市发生火灾事故数同比下降50.9%。加强寄递物流管理，严格落实“3个100%”制度，对全市50多家寄递企业进行安全知识培训。有效破解重点人群服务管理难题。在流动人口服务管理方面，深入推行动态限时管理工作机制，全市共累计登记流动人口221.9万人。在易肇事肇祸精神病人管控救治方面，制定《兰州市严重精神障碍患者监护人以奖代补工作办法》。在病残吸毒人员收戒工作方面，认真落实省禁毒委《关于加强病残吸毒人员收治工作的意见》。在艾滋病等严重患病人员管控方面，健全完善与省监狱管理局兰州医院的协作机制。在刑释解教人员帮教安置工作方面，帮教率达到94%，就业安置率达到85%以上，重新犯罪率控制在2‰以下。在社区矫正工作方面，投资100多万元建立社区矫正心理矫正培训基地及监管中心，对社区矫正人员开展教育辅导、心理矫治。着力强化基层基础工作。加强各级综治中心建设，整合综治、维稳、公安、司法等部门和单位进中心上平台，全市所有县区、乡镇街道、社区和80%的村都建立了综治中心。加强综治信息平台建设，实现了全市所有县区、乡镇街道及80%的村社区综治专网的联通，提升基层基础工作的信息化水平。

【法治兰州建设】 制定《中共兰州市委全面推进依法治市工作领导小组工作规则》等系列制度文件，为严格执法、公正司法、全民守法提供组织保障。安宁区法检两院被确定为全省司法体制“四项改革”试点单位后，市委政法委和两级法院、检察院统筹推进司法责任制改革和繁简分流、“轻刑快办”等改革。2016年，全市司法体制改革工作全面推开，有410名法官、284名检察官进入员额。法院系统推进以审判为中心的刑事诉讼制度改革，检察系统积极推进公益诉讼改革，公安系统深入推进警务机制改革，司法行政系统探索运用现代科技手段不断增强监管有效性。开展执法检查，对减刑、假释、暂予监外执行工作情况和久押不决案件清理情况进行专项检查，审查减刑1843人、审查假释74人，排查久押不决案件39案17人。评查各类重点案件6738件。开展集中打击拒不执行判决裁定等违法犯罪行为专项行动，曝光失信法人429名、自然人1778名。开展司法救助工作，对17件申报救助案件进行了救助，拨付市级司法救助资金200万元，有效维护了群众合法权益。实施普法宣传教育。启动“七五”普法，开展领导干部上讲台、“法律八进”、法治大讲堂、法治论坛征文等系列宣传教育和法治文化宣传活动。

【队伍建设】 推进“两学一做”学习教育，通过召开推进会、组织集中学习、重温入党誓词、开展党课辅导、讨论交流、党章党规知识测试以及观看警示教育片等方式，引导广大干警尊崇党章、遵守党规。全市政法机关共组织专题党课辅导1200多场（次），开展交流研讨800多场（次），市委政法委与浙江大学联合举办108名政法干部参加的推进依法治市专项人才培训班，举办全市各级政法单位和成员单位300名负责人参加的综治维稳反邪教专题业务培训班。全市举办和参加各类政法业务培训班517期30721人（次）。深化纪律作风建设。坚持挺纪在前；以逢会讲廉、任前考廉、短信促廉等多种途径和形式，开展廉政教育。全市政法系统共查处违纪违法干警21件38人。在全市政法机关开展督导检查86次，约谈462次2184人。发挥新媒体矩阵功用，利用主流媒体和“中国兰州平安网”“平安兰州”电视栏目、“平安兰州微视界”微信公众号等平台，强化政法舆论宣传。开展禁毒宣传教育，建立15个禁毒教育基地、园地，开展禁毒宣传活动590余场次，在各类媒体平台播放禁毒宣传微动漫、微视频和警示标语，全民识毒、防毒、拒毒意识明显提高，实现政法工作与宣传工作的良性互动，为政法机关依法履职营造了良好的舆论氛围。

（张　侠）

·市直机关党的工作·

【概况】 2016年市直机关各部门党组织和机关党务干部切实增强从严治党的政治自觉性；统一思想，严肃认真对待党内政治生活；从严从实，进一步加强机关作风建设；明确职责，严格落实全面从严治党责任。以开拓创新的精神、扎实工作的作风，不断提高机关党建工作科学化水平。

【"两学一做"】 "两学一做"学习教育纳入2016年市直机关党建工作要点，成立市直机关"两学一做"学习教育推进领导小组，对市直机关开展"两学一做"学习教育进行统一部署。各指导组将检查中发现的问题进行汇总梳理，归纳为5大类350余个问题进行了集中通报、整改时限。全年各指导组共深入基层党组织开展督导检查229次，参加组织生活会、民主生活会、专题研讨会等60余次，组织现场经验交流会、观摩会等4次，举办市直机关"两学一做"党务骨干培训班暨推进会，开展市直机关"两学一做"百题知识测试、举办市直机关庆祝建党95周年知识竞赛、市直机关"两学一做"主题演讲比赛等主题活动。

【"三包三促"】 市直机关开展"三包三促"活动，即包直属党委、总支、支部，促主体责任落实；包基层支部，促堡垒作用发挥；包机关党员，促作风根本转变。在活动中提出"2121"工作法，即每月至少要做到深入联系点开展督促指导工作2次，每月与联系党员开展沟通交流1次，每年至少参加所包党组织的各类活动2次，每月在工委办公会上向"三包三促"活动领导小组汇报工作进展情况1次，使活动取得了较好的成效。

【党员教育】 邀请专家学者对党员干部进行教育培训，共举行党课集中教育活动12次，培训党员干部2800余人。举办入党积极分子和预备党员培训班各1期，培训入党积极分子240名、预备党员210名。举办市直机关党务干部暨支部书记培训班，共分5期对市直机关党务干部和支部书记850余人进行全员培训。共编发市直机关"手机党课"信息12期，覆盖党员干部近万人。

【组织建设】 邀请20家市直部门的党务工作者就加强和改进机关党建工作建言献策，征求各类意见建议80余条，经汇总整理对《意见》进行了修改完善。在省、市媒体发布有关新闻和登载专题报道120余条，收集稿件1610条、图片5000余张，编辑文字60余万字，在兰州机关党建网整理上载信息460篇，报送《兰州发布》21条，编发《兰州机关信息》4期。换届改选基层党组织26个，任免机关党组织书记、专职副书记32人次，对18个未按时换届的党组织进行工作约谈，督促其按期换届。严格落实发展党员培训制、票决制和公示制，新发展党员130人，预备党员转正152名，接转党组织关系1100余人（次）。推荐上报市级优秀共产党员5名、优秀党务工作者4名、先进基层党组织4家，省级优秀共产党员1名、先进党组织1家。召开中国共产党兰州市直属机关代表大会，选举市直机关出席兰州市第十三次党代会代表58人。

【效能风暴】 召开全市效能风暴行动协调推进领导小组（扩大）会议，规范机关制度管理、政务服务，提高工作效能。通过明察暗访，不打招呼，不发通知，对各县区、市直各部门分阶段、分批次开展专项督查5次，对查处问题的8家单位下发整改通知书，提出整改处理意见，限期进行整改；对违反作风纪律的3个单位5名干部，由市编办收回所在单位编制，起到了很大的震慑和教育作用。

【精准扶贫】 组织对榆中县定远镇、连达乡15个帮扶单位精准扶贫工作进行了严格考核。开展春节慰问活动，组织工委全体人员，在春节前慰问矿湾村困难群众36户，每家送大米两袋；为村民捐衣服、送春联、拍全家福，共庆新春佳节。助推精准扶贫，积极联系高新区、定远镇及矿湾村相关部门开展精准扶贫，围绕"1236"扶贫攻坚行动和"1+17""1+21"精准扶贫政策、"853"挂图管理措施，在劳务技能培训、农户合作养殖、基础设施建设、环境卫生整治等方面再发力，确定扶贫项目18个，投资130.5万元硬化矿湾村三社道路2.9公里，投资7万余元建成矿湾村第一座蔬菜大棚，助力矿湾村脱贫致富。

【从严治党】 把党风廉政建设纳入到市直机关党建工作目标管理体系中，一把手与班子成员、班子成员与各分管部门逐级签订了责任书。对永登县龙泉寺镇、安宁区沙井驿街道巡察工作，对存在问题的部门负责人进行提醒约谈，并责令限期整改。构建教育、制度、监督三者并重的惩治和预防腐败体系，从根本上预防和治理职务犯罪。

【反腐倡廉】 市直机关党员干部400余人前往兰州监狱接受警示教育。1名干部因工作落实不到位受到批评，并做出书面检查，1名干部因未遵守工作纪律被约谈，1名部门负责人因主体责任落实不到位被约谈，4名干部由于上班迟到被通报批评。开展全市农村扶贫领域"两查两保"专项工作，了解村委会使用发放扶贫资金中存在的问题，及时向上汇报有关线索，包抓村和牵头单位对口村未发现问题。全年查处市直机关违纪党员6人，给予警告处分2人，严重警告处分1人，开除党籍处分3人，已按干部管理权限上报。建立约谈工作台账，对约谈对象存在的问题提出具体整改要求，班子成员开展约谈76次，其中工作约谈44次，提醒约谈30次，告诫约谈2次；约谈235人次，其中县处级58人（次），乡科级165人（次），其他人员12人（次）；约谈基层党组织专职副书记18人（次）。

【群团工作】　做好工会组织建设，指导市委宣传部等24个机关工会进行换届改选，新建市国税局等4个机关工会，对兰州市公积金中心等4个机关工会进行委员增补。开展基层工会规范化建设情况督查，了解市直机关基层工会建设情况，研究当前市直机关工会工作所面临的新问题。2016年，市直机关现有基层工会组织81个，工会会员7336人，其中女职工会员2777人。召开市直机关工会全委（扩大）会议，研究部署2016年各项任务。召开市直机关庆祝“五一”国际劳动节暨表彰大会，对市纪委机关工会等40个先进工会组织、黄晓玲等50名优秀工会工作者、金鑫等70名优秀工会积极分子进行表彰、市直各机关工会200余名代表参会。举办市直机关工会干部培训班，培训基层工会干部80余人。推荐上报省优秀工会之友2人、省模范“职工之家”1个、省优秀工会工作者1人、省总工会第十二届代表5人。春节前夕，开展“心系职工情、温暖进万户”困难职工慰问活动，对70多个市直部门的58名困难职工进行走访慰问，发放慰问金3.66万元。举办了市直机关庆祝建党95周年书画摄影展，共征集书法、绘画、摄影作品130余幅，精选展出优秀获奖作品108幅。举办市直机关应急救助培训班，提升机关党员干部应对处置危机事件的能力。健全市直机关青联分支机构，成立了机关青联分会42个，使机关团组织的凝聚力、吸引力和战斗力进一步增强。

【市直机关第九届运动会】　举办市直机关第九届运动会，设置乒乓球、羽毛球、拔河、趣味项目等12个比赛项目，市直机关81个单位3250余名运动员参加比赛。市公安局等8个单位获得团体总分前8名，市委办公厅等15个单位获得优秀组织奖。

（孙　磊）

·农村工作·

【概况】　2016年，兰州市农业农村工作以推进农业供给侧结构性改革为主线，以增加农民收入为核心。全市贫困人口由2011年的31.79万人减少到2016年底的1.94万人，贫困发生率由24%下降到1.55%；农村居民人均可支配收入由2011年的5252元增长到2016年的10391元，增长了近2倍。粮食产量达到45.07万吨；蔬菜产量达到312万吨；畜禽饲养量达到634.17万头只。

【农业农村发展】　产业格局明显优化。调整产业结构，发展以高原夏菜、玫瑰、百合、中药材为主的区域特色产业。注重新兴业态的培育，把发展农村电子商务作为推动农业市场化、标准化、规模化、品牌化的重要举措，实施“互联网+现代农业”行动，发展“智慧农业”，发展“企业+基地+网店”的农村电子商务交易模式，实现产值6910万元。拓展增收空间。在做大做强做优特色优势产业的基础上，重点打造了苦水玫瑰综合体、兰州百合产业化开发博览园等4个重点项目。发挥省会城市优势，发展都市休闲旅游农业，全市建成星级农家乐1900家，实现乡村旅游接待人数110.56万人（次），收入11.6亿元。以创业带动就业，实现劳务输转31.06万人，创劳务收入64.52亿元。2016年全市农村居民人均可支配收入历史性地突破万元大关，达到10391，增长11%，城乡差距进一步缩小。基础建设显著加强。解决了9581人的饮水安全不稳定问题，新修农村公路300公里，养护600公里。对4982户农村危房实施了改造，安装路灯1万多盏，改造卫生厕所5100多座。完成梯田建设5万亩、节水灌溉2万亩。农作物综合机械化水平达到46%，科技对农业经济增长的贡献率达到53%。农村面貌持续改善。实施国家重点林业工程建设，重点扶持了40个村的村庄绿化。大力推进改善农村人居环境行动，建成14个省级、20个市级示范村和60个环境整洁村。按照“生态宜居环境美、兴业富民生活美、文明和谐乡风美、干净整洁村庄美”的要求，以污水收集、垃圾处理为重点，整合资金5.4亿元，村庄的公共服务水平、环境面貌都有了很大提升。农村改革有序推进。全市累计流转土地面积80.24万亩；认定家庭农场95家，农民专业合作社3518个，市级以上农业龙头企业133个；探索农村产权抵押融资贷款，贷款资金2.9亿元；推广小额人身保险和农房保险工作，启动了城乡社区协商和农村社区建设试点。

【精准扶贫】　围绕落实精准扶贫政策、贫困户认定、农村危房鉴定等内容，对335名队长进行了为期3天的专题培训。.

巩固脱贫成果和推进小康村建设作为开展帮扶的重点，组织各级单位落实精准脱贫政策，改善农村环境面貌，促进农民持续增收。全年投入各类帮扶资金11.29亿元、发展富民产业，培训两后生2186人、创业致富带头人310人；扩大社会力量帮扶，深化“百企帮百村、共建新农村”“先富帮后富、共同奔小康”等活动，探索社会力量帮扶的新路子，新增70多家省内外企事业单位及个人与贫困村结成帮扶对子。

召开安排部署会和成果总结会。活动期间，市委、市政府主要领导、市级领导带头进村入户，协调、指导、督查活动开展情况。31332名帮扶干部走遍了所有行政村、农户和城市所有困难家庭共314061户，宣传政策54479场（次），反映民意9836条，排查出“六个精准”落实中存在的问题996个、各类矛盾纠纷2078件。对于排查出的各类问题，以乡镇、街道为主体，建立“大走访、回头看”活动工作台账和问题整改清单，实行挂牌销号，切实解决了一批群众关心的实际困难和问题。

【小康村建设】 对全市730个行政村小康建设现状进行了摸底，根据行政村的经济水平、自然环境、区位差别、生产条件等因素，将730个村分为四类，分类别、按年度梯次建设。按照“先易后难、先川区后山区、先公路沿线后边远山区”的原则，制定下发了《兰州市“小康村”建设计划》《2016年兰州市小康村建设实施方案》，明确了年内建设小康村名单和具体工作任务、政策保障。对照国家《全面建成小康社会统计监测指标体系》，明确富民产业发展、基础设施完善、公共服务便利、村容村貌洁美、社会保障健全、村风民风良好6大类34条小康村建设标准和考核的内容、程序及结果应用，确保小康村建设有标准、考核有依据。资金投入。全年共投入资金52499.69万元，涉及5方面1913个项目，每个村平均投入达到350万元。市级按照每村100万元安排专项资金，县区按照不少于1：1的比例配套资金，年内市、县财政投入27348.54万元。除中央和省上的扶贫项目资金外，县区财政按照小康村建设任务足额安排涉农项目，各行业部门也把涉农资金向小康村倾斜。全年共整合资金25151.15万元。加强项目审批程序、资金使用范围和资金监督等工作，确保项目建设高标准、高质量完成。

（肖　飞）

·政策研究·

【概　况】 2016年，市委政策研究室做好调查研究，改进和提高文稿服务，抓好精准扶贫，强化队伍建设，完成各项目标任务。起到政研室的参谋助手作用。

【决策服务】 专题调研深度。完成关于落实兰州高新区规划和土地审批自主权、推进生产经营类事业单位改革、开展康乐医院医养结合试点、加快三维大数据产业发展、无干扰地岩热利用技术应用、黄河风情线管理体制改革、理顺南河道管理体制、近郊四区生活垃圾运转情况等12个专题调研，部分成果进入市委决策程序并得到采纳实施。综合文稿起草。完成市委主要领导、分管领导讲话文稿的起草工作，全年起草完成讲话稿377篇150万字。组织力量，在深入调研、广泛征求意见的基础上，历时4个多月、七易其稿，完成了市第十三次党代会《报告》的起草工作，《报告》得到党代表的认可，完成市委主要领导在市委十三届一次全会上的讲话、市人大十六届一次会议闭幕大会上的讲话、市政协十四届一次会议开幕大会上的讲话、在全市创建全国文明城市迎检测评工作推进会上的讲话等文稿材料。市委分管领导在全市农村工作会议、市妇联十六届四次执委（扩大）会议、市直机关庆祝建党95周年表彰大会上的讲话等材料。重要文件质量。起草各类文件文稿40篇。《市委常委会2016年工作要点》《市委全面深化改革领导小组2016年工作要点》《市委关于开展“八查八促”落实全面从严治党主体责任的推进行动方案》等文稿。起草和审核修改的上级领导来兰调研汇报、“两学一做”学习教育、落实主体责任、推进精准扶贫等10多篇汇报材料，以及《市委常委会五年工作总结》《市委2016年工作情况和2017年工作谋划的报告》等文稿。完成市委领导接受中央电视台、新华社甘肃分社、甘肃日报等媒体采访稿件10多篇8万多字，审核市委主要领导参加各类会议、会见活动、外出招商、赛事节会等方面的新闻报道稿件346篇，约70万字。信息服务。提高《兰州工作》办刊质量和出刊效率，设置“两学一做”学习教育、全面深化改革、丝绸之路经济带等栏目，共编辑稿件200多篇、发刊12期。市十三次党代会期间，承担了会议简报工作，编印会议《简报》79期，是近几次党代会刊发数量最多、质量最高的一次。

【推进改革】 安排部署。召开5次市委深化改革领导小组会议，安排部署兰州市改革目标任务，保证改革部署不偏向、不落空。任务落实。分解各领域的重点改革事项和任务，明确路线图、时间表、任务书，推动国资国企改革、行政审批制度改革等30个重点领域和关键环节的改革。全年市委深化改革领导小组先后审议通过24个改革方案和相关文件，各专项小组和牵头单位共制定出台81项改革方案，确定159项重点改革事项。督促检查。对各专项小组和区县改革任务完成情况开展了4次督察，突出对重点改革事项的持续跟踪督办，确保改革工作任务的落实。及时报送信息。编发《改革动态》15期，向省委改革办报送的“兰州大气污染防治”案例，被编入全国改革经验进行推广。同时向省委改革办专题报送的关于贯彻落实《加强县区全面深化改革工作若干意见》的情况及2016年度兰州市全面深化改革工作的情况，反映兰州改革取得的成绩及经验做法。

【学习教育】 政研室干部通过服务市委领导参加学习27次，组织中心组集体学习12次，撰写心得体会72篇；选派人员参加市直部门各类学习培训15人（次）。围绕“两学一做”4个专题，班子主要领导和班子成员带头讲党课、谈认识、谈体会，开展交流互动，深化专题研讨。全年开展专题研讨5次，讲党课9人（次）。为推动基层党组织讲党课活动的广泛开展，组织人员从全市115位乡镇、街道党委书记的党课讲稿中精心遴选18篇范文，编印《兰州市乡镇、街道党委书记讲党课》2500册，分送各县区和各乡镇街道。班子主要领导和班子成员坚持问题导向，对照党章党规的要求，查找班子和个人在“学”与“做”方面存在的差距不足，查找出7个方面问题。归纳整理出的问题列入问题清单并制定7项整改措施，由班子成员、处室负责人分头认领，明确责任人和整改时限，实行逐一挂牌销号进行整改。

【精准扶贫】 派驻1名副主任担任驻村工作队队长、1名处长担任村党支部第一书记。完善《联村联户干部驻村制度》，落实帮扶干部轮流驻村制度。全年班子主要领导到村指导开展工作4次，6名帮扶干部全部达到了驻村4次以上、累积不少于15天的要求。召开由帮扶单位、驻村工作队、村两委班子参加的联席会议，解决村民群众实际困难，班子成员到村宣讲五中全会精神、讲授“两学一做”专题党课1次，对17户贫困户的精准扶贫信息数据认真复核、上报更新，实现贫困户信息的更新和精细管理。有针对性地宣传低保、危房改造、大病医疗救助等政策120余人（次）。配合新区和镇上相关部门，开展精准扶贫惠农小额贷款的入户摸底、确定发放贷款户35户，贷款金额175万元；在原有种植玫瑰、皇冠梨2500亩的基础上，秋季增加补种500亩；补栽行道树1260棵；协调争取地膜3吨，发展露地蔬菜种植300余亩。

【主体责任】 政治理论学习。领导班子主要负责同志亲自负责，班子成员积极参与，严格执行每月1次中心组学习制度，严肃学习纪律，端正学习风气，增强学习实效，加大务虚研讨、专题交流的比例权重，提高学习针对性、实效性，建设学习型领导班子。党的组织生活。每月召开的支部党员大会上，组织党员开展集中学习讨论中，领导干部带头发言、带头讲党课，积极营造大胆探索、求真务实的学习风气。以严守党章党规、做合格党员和立足岗位做贡献为主题，先后召开了2次组织生活会，领导班子成员坚持问题导向，率先开展批评与自我批评，带动党员干部以更高的标准过好组织生活。传导压力。全年开展约谈36次，其中主要领导开展约谈17次，班子成员开展约谈19次。落实《细则》。落实《党政领导干部选拔任用工作条例》，在重大事项确定、大额资金预算和经费开支等事项方面，坚持集体研究决定。班子成员经常开展谈心谈话活动，对分管处室的党员干部教育引导，每季度向室领导班子和主要负责人汇报情况。班子成员开展调查研究，形成专题调研报告6篇。

【从严治党】 筑牢思想道德防线。组织班子成员和党员干部认真学习党纪党规，自觉规范个人言行。通过组织收看《柴生芳》《榜样》等纪录片，用优秀党员的先进事迹感染启发党员干部，教育引导党员干部坚定理想信念。廉政警示教育。通报违纪违法、违反“八项规定”的典型案例和事例，召开党员干部警示教育大会，组织观看《镜鉴》《永远在路上》警示教育片，做到以案说法，时刻警醒自己。廉政风险防控。根据室机关的领导干部职务变动情况和分工调整范围，再次全面排查廉政风险点，重新细化了班子成员和内设机构廉政风险防控职权目录，形成以制度为面的廉政风险防控机制。日常执纪监督。落实“两个责任”的自觉性，加强日常执纪监督，推进作风建设监督检查常态化、制度化。“八查八促”行动。对全室党风廉洁建设和反腐败工作情况进行全面对照检查，约谈提醒等环节存在的不足差距，通过《谈话提醒制度》等措施，党风廉洁建设的制度化、规范化水平得到提升。落实责任清单制度。政研室年度目标任务，以责任清单的方式明确责任人、工作要求和完成时限，实行编号销单和问责追究。全年办理市委领导批示件、交办件和责任清单12件，已全部完成并报送市委。

（李元恩）

·机构编制·

【概况】 2016年，兰州市编办开展简政放权、依法行政、控编减编等重点工作，推进行政审批制度改革、综合执法体制改革、城市管理体制改革、事业单位改革，取得较好成绩。获2016年度“全国机构编制工作先进集体”称号。

【制度改革】 公布兰州市政府部门第十三批、第十四批取消调整和下放行政审批事项目录。调整下放教师资格认定、医师护士资格注册等11项面向基层服务的行政审批事项。两批共取消调整和下放行政许可项目39项、其他事项6项，其中：取消市级行政许可项目6项，取消市级部分内容行政许可项目5项，合并减少市级行政许可项目3项，调整市政府部门间行政许可项目1项，下放县区行政许可项目5项，下放县区部分内容行政许可项目4项、备案制管理项目1项，取消县区行政许可项目8项，取消其他事项2项，调整县区其他事项4项；根据新《食品安全法》，增加县区行政许可项目1项。调整后，市级保留行政许可项目187项、备案制管理项目35项。

【行政职能改革】 对全市475个市直事业单位承担的工作职能，以政务网公布的行政职能10项权力清单为基础，实行“三报三回”工作流程分行业、分部门逐一进行职能梳理和划分工作，认真确定各事业单位承担的行政职能和非行政职能。共认定承担行政职能的事业单位42家，在模拟的改革路径中，28家只转职能不转机构（其中19家拟更名），11家职能整合到主管部门转为内设机构，3家职能整合到新的执法机构。

【生产经营类事业单位转企改制】 对全市生产经营类事业单位进行了摸底梳理，拟定市热力总公司、市勘察测绘研究院、市城市建设设计院等16家为生产经营类事业单位，摸清了拟定生产经营类事业单位的机构、人员、编制、实有人员等方面的基本情况，并提出了改革路径：转企改制，拟对条件相对成熟的12家事业单位进行转企改制；撤销，拟对需要调整和生产经营萎缩难以正常运转的4家事业单位，通过整合调整剥离非生产经营职责后撤销。

【城市管理改革】 市编办对具有城市管理职能的城管、建设、交通等16家部门和单位进行了职责梳理，分析研究相近职责、边界职责、交叉职责情况并予以适时调整理顺，梳理出涉及城市管理职责共225项。同时组织相关人员赴哈尔滨、深圳、南通、海口等城市进行了考察学习。在安宁区和城关区雁滩区域开展了城市管理执法试点工作。

【市场监管改革】 在西固区试点开展市场监管综合执法改革，完成了工商、质监两个部门的整合，组建运行了西固区市场和质量监督管理局。组织相关人员赴嘉峪关市学习考察市场监管综合执法改革先进经验，撰写了调研报告《嘉峪关市市场监管综合执法改革对兰州的启示和借鉴意义》。在榆中县和皋兰县开展此项试点，完成了改革方案制定、涉改部门人员编制和履职情况摸底。

【职责调整】 市编办对90个部门（单位）开展了履职情况调研，共梳理职责1729项，其中：主要职责1601项、“三定”职责以外的其他职责47项、需要调整理顺的职责75项、与其他部门交叉的职责6项。除正常履行的1601项主要职责外，对建议调整的部分职责分类进行了调整。

【编制安全生产职责清单】 安全生产工作责任清单涉及到的16个安全生产重点部门的86项责任，对部门“三定”规定的职责及承办机构进行了梳理比对，与相关部门协商沟通，增加职责1项、调整职责1项，取消监管责任1项。通过重新修定“三定”规定等方式明确和强化了市文化和旅游局、市工商局等8个部门的承办机构和职责。

【控编减编工作】 坚决落实两个“只减不增”要求，调整理顺市工商局所属事业单位机构编制和人员，重新组建了7个事业单位，解决了114名事业编制和人员政事不分的问题；将县区公共资源交易机构整建制划转市上管理，作为市级公共资源交易平台的分支机构，优化了公共资源交易配置；对兰州新区“一校五园”编制问题，经实地调研，提出了解决方案；对关系民生的市医保局、部分市属医院和市教育局下属中小学等单位在机构编制方面给予充实。

【机构编制管理】 不断完善机构编制实名制管理系统，对于各处室实名制管理人员岗位发生变动的，及时收回相应人员实名制管理权限，确保机构编制实名制管理工作制度化、规范化。拓展升级办公自动化系统（OA）功能，提升系统的安全性和易操作性，完善收发文管理、业务办理、档案管理、数据分析等功能，巩固了实名制管理的技术基础。在兰州市市直部门（单位）开展电子编制管理证试用推广工作的要求，根据市直各部门（单位）及机构编制管理工作的实际情况，及时与软件开发公司沟通协商，完成了电子机构编制管理工作。

【编制督查】 严肃机构编制纪律。定期检查各部门机构编制使用情况，加强对政府工作部门和事业单位控编减编的督查工作。对8个县区和市级机关事业单位从职能配置、机构设置、人员编制、职责履行、执行纪律5个方面进行自查评估，实地调研评估了28个部门。与有关部门配合清理各部门“吃空饷”及在编不在岗人员，发现问题限期整改，维护了机构编制管理的严肃性和权威性。

【驻村帮扶工作】 根据帮扶联系点张坪村实际，开展党支部结对共建活动，加强张坪村党支部阵地建设和作风建设。在龙家湾移民点安装太阳能路灯，协调为农户争取太阳能热水器项目，建设村级法律咨询室，帮助张坪村村民解答涉法问题。安排县级领导亲自带队，分五个批次深入永登县通远乡张坪村了解群众生活状况和相关诉求，共梳理出群众诉求15件，提出了解决问题的措施和建议。争取资金76.6万元，着力解决群众看病难、饮水难、行路难和通讯难问题。

【党风廉洁建设】 抓“四风”问题整改。把约谈作为落实党风廉政建设主体责任和监督责任的重要措施，不定期开展约谈、了解班子成员和干部思想、工作和生活情况，对新任、挂职和轮岗的党员干部进行任职前廉政谈话。针对重要时间节点进行约谈，要求干部做到“三不”（不该说的不说、不该传的不传、不该去的场所不去）。2016年共开展126次约谈，约谈169人（次）。其中，约谈县级干部29人（次）；科级干部117人（次）；一般干部职工23人（次）。建立“工作落实责任清单制度”，对年度重点工作、编委会议定事项，全部以责任清单形式落实到具体处室和下属单位，并将原来的月计划制度改为周计划，共收到市委、市政府责任清单12件，全部按时限要求完成了市编办职责权限内的任务，共向市委、市政府报送反馈单12份111次；收到市委、市政府领导批示件77件，现已全部办结。年初召开党风廉政建设工作会议，安排部署了2016年党风廉政建设和反腐败工作。主要领导与班子成员、班子成员与分管处室及下属单位负责人分别签订了党风廉政建设和反腐败重点工作责任书；对“三重一大”事项实行班子集体研究，严把干部选任动议关、推荐关、考察关、决定关、任职关，要求事先征求纪检组意见，落实“一票否决”制度，在干部提拔、交流、挂职前，由主要领导和纪检组长分别进行谈话，提出明确的纪律和工作要求。公职人员操办婚丧事宜严格“一事一报”原则，按照干部管理权限，及时向纪委和组织部门报备。2016年全办未出现违规违纪问题。

（钱永平）

·保密工作·

【概况】 2016年，市委保密委员会召开全市保密委员会全体（扩大）会等各类会议3次，围绕年度目标任务，研究部署全市保密工作。健全工作制度。制定印发《2016年全市保密工作要点》（兰保发〔2016〕1号）、《中共兰州市委保密委员会关于学习贯彻<中共中央关于加强和改进保密工作的意见>的通知》（兰保发〔2016〕2号）、《关于进一步做好机关、单位保密自查自评工作的通知》（兰保办发〔2016〕1号）、《关于转发中央保密委员会办公室、国家保密局<关于组织开展机关单位互联网门户网站等保密检查的通知>的通知》（兰保办发〔2016〕2号）、《关于印发<兰州市涉密计算机保密管理办法>的通知》（兰保局发〔2016〕1号）、《关于开展保密自查自评工作督查的通知》（兰保局发〔2016〕2号）、《兰州市国家秘密载体保密管理规定》（兰保局发〔2016〕3号）及《关于进一步加强全市干部保密教育培训工作的通知》（兰办字〔2016〕74号）等文件，加强对保密工作的领导，确保各级领导讲话精神和保密委员会决策部署落到实处。

【宣传教育】 加强各级干部保密教育。组建由教授、专业人士、保密干部等20余人组成的保密专兼职师资队伍。市委保密办主要负责人完成授课任务10余次。各区县委、市直各单位安排常委会、中心组学习会，提高履行保密工作职责的自觉性。市委党校主体班次5期都开展保密学习，培训人员5654人，行政学院通过网络普及保密工作知识教育人员12000余人。要求各县区、市直各部门，每年至少自行组织开展1~2次保密宣传教育，提高防范能力。保密干部和涉密人员培训。开展定密、技术、保密干部、涉密人员等培训9期，培训人员3265人，进一步强化计算机、移动存储介质和手机保密管理，完成涉密人员每年至少4学时的集中培训任务，实现全市涉密人员培训全覆盖。法制宣传。举办以“心系国家安全、争做忠诚卫士”为主题的保密宣传教育演讲比赛和征文比赛，通过兰州电视台对决赛阶段进行全程录像播出，在《兰州日报》刊登保密评论、专栏文章20余篇，购买保密书籍、挂图、光盘等宣传资料，供全市各单位借阅学习，向各级领导干部、涉密人员发送保密提醒短信24条涉及人员12282人（次）。城关区以宣传《保密法》、《保密法实施条例》为重点，开展保密知识问答、征文比赛、演讲比赛等一系列活动；七里河区开展保密宣传月活动，出动450人，发放保密知识宣传资料3000余份；安宁区针对社区干部，举办《保密法》知识讲座，推动基层干部知法懂法，增强保密意识。保密技术演示。开展“防泄密、反窃密”为主题的全市保密技术演示活动60场，参观人数达7000余人（次），内容涉及窃听演示、窃视演示、手机监听演示和涉密U盘交叉使用移动介质混用泄密演示等8个部分，直观展现泄密窃密方式、途径、危害及有效防范对策手段，不断提高全市各级领导干部、涉密人员对计算机信息系统、移动通信、办公自动化的认识，切实增强反窃密、防泄密意识。

【“三大管理”】 依法定密管理。落实定密责任人制度，要求各县区、市直各部门明确本地区、本单位定密责任人，上报兰州国家保密局进行备案，落实国家秘密密级标志及涉密载体管理规定，开展定密授权，推行乡街定密试点，推进建立解密审查制度，加强定密责任人培训管理，举办全市定密管理工作培训会议，邀请省保密局有关专家讲授《国家秘密定密管理规定》有关内容，促使定密责任人审慎地行使定密审核批准权，提高定密的准确性。网络保密管理。全年共检查互联网门户网站153个、政务微博30个、微信公众号38个、互联网办公自动化网址25个、互联网政务邮箱14个，查扣40个单位非法存储涉密信息计算机56台。利用互联网门户网站检查系统对全市机关、单位互联网门户网站等刊登信息进行技术检测，共扫描数据2874条，堵塞隐患漏洞。西固区按照“先审查、后公开”和“一事一审”原则，对网上发布内容进行严格保密审核；榆中县计划建设数字档案馆，确保网络安全；市政府法制办、市信访局、市物价局、市生态管理局对每台计算机安装正版软件和网络防火墙，定期杀毒升级，坚决防止网络失泄密事件发生。涉密人员管理。定期开展涉密信息系统管理人员教育培训，全年举办全市涉密人员培训班3期。与涉密要害部门主管领导签订《保密工作责任书》，将保密工作纳入所在单位及个人年度考核，涉密人员与所在单位主管领导相应签订《保密工作责任书》，对全市党政机关、涉密单位、涉密人员进行保密审查，实施分类管理。七里河区对68家单位的涉密人员进行审核备案，与涉密人员签订了保密承诺书；市建投、市中院对涉密人员进行岗前审查、培训，要求出国（境）涉密人员严格履行审批手续；市城乡建设局选拔2名政治、业务“双过硬”的干部为保密人员，专门负责督查、定密等保密工作。

【专项检查】 保密自查自评。2016年全市、区县及市直部门自查自评报备率达100%。联合公安、大数据等部门，组成3个检查组，对全市8个区县和107家市直机关单位自查自评工作情况（自查自评程序是否规范、记录是否完整、结果是否公正、奖惩是否明确等15项内容）开展督促检查，通过现场查看资料、逐台检查涉密和非涉密计算机等形式，指出发现问题，提出整改意见建议，对存在问题较多、较严重的单位，下发《整改通知书》，限时要求整改。西固区对全区43个重点部门的涉密计算机进行符合国家标准的身份鉴定、访问授权、违规外联监控；安宁区对51家单位的400台计算机进行检查，查扣硬盘21块；城关区对15家重点单位进行反复抽检，评估风险，提出防范整改建议，责令限时整改。军事设施保密检查。成立由市委保密委主任任组长，副主任任副组长，市直有关部门及有关县区（共17家单位）分管领导为成员的兰州市重要军事设施周边环境安全保密联合督查领导小组，组成4个综合督查组和2个专项督查组，对市域内18个重要军事设施周边环境安全保密情况进行实地督查。市公安局牵头的第一专项督查组主要对重要军事设施周边环境治安管理、外籍人员、互联网中有关军事设施的涉密敏感信息等内容进行了检查。市国安局牵头的第二专项督查组主要对驻军营区内外社情等内容进行检查，梳理军事单位提出意见建议34条，形成专项督查情况汇报后，向市委进行了报告。监督协作机制。健全保密监督检查协作机制，发挥工信、公安、数字办等部门技术平台优势，发现和处理各类泄密问题。积极参与高考、司法、卫生、教育等国家统一考试保密工作，为各类国家统一考试顺利进行提供了良好的保密技术支持。加强对涉密印刷企业的资质初审，严格涉密项目审查认定工作。落实保密工作责任。将保密纪律执行、保密领导责任制落实、保密承诺履行情况，列入市管领导班子和领导干部年度考核内容，推动主要领导第一责任、分管领导具体责任、业务领导直接责任的有效落实。督促和指导西固区保密局对发生失泄密事件的西固区临洮街道有关人员进行问责。

【提升保密技防能力】 安装互联网门户网站检查系统，实现对全市政府网站公开信息24小时不间断监管，建成兰州市保密信息监控中心，对“互联网出入口监控”“互联网门户网站检查”和“涉密计算机违规外联监控系统和移动存储介质管理系统”三大监控平台进行有效整合，实现对全市8个县区、60多个部门及900多台涉密计算机的全方位监控。借鉴外地先进经验，建设保密机要大楼，实现保密局单独一层办公，机房及监控室面积达50余平方米，办公面积达180平方米，目前已完成机房搬迁，办公室搬迁也将于近期完成。建成综合业务网。依托党委政务内网平台，率先在全省建设综合业务网，相关保密测评审评工作已上报省国家保密局，进入实质性测评阶段。配强设备设施。为全市主要领导干部配发保密手机232部，为各县区、市直各部门配备频谱分析仪、电话线路测试仪、磁介质消除工具、网络版检测工具等检查设备，近两年累计配发单机版检查工具180套、涉密计算机160套、保密文件柜310个，提升全市保密技术检查能力。抓好载体销毁。投入资金10万元，维修厂房4间，面积约60平方米，硬化地面330平方米，购置打包机等设备，实施监控技术改革，增加探头4个、6个G的存储卡1个、UPS电源一台。经过3年的发展，累计维修销毁中心业务用房8间、面积约150平方米，配备安装卷闸门窗、防盗门、消防设施及8个视频探头，购进消磁粉碎一体机、粉碎打包一体机、半自动堆高机各1台，购买拉运涉密载体箱式货车1辆，满足全市涉密载体销毁的需要。2016年，销毁涉密纸质材料35吨、涉密光盘200余张、涉密硬盘21块。

【队伍建设】 主体责任意识。树立“不抓党风廉政建设就是失职”的理念，履行“第一责任人”的职责，召开各类会议5次，研究安排党风廉政工作，做到与业务工作同部署、同协调、同落实，形成工作常态。对各处室全面从严治党主体责任的调研指导，及时听取经费管理、内部审计等重点工作进展情况，对发现的各类问题，随时开展约谈，做到防患于未然。“两学一做”学习教育。每周组织开展1次集中学习，每季度组织开展1次学习研讨，要求干部职工领会精神，进行学习，做好相应记录。坚持边学边改、以学促改，每名党员干部对照“党章党规和系列讲话”这面镜子，查摆自己在理想信念、思想作风、行为形象、业绩成效等方面存在的问题，努力争做“四讲四有”合格党员。

（解　艳）

·党史工作·

【概况】 2016年，全市党史工作完成各项目标任务，取得良好工作业绩，荣获“全省党史部门先进集体”称号。

【学习教育】 党史办建立学习制度，规范学习机制，每周组织1次集中学习，每人撰写两篇学习心得，每季度开展1次学习研讨，明确学习的重点和内容，及时整理学习文字、影像资料。并充分利用省市党史网站、“共产党员”微信群、“兰州市两学一做”APP平台、市直机关工委手机短信等各类网络媒体，及时学习推送内容。在学习中结合实际，全力宣传。展播红色影片、开展党课教育、开辟红色专栏、组织党史知识竞赛等具体措施同贯彻落实“两学一做”学习教育结合起来，力求扩大宣传面。在省委组织部、省委党史研究室等5家单位联合组织开展的“纪念中国共产党成立95周年网上党史知识竞赛”活动中，市委党史办组织全市近2万名党员干部和青年学生通过网站、手机等形式点击答题，踊跃参赛，取得了良好的社会效应，并荣获全省优秀组织奖。

【提升业务水平】 研究制定符合全市实际、操作性强的《2016—2020年全市党史工作规划》。研究取得新成果。为宣传兰州新区，通过收集整理兰州新区决策和建设过程的基础资料，撰写完成《从旱塬上崛起的兰州新区》专题，并上报中央党史研究室。为探索解决兰州市红色历史文化资源开发利用中所存在的问题而撰写的论文《关于兰州红色文化资源开发利用的几点思考》获得全国党史部门党史优秀成果资政成果类三等奖。民主革命时期的研究专著《红色记忆》获得了全省党史部门优秀成果著作类一等奖。做好县区党史基本著作编纂工作。在完成市级正本二卷出版发行，启动第三卷大纲编写工作的基础上，为保证县区党史正本编写质量，加大对县区正本编写工作的指导和督促力度。目前，城关、七里河、西固、安宁、永登、榆中都已出版发行，皋兰和和红古文稿进入审读论证阶段。《中国共产党兰州市城关区历史》《中国共产党兰州市七里河区历史》《中国共产党兰州市西固区历史》《中国共产党兰州市安宁区历史》《中国共产党永登历史》分别获得全省党史部门优秀成果著作类特别奖。做好党史资料的征集、整理工作。《由引大入秦到兰州新区》是2016年资料征编工作的重点，根据多次讨论后确定的框架和设计篇目，落实专人全面系统地征集保存在文史部门、地方志系统以及图书馆、档案馆的历史资料100余万字，经多次校对修改，书稿已付印。《中国共产党兰州大事实录》资料征集报送工作，实现了各县区、相关部门和单位有领导分管，责任到人的目标。

【宣传教育】 通过网站把兰州市党史研究成果推向社会，上传各类党史资料500余万字、图片400余幅、党史信息200余条，网站点击量近10万次。为纪念建党95周年，开展“两学一做”学习教育，宣传党在兰州的光辉历史，协调兰州日报社、八办纪念馆、兰州战役纪念馆等单位，在《兰州日报》开辟“兰州党史”专栏，每周推出半个版面，主要介绍富有地方特色的重要党史事件及相关党史人物。发表《中共甘肃特别支部——中国共产党在甘肃的最早组织》《永远的 8·26》《中共中央和中央红军长征在哈达铺》等内容生动的党史宣传教育文章45篇，得到读者广泛好评。与兰州广播电视总台经过历时近两年筹备摄制了纪录片《兰州空战》，在全国60多家电视台联制联播的大型纪录片《血铸河山》系列节目中播出，于2016年4月27日晚8时黄金时段在中央电视台纪录频道（CCTV-9）播出。荣获全国党史部门党史优秀成果影视音像作品类三等奖，以及塞瓦斯托波尔国际影视节纪录片特别奖。为办好《兰州党史》期刊，提高刊物质量和水平，使之在政治性、业务指导性、可读性方面取得明显成效，市委党史办对《兰州党史》期刊的内容和版面进行调整和改进，继续扩大县区党史工作动态的版面，要求县区党史部门在加强党史研究的同时，按期上报党史专题研究论文。全年收到县区交流信息80余条，刊登16条，刊登《如何切实有效地加强新形势下党史学习宣传教育工作》《1957年兰州市安宁区整风运动和反右派斗争》等5篇论文。全年两期期刊都已出版发行。

【自身建设】 协调市机关事务管理局改善办公条件，申请增加党史资料室（兼会议室），完成办公场所搬迁，规范标准化资料室建设还在完善中。从党史工作实际出发，在党史资料征集、研究、宣传教育、日常事务管理等方面高标准要求，提升党史部门的科学管理化水平。作风建设。领导干部带头，树立责任意识、效能意识和服务意识，提出收集资料要实、文稿撰写要实、同事相处要实、加强品德修养要严、遵守规章制度要严、党风廉政建设要严、每个干部职工都要用严、实的要求来提升干部职工综合素质、提升党史编纂工作水平。

【精准扶贫】 制作安装大型扶贫致富政策宣传牌12块，增大了群众对精准扶贫项目致富等政策的知晓率。启动村社春节文艺演出活动。通过与市、县相关部门协调，落实小寨子社到下岘子社3公里道路硬化项目资金135万元。与水务、农办、财政等多部门的协调争取，争取水利设施建设项目资金10万元。协调市、县电力局，争取维修村上的变压器和低压线资金16万元。为村上建立“互联网”销售站点，争取启动资金1万元。加大产业致富帮扶力度，动员村民扩大经济蔬菜种植面积，全村种植、养殖、林果业都有较大改进。与此同时，开展送温暖活动，向“特困户”“五保户”送去慰问品和慰问金15000余元。国家、省、市、县各级政府对黄坪村“精准扶贫，精准脱贫”检查验收和第三方评估工作完成，实现整村脱贫。

（郑凯文）

·档案工作·

【概况】 2016年，兰州市档案局把档案馆库建设列入全市“十三五”规划；由市档案局负责，市大数据社会服务管理局等相关部门配合，建立兰州市电子文件与档案接受管理中心。2016年各项目标任务扎实推进。

【档案工作保障】 档案工作纳入市、县区党委、政府目标管理考核范围，增强县区党委、政府和各级各部门抓好档案工作的主动性。七里河区、安宁区制定出台关于加强和改进新形势下档案工作的实施意见，各县区全部完成这项工作。安宁区、红古区、榆中县研究解决档案馆建设问题。市、县区均已按照每卷3元的新标准足额落实档案管护费，同档案工作专项经费一并列入同级财政预算。推进档案馆库基础设施建设。城关区已完成库房扩建；永登、皋兰两县档案馆“五位一体”功能进一步完善；七里河区新档案馆建设主体工程已完工。红古区已进入项目施工招标环节；安宁区、榆中县纳入区县统一规划，其中安宁区在原址修建，榆中县确定将县档案馆列入县城市民广场片区统一规划一并建设。

【档案管理】 结合开展的“两学一做”学习教育，在档案系统持续开展“五对照五检查五强化”和“四学”活动，印发实施方案，深入组织实施，持续查摆和整改问题，为事业发展提供思想保证。档案执法检查。市、县区推进依法治档，全年共集中开展执法检查9次，采取听取工作汇报、实地察看馆室建设和整理归档情况、现场反馈意见、持续督促整改等方式，检查近500个机关、团体、企事业单位以及乡村、社区、中介组织等。档案规范化管理。向全市转发《甘肃省档案规范化管理办法》，并认真组织实施。采取集中时间、集中人力、集中整理的“三集中”方式，指导市级各部门和单位共整理档案3万多件，是上年的3倍，在此基础上，强化档案室达标升级工作，指导30家单位开展省级档案规范化达标工作，其中，市委办公厅、市法院、市审计局、市移动公司4家单位自测达到省特级标准。企业档案工作。市档案局与市国资委协调，印发《兰州市贯彻〈企业文件材料归档范围和档案保管期限规定〉（国家档案局10号令）实施方案》，组织20家市属重点企业召开业务交流和培训会，并逐家上门进行业务指导。档案管理办法的制定。市档案局与市委宣传部协调，起草《兰州市新闻单位宣传报道档案管理办法》，抓紧抓好全市各报社、广播电台、电视台等新闻单位文件材料的归档整理，进一步提升了档案管理的规范化、制度化水平。

【档案馆建设】 丰富馆藏档案资源，坚持质量标准，市、县区全年接收进馆档案2.08万卷，其中：市档案馆接收6082卷，并到中央档案馆、中国第二历史档案馆和省、市军区干休所等单位广泛征集兰州珍贵、特色档案，特别是对市委办公厅8700件档案进行了纸质和电子双套进馆的试点工作。做好馆藏重点档案保护与开发工作。按期采集上报了本地"十三五"国家重点档案保护与开发项目，其中，被国家档案局吸纳1个项目，被省档案局吸纳2个项目。同时，抢救重点档案1400多卷。做好馆藏档案开放鉴定。市档案馆完成馆藏8个全宗、1800卷档案的开放鉴定，并按照国家档案局挂接开放目录严格坚持安全性、审慎性原则的要求，市、县区都在各自网站上挂接了数量不等的开放目录，没有发生过失泄密情况。做好查阅利用接待工作。全市共接待咨询和查阅者万余人（次），提供档案资料近3万卷（件），比上年增加近4倍。做好信息化工作。市、县区共完成了345.6万画幅的档案全文扫描、去污审核工作。其中，城关区、西固区、红古区、榆中县4个区县馆藏数字化达到70%以上，基本实现了档案利用的计算机检索。

【档案宣传】 兰州市档案局被中国档案杂志社评为2014–2016年度全国省会城市和计划单列市档案宣传工作优秀单位。开展档案法律法规宣传。围绕档案法律法规"七进"活动，市档案馆联合"五区"档案馆、西固区区委办以及市城建档案馆，在西固区金城公园举办纪念"6·9国际档案日""档案与民生"主题宣传活动，利用展览、挂图、展板等多种方式，面向广大市民宣传档案工作和档案知识。同时抓好档案法制宣传，组织全市2334人参加了全省档案与档案法治知识竞赛活动。建立健全信息传播渠道。市、县区档案部门都确定了信息联络员，加强档案信息采编、报送工作，全年发表档案信息129篇，较上年增长63%，其中有1篇经验介绍文章被《中国档案报》头版头条刊登。

【管理创新】 市、县区紧贴华夏文明传承区、丝绸之路经济带、循环经济示范区建设等，以及土地流转确权档案工作示范点建设、重点项目建设、精准扶贫等方面进行业务培训和指导。市档案局强化指导兰州新区、高新区、经济区的档案工作；城关区集中对精准扶贫档案进行指导；西固区重点指导兰州国际港务区、河口古镇建设的建档工作，帮助建立了档案室；红古区强化了本地开发区（园区）建设的指导工作；永登县着力指导了土地确权档案的整理。举办档案展览。为市委办公厅厅史展提供了大量档案资料。市档案馆与兰州市书画交流中心联合举办了"一带一路风情书画展"，展出了甘肃省8位著名书画家以"一带一路"为主题创作的100余幅书画作品。安宁区举办了"两学一做"主题教育展览。红古区将固定展览制作成电子版在网站上展出。永登县举办了建党95周年"永登成就"展览，展现了县域经济社会发展的巨大变化。皋兰县以馆藏历史档案珍品为内容，制作了移动展板在县城广场展出。通过这些展览，展示档案的独特意蕴，体现档案的社会价值。开展档案编研。市、县区共完成编研成果10个。市档案局按照国家重点档案开发利用项目的要求，进行《兰州红色档案》编研材料的征集、抢救和数字化处理，初步确定2017年正式出版。安宁区档案局与区上单位协作，拍摄《兰州市天斧沙宫省级地质公园景区》专题片。围绕中国共产党建党95周年和红军长征胜利80周年纪念活动，西固区、安宁区、榆中县分别与党史部门合作，完成了《西固记忆》《红军精神在榆中》等编研成果，发挥了档案的资政、育人作用。

（倪佳君）

·老干部工作·

【概况】 2016年老干部局把开展为党和人民的事业增添正能量活动作为一项重要的工作，制定《兰州市离退休干部为党的事业增添正能量活动实施方案》，成立以市委常委、组织部部长为组长，市委宣传部等部门为成员单位的正能量活动领导小组。印发各类学习材料4000余份。组织600多人次对正能量活动进行学习。为老干部增添正能量搭建平台。组织离退休干部对兰州市城市轨道交通建设和第二水源地建设等重点工程参观考察，组织离退休干部开展"我看兰州新区"考察活动，全年编发各类信息和工作简报241期，被国家和省级媒体采用30余篇。开通"兰州老干部之家"微信公众号和"兰州老干部工作网"，将老干部工作信息发布由纸张扩展到互联网，编印正能量活动宣传画册500本，录制兰州市正能量活动电视专题片。各区县均建立老干部QQ群或微信交流平台，一半以上区县开通工作网站。开通"夕阳暖"破产改制企业离休干部短信平台，做到宣传报道全覆盖。

【两项待遇】 落实老干部政治待遇。组织市属老干部参加全省老干部工作"三先"表彰大会、市人大十五届第六次会议、市政协十三届第五次会议、市十三次党代会等重要会议。完成春节、元旦期间对老干部、老党员的走访慰问工作，在纪念建党95周年、红军长征胜利80周年期间，对市属老红军和红军遗孀进行了走访慰问，向全市56个老干部工作单位和离休老干部赠阅了《人民日报》《老年博览》等报刊，向全市离退休干部党支部发放《学习参考》《甘肃老干部工作》杂志1000余份。全年通过上门走访、电话联系、信息交流等形式，与老干部联系300余次，对生病的老干部及时上门看望慰问。服务保障。全年为市属1393名离休干部、离休干部无固定收入遗属和地级实职退休干部发放慰问金157.7万元；为市属破产改制企业离休干部和无固定收入遗属发放各类经费425.65万元；为有特殊困难的离休干部和已故离休干部无固定收入遗属发放帮扶金30万元；对安置在华南、华北、中原、省内的64名离休干部和已故离休干部无固定收入遗属进行了走访慰问，发放慰问金6.4万元；为22名提高享受副省级医疗待遇的离休干部落实了每人1000元的交通费；协调7所医院，对上年未住院的离休干部进行健康体检；为53名90岁以上离休干部上门祝寿；全年共处理来电、来信、来人信访580次，回复率和办结率达到100%，有效确保了离休干部生活待遇落实全覆盖、无遗漏。

【老干部活动】 文体活动内容丰富。市老干部活动中心举办老干部成语字谜竞猜、台球、乒乓球等10多场比赛活动，18期书画知识讲座；组织老干部参加省市有关单位举办的球类、棋牌类、文艺演出比赛和书画交流活动30多场，参演节目100多个，交流书画作品500多幅，组织老干部观看《长征》《永远在路上》《没有共产党就没有新中国》等10余部红色影视作品，兰州老年大学结合纪念建党95周年、红军长征胜利80周年纪念活动，举办全市老干部“为党添光彩传递正能量”大型文艺演出。组织兰州老年艺术团、兰州老年志愿者服务队携手环卫职工，开展主题为“共话兰州蓝增添正能量”的联谊活动，为环卫工人送去了关爱。2016年，全市共建有老干部活动中心、活动室12000平方米，平均每天有750多人参加活动；全市老年大学建筑面积6900平方米，在校注册学员3200多人。市老干部活动中心争取财政支持，安装监控设备，维修改造电线电路，提升安保水平；兰州老年大学《设计装修方案》和地勘工作已完成，维修改造工作稳步推进；金城盆景园腾退了3间共536平方米的办公用房，用于兰州老年大学日常教学，同时完成30.8万元的围墙修建工程。永登县成立了老年大学，发展学员120余人，开展教学活动；七里河区回购银滩花园2000多平方米的建筑，用于区上老干部活动中心和老年大学建设；城关区结合南湖公园改造，在南湖公园内建设活动中心和老年大学，总投资990多万元，可同时容纳600人开展学习活动。

【发挥老干部作用】 市关工委探索推进“互联网+关心下一代工作”，为关心下一代工作提供数据支撑和共享服务，联合爱心企业举办“绿脚印，全热爱”大型绿色环保公益活动，开辟新型环保公益渠道。各区县关工委也积极发挥“五老”队伍作用，开展了“两史两情”主题宣讲，“双学双争”“文明风采”竞赛，“优秀小公民”“文明小标兵”选树表彰等主题实践活动。

【队伍建设】 开展“两学一做”学习教育。举办全市老干部工作人员培训班，使其尽快熟悉政策业务，适应岗位，进入角色，开展工作。在精准扶贫”工作中，全市各级老干部工作部门积极选派优秀干部到贫困村挂职锻炼，组建工作组轮流驻村，使干部在帮扶工作和艰苦环境中得到锻炼和提高。

（田　强）

·党校工作·

【概况】 2016年，市委党校落实从严治党主体责任，开展“两学一做”学习教育，全面履行工作职责，发挥干部教育培训主渠道作用。全年举办主体班31期，培训班6期，进修班12期，专题研讨班13期，培训干部2079人次。

【“两学一做”】 成立“两学一做”学习教育协调推进小组，制定《实施方案》，明确学习内容、学习要求和具体措施。专题学习《党章》、《准则》、《条例》等党内法规。县级以上领导上党课40多次。组织全体党员赴榆中革命烈士陵园、兰州战役纪念馆进行革命传统教育，开展访贫问苦、认领志愿服务岗位、义务植树劳动、慰问老党员等活动，唤醒党员意识。突出党校特色。以领导干部带头学、全员参与统一学、统筹安排促进学、研讨交流深入学、唤醒意识灵活学，突出党校干部教育和理论研究特色。组织党员领导干部深入基层上党课20多次，在《兰州日报·领导干部学习园地》设立“两学一做”学习教育专栏，刊发理论文章20多篇，以“两学一做”学习教育为主题召开了全市党校系统第十四届理论研讨会，为学习教育深入开展营造了浓厚氛围。

【从严治党主体责任】 领导带头，组织学习。校委会、校委中心组坚持带头学、营造“重学”氛围，先学一步、做出表率，全年组织中心组学习15次，校委领导到所在支部和联系点上党课12次，开展4次专题研讨，力求用学习数量保障学习质量、用学习频率促进认识提升，加强了理论武装，打牢了思想根基，增强行动自觉。把从严治党与教学、科研、行政管理工作同部署、同落实、同检查、同考核，形成了党政齐抓共管、部门各负其责、全体党员干部支持和参与的良好局面。年初安排部署年度党风廉政建设和反腐败工作，列出领导班子主体责任清单10项、纪检监督责任清单7项及负面清单10项，签订目标责任书，推进压力传导，推动主体责任向处室部门延伸。贯彻落实中央和省、市委“两学一做”学习教育安排部署，作为全年党建工作的主要任务，精心谋划准备，组建工作机构，抽调骨干力量，推动落实。开展廉政谈话，筑牢思想防线。全年进行4轮次约谈，其中工作约谈120多人（次），诫勉谈话3人（次），落实“认识不到位、措施不到位、责任落实不力”三个必谈和“工作约谈、提醒约谈、告诫约谈、鼓励约谈”4种约谈形式，建立、完善约谈台账，防止小错酿成大错，促进干部廉洁自律。开展内部监督，强化监督执纪。对党员领导干部重点监督。结合“两学一做”活动，紧扣“六大纪律”，开展警示教育4次；紧盯元旦、春节等重要时间节点和公款吃喝、婚丧嫁娶事宜大操大办等重点领域，加强监管，严防发生违纪违规行为；定期对全校工作纪律进行检查，对不在岗的5位人员进行了通报批评。对重点要害部门加强监督。加大对管钱、管物、管人等部门的监督力度，突出抓好《党政机关厉行节约反对浪费条例》的贯彻落实；建立三公经费的预算、使用、监督、审计和公示制度，从严控制三公经费。加强对教育培训专项资金的审计监督，确保资金使用安全高效。执行《党政领导干部选拔任用工作条例》，全年选拔任用5名县级干部、7名科级干部、2名供热站副站长，都经过民主推荐、群众评议、张榜公示、廉政考试、任前谈话，确保公开公正公平，从源头上防止用人上的不正之风。完善制度建设，强化制度约束。将制度建设贯穿于全面从严治党的各个环节当中，研究制定了市委校贯彻落实《市委关于落实党风廉政建设主体责任的实施办法》规定的15项制度，注重从源头抓好党风廉政，落实廉政风险排查防控措施，建立预防腐败的长效机制。

【干部教育培训】 全年举办主体班31期，培训干部2079人（次）。其中培训班6期，培训干部330人（次）；进修班12期，培训干部498人（次）；专题研讨班13期，培训干部1251人（次）。组织完成11期全省领导干部“富民兴陇”系列讲座兰州分会场工作任务，保障全市2000多人（次）的视频学习。突出主业主课。以党的理论教育和党性教育为主。设置6个教学单元，开发145个教学专题，其中理论教育与党性教育达到70.5%，党性教育达到20%。创新方式方法。采用研讨式、案例式、体验式和情景模拟式教学等多种教学方式、增设高校培训，精准扶贫、“冬防”督查环节。“学员论坛”学习模式，提高培训效果。开辟多种教学实践基地。新开辟了兰州城乡规划馆、兰州轨道交通建设、兰州新区等教学基地。与西安建筑科技大学、井冈山干部教育学院建立培训资源合作机制，有效拓展学员知识界限，启发学员创新思维。落实领导干部上讲台工作制度。全年共有24名地级干部、32名部门一把手讲授了56个专题，领导干部授课达到总课时的30%，提高了党校干部教育培训的权威性、针对性和实效性，提高了学员进一步掌握市情、解决热点难点问题的能力，也极大地提升了教学层次，拉近理论与实际的距离，受到学员的欢迎。

【科研工作】 全年公开发表科研成果160项，其中权威期刊1项、CSSCI期刊1项、核心期刊6项、省级90项、市级62项。科研成果获得奖励27项，其中省级10项、市级17项。完成调研课题12项，其中国家哲学社会科学基金项目1项、全省党校系统调研课题2项以及市纪委、市委组织部、市委宣传部调研课题9项。举办《兰州日报·领导干部学习园地》11期，刊发理论文章51篇；编辑出版校刊《黄河论丛》6期、《领导参阅》12期，摘编刊发文章491篇，出版发行咨政报告集《中共兰州市委党校资政报告》（2014年）（2015年）2部。

【评比活动】 第二届“教学大比武、科研大比拼、效能大提升”活动于9月10日结束，在教学科研行政效能方面取得新进展。教学大比武开展名师评选、教学新秀评选、优秀课件评选、优质专题评选和全市党校系统教学比武等活动，促使青年教师夯实了教学功底，发掘优质专题，促进教师成长，涌现出多名名师和新秀，本校2名青年教师获得全省党校系统优秀教师表彰。科研大比拼先后开展全市党校系统理论研讨会、全市党校系统科研成果展示和评奖活动、全市党校系统青年教师读书交流会、全校科研工作座谈会、校刊刊评会、主题学术沙龙等活动。促使全市党校系统科研交流常态化，科研工作整体水平提高，连续6次荣获全省党校系统科研工作先进单位。效能大提升.开展综合素质能力专项培训、工作效能专项督查、树立工作标兵、争创党员先锋岗、一流队伍建设等活动，促使全校教职工纪律意识进一步增强、管理制度进一步完善、工作效率进一步提高。

【精准扶贫】 争引项目和资金，协调资金40万元，新建大岘村160吨百合冷库，扶持特色产业项目；投资14万元改造修缮高家湾村“两委”办公场所；筹资2.8万元购置办公设备；加大基础设施建设力度，协调落实光伏扶贫项目资金9万元；为贫困户、特困重病户资助脱困资金3.36万元。全年争取项目和资金82.56万元。开展入户调查工作，组织全校100多人进村入户，全面排查，做到全覆盖无遗漏，完成“大走访、回头看”入户530户，危房调查入户169户，脱贫攻坚入户168户。抓驻村工作队自身建设，学习精准扶贫精准脱贫政策规定，研究制定了《驻村帮扶工作队工作制度》、《驻村帮扶工作队工作计划》等制度，不断加强工作队自身素质，强化责任意识，工作水平和能力得到提高。

【党建工作】 执行“三会一课”制度，保证党组织生活正常化、规范化、常态化，组织实施，提高组织生活质量。对组织活动情况进行考勤，对无故缺勤党员进行批评教育。做好组织发展工作。执行发展党员培训、票决和公示制度，4名预备党员按期转正，吸收预备党员2名。做好党费收缴工作。执行党费收缴规定，审核确定每个党员党费收缴基数、比例，按月足额收缴。

【师资队伍建设】 采取业务培训、学术交流、社会实践、在职攻读学位等形式，派出40多名教师到中央党校、延安干部学院、井冈山干部学院、北京大学、人民大学、复旦大学等高等院校进修培训，1名教师到中国人民大学进行博士后研究，提高教师业务水平。引进4名高层次人才，改善教师队伍结构，满足干部教育培训需求。

【创建全国文明城市】 按照市文明办的工作要求，举办了11期道德讲堂活动，组织道德讲堂主持人和宣传员赴异地进行业务培训，学习常州、苏州等地道德讲堂的成功经验。配合市文明办和街道社区工作，迎接文明城市创建测评检查。强化校园周边卫生环境治理，“门前三包”责任制，参与城市周末大扫除活动，组织全校干部职工投身全国文明城市创建工作中。

【业务指导】 制定下发《关于加强对县区党校教学培训工作进行指导的落实方案》《2016年主体班次课程设置总体方案》，从教学计划、培训内容、培训时间、培训方式等方面审核把关。加强业务培训，举办全市党校系统师资研讨班。举办全市党校系统校长座谈会、全市党校系统教学大比武活动、县区党校教师教学观摩活动、全市党校系统第十四次理论研讨会，探讨党校教学、科研工作思路方法，促使全市党校系统业务水平整体提高。举办全市党校系统中级职称评审会，协调安宁、红古区委党校解决校园建设问题。

（赵 亮）

中共兰州市纪律检查委员会

【中共兰州市纪委十二届五次全体会议】 会议于2016年2月1日举行。全会认真学习贯彻习近平总书记系列重要讲话精神，传达学习了十八届中央纪委六次全会和十二届省纪委五次全会精神，总结2015年全市纪律检查工作，安排部署2016年的主要任务。全会审议通过了市委常委、市纪委书记张建平代表市纪委常委会所作的《坚持把纪律挺在前面，坚决把责任落到实处》的工作报告。

【中共兰州市纪委十三届一次全体会议】 会议于2016年11月28日召开，31名纪委委员出席会议。会议以无记名投票的方式，差额选举产生了中国共产党兰州市第十三届纪律检查委员会常务委员会委员9名，等额选举书记1名、副书记3名，并提请中国共产党兰州市第十三届委员会第一次全体会议确认后生效。李学民、谢敏剑、程 华、陈立江、张秋兴、刘立军、李 瑛、李东民、王维军当选常务委员。李学民当选市纪委书记，谢敏剑、程华、陈立江当选市纪委副书记。

【“两学一做”】 按照中央和省、市委的统一部署，组织开展“两学一做”学习教育，学习党章党规党纪，学习系列重要讲话，领会全面从严治党战略部署的丰富内涵和重大意义，强化党员干部“四个意识”特别是核心意识和看齐意识，维护习近平同志的党中央核心、全党核心地位，在思想上高度认同核心、政治上坚决维护核心、行动上紧紧跟随核心，自觉同以习近平同志为核心的党中央保持高度一致。全年市纪委常委会集体学习31次，举办廉政大讲堂12次，在“两学一做”学习教育中始终走在前、树标杆、做表率。在守纪律讲规矩中把牢政治站位。把维护党的政治纪律和政治规矩放在首位，不断加强党规党纪教育，着力强化纪律规矩意识。市纪委常委会成员带头讲党课36次，重点突出紧跟中央、中央纪委这个基本政治要求，使纪检这支政治队伍自觉坚持对党忠诚、维护党中央权威，自觉坚持人民立场、讲政治顾大局，自觉坚持基本路线、坚守政治纪律。捍卫党章权威，维护党中央的集中统一领导，确保政令畅通。着力抓好“九个严禁、九个一律”换届纪律落实，组建两个巡查组对县乡落实换届纪律情况开展2轮次巡回督查，核查违反换届纪律问题线索4起，查实2起，处理9人，确保换届风清气正。在履行监督执纪职责中坚定政治立场。着眼政治和全局来谋划思路、开展工作，紧紧围绕中央和省、市委的决策部署，强化监督执纪问责，切实增强纪检监察工作的政治效果。坚持把维护政治纪律作为严明党的全部纪律的重要基础，在日常检查、巡察监督、重点督查、年度考核中列为主要内容，严查违反政治纪律和政治规矩问题，保障中央和省、市委各项决策部署贯彻落实。按照省纪委和市委的统一部署，突出扶贫领域重点问题整治，强化对乡镇村、街道社区的巡察监督，开展"两查两保"专项行动，回应社会关切，顺应群众期盼，加大对违纪问题通报曝光力度，激发群众监督的正能量，推动全面从严治党向基层延伸。

【落实主体责任】 以上率下层层传导压力。市委以强烈的政治担当和鲜明的政治导向认真履行主体责任，先后15次专题研究党风廉政建设工作，细化完善"3783"主体责任体系，认真研究贯彻"866"衡量检验标尺，组织开展"八查八促"推进行动，严格落实"111"督查落实细则，确保各级党组织主体责任落实落细。举办两期450人参加的落实主体责任培训班，组织市级领导干部撰写落实主体责任理论文章30余篇并在《兰州日报》刊发。调整充实主体责任贯彻落实推进工作领导小组及办公室，牵头抓总，统筹协调，形成"市委统一领导、各级齐抓共管、部门各负其责"的工作格局。真督细查逐级推动落实。市纪委积极协助市委推动主体责任落实，细化实化责任体系，明确主体责任、监督责任清单和负面清单，推行清单化管理。充分发挥督查的"推进器"作用和考核的"指挥棒"作用，通过半年检查、专项督查、年度考核逐级靠实责任，推动工作落实。狠抓问题整改，强化考核结果运用，对半年督查中查出问题的69家单位党组织和纪检机构负责人进行约谈，对20家部门和单位开展了"回头看"，做到问题整改不到位绝不放过。持续推进区县和市级部门一把手述纪述廉述作风，接受市委委员、市纪委委员的监督评议。重视省委考核反馈的问题，研究制定整改措施并督促整改落实到位。发挥问责的"撒手锏"作用，查处落实从严治党责任不力问题20起，对25人进行责任追究。严肃问责生产安全责任事故、生态环境保护监管、食品药品安全监管及其他领域不作为、慢作为的153件问题，处理224人，其中党纪政纪处分120人，移送司法机关9人。

【查纠并举】 驰而不息纠"四风"。始终保持作风建设永远在路上的政治定力，释放执纪必严、违纪必究的强烈信号，推进作风建设。紧盯重要节点，重申"13个严禁"，开展"三级联动"专项整治，派出25个检查组，抽调150余人次，对"三区"、各区县和部门单位开展多轮次、全覆盖、常态化监督检查。全年共查处违反中央"八项规定"精神问题104起，处理161人，给予党纪政纪处分97人，市级层面先后5次通报18起典型问题，涉及23人，违反中央"八项规定"精神问题数量较去年明显下降。创新方式抓监督。在重要时间节点，提前发出通知，严明纪律要求，做到警钟长鸣。创新方式，加强组织领导，合理调配力量，采取交叉检查、跨区县跨行业互查的形式，做到集中抽查与重点检查相结合、明察暗访与真督实查相结合，有效提高问题发现率。以查纠"四风"为重点，毫不松劲查处公款吃喝、公款送礼、公车私用等老问题，细查隐藏在会所、楼院、内部食堂或转入地下、隐形变异等新问题，确保无遗漏、无死角、全覆盖。同时，协调相关部门，集中开展"小金库"专项整治。发挥纪律作风督查员作用，拓宽群众监督渠道。集中教育转作风。结合"两学一做"学习教育，从自身严起，从全市抓起，转变作风。市纪委监察局机关开展了"守纪律、重品行、做表率"集中教育，围绕"如何做合格党员"等主题进行大讨论。组织各级党组织和党员领导干部集中观看《永远在路上》专题片，赴爱国主义教育基地重温入党誓词，以思想转变带动作风转变。

【维护群众利益】 开展"两查两保"专项行动。制定方案，周密安排部署，围绕10项重点问题，聚焦民生民利，落实8项工作措施和4项工作要求，整合市、县、乡三级纪检监察力量，采取对照自查、指导直查、深入督查等方式，对近3年来在扶贫领域发现的问题线索进行"大起底""大清查"。全年共查处问题57起，处理88人，党纪政纪处分76人，移送司法机关7人，市级层面3次通报曝光典型案例17起33人，为精准扶贫、精准脱贫提供了坚强的纪律保障。集中开展重点问题专项整治。以处置中央纪委转办的榆中县16件问题线索为突破口，调整市纪委主要领导的联系区县，在榆中县召开动员大会，紧盯"19个重点领域"，派出20个巡察组深入各乡镇深挖细查。全年共查处侵害群众利益的不正之风和腐败问题84起，处理110人，给予党纪政纪处分99人，移送司法机关15人。通过一系列"组合拳"，直击群众身边"微腐败"，有效增强了人民群众对正风反腐的获得感，得到了中央纪委和省纪委的肯定，新华社等中央媒体作了专题报道。严肃查处群众反映强烈的突出问题。对侵害群众利益的问题线索逐个筛选甄别、严格分类处置，共梳理发现侵害群众利益的各类问题线索近500条，及时移交，挂牌督办，全部核查，对账销号，严肃查处了一批侵害群众利益的不正之风和腐败问题，曝光了一批典型案例，形成强力震慑，回应群众关切。建立健全协调机制，加强与财政、审计等部门和司法机关的联系，推动形成查纠工作合力。建立健全重点问题查处情况抽查机制，督促整改处理偏轻、追责过软等问题。

【惩治腐败】 2016年，谈话函询66件（次），组织处理648人，纪律轻处分514人，重处分230人，移送司法机关5人。召开警示教育大会，通过案例剖析，用身边事教育身边人。落实廉政谈话制度，对204名新任领导干部进行廉政谈话并签订廉政承诺书。更新廉政法规考试题库，223名拟提拔和转任重要岗位的领导干部参加考试。加强廉政文化建设，举办“黄河清风颂”廉政书法展。开展家风家规教育，引导领导干部管好家人和亲属。保护党员干部干事创业的积极性，为受到不实举报的791名党员干部澄清是非、消除影响。加大严厉惩治腐败力度。坚持以“六项纪律”为尺子衡量党员干部行为，严格按“五类标准”处置问题线索，有腐必惩、有贪必肃，紧盯“三类人”，坚决“拔烂树”“护森林”，强化“不敢腐”的震慑力，保持惩治腐败高压态势。市纪委共立案审查市管干部38名。2016年，全市纪检监察机关共受理信访举报2801件（次），其中属于纪检监察业务范围的1905件（次），处置反映问题线索1720件次，立案547件，结案551件，处分657人，其中乡科级以上269人。强化协作配合，充分发挥反腐败协调领导小组职能作用，全市检察机关立案侦查贪污贿赂、渎职侵权等职务犯罪217人，全市法院审结一审贪污贿赂案件180件、渎职侵权案件38件，司法机关向纪检监察机关移送党员和国家工作人员违纪违法案件147件，处分130人，较上年同期分别增长30.08%、12.1%。扎牢反腐制度“笼子”。重视制度建设的治本作用，将制度的“笼子”扎紧扎牢，持续释放反腐制度力量。健全完善廉政风险防控机制，全面排查风险点，有针对性的制定防控措施。严格落实问题线索评估制度，实行重要问题线索定期评估，实名举报快查快结，重要案件提级审查。紧握纪律戒尺，强化纪律意识，抓好中央新修订出台的3部党内法规的学习贯彻，开展巡回宣讲解读32场（次）。严把党风廉洁意见回复关，回复意见2300余人，坚决防止“带病提拔”。加强对受处分人员的谈心回访力度，制定出台受处分人员谈心回访制度，开展谈心回访1245人（次），引导他们放下包袱、积极向上。发挥党内政治生活的净化作用，督促各级党组织认真开展民主生活会，用好批评利器，敢于揭短亮丑，深剖问题根源，提高党内政治生活的制度化、规范化、程序化水平。

【党内监督】 提高巡察政治站位。保持政治巡察的战略定力，将巡察作为强化党内监督的重要抓手，聚焦从严治党，紧盯党的领导弱化、党的建设缺失、从严治党不力“三大问题”，以违反政治纪律和政治规矩、违反中央“八项规定”精神、主体责任和监督责任落实不到位、违反换届纪律以及群众身边的不正之风和腐败问题为重点组织实施巡察，做到问题找不准不放过、观念不转变不放过、整改不到位不放过、责任不落实不放过、制度不健全不放过。增强巡察监督实效。以“发现问题、核实线索、督促整改、形成震慑”为目标，完善工作机制，规范巡察程序，充实巡察人员库，印发《兰州市巡察工作手册》《市委巡察组资料汇编》，专题培训120名巡察人员，保证巡察工作高效有序开展。创新巡察“听、访、查、谈、核”五种方式方法，紧扣“六项纪律”，盯住重点人、重点事和重点问题，确保巡察巡出成效、察出声威。扩大巡察覆盖面。全年共派出85个巡察组，抽调630多人（次），开展4轮巡察和1轮“回头看”工作，对全市61个乡镇、53个街道及所辖的712个村和405个社区实现全覆盖。通过巡察共发现违反“六项纪律”方面问题869个，发现问题线索1222件，立案83件，党纪政纪处分84人，组织处理191人，移送司法机关17人，有效发挥了巡察“利剑”作用。

【自身建设】 选优配强领导班子。完成市纪委领导班子换届工作的同时，加大对区县纪委班子换届工作的指导，落实纪委书记、副书记提名考察办法，改进书记、副书记人选推荐考察方式，对纪委班子其他成员人选严格审核把关，对纪委委员推荐人选资格严格考察，完成区县纪委换届工作，加大干部交流力度，3名县级干部交流到重要岗位任职，26名同志得到重用，队伍活力和工作动力明显增强。稳步推进派驻机构改革。按照省纪委部署要求，开展派驻机构改革，实行综合派驻和单独派驻相结合的派驻模式，将全市59个派驻机构调整为28个，其中综合派驻8个、单独派驻15个，暂不改革5个，基本完成派驻机构调整。落实“两个为主”要求，及时制定并督促落实区县纪委和市纪委派驻机构定期向市纪委报告监督对象廉政情况制度，提高同级监督的制度化、规范化水平。不断加强干部队伍教育监管。严明工作纪律，建立违规打听监督执纪问责工作情况报告备案制度。加强内部监督，配合完成省纪委内部巡察，在全市纪检监察系统开展“十查十看”活动，整改纪律审查不严格、不规范等问题。出台纪检监察干部监督管理办法、外部监督实施办法等制度，聘请32名特邀监督员，严查纪检监察干部违纪违规问题，加强内部控制和外部监督。全年共受理纪检监察干部问题线索36件，问责处理11人，通报曝光典型案例6起7人。加大培训力度，委托中国纪检监察学院分6批对430名干部培训，分批安排基层纪检监察干部46人（次）到市纪委“以干代训”，参加市管干部培训13人，选派6名干部在驻村帮扶实践中经受锤炼。

（刘心刚）

兰州市人大常委会

【概况】 2016年，市人大常委会依法行使职权，完成年初确定的各项目标任务。加强立法工作。对《兰州市城市公共汽车客运管理条例》《兰州市中小学生人身伤害事故预防与处理条例》进行一审，审议通过《兰州市养犬管理条例》《兰州市河道管理条例》《兰州市烟花爆竹安全管理条例（修订）》，对《兰州市清真食品管理办法》进行立法后评估。开展监督工作。听取和审议“一府两院”计划预算执行、司法公开及信息化技术建设、行政执法与刑事司法衔接等专项工作报告，对消费者权益保护法、《兰州市无公害蔬菜管理条例》《兰州市城市市容和环境卫生管理办法》等3部法律法规的贯彻实施情况进行执法检查，对非公有制企业发展、精准扶贫精准脱贫、美丽乡村建设等15项工作进行了检查、视察或调研。规范重大事项决定权。制定《兰州市人大常委会讨论决定重大事项规定》，进一步明确了决定权行使的范围和程序。推行重大事项清单制度，对市政府报送的重大事项清单进行审定，对2015年市级财政决算、2016年市本级财政支出调整安排、PPP项目有关事项等作出决议、决定。做好换届选举工作。贯彻落实新修改的选举法、代表法和地方组织法，按照中央和省、市委对换届选举工作的安排部署和具体要求，严守换届纪律，严格标准程序，优化代表结构，严把代表入口关，加强对县乡人大换届选举工作的指导，组织市人大代表换届选举工作，完成我市各级人大换届选举工作任务。强化代表工作。行使人事任免权。坚持党管干部原则与人大依法行使任免权相统一，严格任前资格审查，任前法律知识考试制度，落实向宪法宣誓制度，加强对人大选举和任命人员的监督，督促其依法行政、公正司法、廉洁勤政。全年共任免国家机关工作人员72人，其中任命或决定任命39人、免职33人。

【市十五届人民代表大会第六次会议】 兰州市第十五届人民代表大会第六次会议于2016年3月22日至3月25日在省政府礼堂召开。会议应到代表351名，出席会议的代表324名。不是市十五届人大代表的市级领导、市政府工作部门主要负责人，市人大常委会工作部门负责人，市委、市政府有关部门及有关机关团体负责人，市中级人民法院和市人民检察院负责人，县区人大常委会主任、人民法院院长、人民检察院检察长等122人及22名旁听人员列席大会。邀请市政协领导，兰州警备区司令员，甘肃陆军预备役高射炮兵师师长、政委，武警兰州市支队支队长、政委以及其他在职的副地级领导参加大会开幕式。出席政协兰州市第十三届委员会第五次会议的全体委员列席了大会开幕式。市人大常委会主任牟少军、市人大常委会副主任魏志乐、市人大常委会副主任蒙自福、新当选的市人大常委会主任段英茹分别主持了会议。会议听取、审议和通过了兰州市市长袁占亭所作的兰州市人民政府工作报告；审查和批准了兰州市国民经济和社会发展第十三个五年规划纲要；审查和批准了兰州市2015年国民经济和社会发展计划执行情况及2016年国民经济和社会发展计划草案的报告（书面），批准了2016年国民经济和社会发展计划；审查和批准了兰州市2015年财政预算执行情况和2016年全市及市级预算草案的报告（书面），批准了2016年市级预算；听取、审议和通过了牟少军主任所作的兰州市人大常委会工作报告；听取、审议和通过了王永平代院长所作的兰州市中级人民法院工作报告；听取、审议和通过了华风检察长所作的兰州市人民检察院工作报告。会议提出议案98件，意见、批评、建议93件。会议接受了市中级人民法院院长任建国辞职请求的备案报告。会议审议并通过了关于接受辞职的决定草案，补选段英茹为兰州市人大常委会主任，高兴贵、朱宗礼为兰州市人大常委会副主任，王永平为兰州市中级人民法院院长，刘怀君为兰州市人大常委会秘书长。

【市十六届人民代表大会第一次会议】 兰州市第十六届人民代表大会第一次会议于2016年12月15日至12月20日在省政府礼堂召开。会议应到代表333名，出席会议的代表328名。不是市十六届人大代表的市政府副市长、市级有关领导及市政府工作部门主要负责人，市人大常委会工作部门负责人，市委、市政府有关部门及有关机关团体负责人，市中级人民法院副院长、市人民检察院副检察长(各1名)，兰州新区、县（区）人民法院院长、人民检察院检察长等110人及22名旁听人员列席大会。邀请市政协领导，兰州警备区司令员，甘肃陆军预备役高射炮兵师师长、政委，武警兰州市支队支队长、政委以及其他在职的副地级领导参加大会开幕式。出席政协兰州市第十四届委员会第一次会议的全体委员列席了大会开幕式。市人大常委会主任段英茹、市人大常委会副主任魏志乐、新当选的市人大常委会主任张建平分别主持了会议。审查和批准了兰州市2016年国民经济和社会发展计划执行情况及2017年国民经济和社会发展计划草案的报告（书面），批准了2017年国民经济和社会发展计划；审查和批准了兰州市2016年财政预算执行情况和2017年全市及市级预算草案的报告（书面），批准了2017年市级预算；听取、审议和通过了段英茹主任所作的兰州市人大常委会工作报告；听取、审议和通过了王永平院长所作的兰州市中级人民法院工作报告；听取、审议和通过了张学军代理检察长所作的兰州市人民检察院工作报告。会议提出议案154件，意见、批评、建议152件。

【市十五届人大常委会第二十九次会议】 兰州市第十五届人民代表大会常务委员会第二十九次会议于2016年2月1日在市人大培训中心19楼会议室召开，会期半天。出席会议的有：市人大常委会主任牟少军，副主任魏志乐、蒙自福、毛仁、张淑菊、席飞跃，秘书长朱宗礼及委员共31人。市人大常委会委员王永生、刘永辉、刘志坚、肖祥琪、吴全忠、何子清、房向阳、魏琦因事请假。列席会议的有：市委常委、市人民政府副市长何向东，市中级人民法院副院长周应福，市人民检察院副检察长席正清。市人大常委会主任牟少军主持了会议。会议进行了以下议程：审议并通过了市人大常委会关于给西固区增加市十五届人大代表名额的决定；听取、审议并通过了人事任免事项。会议结束后，举行了本次会议任命的国家机关工作人员集体向宪法宣誓仪式。

【市十五届人大常委会第三十次议】 兰州市第十五届人民代表大会常务委员会第三十次会议于2016年3月17日上午在市人大培训中心19楼会议室召开，会期半天。出席会议的有：市人大常委会主任牟少军，副主任魏志乐、蒙自福、毛仁、张淑菊、席飞跃，秘书长朱宗礼及委员共33人。市人大常委会委员王方、刘永辉、吴全忠、张福寿、郑元平、房向阳因事请假。列席会议的有：市人民政府副市长曹丕玉，市中级人民法院副院长、代理院长王永平，市人民检察院检察长华风，市十五届人大六次会议秘书处各组负责人，部分县区人大常委会负责人。市人大常委会主任牟少军主持了会议。会议进行了以下议程：听取了关于市十五届人大六次会议筹备情况的报告；审议通过了市十五届人大六次会议议程、日程草案；审议通过了市十五届人大六次会议主席团和秘书长等名单草案；审议通过了市十五届人大六次会议选举办法草案；审议通过了市十五届人大六次会议关于议案和建议、批评、意见的处理办法草案；审议通过了市十五届人大六次会议列席范围草案；审议通过了《兰州市人大常委会工作报告》；审议通过了《兰州市人大常委会2016年工作要点》；听取、审议并通过了《市人大常委会代表资格审查委员会关于代表变动和补选代表的代表资格审查报告》；审议并通过了人事任免事项。会议结束时，市人大常委会主任牟少军作了重要讲话。会议结束后，举行了本次会议任命的国家机关工作人员集体向宪法宣誓仪式。

【市十五届人大常委会第三十一次会议】 兰州市第十五届人民代表大会常务委员会第三十一次会议于2016年4月27日上午在市人大培训中心19楼会议室召开，会期1天。出席会议的有：市人大常委会主任段英茹，副主任魏志乐、蒙自福、毛仁、席飞跃、高兴贵、朱宗礼，秘书长刘怀君及委员共32人。市人大常委会委员王方、王彬、刘永辉、肖祥琪、吴全忠、高志文、谢铭、李向军因事请假。列席会议的有：市委常委、市政府副市长周万山，市中级人民法院院长王永平，市人民检察院

2016年12月20日，兰州市第十六届人民代表大会第一次会议闭幕式

检察长华风，市人大常委会副秘书长及各工作部门负责人，部分县区人大常委会负责人。市人大常委会主任段英茹主持了会议。会议进行了以下议程：听取和审议了市人民政府关于贯彻实施《中华人民共和国消费者权益保护法》情况的报告；听取和审议了市人大法制委员会关于《兰州市养犬管理条例（草案）》审议结果的报告和关于《兰州市养犬管理条例（草案二次审议稿）》修改意见的报告，审议并通过了《兰州市养犬管理条例（草案）》；审议并通过了关于接受邢伟志辞去甘肃省第十二届人大代表职务请求的决定；审议并通过了人事任免事项。

【市十五届人大常委会第三十二次会议】 兰州市第十五届人民代表大会常务委员会第三十二次会议于2016年6月24日在市人大培训中心19楼会议室召开，会期1天。出席会议的有：市人大常委会主任段英茹，副主任魏志乐、蒙自福、毛仁、高兴贵、朱宗礼，秘书长刘怀君及委员共29人。市人大常委会副主任席飞跃及委员王永生、王晓宁、刘永辉、刘志坚、肖祥琪、何子清、郁新山、房向阳、谢铭、魏琦因事请假。列席会议的有：市人民政府副市长张国一，市中级人民法院院长王永平，市人民检察院检察长华风、副检察长杨晋骁。市人大常委会主任段英茹主持了会议。会议进行了以下议程：听取和审议了市政府关于贯彻实施《兰州市城市市容和环境卫生管理办法》情况的报告；听取和审议了市中级人民法院关于司法公开及信息化技术建设工作情况的报告；听取和审议了市人民检察院关于开展行政执法与刑事司法衔接工作情况的报告；听取了关于《兰州市河道管理条例（草案）》审议结果的报告和关于《兰州市河道管理条例（草案二次审议稿）》修改意见的报告，审议通过了《兰州市河道管理条例（草案二次审议稿）》；审议通过了《兰州市人民代表大会常务委员会讨论决定重大事项规定》；补选了1名省人大代表；听取、审议并通过了人事任免事项。会议结束时，市人大常委会主任段英茹作了重要讲话。会后，举行了本次会议任命的国家机关工作人员集体向宪法宣誓仪式。

【市十五届人大常委会第三十三次会议】 第三十三次会议纪要兰州市第十五届人民代表大会常务委员会第三十三次会议于2016年8月25日在市人大培训中心19楼会议室召开，会期1天半。出席会议的有：市人大常委会主任段英茹，副主任魏志乐、蒙自福、毛仁、高兴贵、朱宗礼，秘书长刘怀君及委员共30人。市人大常委会副主任席飞跃，委员王永生、王彬、王晓宁、郭华、刘永辉、刘晓春、高世勤、高志文、谢铭因事请假。

列席会议的有：市委常委、市人民政府副市长胥波，市中级人民法院院长王永平、副院长周应福，市人民检察院检察长华风，市人大常委会副秘书长及各工作部门负责人，市政府有关部门负责人，部分县区人大常委会负责人。市人大常委会主任段英茹主持了会议。会议进行了以下议程：听取和审议了市政府关于兰州市2016年上半年国民经济和社会发展计划执行情况的报告；听取和审议了市政府关于兰州市2016年上半年财政预算执行情况的报告；听取和审议了市政府关于2016年市级财政预算调整方案的报告（草案），审议了兰州市人大财政经济委员会关于2016年市级财政预算调整方案的审查报告（书面）和兰州市人民代表大会常务委员会关于批准2016年市级财政预算调整的决定（草案），审查通过了关于批准2016年市级财政预算调整的决定；听取和审议了市政府关于兰州市2015年市级预算执行及其他财政收支情况的审计工作报告；审议了市政府关于兰州市2015年财政总决算草案的报告（书面），审议了市人大财政经济委员会关于2016年市级财政决算草案的审查报告（书面）和市人大常委会关于批准2015年市级财政决算的决议（草案），审查通过了关于批准2015年市级财政决算的决议；听取了市政府关于将兰州新区3个PPP项目财政补贴纳入市级财政预算有关事项议案的说明，审议了市政府关于将兰州新区3个PPP项目财政补贴纳入市级财政预算有关事项的议案，决定同意将兰州新区3个PPP项目财政补贴纳入市级财政预算；听取了市政府关于《兰州市城市公共汽车客运管理条例（草案）》的说明，并对《兰州市城市公共汽车客运管理条例（草案）》进行了初审；听取了市政府关于《兰州市烟花爆竹安全管理规定（草案）》的说明，听取了市人大法制委员会关于《兰州市烟花爆竹安全管理规定（草案）》审议结果的报告和关于《兰州市烟花爆竹安全管理条例（草案审议稿）》修改意见的报告，审议并通过了《兰州市烟花爆竹安全管理条例》；审议通过了《兰州市第十六届人民代表大会名额分配的决定》；审议了关于提请罢免宗满德的甘肃省第十二届人民代表大会代表职务的议案，通过了关于罢免宗满德的甘肃省第十二届人民代表大会职务的决议；审议通过了兰州市第十五届人民代表大会常务委员会代表资格审查委员会关于代表变动和罢免代表的代表资格审查的报告；听取、审议并通过了人事任免事项。

【市十五届人大常委会第三十四次会议】 兰州市第十五届人民代表大

会常务委员会第三十四次会议于2016年10月28日在市人大培训中心19楼会议室召开，会期1天。出席会议的有：市人大常委会主任段英茹，副主任蒙自福、毛仁、高兴贵、朱宗礼，秘书长刘怀君及委员共31人。市人大常委会副主任魏志乐、席飞跃，委员王彬、刘永辉、刘志坚、郁新山、高世勤、高志文、谢铭因事请假。列席会议的有：市人民政府副市长张国一，市中级人民法院院长王永平，市人民检察院副检察长席正清，市人大常委会副秘书长、纪检组长、机关调研员及各工作部门负责人，市政府有关部门负责人，部分县区人大常委会负责人。市人大常委会主任段英茹主持了会议。会议进行了以下议程：听取和审议了市人大常委会民族侨务工作委员会关于《兰州市清真食品管理办法》立法后评估情况的报告；听取了市政府关于《兰州市中小学生人身伤害事故预防与处理条例（草案）》的说明，并对《兰州市中小学生人身伤害事故预防与处理条例（草案）》进行了初审；听取和审议了市政府关于贯彻实施《兰州市无公害蔬菜管理条例》情况的报告；听取、审议并通过了人事任免事项。

【市十五届人大常委会第三十五次会议】 兰州市第十五届人民代表大会常务委员会第三十五次会议于2016年12月8日在市人大培训中心19楼会议室召开，会期1天。出席会议的有：市人大常委会主任段英茹，副主任魏志乐、毛仁、高兴贵、朱宗礼，秘书长刘怀君及委员共30人。市人大常委会副主任蒙自福、席飞跃，委员王永生、刘永辉、李向军、房向阳、吴全忠、秦俐依、高世勤、高星因事请假。市人大常委会主任段英茹主持了会议。会议进行了以下议程：听取了关于市十六届人大一次会议筹备情况的报告；审议通过了市十六届人大一次会议议程、日程草案；审议通过了市十六届人大一次会议主席团和秘书长等名单草案；审议通过了市十六届人大一次会议选举办法草案；审议通过了市十六届人大一次会议关于议案和建议、批评、意见的处理办法草案；审议通过了市十六届人大一次会议列席范围草案；审议了《兰州市人大常委会工作报告（草案）》；听取和审议了市政府关于市十五届人大六次会议代表议案和建议、批评、意见办理情况的报告；听取、审议并通过了市人大常委会代表资格审查委员会关于兰州市第十六届人民代表大会代表资格的审查报告；听取、审议并通过了人事任免事项。

【立法工作】 对《兰州市城市公共汽车客运管理条例》《兰州市中小学生人身伤害事故预防与处理条例》进行一审；审议通过并报省人大常委会审查批准了《兰州市养犬管理条例》，于2017年1月1日起施行；审议通过并报省人大常委会审查批准《兰州市河道管理条例》《兰州市烟花爆竹安全管理条例》，于2017年1月1日起施行；对《兰州市清真食品管理办法》进行立法后评估。

【监督工作】 听取和审议“一府两院”计划预算执行、司法公开及信息化技术建设、行政执法与刑事司法衔接等专项工作报告，对消费者权益保护法、环境保护法、《甘肃省农村能源条例》《兰州市无公害蔬菜管理条例》《兰州市城市市容和环境卫生管理办法》等法律法规的贯彻实施情况进行了执法检查，对非公有制企业发展、精准扶贫精准脱贫、美丽乡村建设等15项工作进行了检查、视察或调研。

【代表工作】 把代表工作作为基础性工作抓好，创新思路、完善机制、搭建平台、强化服务，支持、引导、规范和保障代表依法履职。强化对新当选代表的学习培训，提高代表的履职意识和能力。

【自身建设】 开展“两学一做”学习教育活动，推进党风廉政建设，不断加强思想政治、作风能力和组织纪律建设。按照省、市委的安排部署和相关要求，及时传达学习省、市委开展四个专题研讨会议精神，围绕研讨主题，结合自身实际，开展集中学习研讨活动5次，增强践行“两学一做”要求的思想自觉和行动自觉。推进党风廉政建设。强化党风廉政建设主体责任、监督责任和第一责任、领导责任，完善领导体制和工作机制。贯彻执行中央和省委、市委各项决策部署，遵守党的政治纪律和政治规矩，强化对党章、廉洁自律准则、纪律处分条例的学习贯彻，及时开展约谈工作，加强对机关干部的教育、管理和监督。常委会及机关没有出现明显违反各项纪律规定的情况。组织各县区人大常委会负责人和机关干部实地学习“定西试点”经验，从机构、人员、职能、制度等方面加强大人工作建设，推进立法、监督、重大事项决定、人事任免、代表工作制度和实践创新。市、县两级人大及其常委会组织建设不断加强，常委会专职组成人员比例达到了60%，县区人民代表大会结合实际设立了法制、财政经济等专门委员会。乡镇人大建设取得重大突破，设立了人大工作办公室，配备了专职工作人员，部分3万人以上的乡镇（街道）人大配备了乡镇人大副主任或街道人大副主任。

（穆晓娟）

兰州市人民政府

【市政府常务会议】 2016年市政府召开常务会议34次，研究讨论全市经济社会发展中的重要事务及其他重大事项。

审议通过《兰州市各级部门安全生产工作责任清单》《兰州市各级干部安全生产职责清单》和《关于规范市政府生产安全事故调查组组成及事故调查处理中有关问题的意见》《甘肃天庆物业管理有限公司“8·18”中毒和窒息较大事故调查处理报告》《兰州红古博壮良种奶牛养殖专业合作社“9·26”青贮池墙体坍塌较大事故调查处理报告》和《兰州鑫冶盛矿业有限责任公司“11·5”放炮较大事故调查处理报告》《2016年兰州市自来水安全联防联控工作方案》《兰州市公务用车制度改革实施方案》《政府工作报告（讨论稿）》《2016年市委市政府为民办实事实施方案》《关于兰州市2015年国民经济和社会发展计划执行情况及2016年国民经济和社会发展计划草案的报告（讨论稿）》《关于兰州市2015年预算执行及市级财政2016年预算草案报告（讨论稿）》和《兰州市国民经济和社会发展第十三个五年规划纲要（讨论稿）》《兰州市贯彻国土资源部协议出让国有建设用地使用权规范的实施意见》《兰州市加快推进生态文明先行示范区建设实施方案》《2016“一带一路”中国（兰州）国际跨境电商物流大会总体方案》《兰州市医疗卫生与养老服务相结合工作实施方案》《兰州市城市街道、社区综合性文化服务中心建设实施方案》《兰州市推进供给侧结构性改革实施方案》《兰州市推进简政放权放管结合优化服务改革实施方案》《兰州市行政审批电子监察系统运行管理办法（试行）》《关于推进兰州市项目投资评审中心和兰州市公共资源交易中心“放管服”改革实施方案》《关于优化兰州市建设工程项目施工许可证办理的实施方案》《兰州市城市停车设施建设项目审批工作办法》《政府工作报告（讨论稿）》《关于兰州市2016年国民经济和社会发展计划执行情况及2017年国民经济和社会发展计划草案的报告》《关于2016年全市主要经济指标预计完成情况及2017年主要预期目标建议》和《关于兰州市2016年财政预算执行情况和2017年全市及市级财政预算草案的报告》等规范性文件，内容涉及安全生产、生态环保、扶贫开发、车辆改革、政务公开、教育卫生等方面。

【市长办公会议】 2016年，市政府召开市长办公会议46次，研究七里河110千伏送变电项目和兰州北330千伏变电站110千伏送出项目建设、春节期间大气污染综合治理及自来水安全联防联控工作、北环路中段项目建设、市属医院搬迁和改扩建、西部中大职工上访、苏宁控股集团兰州苏宁广场和结算中心项目建设、城市地标规划建设、兰州军区雁乐家苑项目建设、轨道交通1号线一期工程省政府站建设用地征收、支持甘肃自然能源研究所科研成果转化、北环路项目建设、兰州市参加第二届中美气候智慧型/低碳城市峰会阿干矿区采煤沉陷区综合治理、北环路中段建设项目、兰州停车场管理、解决亚行贷款兰州城市交通项目先进的交通控制系统（ATCS）项目建设、华夏人文始祖园项目移交工作、西北国家级区域儿童医学中心项目申报建设、市级医院项目建设、市公共资源交易中心办公场地租赁、西固区原西北合成药厂蒸汽供热管线改造、中核动力设备有限公司资产征拆、市级医院项目建设、全市房地产去库存和名城集团退出东部科技城土地一级开发、兰州树屏丹霞景区实施热气球观光基地项目、兰州国际马拉松赛运营模式、国电兰州热电“上大压小”异地扩建工程、兴隆山大景区移交工作、加快兰州石化公司发展、全市污水处理工作、新建兰州铁路综合货场项目被征地农民养老保险、陇香源民俗文化村项目建设、兰州文理学院拆迁及学生公寓建设等有关事宜。

【市政府全体会议】 3月29日，市政府召开第十三次全体会议暨廉政工作会议，会议书面传达了国务院廉政工作会议和省政府全体会议精神，下发了《政府工作报告》《“十三五”规划纲要》任务分解表和2016年《目标责任书》。会议指出，“十二五”成绩来之不易，“十三五”发展值得期待。2016年是“十三五”发展的开局之年，主要是集中力量加快建设山水城市、宜居城市、活力城市。加快供给侧结构性改革，去掉落后产能。各级各部门要抓好一岗双责、勤政廉洁，强化主体责任落实，把纪律挺在前面，牢记党纪党规，严格按照原则、程序、规矩和法律想问题、做决策、办事情，不越“红线”、不触“底线”、不碰“高压线”。要强化工作督查和行政监察，加大执纪问责力度，对不作为、乱作为等违纪违规行为，依法依规从严问责，通过严格的执纪问责来倒逼主体责任落实。

8月8日，市政府举行第十四次全体会议，这次会议主要是贯彻落实近期召开的省委全会、省政府全会和市委的安排精神，分析上半年全市经济运行情况，总结各方面工作的进展和成效，对下半年重点工作进行再部署、再要求。会议指出，上半年全市经济主要目标任务总体上实现了时间任务“双过半”，经济指标增速逐月明显回升，产业结构继续调整优化。

把创新作为驱动发展的关键，培育和壮大新的经济增长点，加快推进兰白科技创新改革试验区建设。抓好城市建设管理。要围绕山水城市、宜居城市、活力城市建设的目标，重点抓好治污染、畅交通、补短板、强管理四个方面的工作，不断增强城市的宜居性和影响力，让人们在城市生活得更方便、更舒心、更美好。会议强调，面对经济下行压力，越是困难，越要迎难而上；越是困难，越要精准施策；越是困难，越要提升政府部门的服务水平。希望大家善于发扬工匠精神，全身心投入到工作当中，抓落实、求精细，补短板、赶进度，争取到年底圆满交账。

【全市经济工作会议】 1月1日，市经济工作暨扶贫开发工作会议召开，学习贯彻中央经济工作会议、城市工作会议、扶贫开发工作会议以及全省经济工作暨扶贫开发工作会议精神，全面总结2015年工作，分析研判当前形势，对2016年工作进行安排部署。会议指出，2016年是"十三五"时期的开局之年，也是推进结构性改革的攻坚之年，做好2016年的工作意义重大。市委对2016年工作的总体要求是:全面贯彻落实党的十八大，十八届三中、四中、五中全会和习近平总书记系列重要讲话精神，牢固树立创新、协调、绿色、开放、共享发展理念，坚持稳中求进工作总基调，以转方式调结构为重点，着力提升经济发展质量效益；以强基础抓管理为重点，着力提升城市建设管理水平；以补短板建小康为重点，着力提升精准脱贫水平；以抓改革促开放为重点，着力提升创新发展能力；以惠民生保稳定为重点，着力提升民生保障水平；以严责任转作风为重点，着力提升从严治党工作水平，努力实现"十三五"时期经济社会发展的良好开局。市委考虑，2016年我市经济增长预期目标为8%，固定资产投资增长12%。城镇居民人均可支配收入和农民人均纯收入分别增长9%和11%。会议指出，面对供给侧结构性改革的新形势，全市上下务必主动认识、主动适应、主动运用，站在新常态和供给侧结构性改革的大逻辑下，乘势而上、顺势而为，在有针对性的落实上下功夫、见成效，努力实现"十三五"发展的良好开局。

【考察访问】 4月7日-8日，市长袁占亭带队，张国一、唐琦、杨映林、李赫林、李俐娟以及建设局田明、规划局杜正喜、房管局高文阳、城管委党政文、公安局傅连宏、城关区张永财、安宁区雒泽民和满万金、段廷智、武和谦等一行赴哈尔滨考察学习山水城市规划管理建设等工作。

4月9日，赴辽宁考察辽宁远大集团公司。4月11日，前往邯郸市考察新能源企业电池生产情况以及石家庄正定的新能源汽车。

【中央部委领导考察】 1月13日，国家能源局党组成员、副局长郑栅洁带领国家能源局调研组赴新区，调研兰州大成科技股份有限公司年产5万支太阳能高温真空集热管生产基地、兰州智斗电动汽车有限公司新能源汽车生产基地项目。

2月19日，国家开发银行董事长、党委书记胡怀邦一行考察兰州新区时表示，国家开发银行将全力支持兰州新区开发建设，扶持培育科天集团发展壮大为国内家装行业龙头企业竞争国际市场。

6月3日，国务院副秘书长、国家信访局局长舒晓琴率调研组来兰州，深入兰州市三维数字社会服务管理中心、城关区酒泉路街道和畅家巷社区，实地调研信访工作。

5月6日，全国人大常委会副委员长艾力更·依明巴海率执法检查组，就兰州市贯彻落实食品安全法情况开展执法检查。艾力更·依明巴海对兰州市食品监管工作予以充分肯定，并就下一步的工作提出了具体的意见。

7月6日，国家发改委副主任、国家统计局局长宁吉喆视察兰石集团高端装备产业园、兰州市城市规划展览馆。

8月22日，海关党组成员、国家口岸办主任黄胜强一行赴兰州新区综合保税区、国际港务区调研铁路口岸建设情况。

9月12日，中央纪委党风政风监督室副局级纪律检查员刘岱带领调研组一行来兰，就兰州市贯彻落实"八项规定"精神和纠正"四风"工作情况进调研。

11月22日，国家发改委地区司副司长于合军一行8人考察调研兰州新区综合保税区。于合军对兰州新区综合保税区建设经营情况表示肯定，对发展充满信心。

【省领导到兰州调研】 2月17日，省长刘伟平一行赴新区调研兰州和盛堂制药有限公司、兰州知豆电动汽车有限公司。

2月18日，刘伟平省长调研战略性新兴产业第三批骨干企业。参观兰州银行数据监控中心、兰州惠商电子商务有限责任公司数据监控分析平台。参观西北永新涂料有限公司水性环保涂料、粉末涂料生产线。参观兰州万桥智能科技有限责任公司。

3月8日，黄强副省长出席榆中钢铁公司举行的钢结构制造基地项目开工仪式；咸辉常务副省长来兰州调研第二水源地、国际港务区项目建设情况。

4月16日，省委常委、宣传部

长梁言顺，副省长、省科协主席夏红民一行赴兰州新区出席在兰州市中小学综合实践基地举办的第31届甘肃省青少年科技创新大赛暨第16届中国青少年机器人（甘肃赛区）竞赛开幕式。

11月17日，林铎省长调研华能甘肃能源开发有限公司、兰州金川新材料股份有限公司、兰州生物制品研究所、中国航天510研究所、甘肃长风电子科技公司、中航工业兰州飞行控制有限责任公司等企业。

9月3日–4日，省委副书记、省长林铎利用周末休息时间，深入兰州市榆中县、皋兰县重点项目现场一线，开展督查调研。

6月13日，省长林铎率中部片区观摩团在兰州市观摩项目建设，并主持召开项目点评会，强调兰州市要找准城市功能定位，强化省会城市意识，充分发挥在"一带一路"战略中的示范带动作用，更好服务全省政治经济社会发展。

11月9日，省长林铎在兰州检查调研企业环保工作时强调，要深入践行绿色发展理念，严格落实环保主体责任，切实加强监督检查，做到在发展中保护、在保护中发展，努力为全省经济持续平稳健康发展固本强基，为人民群众提供水清天蓝地净的宜居安康环境。

11月16日，省长林铎在兰州市调研有关企业时指出，要牢固树立"五大发展理念"，以供给侧结构性改革为主线，聚集创新要素，加强科技创新、生产经营模式创新和产品创新，不断提升企业发展的核心竞争实力，促进全省经济平稳健康发展。

【为民兴办实事】 2月18日，在兰州市十五届人大四次会议上要求，今年兰州市将为民兴办10类24件实事。涉及到就业：新增城镇就业9万人，安置困难群体就业5000人，培训各类劳动力4.3万人。社会救助：提高城市低保标准15%；提高农村低保标准15%；提高农村"五保"补助标准18%；为5000名贫困老年残疾人发放生活补助；提高城乡居民社会养老保险基础养老金政府补贴标准；提高计划生育特别扶助金标准；农村计生对象提前5年享受奖励扶助政策。安居保障：实施农村危旧房改造5000户；新建公共租赁住房3000套；实施棚户区改造12000户。教育助学：完成20所中小学厕所改造工程；完成100所义务教育标准化学校建设。医疗食品卫生：建设15个标准化村卫生室；实施百名医师对口支援基层医疗卫生工程；配置食品安全检验检测设备。文体建设：建设10所社区学校少年宫；配套建设200个全民健身场地。科技惠民：实施科技惠民示范项目，扶持8个农业龙头企业。菜篮子工程：建设肉类蔬菜流通追溯体系。社会管理服务：新建20个城市社区老年人日间照料中心、40个农村社区老年人日间照料中心；新建2000个公共安全高清视频监控点。农村基础设施建设：实施10万农村人口饮水安全工程；新建农村公路500公里，重点养护600公里。

1.提高城市低保标准10%。

2.提高农村低保标准21.71%，实现与扶贫线两线合一。

3.提高农村"五保"集中供养补助标准33.67%、分散供养补助标准9.31%。

4.建设50所义务教育标准化学校。

5.建设30所农村寄宿制学校淋浴设施。

6.提升改造50所城区薄弱中小学。

7.实施市第一、二人民医院就医环境改善项目。

8.建设200个全民健身场地。

9.建设100个行政村邮站。

10.实施农村宽带普遍服务建设项目。

11.实施乡村道路生命防护工程。

12.实施2.32万农村人口饮水安全工程。

13.实现四城区道路节能亮化全覆盖。

14.建设南滨河路健身步道6公里。

15.实施2.1万户棚户区改造。

16.整治改造40个"三不管"楼院。

17.改造农村危旧房3500户。

18.设立2亿元"双创"小微企业风险补偿担保基金。

19.新增小额担保贷款4亿元。

20.城镇新增就业8万人，安置困难群体就业5000人，培训各类劳动力3.4万人。

21.完成社会治安视频监控系统七期工程。

22.实施信息惠民最后一公里工程。

23.新建改造5个便民肉菜市场。

24.创建50家"放心粮店"。

·应急管理·

【概况】 2016年，应急办认真贯彻落实《市政府应急办（市政府总值班室）工作职责》《应急值守工作制度》《兰州市值班信息编报制度》《应急管理动态编报制度》、手机短信编报等各项制度，为构建和谐、稳定、可持续的良好发展新环境，切实加强兰州市应急管理工作建设，不断提高各职能部门应对和处置突发公共事件的工作能力。

【应急值守】 落实应急值守24小时工作制度和领导带班制度，值班实行主副班制度，值班人员增加到两人，受理并协调处理每一项紧急重大事项，做好值班记录，细化值班员责任和工作流程，防止差错和疏漏，全年应急值守工作未发生责任问题。做好节假日值班工作。结合日常应急值守，落实元旦、春节、清明、五一、端午、中秋、国庆等节假日和双休日全年116天值班工作，明确值班工作制度，确定带班领导和值班人员，每天安排三班、每班安排两人值班，及时处理值班期间各种事项，每天向省政府总值班室报告节假日期间每天的值班及社会安全情况。做好县区政府和市直部门单位应急值班工作的检查抽查，杜绝值班人员脱岗、值班电话不通等制度落实不到位的问题，促进政府系统的政务值班工作，确保了重要文电的上传下达和紧急重要事项的及时处理。细化值班值守记录。对值班记录形式进行改进，实行突发事件处置过程纸质、电子双档记录，结合工作实际，将值班记录内容规范为11个板块；1.学习或者工作提醒；2.交接班事项；3.值班期间有关事项处理情况；4.省、市领导批示或交办事项办理情况；5.是否收到媒体或者网络反映的突发事件；6.重要电话记录；7.接收文件资料转办情况；8.应急值守信息报送情况（是否存在迟报、漏报、错报及对信息的核实续报不配合问题）；9.是否存在对突发公共事件应对处置不力造成不良后果或社会影响；10.险情预警处置情况；11.市应急办工作安排情况等11个板块。将每天完成的电子档值班日志，由值班员、主任签字确认，于下月10日左右汇集编印。截至年末，《值班日志》已编印11册，140余万字。选调一批新生力量。从3县基层单位选调3名年轻公务员到应急办工作，改变应急办的人员身份和年龄结构，充实应急办工作力量，尤其是给几名年轻人压担子、高标准要求和锻炼，树立榜样,传导压力，全体人员业务素质和能力得到提升。更新办公设施设备。购置新的办公桌椅、值班录音电话、复印机、便携式电脑、照相机、摄像机、碎纸机等电子设备，为应急值守工作提供硬件支撑。修订配套工作制度。围绕应急值守、信息报送、突发事件应对和处置等方面，修订完善《市政府应急办（市政府总值班室）工作职责》《应急值守工作制度》《兰州市值班信息编报制度》《应急管理动态编报制度》、手机短信编报制度等，建立健全各项工作制度，提升工作规范化水平。

【信息报送】 突发事件信息报送。按照突发事件信息报送工作要求，督促县区政府和市直部门切实履行主体责任，发挥应急信息报告主渠道作用，做好对报送信息的审核把关，使应急信息报告工作基本做到及时、全面、准确，未发生漏报、迟报、瞒报等问题。截至2016年11月30日，处置各类突发事件1650件（次），向市委、省应急办上报兰州市值班信息291期，就362起突发事件向市委、市政府领导和各县区政府及市直部门发送应急信息17463条（其中，提示性信息4067条，气象预警信息13303条），《应急管理动态》23期，对全市每月各类突发事件应对处置工作及应急信息报告情况进行汇总、分析，总结经验，指出问题，推动基层应急管理工作稳步前进。规范信息发送范围。根据工作实际，对不同信息的发送范围作出明确规定，要求重要信息报送范围须报市应急办主任确定，根据突发事件的不同类型、不同级别、不同性质，有针对性的发送，使信息发送数量明显下降，报送质量有较大提升。

【应急工作落实】 推进应急管理工作。市政府应急办给各县区，市政府各部门、单位和企业下发《兰州市应急办2016年工作要点》。工作要点明确做好值班值守工作、切实做好信息报送工作、开展应急管理教育培训、加强应急保障能力建设、监理及安全应急管理工作制度等8类22项重点任务，细化了工作目标，明确完成时限，靠实工作责任。6月，市委应急办、市政府应急办、市政府办公厅信息处、市公安局、市安监局、市互联网新闻中心等单位负责人，就建立资源共享、信息互通、协调一致信息共享联动机制达成一致意见，规范应急信息互通共享机制，避免信息报送口径不一、信息倒流等问题发生。9月底，完成兰州市综合应急指挥信息平台改造升级和信息库资料录入，通过市政府应急办主任会议验收。全年协调组织地质灾害、公共卫生、食品安全、地震、燃气、水陆交通、客运等类型突发事件应急演练10余次。敦促各县区、各部门等有关单位贯彻落实《兰州市应急办2016年工作要点》要求，不定期检查落实情况，完成各项目标任务。

【突发事件处置】 印制应急预案汇编。2月，市应急办先期印制《兰州市突发公共事件应急预案汇编》200本，已送市委、市政府、各县区和部门（单位和企业）以供处置突发公共事件时使用。7月上旬再印制1000册，发各县区、乡镇（街道）和部门（单位、企业）使用，预案汇编为基层处置各类突发事件提供了依据。高效处置突发事件。截至2016年11月底，处置各类突发事件1650件次，影响较大的有300余起，如："5·11榆中小康营部分学生尿汞超标事件"，"5·9东岗东路西北油漆厂附近路面塌陷""8·23张掖路步行街路面塌陷"等20余起道路塌陷事件，"9·13城关区铁路西村安居小区天然气泄漏""9·15西固区福源镇小区天然气泄漏"等10余起天然气泄漏事件，"11·5城关区兰州金课堂英语补习班一名学生坠亡事件"等4起学生自杀事件，

"11·15城关区恒达物流园三氯丙酮泄漏事件"等紧急突发事件，应急办发挥综合协调职责，科学高效的协调有关部门做好各类突发事件的应对处置。

【应急管理培训】 从4月中旬起，开展双周"以案说法学预案"专题业务学习，由应急办干部主讲，以分析研究全国各地发生的特别重大或者较大突发事件在应急响应、救援处置方面的经验教训，以假想发生在兰州市、情景模拟开展信息报送与应急处置，集体参与讨论点评、考试答卷。组织东莞"4·13"龙门架坍塌事故、青岛"11·22"输油管道爆炸事故、上海外滩"12·31"踩踏事件、永登坪城乡模拟6.0级地震应急响应等10次"以案说法学预案"学习。开展应急值守与信息报送专题培训。为解决各县区和部门在值班值守与信息报送方面存在的问题，从4月20日至24日，举办全市县区和部门应急管理值班值守与信息报送工作培训班，市应急办主任赴县区和部门巡回讲课10余场，培训2060余人，提高基层领导对应急管理工作重要性认识，解决实际工作中存在的制度不健全、工作不落实、信息报送不及时等问题。开展体验性应急培训。6月2日、6月12日，先后举办市县区政府办（应急办）主任、市政府各部门应急办主任参加的两期"体验地震和震后应急救援培训班"，共培训95名。开展应急管理干部能力提升培训班。8月9日，邀请市公共安全应急管理专家咨询委员会部分省内专家，在市政府一楼会议厅举办市政府公共安全应急管理专家咨询委员会活动，参加专题讲座人员150余人。10月31日至11月4日在省行政学院举办全市应急管理干部能力提升培训班，邀请国家行政学院、甘肃行政学院等专家，培训各县区、各部门从事应急工作人员80余名。

【建成应急视频会商室】 兰州市应急办与省应急办、华悦公司、兰州大数据局紧密配合，用2周时间将市政府大楼211办公室装修改造，建成"兰州市政府应急视频会商室"。6月17日，市政府应急办承接全省市州应急办主任和技术负责人兰州现场观摩会，"兰州模式"向全省推广。

（胡彦明）

·政务服务·

【概况】 2016年，兰州市政务服务中心推进模块审批、网上行权、标准运行。全年受理办结各类事项51806项，按期办结率100%，群众满意率99.8%。

【运行管理】 推进"两集中、两到位"。根据《市级行政审批事项目录》部门权力清单和职责清单，对环保等8个部门尚未进驻市政务服务中心的15项行政审批事项进行梳理，全部进驻市政务服务中心办理。根据国家税务总局《关于税务行政许可若干问题的公告》和省政府公布的权力清单，梳理税务部门4项行政许可及9项备案事项，全部进驻。对事项人员集中情况、充分授权情况、行政审批人员执法资格、"一站式"全程办理情况开展自查整改。开展"接、管、放"。坚持"依法精简、高效标准、一站办理"的服务理念，取消部分审批权限事项11项，下放及下放部分审批权限24项，协调进驻审批事项及部分审批权限事项40项。市政务服务中心进驻各类事项281项，其中市级许可事项168项，垂管部门审批事项19项，备案事项26项，服务事项67项，委托办理事项1项。进驻事项平均审批时限由16.5个工作日压减到9.5个工作日，压减42.4%。规范行政审批事项。对进驻事项的基本情况进行月度调查报核，对部分事项无受理和办理的情况进行分析研判，并报审改办提出规范行政审批事项的意见建议。启用兰州市行政审批服务局印章及16个全市新一轮机构改革中职能和名称发生改变的窗口部门审批专用章。探索"模块化"，按下审批"快进键"。依据行政许可法、各行业上位法以及《兰州市行政审批车间式管理流水线作业实施办法》，借鉴外地先进经验，按照能并则并、串并结合的方式，完成项目立项、土地利用、规划报建、施工许可、竣工验收和农林水务、食药卫生、市场主体审批模块的流程再造工作。改革后，项目立项、土地利用、规划报建、施工许可的审批环节由以前的111个减少为48个，压减57%；审批时限由以前的232个工作日压减到72个工作日，减幅达69%。对棚户区改造、轨道交通1号线、雁滩地区环境综合整治、全市131条市政道路整治工程项目等重大项目组织试点运行模块化审批，收到良好效果。

【优化审批服务】 推行"智能化"，激活服务"加速度"。服务中心在全省各市州中率先完成政务服务网建设，并通过技术改造，启动"网上行权"工作。以"一号"申请、"一窗"受理、"一网"通办为目标，变"群众跑腿"为"数据跑路"，积极构"2333"互联网+政务服务体系（即：政务服务中心门户网站和政务服务网2个网站，行政审批服务系统、行政审批电子监察系统和触摸屏查询系统3个系统；微信公众平台、短信告知平台、移动APP客户端平台3个平台，省、市、县三级网络互联互通），让群众通过网上"政务超市"，不出门、可办事，打造“指尖上的政务服务”，开启政务服务供给侧新模式。进驻中心的全部事项均实现了办事指南网上查询、要件格式网上下载、办事环节短信告知和网上咨询、网上投诉，并加紧完善网上并联审批系统。实施“标准化”，打造管理“升级版”。对照国家标准委发布的《政务服务中心运行规范》等7项国家标准，从审批岗位职责、审批服务流程、审批权责清单等方面持续进行细化完善和标准化管理，实行审批时限精确到小时、审批责任明确到具体工作人员。按照“全员首接，厘清责任；无缝转接，限时办结；全程跟踪，严肃问责”的原则，建立日常考勤考核台账，对入驻市政务服务中心的各单位及各部门设立的分中心开展考核及民主评议满意度测评工作，接受服务对象评价和监督。

【党建工作】 建立逐级传导、上下联动机制。制定《市政务服务中心落实主体责任实施方案》以及《2016年度主体责任重点工作安排》，将市委、市政府部署的重点工作任务、年度目标任务、领导批示件建立任务台账，逐级分解，明确牵头领导、责任处室、责任人、完成时限，形成“图标式分责、链条式传导、倒逼式追责”的工作模式。建立划片包干、配合协调机制。开展“书记包支部，促主体责任落实；委员包党小组，促堡垒作用发挥；党小组长包党员，促作风根本转变”的“三包三促”活动，将中心及窗口100多名党员划分为10个党小组，由中心10名党员干部担任小组长，实行以党小组为主体的划片包干责任单元。建立一岗双责、互促共进机制。以“一岗双责”推进党建工作和业务工作同频共振，互促共进。通过理论中心组学习及“三会一课”，狠抓廉政教育，形成主体责任在思想认识上的常态化。开展“两学一做”，开展“五学五对照”“五零五争先”“五创五结合”，全年中心党工委研究部署“两学一做”4次，组织领导班子中心组专题学习8次，开展专题研讨5次，组织召开党员大会3次，组织生活会10次，党小组会10次，党课教育6次。

【帮扶工作】 拓展“三大载体”，落实扶贫责任。坚持“理思路出主意、帮资金干实事、上项目打基础”的精准扶贫思路，协调各类帮扶资金和实物531.2万元，并实施了15000亩旱地变水地的土地整理项目。全村农民人均纯收入从2013年的2850元提高到2016年的7395元。

【日常工作】 深化“效能风暴”，落实服务责任。采取日常考核“12345”民情通服务热线、群众评议、第三方评估“四位一体”的综合民评考核办法，更加客观、全面、有重点的督促“放管服”改革举措高效落实。落实示范责任。落实党员挂牌上岗、亮明身份制度，发挥党员的模范带头作用，评选“党员先锋岗”，引导党员在服务群众中争创优秀服务品牌、党员示范窗口和优秀服务标兵。

（李国伟）

·法制工作·

【概况】 2016年，市政府法制办以“依法行政能力培训年”为主，推进全市依法行政、建设法治政府方面的组织协调、督促指导和考核评价作用，推进政府立法、执法监督、行政复议、涉法服务等工作，当好市政府依法行政的参谋、助手和法律顾问，完成各项任务。

【依法行政】 年初制定印发《兰州市依法行政工作要点》《兰州市依法行政目标考评实施方案》和《兰州市依法行政目标考评标准》，对全市依法行政工作做全面安排部署，确立目标责任体系，为推动依法行政工作任务落实打下了基础。牵头起草《兰州市法治政府建设实施方案（2016-2020年）》（草案），经广泛征求意见，反复修改，已经政府常务会审议通过，拟提请市委深化改革会审议。督导检查。3月采取抽查方式对各级各部门落实市政府安排部署情况进行跟踪检查，督导落实。6月采取县区政府实地督导、市政府部门报送资料的方式，对半年完成情况督导检查，向工作落实不到位、问题突出的单位下发了通报，责令限期改正。11月集中两周时间，组成5个考核组，由法制办班子成员和抽调的部门负责人带队，分赴县区和部门实地考核，查找问题，确定排序。营造工作氛围。开展全市政府系统“法治在我心中”主题演讲比赛，39家单位的65名机关工作人员参加比赛，12人分获一、二、三等奖和优秀奖，市公安局等3家单位获优秀组织奖。

【依法行政培训】 全市领导干部法治培训学习《法治政府建设实施纲要（2015—2020年）》《立法法》、《审计法》《安全生产法》和《突发事件应对法》等11部法律和文件，并编印“一月一法”小册子1.8万本，每月发至各级领导干部研学。认真落实法治讲座。10月31日，邀请国家行政学院法学部主任胡建森教授来兰，以政府党组理论中心组（扩大）视频会议形式，为全市政府系统领导干部做了题为“贯彻《法治政府建设实施纲要》，如期实现法治政府基本建成的奋斗目标”的法治讲座；12月14日，以政府党组理论中心组（扩大）视频会议形式，组织全市领导干部参加了省上《行政诉讼法》和《预算法》2期法治讲座。法制队伍素质提升。用2周时间，举办2期全市法制机构领导干部法治能力提升培训班，邀请省内知名法学教授，省政府法制办专家、法律顾问、法官等有针对性地专题授课，培训法制干部255人。在全市范围组织2期行政执法案卷评查员实务培训班，对全市重点执法单位和基层法制人员230名进行系统培训，为各级执法单位培养一批规范执法的“明白人”。行政执法人员常态化培训。8月份，集,2周时间，对市级部门776名新增执法人员就综合法律知识系统培训，组织参加执法人员网上考试，全市新增执法人员考试通过率98%。

【政府制度建设】 立法工作新突破。制定《兰州市人民政府拟定地方性法规草案和制定政府规章程序规定》，规范政府立法的内容、条件、程序、时限等。落实政府立法计划制度，年初在广泛征集、严格论证政府立法项目的基础上，制定《兰州市政府2016年度立法计划》，确定地方性法规正式项目5件，政府规章正式项目10件，推动政府立法走向规范化。突出政府立法重点。围绕治污染、畅交通、惠民生等重点任务，充分发挥协调指导、专家论证、法制审查作用，先后提请市人大审议了《兰州市烟花爆竹安全管理规定》《兰州市公共汽车客运管理条例》和《兰州市中小学生人身伤害事故预防与处理条例》等5部地方性法规议案，制定《兰州市再生资源回收利用管理办法》《兰州市南北两山绿化开发上水工程管理办法》和《兰州市机动车停车场管理办法》等10部政府规章。落实政府规章的立、改、废。根据实际工作需要，对全市现行有效政府规章进行了全面系统清理，对与现行有效的上位法冲突或失去作用的19部政府规章予以废止，对上位法已经修改或与发展形势不相适应的28部政府规章及时修改，保留政府规章70部，编印《兰州市政府规章汇编（1996–2015）》，收录现行有效政府规章98件。规范性文件制定管理。制定《兰州市行政规范性文件制定和备案规定》，明确政府规范性文件“三统一”（统一登记、统一编号、统一发布）和有效期制度，严把规范性文件的审查关、备案关、登记关，确保政府规范性文件未经合法性审查，不得提交相关会议研究，经审查不合法的，未经纠正不得发布施行，2016年来市政府将所有政府常务会议题纳入法制审查范畴。审查政府规范性文件83件、非规范性文件175件。

【规范执法行为】 建设两支队伍。建设行政执法社会监督员队伍。从人大代表、政协委员、律师、社区主任和民主党派、工商企业等社会各界中聘请组建了一支20人的监督员队伍，对全市行政执法活动进行义务监督，发挥社会力量参与行政执法监督作用，纠正行政违法行为。建设行政执法案卷评查员队伍。从全市各部门法制机构遴选组建了一支80人专兼结合、相对稳定的市级行政执法案卷评查员队伍，经培训提升，采取集中与分散相结合的方式，开展案卷评查，纠正问题案卷，规范行政执法行为。打造三大平台。打造电子监察平台。优化全市行政处罚电子监察平台，将全市36个具有行政处罚权的单位的3376项行政处罚事项，按照轻微、一般、较重、严重、特别严重五档量化细化为9936分项，并纳入电子监察平台，对行政执法行为实施全过程、全方位的实时监控，预警提示、反馈问题，压缩自由裁量空间。打造“两法”衔接平台。落实行政执法与刑事司法衔接工作，推进省、市、县区政府“两法”衔接平台互联互通，落实重大行政处罚报备制度，全市行政执法单位向我办报备重大行政处罚856件，会同市检察院对40多个一线执法单位“两法”衔接情况进行监督检查，纠正有案不立、以罚代刑等问题。打造网上培训平台。与法制教育网、万维公司等多次衔接，通过政府购买服务等方式，实现行政执法人员网上授课、按学时培训、模拟考试等同步运用，建设方案已成形，正在报批立项。做好四项重点工作。全市审查确认颁发行政执法主体资格证740个，其中2016年变更、新增35个；全市通过网上考试发放行政执法人员资格证13166个，其中2016年新增776个。开展百部案卷大评查。以行政执法案卷为切入点，在收集整理全市2015年度行政执法案卷目录的基础上，从1万余部案卷中随机抽取、现场评查100部，对评查中发现的问题采取点对点下发通报和全面通报的方式，促进问题整改。为从源头规范全市行政执法行为，对全市各级执法单位制发了《兰州市行政执法规范公示牌》680块；深入质检、公安、科技等重点执法单位，检查罚缴分离制度落实情况；深入食药、文化、酒类等部门，重点检查指导案卷制作管理工作；就省政府社会监督员反映的基层民警不文明执法、缴纳土地出让金等问题，向七里河区政府、市公安局、市国土局下发了《兰州市人民政府行政执法监督通知书》，通过监督整改，促进了规范、文明执法。开展综合执法体制改革试点工作。在赴青岛、南通、成都等地考察学习的基础上，向市委调研组汇报了城管执法体制改革工作思路及建议，对《关于深入推进城市执法体制改革改进城市管理工作的实施意见》进行了合法性审查。对全市各级各类行政执法主体和执法人员进行了清理，对新增、合并的市大数据局、市文旅局等部门“三定”方案进行了合法性审查，为深化行政执法体制改革奠定了基础。

【服务政府】 办理政府涉诉涉法事务。优化政府法律顾问队伍。结合我市工作实际和律师专业特长，综合考量、遴选补聘3名政府法律顾问。突出政府涉法文书法制审查。2016年，共审查政府涉及特许经营、企业改制、土地开发、房屋拆迁、招商引资、框架协议、股权变更、招投标项目等各类重大合同协议及涉法文书201件，同比增长93.3%，参与政府重大决策56次，处理政府重大疑难问题8件，代理市政府作为被告的行政诉讼案件195件，同比增长712.5%（其中，胜诉133件，正在审理62件），对可能存在的履约及法律风险提出了具体的审查意见。提升矛盾调处能力。截至年底，妥善办理涉及各县区、各部门具体行政行为的行政复议案件91件，同比增长116.7%,其中维持18件、责令履行7件、撤销5件、终止26件、驳回10件、确认违法7件、不予受理6件、正在办理12件。

【深化改革】 按照2016年度市委深化改革工作的统一安排，我办承担着牵头制定《兰州市法治政府建设实施方案（2016-2020年）》和《兰州市人民政府重大行政决策程序规定》两项工作任务，经前期多次广泛征求意见，反复论证修改完善，于12月6日政府常务会审议通过，拟提请市委深化改革会议审议。

【招商引资】 年内已超额完成2个亿的目标任务，招商引资落地资金2.2个亿，其中结转项目2个，新引进项目2个。

（简　红）

·地方志工作·

【概况】 2016年，兰州市地方志系统在市委、市政府的领导下，在省史志办的业务指导下，围绕市委、市政府中心工作，按照自身职能要求和年度工作任务，推进各项业务工作开展，全面完成一轮兰州市志收尾，二轮兰州市志通过省志编委会终审，县区年鉴覆盖面迅速扩大，方志信息化和地情资料丛书编辑、旧志整理等积极推进。同时，加强队伍建设，拓宽地方志工作思路，增强服务经济发展和文化建设的能力，各项工作取得新的进展。

【市志编修】 首轮兰州市志从上世纪90年代开始编修，经过28年艰苦努力，共编纂58卷册专志分卷，成书3000余万字，最后一卷《总目录·编纂始末》完成编纂，付梓出版，首轮兰州市志编修划上句号。二轮兰州市志原定名《兰州通志》，从2008年开始编纂，定稿170万字，分上、下两卷，经省史志办审订，将志名改为《兰州市志（先秦—2008年）》8月和10月，分别由省史志办和省志编委会通过复审和终审，经终审修改后进入出版程序。

【县区志编修】 县区二轮志有《七里河区志》《安宁区志》完成出版发行；截至2016年年底，累计已有6个县区完成二轮续志编修;《红古区志》续志完成评审稿，进入评审程序；《榆中县志》续志完成资料征集和长编，并开始编纂。

【年鉴工作】 完成《中国地方志年鉴》《甘肃年鉴》2016卷兰州入编资料征集、编辑和报送工作。《兰州年鉴》自2007年创刊以来，每年编辑出1卷，已连续公开出版发行8卷，《兰州年鉴》（2013卷）于2016年5月获全国地方志优秀成果（年

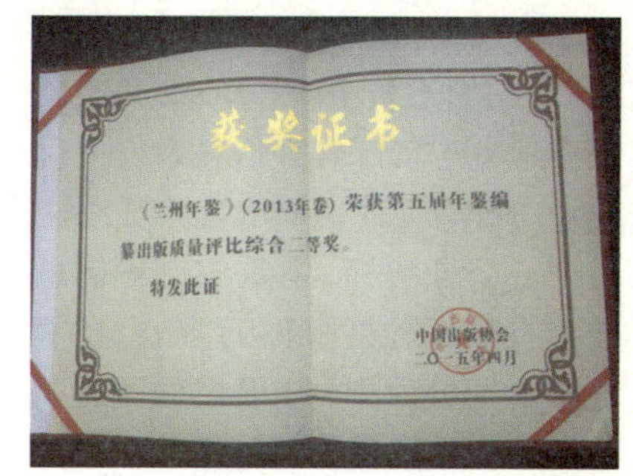

鉴类）一等奖。2015年以来，由于市志办办公地点搬迁、过渡达1年之久，造成年鉴编辑、出版、印刷进度拖延，影响2015卷和2016卷的正常编纂出版，经请示省史志办和市政府分管领导同意，决定将2015卷和2016卷合辑出版，至年底完成编辑、校对、插图配置、总纂统稿，2017年印刷出版。

【县区年鉴】 截至2016年年底，兰州市8个县区综合年鉴有4个县区已完成出版，3个县区正在编纂或出版。具体是《皋兰年鉴》2013年创刊，达到一年一鉴，内部出版;《城关区年鉴》2014年创刊，实现一年一鉴，公开出版;《榆中年鉴》2014年创刊，公开出版2012—2014合订卷，2015—2017合订卷正在编纂;《安宁年鉴》2014年首编完成2011—2013合订卷公开出版，以后按一年一鉴要求编纂，但出版时间有所延缓。《七里河年鉴》2004年在全市率先编纂，内部出版，编纂3卷因故停刊，2016年二次启动，年底完成征稿编辑，进入总纂;《西固年鉴》2015年启动，2016年完成首编，进入出版程序;《永登年鉴》2016年首编完成编辑统稿，正在申请出版经费。

【网站建设】 按照中指办和省史志办工作要求，市志办和各县区志办，开展一、二轮志书、年鉴和相关地情资料的电子化、数字化工作，为志书、年鉴上网挂接做好前期准

备。市志办在原兰州史志网页基础上，申请财政资金130万元，开展兰州市地方志资源管理信息系统项目建设工作，通过兰州市公共资源交易中心公开招标，由重庆南华信息技术有限公司和甘肃万维信息技术有限公司分段中标，承担项目建设工作。建设内容主要包括方志资源管理系统（重点是在线编纂系统）、方志信息资源数据库和覆盖全市所有县区的兰州方志网，年底在线编纂系统和兰州方志网软件设计基本完成，正在修改、完善。运行环境租赁中国电信云平台。

县区地方志网站建设工作全面展开，榆中县、永登县、城关区、安宁区史志办先后建成开通地方史志网站（网页）；西固区、七里河区、皋兰县志办将方志信息化工作纳入议事日程，分别开展网站内容框架设计、地情资料整理汇总、志书年鉴电子化扫描等基础工作。

【地情资料丛书编辑和旧志整理】 2016年，市志办、县区志办共完成地情资料丛书编辑和旧志整理出版13部。其中，市志办完成清代陇上名志《重修皋兰县志》仿古线装影印出版500套；点校民国时期旧志《皋兰县新志稿》，完成清样点校并送专家审稿。榆中县志办完成《榆中史话》《水泉湾村史》2部；安宁区志办完成《安宁史话》《刘家堡街道志》《吊场乡志》3部；红古区志办完成《龙乡风韵》《红古史话》2部；西固区志办完成《西固史话》1部；榆中县志办整理完成旧志4部，包括清代康熙二十六年《金县志》、道光二十四年《重修金县志》、光绪三十四年《金县新志稿》、民国时期《重修榆中县志》的校注和影印出版。

【方志馆项目建设】 按照中国地方志指导小组和省史志办要求，兰州市方志系统将方志馆建设调研工作提上议事日程，榆中县志办率先在全市方志系统建成地方志地情资料库，用房80平方米，藏书3000余册，为下一步建设方志馆奠定了基础。市志办经过学习考察，向省内外志办单位索取资料，研究起草建设兰州方志馆的请示报告和项目建议书，已将项目内容提要报给市政府办公厅和市发改委，并纳入全市“十三五”规划。

【精准扶贫】 按照市上统一部署，市志办联系帮扶榆中县新营乡桦岭村，全办人员共联系贫困户46户，人均3~4户。该村属榆中南部贫困山区。2016年，市志办协调市公路局为村上解决道路硬化建设项目2.2公里，落实资金88万元；同时从办公经费和福利费中筹措资金3.5万元，用于解决村上基础设施建设部分资金缺口和部分联系贫困户相关问题；帮扶4年，市志办累计为该村落实帮扶资金约230万元，完成村道沙化、硬化及其他基础设施建设项目8项，为桦岭村实现整村脱贫打下基础。

2017年4月26日，兰州市志办公室召开区县地方志工作会议

【修志队伍建设】 组织市、县区志办骨干人员参加中版协年鉴工委举办的第16期全国年鉴编纂高级研讨班，参加西北5省区、新疆生产建设兵团地方志工作协作会议，学习借鉴兄弟省、市、区修志编鉴工作经验，组织县区志办之间学习交流，邀请专家讲课，培训供稿单位和编辑人员。同时按照组织部门新规定，市志办对拟提任科级职位的4名业务骨干，通过组织部门派往安宁区3个社区和永登县1个村担任社区主任助理及村第一书记，挂职锻炼1–2年，创造基层工作经历，增长才干。

【党建工作】 精心组织“两学一做”学习教育各项活动。按照市上部署要求，成立机构，制定方案，推动“两学一做”学习教育常态化、制度化。落实廉政建设和全面从严治党主体责任。组织全办干部职工学习十八届三中、四中、五中全会精神和《党章》《纪律处分条例》《准则》等，严格执行中央、省、市各项廉洁、廉政规定，对照反面教材，筑牢思想道德防线；把廉洁从政和改进作风贯穿于学习、工作、生活的全过程，做到廉政建设和业务工作同安排、同落实、同检查、同考核；严格执行财务制度和财经纪律，慎重决策，公开透明，杜绝腐败，维护单位良好形象。

（市志办）

·参事工作·

【概况】 2016年，市政府研究室以“1+6+X”工作格局为总目标，为政府决策提供智力服务。“1”是协助市政府办公厅起草市政府相关文字材料；“6”是办《每日要闻摘报》《决策参考》《政策热点》《政策文件汇编》《兰州发展》（市政府机关刊物）《兰州市情概览》（一年一编）6个决策咨询服务平台；“X”是单位涉及到的精准扶贫、招商引资等其他工作。配合市政府办公厅调研处，参与《政府工作报告》、市政府工作汇报和市政府主要领导讲话等综合性文字材料的起草工作。抽调骨干力量参与市党代会报告以及全市城市工作会议领导讲话等文字材料的起草工作。完成以宣传兰州经济社会发展为主的新华网等媒体约稿和《中国城市年鉴》兰州入编资料等文字材料的起草工作。

【课题研究】 开展课题研究和参与重大调研活动是研究室一项主要职能。紧扣兰州发展实际，确定重点研究课题，采取“走下去”“走出去”的方式开展专题调研，起草完成《关于城市垃圾处理的调研建议》《兰州农村义务教育阶段生源流失问题浅析》等调研建议32篇，提交相关领导和部门，为领导机关科学决策提供参考依据。参与市委、市政府安排的相关重大调研活动，完成“城市生活垃圾处理”等课题的调研并承担了部分调研课题的撰写任务。配合国务院发展研究中心、省政府研究室、陇海兰新经济促进会等单位和协会开展专项调查研究，完成“兰州市战略性新兴产业发展”“兰州市经济发展及2017年工作建议”等调研报告的起草报送工作。接待广州市政府研究室等省内外城市对口单位来兰考察调研活动，提供涉及“现代公共文化服务体系”等内容的考察材料。

【决策咨询服务】 研究室发挥6个决策咨询服务平台作用。全年刊发《决策参考》37篇、《政策热点》68期、《政策文件汇编》24期、《每日要闻摘报》188期，印发《兰州发展》6期。4月创办的《每日要闻摘报》，结构为中央、省上、专家及媒体、媒体看兰州、其他城市五块内容，采取一句话新闻的表达方式，成为市政府领导了解政策动态、重要新闻和媒体声音的有效载体。首次编印的《兰州市情概览（2016）》一书，比较系统详实地介绍和反映兰州历史文化、风土人情、行政区划、城市规划、经济社会发展现状和政策举措等情况，全书采用文字、图片和图标相结合的表现形式，为全市各级干部提供了一本了解兰州的基础工具书。在国务院发展研究中心主办的中国智库网，报送和发布我室研究成果100多篇，在全国政策咨询服务机构成员单位中排名靠前，受到表彰。

【“两学一做”】 “两学一做”学习教育启动以来，室党组制定学习时间进度安排表，成立学习教育工作机构，设立办公室，负责学习教育各项工作的落实。制定专题研讨方案，对学习研讨的时间、内容、篇目、形式均作出了详细具体的计划。在全市“‘两学一做’在我身边”征文活动中，1人获得一等奖，1人获得优秀奖。

【党风廉政建设】 突出抓好意识形态工作。室党组把意识形态工作作为一项重要政治任务，落实党组的主体责任，强化纪律意识和规矩意识。室领导杨映琳在各类新闻媒体发表文章26篇，在全市“‘两学一做’在我身边”征文活动中获得一等奖。落实党组主体责任。履行党组集体领导责任、党组书记第一责任和班子成员“一岗双责”。全年班子成员共开展约谈36次，总72人（次），其中工作约谈32次，提醒约谈2次，告诫约谈2次。严守党的政治纪律。自觉维护和严格遵守党的政治纪律以及《党章》各项规定，自觉与党中央保持高度一致。执行党内政治生活纪律，自觉按照党的组织原则和党内政治生活准则办事。转变工作作风。改进会风文风，力行少开会、开短会、讲短话，减少会议次数；厉行勤俭节约，控制“三公”经费，各项支出符合规定要求。

【精准扶贫】 对所联系帮扶的高新区连搭镇朱家沟村传达中央和省、市相关精神，以新精神、新政策、新要求指导扶贫 工作。协调甘肃陇萃堂营养保健食品有限公司共同对村上新考入大学的5名学生给予每人3000元的助学资金奖励。协调相关单位建成村幼儿园和党员活动中心，启动杨静仁故居修复工作。派出2名同志担任贫困村第一书记，1名同志担任驻村帮扶工作队队长。

【招商引资】 招商引资工作小组全年开展赴外招商及参加全市统一组织的招商引资活动10余次，对接企业50余家。落实招商引资线索项目8个，引进招商引资项目2个，完成招商引资到位资金2.03亿元。配合陇海兰新经济促进会、中国城市发展研究会等全国性经合组织，按照要求完成涉及兰州方面的工作。

（杨映琳）

·人事工作·

【概况】 2016年，人事管理工作在市委、市政府，省人社厅指导下，贯彻落实关于人事人才工作的方针政策，做到以人才战略为根本点，以人事制度改革为突破点，以服务经济建设为落脚点，不断开创人事人才工作新局面，为经济发展提供强有力的人才保证和智力支持。

【人才队伍建设】　不断强化人事人才管理，引领作用有效发挥。依法登记公务员（参公人员）585人，调配公务员（参公人员）97人，招录公务员（参公人员）392人。公开招聘事业单位工作人员741人，安置各类事业单位工作人员208人，调配事业单位工作人员339人。

【人才教育培训】　组织全市35884名机关（参公）及企事业单位工作人员参加网上培训或现场培训。指导督促各县区常态化执行职务与职级并行制度，审核确认享受待遇2388人。指导195家事业单位完成701人的竞聘上岗工作，完成238家事业单位970人的岗位变更审核、备案工作，核准14家新设事业单位的岗位设置方案及11家岗位调整事业单位的岗位设置方案。完成机关事业单位增收工程，配合完成了全市公车改革相关任务。

【军转干部安置】　全年完成1600名自主择业军转干部的生物信息采集，接收军转干部439人，其中自主择业398人、计划安置41人，安置率达100%。稳妥安置驻兰部队随军家属10人。举办计划安置军转干部岗前培训班和自主择业军转干部创业培训班。

【人力资源市场】　运行人脸身份识别系统和网上阅卷系统，安全规范组织公务员招录、事业单位公开招聘、技工等级考核、职称外语、职称计算机等各类人事考试，参加考试人员近11万人（次）。引进急需紧缺高层次及实用人才659名，完成专业技术人员职称资格调入复核68人。完成第二批“金蓝领”高技能人才推荐、评审和认定工作。组织实施引进国外技术、管理人才项目20个，引进外国专家35人（次）。建立省级引智示范基地（单位）2个。

（王　玺）

·信访工作·

【概况】　2016年，市、区县两级信访部门共受理信访事项2386件次、接访10540人（次），同比件次下降22.4%、人次下降25.1%。其中，市信访局受理信访事项956件次、接访5114人（次），同比件（次）下降11.7%、人次下降11.6%。劝返进京非正常上访51人（次），同比下降76.6%，其中重复进京非访38人（次），同比下降79%；劝返赴省集体上访34批1025人（次），同比批（次）下降15%、人（次）上升16.9%；接待处置群众来市集体上访194批4091人（次），同比批（次）下降22.1%、人次下降10.4%。全年未发生较大影响的进京上访和赴省群体性上访案件，群众大规模聚集、长时间围堵市委市政府机关大门的现象明显减少，全市信访形势呈现平稳向好态势。在全省信访工作目标管理年度考核中排名第四，受到省信访工作联席会议通报表彰。同时，市信访局被兰州市委、市政府评为“2016年度平安建设工作先进单位”；被甘肃省人力资源和社会保障厅、甘肃省维护稳定领导小组办公室授予“2013-2016年度甘肃省维护稳定工作先进集体”称号。

【领导接访】　市委、市政府主要领导每月安排一天时间接待群众来访。对进京上访和赴省来市集体访重点问题，接待协调，指导处置。按照“一岗双责”要求，市委、市政府其他领导成员认真履行信访工作职责，坚持每周轮流接访，对重大紧急突发信访问题随有随接。全年市委、市政府领导共接访23次，解决疑难复杂信访问题23件，包案督办重点信访案件11件，化解率达到了100%。

【网上信访】　2016年网上信访已逐步成为信访主要渠道，占市级信访总量的43.3%,同比上升11.8%。网上信访的开通使群众信访变得更加便捷、高效，开创群众走访向网上信访转变的新局面，实现“数据多跑路，群众少跑腿”新格局。推广应用甘肃省信访信息系统，向各县区和市直各部门开通端口389个，登陆帐号1425个，将来信、来访、积案管理等信访事项全部纳入系统内，实现信访事项网上流转、网下办理，受理和办理过程可查询、可跟踪、可督办、可评价。1至12月，市、县两级信访部门共登记受理录入信访事项2396件（次），到期办结率达到了92.7%，群众对信访部门满意度为98.6%，对责任单位满意度为97.2%。

【信访积案化解】　2016年，全市集中排查梳理进京赴省来市上访和重复来信、网上投诉积案67件，通过领导包抓、集中会商、公开听证、三级终结、信访救助等有效措施，化解67件，化解率达到了100%。市财政列支解决特殊疑难信访问题专项资金81万元，化解特殊疑难信访个案6件；市信访事项复查复核委员会依法复核终结信访事项5件，减少了信访问题存量。

【督查督办】　2016年，上级机关和领导交办案件109件，办结109件，办结率为100%。其中：省上领导包案1件，到期1件，办结1件，到期办结率100%；办结信访积案67件，到期67件，办结67件，到期办结率100%；省信访局交办的要结果件24件，到期24件，办结24件，到期办结率100%；督办市委、市政府领导和局领导批示交办重点案件17

件，已办结17件，办结率为100%，群众满意率为90%。

【复查复核】 对市、县、乡三级处理的普通信访事项，市信访事项复查复核委员会依法予以终结，做到有序退出。2016年，市信访事项复查复核委员会共受理25件，办结25件,办结率为100%。已终结信访事项基本做到案结事了、息诉停访。

【健全机制】 健全廉政风险防控机制。修订《兰州市信访局党组议事规则》，完善约谈制度，规范约谈程序，落实约谈责任。协调市财政局修订《兰州市解决特殊疑难信访问题专项资金管理使用办法》《兰州市信访专项业务经费管理暂行办法》2项制度，规范信访专项资金审批程序，靠实审批责任，加大监管力度，从源头上防止问题的产生。健全诉访分离机制。分流涉法涉诉信访事项63批441人（次）；健全完善了信访复查复核机制，对经市、县（区）、乡（街道）三级处理、合理诉求解决到位的信访事项，依法予以终结，做到有序退出。

【创新工作】 专项治理，解决信访突出问题。在全市范围内开展“化积案、控非访”行动，排查梳理进京赴省来市上访和重复来信、网上投诉重点积案67件，化解67件，化解率达到了100%，息诉罢访率达到90%。节会期间，由综治、维稳、信访、公安四部门分管领导任副组长，成立驻京劝返工作组开展驻京劝返工作，维护了首都稳定。全市进京非访同比下降75%，为近10年来人数最少的一年。抓基层，推动重心下移、关口前移。开展5次干部带案下访活动，督办重点信访案件54件，化解率为95%。在全市范围内组织开展无进京越级上访、无大规模集体上访、无因信访问题引发的极端恶性事件和舆论负面炒作的“三无”县（区）暨“三无”乡镇创建活动。2016年我市西固、安宁、红古、永登4县区基本实现“三无”目标，85%以上乡镇街道实现“三无”目标。推行第三方介入化解问题。出台信访事项简易办理办法，实现信访工作的提质提速。推出律师坐堂、法律咨询、心理干预等便民服务措施，邀请人大代表、政协委员等第三方介入信访工作，提高信访工作的公信力。共安排65名律师接待上访群众300余人次。做好节会期间信访工作。组成强有力的驻京驻外劝返工作组，完成全国“两会”、敦煌文博会和十八届六中全会期间的劝返工作任务。完成中央第三巡视组和中央第七环保督察组驻甘期间来访接待和值班值守工作，连续1个多月24小时值守，共办理上报31批512件环保信访举报。干部队伍建设。开展了“两学一做”学习教育，通过“寻找最美信访干部”评选优秀党组织、优秀共产党员、优秀党务工作者，设立党员先锋岗等活动，引导信访干部立足岗位做贡献，履行为党分忧、为民解难的神圣职责，群众满意度和社会美誉度不断提升。

（张轩宁）

·外事工作·

【概况】 2016年，首届丝绸之路（敦煌）国际文化博览会期间，市外事办邀请并接待阿尔巴尼亚文化部代表团、阿尔巴尼亚费里市友好代表团、美国佛罗里达州坦帕市代表团、塞尔维亚驻华使馆代表团等4个重要团组共计16名外宾，参加首届敦煌文博会高峰会议、圆桌论坛，参观考察文化年展、莫高窟等极具古丝绸之路特色的文化遗迹，了解甘肃在古丝绸之路上独特位置和重要作用。

【国际交流与合作】 2016年，兰州市与俄罗斯布里亚特共和国乌兰乌德市、阿尔巴尼亚费里市、尼泊尔加德满都市、美国佛罗里达州坦帕市4个丝绸之路经济带沿线国家城市建立友城及友好交流城市关系。协调阿尔巴尼亚费里市与甘肃省卫计委签署中医药领域合作协议，双方就在费里市合作成立中医中心，开办岐黄中医学院，合作开展中药种植、加工、出口等工作达成初步意向。由外交部国际经济司主办、兰州市人民政府承办的“外交官重走丝绸之路”项目甘肃段的各项活动，来自俄罗斯、哈萨克斯坦、塔吉克斯坦、蒙古、英国等13国的19名驻华外交官以及部分媒体记者参与此次活动。兰州市教育医疗研修团4人赴日本秋田市进行为期60天的研修学习。在本次研修学习中，2名教育研修生在秋田市立御所野学院中学参加授课等日常教学活动；2名医疗研修生在秋田市立综合医院的外科和麻醉科进行医疗方面的学习。兰州市与秋田市在教育、医疗业务方面的交流合作进展顺利。推进友城青少年交流，增进中外青少年友谊。5月28日至6月1日，日本八户市青少年代表团一行29人访问兰州市，与兰州市第七中学、第四十九中学开展交流活动。8月11日至19日，兰州市青少年软式棒球参赛代表团一行27人赴日本刈谷市开展棒球交流比赛。兰州市选手入住普通市民家庭，体验日本文化、风土人情。

【“一带一路”建设】 规划的对接工作。制定《兰州市加强“一带一路”建设境外安全保障工作实施方案》，明确市级各相关部门在应对境外安全风险时的具体职责，健全部门间工作协调、应急处置和内部防范等联动机制。互联互通。通过兰州新区综合保税区、实现铁路货运航空运输的突破、建设兰州国际港物区等一批基础设施，为“一带一路”的建设注入活力。5月，由兰州开往尼泊尔加德满都的我国首列南亚公铁联运国际货运列车正式开通；9月，兰州至白俄罗斯明斯克中欧国际货运班列正式开通。协助市商务局举办2016“一带一路”中国（兰州）国际跨境电商物流大会。大会时值“一带一路”战略全面推进实施的重要时期，活动的举办进一步推动兰州成为我国通往中西亚、南亚以及欧洲最便捷、最高效的陆路枢纽。

【经贸合作】 7月，邀请日本秋田市政府及商贸代表团一行9人来兰州市访问并参加“第22届中国兰州投资贸易洽谈会”系列活动。代表团参加“兰洽会”开幕式及商品展销活动，与甘肃永登苦水兴顺玫瑰花有限公司企业代表交流。7月底，应吉尔吉斯斯坦奥什市邀请，兰州市政府代表团赴吉尔吉斯斯坦访问，与吉尔吉斯奥什市就推进两市在现代农业、畜牧业合作、农畜产品直供、产业园区建设项目合作等方面进行洽谈，签署项目合作备忘录。8月，应阿尔巴尼亚费里市市长的邀请，兰州市政府代表团赴阿尔巴尼亚访问，与阿尔巴尼亚费里市就友好交流和互利合作、共建丝绸之路经济带、人才培训、教育教学和艺术职业教育等方面的具体事宜洽谈与磋商。

【外事管理工作】 外事综合归口管理。3月，兰州市委下发了《中共兰州市委关于进一步加强对外事工作集中统一领导的通知》，强化市委对外事工作的集中统一领导。统筹因公出国（境）工作。本着“控制总量、突出重点”的原则，积极服务“一带一路”建设和向西开放战略的实施。全年审批84个团248人（次），分别派往白俄罗斯、马来西亚、日本、韩国、德国、俄罗斯、香港、澳门等国家和地区执行公务。84个团中，由兰州市组团派出的32个团130人；参加省直部门和国家组团派出49个团103人；因任务不实、团组构成不合理，退回3个团15人。从出访团组任务性质来看，“一带一路”建设团12个，专业技术培训团36个，友好城市访问团4个，项目洽谈团及其他短期交流访问团组32个。

【礼宾工作】 全年审批外国人来兰31件（次），共计143人（次），涉及美国、俄罗斯、德国、尼泊尔、肯尼亚、坦桑尼亚、日本、韩国、尼日利亚、塞尔维亚、西班牙等国家。全年共接待外宾团组11个，共计61人次。重点接待了土库曼斯坦驻中国大使馆代表团、马来西亚柔佛州经贸代表团、尼日利亚贝努埃州州长代表团、尼泊尔加德满都市长代表团等重点团组。做好首届丝绸之路（敦煌）国际文化博览会、第二十二届兰洽会、甘肃丝绸之路国际文化旅游节、第六届兰州银行杯国际马拉松赛、第二届兰州跨境电商物流大会、首届中国兰州科技成果博览会、兰州—尼泊尔加德满都货运班列首发仪式等在兰大型节会的服务保障工作。

2016年9月电商物流大会

【形象宣传】 邀请阿尔巴尼亚国家电视台著名导演余利·佩波先生一行4人来兰州采访拍摄，通过电视、广播、社交媒体、平面媒体等平台多角度、全方位展示兰州发展成果及在“一带一路”背景下的发展情况。增强兰州市在中西亚、中东欧地区的国际知名度和影响力。加大“兰州蓝”城市名片的对外宣传力度，参加由国家发改委主办的第二届中美气候智慧型/低碳城市峰会。市委副书记、市长袁占亭在“低碳城市发展与空气质量提升”分论坛上作《为全球环境治理和低碳发展贡献“兰州经验”》的发言。

【廉政建设】 市外事办把党风廉政建设作为推动外事工作的一项重要举措。办领导对2016年任务进行安排部署，制定《市政府外事办2016年党风廉政建设和反腐败工作实施方案》，根据班子成员工作分工及处室岗位职责，按照“一岗双责”要求，做到责任有人担，工作有人干。开展提醒教育和约谈。全年集体提醒约谈4次，工作约谈22次，全办谈心谈话共计29人（次）。党建工作。

办党组落实《2016年市直机关党建工作目标责任书》各项目标任务。开展“三包三促”活动，制定工作方案，分解目标任务，层层传导。严格按照标准和程序发展党员，规范党费收缴、管理和使用，认真落实发展党员公示、党员领导干部参加双重组织生活制度。“两学一做”专题教育。以开展“两学一做”专题教育活动为重点，通过开展集中专题辅导、小组学习讨论、“手抄党章一百天”、预防职务犯罪警示教育、《准则》、《条例》专题知识测试等学习形式促进学习成果。

【精准扶贫】 市外事办驻村工作队与村两委班子、驻村工作队就精准扶贫、产业发展、基础设施建设和驻村帮扶工作进行座谈，共同协商解决扶贫村发展中出现的实际困难。积极筹措资金，解决村委会文化广场前因暴雨造成护坡塌陷的问题。对村委会提出的修建50立方米蓄水池解决村民饮水问题，市外事办精准扶贫工作领导小组协调七里河区水务局，争取列入今明两年计划，解决鹞子岭村饮用水的实际困难。改变村里的卫生状况差的状况，筹措资金修建垃圾台，改善村容村貌。

（焦述波）

·数字城市建设·

【概况】 2016年，大数据发展顶层设计和制度体系不断完善，数据资源整合共享成效显著，电子政务应用水平显著提升，三维数字系统推广应用取得突破，大数据产业发展势头良好，加快了“云上兰州、数据城市”建设。

【顶层设计】 健全完善规划体系。编制完成《兰州市大数据产业发展“十三五”规划》，提出到2020年实现“千亿产业、百亿企业”的发展目标，为加快大数据产业发展奠定了基础。编制《兰州市“十三五”智慧城市发展规划》，已进行多次修改完善，《规划》提出加强“网络强市、信息强市、数据强市、安全可信”四项基础工作，突出“智慧强政、智慧惠民、智慧兴业”三大战略任务，到2020年，基本实现城市管理信息化，建成“云上兰州、数据城市”。完善行业管理制度体系。制定《兰州市信息化项目审核备案办法》和《兰州市信息化项目初验流程》，为避免重复建设和低层次建设提供制度保证；制定大数据理局《信息化项目实施编制大纲》、《信息化项目审核流程》，为规范信息化项目的审核、备案及管理提供了指导依据。运用政策潜在价值。收集整理国家和省、市出台的相关政策，印制《2009-2015年国家、省、市出台的信息产业相关政策汇编》和《兰州市国家级政策平台建设情况汇编》。结合我市大数据发展实际，制定了《关于促进大数据发展的实施意见》和《兰州市运用大数据加强对市场主体服务和监管的实施方案》等规范性文件，为提高我市大数据应用和产业发展，转变政府职能和提升服务水平提供有力支撑。发挥专家智囊作用。2016年，聘请7名专家组成顾问委员会，为信息化项目建设、安全保障和大数据发展提供论证、评审等服务。全年召开项目评审会6次，对信息惠民最后一公里等9个项目进行了评审。风险防范。针对项目实施过程中潜在的法律风险，聘请1名法律顾问，为项目合同和重大决策提供法律咨询服务。2016年共审查项目合同35件。

【资源开放共享】 建立完善数据共享制度。制定《兰州市政府数据资源共享管理办法》，规定公共数据共享开放的范围、边界和使用方式，使数据共享开放有章可循，推动公共数据资源整合共享，这是继上海之后全国省会城市中首个对数据资源共享作出明确规范的文件。政务数据资源整合。发挥大数据中心的作用，依托政府数据统一共享交换平台，完成以政务信息为主的法人库、人口库、宏观经济库和空间地理信息库等四大基础数据库建设；以实现政府所有数据共享应用为目标，目前已完成资源整合第一阶段目标，实现37家部门和单位的数据整合入库，数据总占用存储空间超过11T。同时，完成了公安、城管、交通、安监、环保等部门的1.5万多路视频资源整合，在各县区和相关部门实现共享。信息惠民资源整合。制定印发《兰州市第一批信息惠民试点单位及数据整合任务分解表》和《兰州市第二批数据资源整合及信息惠民试点单位任务分解表》，明确了各县区、各部门资源整合的任务及时间节点。积极主动加强与各县区和部门的沟通协调，多次召集相关部门召开会议，及时协调解决存在的困难和问题，加快信息惠民资源整合进度，将涉及民生的257项服务资源整合到三维数字系统，实现了网上办理，达到“让数据多跑路，让群众少跑腿”的效果。

【电子政务建设】 政府网站群的管理维护。完善政府网站群功能，扩充站群规模，新建大数据局、教育局等10家单位网站，为全市各部门提供信息沟通共享的平台。及时调整网站栏目，不断更新相关信息，对城管委、科技局等30余家子站进行了修改完善，对团市委、老干局等网站的页面、版式、色彩等进行了更改。发挥中国·兰州政府门户网站主流媒体作用，编辑、审核、发布各类信息11000余条。建设三维数字办公系统。结合三维数字综合服务管理平台，建设全国首个党政部门三维数字办公系统，通过会议室视频终端、办公室桌面视频终端、手持移动终端，实现各级党委、人大、政府、政协与各部门、单位之间的视频会议和协同办公、网上办公。全年已完成全市44个点位布设，为全市党政部门负责人配发230多部移动终端。办理网民留言。全年共受理省、市主要领导留言7000余条，督办部门留言3000余条，回复率达95%以上。人民网网民给市长留言量和回复量稳居全国前列，其中留言量居全国第6名，回复量居全国第7名、全省第1名，连续6年被人民网评为"全国网民留言办理工作先进单位"，获"全国网民留言办理工作十年贡献奖"。公共服务事项、电子证照目录梳理工作。与省级相关部门沟通协调，组织各县区、各有关单位认真开展公共服务事项、电子证照目录梳理工作，共梳理出公共服务事项762项，电子证照目录378项，已开始编制电子证照系统建设实施方案。网络稳定运行。对全市政务基础信息网络中所有设备的运行情况进行定期巡查、及时响应，确保网络设备正常工作、网络线缆模块正常通信，保证网络畅通。全年共处理电子政务内外网各类网络故障247余次，协同办公软件、短信平台等故障168余次。定期对8个县区、"三区"等分会场视频会议系统进行联调和信号测试，保障各类会议的正常召开，共保障国家、省、市电视电话会议，市政府常务会议及其它各类会议共696余次。政务网络改造升级。对全市政务网络进行了带宽升级，电子政务外网互联网出口带宽达到3.2G，其中，重点单位政务外网带宽达到200M，政务专网带宽达到100M，提升了政务网络传输速率。积极推进全市电子政务外网整体改造，编制完成了兰州市电子政务外网整体升级改造方案和重点单位无线政务外网建设方案。不断拓展电子政务服务半径，完成城关区、西固区电子政务网络建设，并接入市级电子政务网络。

【重点项目建设】 信息惠民建设。依托兰州市信息惠民公共服务平台，研发三维大数据物业管理、电子商务综合服务、再生资源回收管理和三维数字便民自助服务终端等系统平台，打造"一刻钟"精品服务圈。年内进行5000台自助服务终端和5000部POS机的布放与支付系统的对接工作。部分抄表类缴费业务已经能够在三维服务网、三维城市手机APP实现。"两学一做"学习教育手机APP。根据市委组织部的相关要求，研发全国第一个市级"两学一做"学习教育手机APP，集听、读、看、交流、测验于一体，开辟党员学习教育的"空中课堂"，利用互联网技术手段加强党建工作，得到了中组部的高度肯定，并在全国推广。马拉松赛道沿线Wi-Fi覆盖项目。为扩大兰州国际马拉松赛事影响力，实现现场观众与场外观众的互动，建设兰州国际马拉松赛道沿线256个免费Wi-Fi站点，并长期提供服务，成为"云上兰州、数据城市"建设的有效实践。应用平台建设。智慧兰州时空信息云平台项目已通过国家测绘地理信息局组织的专家评审，建成后将为"智慧兰州"建设和应用提供地理信息支撑，并使兰州城市时空信息云平台的建设与应用达到国内先进水平。低碳城市管理云平台项目被列入我市2016年示范城市体制机制创新建设项目，已完成《实施方案》评审，将通过建设"一平台八系统"以及展示监控中心，对碳排放达峰进行动态预测、数据分析，有效提升管理效率和科学决策水平，为我市申报第三批国家低碳试点城市提供重要保障。交通拥堵指数发布平台已基本完成实施方案编制，将为市民提供即时出行参考服务。

【三维数字应用】 软件研发及系统集成。升级三维数字社会服务管理系统4.0版本、网格化管理平台2.0版本，研发大数据综合分析系统、全民数字城管系统等30余项子系统，取得自主知识产权专利3项，软件著作权32项。拓展三维数字社会服务管理平台服务领域，拓展了"办事中心""百姓生活"等12个业务模块，增加了160项网上办理指南服务及医疗预约挂号等专栏，为构建智慧城市一体化奠定了坚实的基础。深化12345民情通服务热线功能。优化语音资源利用，将市第三人民医院心理援助热线4638858纳入整合范围，设立青少年维权及心理咨询岗，为广大市民提供心理咨询、情绪障碍、精神科疾病的诊断和治疗咨询等服务。建立12345民情通服务热线月数据分析制度，对重点、难点、热点问题进行汇总，让分析数据成为反映社情民意的晴雨表。全年受理建议、咨询、投诉、求助、感谢等各类诉求达57万余件，办结56.7万件，办结率99.27%，市民满意率98.92%。拓展三维服务网便民服务功能。探索开展便民服务事项网上办理工作，在西固区试点开展特困群众基本殡葬免费服务、临时救助申请、城乡居民养老保险办理等6项网上办理事项的基础上，拓展网上办理服务事项，并向全市推广。推进社区服务站点建设工作，完成远郊3县1区39个城市社区服务站点建设及信息更新工作。三维城市手机APP已于2月份正式发布上线，能够提供146项便民服务。全年三维服务网平均日访问量达6000余次，访问总量达216.8万人（次）。网格化管理工作。按照"先试点后推进"模式，推广新版网格化系统应用，在西固区开展试点，并对系统、流程进行完善后，在近郊4区推广。同时，为全市1482个网格更换了网格员手持终端，加强了网格员上报信息的便捷性。今年以来，全市近郊4区共受理城市管理类、居民事务代办类、环境保护类等案件151.1万余件,已处理案件144.6万件，处理率达95.68 %。数据更新维护。制定《信息采集及数据维护考核办法》、《兰州市网格化管理信息平台考核办法》(初稿)，对各县区、各部门分类考核，不定期组织人员对三大数据库录入情况进行入户核查。目前，共向近郊4区反馈人口信息空缺、人口信息明显错误、法人信息空缺等6类问题数据共计5.3万个，完成数据纠错4.5万个，纠错率为84.71%。

【"一城一卡"建设】 市民卡应用载体建设。拓展刷卡缴费载体，推进公共交通机具改造，完成4563辆出租车的升级改造工作和800辆新增出租车机具安装；完成2836台公交车机具改造。三维市民卡应用整合力度。组织相关单位负责人多次召开对接协调会议，将民政、卫计委、人社等部门涉及的失独家庭救助资金、城市低保、公益性补贴、养老金、失业保险等费用通过三维市民卡发放，全年共完成38项应用功能整合。三维市民卡发卡工作。自2016年3月26日实现柜面"一站式"发卡后，加大信息采集力度，加快发卡进度，与财政局、教育局等部门对接，取得市级财政供养人员、在校学生制卡所需信息，进行批量发卡。截至年末，共计发行三维市民卡202多万张，超额完成全年200万张的发卡目标。

【大数据产业】 完善政策措施。在制定出台《扶持培育三维数字"千亿产业、百亿企业"的相关政策》的基础上，拓展政策服务范围，制定印发面向全市大数据企业的《关于扶持大数据企业发展的实施意见》，通过资金投入、扩大市场需求、提供人才保障、招商引资等措施，发展一批规模较大的骨干企业，形成产业集群发展态势。为全面了解兰州市企业基础数据，组织编写信息企业年度白皮书，开展信息企业统计分析工作。企业竞争力增强。三维大数据研究院加快进行机构组建，组建专家顾问委员会和"博士站"，设立6个研究中心，提高产品研发能力；大数据研究院和北科维拓公司拓展省外市场，在北京、西安、深圳、成都设立了分院、分公司，与深圳华为、软通动力等知名企业进行合作，收购全省唯一一张第三方支付牌照，建立第三方支付平台，投资成立维拓智能（深圳）、兰州万通等合资或控股公司，逐步在电子商务、智能制造、智慧社区、智慧交通、智慧旅游及第三方支付结算等领域开展业务，拓展大数据产业领域；投资成立兰州跨境电子商务有限公司。大数据交易中心组建工作。为加快培育兰州市大数据交易市场，建立数据交易机制，确定以兰州三维大数据研究院和九次方公司为主要股东组建兰州大数据交易中心。产业园区建设。加快三维数字产业联盟推广中心、电子商务产业孵化园、丝绸之路西北大数据产业园等园区建设，积极推进智慧城市体验馆和三维数字工作大厅建设，着力打造集软件开发、基础研究、采集存储、分析应用、成果展示为一体的大数据产业基地，促进大数据企业集聚集群发展。全市新登记注册大数据相关企业共约1026户，在原有基础上增加了20%。

【"两学一做"】 组织建设。局党组成立后，申请设立局机关党支部和信息产业中心党支部，调整市三维数字中心党支部的隶属关系，加强对局机关党支部、市三维数字中心党支部和市信息产业中心党支部的领导，实现党建工作全覆盖。推进"两学一做"学习教育。完善组织机构，成立以党组书记为组长、党组成员为副组长、党务骨干为成员的学习教育领导小组，对"两学一做"学习教育进行全面安排部署。全年开展专题党课6次，研讨交流4次。开展重温入党誓词，承诺践诺、接受革命教育等10项活动，设立"党员先锋岗"示范窗口，发挥典型的示范导向作用。干部队伍建设。为充实局班子，4名党组成员于4月底配备到位。选拔任命正科级干部5人、副科级干部10人，对15名中层干部平职转任。加大干部的教育培训力度，组织专题

2015年12月18日，三维市民卡首发仪式现场

培训班5期168人（次），赴成都、广州等地交流学习24次66人，参加软博会、数博会等展会活动5次12人。作风建设。落实《党政机关国内公务零接待管理规定》，控制“三公”经费支出。严格公务用车管理，在法定节日期间对公务车进行封存。邀请兰州市审计局对局属单位财政财务收支情况进行了审计，整改审计中存在的问题。推进帮扶工作，开展“大走访、回头看”活动，对农村低保、危房改造等进行了重点排查，梳理汇总问题，并协助帮扶村及时进行了整改。开展送温暖、“关爱留守儿童困境儿童”、协调争取为5名贫困大学生资助5000元，为留守、残困儿童捐赠价值5000元的文具物品。积极协调相关企业，为帮扶村设立3万元助学基金、捐款1.3万元建设光伏发电项目，修建集雨塘坝1座、混凝土硬化路面0.8公里，架设专用自来水入户输水管道5000多米，解决当地村民出行、饮水困难等突出问题。

【从严治党】 教育引导。创新学习方式，引导广大党员干部自觉把政治纪律和政治规矩摆在首位，牢固树立政治意识、大局意识、核心意识、看齐意识，营造守纪律、讲规矩的浓厚氛围，形成不断增强纪律意识和规矩意识的常态效应。落实“一岗双责”。局党组坚持把落实从严治党主体责任和大数据局中心工作有机结合，同部署、同落实。每季度定期召开专题会议，研究部署全面从严治党工作，要求班子成员以上率下，发挥示范引领作用。约谈工作。局班子成员严格按照市大数据局《落实全面从严治党主体责任约谈工作实施细则》，开展约谈工作，层层传导责任、传导压力。截至目前，班子成员结合我局在推进资源整合、项目建设等工作中存在的廉政风险，共约谈83人（次），其中告诫约谈5人，通报批评2人。完善廉政防控机制。制定完善全面从严治党《实施方案》和《专题会议制度》等15项制度，按照全面从严治党主体责任工作清单制度，明确具体负责处室和责任人，细化具体工作措施，确保全面从严治党主体责任落实到位。邀请市检察院领导对局系统党员干部开展预防职务犯罪的讲座，在思想上筑牢拒腐防线。认真查找权力运行的风险点、权力监控的隐患点，理清权力边界，固化运行流程，强化廉政风险防控，共清查风险岗位20个，绘制风险点防控图6个。

【宣传工作】 建设工作展示平台，展示兰州市大气污染防治、城市交通拥堵、环境保护、低碳城市建设等工作成效。全年接待全国人大、中组部、国务院办公厅、国家信访局等中央领导调研考察及四川省委组织部、甘肃省发改委等省内外考察观摩团，计334批（次），3738人（次）。开展“市民走进民情通热线”体验活动，邀请群众代表、媒体代表等40多人，进行“模拟接线员”现场体验。发挥媒体宣传优势，设立两报两台驻三维数字中心记者站，在中央、省、市新闻媒体进行各类宣传报道132次，在兰州广播电视台和市内繁华路段电子显示屏播发公益宣传广告和滚动宣传字幕4100余次，为各县区制作近500块三维服务网和微信二维码公示牌。

（李永忠）

·驻外联络·

兰州市人民政府驻北京联络处

【概况】 2016年，北京联络处发挥驻京机构的“窗口”和“桥梁”作用，完成政务联络和信息传递，招商引资，项目合作，以及兰州宾馆经营管理工作。

【制度建设】 2016年，驻京联络处引导干部职工熟知市场经济、法律法规，熟知会议活动安排、公文运转、接待程序，具备必须的文字表达能力、组织协调能力、应用现代化工具办公能力，切实为全市中心工作搞好服务。联络处在年初召开班子会议，讨论修改制定《兰州市人民政府驻北京联络处》、《北京市兰州宾馆》工作管理制度，深化制度管理理念教育，用制度规范工作程序，用制度规范责任和行为，以制度管人，按制度办事。

【驻外工作】 2016年北京联络处围绕服务中心工作理念，做好政务接待工作。改变服务理念，转变工作作风，提升接待工作制度化、规范化、流程化建设，做到每项政务接待专人专事，做好每一次接待工作的细节服务和对口服务，实现了政务接待“零差错”。

【联络工作】 对外建立业务联络合作机制，与中央机关、国家机关、国家部委和单位；在京津冀地区全国500强企业、民营500强企业、世界500强企业；东北三省、内蒙古、山西联络片区企业以及各类驻京单位的联系交流，实现信息互动，协助市上领导和各个方面在京开展工作。在北京市兰州宾馆设立兰州特产商品展示区，推广兰州牛肉面饮食文化，在2022年冬奥会雪上项目承办地，张家口崇礼区投资开办兰州牛肉拉面示范店，既集中展示兰州牛肉拉面文化和陇上风情的“名片”，为中南海（国办食堂）做好牛肉面同时，把牛肉面送进中直机关管理局，扩展“中国·兰州牛肉拉面”在中央机关的知名度。

【保障工作】 完成全国两会、“美丽兰州 —2016丝绸之路文化旅游年”活动《大梦敦煌》在人民大会堂和中央党校的演出、中美气候智慧型/低碳峰会等重大活动的服务保障工作。

【信息报送】 收集和整理有参考价值的信息，以《北京信息》形式上报市政府，为市上领导决策提供第一手资料，全年共编发《北京信息》30期，《政务信息》1期和1份专题报告，提供300多条信息。

【信访维稳】 在宾馆日常运营期间，做好安全维稳工作部署，配备安检器材、设备。对外来上访人员逐一登记核查排摸，化解矛盾纠纷，切实解决民情渠道不畅、问题层层下转、矛盾逐级上交的问题，有效地预防和减少了问题的发生与积累，2016年实现信访工作“零事故”，为保障首都和谐稳定做出贡献。

【宣传兰州】 宣传兰州、介绍兰州，在北京市兰州宾馆餐厅电视上循环播放四集兰州宣传片《金城兰州》供就餐客人欣赏；在宾馆客房内放置《山水名城黄河之都 — 兰州》、《中国西北游出发在兰州》《一个始于兰州的传奇 — 牛肉拉面》等读本供宾客阅读；印制宣传册、宣传光盘、宣传手提袋等宣传载体，依托兰州市在京宣传推介活动、部门部委联络、招商企业走访时进行推广宣传。

【招商引资】 北京联络处依托北京首都信息、资源集中优势，配合全市在京招商工作，做好兰州市在京开展的各类招商引资活动协调服务保障，为来京市上领导及工作人员提供车辆、住宿、餐饮等保障服务。主动与兰州籍企业家、经济能人、工业人才以及在京工作的领导取得联系，收集相关投资信息，开展招商引资宣传，以“乡情”为纽带，组织相关企业来兰考察交流。通过宣传兰州装备制造、石油化工、生物医药三大支柱产业，联系有投资意向的国内外知名企业，采取部门引荐、企业拜访等方式进行招商洽谈。配合安宁区成功引进总投资额10亿元兰州联想科技城项目，该项目本年度已完成投资5.01亿元。引进了北京京农控股集团有限公司投资4千万元的京农果树产业园区落地永登县秦川镇。联系并组织中国能源建设集团北京电力公司、北京金房暖通节能技术股份有限公司等企业招商代表团参加第二十二届中国兰州投资贸易洽谈会。

【提升宾馆层级】 联络处筹措资金，对餐厅从新布局、餐桌椅等服务设施更换，对后厨天然气老化管道改造，安装先进天然气报警系统。定期对餐厅设备维修保养，定制牛肉面专用碗和多功能牛肉面演示餐车，可以在为宾客演示拉面制作工艺流程。推出30多种新菜，更换新菜谱和纸质点菜单，推出微信点菜和微信、支付宝支付等多种新型支付方式。落实各项安全管理工作。宾馆对所有供货商和厂家资质重新进行了审核，确保食品的质量和安全性。安排专人值班24小时对宾馆不间断的进行巡查，组织消防安全大检查，落实各项安全制度。落实公车改革制度，健全监管机制，制定填写派车单派车制度，加强使用监管，健全车辆维修保养制度，机动车驾驶人管理制度，将安全驾驶作为驾驶员日常评定和年终考核的重要指标，对驾驶员加强职业技能和安全知识学习，确保安全行车。宾馆始终把机动车辆安全检查作为重点工作来抓，每年都要组织开展春、秋季交通安全检查活动，对发现隐患及时整改，督促驾驶员对车辆勤检查、勤保养，做到万无一失，有效杜绝公车私用、公车乱用现象。2016年宾馆未发生任何安全生产事故。

【党风廉政建设】 联络处执行中央“八项规定”，将落实党风廉政建设责任制作为加强廉政建设的重要内容。驻京联络处主任龚成久给联络处全体党员干部及宾馆员工讲以“爱党护党，做合格党员，做优秀员工”为题的党课，领悟“两学一做”的内涵。每个党员都要做讲规矩有纪律、讲道德有品行、讲奉献有作为的好党员。在财务管理方面，按预算执行“三公经费”，自觉接受干部职工监督。勤俭接待，花小钱办大事，不乱花一分钱。联络处党支部在6月份完成了支部换届选举，推荐联络处胡胜吾、任向宇为优秀党务工作者、优秀党员。

（蒋　波）

兰州市人民政府驻上海联络处

【概况】 2016年，在兰州市委、市政府及办公厅的领导下，联络处围绕兰州市经济建设发展规划，利用上海经济、金融中心优势和开发、开放的辐射作用，积极宣传推介兰州市投资环境，定期发布对外招商信息，建立招商渠道，努力为兰州市经济建设引进资金、项目、技术、人才，为兰州市在沪举办的国内外经济技术合作的重要活动做好联络、协调和服务工作。

【“两学一做”】 加强组织机构建设。年初由于联络处人员变动、党员人数增加，对联络处所属的第十二支部进行改选，宣传教育活动。联络处全年召开专题民主生活会4次、党员大会12次，集中学习12次；参观上海凝聚力工程博物馆、“孙中山的理想与奋斗”与“一带一路”大型图片展，与全体党员干部签订廉政承诺书、完成“两学一做”知识测试。与每位干部进行工作约谈，了解工作状况，整理完成各类党建会议书面记录达5万余字，每位党员撰写个人学习笔记达1万余字、心得体会5篇以上。

【招商引资】　兰洽会邀请与协调服务。邀请对接上海市合作交流办，确定上海市政府参展参会单位。与参展的普陀区政府衔接，做好协调服务工作。兰洽会期间，做好上海市党政代表团、黄浦区党政代表团和几个重要企业团组的接待和服务工作，协调兰州市主要领导进行会谈，宣传推介兰州。组织40多家兰州企业参加普陀—兰州推介会，邀请兰州市副市长段广平出席活动并致辞。

【推进重点项目】　4月底，浙江平湖进口商品城兰州新区店正式开业，兰洽会期间，平湖香都集团与兰州新区签约，在综合保税区建设进口商品货物集散中心；9月，邀请兰州新区招商局到访浙江平湖进口商品城，推进项目进展。平湖香都集团已确定在兰建设进口商品分拨中心，12月起定期开通中欧班列。陪同华顿研究院院长、国家孙冶方经济奖获得者沈晗耀先生3次考察兰州，与市政府主要领导及发改委、工信委等部门进行座谈，召开专题工作对接会。考察兰州大数据局、国际港务区、兰州新区、高新区、经济区及部分企业。9月，华顿研究院与兰州市政府达成协议，建立合作关系；兰州国际港务区已与荷兰麦可弥公司签订了智慧港口建设协议。中科院凹凸棒工程中心项目已完成选址和土地购置，部分设备已进场，项目完成落地。

【协调服务】　2016年，对接中科院上海高等研究院、携程网、申联生物、康师傅（中国）公司、上海张江高科技园区、上海外商投资咨询公司、上海络优金融租赁公司、上海仪电、上药集团、德邦物流、上海资帮投资集团、华联新世界商业集团及安徽商会、福建商会、美国上海商会以及长宁、嘉定、浦东三区的各地投资企业协会等20余家企业机构。拜访省、市经合局、发改委等相关部门，了解省、市经济发展相关政策，掌握项目进展情况。对接上海市合作交流办和甘肃省科技厅、兰州市科技局，以上海张江高科园区与甘肃兰白科创区共建为契机，以项目为引导，发挥共建优势。邀请博尔捷人力资源集团董事长侯正宇考察兰州新区并在新区做专题报告。邀请美吉生物张浩总经理到兰考察，与兰州新区、经济区、高新区、市科技局等沟通对接，多方实地选址并进行深入地项目探讨。邀请杭萧钢构到兰考察，安排与经合局对接。协调上药集团副总裁舒畅与兰州经济区进行项目推荐与对接。力推美吉生物、博尔捷人力资源集团、上海三思电子集团等项目。为复星集团、顺丰上海公司、中国五矿上海公司、上海循达环境工程公司等提供公司注册、招商信息、税收政策、人才支持等多项咨询服务。邀请上海方面专家参加兰州国际旅游节和第二届跨境电商大会并做大会主旨演讲。

【接待服务】　为来沪的县区、部门做好联系对接，提供必要的服务保障。7月，兰州市委、市政府主要领导率党政考察团一行到沪，对接企业，做好接待服务工作。2月、3月兰州市委常委、常务副市长来沪，4月份新区党工委书记李睿来沪考察。5月份，新区管委会副主任牛向东以及兰州经济区人员来沪考察，俞敬东副市长来沪，组织飞乐音响、华顿研究院进行专项工作对接。5月底，兰州政协在上海召开“五彩丝路翰墨同心”书画交流活动，对接上海市长宁区政协，安排书画家上海采风活动，做好各项准备和服务保障工作，确保长三角书画交流活动圆满顺利举行。兰州市安宁区政协来沪考察，组织到上海市长宁区“幸福社区”进行考察，长宁区政协主要领导陪同考察座谈。七里河区考察城市管理和综合执法，上海市徐汇区给予了热情配合，考察活动得到兰州方面的好评。全年共接待领导及重要团组有41批120余人（次）。

【信息工作】　以项目建设、城市管理等为重点，全年编发《上海信息》10期100余条，向市委、市政府报送信息200余条。

【内部管理】　履行主体责任。遵守公务接待、公务活动等纪律规定，践行廉政承诺。主要领导与三个处室负责人分别进行2~3次工作约谈。更新各种管理制度。规范财务制度。年初安装并使用财务软件系统，对账务凭证进行系统整理、录入、记账、装订；对2012—2015年的固定资产账进行了核实上报；配合审计部门开展财务检查工作；规范报销流程，每月做到财务凭证登录、记账、登账，并及时出具财务报表。

【其他工作】　招待所维修改造项目申报与报批手续办理。去年10月上海长宁区给联络处招待所下发了整改单并要求限期整改，办事处向兰州市政府主要领导进行了专项汇报，上报项目概算申请，衔接审计局、财政局、市委督查室等部门。对接上海市长宁区建交委、规划局、房管局、街道办、专业律师，熟悉流程手续的办理；联络处成立了“招待所维修改造项目建设领导小组”，已进入实施阶段。招待所日常管理工作。做好客房与长包房管理工作，作到合理安排客房并保持客房清洁整齐，因招待所维修改造在即，做好长包房出租、退房的动态管理。按月完成客房与办公室水、电、煤费清缴工作。做好水、电、煤及电器设施的安全检查工作。年内处理上下水堵漏、电线老化、电器维修、卫生洁具更换等共19起。做好招待所防火、防盗等安全保卫工作，年内无相关事故发生。与片区派出所、业委会、居委会对接与联系。接待群众来电来访。帮助解决异地药费报销、预约看病等困难。为徐则敬遗孀做好相关政策解释工作并帮助协调丧葬费、抚恤金等领取事宜。为兰州搪瓷厂退休干部做好年度认证工作。做好联络处退休人员协调服务工作。对在沪体检的老领导看病求医等认真给与协调服务。慰问在沪老干部。参加重要会议。列席兰州市"两会"，参加市委第十二届十三次全会，参加办公厅党员代表大会，参加兰州市经济工作会、甘肃省上海商会一届五次年会、长宁各地投资企业协会年会等，出席上海高交会暨上海张江与甘肃项目对接会、省工商联"民企陇上行"上海推介会。做好长三角地区兰州籍人才的服务工作。为兰州争取一个挂职名额。7月份，经市委组织部和办公厅遴选，兰州高新区派员到上海市徐汇区漕河泾开发区协调办挂职锻炼，挂职工作取得了圆满成效。车辆改革工作。配合市政府办公厅及市机管局进行车改、驻外机构行政职能认定等工作并按期上报；向兰州市地方志办公室上报联络处2014—2015年度年鉴稿；上报2017年单位预算。

（国　利）

兰州市人民政府
驻深圳（珠海）办事处

【概况】　2016年，深圳办承担招商引资任务为2亿元，全年报备招商引资项目线索6个，认定1个，结转3个，完成招商引资到位资金4.26亿元。其中，西部创客投资管理有限公司投资的"文创+创业综合体"项目到位资金1.3亿元；卓尔电子科技股份有限公司投资的电子产品加工出口项目到位资金0.48亿元；广州上通国际物流有限公司投资的"国际快件分拣中心和国际货运中心"项目到位资金0.68亿元；深圳城市投资发展集团有限公司投资的"汽车文化城"项目到位资金1.8亿元。

【"两学一做"】　根据学习教育安排部署，主要领导专门召开会议，进行安排部署。班子成员分别安排了讲党课活动，全体党员干部都按照要求做笔记，撰写心得体会。学习教育入脑入心，达到了学习教育的目的。

【招商引资】　2016年，深圳办确定招商引资的四种主要形式：走出去招商。走出粤港澳，面向全国招商引资。联合招商。联合兰州市其他驻外办事处，寻找企业的投资线索，进行上门招商。服务招商。积极与兰州市（含新区）及县区招商部门配合，加大共同招商引资力度，提供信息、车辆、接待等各类服务，深入到项目接洽的各个环节。精准招商。看准世界500强、中国500强、民企500强、央企、上市公司等大型企业，重点突破。推介项目。联合七里河区政府，举办兰州市七里河区、兰州中心项目推介会，邀请参会客商160多家，达到宣传兰州、推介项目的目标。联合市委宣传部、市文体局，利用深圳文博会平台，进行文化产业招商，联系深圳市文化创意行业协会、深圳市铁汉生态环境股份有限公司、深圳东部华侨城、华夏动漫、2013文化创意产业园、华视传媒、大芬油画村等企业，签订多项合作协议。为城关区、永登县等县区的招商引资工作介绍企业，推介项目。重点突破。与世界500强企业华润（集团）有限公司旗下的华润置地有限公司联系，专题招商，经过沟通洽谈，达成投资兰州意向。在"兰洽会"上，城关区与华润置地签订了框架协议，投资项目为旧城改造，投资总额70亿元。促成深圳市文化创意行业协会与甘肃省文化产业协会结成战略合作联盟，深圳市文化创意行业协会及正威文化发展有限公司的负责人多次去兰州考察文化旅游项目，考察七里河区石佛沟国家森林公园风景区开发项目、西固区河口古镇建设项目、甘肃华夏收藏文化博览园项目及兰州文化创意园区，达成多个合作意向。深圳市文化创意行业协会、至正文博集团、华夏动漫园等多家企业的负责人也应邀参加敦煌文博会。组织企业参加"兰洽会"。从5月中旬开始，深圳办通过多种渠道发布"兰洽会"信息，介绍兰州特别是兰州新区的投资环境和优惠政策，动员驻地企业积极响应国家"一路一带"战略，到兰州考察兴业。组成以深圳市甘肃商会和珠海市甘肃商会为主体的两个经贸团组参加了2016年兰洽会。

【考核制度】　每月28-29日进行月度考核，提出下月工作计划。通过11月份1个月的试运行，考核环节、考核程序的制度设计科学合理，达到目标要求。聘请《中国经营报》华南新闻中心总经理纪玉文先生为办事处"招商引资及宣传推广运营顾问"，聘请资深媒体人李坚、张永平两位先生为"宣传推广运营顾问"。兰州市整体宣传策划方案制定工作已经完成，与市上相关单位对接落实。

（赵国庆）

兰州市人民政府驻厦门办事处

【概况】 2016年，厦门办开展“两学一做”教育活动，履行工作职责，完成作风建设、招商引资、经济联络、合作交流和自身规范管理等工作。

【“两学一做”】 办事处党支部召开“两学一做”动员大会，按计划安排学习内容，通过集体讨论、交流和个人撰写体会等方式，确保学习质量和效果，使全体干部从思想上、政治上、行动上受到了深刻教育，推动工作落实相结合，学中干，干中学，有效推动了办事处党风廉政建设和各项工作的全面提升。贯彻落实《中国共产党廉洁自律准则》《中国共产党纪律处分条例》《中国共产党问责条例》《关于新形势下党内政治生活的若干准则》和《中国共产党党内监督条例》等党规党纪，规范办事处党内政治生活，加强党内监督，牢固树立“四个意识”，特别是核心意识和看齐意识，做到旗帜鲜明，态度坚决，行动有力。办事处班子成员执行新修订的《廉洁自律准则》和《纪律处分条例》。通过制度建设的长效机制，把作风建设、队伍建设、能力建设等内容纳入制度轨道，推动办事处各项工作程序化、规范化、制度化，不断提升服务群众、服务兰州中心工作的能力和水平。

【招商引资】 2016年，充实由办事处副主任为组长的招商小组，具体负责招商工作。突出文化旅游产业招商组招商工作重点任务，动员全体工作人员把精力集中到招商引资的各个关键环节中去，超额完成全年的目标任务。全年引进落地2个项目，实际到位资金3亿元，占年计划任务的150%。其中：华厦眼科医院项目已建成，预计11月底投入使用，实际到位资金8000万元，签约项目资金到位率100%。青海华隆印象现代综合服务城项目，总投资11.5亿元。到位资金2.2亿元，年计划资金到位率100%。结合产业导向，主动出击，深入产业关联性强的企业开展精准招商工作。办事处主要领导带领招商小组赴福州、泉州、漳州和南昌等地，拜访厦门全频道国际展览有限公司、厦门华夏眼科集团、厦门佰欧科技有限公司、厦门万佳国际酒店集团、福建霸道总裁文化传媒有限公司、厦门美亚柏科信息股份有限公司、厦门邻家集市电子商务有限公司、厦门市仁祥投资有限公司、福建聚仁堂文化有限公司、求特集团、祥瑞电力、正融兄弟实业有限公司等有关企业，并组织企业组团两次分赴全市各县区和兰州新区、经济区、高新区考察对接项目。厦门万佳国际酒店集团在七里河区已确定投资方向，准备在西客站建设五星级酒店。

【服务职能】 促进两地政企良性互动。4月23日至4月27日，由兰州市人民政府主办，厦门办事处和中共兰州市委宣传部、兰州市文学艺术界联合会承办，兰州市美术家协会、兰州市书法家协会、兰州市摄影家协会协办，在厦门举办“黄河之都·金城兰州——兰州市美术书法摄影作品厦门展暨书画招商笔会”，活动期间征集和展出的作品反映兰州深厚的历史文化、日新月异的发展现状和美好未来，在厦门各界引起共鸣。8月30日至9月1日，曹丕玉副市长带领市交通局、市商务局等部门，在兰州办事处的配合下，赴厦门和福州两地邀请两市及有关企业参加兰州市电商物流大会，两地政府和企业响应，在海陆物流运输业合作方面达成共识。全力配合，服务于市招商考察团和招商小分队来福建地区招商考察工作。9月10日至12日，协助兰州经济技术开发区、高新技术开发区以及城关区、七里河区、安宁区招商小分队和招商组分别拜会了石狮市工商联、厦门万佳国际酒店、厦门佰欧科技工程有限公司等有关组织和企业，考察电子商务、现代服务、文化旅游、城市环保、总部经济等方面的先进经验，与相关企业负责人进行了洽谈对接。七里河区与厦门万佳国际酒店、经济区与厦门佰欧科技工程有限公司分别达成了项目合作意向。与厦门有关政府部门和企业联络工作。办事处通过参加会议、登门拜访、参加考察活动等多种形式，与厦门市及福建省有关政府部门、单位、协会等加强联系，建立起工作关系。与厦门华夏眼科集团、厦门佰欧科技有限公司、厦门万佳国际酒店集团、福建霸道总裁文化传媒有限公司、厦门美亚柏科信息股份有限公司、厦门邻家集市电子商务有限公司、厦门市仁祥投资有限公司、福建聚仁堂文化有限公司、求特集团、祥瑞电力、正融兄弟实业有限公司等规模大、实力强或在兰有投资项目和意向的企业，做好联系协调，掌握企业发展中出现的问题，向市有关职能部门反馈，给予协调解决。做好兰州（甘肃）籍在厦门（福建）人员的联络工作，密切同乡感情，增进友谊，凝聚力量，促进工作，统筹协调各方优势，调动各方以商招商、以情招商的积极性，为家乡的建设贡献力量。

【两地平台】 利用第二十二届“中国兰州投资贸易洽谈会”平台，7月份，按照市有关部门的要求，代表市政府及早协调和联络厦门市政府有关方面，邀请他们组团来兰州参加本届“兰洽会”。会议期间，厦门市政府组织市政府办公厅、市商业联合会等部门负责人和多家企业的企业家赴兰州参加。福建省侨商企业亿阳升生物环保科技有限公司有意向在兰州新区创建生物产业园区，发展壮大可降解环保产业。利用厦门投洽会平台，9月8日至11日，第十九届中国投资贸易洽谈会在厦门召开。按照市委、市政府的要求，由市商务局、市招商局、市政府驻厦门办共同全作，组织部分县区和兰州经济技术开发区等单位相关部门负责人和企业代表50多人组成的代表团参加展会。代表团成员参加开幕式，考察展馆；省商务厅出席9日上午的兰州市专场项目推介会，邀请企业116家企业客商参加专场会。利用信息平台，加强两地经验交流。办事处关注闽台地区及厦门经济特区在经济、社会发展和机制创新中出台的新政策和好做法，收集编报政务信息。全年编发《闽台信息》12期114条，登载信息百余条，报送各类招商及工作信息185条，为市领导、市直部门和各县区决策提供了参考。

【廉政建设】 办事处领导和干部职工按照中央“八项规定”精神以及各项配套制度的规定，提倡勤俭之风，厉行节约，防止浪费，取消或缩减过去按惯例引来送往等不必要的公务接待，控制接待用餐标准，不在高档酒店接待用餐。对重大活动的接待，办事处领导都要事先做好计划，安排好活动日程，协调、联络好有关单位和部门，保证市上各个团组赴福建地区考察学习活动的开展，协助领导完成好各项工作任务，接待服务工作得到了各方面的充分肯定。财务管理。结合贯彻市上主要领导对加强办事处财务管理的意见精神，规范了财务报销、审批程序及报销流程，加强财务管理。落实党风廉政建设责任制。根据《党风廉政建设和反腐倡廉工作要点》，抓党风廉政建设工作，加强党风廉政规章制度和文件的学习，履行党风廉政建设责任制工作责任，规范工作人员廉洁从政的行为，加强权力运行的监督和制约，从源头上预防和治理腐败的力度。办事处的内部管理，制定系列相关制度规范日常工作，全年办事处没有发生违纪违规行为。

（桑　敏）

兰州市人民政府驻乌鲁木齐办事处

【概况】 2016年，驻乌鲁木齐办事处把招商引资作为重点工作。全年办事处先后拜访了疆内外大中型企业60多家，完成招商引资11亿多元。兰洽会和新疆亚欧博览会都是国家层面的商贸盛会。兰洽会期间，办事处组织乌鲁木齐市党政代表团、甘肃商会企业代表团赴兰州新区、兰州高新区和有关部门进行座谈交流，并组织代表团实地考察兰州新区和高新区。协调兰州市党政代表团参加了中国（新疆）亚欧博览会，广泛宣传兰州、推介兰州，促进了甘肃和新疆乃至中亚各国之间的经济文化交流。

【业务工作】 做好新疆兰州商会筹备工作。办事处协调组织成立新疆兰州商会。有80多家企业加入新疆兰州商会。全年接待党政和各行各业来疆考察学习人员52批500多人（次）。拜访新疆党政机关和重点企业50多（次），县团级以上人员20多次；走访慰问8个县区、3个开发区和市直有关部门。办事处联络甘肃籍同乡500多人，与市就业局紧密配合，搜集就业信息，落实就业岗位3000多个，全年向新疆输转大中专毕业生和各种务工人员1200多人（次）。提供各种信息500多条，撰写专题调研报告6篇，其中市政府主要领导阅批2件。

（魏含虎）

政协兰州市委员会

【概况】 2016年，政协兰州市委员会召开常委会议4次，审议通过有关建议案和市政协工作机构领导成员的任免事项，审议通过提交全委会议的有关文件；开展调研视察，向市委、市政府及有关部门报送建议案3份，调研视察报告11份；做好提案、反映社情民意信息等工作，完成市政协十三届四次会议确定的各项任务。

【市政协十三届五次会议】 3月21日政协兰州市第十三届委员会第五次会议关于常务委员会工作报告的决议；通过了政协兰州市第十三届委员会第五次会议政治决议；通过政协兰州市第十三届委员会提案委员会关于第五次会议提案审查情况的报告。会议认为，会议认为，“十二五”时期是兰州市经济发展加速、产业结构优化、发展空间拓展、创新活力增强、开放开发加快的5年。5年来，市委、市政府团结带领全市各族人民，全面落实中央和省委、省政府一系列重大决策部署，抓住机遇乘势而上，凝心聚力攻坚克难，完成了“十二五”规划预期目标，实现了综合经济实力新跨越、产业转型升级新跨越、打造宜居宜业宜游魅力城市新跨越、兰州新区开发建设新跨越、城乡统筹发展新跨越、社会建设和民生改善新跨越、对外开放新跨越、发展环境优化新跨越、行政效能提升新跨越，开创了兰州经济社会发展新局面。委员们认为，成绩来之不易，需要倍加珍惜。

会议认为，过去一年，市政协及其常委会深入贯彻中共十八大和十八届三中、四中、五中全会精神，深入贯彻习近平总书记系列重要讲话精神，认真落实省委、市委的决策部署，高举爱国主义、社会主义旗帜，坚持团结、民主两大主题，紧紧围绕全市中心工作履行职能，积极推进政协协商民主，强化能力作风建设，为服务全市改革发展稳定大局做出了贡献。

会议指出，"十三五"时期，是落实"四个全面"战略布局的关键期，是全面建成小康社会的决胜阶段。《兰州市国民经济和社会发展第十三个五年规划纲要(草案)》，绘制了我市未来5年发展的宏伟蓝图，突出了"四个全面"战略布局，贯穿了"创新、协调、绿色、开放、共享"五大发展理念，贯彻了省委、市委的决策部署，综合考虑了我市的发展趋势、发展基础和发展潜力，反映了全市各族人民的根本利益和共同愿望，符合实际，催人奋进。委员们对未来五年发展充满希望，对持续做大做强做美兰州，建设山水城市、宜居城市、活力城市，实现全面建成小康社会奋斗目标满怀信心。

会议强调，2016年是全面建成小康社会决胜阶段的首战之年，是"十三五"发展的开局之年，也是推进供给侧结构性改革的攻坚之年。全市各级政协组织和广大政协委员，要贯彻落实习近平总书记"懂政协、会协商、善议政"重要思想，切实加强人民政协思想理论建设，始终把坚持和发展中国特色社会主义作为巩固共同思想政治基础的主轴，始终做到与中共中央和省委、市委保持政治同心、思想同向、行动同步；要继续坚持围绕中心、服务大局，紧扣市委十二届十一次全会和市人大十五届六次会议确定的目标任务，选择我市改革攻坚和转型发展的重大问题，深入调研视察，广泛协商议政，积极建诤言、谋良策、出实招；要深入践行履职为民理念，在关注民情、反映民意、改善民生上积极作为，全力投入精准扶贫精准脱贫，助推全面建成小康社会；要准确把握人民政协协商民主的性质定位，切实加强政协协商民主制度建设，积极拓展社会各界有序参与政协协商渠道，努力提高政协协商民主实效；要大力加强履职能力建设，不断增强政治意识、看齐意识、责任意识和纪律意识，以"三严三实"的作风狠抓工作落实，切实提高调查研究能力、联系群众能力、合作共事能力、协商议政能力，推进我市政协工作创新发展。

【市政协十三届十六次常委会议】

3月3日，政协兰州市第十三届委员会召开第十六次常委会。会议听取了市政府关于市政协十三届四次会议以来提案办理情况的通报；通过政协兰州市第十三届委员会委员调整和增补名单；审议通过政协兰州市第十三届委员会第四次会议以来政协委员履职情况的通报.人事事项；审议通过关于召开政协兰州市第十三届委员会第五次会议的决定；审议通过政协兰州市第十三届委员会第五次会议议程(草案)、日程；审议通过政协兰州市第十三届委员会常务委员会工作报告；审议通过政协兰州市第十三届委员会常务委员会关于十三届四次会议以来提案工作情况的报告；审议通过政协兰州市第十三届委员会常务委员会工作报告和提案工作报告报告人的决定；审议通过政协兰州市第十三届委员会第五次会议大会秘书长、副秘书长名单。会议由市政协主席王冰主持。副主席滕兴科、孙晓钢、张荫林、苏广林、陈亲恭、魏职勤、范文、陈卫东、王璇、丁祖全，党组成员敬国华出席会议。

市政府副秘书长王延泽向大会通报了市政府关于市政协十三届四次会议以来提案办理的情况。在市政协十三届四次会议上，政协委员和政协各参加单位共提交提案428件，交由市政府系统承办。所有提案全部按期办复。

【市政协十三届十七次常委会议】

3月24日下午4：40，在宁卧庄宾馆召开，会议由市政协主席王冰主持，副主席滕兴科、张荫林、苏广林、陈亲恭、魏职勤、范文、陈卫东、王璇、丁祖全，秘书长敬国华出席会议。传达学习全国政协十二届四次会议精神；审议通过《政协兰州市委员会2016年工作要点》。

【市政协十三届十八次常委会议】

7月29日，政协兰州市第十三届委员会常务委员会召开第十八次会议。听取市政府关于2016年上半年全市国民经济和社会发展情况的通报；审议通过《关于加快兰州养老服务业发展的建议案》；审议通过《关于进一步加强兰州市食品安全监管工作的建议案》；审议通过《政协兰州市委员会委员管理试行办法》修订案。人事事项。副市长曹丕玉应邀出席会议，并向大会通报了2016年上半年全市国民经济和社会发展情况。市政协副主席滕兴科、孙晓钢、陈亲恭、魏职勤、李虎林、焦伟，秘书长敬国华出席会议。会议指出，2016年时间已过半，履职工作丝毫不能放松。全市各级政协组织和政协委员要围绕中心、服务大局，围绕推进"十三五"规划落实和全面小康建设，深入开展产业发展、文化建设、民生保障等方面的调研，向市委、市政府提出有价值的建议。开展好供给侧结构性改革、公共文化体系建设、小城镇建设等专题协商；着眼汇聚力量，把各方面的智慧和力量凝聚到建设山水城市、宜居城市、活力城市的目标上来。

【市政协十三届十九次常委会议】

12月7日上午9:00，在甘肃银行大厦（原酒钢大厦）四楼雄关厅召开，会期1天。会议听取市政府关于2016年全市国民经济和社会发展情况的通报；听取市政府关于政协兰州市第十三届委员会第五次会议以来提案办理情况的通报；听取市委统战部关于政协兰州市第十四届委员会委员人选建议名单情况的说明；审议通过关于召开政协兰州市第十四届委员会第一次会议的决定；审议通过政协兰州市第十四届委员会第一次会议议程、日程（草案）；审议通过政协兰州市第十四届委员会第一次会议常务委员会工作报告和提案工作报告报告人的决定；审议通过政协兰州市第十三届委员会常务委员会工作报告（草案）；审议通过政协兰州市第十三届委员会常务委员会关于提案工作情况的报告（草案）。人事事项。副主席滕兴科、孙晓钢、魏职勤、范文、王璇、丁祖全，秘书长敬国华出席会议。

【**常委会建议案**】 经市政协常委会议审议通过并向市委、市政府及相关部门报送了2个建议案和相应研究报告。“关于加快兰州养老服务业发展的建议案”。为促进兰州养老服务业快速、健康、科学发展，市政协把“加快兰州养老服务业发展”列为常委会2016年度重点调研课题，组织专门力量攻关，力图通过深入调研，寻找有价值的思路对策，为市委、市政府决策提供有益参考。从今年年初开始，市政协主席王冰亲自带队，副主席李虎林具体组织，组建由政协委员、政协机关工作人员和实际工作者参加的调研组，对我市养老服务业各相关部门开展深入调研，对居家养老、社区养老、机构养老情况实地考察，外出学习取经，多视角学习借鉴东中部地区养老服务业的实践经验和理论成果，在此基础上，系统分析兰州市养老服务业发展现状和问题，集思广益，博采众长，提出加快兰州养老服务业发展的具体对策建议。“关于进一步加强兰州市食品安全监管工作的建议案”。食品安全事关经济社会发展稳定，事关人民群众健康福祉。市政协党组高度重视、关注食品安全监管工作。按照市委的总体安排部署，市政协党组组成了由社会和法制委员会牵头，部分市政协常委、委员、民主党派成员、专家学者和企业家参加的食品安全监管工作专项调研组，自5月初起，采取座谈研讨、实地调研、外出考察等多种形式，召开座谈会，听取市食药安委办、市食药监局、市农委、市工商局和市卫计委等多部门关于食品安全工作情况的汇报；在市食药安委办的配合下，深入食品生产企业、农贸市场、农产品生产基地、街道社区蔬菜综合批发市场等基层开展调研；赴大连、长春、沈阳、齐齐哈尔等城市实地考察，学习借鉴外地创建国家食品安全城市的先进经验。研究兰州市食品安全现状、风险防控管理机制及制度建设有关情况，吸收借鉴外地先进经验做法，调研组形成关于兰州食品安全监管工作的建议案。

【**专题调研**】 开展5个专题调研并形成调研报告。8月，市政协副主席范文带领政协委员就兰州市县区级医院建设发展情况进行调研。调研组一行在红古、七里河、城关、榆中、皋兰等县区所属人民医院和中医院，与医院管理层座谈讨论，与医生和患者交流沟通，较全面细致地了解兰州市县区级医院的建设现状和面临的主要问题，并有针对性地提出加快推进县区医院建设发展的意见建议。“关于加快兰州跨境电子商务发展的调研报告”。为推进兰州跨境电子商务发展，助推丝绸之路经济带黄金段核心节点城市建设，经济委员会组织部分委员，在副主席陈亲恭带领下，采取外出考察、典型资料收集、实地走访调查、召开座谈会等形式,对兰州跨境电子商务发展情况调查研究。“关于对兰州市公共文化服务体系建设情况的调研报告”。市政协文史资料和学习委员会组织部分委员，在陈亲恭副主席带领下，对安宁区西路街道综合文化服务中心、交大社区文化中心及所属三县文化馆等进行了调研，了解公共文化设施覆盖、城市文化景观建设、广播电视户户通等情况，召开专题协商会。“关于我市地质灾害防治工作情况的调研报告”。人口资源环境委员会组织部分委员，在副主席焦伟带领下，通过查阅资料，赴红古区海石湾镇大沙沟、窑街搬迁避让工程现场西固区寺儿沟、城关区九州等地质灾害点实地察看，走访了解、听取汇报，召开地质灾害防治工作座谈会，向部分委员征询意见建议，对兰州市地质灾害防治工作情况调查研究。“关于充分利用白塔山道教建筑的调研报告”。市政协关注黄河风情线重要景点——白塔山的人文及宗教文化资源开发利用，2016年将白塔山道教文化资源开发及修复利用列为专委会调研课题，民族宗教和港澳台侨委员会组织部分委员、相关专家，在滕兴科副主席带领下，实地查看，召开座谈会，调查研究，基于白塔山道教建筑的历史沿革及现状，提出白塔山道教建筑交归道教协会管理使用的必要性和方法路径。

【**推进协商民主**】 组织政协委员、专家学者与政府部门负责同志面对面交流，多角度协商，不断巩固全委会集中协商、常委会和主席会专题协商、专委会对口协商的协商议政格局。政协委员广泛参与民主监督。加强对建议案、委员提案、委员建言的反馈和落实，先后组织各界别委员参加专题协商、跟踪调查和提案现场督办。

【提案工作】 市政协十三届五次会议以来，征集提案460件，审查立案430件，立案率93.5%，其中大会提案427件，平时提案3件。在立案提案中，委员个人或联名提案364件，民主党派、工商联、有关人民团体和政协专门委员会集体提案66件。参与提出提案的委员共263人，占委员总数的66.8%。总体来看，提案内容丰富、重点突出，问题导向鲜明、针对性强，体现了高度的责任感和使命感。截至2016年9月30日，交办提案全部得到答复，其中所提问题已经解决或采纳的(A类)323件，占75.1 %；列入计划拟解决的（B类）86件，占20 %；因条件所限暂时无法解决的（C类）21件，占4.9 %。

【促进团结和谐】 执行党组成员联系民主党派和党外代表人士制度，走访党外代表人士40多人（次），听取意见。开展12次大型界别活动。做好政协民族宗教和港澳台侨工作，走访宗教界上层人士和信教群众，走访港澳台侨界人士，倾听意见，了解诉求。开展民族团结进步宣传月活动，动员爱心人士向少数民族流动人口和困难家庭捐助善款。视察清真食品制作与管理，就视察中发现的问题同企业负责人协商，提出改进意见。组织港澳台侨界委员和“三胞”亲属参加调研视察，开展学习交流，举办“一带一路看甘肃”参观考察活动。

【理论研究及宣传工作】 组织政协委员和理论工作者围绕协商民主建设和兰州改革发展，开展研究，配合省政协的理论研讨活动，在《净友》《人民政协报》《民主协商报》和现代传媒宣传政协工作。展示委员履职风采，扩大政协社会影响，打造兰州政协的宣传品牌。

【重点项目建设】 主席会议成员带领政协委员和工作人员，对轨道交通、上跨下穿工程、新水源地建设、地质灾害防治等重大民生项目、文化旅游项目、循环经济项目等重大发展项目，对皋兰县“兰州生态文化创新城项目”等开展督导调研工作，力促项目建设。

【“两学一做”】 通过开展集中学习和自学、组织辅导报告、开展研讨交流、参观革命教育基地、观看警示教育片、领导下基层宣讲等形式，提升学习实效。召开专题民主生活会，开展批评与自我批评，把“两学一做”专题教育成效落实到推动政协事业发展上。

【廉政建设】 执行向市委常委会报告工作制度，重大问题及时向市委请示汇报。坚决执行民主集中制，调研视察、协商监督、政协例会以及人财物等重大问题和重要事项，坚持集体研究决定。组织党员干部深入学习党风廉政建设方针政策，对如实报告个人事项、重大事项请示汇报、执行中央“八项规定”、履行党员义务、严守工作纪律等方面的问题，多次提醒、警示，及时进行批评纠正。党组成员同各级干部、常委、委员开展工作约谈1200余人（次），提醒约谈220余人（次），激发干部委员正能量。

（武小祯）

中国国民党革命委员会兰州市委员会

【概况】 2016年，民革兰州市委会被民革中央授予民革全国祖统工作先进集体称号，民革兰州城关区委员会获得民革全国机关工作先进集体荣誉，胡骏、李彦雄被推荐为民革全国机关工作先进个人。

【参政议政】 市政协十三届五次会议提交集体提案13件，其中《聚焦乡村教育，助推“雨露”行动》的大会发言，引起政协委员们热议及多个媒体关注，《提升职业教育水平，大力培养创新型实用型人才》作为大会书面发言在会上交流。《关于大力支持废旧衣物回收和再利用产业发展的建议》作为主席督办提案得到了各方面的关注，督办过程被兰州电视台、《兰州日报》等相继报道，全国各大媒体纷纷转载。在市政协十四届一次会议上，提交集体提案6件，其中《关于建立兰州市诚信数据系统平台建议》作为大会发言材料，《关于对兰州市网约车运行管理的提案》被确定为2017年主席督办重点提案。2016年市民革共开展了物联网、养老、农业、文化、法律等5个方面的调研。为加速兰州市物联网产业发展，市民革就物联网产业培育、技术创新、品牌建设、应用示范等方面取得的经验开展调研；为繁荣兰州市文化市场，开展了民间文博馆建设的调研；三农工作委员会开展了以“有效改良土壤肥力，实现农业可持续发展”的调研；为了进一步了解兰州市看守所的管理情况，推进依法治监工作，市委会法律工作委员会前往兰州市第一、第三看守所开展调研工作，听取了看守所特邀监督员的工作汇报，与兰州市公安局监所管理支队的领导进行了座谈，就当前看守所建设中遇到的困难和存在的问题，进行交流和探讨；市委会机关开展“进一步促进兰州市医养结合试点工作”的调研。

【自身建设】 全年发展新党员29人，为民革组织增添了活力，储备了力量。加大对骨干党员及后备干部的培养、选拔、推荐工作，在党委统战部的重视培养下，5名党员在县区担任副区长、副县长、副主席等职，16人担任各级人大代表、77人担任各级政协委员，重要岗位实职安排有了重大突破。推荐党员参加中央和省级培训33人（次），参加党外人士培训班25人（次），为党员的成长、锻炼、使用创造有利的条件。

【社会服务】 机关支部、经济总支、五支部、六支部、七支部、八支部、十支部党员向榆中县路口村小学捐赠价值10万元的取暖锅炉配套设施、煤炭及2万余元的打印机、书包、课外书籍和各种学习文具。民革党员袁军锋、彭巨东、赵元彪、孙若轩、赵继明、陈渊为榆中县六中捐建价值1.35万元孔子像。西固总支为西固区达川乡吊庄村贫困大学生达礼兴捐款5000元。向监狱服刑人员送关爱。市委会机关和企业家赴白银监狱开展献爱心活动，向监狱捐赠4000册价值2万元图书；法律工作委员会为兰州市第一、第三两所看守所的管教干警和羁押人员捐赠了法律、文化、文学等方面的书籍，送上丰富的精神食粮。为灾区人民送温暖。甘南藏族自治州迭部县腊子口林场和达拉林场相继发生森林火灾，民革八支部党员积极为灾区捐款捐物，奉献爱心，共捐赠价值3万元的矿泉水、棉衣棉被等物资并送往灾区群众手中，其中林建平副主委捐款5000元，赵继明捐款1000元。

【祖统活动】 结合孙中山诞辰150周年，开展祖统工作在社区等专项活动。邀请在兰台胞台属、祖统委员参加省、市民革举办的"迎春台胞台属联谊会"，慰问百岁台属魏志文和黄埔军人马希龙老人，联合市对台部门举办"传统端午节 共话牛肉面"兰州市促进两岸牛肉面产业发展观摩座谈会，杜播升副主委先后组织参与全国中青年骨干台胞在酒泉、福建、贵州等地的培训及红色教育活动。应台北市两岸经贸交流协会邀请，市委会机关人员及企业家前往台湾，对台湾现代农业经济发展参访交流。

（高永红）

中国民主同盟兰州市委员会

【概况】 民盟兰州市委员会是中国民主同盟在兰州市的地方基层组织。民盟兰州市筹委会1983年成立，经过近1年的筹备工作，根据民盟甘肃省委《关于成立民盟兰州市委员会的批复》（盟甘发〔1984〕8号），于1984年2月19日至22日召开了民盟兰州市第一次代表大会，选举产生了民盟兰州市第一届委员会，正式成立了民盟兰州市委员会。民盟兰州市委员会从成立至今，已经走过了33年的历程，目前是第八届委员会。内设4个部室。办公室、组织部、宣传部、社会服务部。机关编制15人，其中行政编制13人，工勤编制2人；年末在职人员12人，退休人员6人。参政议政、民主监督，参加中国共产党领导的政治协商。

【思想建设】 开展坚持和发展中国特色社会主义学习实践活动，组织广大盟员学习贯彻十八届五中、六中全会精神以及习近平同志系列重要讲话精神和民盟中央、省、市委等重要会议精神，及时向全市各基层组织下发学习指导意见。举办了学习贯彻党的十八届五中全会精神专题辅导会和"画好最大同心圆"辅导报告会，分别邀请省委党校教授康民和省委统战部副巡视员马聪作专题辅导。举办了学习传达中共十八届六中全会精神会议，来自全市各基层组织的80余名盟员参加会议。开展了人民政协理论研究和统战理论研究征文活动，盟员撰写上报理论研究文章20余篇。开展青年理论研究小组活动，邀请盟员以《中国古代科技文明与传承》专题讲座。组织盟员和社情民意联系点和政东街社区书画队的20余名书画爱好者参加了兰州市少数民族暨台胞台属美术、书法、摄影展。通过学习不断增强广大盟员对中国特色社会主义的道路自信、理论自信、制度自信和文化自信，切实承担起作为中国特色社会主义事业亲历者、实践者、维护者、捍卫者的政治责任。统筹资源、改进方式，做好各类信息撰写和上报工作，全年共上报信息160余篇，其中2篇被《团结报》采用、5篇被人民政协网采用、23篇被民盟中央网站采用，10篇被省委统战部网站采用，多篇被民盟甘肃省委、市委统战部以及《兰州日报》和兰州电视台等媒体采用。重视发挥传统纸质媒体的作用，编辑出版4期《兰州盟讯》，进一步优化栏目设置，丰富内容形式，不断增强传统纸质媒体的可读性。做好网站的更新维护，网站上传更新各类稿件150篇，照片300余幅，视频资料9个，点击量大幅增加，不但提升了盟员的自豪感，又扩大了民盟的影响力。加强微信等新兴媒体的宣传效应。开通了"兰州民盟"微信公众号，及时上传各类信息。充分发挥QQ群、微信群的作用，展现新兴媒体及时性、互动性、便捷性特点，安排专人把理论学习、动态信息和盟务活动等内容及时发布，让盟员的学习和互动不受限制，缩小了各基层组织和各盟员的空间距离，强化了工作互动。盟市委被盟中央评为"坚持和发展中国特色社会主义学习实践活动先进集体"。

【参政议政】 积极参加省、市"两会"。在省政协十一届四次会议上，盟员作了《加大筛查力度，提高健康水平》《推行医养结合改革，建设全面小康社会》两篇大会发言，提交了《关于进一步提升甘肃公路建设质量的提案》等9件提案。在省人大十二届四次会议上，盟员提交了《加大对车辆超限超载治理力度，保障人民群众生命财产安全的议案》。市人大十五届六次会议、市政协十三届五次会议上，兰州市盟员中的9名人大代表，23位政协委员参加。盟市委向大会提交了《关于全方位改进我市精准扶贫工作的提案》等12件集体提案，盟员中的市政协委员联名或个人向大会提交提案40余件。盟市委以《巩固南河道治理成果，提升南河道整体形象》《加强我市医养结合服务工作》为题作大会发言，孙志诚委员以《对我市马铃薯产业发展的几点建议》为题作大会发言，盟市委还提交了《关于大力发展我市文化贸易的建议》的书面大会发言材料，反映了民盟较高的参政议政水平。有多位代表和委员接受了记者采访，就社会广泛关注的话题发表了自己的观点和意见。《兰州日报》《兰州晚报》、兰州电视台、兰州政府网等媒体播报和刊登了盟市委、盟员中的政协委员的大会发言、提案等意见建议。扎实开展调研活动。与盟省委联合开展了甘肃省战略性新型产业发展情况、兰州市保安服务业两个专题调研，先后到省发改委、兰州市保安服务总公司和兰州市公安局保安监管科了解情况，高质量完成调研报告。自主选题开展调研。到兰州建设投资（控股）集团开展调研，并与企业负责同志进行座谈。组织盟员中的政协委员、参政议政委员会部分成员及机关干部到河口古镇和青城古镇，实地调研我市小城镇建设情况。召开东西协作统筹社会力量参与扶贫开发调研座谈会，邀请市委农办主要负责人和市工商联、盟员企业家面对面交流扶贫工作。此外，还组织开展了《关于兰州市优质高中对口分配情况的调研》《关于兰州国际港多式联运公司建设与发展的调研》等课题专项调研。召开界别盟员座谈会，专题研究基础教育问题，完成《请给教育、教师一个公平的评价》《浅谈新形势下基础教育中的师生关系的平等与公平》两篇论文，选派盟员代表参加了民盟第四届教育论坛。召开“调研报告评比暨提案工作会”，评出优秀调研报告并进行奖励。认真履行协商职能。领导班子成员等9名盟员参加兰州市统一战线迎春座谈会，盟市委主委代表市级各民主党派作发言。参加中共兰州市委举办的民主协商会议，就省、市委对市人大、市政协、市法院领导班子成员的调整情况进行民主协商。参加了市委、市政府召开的党代会报告意见征求会、全市审计工作会、全市政协委员推荐协调会，就有关问题发表了意见建议。参加市委统战部民主党派工作联系会、统战民宗信息系统建设相关工作会，对工作进行座谈交流和对接。盟员中的省政协委员参加了省政党协商计划通报会和调研课题协商会，听取省委宣传部、省发改委、省工信委分别就华夏文明传承创新区建设、丝绸之路经济带甘肃黄金段建设、供给侧结构性改革等内容进行情况介绍和通报。市政协对盟市委提交的《关于对南河道形象提升的提案》进行现场督办，盟员中的6位市政协委员参加督办。参加市政协精准扶贫督查活动、兰州养老服务业发展协商交流会，对有关问题提出了意见建议。3名盟员参加全市2015年度精准扶贫精准脱贫工作考核验收，以第三方评估组身份对考核验收工作开展评估，参与监督。部分市政协委员参加市政协组织的赴天水、平凉、定西考察、调研精准扶贫工作。做好参政议政培训。召开参政议政培训会，由盟市委主委作辅导讲座，开展互动式启发式培训，通过参政议政训练有效提高了盟员的履职能力。1位机关干部参加省委统战部在中央社院举办的“提高参政议政能力培训班”，与培训班盟员一起到民盟中央机关参观学习，受到盟中央龙庄伟副主席亲切接见。围绕参政议政、建言献策，组织相关干部参加民盟反映社情民意信息工作会议暨培训班、参政议政能力提高班、网络统战工作学习考察活动等，提高干部的参政议政能力水平。盟市委主委年内两次到市社会主义学院为兰州市第36期、37期党外干部能力提升进修班的学员授课。

【自身建设】 加强领导班子建设。进一步提高班子成员政治把握能力、参政议政能力、组织领导能力、合作共事能力和解决自身问题能力。坚持贯彻民主集中制原则，建立健全领导机制，明确班子成员分工。发挥领导班子的检查督促作用，机关各部室定期向常委会汇报重点工作进展，确保各项工作按计划优质高效推进。班子成员定期走访各县区统战部及有关单位党委，了解情况掌握信息，争取他们对民盟工作的支持，为搞好基层组织建设和促进盟务活动的开展发挥了重要作用。2015年领导班子年度考核被评为优秀。加强基层组织建设。制定《民盟兰州市委关于县区总支、支部换届的方案》，逐一走访了8个县区委组织部、统战部，就盟员培养、选拔工作进行了对接，协调沟通总支、直属支部换届人选。召开基层工作会，部署全年工作任务，对基层换届工作进行专题培训。按程序指导完成全市78个基层组织改选、换届。做好市、县区人大代表、政协委员的推荐。举办“庆祝建党95周年暨民盟成立75周年”运动会，全市各基层组织组成的10个代表队，100名运动员参加了8个项目的比赛，展示了基层组织换届以来的精神风貌，进一步增强组织的向心力、凝聚力和组织活力。督促和指导基层组织开展内容丰富、形式多样的盟务活动，4个基层组织与民盟白银市白银区支部开展盟务交流活动。盟市委7个专委会也开展了形式多样内容丰富的组织活动，九九重阳节组织老盟员到兰州新区调研，“三八节”举办了《绽放女性生命的精彩》专题讲座，“五四”青年节组织青年盟员参观兰州城市规划展览馆，教师节举办了送爱心活动。结合换届工作要求和程序，制定了《民盟兰州市2016年换届工作方案》；做好与盟省委、市委统战部的换届工作衔接与沟通，配合盟省委对换届工作进行了专题调研，配合市委组织部、统战部开展了领导班子及成员述职评议和换届人选推荐、考察。组织召开换届工作领导小组会议、主委会、常委会，研究通过换届工作事宜，逐一完成对第八届委员会拟新提名常委、委员的组织考察，圆满完成市委会换届工作。加强盟员发展和后备干部队伍建设。全年新发展盟员81名，连续3年完成盟省委确定的盟员发展任务。举办了第21期新盟员培训班，盟市委主委为80余位新盟员讲授入盟第一课，进行多党合作和民盟优良传统教育。选派8名盟员参加了由市委组织部、统战部举办的36期、37期党外干部培训班。根据党外干部选拔、推荐、使用的有关要求，着力抓好“选、育、用、管”等关键环节，认真做好党外干部信息库的补充和更新工作，机关专职干部参加了民盟中央盟员信息管理系统培训班。加强盟市委机关建设。确立主要领导抓全局，分管领导抓重点的工作格局。将年度工作细化分解，并与个人半年、年度考核相衔接，落实到具体工作人员。建立通报督查机制，紧盯重点工作进度，每周一召开例会，适时安排工作推进会，确保落实进度计划。增设纪检专干，加强廉政建设，增强厉行节约的政治意识和责任意识，切实转变工作作风。高质量完成档案管理工作，受到考核组的好评。机关干部在完成各自岗位工作的同时，按分工联系基层支部，做好为盟员服务工作，做好“两节”和古尔邦节慰问盟员工作。积极参加市直属机关和有关部门举办的运动会和马拉松竞走比赛，展示了民盟机关的精神风貌。邀请盟省委机关同志来兰开展交流活动，促进机关工作再上水平。

【社会服务】 响应民盟中央号召，积极争取民盟品牌和资源，开展“农村教育烛光行动”和“黄丝带”帮教等活动。选派7位农村中小学校长，免费赴青岛参加为期半个月的高层次培训。与盟省委联合在和政东街社区开展“黄丝带”主题帮教活动，辖区派出所民警、铁路东村街道40余名戒毒人员参加活动，邀请国家二级心理咨询师作“关爱生命，健康生活”心理辅导，并向戒毒人员赠送价值近7000元的慰问品，让他们体会到社会的关爱，早日战胜毒品。民盟兰州市歌舞团支部盟员走进兰州金宝贝特殊儿童教育中心，举办“关爱兰州金宝贝特殊儿童”主题的联谊活动，捐赠价值41410元童装、书包、运动鞋。民盟城关一支到榆中北山哈岘小学，开展观摩课交流教学，并捐赠价值4000元的学习生活用具，送上了一片爱心。因社会服务工作成绩突出，盟市委主委被民盟中央授予社会服务先进个人。

【精准扶贫】 组织西固总支、文艺一支、兰州启辰之星艺术中心的盟员，兰州秦剧团、武威歌舞团的艺术工作者，下河村健身广场舞群众等70余人登台，为300余户村民举办了“迎新春、送祝福”春节文艺慰问演出，并向困难群众发放了慰问品。动员经济界盟员参与扶贫，认领帮扶项目。邀请市委农工办、市工商联等单位和非公经济界别盟员，交流探讨东西协作扶贫和引入社会力量扶贫。扶贫村对下河村二社80户村民、村上10户危房户和4户困难群众进行了大走访。针对活动摸排梳理出的问题，及时召开兰州民盟经济工作委员会会议，非公经济盟员慷慨解囊，对困难家庭住校学生生活费资助、困难家庭大中专学生学费资助、患大病重病群众临时救助、为未就业大中专毕业生提供或介绍岗位等项目清单进行了认领。机关选派的驻村干部荣获“全市优秀驻村工作队队长”，下河村驻村工作队荣获“全市优秀驻村工作队”。

【社情民意联系点】 发挥社情民意联系点“访民情、听民意、解民忧、送服务、献良策”作用，不断创新活动载体，开展活动20余场（次）。组织盟员中的部分人大代表和政协委员，召开征求社情民意座谈会，与辖区居民代表进行面对面交流，为“两会”提交议案、提案收集更多第一手材料。组织书画社部分盟员书法家与社区书画小组一起，开展“迎新春、送春联”文化进社区服务活动，组织社区书画队队员参观市委统战部主办的“水墨心相 共促和谐”全市少数民族暨台胞台属美术、书法、摄影展，并召开主题座谈会，社区群众就此次参观展览和对兰州市民族宗教政策的理解谈感想、说体会，他们切身感受到兰州市民族宗教政策贯彻得好，全市呈现出民族团结和谐、宗教稳定和顺的大好局面。与盟员创办的培训机构南坡轩文化教育中心联合启动了“翰墨逸心行动”书法课堂进社区公益项目，选派书法教师到社区进行授课，每年实施4期，每期课程计划招生20人，以书法为载体，弘扬中国传统文化。组织盟员、围棋教师定期开展围棋培训活动，并捐赠了价值1000余元的围棋课本。这些活动丰富社区孩子的业余生活，解除家长的后顾之忧。邀请盟员、兰州市中学生交响乐团常任指挥兰州市音乐家协会副主席许芸到社区，为社区“金城之梦”艺术团和金轮歌友会的演奏及合唱进行专业指导。与和政东街社区、金轮物业共同主办共同举办“和谐社会风、幸福邻里情”纳凉晚会、元旦联欢等文艺演出，丰富了晚会的演出内容，为社区群众奉献了精彩的文化大餐。积极争取由盟员企业、五福斋电子商务公司开展了向每个小学生捐赠1本图书活动，共计5万册价值100万元，先向辖区的民主西路小学、平凉路小学捐赠价值9.2万元的图书，向全市8所小学捐赠价值近40万元的图书。向社区图书角捐赠了价值3000余元的图书和杂志。冬至节为社区孤寡老人包饺子送温暖。中央统战工作领导小组第13调研检查组、省委统战部督查组、盟省委、市委统战部和外地统战系统等相关领导多次来到社区调研、检查、指导工作，认为盟市委社情民意联系点推进了协商民主建设，丰富了议政建言内容，拓宽了民主监督渠道，促进了社会和谐稳定，方式创新，内容丰富，成效突出，值得肯定。

【招商引资】 充分利用民盟渠道，开展招商小组外出招商、盟员友情招商。推荐盟员加入民盟甘肃企业家联谊会提供招商线索，协助市兰洽办开展“兰洽会”邀约工作，在与外地盟组织的交流活动中针对性地联系招商。招商小组围绕高新科技软件创业孵化、水性科天产业链、现代农业扶贫开发、现代物流、旅游文化产业等产业招商，赴上海、广州、浙江、江苏、湖北等地对接企业、推进项目、开展招商引资活动4批（次）。针对兰州建投公司融资难的问题，盟市委引荐了融资企业瑞安集团，现已进行相关合作对接。陪同三一重工负责人拜访了市政府副市长，就该企业拟在兰州进行投资的项目进行了洽谈。为答谢甘肃三维投资集团等企业对民盟兰州市委招商引资工作的支持和帮助，民盟兰州市委书画社举办答谢笔会。在盟市委和非公经济界盟员的共同努力下，全年向市经合局报备项目线索21个，项目落地3个，实现到位资金5.2元。超额完成招商小组和盟市委所在产业组任务。

【其他工作】 积极与外地民盟组织开展盟务交流，把参加民盟西部城市盟务工作会、盟务研讨会等作为与兄弟盟市委共同探讨盟务工作的重要机会。交流稿被盟省委选为大会发言材料，参加了在银川市举办的第五次民盟西部省（区）盟务工作会。到呼和浩特市和鄂尔多斯市参加2016年民盟西部城市盟务工作会，向大会提交3篇交流材料。

【评先表模】 2016年民盟兰州市委员会被盟中央评为“坚持和发展中国特色社会主义学习实践活动先进集体”“民盟中央群言杂志社2016年度优秀发行单位奖”。唐浩漩主委被民盟中央授予“社会服务先进个人”。

（陈　璟）

中国民主建国会兰州市委员会

【概况】 2016年，民建兰州市委员会共有基层委员会3个，总支13个，支部55个，另有专委会9个。共有会员1026人，平均年龄46.63岁，大专以上学历占会员总数的77.39%，经济界会员791人，占会员数的77.68%。

【参政议政】 有各级人大代表、政协委员102人，担任各级人大代表、政协委员的会员认真履行职能，建言献策。在2016年的各级人大、政协会上共提交提、议案184件，人均1.81件。其中，省级“两会”12件，人均3件；市级“两会”118件，人均3.81件，比上年增加了17件；县、区“两会”68件，人均1件。在政协十三届五次大会上，提交了《关于进一步加强我市综合配套设施建设的建议》《关于加快兰州市文化产业发展的建议》等7件提案和《关于加强我市新型职业农民培训工作的建议》大会发言1篇，其中《关于加强我市新型职业农民培训工作的建议》被列为市政协重点督办提案。

【宣传工作】 根据工作需要，在网站和刊物上开辟专栏，强化宣传。加入“兰州发布”信息平台，形成宣传信息工作的良好局面。全年编印《兰州民建》季刊4期，向民建中央、民建省委、中共兰州市委、市委统战部等单位和《民讯》《兰州日报》等省内外报刊报送信息总计150条，其中民建中央网站采用30条，《甘肃民建》采用30余条。加大对基层组织先进工作经验和会员先进事迹的报道力度，对组织发展、参政议政、社会服务和扶贫工作等方面所开展的工作进行系统宣传报道。组织理论研究骨干会员参加省委统战部开展的“薪火相传·筑梦中国”主题征文活动，报送《中国，我为您自豪》等9篇体现，会员赞美改革开放伟大成就或反映会员先进典型事迹的文章。向市委统战部报送了《民建地方组织强化内部监督意义及实现途径》的统战政策理论研究成果1篇。

【学习培训】 召开常委会、全委会，举办基层组织负责人培训班、专题座谈会，并下发通知，要求各基层组织、专委会组织广大会员开展学习，重点学习中共十八届五中、六中全会精神和习近平总书记系列讲话精神，陈昌智主席在纪念民建成立70周年大会上的重要讲话和民建中央十届四中全会精神等。通过学习活动的开展，教育引导全市广大会员深刻理解党的十八届五中、六中全会思想内涵，认识和把握经济社会发展形势，坚定理想信念，增进政治共识，增强全市广大会员对中国特色社会主义道路自信、理论自信和制度自信。

【民主监督】 发挥各级人大代表、政协委员以及特邀人员的作用，参与各类视察和调研，开展民主监督和参政议政工作。现有省级特邀职务人员3人，市级特邀职务人员20人，县区级特邀职务人员15人。在省效能办开展的效能风暴行动中，推荐10名会员为监督员，其中1名会员担任组长,两名会员担任副组长，发挥了重要作用。

【组织工作】 全年批准入会33人，平均年龄35.55岁。经济界会员23人，占发展会员数的76.67%。截至年末，市委会共有会员1026人，平均年龄46.63岁，大专以上学历占会员总数的77.39%，经济界会员791人，占会员数的77.68%。根据民建中央组织部以及民建甘肃省委的要求，已完成全市1015名会员的简历、联系方式等10余项指标的录入，建立会员信息系统。在县区组织换届工作中，市委会始终把强化政治意识贯穿于换届的全过程，规范换届工作程序，走访县区统战部，对新一届县区组织领导班子人选进行沟通、协商，以确保换届工作的民主和公正。完成7个县区组织的换届工作。根据全市组织工作的实际，借助县区组织换届之际，分别成立了民建基层委员会和民建永登县基层委员会。完成30个届满及需调整的支部换届工作。根据民建中央和中共甘肃省委对加强后备干部队伍建设的要求，报送后备干部，对私营企业和外资企业的管理人员和技术人员、中介组织和社会组织从业人员、新媒体从业人员、自由职业人员、私营企业主代表人士等64名骨干会员进行了摸底统计，上报省民建。为会员的成长搭建平台，推荐1名会员参加全国基层组织主委培训班，推荐5名会员参加全省基层组织主委培训班，推荐6名会员参加全省新阶层人士培训班。配合人大、政协做好换届工作，根据中共党委的要求和会员的构成和变化情况，推荐各级人大代表、政协委员96人，还推荐2人旁听了市人大会议。

【社会服务】 通过各种渠道和形式，创新社会服务工作，努力打造“春风行动”活动品牌，通过“健康行”“文化行”“助学行”“创业行”等一系列活动，进一步扩大了民建的社会影响力。向“社情民意联系点”20名品学兼优，家庭困难的学子送去1.2万元的助学金，帮助他们解决生活和学习上的困难。春节前，市委会领导前往“社情民意联系点”辖区困难群众家中慰问，带去民建组织的关怀与温暖，送去大米和清油，并致以节日的问候和祝福。为做到知民情、听民意、集民智、解民忧，推进“社情民意联系点”建设，市委会还不定期组织召开社情民意座谈会，把居民反映的问题，以社情民意信息及提（议）案形式报送给党委、政府及政协主要领导，为百姓办实事、解难事、办好事。据不完全统计，捐款捐物达400多万元。向社会展示了良好的精神面貌和形象。由于工作成绩显著，市委会被民建中央授予“全国社会服务先进集体”荣誉称号。

【精准扶贫】 民建兰州市委积极开展各项扶贫措施：春节前夕，向所联系帮扶的32户精准扶贫户送去了价值4000余元的大米、春联等过节物资；春耕时节，开展“精准扶贫，助力春播”活动，为该村精准扶贫户送去了总价值5000余元的种子和化肥；举办了精准扶贫政策宣讲、蔬菜栽培技术培训活动；对全村124户农户家庭进行了走访问询，了解群众在就学、就医、就业、用水、用电、行路、住房等生产生活方面的情况，详实掌握第一手资料；筹资2万元帮助杨河村完成了村委会光伏发电项目建设；开展了“翰墨农家”，捐助书法中堂作品20副；筹款5000元，协助清水驿乡政府解决了杨河村六社“五保户”周良明住房问题，同时为建档立卡户在榆中县中医院解决了家庭病床问题。

【招商引资】 市委会招商小组与市经合局招商工作人员共同前往福建、广东等地进行招商引资。积极组织会员企业家参加本年度中国非公有制经济发展论坛和风险投资论坛，先后前往郑州、新乡、焦作、深圳、中山等地开展招商引资工作。借力“兰洽会”，邀请衡阳、广州、焦作等兄弟民建组织的部分领导和会员企业家参加第22届中国兰州投资贸易洽谈会。参观“兰洽会”展馆及会员企业，并推介了甘肃省和兰州市招商引资的重点项目，支持各地民建会员企业家来兰投资发展，为地处祖国西部地区的兰州市注入新的发展生机和活力。完成招商引资2.12亿。

【机关建设】 按照公务员法和中央关于建设一支适应本会需要的合格公务员队伍的要求，以实现制度化、规范化、程序化为核心，提高机关管理水平和工作效率。制定、修订了机关干部联系基层组织制度和机关学习制度等工作制度。机关全体干部积极参加公务员通用能力网络培训、业务培训等培训班，改进工作作风和工作方法，增强机关为基层、为会员服务意识，使基层组织感到有依靠，使广大会员感到温暖、亲切，由于工作作风建设的不断加强，机关的工作效率和服务质量得到提升，组织协调能力也得到加强，树立了良好的民建机关形象。

（石　磊）

中国民主促进会兰州市委员会

【概况】 2016年兰州民进以隆重纪念兰州民进成立30周年为契机，注重宣传工作制度和机制，促进市委会和基层支部宣传思想工作统筹协调发展，对宣传思想工作的组织领导，创造宣传思想工作条件。4月，民进兰州市委召开宣传工作会议，号召各基层组织适应新形势，增强责任感，加强民进宣传工作。9

月，在安宁仁寿山民进甘肃开明画院举办“兰州民进成立30周年书画展暨第32个教师节庆祝活动”，展出作品90余幅，并编辑出版了书画作品集，展现了书画家对兰州、对民进的热爱之情，对美和艺术的追求探索。推动民进市委会网站的宣传引导作用，通过网站及时更新各基层组织活动开展情况，在网站参政议政平台发布最新的市委会参政议政调研开展情况，号召全市会员及时点击浏览网站，加强兰州民进的宣传力度，扩大兰州民进的影响力。将《兰州民进》会刊进行全面升级改版，全年出版3期，与全国20多个省市民进组织进行刊物交流。报送新闻稿件，民进中央、省民进省、市委统战部均有采用。建立兰州民进微信群，及时发送各基层组织开展的会务活动，增进基层支部间的横向联系。

【组织建设】 2016年是民进基层组织和市委会换届年，市委会以换届为契机，通过与民进甘肃省委会、中共兰州市委统战部沟通，将各县区总支统一更名为基层委员会；新成立兰州第六十八中学支部、西固区综合支部；按照支部属地管辖的规定，新接收省委会转来的兰州铁路设计院支部和兰州机车厂支部，将上述支部划归各基层委员会接收管理，理顺了基层支部的组织管理和组织关系。召开代表人士座谈会，举办骨干会员培训班；加强对新入会会员的思想教育和培训工作；做好物色、考察和培养后备干部工作；在换届工程中将年青的骨干会员推荐进入基层领导班子队伍，进行培养锻炼，建立起基层组织人才发展的梯队建设。7月，举办全市新任基层领导班子培训班，对全市基层领导班子进行培训和工作指导。10月，完成全年发展新会员任务，共发展新会员53名。以基层组织换届为契机，继续开展“走基层、访会员”活动；以民进成立30周年为契机，选拔对民进发展做出突出业绩和贡献的会员以及活力突出的基层组织上报会中央，参加先进评选。

【参政议政】 3月，联合省委会召开调研座谈会，听取意见建议。围绕我市在教育和文化发展方面的重点问题开展调研，4月，向各总支和专委会进行重点课题调研公开招标，9月，完成各基层委员会和专委会调研成果的收集工作，完成2016年“两会”的提案、议案上报。加强参政议政人才队伍建设，市委会选拔、推荐参政议政骨干成员16人次参加省委会、中共甘肃省委统战部等组织的培训，组织专委会负责人参加中共甘肃省委统战部组织的参政议政专项培训，5月，召开的民进中央参政议政总结会，市委会获得“民进中央参政议政先进集体”，两名会员获得“民进中央参政议政先进个人”。拓展参政议政工作平台，继续加强与地方政府及政府相关部门的联系联络，邀请会外的相关领域的专家学者参与市委会的课题调研活动。

【社会服务】 帮扶工作。年初组织会员到盐池村开展迎新春慰问活动，为贫困村孤寡老人送去电视、粮油和慰问金，组织书画界会员给群众书写春联等活动；落实驻村帮扶活动，组织机关干部定期到皋兰县盐池村进行驻村帮扶。社区统战工作。借助民进七里河总支在七里河梁家庄社区开展的“同心·四点半”工程，组织教师会员在现有良好有序开展的基础上，进行座谈研讨，对“同心·四点半”进行品牌化建设和在会内进行进一步推广进行探讨交流。招商引资。号召联谊会成员通过开展考察调研、企业交流等活动，积极联络开展兰州新区的招商引资工作。8月，民进兰州市委招商引资项目——甘肃南威信息技术有限公司在甘肃国际大酒店举办揭牌仪式，正式落地建设。“服务就在身边、人人可以参与”的微公益理念，8月30日，民进兰州市西固区基层委员会组织开展“关爱环卫职工，温暖常在人间”活动，看望慰问西固区环卫局辛勤劳作的环卫工人，并给他们送去茶叶、冰糖等慰问品，通过开展一系列关爱环卫工人的社会活动，带动更多的社会团体和企业积极参与，关注环卫事业、关心环卫工作、关爱环卫工人。

（倪　玲）

中国农工民主党兰州市委员会

【概况】 2016年，兰州市农工党坚持把发展作为参政议政的第一要务，围绕全面建设小康社会的目标，深入调查研究，积极建言献策，反映社情民意，协助党和政府科学决策、民主决策；立足人才强党、自身建设、招商引资，开展智力支边扶贫、助学支教、法律援助、健康咨询和科技服务等方面做出了重要贡献。

【思想建设】 组织农工民主党党员参与中共甘肃省委统战部在全省民主党派、无党派人士中开展以“薪火相传·筑梦中国”主题征文活动，共上报征文47篇。做好信息宣传报道，各类活动信息编辑报送工作，向农工党甘肃省委会、市政协及中共兰州市委统战部报送信息100余条（篇）。提高办刊质量，改进版面和栏目设计，扩大信息量，增强可读性。编辑出版《兰州农工》杂志5期。利用“兰州农工”微信公众平台，编辑发布各类信息45期。加强农工党中央党刊《前进论坛》、甘肃省委会党刊《甘肃农工》杂志征订工作，征订刊物750份，基本实现了将党刊免费、直接征订到每一位党员手中的工作目标。由于在党刊征订工作中做出突出成绩，市委会被农工党中央授予“2016年度《前进论坛》发行工作先进单位”荣誉称号。围绕参政党理论建设、党外代表人士队伍建设、社区统战工作等领域，深入开展课题研究。共征集到《兰州市属医药卫生系统农工党组织建设发展研究》《民主党派基层组织发展存在问题及对策建议》等统战理论优秀文章5篇。其中3篇被农工党中央评为2016年度理论研究二、三等奖。5篇文章入选《甘肃省政协2015年理论研讨文集汇编》《关于人民政协法治化的思考》被甘肃省政协评为2015年度理论研究最受网络读者关注奖。

【政治协商】 市委会班子成员及机关干部先后参加由中共兰州市委、市政协、中共兰州市委统战部等召开的民主协商会议、双月联系会、情况通报会、意见征求会等活动，就十三五规划制定、重要人事安排、“两学一做”学习教育、加强政党协商、贯彻落实统战条例意见征求等重大问题坦陈己见、献计献策，有很多建议被中共兰州市委、市政府及相关部门采纳。

【参政议政】 市委会6个专委会完成6篇调研报告。引导各基层组织开展调研工作，完成调研报告3篇。在年初召开的市政协十三届五次会议上，共提交政协大会发言4件，党派集体提案9件，委员个人及联名提案19件。其中《关于我市公立医院实施“医养结合”新型养老模式的建议》等3篇建议被列为大会书面交流材料。在11月底召开的市政协十四届一次会议上，提交政协大会发言4件，提交并立案党派集体提案13件，委员个人及联名提案51件。在市人大十六届一次会议召开期间，共向大会提交议案5件。《关于加强对兰州百合品牌进行保护的提案》被列为2016年市政协主席重点督办提案，8月8日，市政协副主席焦伟率部分市政协委员，前往七里河区西果园镇袁家湾村，就提案进行现场督办并召开座谈会。《依托名校办分校模式，推进教育供给侧改革》被列为2017年市政协主席重点督办提案。

【民主监督】 市委会班子成员及机关同志分别参加对市政协党组、中共兰州市委统战部机关及市直有关部门开展“两学一做”民主评议活动。担任人民陪审员、特邀监督员和政风行风民主评议代表的农工党员，围绕全市开展的“两学一做”学习教育，先后参与市、县区和各单位部门开展的各种评议、约谈活动达50余人（次）。

2016年12月27日，中国农工民主党兰州市第六次代表大会召开

【精准扶贫】 积极助推帮扶村集体经济发展，筹措资金4万元用于帮扶村村委会光伏发电项目。开展免费义诊活动，发放了价值约0.5万元的常用药品。确保换届选举依法依规，协助村两委完成换届工作。争取危房改造资金，投入资金1万元，完成了3户帮扶户危房改造工作。协调资金9.6万元，完成村卫生所拆除重建项目，为村民就医提供保障。争取一事一议项目资金47万元，实现帮扶村村委会办公楼拆除重建。开展节前走访慰问送温暖活动，给帮扶村的困难户送去了价值约2万元的米、面、油及床上用品等生活物资，开展写春联等文化下乡活动，现场为村民书写赠送春联180余幅，受到村民的热烈欢迎和一致好评。

【社区统战】 以七里河区西园街道工林路社区创建“民族团结和谐社区”为工作目标，开展捐资助学活动，为社区10名贫困家庭捐赠助学帮扶资金2万元，建立受助学生档案15份。深入做好社情民意信息征集工作，年内共征集到社区居民反映的《在工林路社区南山路建设过街天桥，方便辖区居民安全出行》等社情民意信息4条，并得到协调办理。

【招商引资】 在第22届“兰洽会”上，邀请到甘肃三力会展服务有限公司等4家企业15名客商参加兰洽会。年内续转“大敦煌文化产业园”

项目1个，新签“兰州泽爱无假日健康体检门诊部”项目1个，分别完成到位资金4.5亿元和1亿元，到位资金共计5.5亿元，完成2016年度招商引资工作。

【组织建设】　引导各基层组织围绕创建方案中规定的13大项19小项创建内容和达标要求，动员全体党员参与创建活动。通过继续开展创建活动，各基层组织工作逐步规范，载体活动更加丰富多样；涌现出一批党务工作好、社会影响大、履职能力强的星级达标基层组织，12个基层组织顺利创建达标为三星级基层组织。后备干部队伍建设。年内先后推荐优秀骨干分别参加了农工党甘肃省委会和市委统战部举办的各类主题培训班，参训人数达60余人（次）。把干部推荐使用放在组织建设的重要位置，推荐符合条件的干部担任实职。6名党员先后被所在单位提拔任命为副科级干部。组织发展。把发展高素质人才作为组织发展的重中之重，吸纳从事卫生、环保、人口资源等行政岗位代表人士加入农工党组织。2016年，共发展新党员51人，全市共有党员810人，有265名同志在各级基层组织担任委员以上职务；体制内在职副科级以上和副高以上职称干部有158名。换届选举。一批年富力强、有参政议政能力和组织领导能力、有广泛群众基础和代表性的党员骨干推荐到农工党各级组织的领导岗位。换届工作结束后，市委会有各级基层组织78个，其中辖基层委员会9个、总支部委员会9个、支部委员会60个。体制内在职副科级以上和副高以上职称干部有156名。有17名党员被安排到各级政府部门担任领导职务。有92名同志担任各级人大代表和政协委员。其中有省人大代表2名，省政协委员3名。市人大代表7名；市政协委员17名，其中常委4名。县区人大代表4名，政协委员59名，其中县区政协副主席4名、政协常委12名。

【爱岗敬业】　党员张龘被评为“2015年全国商业诚实守信道德模范”，张文荣获“2016年甘肃省五一巾帼奖章”，把连霞被评为“甘肃省农村骨干教师”，李明杨旗下甘肃迅美节能科技股份有限公司成功上市新三板，张智多荣获“城关区优秀教师”荣誉称号等等。据不完全统计，2016年，全市广大党员获得各级各类表彰奖励达100余人（次），共发表论文和专著达20余篇（部）。

【农工党兰州市第六次代表大会】
2016年12月27日，中国农工民主党兰州市第六次代表大会在兰州召开。会议就今后5年工作进行了安排部署；选举产生农工党兰州市第六届委员会、第六届监督委员会和出席农工党甘肃省第七次代表大会代表。甘肃省政协副主席、农工党甘肃省委会主委栗震亚，中共兰州市委常委、市委统战部部长咸大明等领导出席会议并讲话。

会议审议通过农工党兰州市委会主委魏丽红代表农工党兰州市第五届委员会所作的题为《牢记使命、砥砺前行，共同谱写中华民族伟大复兴中国梦兰州篇章》的工作报告。

大会以无记名投票等额选举方式产生了由45人组成的农工党兰州市第六届委员会；会上成立了农工党兰州市监督委员会，选举产生了由7人组成的农工党兰州市第六届监督委员会；大会还选举产生出席农工党甘肃省第七次代表大会代表30人。

在随后召开的农工党兰州市第六届委员会第一次全体会议上，魏丽红当选为中国农工民主党兰州市第六届委员会主任委员。徐优文、潘建西、安永学、杨迎晖当选为中国农工民主党兰州市第六届委员会副主任委员。魏丽红、徐优文、潘建西、安永学、杨迎晖、赵彬、蔡宏斌、常寅龙、张春玲、甄文君、王汝勃、刘树明、金占荣、马玉琪、李瑛15名同志当选为中国农工民主党兰州市第六届委员会常务委员会委员。

审议通过了大会决议；新当选的农工党兰州市第六届委员会主委魏丽红作了讲话。

（王汝勃）

九三学社
兰州市委员会

【概况】　2016年，九三学社兰州市委员会履行参政议政、民主监督和政治协商职能，探索社会服务工作新思路和新模式，各项工作稳步推进，为兰州市政治、经济、社会全面发展做出不懈的努力。

【思想建设】　按照着眼增进政治共识、立足实践创新的要求，组织领导班子和广大社员学习中共十八届各次全会精神及中央统战工作会议精神，在本职工作中予以贯彻落实。近几年社市委组织机关干部与部分骨干社员参观重庆民主党派发源地、湖南毛主席故居及百色市人民英雄纪念碑、粤东会馆等；组织部分骨干社员参加社省委举办的以“发扬九三学社光荣传统，开展中国特色社会主义学习实践活动”为主题报告会及“重走会师路，扬帆中国梦”为主题的现场学习实践活动。西固基层委员会组织所属支社社员，并邀请中共西固区委统战部共同前往会宁、卓尼、武都等红色教育基地参观学习，缅怀先辈光辉业绩。通过一系列活动，各基层组织和广大社员不断探索参政议政、民主监督、社会服务的新思路、新途径和新方法，坚持走中国特色社会主义民主发展道路是发展中国、振兴中华的必然选择。

【参政议政】 九三学社兰州市委员会社员中担任省人大代表1名，省政协委员2名；市人大代表7名，市政协委员11名（其中政协常委4名）；区人大代表1名，县区政协委员38名；行政效能监督员、民评代表、特邀监督员共33名。同时加强组织建设，新增了人才专委会，调整理论研究、参政议政、妇女工作、青年工作、文化艺术等专委会人员，为参政议政工作提供组织保障。广大社员围绕全市的经济发展、新区建设及食品安全、空气污染治理、交通畅通工程等群众关心的问题主动作为，为政府决策建诤言、献良策。

在市政协十三届委员会五次会议上提交集体提案10件，大会发言2篇。其中《关于加强对中小学生中国传统文化教育，提高人文素养的提案》等5件提案被列为市政协主席督办重点提案和市政府系统现场办理的重点提案，《关于加强燃放烟花爆竹安全管理的建议》等4件提案获得优秀社情民意信息奖。《黄河兰州段湿地现状与恢复保护》等3件提案被社省委作为重点调研课题。《关于建设兰州"中国泛中亚能源交易中心"的建议》等提案被作为大会发言材料。永登、榆中、皋兰支社提出的关于本地经济建设的提案，得到所在县政府及相关部门的重视，提出的问题得到较好的解决,多名社员被评为全国、省参政议政和社务工作先进个人。

社市委动员，组织相关人员完成市委统战部安排的《破解民主监督薄弱环节的调查研究》等重点调研课题。参加了省委统战部部署、市委统战部组织的《关于健全完善政党协商机制的思考和建议》的调研。同时部分基层组织还围绕市委、市政府全年工作重点，开展相关专题调研工作，找出存在的问题，提出解决措施，形成提案或调研报告。如《论信息化时代的理性思维方式》《我为兰州新区的决策提供了科学咨询》《九三学社的一致性与多样性》《关于加强我市统战系统信息化建设的几点建议》《树立科学发展的政绩观，全面实现社会主义现代化建设的总体布局》。社市委组织力量参加"九三论坛"征文、省政协"甘肃省人民政协理论研讨会"优秀论文征集评选，动员社员积极撰稿，上报社省委、省政协征文5篇，其中牛铮超副主委撰写的《历史的伟大跨越——从中国共产党的成立到人民政治协商制度的建立与完善》论文入选省政协优秀论文并获一等奖，2篇征文刊登在市政协的《诤友》杂志上。同时，由城关四支社总结的《为民参政、济困解难》《积极有为参政，推动地方立法》两个基层支社活动典型案例，由社省委推荐到社中央并在全国推广，彰显出九三参政议政能力、理论水平的提升。

【组织建设】 截至年末，社员中有1人担任市政协副主席，有4人担任市政府部门和县区政府实职。为推进我社各项工作的拓展，改变社员年龄结构老化，专业结构、阶层结构比较单一的局面。在新社员的发展方面，突出科技界别的特色，注重从法律、文化、艺术、非公经济及金融系统发展社员，社员的专业结构、阶层结构有了较明显的变化，在新生力量的补充中，注重吸收对象的发展优势和发展潜力，从年轻知识分子中发展社员。年中，九三学社成立监督委员会，调整6个专门委员、3个基层委员会人员、对28个基层支社完成了换届工作。12月完成市委会换届工作，谢伟当选九三学社兰州市委员会主委，牛铮超、梁剑平、李永军、张丽霞当选副主委。

【社会服务】 2016年社市委、西固基层委员会被社省委授予"自身建设突出贡献奖"。城关八支社主委马建丽、七里河三支社主委尹虹在社会服务中成绩突出，被社中央评为"2015年全国社会服务工作先进个人"。

社市委号召广大社员组织文化下乡、医疗进社区、科普进学堂、奉献爱心等服务活动。组织书画家社员在定远镇陈家沟村、城关区九州大道中路社区开展送书法、写春联活动。连续3年与社省委联合并邀请兰州市科技大篷车前往舟曲中学进行科普知识宣传；全年2次组织城关八支社、七里河三支社的医疗专家深入九州大道社区，为辖区居民提供医疗服务并免费送药。社市委筹资为皋兰县的2名贫困大学生捐款6000元，社市委协调北京康牧兽医药械公司职工为皋兰一中65名贫困学生捐款13万元；城关九支社蒋鹏瑛多次为贫困乡村学校举办义卖活动；城关十支社副主委马忠建响应省委宣传部、省文联的号召为帮扶村捐赠自己的书画作品；副主委李学莲、社员王明玲为七里河春苗幼儿园捐赠儿童书籍及牙具；社员马国英组织施工队为广河县修建小学教学楼和幼儿园，为小学生捐赠5万元的棉衣；城关十一支社主委张新刚及时组织社会人士捐款捐物，并将筹备物资（折合11万元）送到地震灾区；经社员王玉娥牵线，由社市委协调市体育局为甘南齐哈玛小学捐助体育器材多套；社员董鹏举每年坚持向北京林业大学教育基金会捐助20万元爱心款。这些活动的开展和社员的热情参与，充分体现了九三人的高尚品德和奉献精神，产生了良好的社会影响。

（金树仁）

兰州市工商业联合会

【概况】 2016年，市工商联突出“两个健康”主题，开展非公经济人士理想信念教育实践活动，实施“民企陇上行”活动，深化“一企帮一村”精准扶贫行动，完善“323服务平台”，以“两学一做”学习教育活动推进机关作风转变和工作落实，各项工作取得良好成效。

【作风建设】 落实“两学一做”学习教育活动，在组织学习相关精神，掌握教育要求的基础上，5月5日，市工商联召开“两学一做”学习教育推进会议。成立了市工商联“两学一做”学习教育工作机构，制定了《兰州市工商联关于开展“学党章党规、学系列讲话，做合格党员”学习教育工作方案》，下发了工作任务安排及支部委员包抓党员工作方案，对机关开展“两学一做”学习教育活动、完善经常性学习教育机制进行了全面部署。按照学习要求，现已开展集中学习20期、专题研讨6期、党组成员讲党课5期、党小组学习研讨8次。全体机关党员坚定理想信念，增强政治意识、大局意识、核心意识、看齐意识，强化宗旨观念，基层党组织的战斗堡垒作用和党员的先锋模范带头作用不断深化。将学习教育活动向57家非公企业、商会组织基层党组织及1136名党员延伸，以加强基层党组织履职能力及非公党员先锋引领作用为抓手，带动全体党员参与学习教育。6月15日，兰州市总商会党委举办“两学一做”学习教育活动推进会暨基层党组织书记培训班。邀请兰州市委党校朱建国教授为基层党组织书记做“认真开展“两学一做”、提高基层党组织工作水平”专题辅导。制定并印发《兰州市总商会党委开展“学党章党规、学系列讲话，做合格党员”学习教育工作方案》，在机关成立3个督导小组，制定10项督导清单，确保各基层党组织有效开展教育活动。

【非公经济人士理想教育】 分层分批组织会员学习习近平同志重要讲话精神，组织14家企业参与讲话精神学习信息直报活动。组织30名非公经济代表人士参加全省第10期非公经济代表人士培训班，举办兰州市非公经济人士理想信念教育培训班1期，强化非公经济人士理论学习。深入企业解决实际困难，制定并提交市政府办公厅印发了《 关于进一步完善与非公有制企业联系沟通机制的意见》，明确工商联在联系沟通、帮助非公企业解决实际问题中的重要责任，形成“月梳理、季汇报”常态化工作模式，分层次转办需解决的实际困难，督办情况全程跟踪，确保问题得到解决。已征集问题18项，办结16项，另有2项正在办理中。配合省、市相关部门开展政策落实调研活动，组织6名非公经济代表人士参加全市非公经济发展座谈会议，并在市工商联67家直属商会中征询意见22条上报市委、市政府，组织开展政企对接活动6次，优化非公经济发展环境。引导会员企业和商会组织积极投身扶贫工作和光彩事业，全年共为扶贫及光彩事业筹资300余万元，在全市扶贫工作会上，市工商联推荐的24家会员企业和9家商会受到市委、市政府的表彰。形成“一报一网六群”宣传平台，建立兰州市总商会微信公众平台，利用新媒体为活动营造氛围。

【招商引资】 4月29日，兰州市召开招商引资项目推进暨第22届“兰洽会”、2016年民企陇上行活动动员电视电话会议，会上制定印发了《2016年兰州市民企陇上行活动实施方案》，就2016年全市招商引资及民企陇上行活动进行安排部署。按照活动要求，市工商联继续落实协调、服务、联络职责，全年配合省民企陇上行活动领导小组先后组织协调市经合局、兰州新区、经济区等多家单位分3批（次）赴广东、广西、云南、浙江等8个省市区开展招商推介；利用工商联工作联络优势组织协调兰州新区、经济区先后赴东北三省、长三角、西南地区开展招商活动4次；市工商联招商小组先后赴福建、广东、成都、西安参加项目考察、推介、招商活动4批（次）。赴西安市参加丝路沿线城市工商联共推“一带一路”建设民企交流推介会，协调一带一路文化和教育产业基金会考察兰州新区，接待外地工商联赴兰考察团3批次，与唐山市、南宁市、大连市金普新区工商联签订友好商会协议。共发出“兰洽会”邀请函260份，“兰洽会”期间共接待广州市、济南市、丽水市、遂宁市等7个团组宾客122人。落实“中国光彩事业暨民企陇上行”活动任务，与经合局一起组织举办“民企陇上行”兰州市推介会，广泛开展项目对接和考察交流。上半年共上报省民企陇上行兰州市招商项目498个，合同金额1073.69亿元，超额完成省民企陇上行活动领导小组下达兰州市签约项目合同金额860亿元的任务，到位资金694.29亿元。

【精准扶贫】 1月25日市工商联就深化“一企帮一村 共建新农村”活动进行了动员部署，向民营企业家发出参与精准扶贫奔小康行动《倡议书》，与市扶贫办、光彩会共同制定下发了《关于落实甘肃省“千企帮千村”精准扶贫行动实施方案深化“一企帮一村 共建新农村”活动的通知》。5月19日，全国工商联、国家扶贫办、光彩会“万企帮万村”精准扶贫调研会议在兰州市工商联召开，调研组对兰州市“一企帮一村 共建新农村”活动开展模式给予了高度肯定。目前市工商联组织的70个结对帮扶企业及商会为帮扶村先后引入帮扶资金2760余万元，累计落实帮扶项目70余个，全年共引入社会力量帮扶资金281余万元，现已完成35家新增结对帮扶企业及贫困村的前期摸底对接工作，全年引导社会力量为扶贫村捐资50余万元，其中筹措8万元维修翻建旧村委会，3.98万元用于村委会光伏发电站的建设，5万元为村民购置化肥，筹措18万余元的衣物、洗涤用品、母亲邮包等物资，筹措5万元用于慰问困难群众和党员、捐资助学、捐赠图书，引入其他项目经费15万元。针对村高原夏菜销路不畅的问题，与榆中县工商联会员企业兰州高原夏菜集团合作筹备在村内建立蔬菜交易市场，并扶持100亩菜花订单，为签约农户发放价值16000元的菜花种子。同时，按照村民意愿鼓励发展乡村旅游产业，组织10余户村民赴陇南市考察农家乐发展经营状况，已扶持3户村民发展了农家乐，形成稳定增收途径。2016年5月，市工商联主席、旧庄沟村驻村帮扶工作队队长马彩云被省委、省政府表彰为“2015年度全省优秀驻村帮扶工作队队长”，2016年8月，旧庄沟村驻村工作队被市委、市政府表彰为“优秀驻村工作队”。

【调研参政】 制定下发《兰州市工商联2016年调研工作实施方案》、《兰州市工商联2016年调研课题分解表》，规范调研程序及要求。全年配合全国工商联开展调研活动3项，配合省工商联开展调研活动8项，配合市级部门及帮扶村开展调研6项，市工商联开展专项调研4项，完成并上报《2015年兰州市民营经济发展报告》《新常态下商会组织党建工作调研》《兰州市民营企业“走出去”参与“一带一路”建设情况调研》《兰州市民营企业参与精准扶贫精准脱贫行动情况调研》《兰州市年轻一代非公有制经济人士成长状况调研》《如何更好地构建“亲”和“清”新型政商关系的调研》6篇调研成果。积极参政议政，上报市政协十三届五次会议市工商联团体提案8件、委员联名提案2件，大会发言1篇。开展市人大、市政协及市工商联、总商会换届摸底工作，认真开展非公经济人士综合评价工作，按照“三强一好”的标准做好人选考察和推荐工作。

【自身建设】 落实从严治党主体责任，紧抓机关党风廉政建设，制定并下发《中共兰州市工商联党组2016年党风廉政建设和反腐败工作安排》，落实党组、班子成员主体责任，细化7个方面30项重点工作，从严加强机关管理，为工商联工作提供强有力的纪律保障。按照“以机关带基层”的思路，对照分解全年90项具体工作，实行责任捆绑，把全年工作分为亮点工作、重点工作和常规工作，有层次地抓主抓重。落实督办制度，对重点工作及时进行督办，全年督办工作13项。加强“五好”县级工商联建设，完成“五好”县级工商联复查工作，其中七里河区工商联、城关区工商联被认定为全国工商联“五好”县级工商联，新推选1家“五好”县级工商联。结合“两学一做”学习教育活动，对非公企业、商会组织基层党组织开展对接包抓工作，强化非公党建引领作用。加强对商会组织的指导、服务，全年共成立商会5家，会员队伍结构不断优化。

（楼光明）

兰州市总工会

【概况】 2016年，兰州市总工会实施“十大行动”，职工合法权益维护有新突破，服务职工工作有新作为，工会组织建设有新进展，职工文化建设有新气象，自身建设有新提升，工作推进有力、成效明显。

【组织建设】 工会组织数较上年增长1.30%，会员净增1.6万余人。召开农民工源头入会现场会，组织40余家驻兰快递企业举行“农民工集中入会”启动仪式，农民工会员较上年增长15.24%。提高基层工会规范化水平，积极创建“示范社区（村）工会”，34个街道总工会荣获“全省规范化乡镇（街道）工会”，20个社区工会、7个村工会荣获全省“百家示范社区工会”“百家示范村工会”称号。

【劳模管理服务】 开展首席员工、金牌工人选树活动，参与企业244家，师徒结队444个。推荐兰州三毛集团贾如丽等71名职工参与兰州市“金蓝领”高技能人才选拔，兰州石化公司卢朝鹏等4名职工参与“陇原工匠”评选。举办“劳动报国·匠心圆梦”庆“五一”电视访谈节目和先进人物系列报道，展示高存花等10名劳模、金蓝领、技能工匠、劳模创新工作室领头人的模范事迹。组织全国、省级劳模深入校园开展“弘扬劳模精神，鼓励勤劳致富，在双联精准扶贫中建功立业”劳模宣讲活动。为388名劳模发放困难补助金392万元。

【提升技能素质】 组织职工投身兰州新区促进区域发展全国示范性劳动竞赛，1881家企事业单位、17.7万名职工参赛。指导建成劳模创新工作室5个，累计建成37个。开展群众性技术创新活动，推荐12项职工优秀技术创新成果参加全省评选，9项分获一、二、三等奖及优秀奖；推荐3项先进操作法参加全省评选，1项获提名奖。全年举办职工技能展演（示）活动61场（次），市机械产业服务转型升级展示10余家装备制造企业20多项优秀创新成果。广泛开展合理化建议和“五小”活动，职工发明创造201项，获得专利115项，技术革新1007项，合理化建议1.88万条，产生经济效益1.66亿元。

【职工权益】　推动“公开解难题、民主促发展”活动向车间班组、非公企业延伸。开展工资集体协商，创建省级工资集体协商示范点9家、市级6家。筹资4000多万元开展“四季帮扶”活动。其中，“春送岗位”就业创业援助月活动期间，提供岗位3326个，达成就业意向协议2222份；“夏送清凉”100余万元，慰问职工3.8万名；“金秋助学”136.2万元，救助困难职工子女681名；“冬送温暖”筹资712万元，发放慰问金420余万元，配合全总、省市领导共走访慰问企业226户、困难职工6950户。不断拓展职工互助保障工作，为1821名困难职工赠送职工医疗互助补充保险，新增参保单位510家，职工3.89万人，受益职工2.38万人，获理赔1425万元。

【文化活动】　组织全国、省级劳模深入校园开展宣讲，充分发挥劳模的示范引领作用。“两节”期间开展“迎新春送春联”活动，举办新春书画展、灯谜展和闹元宵活动。“五·一”举办“劳模事迹宣传展”和“书画献劳模、文化送万家”系列活动，端午节举办传统文化宣传展，国庆期间举办书画家笔会交流活动和书画展，组织开展职工大讲堂、职工趣味运动会，深入轨道交通施工现场开展“送文化下基层”文艺演出，丰富职工业余文化生活。以“兰州在我心中”为主题，举办全市职工书画摄影展。开展“中国梦·劳动美”微电影竞赛、展播，举办职工工间操比赛等活动。

【自身建设】　开展“两学一做”学习教育活动，组织党员参加廉政大讲堂轮训。严格落实全面从严治党主体责任，严格遵守中央“八项规定”和省、市委有关规定要求，落实重大事项报告和集体决策制度。扎实开展扶贫工作，领导带头入户、干部轮流驻村，安排资金74万元兴办实事。积极开展招商引资工作，完成2亿元的招商引资任务。工会经费管理规范合理。经审监督和服务职能不断加强。

（张文玮）

2016年7月15日，市人大常委会副主任、市总工会主席席飞跃看望高温岗位的一线职工

共青团兰州市委员会

【概况】　2016年，团市委以保持和增强团的政治性、先进性、群众性为目标，落实“凝聚青年、服务大局、当好桥梁、从严治团”四维工作格局要求，推动共青团改革发展和各项工作抓实见效，带领广大团员青年为促进全市经济社会协调发展、建设小康社会贡献力量，完成各项重点工作。

【青少年思想引领】　在全市中小学中开展“红领巾心向党·学雷锋树新风”“红领巾相约中国梦——关注十三五，创造新生活”等主题教育活动。组织“甘肃省优秀少先队员”“甘肃省优秀少先队辅导员”“甘肃省优秀少先队集体”以及“兰州好人”候选人申报工作，在各级各类报纸、电视台、电台等主流媒体的新闻报道超过了130次，向有关部门报送的信息有783条上了各类新闻的头条。在兰州共青团网站刊登团市委和基层团委活动信息628条，其中被团省委网站采用86条。全年在《中国青年报》刊发2次，中青在线登载1条，团省委网站登载86条，搜狐和新华网2条，《西部商报》、中国甘肃网、每日甘肃网省级媒体8条，《兰州日报》、兰州电视台其他市级各类媒体登载34条。尤其是11月21日的《中国青年报》在报眼以《西部青年的扶贫转型》为题刊发团市委亮点工作。全年共发布微信平台信息253次759条，阅读量32万多人（次）。发挥兰州青年新浪微博作用，引导新闻舆论，开设“五四”青年节主题的话题以及“共筑中国梦——网界青年的责任与担当”“五四”主题宣教活动，组织广大网络宣传员开展“习总书记出国访问”关注“两会”等微博的讨论跟帖转发和点赞任务。全年共更新微博950条。与电视台合作拍摄了“励志青春·兰州青年在行动”大型宣传片。在城关区白银路小学举办“红领巾相约中国梦·关注十三五，创造新生活”—兰州市庆“六·一”主题队会活动，在城关区耿家庄小学举行“红领巾相约中国梦—听党的话，做好少年”—庆祝中国少年先锋队建队67周年主题队会活动。

【青年就业创业】 新建1个青年创业园，全年落实青年就业见习843人，新创建5家青年就业创业见习基地。开展青年就业创业技能培训，培训青年4579人。帮助246名青年获得青年创业小额贷款1902万元。落实“一村一电”电子商务工作，建立各类电商协会6个；组织全市各级团组织开展电子商务培训班15期，培训电商青年830人，推荐见习200余人，建设网店156家。开展农村青年致富带头人培养工作，开展就业技能、农业科技和农村创业培训25场，培训青年668人（次）。新建农村专业合作社31家。

【青少年权益维护】 成立虚拟学校4个，设立教学班11个，办班8次，受教育1200人，转化不良青年145人；做好重点青少年群体教育帮助和预防犯罪工作，建立帮教队伍44个，覆盖不良行为青少年448人，培训闲散青少年69名，农村留守儿童数量2715人，结对2715人；构建兰州市关爱青少年“彩虹行动”管理系统，加强青少年事务社会工作队伍建设。全市青少年事务社会工作专业人才达122人，兰州市城关区酒泉路街道青少年成长社区支持计划项目于今年2月被团中央、民政部确定为全国首批青少年事务社会工作示范项目。开展青少年法制宣传，全年开展各类法制宣讲活动98场（次），参与青少年2.5万余人，法制副校长全年讲课次数258次，覆盖学生人数4.5万余人，创建青少年法制教育基地43个。加强青少年自护教育，建立青少年自护教育基地16家、青少年反邪教教育警示基地1家，举办自护教育主题讲座218场（次），发放宣传资料近3万份，覆盖3.1万人，创建“青少年维权岗”38个，吸收反邪教志愿者、禁毒志愿者组织74个，共973人。拓展青少年利益诉求渠道，组织开展“共青团与人大代表、政协委员面对面”座谈会16次，形成意见建议或提案17条，落实12条，创建“青少年维权岗”38个，加强“12355青少年服务台”建设，将“12355”青少年服务台与“12345”民情通热线合并，进一步拓展和提升“12355”在兰州市青少年群体中的覆盖面和影响力，共接听和受理114件（次），服务青少年885人。

【招商引资】 举办1次招商引资培训讲座，开展赴外招商工作，拜访上海锐都信息技术公司、上海明颐医疗器械有限公司、上海正之中照明电器厂、猪八戒网络公司、重庆五洲文化传媒集团有限公司等企业。“五·四”期间组织了青联委员青企协会员“走进兰州新区”观摩学习，了解新区项目、新区建设情况，用成熟的人脉关系，挖掘信息，形成实际投资意向。引荐天泰汽车集团有限公司投资的世纪嘉园项目，投入资金4.83亿；石玉斋文化艺术品中心项目落实到位投资2.08亿，此项目已建设完毕，进入试营业中。

【精准扶贫】 与天津红桥团区委形成2016—2020年兰州共青团对口支援工作方案、帮扶项目表、目标协议。邀请天津市红桥团区委陈瑞书记一行6人在兰州进行对接实地考察，签订《共青团结对脱贫攻坚对口支援合作框架协议》，达成教育培训、电商企业辅导和基层团组织建设等事项的帮助，有针对性地开展对口支援活动。开展救助活动，分别向2名孤儿蒋达云（大学生）资助2000元生活补助、何花资助1000元生活补助。建立“留守儿童之家”，为留守儿童之家配备电脑、打印机及桌椅板凳等物资。联系阳光公益等爱心组织开展扶贫救助等活动，捐款捐物折合人民币2万余元。

【志愿服务工作】 3月5日组织团员青年、青年志愿者走进敬老院、社区开展关爱空巢老人、孤寡老人等活动，开展“一助一”“多助一”结对送温暖活动。组织市志愿者直属服务队“兰州的士奔马雷锋车队”开展“文明服务、微笑服务”志愿活动。在“五·四”期间，开展“垃圾不落地，兰州更美丽”为主题的“清洁马拉松赛道”“城市更美丽”志愿者治污染、“快乐环保走着拍”等志愿服务系列活动。联合青海省红十字会、李成环爱心基金会联合开展了“庆六·一带领留守儿童外出开眼界”活动，带领青海省30名留守儿童参观游览了甘肃省博物馆、五泉山公园、兰州动物园等。开展“兰州好青年·一路向善”微公益活动，在“六·一”儿童节前夕，通过“爱心衣橱”认领皋兰县九合镇瞿家尖小学和皋兰县什川明德小学150个孩子和35名留守儿童的“六·一”儿童节微心愿，并于6月1日当天为孩子们送去心愿礼品，与孩子们共同庆祝“六·一”儿童节。组织中铁二十局集团市政工程有限公司、甘肃蓝天救援队、奔马车行雷锋车队等爱心组织赴甘南藏族自治州临潭县开展对口援藏工作，向广大农牧民捐赠价值6万元的医疗器械、药品，为留守儿童捐赠书包、文具30套，开展防灾减灾、自救互救知识的普及。举办兰州市首届志愿服务项目大赛，选拔3个志愿服务项目参加第三届中国青年志愿服务项目大赛暨2016年志愿服务宁波交流会并荣获大赛银奖。组织招募4450名志愿者完成2016兰州国际马拉松赛事志愿服务活动，招募120名志愿者参与第六届敦煌行·丝绸之路国际旅游节志愿服务工作。

【希望工程】 联系社会爱心单位及人士，为茨坪村贫困学生及孤儿捐助1200元的助学金。选派榆中县夏官营美丰实验学校黄玉玲同志参加第403期希望工程全国教师在上海的培训。联系兰州时代建筑艺术装饰工程公司为榆中县20名贫困小学生捐赠2万元，帮助他们顺利完成学业。开展"茅台、雪花啤酒、天佑德"爱心圆梦助学活动，争取到茅台资助名额25个、雪花啤酒资助名额10个，天佑德资助名额17个。开展"送文具到西部校园"公益活动，为永登县民乐乡宽沟村等22所希望小学捐赠价值6.8万元的学习文具。联系中国青基会与中国平安共同对七里河区东果园希望小学的110名学生配送爱心跑步运动鞋，为贫困学校赠送了跳绳、运动实心球、乒乓球拍等运动装备。开展平安希望奖学金活动，推荐我市平安希望小学七里河区东果园小学学生孔维彬等25名小学生、党家骏等2名初中生、杨欣1名高中生为平安公司资助候选对象。

【青年文明号创建工作】 开展2015—2016年度国家级、省级、市级"青年文明号"创建工作，对"青年文明号"单位的复核和网络报备。举办一期青年文明号负责人培训班，组织各单位青年文明号集体负责人，系统学习新的青年文明号管理办法和报备方法。"为规范青年文明号"创建工作，制定《兰州市"青年文明号"考核细则》《兰州市"青年文明号"管理办法》。对36家申报"市级青年文明号"的单位进行报备审核。

【"保护母亲河"】 在全市范围内开展以"建设人与自然和谐发展的美好家园"为主题的宣传实践活动，通过在《兰州日报》《兰州晚报》上刊登"2016年保护母亲河行动倡议书"，在微博、微信、网站发布"保护母亲河"话题、"保护母亲河"行动的来源、目标、意义等内容，指导各县区开展形式多样的宣传活动，提高了社会各界和群众"植绿、护绿、爱绿、兴绿"的生态意识。开展植树活动，4月8日、13日组织团员青年、青年志愿者近400人开展义务植树活动，栽植树种2000余株。指导各县区团委开展青少年"美化家乡·植树造林"行动，全市建设青年林12片，美化城市主干道8条，组建青年绿色志愿者队伍13支，植树10.11万株。开展"绿色长征"健步走活动，动员青少年和社会公众参与生态环保活动。在"悦动圈"建立6支兰州团队，城关团区委位列全国县级团委前20名，获得奖励1万元。

【基层建设】 建立团干部联系青年"1+100"的工作制，全市337名专兼职团干部共联系青年26716人。完善街道区域化团建工作机制，建立联席会议制度和定期会商制度，开展"学雷锋系列活动"、"保护母亲河植绿护绿活动"。结合街道（社区）党政中心工作，围绕青年学习成才、就业创业、婚恋交友、社会融入等需求整合服务资源、设计活动项目，打造"社区微公益行动""阳光行动4点半工程""网格化志愿服务""520青春热线""幸福相约联谊活动"等区域品牌工作项目，形成"一街一品"。全市53个街道全部建立街道区域共建委员会，建立青年中心53个，建立直属团组织231个，社区建团率100%，活动次数260次，参加活动青年数3001人。全年共指导新建团组织4家，指导团组织换届3家。加强团干部教育培训，分别于8月、9月、12月，开展村（社区）级团干部、乡镇街道及直属二级团组织负责人、直属团组织负责人培训工作，全年举办培训班3期，培训各级团干部240余人。建成各级综合服务平台82家，完成城关区大轿梁社区、安宁区科苑社区等市级综合服务的建设任务。同时投资50余万元在市政府统办4号楼一楼大厅高标准建设青少年综合服务平台1家。认真组织开展了"幸福兰州·青年在行动"为主题的"个十百千万"（围绕一个主题、开展十大系列活动、建立一百个"兰州青年读书吧"、千人大讲堂、万人诵经典）系列活动，并于5月6日举办了"幸福兰州·青年在行动"暨"悦读兰州"读书活动启动仪式，邀请白岩松为兰州团员青年做读书讲座，通过系列活动，举办青年大讲坛2期，开展经典诵读4万余次，建立"兰州青年读书吧"45家，提升全市团组织的影响力和凝聚力。

（赵宇亮）

兰州市妇女联合会

【概况】 2016年兰州市妇联立足"党政所急、妇女所需、妇联所能"的工作定位，重点维护妇女权益，各项工作取得新进展。

【学习教育】 机关党员干部召开党组中心组学习会议14次，开展领导干部讲党课7次、每周四党员集体学习会议36次、党员专题交流研讨5次，组织县区妇联、市属机关妇委会及市妇联机关、下属单位党员干部开展“习总书记‘七一’重要讲话精神辅导”“十八届六中全会和市十三次党代会精神辅导”等各类专题辅导报告会6次，参观八路军驻兰办事处等革命教育基地，提高广大妇联干部党性修养，筑牢为民服务的思想根基。实施“巾帼每月一主题”行动，承办兰州市首届“黄河母亲节”暨《黄河母亲雕塑》落成30周年纪念活动，开展“关爱母亲河·巾帼在行动”“环境市容整治·巾帼在行动”“巾帼健步走”主题活动10场（次），举办“母亲讲堂·巾帼学礼仪”报告会，在纪念“建党节”“红军长征胜利80周年”期间，分别以“巾帼心向党·弘扬正能量”“巾帼心向党·忆颂长征路”为主题，举办红色长征路专题讲座，慰问老红军、生活困难老党员，以及“我心向党”主题手抄报、“党在我心中”主题征文等一系列教育活动。

【“巾帼脱贫行动”】 各级妇联组织全面完成对致富女能手、单亲特困妇女、残疾贫困妇女、重病贫困妇女、“两癌”贫困妇女等困难群体的摸底统计，建成妇女发展基础信息数据库，逐步推进全市妇女发展信息实现动态化管理。开展培训提升工程。以“一县一特色、一区一品牌”的工作思路，创建全国巾帼农业示范基地1个，申报省级巾帼脱贫示范基地5个，打造市级巾帼家政示范基地4个，为陇原巧手、巾帼脱贫、巾帼创业就业、精准扶贫、巾帼志愿服务等9个示范基地进行了命名；全市先后培训“陇原巧手”1600余人，开展家政服务、农业科技等知识技能培训11000余人次，以技能培训促进妇女创业就业。落实妇女小额担保贷款惠民政策，2016年，共为2121名农村妇女发放贷款16106万元，为妇女就业创业提供了资金支持。为广大女性提供项目推介等服务，有力地促进了广大城乡妇女创业就业致富增收。

【妇女创业就业】 以电商培训、家政服务、美丽乡村、小康村建设为抓手，实施农村妇女技能培训和劳务输出等工作，为下岗失业女性、农村富余劳动力、女大学生创业就业提供服务，在助推精准扶贫、巾帼脱贫等方面发挥作用。推荐榆中县清水驿乡红坪村党支部书记李俊英为“全国三八红旗手”，城关区妇联为“全国妇联系统先进集体”，评选出省“三八红旗手”6名、省“三八红旗集体”3个，申报兰州爽口源生态科技股份有限公司参加中国农产品500强竞赛。

【家庭文明建设】 开展寻找“最美家庭”、“最美母亲”活动，印发《兰州市最美家庭汇编》500册，刊发《寻找最美家庭，期待你我参与》倡议书、《母亲节礼赞：致敬最美母亲》专题报道，对“最美家庭”先进典型进行集中宣传报道；本市尹建敏家庭被评为“首届全国文明家庭”，推荐出全国“最美家庭”2户、全国“五好文明家庭”2户，评选出全市“最美母亲”10名、“最美家庭”10户、“文明家庭”100户。家庭教育工作。2016年全市共举办各类培训讲座330余场，培训家长和师生41000余人（次），受益家庭达28000余户。开展“百场家风讲堂”进机关、进军营、进社区活动，以“祭祖思亲传家风”为主题，召开“传承好家训·建设好家风”座谈会20次，征集好家风好家训300余条，引导广大市民弘扬中华传统美德。

【维护权益】 与全市33个成员单位及各县区政府妇儿工委签订《2016年实施“两规划”目标责任书》，会同市统计局建立了兰州市“两规划”统计数据库，完成近5年各项数据的录入工作，监测评估工作日益规范化。协调各成员单位工作力量，完成市、县两级“两规划”中期评估及省政府“两规划”中期评估督导，全市指标达标率为90%。2016年，荣获“全国实施妇女儿童发展纲要先进集体”、全省实施妇女儿童发展规划先进集体。妇女儿童维权新机制。对红古区、西固区农村土地确权工作推进情况进行督查并提出整改意见，切实保障全市广大农村妇女在土地经营权确权登记颁证过程中的合法权益。在全省率先成立妇女维权服务中心，定向招募志愿者70名，通过政府购买社会化服务的方式，引进专业律师和心理咨询师团队，为妇女儿童营造集法律咨询、心理疏导、纠纷调节、困难救助“四位一体”的一站式维权家园。建立婚姻家庭案件人民调解与司法调解的联动工作机制，在构建和谐家庭关系方面收效明显。维权法律知识宣传。2016年，全市各级妇联组织共接待信访案件572件（次），结案率达98%。履行妇联组织在综治、维稳、禁毒、打拐、反邪教等社会治理中的责任，定期牵头组织相关部门开展“关爱儿童·反对拐卖”“守护儿童安全·远离产品伤害”“珍爱生命 远离毒品 争做文明青少年”等宣传活动22场（次），为平安兰州建设做出贡献。

【社会化帮扶】 整合社会资源，拓宽救助渠道，为社会各界搭建与特殊困难群体之间的爱心桥梁。实施“金城天使·圆梦明天”关爱工程，持续开展“贫困家庭先心病儿童救助”“0-3岁婴幼儿营养包捐赠”“婴幼儿乳品捐赠”等关爱儿童助贫济困活动，为贫困家庭唇腭裂儿童进行免费术前筛查和实施矫形手术。女企业家协会会长、兰州陇星集团董事长吴爱华女士为8个县区的310名贫困儿童捐赠善款16万元。发挥公益品牌效应。全面开展“恒爱金城·姐妹相助”贫困妇女救助行动，举办4期城镇“两癌”贫困妇女创业技能和康复能力培训班，培训“两癌”贫困妇女250余名；争取“贫困母亲两癌救助”中央专项彩票救助金36万元，筹集爱心企业捐款捐物46万元，为农村“两癌”贫困母亲、贫困儿童献爱心；实施“母亲健康快车”项目，动员社会力量协调“尹建敏慈善基金”80余万元，向榆中、永登、皋兰、红古和西固共捐赠“母亲健康快车”5台，改善贫困地区妇女儿童卫生保健条件；发动市妇联机关及下属单位干部职工、兰州市女企业家们及县区妇联干部，为永登县大同镇保家湾村父亲残疾、母亲患宫颈癌、金榜题名的张宗阳捐款36050元。实施帮扶行动。深化拓展“邻里守望·姐妹相助”巾帼志愿服务活动，积极组建“爱心妈妈”志愿者队伍，全市共有3775名女性志愿者与4089名留守儿童实现结对帮扶，共有7个县区实现留守儿童结对全覆盖。筹集资金124万余元，慰问全市困难家庭300户、困难母亲500名、留守流动儿童之家50所、困难儿童1100余名。开展文化扶贫行动，先后筹集资金25万元向七里河、榆中、永登赠阅《中国妇女报》300份，向城关、红古、七里河赠阅《中国妇女杂志》2000份。

【宣传工作】 发挥新闻媒体作用，在《中国妇女报》《兰州日报》、甘肃电视台、兰州电视台、中华女性网、中国兰州网、兰州妇女网、今日头条，“兰州发布”“金城女性之声”等微信公众平台等各类媒体播发反映妇联组织在参与全市精神文明建设，以及助力精准扶贫、建设全面小康等方面的新闻稿件300余篇，向全社会推出“巾帼心向党·扬帆新征程”“凝聚巾帼力量·建设幸福兰州”“共谋决胜小康·展现巾帼担当”大型系列报道，中国兰州网、中华女性网等各大媒体争相转载刊登，点击率达10万余次，7月，市妇联荣获“全国妇女新闻宣传阵地建设先进单位”。建成运行“兰州妇女网”“金城女性之声”微信公众平台，构建立体式妇联新闻宣传新格局，打开了妇联宣传工作新局面，为加强妇联基层组织建设提供了有效的组织保障。

【自身建设】 全年共创建以城关区政务服务中心为代表的市级标准化“妇女之家”示范点30个。完成妇联组织选举工作。替补市妇联第十六届执行委员会执委5名，选举产生常委2名；市直机关事业单位新成立妇委会2家，4家妇委会完成换届选举工作。妇联干部培训。组织中心组学习15次，及时选派市妇联领导班子成员参加了各类专题培训班6次及“富民兴陇”讲座12期。举办全市青年女干部能力提升市委党校主体班2期。在北京大学首次举办全市女县级领导干部意识形态领域素质能力提升研修班、厦门大学举办全市妇联系统干部综合素质能力提升培训班。指导县区开展乡（街）村（社区）妇联干部业务培训，全市共举办基层妇干培训班12期，参训人员达800余人（次）。干部作风建设。加强廉政文化建设，担负起党风廉政建设主体责任和监督责任。履行“一岗双责”，开展约谈工作，执行领导干部个人重大事项报告制度、“三重一大”集体决策制度，做到集体决策、相互监督。引导广大妇联干部践行“两学一做”学习教育，严守工作纪律。推进效能建设。对工作作风、财务管理等方面的内容进一步细化完善。

【精准扶贫】 市妇联“一把手”进村上党课2次，领导干部宣讲六中全会精神2次，组织干部进村入户121人（次），入户宣传政策81场，发放宣传资料2000余份，推进帮扶工作任务的落实。完善村委会“四议两公开”“三会一课”等规章制度，完成村委会宣传栏、精准扶贫宣传墙及村级文化墙建设工作，向帮扶村赠阅《致富技术系列丛书》。协助帮扶村车道岭村建立电商扶贫点，完成人饮工程入户、道路硬化。启动文化舞台建设、村级产业发展互助社入社工作等民生项目。筹资金25万元，对车道岭村20户建档立卡贫困户、10户贫困儿童家庭、6户贫困老党员以及13户危房改造户和特殊困难户进行走访慰问。

（轩春香）

兰州市科学技术协会

【概况】 2016年，市科协围绕全市经济社会发展大局，在提升全民科学素质、促进科技人才成长、加强学会组织领导、加快经济方式转变、加强自身能力建设等方面取得了显著成效。

【“两学一做”】 精心安排、周密部署。市科协成立以党组书记为组长的学习教育领导小组，5月5日召开动员大会，传达学习精神，使每一名党员认识到“两学一做”学习教育的重大意义，为学习教育有序开展奠定了良好基础。利用网站、微信、宣传栏等载体，广泛宣传教育内容，及时报道有关信息，使“两学一做”人人知晓，营造了浓厚的学习氛围。创新方式、增强效果。将每周二定为集中学习日，制定学习计划。做好学习笔记，撰写学习心得，熟背入党誓词，熟记党章党规。开展4次专题研讨交流，党员联系思想工作生活实际，谈认识体会、谈差距不足、谈努力方向。领导干部以上率下，带头参加支部学习，带头讲党课。督促党员通过下载手机APP，积极参加兰州市“两学一做”学习教育平台的网上学习和测试，进一步增强了学习的针对性、实效性。边学边改。坚持边学边改、即知即改，有什么问题就着力解决什么问题，什么问题突出就重点解决什么问题，把问题整改与群众路线教育实践活动和“三严三实”专题教育的问题整改结合起来，确保解决问题前后呼应、持续推进。

【提升全民科学素质】 对2007年成立的兰州市全民素质领导小组成员单位进行了调整、补充，增加市发改委、市工信委、市民政局、市卫计委、市质监局、市食药局、市民宗委、市国土局等单位，充实了工作力量。委托甘肃省高校区域循环经济重点实验室开展兰州市全民科学素质水平测试工作，为掌握全市公民整体科学素质提供了科学依据。开展科普宣传活动。开展“三下乡”“科普进校园”“科技宣传周”等各类宣传活动。联合市防灾减灾委员会相关单位，在东方红广场开展了第八个“防灾减灾日”宣传活动。举行以“创新驱动，共享发展”为主题的2016年兰州市科技周启动仪式。在兰州极地海洋馆举行了“全国科普周暨中国流动科技馆兰州市七里河区科普巡展活动”启动仪式。在兰州文理学院举行2016年“全国科普日”启动仪式。全年，举办大型科普宣传活动50场（次），发放科普宣传资料5.6万余份，科普图书2万余册，展出展板2300余块、教具320余件，参与群众8万人（次）。深入校园、社区、农村开展以“节约能源资源、保护生态环境、保障安全健康、促进创新创造”为主题的科普大篷车“流动科技馆”百场科普巡展活动，举办科普巡展120场（次），受益人数约5万余人（次），城乡科普宣传辐射面达到96%以上。兰州市科协被评为“2016年全国科普日活动优秀组织单位”。惠农兴村计划。评选出具有较强区域示范作用的农技协8个、科普示范基地4个、科普带头人3名，给予了105万元的奖励。举办实用技术和劳动力转移培训、健康保健饮食养生、科学素质培训120期，培训各类人群2万人（次）。推荐基层农技协及科普基地参加全省、全国“基层科普行动计划”评选，皋兰县中心乡九合村养鸡协会、兰州振兴百合种植繁育科普示范基地、西固区先锋路街道兰平玻璃厂东区社区等11个农技协、农业种养殖基地、社区被评为全国“基层科普行动计划”先进集体，永登县民乐乡润枫源中药材种植协会、红古区滨柳种植协会被评为全省“基层科普行动计划”先进集体，获得“基层科普行动计划”奖补资金130万元。业务指导。以鼓励学会有序承接政府转移职能为重点，评选出重点学术科普项目10项，每个给予10万元的资助；召开学会理事长、秘书长座谈会，对今后工作进行了安排部署，表彰了14个学会工作先进集体和25名学会工作先进个人。召开学术研讨会。评选出企会协作创新驱动项目5项，每个给予了5万元的资助；在省城市规划发展研究院的支持下，完成兰州市申报“中国科协创新驱动示范市”的准备工作；依托重大项目和优势产业，在西北永新集团有限公司等4家企业分别建立院士专家工作站，促进企业和高校、科研院所“产学研”协同创新体系建设。校园科普。开展航空航天知识进校园活动，通过图片巡展、专题报告以及组织学生参加第二届“神箭神舟杯”航天知识大赛、“探知未来”2016年全国青年科普创新实验暨作品大赛、“家书载梦”航天科普教育主题实践等活动，提高市青少年对航空航天知识的兴趣。开展了第32届兰州市青少年科技创新大赛，收集各类作品1271项，评出一等奖43项、二等奖58项、三等奖104项。组织90个项目参加第16届中国青少年机器人（甘肃赛区）竞赛，获得奖项167项，兰州市科协获得优秀组织奖。推荐《基于土壤湿度检测的精准浇花施肥装置》《木结构桥梁设计与承重》两个项目参加全国“明天小小科学家”评选。开展以“走近创客 体验创新”为主题的青少年科学调查体验活动，向全国组委会提交活动成果1800余项。组织兰州市学生参加全省、全国青少年科技创新大赛，获得全省大赛奖项104项、全国大赛奖项7项。兰州市科协获得省级优秀组织奖和全国青少年科技创新大赛基层赛事优秀组织奖。宣传工作。投入资金73余万元，在人流密集的公共场所安装两台“24小时自助图书设备”和6台“全媒体科普阅览屏”。对兰州市科协网站改版，将辖区内20余家科普教育基地在市科协网站上公开，兰州市地震博物馆、甘肃省地质博物馆、兰州职业技术学院实训基地等场馆接待社会公众5000余人（次）。利用现代传播媒体扩大科普宣传影响力，在兰州电视台公共频道开设了“科普大篷车”专题节目，在《兰州日报》开设了“科普专栏”，在兰州人民广播电台开办了“科普之窗”节目，在东方红广场电子屏定期播放科普节目，在兰州市广电总台网站上开辟“手机科普”栏目，全年刊发、播放各类宣传报道208条（次）。

【精准扶贫】 开展春节送温暖、医药下乡、政策下乡、计算机应运普及、养殖技术培训和党支部互联共建等六大行动。组织干部轮流驻村入户，2名干部分别担任驻村工作队队长、队员。投入资金200多万元，为联扶村帮办实事6件，制作科普宣传栏24块，建成滴水灌溉管网3公里。依托金嘴村农业科技协会，开展农业技术培训5场次，建立金嘴村养牛示范基地，培育高原夏菜和养殖业等两大支柱产业。由主要领导带队进村入户，了解群众生产生活中实际困难。组织医疗专家开展常用急救知识培训和义诊，制作了50幅宣传牌。联系3家企业投入资金2万元，资助困难家庭大学生5名，慰问困难群众5户。

【招商引资】 调整充实招商小组，报备招商引资线索5个，引进我的家（HOMWO）、兰州春晖叙农现代农业产业观光园、永登连城生态文化旅游综合等3个项目，到位资金2.7亿元。

【党建工作】 对所属学会进行了调查摸底，研究制定了实施方案，提出了成立11个党支部的建议。主要领导与班子成员、各部室及下属事业单位签订了党风廉政建设和反腐败目标责任书，制定下发了党风廉政建设工作要点和任务分解表，明确了责任领导、责任部门和主要负责人，逐级传导压力，层层靠实责任。每季度召开1次专题会议，研究解决工作中的新情况新问题。学习教育。全年共组织党组、党支部、中心组学习20余次，举办知识测试3次，组织研讨交流4次，撰写心得体会20余篇，参观廉政教育基地1次。筑牢纪律底线。围绕健全组织领导、责任分解、压力传导、联系群众、考核评价等八个方面，建立15项党风廉政建设制度，对下属事业单位工作中暴露出的管理混乱等突出问题，有针对性地制定了财务核算集中监管实施方案，加强对3个事业单位的财务监督管理。执纪监督。加强对公车私用、公款吃喝、公款旅游和送礼、出入私人会所等重点领域的监督管理。开展效能行动明查暗访，严查工作人员擅自离岗或在工作时间上网玩游戏、购物等现象。落实“三个必谈”要求和约谈制度，班子成员按照规定要求及时约谈提醒部室负责人和下属事业单位负责人，开展约谈42人次。

（柴军荣）

兰州市文学艺术界联合会

【概况】 2016年，市文联用各种文艺形式，讲好兰州故事，探索出一条“以文艺为载体探索宣传推介一个城市”的新途径，推进兰州文艺的繁荣发展，为全面小康、建设现代化中心城市提供强大的价值引导力、文化凝聚力和精神推动力。

【文联工作】 元旦期间，在兰州军区空军通信团开展“深入生活、扎根人民”为主题的心连心手拉手送温暖促和谐活动，著名艺术家王海、李德胜等艺术家们现场表演了歌舞《灿烂阳光》男声独唱《战士为国守安详》川剧变脸《金猴闹春》舞蹈《鼓舞》民歌《天路》等节目。书画家们现场为武警官兵们赠送书画作品。

【其他工作】 编辑出版《兰州当代文学典藏》丛书。回顾建国67年以来兰州市文学创作成果，丛书分小说、散文、诗歌、文学评论四卷，分别收录自1949年以来兰州市作家协会作者发表在各级正式报刊上的文学作品。

编辑出版文艺助推精准扶贫主题专刊。秉持“文艺为人民服务、为社会主义服务”宗旨，组织40余位作家“深入生活、扎根人民”，深入践行习总书记在文艺座谈会上的讲话精神，以习总书记扶贫开发重要战略思想为指导，以文字发声，助精准扶贫。编辑出版《文艺助力精准扶贫专号》。与《兰州日报》合作开办“兰州文艺周刊”，开设四个专栏，每周四刊载《兰州日报》第9到12版，刊登有关兰州市文学艺术界的各类文艺活动、人物专访、精品赏析以及各种大型赛事，受到了文艺界各方的广泛关注和好评。

重视农村文化建设，组织各文艺家协会开展健康有益的文化活动，教育从娃娃抓起，以村小学为艺术培训基地，开展书法、美术、摄影、文学创作等培训。

拓展工作领域和服务渠道，坚持以“兰州文艺之家”为平台，举办论坛、研讨、讲座、展览、笔会等活动。充分运用“兰州文联网”《金城》文艺杂志、本土音乐作品大赏等平台，宣传文艺活动、打造文艺品牌、推荐文艺名家、培育文艺新人。

【学习教育】 市文联主席汪小平撰写的《扎根现实心系人民》被特邀编入大型文献《中国思想政治工作与“两学一做”学习教育全书》。2016年领导干部上讲台中讲授题为《擦亮党章镜子培育文化自信》专题党课。2016年在市委起草《中共兰州市委关于繁荣发展社会主义文艺的实施意见》过程中积极建言献策，提供有关内容。汪小平作词并倾力打造的新时代红色歌曲《不忘初心》，完成全部的创作录制工作。中央军委政治工作部歌舞团歌唱家王丽达应邀为《不忘初心》录制民族唱法的版本。甘肃本土流行版的录制则采用了民族和通俗相融合的唱法，由甘肃省歌唱家、兰州市女音乐家“三俊”张洁演唱。歌曲在中央人民广播电台播出。

（常鹏飞）

兰州市残疾人联合会

【概况】 2016年，在市委、市政府领导下，市残联机构改革、职能调整的主导思想是：依据“精简、统一、效能”的原则和残疾人事业发展的需要，进一步理顺关系，增强活力，更好地履行“代表、服务、管理”职能，为残疾人提供切实服务，面向基层和社区，开展残疾人康复、就业、扶贫、教育、维权、文化、宣传等工作，不断改善残疾人的生存、生活状况，架起党和政府与残疾人的桥梁和纽带，为社会的文明进步和兰州的发展尽职尽力。

【基层组织建设】 落实《兰州市残联系统干部培训规划》（2011-2016年），加强残疾人工作者培训，年内完成残疾人工作者、残疾人专职委员培训2000人（次）。全面建成县区、乡镇（街道）、村（社区）残疾人组织“三级网络”，巩固和完善“六有”村残协731个，解决好1243名残疾人专职委员待遇；指导五大专门协会和志愿助残团队开展好各类别残疾人节庆及相关大型系列活动7次；开展志愿者助残注册登记工作，建立县区、乡镇（街道）、村（社区）“三级”志愿助残联络站（点），注册登记人数达到6.5万人，建成稳定的志愿者助残队伍。同时，借鉴省上经验，建立完善政府购买残疾人服务指导性目录，打造全国“学雷锋”志愿助残团队，积极探索政府购买20支特色志愿助残团队，建成稳定的志愿者助残长效机制，使政府购买服务工作制度化、规范化。累计办理残疾人证69750个。加大财政预算安排，完成全市残疾人基本服务状况和需求信息数据动态更新常态化工作，按照省残联的统一部署，开展“两扩一开发”（扩大调查范围，扩充调查项目，开发智能化管理平台）残疾人基本服务状况和需求专项调查工作，按要求对残疾人动态数据进行更新。首次实名制获取了6万余持证残疾人、未持证残疾儿童和疑似残疾人，1300个村（社区）的相关信息，为建立健全残疾人事业发展的大数据创造了条件。鼓励和支持社会团体、社会组织和社会公众通过捐赠、扶贫开发、助学助医、扶贫解困、日常照料等方式为残疾人奉献爱心，提供更多帮扶。

【康复助残项目】 以“人人享有康复服务”为目标，实施“中央彩票公益金扶持残疾人事业”、“七彩梦行动计划”等康复项目，开展社区、视力、听力、语言、智力、精神、肢体、辅助器具、人才培养、残疾预防、心理健康等10项康复业务，全年共争取资金273万元，为4769名残疾人提供了各类康复（包括医疗康复）服务。其中：免费为199名残疾儿童实施了人工耳蜗、肢体矫治手术和各类康复训练，实施白内障复明手术1300例，为460名精神病患者开展免费服药和免费住院治疗，免费为2810名残疾人进行了助听器验配、辅具配发、矫形器装配等。对全市10个康复示范社区进行了检查验收，指导示范社区积极开展社区康复服务，为6000名群众提供了各类社区康复服务。组团参加全省第一届残疾人辅助器具技能服务大赛，获得三等奖。为1500名残疾人开展了健康筛查和体检，建立了健康档案。开展了康复项目筛查摸底工作，筛查残疾对象360名，为他们发放了筛查补助，相关人员转介至个机构接受康复训练、手术和服务。

【就业工作】 结合全省残疾人就业创业“百千万”工程，积极打造残疾人就业服务平台与载体。争取省级资金100万元，对全市18家盲人按摩给予补助；争取省级资金28万元，扶持大中专毕业生创业，残疾毕业生创业补贴8000元；争取省级资金100万元，为零就业贫困残疾人家庭给予补贴，每家给予5000元一次性补贴；争取省级资金120万元，为残疾人开办网店给予补贴，残疾人本人开店一次性补贴5000元。争取省级资金24万元，扶持残疾人文化实体，一次性1万元补贴。开展城镇残疾人职业技能培训8期、农村残疾人实用技术培训46期，培训残疾人2880人；安置残疾人1260名。征收残疾人就业保障金4700万元。兰州市残疾人就业服务机构规范化建设通过了中残联达标验收。

【宣传文体活动】 第26次全国助残日期间，在全市范围开展以“关爱孤残儿童，让爱洒满人间”为主题的系列活动。5月13日，在兰州市残疾人托养康复中心举行助残日主题活动，邀请市上有关领导现场慰问40名孤残儿童，相继在兰州市残疾人综合服务中心开设残疾人法律讲堂、心理健康讲座和残疾人励志讲座，组织开展兰州市残疾人读书月活动，在兰州市图书馆举办残疾人手工艺作品展览义卖活动，开辟关注孤残儿童专版以及对兰州市近年来残疾人事业发展进行全面宣传报道。组队参加全省“2016年残疾人羽毛球、乒乓球锦标赛”，兰州市代表队获得羽毛球团体第一名和“体育道德风尚奖”。参加“第七届全省残疾人文艺汇演”，兰州市代表队参赛的全部12个节目11个获奖。赴永登县七山乡开展送文化进乡村系列活动，兰州市残疾人艺术团演员进行了大型文艺演出，活动取得圆满成功。

【扶贫工作】 全年投入资金58万元，新建残疾人就业扶贫基地9个，帮助75名残疾人实现稳定就业，带动34户残疾人家庭致富。争取省级资金122万元，打造14家省级残疾人就业扶贫基地，安置残疾人就业76名，辐射带动110户残疾人家庭，鼓励残疾人自主创业，树立残疾人创业典型。市级投入64万元，对128名自主创业残疾人进行了资金扶持。落实领导班子和干部职工轮流驻村制度，开展走访慰问困难残疾人活动。并选派年轻干部长期驻村，协助苏家峡村成立种养业合作社，扶持特色项目发展，推动全村小康进程。全市精准扶贫建档立卡贫困残疾人13082名，占全市贫困人口的9.38%。争取各类资助53万元，扶持432名残疾学生就学。扎实推进“三项补贴”工作。协助民政部门实施特困残疾人生活补助和重度残疾人护理补贴审核工作。重度残疾人护理补贴审核发放对象12000名；贫困残疾人生活补贴审核发放对象9450名；为全市6233名贫困老年残疾人发放生活补贴，发放资金373.98万元。

【信访维权工作】 为2159名残疾人发放燃油补贴56.13万元。为711名原残疾人员发放就业补助金341.28万元。完成了100户贫困残疾人家庭无障碍改造（项目补助90户，自筹10户），补助资金50万元。办理来电400余个、残疾人来信2件、来访件43人（次），其中集体访2件，民情通服务热线和上级及信访部门转办件16件，办结率达98%以上。完成了2015年度“万名已就业残疾人购买意外伤害商业保险”政府购买社会服务项目，为9716名残疾人购买了保险，保险费总额44.98万元。

【残疾人小康意见】 新增保障资金。由市政府每年各列支50万元用于贫困残疾人精准扶贫和自主创业小额担保贷款贴息；残疾学生教育资助每年列专项资金141万元，用于学前教育、义务教育、高等教育就学资助；残疾筛查和残疾人康复服务保障经费50万元。市、县区财政每年列入预算对残疾人康复、托养设施建设给予市级100万元、县区80万元的资金支持。新增保障措施。在残疾人住房拆迁安置、农村贫困残疾人家庭危房改造、残疾人专用车免费停放、残疾人及残疾人驾驶员购买人身意外保险、贫困残疾人殡葬、重度残疾人医疗报销、城乡无障碍环境建设、行政事业单位残疾人招录、残疾人职业技能培训、残疾人就业扶贫基地建设、残疾人康复及训练、残疾人康复服务机构建设等方面适当给予提高和创新。

（裴铁林）

红十字会

【概况】 2016年，市财政预算安排红十字专项资金53万元，较上年增加38.7%。县区红会全部落实专兼职工作人员，红会工作列入有关部门的议事日程，部分县区增加红会工作经费。安宁、七里河等县区依托社区卫生服务机构建设12家社区红十字服务中心（站），基层网络覆盖面扩大。兰州新区舟曲中学、西固区福利路一小等学校成立红十字会，红十字青少年活动得到发展。城关区团结新村街道社区卫生（红十字）服务中心被省红会、省人社厅评选为“全省红十字会系统先进单位”。

【“两学一做”】 组织全体党员干部采取集中学习和自学相结合、研读文献与专题辅导相结合、撰写学习笔记和专题讨论相结合等方式，认真学习，使党员干部进一步增强了争做“四讲四有”合格党员的自觉性。

【救护培训】 年内开展各类应急救护培训、演练活动380场（次），39581人（次）参加，分别比上年增加了81.9%、172.1%；其中普及性培训314次31231人（次），应急演练31次5975人（次），救护员培训34期2318人，师资培训1期57人。普及性应急救护培训项目任务。全市共举办普及性应急救护培训314次，31231人（次）参加了培训，为项目任务的173.5%。安宁区红会在开展普及性培训的同时，与教育部门联合举办校园应急安全（红十字救护员）培训班，驻区学校、幼儿园及校车公司负责人90人全部参加了培训。榆中县红会在市红会的指导下，多次在兰州大学举办普及性培训班和救护员培训班。各类应急演练。各县区红会在教育、街道等部门的配合下，组织开展了不同人群参加的防灾、避险、逃生等应急演练31场（次），5975人（次）参加。世界急救日期间，城关、西固、安宁、永登、榆中等县区红会，确定一批重点学校，会同校方共同组织开展新生安全教育、逃生避险演练等形式的应急救护培训演练活动，收到了较好效果。开展了同层次的应急救护知识竞赛活动。举办兰州地区第一届高校红十字应急救护大赛，兰州大学、兰州交通大学等8所高校分别组队参赛。榆中县红十字会举办应急救护技能竞赛。师资培训。4月18日—22日举办全市应急救护师资培训班，57人参加培训并通过考核，其中新增师资47名。选派12人（次）分别参加了总会、省红会的师资培训。组织部分骨干师资赴县区进行示范带教，有效提高了师资授课水平。

【人道救助】 全年发放救助款物56.9万元。开展“红十字博爱送万家”活动。组织各县区红会统一开展“博爱送万家”活动，筹集价值10万元的慰问物资，在春节前夕发放到600余户受灾户、“五保户”、重度残疾人和低保户等困难群众手中。“红十字圆你大学梦”助学行动。6月下旬，在官方网站公布申请条件和程序，并通过新闻媒体刊发活动消息。受理申请19例，市、县区两级红会分别组织专人对申请者家庭情况进行逐人实地审核，按照同等条件下家庭困难程度严重者优先、高考成绩高者优先的原则，研究确定10名2016年高考录取的贫困新生作为资助对象，给予一次性学费资助5000元，帮助其顺利入学。年内受理各类救助申请15人（次），经过认真审核和集体研究，对其中罹患大病、遭遇重大意外伤害或生活极度困难的11人（户）分别给予2000~5000元的救助，共发放救助款3.9万元，慰问困难群众5人（次）0.17万元。将价值37.2万元捐赠药品分配至各县区红会及93个基层服务机构，供困难群众免费使用，受益面最高可达4万人（次）。做好中国红十字基金会白血病、先心病救助项目申报工作。对受理的10例救助申请，进行审核、申报。年内有7例申请人获得救助21万元。

【志愿服务】 志愿者队伍壮大，年内发展各类志愿者1400多人。兰州交通大学铁道技术学院参加救护员培训的近900名学生登记成为红十字志愿者。城关、七里河、安宁等县区组建一批志愿服务团队。由甘肃中医药大学志愿者发起的兰州地区高校应急救护志愿服务组织正在筹建中。志愿服务活动活跃，兰州大学、兰州理工大学等高校的大学生志愿者，活跃在学校、社区，组织开展红十字宣传、应急救护培训等志愿服务活动。甘肃中医药大学红十字应急救护志愿服务队在市红十字会的指导下，承办兰州地区第一届高校红十字会应急救护大赛；甘肃中医药大学红丝带爱心社利用暑假，组成志愿服务队，深入农村开展帮扶志愿服务。志愿服务项目。城关区焦家湾社区红十字服务站组建以单位职工和大学生志愿者为主体的志愿服务团队，实施“社区双助”（助老助残）”志愿服务项目，定期为社区残疾人、独居老人开展上门服务，年内组织269人（次）参加志愿服务，服务受益人数达629人（次）。

【核心业务】 组建赈济救援队开展基础业务培训。成立以红十字会工作人员、骨干志愿者为主体的赈济救援队，举办应急能力建设暨赈济救援队基础业务培训班，27人参加培训并成为首批队员。采集捐献造血干细胞志愿者血样312人份，录入中华骨髓库。做好人体器官及遗体捐献登记工作，登记人体器官及遗体捐献43例，完成遗体捐献1例。募集捐赠款物38.06万元，其中接受捐赠物资37.2万元，现金0.86万元。完成红十字会生命健康安全体验教室建设。11月下旬，体验教室顺利通过红十字总会训练中心督导组督导验收。目前教室正在进行试运行，开展体验教学8次125人（次）。开展第46届南丁格尔奖章候选人推荐工作，向省红会推荐候选人1名。

【宣传工作】 红十字主题宣传工作“5·8”世界红十字日期间，在全市组织“红十字博爱周”主题宣传活动，开展捐献助困、义诊、应急救护培训及社区服务等活动。把宣传贯穿到红十字会工作的全过程。在“博爱送万家”活动中，组织县区红十字会在集中发放现场及运输物资车辆上张贴悬挂统一拟制的标语横幅，在城乡重点区域进行巡游。年内共编印、分发各类宣传资料4万多份（册、张），有效促进红十字会知识的传播。加强公众媒体宣传。中国甘肃网《甘肃经济日报》《兰州日报》《兰州晚报》兰州广电总台等媒体对市红会开展的世界红十字日主题宣传、应急救护培训、人道救助等重要活动，分别作了及时报道。市广电总台对红十字应急救护培训工作进行了系列报道，据不完全统计，省、市报纸类媒体年内刊发红十字工作报道20余条（次）。宣传手段丰富。建成会机关官方网站并上线开放公众访问，已上传各类信息200余条，单条信息访问量最高达1300多次。开通官方头条号，动员干部职工和志愿者利用微信等新媒体，传播工作动态和红十字知识。工作信息采集报送。共采集、编发报送各类信息40余条，编发《兰州红十字》简报29期。其中多条被省红会、市委信息处采用。

【队伍建设】 从严治党主体责任。把落实约谈制度作为履行主体责任的重要抓手，及时发现和纠正党员干部思想上、工作上、生活上的苗头性问题，促进工作落实，抓廉政教育。对党员干部进行经常性的反腐倡廉和廉洁自律教育，教育、提醒干部职工严格执行各项规定，要求全体党员干部自觉严守党的政治纪律和政治规矩，严格落实机关管理、财务管理、捐赠款物管理等各项管理制度，确保规范运行。

【精准扶贫】 选派干部担任驻村帮扶工作队队员，坚持长期驻村工作。组织全体干部职工轮流驻村开展帮扶，人均驻村15天以上。驻村干部按照镇、村的统一安排，协助完成村民文化广场建设、危房改造等重点帮扶工作。组织8名大学生志愿者在村两委、带队干部的指导下，积极参加扶贫项目建设和田间劳动，走村串户宣传扶贫攻坚富民政策，为村民进行健康体检，宣讲健康和应急救护知识。重点精准帮扶。向6户困难村民发放救助帮扶款1.9万元，其中对4名2016年考入大学的困难户新生，分别给予每人3000元学费资助。元旦、春节期间，对全村23户“五保户”、贫困户进行慰问，分别送去价值200多元的米、面、油等物。全体干部职工会同驻村工作队员，按照分工对4个村组102户村民入户走访，和群众交流，听村民群众对帮扶工作及有关方面的意见，对群众关切的问题给予积极回应。

（郑　晓）

公　安

【概况】　2016年，市公安局牢记使命，履职尽责，聚焦维护稳定、打击犯罪、治安管理三大主业，完成各项目标任务，维护全市社会治安大局持续平稳。

【治安工作】　社会持续平稳、治安稳中向好。全力投入“平安兰州”建设，违法犯罪高位运行势头得到遏制。破获刑事案件1.2万余起，移送起诉8193人，破获“盗抢骗”案件7315起，破获电信诈骗案件数大幅提升；八类案件同比下降32.6%，交通、金湾、窑街分局、皋兰县局和森林公安局辖区命案零发案；破获毒品案件1651起，缴获毒品海洛因158.3千克、合成毒品27.6千克，强制隔离戒毒3500人，禁毒考核全省排名第一；破获经济案件1140起，挽回经济损失3.1亿元。

【管理服务】　管理服务效能提升。查处行政案件270.4万起，查处治安案件3.46万起。狠抓交通违法“双查”“清零”和清剿火患行动，交通、火灾事故“四项指标”稳中有降。推进户籍制度改革，落实省内“一站式”迁入、身份证异地受理、出入境办证节假日无休等便民利民措施，提前完成车驾考改革试点任务，35.8万人（次）通过互联网预约考试。加强巡逻防范，重点时段“见警车、见警灯、见警察”，强化“护校安园”、医疗秩序维护等保障民生工作。全面落实安全管理制度，保持了超量羁押、收戒状态下的监所安全。完成242批（次）重要警卫、328场次重大活动安保任务，特别是出色完成“兰洽会”“文博会”安保工作，得到各级领导的充分肯定和表彰。

【基础工作】　基础工作扎实推进。组织实施《全市公安基础工作三年规划纲要》，在全省率先建成公安数据资源服务中心，整合公安业务数据和社会数据33类4.5亿条；“两实”管理系统标准地址信息量扩容154万余条；多项刑事技术工作通过国家资质认定，DNA入库数达到14万份，指纹信息入库量达到21万份；案件归口管理、涉案财物集中保管、执法场所规范使用等制度进一步健全，分县局全部实现执法办案网上闭合运行；完成7个派出所改扩建工作，市警校、戒毒所、警犬基地等建设项目有序推进。

【队伍建设】　队伍建设不断加强。加强教育管理工作，“两学一做”学习教育取得成效；诫勉约谈929次2909人；落实惠警政策，警衔津贴调标增资全额到位，民警职务改革试点有序展开；主题演讲、警体运动会、科技创新大赛等警营文化活动丰富多彩；44个集体539名个人立功受奖，特警支队和李钢、王玮、王婕等29人荣获省部级以上“荣誉称号”。做好精准扶贫工作，协调落实扶贫项目21个资金760万元，捐款捐物65万余元，连续4年被市委、市政府评为优秀单位。

【学习教育】　2016年11月，新一届局党委成立后，坚持把“实”作为干事之要，始终坚持实事求是的理念、求真务实的方法、真抓实干的作风，抓思想教育和理念创新，注重把党建谋在日常、抓在平常、严在经常、落在时常，利用中心组学习、专题党课辅导、大会精神宣讲等方式，以党建促队建，推动“两学一做”深入开展；通过一线走访、专题座谈等方式，围绕交通拥堵、禁毒缉毒、信息化建设、打击盗抢骗等焦点、热点、难点问题，集思广益、群策群力，形成新的工作思路和部署。抓重点攻坚和能力提升，开展反邪教攻坚行动、交通秩序大整治行动、打击“盗抢骗”专项行动和涉黄涉赌“无声”行动，推进刑侦合成作战中心和反电诈中心实体化运行；侦破“10·13”特大贩毒案等一批大要案件，完成省市“两会”、市党代会和“两节”等安保任务。

（田　莉）

检　察

【概况】　2016年，兰州市人民检察院下辖9个基层院（6个区院：分别是城关、七里河、西固、安宁、红古、新区；3个县院：分别是永登、榆中、皋兰）。市检察院现有检察干警240名（核定编制为262名）。其中，干部229人，工勤人员11人。内设机构21个，均为正处级建制。市检察院领导班子成员现有7名（检察长1名，副检察长4名（兼任1名），纪检组长1名，政治部主任1名）。行政职级中，厅级干部1名，正县级干部32名，副县级干部41名，正科级干部56人，副科级干部35名，科员级干部64人。

【从严治党】　全年中心组集中学习14次，全体干警集中学习50次，举办专题辅导讲座4次，市院班子成员和各支部书记讲党课110场（次），切实增强政治意识、大局意识、核心意识和看齐意识。制定完善《兰州市人民检察院落实全面从严治党主体责任工作清单》，把从严治党及主体责任融入到各项工作中共同推进；逐级签订《党风廉政建设责任书》，纪检监察机构切实做好监督、执纪、问责工作。市院党组成员及部门负责人全年开展工作约谈656人，鼓励约谈55人，提醒约谈26人。

【检察职责】　查办和预防职务犯罪。全年立案侦查职务犯罪案件148件217人，其中贪污贿赂案件116件163人,大案率95.67%，通过办案为国家挽回经济损失1592万余元，查办渎职侵权案件32件54人。开展预防调查116件，提出预防检察建议110件全部被采纳，开展预防宣传和警示教育829次，受理行贿犯罪档案查询84232次。打击各类刑事犯罪。全年提请审查批准逮捕各类刑事犯罪案件4905件6130人，经审查批准逮捕4189件5120人，同比上升10.5%和7.93%；受理移送起诉各类刑事犯罪案件6513件8513人，经审查提起公诉5978件7567人,同比上升24.36%和21.09%。积极加强对涉罪未成年人的特殊司法保护，不批准逮捕未成年犯罪嫌疑人113人，不捕率为44.49%，不起诉22人，附条件不起诉考验期满后不起诉82人，不诉率33.99%。诉讼法律监督。加强刑事立案和侦查监督，向公安机关发出说明不立案理由通知书33件，公安机关主动立案20件24人，监督立案有罪判决17人。强化刑事审判监督，对法院判决提出抗诉6件18人。强化民事行政案件监督，受理民事行政申诉案件182件，提出抗诉1件，提请抗诉2件，发出再审检察建议5件。强化对刑罚执行及监管活动监督，纠正不当提请减刑101人，纠正不当提请假释3人。久押不决案件专项检察活动，清理纠正2013年以来久押不决案件28件58人。立案审查羁押必要性案件160件，经审查提出释放或变更强制措施建议146件，办案单位采纳127件。依法处理群众来信来访541件，办理刑事申诉案件33件，救助刑事被害人8人，发放救助金4.8万元。司法规范化建设。继续深化人民监督员选任管理方式改革，由市司法局选任人民监督员47人，实现人民监督员管用分离。监督评议案件16件23人。落实检察官与人大代表联络机制，邀请代表委员视察、座谈等406人次。全面推进检务公开工作，开展检察开放日活动，向社会公开案件程序信息8602件。扎实开展各类专项活动。督促行政执法机关向公安机关移送环境、食药类涉嫌犯罪案件28件32人，批捕危害环境食药安全案件6件7人，起诉危害环境食药安全案件13件14人，法院已作出有罪判决10件11人。贯彻“少捕慎捕”刑事政策。对情节较轻、主观恶性不深、社会危害不大的轻微刑事案件，依法不批准逮捕，做好不捕说理工作，全市不捕率较去年同期上升5.87%。公益诉讼改革试点工作。向行政机关发出诉前检察建议23件，行政机关收到检察建议后纠正违法、履行职责10件；经高检院、甘肃省院已批准行政公益诉讼9件，其中，12月6日由永登县院提起的兰州市首例行政公益诉讼案，兰铁运输法院依已作出判决，支持了检察机关提出的诉讼意见。四是大力开展警示提醒、训诫督导、责令纠错等预防约谈工作。共警示提醒16人、训诫督导4人、责令纠错6人。

【服务保障】　“保民生、促三农”专项行动。对惠农扶贫项目申报、资金发放、贷款使用等重点领域和关键环节开展清理清查，预防调查55次，发出检察建议24件，帮助乡镇村社建章立制19项，落实整改措施18项，涉农项目行贿犯罪档案查询24577次，开展预防宣传61次、警示教育29次，提供法律咨询和司法帮助124次，立案查处涉农职务犯罪案件5件6人。根据甘肃省院的统一安排，组建派驻乡镇（街道）检察室56个，配备工作人员125人。

【精准扶贫】　联系协调市农委、榆中县四大班子、龙泉乡党委政府及各帮扶村，筹措资金69.44万元，在武庄、洞口、大坪3个村共计投放脱毒马铃薯籽种10.62万公斤，种植面积达65.2公顷；投放燕麦籽种106.1公斤，种植面积1591公顷；投放鸡苗2650只，发展土鸡2650只。

【能力建设】　领导班子建设。结合市委对"换届年"工作要求，增强班子成员的政治观念、组织观念和纪律观念，提高科学决策、民主决策的能力。检察人员教育培训。全市检察机关干警到高检院、甘肃省检察院参加各类培训班240余人（次），举办全市公诉、侦查监督、民事行政监督等业务竞赛，通过开展主题演讲、新任检察官宣誓、重大节日升国旗等活动，检察队伍综合素能不断提高。司法体制改革。通过考试考核，遴选员额检察官278名，为落实检察人员分类管理、完善司法责任制等改革任务奠定了基础。推进基层院建设。制定出台《2016年基层院建设工作意见》《全市基层院建设检查评估工作方案》，开展基层检察院建设抽样评估，推进基层检察院"八化"建设。落实科技强检战略，全市两级检察院进一步完善了综合信息发布平台、网上办公办案、网上举报、法律查询等信息系统，全面提升了全市检察工作的效率和质量。

（王　健）

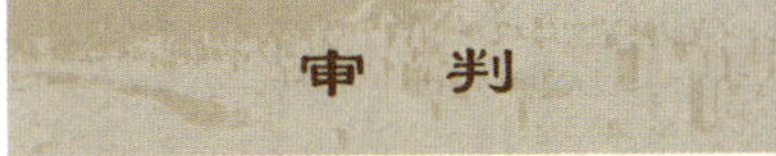

审　判

【概况】　2016年，兰州中院以"让人民群众在每一个司法案件中都感受到公平正义"为目标，履行审判职责，服务全市经济社会发展大局，开展"两学一做"学习教育，坚持"精审判、严管理"，各项工作取得新成效。全年受理各类案件9693件，同比上升27%，结案7670件，法定审限内结案率90.9%。全市法院共受理各类案件52844件，同比上升24%，结案39850件，法定审限内结案率94%，在全省中级法院中排名第三。

【刑事审判】　受理刑事案件592件，同比下降6%，审结505件，法定审限内结案率82.9%。依法严惩涉黑涉恶犯罪以及抢劫、故意杀人、故意伤害等暴力犯罪。深入开展反腐败斗争，共审理职务类犯罪案件15件24人。审理了中共青海省委原常委、西宁市委原书记毛小兵，省国土厅原副厅长宋史刚，省工信委原副巡视员万景峰，景泰县原县长张世军等一批重大职务犯罪案件。依法严惩毒品犯罪，审理毒品类犯罪案件93件160人。依法惩处金融诈骗和非法吸收公众存款等经济犯罪案件9件48人。对确有悔改或立功表现的2463名罪犯依法裁定减刑、假释。一审服判息诉率达86.3 %，再审审查率由2015年的27.2%下降到2016年的11.1%。推进量刑规范化工作，制定《兰州市中级人民法院新增罪名量刑实施细则（试行）》。

【民商事审判】　受理民商事案件4543件，同比上升21%，审结3251件，法定审限内结案率95.2 %。审结婚姻家庭、抚养继承纠纷案件179件。审结劳动争议案件168件。审结交通、医疗损害等侵权纠纷案件238件。审结房屋买卖、租赁、建筑工程等案件257件。审结土地承包、经营、流转及宅基地使用权等纠纷案件77件。加大环境资源保护力度，妥善审理了关注度较高的"4・11"局部自来水苯超标事件引起居民个人诉威立雅水务公司与中国石油天然气公司兰州石化分公司侵权责任纠纷上诉案。维护金融安全，审结金融及各类票据纠纷案件4件。围绕企业改制，审结股权转让、兼并重组案件35件。落实知识产权"三审合一"审判模式，审结专利、商标、著作权纠纷案件67件。

【行政审判】　受理行政案件193件，同比下降21.9%，审结124件，法定审限内结案率86%。落实行政机关负责人出庭应诉制度，及时向同级人民政府法制部门通报出庭情况，督促行政机关依法行政。行政机关负责人出庭案件占所有审结案件的20.6%，其中不乏厅级、县级负责人出庭的情况。发布行政审判白皮书，就行政执法和行政审判中的问题提出对策建议。继续贯彻落实行政案件异地管辖工作，减少地方政府对行政诉讼案件的干预，切实保护行政相对人的合法权益，行政案件服判息诉率提高，上诉率和申诉率呈逐渐下降趋势。推进立案登记制，使行政案件立案登记更加符合《行政诉讼法》规定的起诉条件。

【破解"执行难"】　受理执行案件1578件，同比上升138.4%，执结1066件，执结率67.6%，法定期限内执结率74.83%，执结标的32.6亿元。扎实开展"执行风暴"专项行动，落实第六次全省执行工作联席会议要求，进一步加强与检察、公安机关联动，形成对拒执犯罪行为的持续高压态势。司法拘留38人，发布限制高消费令136条，对40家单位和26名"老赖"在省、市主要媒体曝光。

【司法公开公正】　推进审判权运行机制改革，完善合议庭成员在交叉阅卷、庭审、合议等环节中的共同参与和监督制约机制。推行司法责任制改革。进行主审法官、合议庭办案责任制试点，探索实行"谁主审、谁签发、谁负责"的办案模式。推行案件繁简分流机制，完善民事速裁程序。推行院庭长办案制度，全市10个法院共有142名院庭长落实了带头办案。改革审判委员会工作机制，强化审判委员会总结审判经验、讨论决定审判重大事项的指导职能。保障律师诉讼权利，制定《兰州市中级人民法院保障律师参与诉讼活动若干意见》。以审判为中心的刑事诉讼制度改革，构建控辩审的“等腰三角形”。推行法官员额制改革。安宁区法院作为全省司法改革试点法院，已率先完成法官入额任务，按照1∶1∶1的比例组建审判团队。2016年9月，按照省法院统一安排部署，通过采取理论考试、逐个考核、党组研究报省遴选委员会批准等程序，全市共有390名法官进入员额，其中兰州中院有109名法官进入员额。

【新型审判模式】　在审判权运行方面，着力突出法官主体地位，不设庭室，建立审判团队。按照司法专业化和法官职业化的要求，实行1名法官配备2名法官助理、1名书记员（即1+2+1）的模式。每个审判团队以法官为核心，法官助理、书记员分别对法官负责，各司其职、相互配合，完成审判工作。实行法官会议制度，实现法官民主决策、自我管理，审判及日常工作取得了成效。建立“家事审判”机制。在榆中县法院和七里河区法院探索设立家事审判合议庭，建立符合家事审判理念的家事审判场所，审理婚姻、家庭、继承等家庭类民事案件，将未成年人犯罪及家庭成员间的故意伤害类刑事附带民事案件也纳入家事审判范围。建设符合家事审判理念的家事纠纷调解中心。建立心理疏导机制。根据案件需要，对部分有抑郁、家暴倾向的当事人进行心理疏导。探索引入家事调查员跟踪、回访、帮教制度。繁简分流，“轻刑快办”顺利推进。2016年3月，七里河区法院率先开始试点“轻刑快办”机制，取得效果，各基层法院陆续开展“轻刑快办”改革工作。截至年末，全市法院“轻刑快办”案件共收案741件，审结725件。平均审理天数5.6天，当庭宣判率达100%，服判率99.8%，呈现出服判息诉率高、上诉率低、无抗诉、无信访投诉的特点，降低了诉讼成本，实现了案件质量和审判效率的双提升。

【基层建设】　全年投入833万元建成全市法院科技法庭34个，其中兰州中院27个。投入326万元安装信息安全三级等级保护系统，建成信息化网络的纵向横向全覆盖。安装法院电脑云桌面终端系统，探索智能化办公。通过官方微博、微信，推进司法公开，加大民意沟通，拓宽人民群众监督司法渠道。推进审判流程公开、裁判文书公开和执行信息公开“三大平台”建设，将法律规定应公开的裁判文书同步在兰州司法公开网和中国裁判文书网公布。对裁判文书进行网上签章、网上修改、全程留痕，每一份裁判文书末页均附有该案唯一的二维码，为当事人查询案件提供便利。加强司法装备建设，服务审判工作。围绕法院工作大局，以优化司法环境为中心，以硬件设施建设为基础，为审判职能的充分发挥提供有力的后勤保障。全年先后完成了二楼综合大法庭的升级改造；进行档案数字化扫描；升级机关配电设施，保障全院办公电力正常供应；更换3部旧电梯，消除安全隐患；对车库进行维修改造，提升车辆存放安全性能；完成公车改革，规范车辆使用和管理，严格执行警车管理制度。通过基础设施建设，有力提升服务审判质量和水平。

【精准扶贫】　2016年，兰州中院自筹资金48.5万元，用于帮扶村的道路硬化、文化广场建设、村容村貌改造、慰问贫困户、购买化肥和马铃薯种子。先后2次组织干警300余人（次）通过“大走访、回头看”入户走访帮扶，并为患病贫困儿童捐款3.285万元，筹集10万元“天平奖学金”用于扶贫助学，累计派驻驻村干部115人（次）。同时，不断增强干警与人民群众的血肉联系，与妇联、教育局、团委等部门沟通合作，先后3次组织150名法官参与普法宣传。

【班子建设】　2016年，院党组以党风廉政建设为抓手，认真履行从严治党主体责任。贯彻落实省委“3783”和“866”主体责任体系、市委“八查八促”工作部署。召开党组中心组学习会议11次，召开院长办公会研究落实从严治党主体责任会5次。建立《兰州市中级人民法院全面从严治党十五项制度》，制定《兰州市中级人民法院廉政风险防控手册》。发挥约谈提醒作用，共开展工作约谈108次、提醒约谈11次、告诫约谈2次。其中约谈县级干部314人、科级干部276人、其他人员131人。落实重大事项报告规定，县级以上干部报告个人事项92人次，正科级干部报告个人事项18人次。开展“两学一做”教育，强化队伍思想政治建设。按照中央和省、市委的要求，开展“两学一做”教育活动。把思想建设放在首位，通过召开推进会、组织生活会、举办讲座、开展知识测试、制作宣传展板、观看影视教育片、瞻仰革命烈士陵园、组织团队素质拓展训练、举办“三·八”趣味运动会及庆祝中国共产党成立95周年暨“七·一”文艺汇演等方式，将“两学一做”教育活动真正落到了实处。坚持“精审判、严管理”，强化队伍司法作风。加强党风廉洁建设，落实中央“八项规定”、省委“双十条”，市委“十四条”，规范司法行为。针对干警队伍中存在的“松、懒、散”问题以及开会中途退场、人员到会不齐等问题，采取班子成员提前到会，会前打桌签、排座次、会后进行通报等形式，加强对会风问题的整治。严格庭审纪律，对法官开庭着装混穿等问题通报批评和约谈。党组定期派出由党组成员任组长的督查组先后深入9个基层法院和本院24个部门进行督查，全年发现各类问题64个，通报52人（次），问责2人，其中1人给予行政警告处分，1人给予告诫约谈。

【学习培训】 全年分批选派干警赴国家法官学院、甘肃法官学院甘南分院进行轮训，组织各类业务培训班12期，轮训干部60余人（次）。运用网络培训、视频授课、邀请法学专家现场讲座等方式，实现教育培训全覆盖。举办庭审观摩、法律文书评查、典型案例剖析等活动，提升法官驾驭庭审、认定事实、适用法律和化解矛盾的能力。加强人民陪审员培训，发挥人民陪审员的司法监督作用，促进审判公平公正，组织培训300余人。

（冯兆阳）

司法行政

【概况】 2016年，兰州市司法局树立和贯彻落实创新、协调、绿色、开放、共享的发展理念，适应形势任务新变化和经济社会发展新常态，打造全省“平安建设首善区、法治建设先行区和队伍建设示范区”为目标，树立“大司法”工作理念，推进平安兰州、法治兰州和过硬队伍建设。全年召开了24次党组会、12次中心组理论学习会、2次县区局长工作推进会、5次干部大会，4次律师、司法鉴定行业负责人学习座谈会和36次中层以上干部会议，全力推动了全市司法行政各项工作的大发展。

【制度建设】 把制度建设作为发挥职能、推进工作的重要抓手，创新和优化制度机制。修订《兰州市司法局工作规则》《兰州市司法局重大行政决策追究制度》《兰州市司法局关于信息化建设工作管理办法》等一系列制度，促使司法行政各项工作实现了新的突破。征求市委全面推进依法治市工作领导小组办公室及有关成员单位、各县区的意见和建议后，形成《兰州市2016-2020年法治宣传教育第七个五年规划（送审稿）》，提请市委、市政府和市人大进行审议，以制度机制的创新推动工作。

【基层工作】 靠实责任，推动落实。年初，与各县区司法局、市强戒所、市公证处和局机关各处室签订了目标责任书，明确目标任务。局领导班子成员带领相关处室负责同志集中时间，分头深入县区、深入基层司法所开展调研，真心实意听取意见建议。通过调研，促进了基层司法行政工作的有效开展。强化律师队伍教育管理，加强律师党建工作。提升律师化解社会矛盾纠纷的能力，组织律师参与各级党委、人大、政府信访值班工作，全年累计信访值班245天。

【强戒工作和社区矫正】 加强市司法局戒毒所防渗透防破坏反暴恐工作，做好强戒所外围安全警戒和应急处突机制建设。加强刑满释放人员的社会危险性摸排评估和安置帮教工作，开展《反恐怖主义法》等法律法规宣传，教育引导广大群众维护社会安定团结。提升司法行政戒毒工作水平。推进市司法局强制隔离戒毒所“三防一体化”建设，完善戒治模式，抓场所安全稳定，连续九年实现“六无”目标。扎实开展安全隐患大排查大整治专项活动，累计查找安全隐患29项，挂牌督办、挂账销号工作机制，27项安全隐患得到整改，2项正在整改。抓好转所收治工作，顺利完成5批（次）600名戒毒人员转所收治任务，基本达到饱和收治、满员收治。提升社区矫正工作水平。围绕“两个坚决防止”目标，深入开展社区矫正执法规范化建设活动，全面推动市县两级社区矫正执法水平、监管能力、矫正效果的稳步提升。截至年底，累计接收社区服刑人员7952人，累计解除矫正5937人,实际在册2015人。全年录入甘肃省社区矫正管理平台人员1998名，录入率99%，手机定位监管1914人，手机定位率95%，当年没有再犯罪人员，低于省厅再犯罪率低于0.2%以下的指标。

【人民调解和帮教工作】 推进人民调解与司法调解、行政调解相衔接的“三调联动”新机制，努力做到纠纷隐患早发现、早预防、早处置。截至11月底，全市共有人民调解委员会1947个，人民调解员10901人。截至11月底，调解矛盾纠纷22880件，成功22425件，成功率98%，履行21967件，履行率96%。评选重大典型案件1983件，补助经费59.49万元，发放人民调解误工经费100万元，有效地化解、缓解一批社会矛盾。刑满释放人员安置帮教工作。截至11月底，全市已衔接刑满释放人员2449名，安置2132人，帮教2389人，安置率和帮教率均达85%以上，重新违法犯罪率控制在2%以下。县区共创建认定了32个过渡性安置基地，稳定就业人员160人。联合市综治办、市财政局印发了《兰州市刑满释放人员和社区矫正人员过渡性安置帮教补助经费管理办法》，审核上报2015年过渡性安置刑满释放人员142名，补助金额106.5万元；出狱所接送人员1093名，补助金额87.44万元。

【普法工作】 按照中央、省、市的统一部署要求，制定符合兰州市发展实际的“七五”普法规划，全面启动“七五”普法工作。以“法律八进”活动为主线，突出县区、行业部门、乡镇街道三大领域，加强对县级领导干部、国家公务人员的法治培训，举办《安全生产法》《教育法》《金融法》《网络信息安全法》《反家庭暴力法》《宗教事务条例》《审计法》《统计法》以及“一带一路建设”“精准扶贫”等专题培训班，有效调动了“谁执法、谁普法”责任的落实。各县区因地制宜运用公园、广场、街道、长廊、景区、绿地、展馆等公共空间，融入群众喜闻乐见的法治文化元素，在全市营造学法、尊法、守法、用法的良好氛围。

【法律服务】 提升服务能力。发挥律师、公证法律服务职能优势，服务全市经济社会发展和兰州新区建设。全面推动三级政府法律顾问组织网络建设，为市人社局、市医保局等10余家单位推荐政府法律顾问23名，全市现有政府法律顾问135家，企业法律顾问899家。组建小微企业、国有企业、房地产、投融资等专项服务团队，开展专项法律服务活动，防范各类经济活动法律风险。全年法律援助接待来电、来访咨询11000余人（次），办案3295件，同比增长0.3%。提高法律援助补贴标准，全年发放案件补贴72万元。开展公证质量年活动。加强公证队伍、公证服务、公证制度建设。全年公证办理案件30077件，同比增长1.1%。积极开展基层法律服务工作年检注册工作，2016年通过年度检查的基层法律服务所70家,通过年度注册的法律服务工作者153人。加大基层法律服务力度，将优质法律服务资源向基层倾斜，全年基层法律服务办案4840件，同比增长0.7%。

【司法行政改革】 推进司法行政改革工作。2016年全市备案注册律师事务所102家，申请注销2家。现有备案注册律师1030人，申请注销律师5名，全年律师办案5710件，同比增长5%。司法鉴定机构规范化建设。11月24日，向兰州军区空军医院司法鉴定所等7家司法鉴定机构下发了限期停业整改督办通知，全年共注销2家鉴定机构。全市38家司法鉴定机构全年办理各类鉴定案件4173件，同比增长9%。人民监督员制度改革。按照全国人民监督员制度改革工作视频会议的要求，研究制定了《兰州市人民监督员选任管理方式改革工作实施方案》，在全市选任了44名人民监督员，完成市级层面人民监督员的选任工作。完成国家司法考试兰州考区考务工作。2016年兰州考区报名参加考试人数达到6141人，同比增长13.49%，考场达到205个，同比增加25个；1233人通过考试，通过率为20.1%，国家司法考试兰州考区考务组织工作受到了司法部、省市委、政府和巡视检查领导的一致好评和充分肯定，被司法部巡视领导评为可复制的“兰州经验”。

【“智慧司法”和宣传保障】 推进“智慧司法”信息化应用工作。制定下发《兰州市司法局关于信息化建设工作管理办法》，加大对“智慧司法”工作经费的投入力度，保障信息化建设各项工作的顺利开展。完成市、县区、乡镇（街道）司法所三级“智慧司法”信息化网络建设；司法行政基层工作信息管理系统、社区矫正监管系统、协同办公系统全面上线应用；人民调解案件做到应录尽录；社区矫正服刑人员做到全面定位监管；律师、司法考试、司法鉴定、公证、法律援助5类业务共17个分项与三维数字大数据平台的衔接上线工作。扩大司法行政工作社会面宣传。召开全市司法行政系统新闻宣传工作座谈会，与《法制日报》《甘肃法制报》等媒体建立宣传联系机制，加强新闻宣传，在《甘肃法制报》《兰州日报》发表文章、信息共计46条。编发兰州市司法行政动态101期，刊登信息339条，在局司法行政门户网站刊登信息317条，被省委市委、政府和省司法厅以及各类媒体刊发119条（次）。全年在市政府网站公开政务信息共计278条。组织局机关各处室积极开展理论调研，撰写理论性调研报告12篇。压缩公文数量，印发各类文件225件，同比压缩20.3%。规范、及时统计上报数据，全年报送各类统计报表119份，未发生漏报、错报现象。督导建成七里河区、红古区、榆中县、永登县司法局4个社区矫正监管中心，指导建成示范性司法所26个。2016年共申请各项经费519.72万元，年内都已足额落实。

【队伍建设】 加强思想政治教育。把“两学一做”学习教育作为2016年司法行政系统党建工作龙头任务，突出学习教育重点，深入学习党章党规、深入学习习近平总书记系列重要讲话，加强党性锻炼和道德修养，着眼打造忠诚、干净、担当司法行政过硬队伍。从严治党主体责任。强化基层党组织的领导核心作用，狠抓机关党建和社会组织党建工作，制定兰州市司法局《2016年度党风廉政建设目标管理责任书》《党风廉政建设主体责任清单》《党风廉政建设主体责任落实负面清单》和《党风廉政建设主体责任考核明细表》等15项制度，细化局党组主体责任和各处室、各单位主体责任以及负面清单，明确目标任务。健全纪律作风建设常态化制度。局系统多次召开会议传达通报了中央、省市纪委关于基层“四风”和腐败问题的典型案例及违反中央“八项规定”精神典型问题，始终把纪律和规矩挺在前面。邀请省司法厅监察室主任、市纪委副书记分别对《准则》《处分条例》和《问责条例》进行专题讲解。局主要领导以“强化党章意识、做合格党员”为题带头讲授了“两学一做”学习教育专题党课，局班子成员分别深入到分管单位和所在支部作了党课辅导，引导广大党员干部牢固树立“四个意识”。截至11月底，局领导班子成员全年开展约谈165人（次）、纪检组开展提醒约谈11次。

（景昱清）

兰州警备区

【概况】 2016年，兰州警备区党委认真学习习主席系列重要讲话精神，贯彻上级指示要求，坚定看齐追随，聚力练兵备战，改进作风，重点工作成效明显，各项任务圆满完成，部队建设稳步发展。

【党委工作】 开展改革强军主题教育和“两学一做”学习教育活动，以“三严三实”为主题，逐级召开党委专题民主生活会。学习《关于新形势下党内政治生活的若干准则》《中国共产党党内监督条例》等法规制度，研究制定《纪检监察工作实施方案》，开展反面典型警示教育、行业风气清理整治和执纪情况监督检查。邀请市国家安全局领导宣讲隐蔽斗争敌情形势。每季度讲评干部履职尽责情况，转业干部报到和老干部移交任务全部完成。战备训练质量显著提高。完成上级赋予民兵常备应急分队的训练演示任务，城关区民兵常备应急分队在上级军地联合工作组考评验收中被评为优秀。规范安全教育管理，开展“学法规、用法规、守法规”和国防动员部6个规范性文件学习月活动，先后2次参加省军区组织的条令法规考核，优秀率达90%以上。开展“驾驶员专项整治活动”，增强驾驶员队伍的遵纪守法意识。落实安全保密制度规定，狠抓涉密载体管理。开展“百日安全”活动，实现“双无”目标。配合市委、市政府在“八·一”前夕对驻兰部队进行走访慰问，组织召开军地座谈会，集中对6个军以上单位提出的21个具体问题进行了协调解决。组织对《随军家属就业安置暂行规定》进行了修订完善，形成《兰州市随军家属就业安置办法》，建立长效机制，安置20名随军家属。以精准扶贫活动为牵引，开展脱贫攻坚行动，全区累计投入150余万元，协调地方政府投入近400万元，警备区帮扶的123户全部脱贫并通过省、市两级检查验收。组织民兵预备役人员参加党政军植树活动，会同地方有关部门和企业联合举办了航空兵器教育展览和“双拥杯”篮球邀请赛。警备区和榆中县人武部协调地方党委、政府对参加省军区比武竞赛的驻训官兵进行慰问演出。

【军事工作】 2016年，完成上级赋予的民兵常备应急分队的训练演示任务。建成遂行应急应战任务所需的轻便指挥体系，圆满完成了矿难救援分队演示科目异地同步视频传输任务。组织500多名民兵参加兰州国际马拉松赛、“兰洽会”等重大活动的安保警戒任务和道路清淤任务，强化民兵分队随时准备执行任务的能力。坚持廉洁征兵，加大宣传力度，以我为主化解“当兵冷、征兵难”，完成28名直招士官、1358名男兵和58名女兵的征集任务，大学生应征比例在全省前列。

【政治工作】 2016年，开展“坚定改革强军意志、投身改革强军实践”主题教育活动，参加“军队改革为什么，我为改革做什么”讨论活动，更新完善营区文化宣传展板、灯箱，组织参观见学、典型引导、演讲比赛和座谈讨论等配合活动。开展“学党章党规、学系列讲话、做合格党员”活动，突出政治纪律、政治规矩教育，切实增强看齐意识，落实“四铁”要求。加强党委班子理论武装、严格落实常委挂钩帮建、严肃认真开好专题民主生活会、组织全区官兵开展廉政承诺，在大项工作中精神好、干劲足。结合纪念红军长征胜利会师95周年，开展“传承红色基因、做新一代革命军人”活动，组织“进机关、进校园、进工厂、进社区”国防教育宣讲活动，增强全民国防意识。在各类新闻媒体刊稿300余篇（幅），组织官兵到联系点捐赠书籍、药品、生活用品和文体器材，开展医疗服务、义务劳动等活动。组织协调驻兰部队、民兵预备役人员广泛开展扶贫帮困、助学兴教、生态建设、环境治理、新农村建设等援建活动，高度重视脱贫攻坚任务，蹲点驻村深入推进，对照标准拾遗补缺，共发动69名干部，对接帮扶11个贫困村123户贫困户。投入经费130.9万元，扶贫工作顺利通过市、县区、乡镇（街道）三级扶贫考核验收。组织“丝绸之路双拥文明线”创建工作，开展“学雷锋”和“三关爱”爱民活动。举办市“双拥杯”篮球邀请赛、长征95周年歌咏比赛，慰问残疾人艺术团、帮扶村户。实现全国双拥模范城(县)“八连冠”目标。协调地方党委、政府安置驻兰部队20名随军家属就业，抓好年度征兵宣传工作，有效解决大学生征集难问题。

【后勤工作】 开展“两学一做”教育活动，学习党的十八大六中全会精神。修订战备预案，按照科学可行的原则对后勤战备计划体系中的3类21个战备预案进行完善修订。落实战备物资储备，根据任务需要，对本级和人武部后勤战备储备及时检查和补充。组织后勤比武竞赛，5月，开始严格选拔民兵比武竞赛项目后勤专业的参赛人员，6月，对选拨出的20名参赛人员集中管理，科学组训，7月，组织参加全省军区系统参加比武，组训期间安全无事故，训练成果扎实，成绩显著。全年有10余人（次）在中央级、军区级和省部级刊物上发表学术文章、新闻报道12篇，及时宣传和反映警备区后勤工作现状及改革成果。严抓后勤专项整治工作，配合省军区财务大清查“回头看”活动完成全区财务工作的相关检查；接受西部战区第二审计局关于生活费专项审计检查。对查出的问题，逐条逐项整改，问题查纠彻底。严格落实中央军委58号文件精神，停止部队有偿服务项目。狠抓物资集中采购程序规范化管理，对物资集中采购项目严格把关，采购商家严格审核，采购手续严格落实，采购质量严格要求。按照集中采购领导小组意见，科学分工，依据制度，严格检查督导，堵塞漏洞，完善制度机制。完成国防大学军师职后勤领导干部进修班赴甘肃现地教学及国防大学师以上单位党委支部书记轮训班赴甘肃参观考察期间，兰州片区活动相关协调和保障任务。按照省军区要求，组织驾驶员队伍教育整训活动，增强了安全行车意识，全年无交通安全事故发生。在军需被装工作中，完成军改后新式臂章和胸标更换。保障全区车辆油料不断供、不误供，保证指标油料用到实处。改善官兵生活和办公条件，调剂伙食，提高伙食保障效益。完善突发性疾病和流行性疾病的应急处置预案。组织全区官兵和炊事人员进行体检，做好离退休干部的医疗保健工作。

领导名录

司　令　员　王全兴
政　　　委　李　军
副司令员　栾　杰
副　政　委　李长生
参　谋　长　毛林珠
政治部主任　刘克难
后勤部部长　王建军

（李宗林）

武警兰州市支队

【概况】 中国人民武装警察部队兰州市支队（简称武警兰州市支队）是在2005年6月武警部队体制编制调整改革中，由武警甘肃省总队原第二支队、兰州市支队合编组建的旅级支队，2012年12月接收原一支队机关和部分中队，2013年撤收规定外3处守护和5处守卫目标。支队下辖5个大队、27个中队，机关司、政、后共设16个科、1个卫生队。支队机关位于兰州市滨河西路85号。

【思想政治建设】 2016年，支队党委以高度的政治自觉抓首位固根本，强化军魂培育，聚力练兵备战，从严治军，整风整改，团结带领官兵圆满完成以执勤处突为中心、反恐维稳为重点的多样化任务，确保内部集中统一和安全稳定，部队全面建设保持稳中有进的良好态势。支队被总队表彰为全面建设进步明显单位。以党委中心组理论学习为牵引，利用每周二、四集中学习、政治教育和自学等时机，注重抓实深化、内化、转化和固化，理论学习的高度、深度和广度不断提升。

【基层建设】 贴近任务练兵备战，始终以强烈的使命意识抓中心强能力。认真贯彻武警部队执勤工作“四个会议”精神，积极推进执勤方式优化改革，完成6处“两看”目标AB门建设和监门哨上勤，狠抓勤训轮换、专勤专训和方案演练，应急处置能力明显提升。

【甘肃省“两会”安保】 1月28日至2月1日，圆满完成甘肃省十二届人大三次会议和政协十一届三次会议期间安全保卫任务。“两会”期间，兰州武警深入基层单位调查摸排工作薄弱环节，检查指导各地落实维稳管控措施。同时，全力加强枪支管理和涉枪涉爆、危险物品管控工作，严防漏管失控。各地公安机关加强巡逻防控，屯警街面，及时有效打击违法犯罪活动，切实增强群众的安全感。

【慰问活动】 春节来临之即，兰州支队由部门以上领导带队对生活困难干部和退休干部逐一进行走访慰问，向他们送去总队、支队党委的深情厚意，并送上节日的祝福和美好祝愿。

领导名录

支 队 长　刘世生
政　　委　何友新
　　　　　刘兴贵（11月任）
副支队长　李志宏
　　　　　李相中
副 政 委　段晓明
参 谋 长　白建忠（3月免）
　　　　　毛　军（3月任）
政治部主任　魏志光
后勤部部长　王　鹏

（牛英锋）

甘肃陆军预备役高炮师

【概况】 2016年，甘肃陆军预备役高炮师以习近平主席系列重要讲话和古田政工会精神为重点内容，完成7个专题中心组理论学习，组织72名团以上干部参加两级军区理论轮训；开展“践行强军目标，争做‘四有’新一代革命军人”主题教育；落实驻村帮户任务，常态化开展精准扶贫；紧贴部队中心工作和大项任务抓好新闻报道和野外驻训政治工作“八个一”活动，全师在各类媒体、网络刊稿309篇，其中《国防报》头版头条2篇，三团被省军区表彰为“新闻报道先进单位”。

【战备值班】 注重战备、工作、生活秩序建设。加强值班制度，尤其是节假日战备值班，值班首长、值班干部、值班司机、值班通讯员，“四员”百分之百确保在位，值班分队24小时待命。制定了各级值班员制度，从而使值班员责任心得到进一步加强。两年多来，节假日战备从未有误事等现象发生。

【专项整治】 制定了《机关人员岗位责任奖惩细则》，综合机关主要工作、作风纪律、生活管理等内容制定了加扣分细则，采用打分制，依照评分来考察工作的实绩，以此来作为推进“八个专项清理整治”，清退超占住房8套，终止师机关原办公楼出租合同，收牌封存超配公务用车1台，清退上级机关和师机关借调人员12人；整改两级军区财务检查中指出的6类24个具体问题，全师清退不合理开支190.44万元；依法对11名干部、2名士官分别给予党纪、行政处分，诫勉谈话2名干部，教育警示了部队。

【作风建设】 开展“三严三实”专题教育整顿，学习贯彻民主集中制原则，坚持干部调整任用、重大工程建设、大项经费开支、士官选改、立功受奖等重大问题由党委集体讨论决定；注重建章立制，修订完善《党委议事规则》《财务管理规定》等5项制度规定；遵守党内政治生活准则，召开师团党委专题民主生活会和3次“大党日”活动，作风建设向常态化、制度化推进。把基层连队政治建设作为重点，突出基层党支部建设，使党支部的战斗堡垒作用更为明显，连队全面建设得到进一步加强。

领导名录

师　　长　郑　黎
政　　委　金志方
参 谋 长　彭新宇
政治部主任　张彦明
后勤部部长　朱　剑
装备部部长　王甲恩

（杨　霞）

人民防空

【概况】 2016年，兰州市人防办被国家人力资源和社会保障部、中央军委国防动员部授予“全国人民防空先进集体称号”，党建工作被市直机关工委评为优秀等次，精准扶贫工作被市委双联办、高崖镇政府评为先进单位。

【指挥体系建设】 人防指挥平台建设。市级人防指挥所改扩建项目进展顺利，市人防疏散基地建设项目启动建设。城关区、安宁区、永登县人防地面应急指挥中心通过验收并投入使用。其他区县人防地面应急指挥中心正在全力推进。完成机关带4区1县的防空袭室内演练等人防训练演练任务，人防机关年度训练时间41天287小时，参训率达到83%。完成人防专业队伍整组任务，安宁区人防办指导人防供电抢修专业队伍参加了“2016年迎峰度夏联合反事故演习”。城关区、安宁区人防办编制完成了街道对乡镇早期人口疏散方案。

【信息体系建设】 完成卫星地面接收站建设任务，开通对国家、省人防办及城关区人防办的卫星通信网。建成市人防办到5区3县人防光缆通信网，市、区县两级人防指挥通信实现互联互通。对全市防空警报系统进行检查维护，组织“9·18”防空警报试鸣，首次实现全市防空警报系统的统一控制和发放。结合警报试鸣，各区县组织9500多人中小学生进行防空防灾应急疏散演练活动。开展机动指挥所组网训练，完成无线电台训练。落实24小时战备值班制度。

【防护体系建设】 完成轨道交通1号线附属5个人防工程初步设计的审查及施工图审查报审工作。完成了市政府下达的2亿元招商引资任务。全市共受理新报建项目119个，已将人防审批列入规划工程许可和施工许可前置办理要件。加强人防工程质量监督管理，确保工程质量符合国家人防建设标准。西固区、七里河区人防办完成人防工程管理软件安装，建立人防工程管理信息化平台。开展县级人防与城市相结合规划编制前期工作。

【平战结合】 完成全市人防工程平战结合普查工作。落实新增人防平战结合利用面积13.8万平方米。修订了《兰州市人防办2016年度防汛预案》，制定了全市人防工程防汛抢险方案，整组了人防防汛报警分队和人防防汛抢险分队，建立及时处置雨情、汛情和险情的防范应对措施，完善《城市建设运行人防工程安全管理实施方案》长效机制。

【法治建设】 规范行政处罚自由裁量权，细化量化了裁量标准，公开权力运行流程。落实了领导班子、领导干部学法和法律顾问制度。联合区县人防办开展人防执法检查3次，查处违法案件2起。举办依法行政专题讲座。对省、市政府取消、下放的行政许可事项，加强事中、事后监管。

【宣传教育】 开展人防工作“五进”活动，通过“9·18”防空警报试鸣等，在《兰州日报》等主流媒体发布公告、答记者问，发送手机短信、在人员密集场所发放宣传资料、展示宣传展板等形式，开展集中宣教育活动。开展初级中学人防知识教育83所，采购教材3万册，年受教育人数3万人。全市建成52个社区人防工作站，积极推进滩尖子社区、工林路社区和红星社区人防工作站示范点建设，在西固区红星社区召开全市社区人防工作站现场观摩会。向各级刊物和媒体报送信息稿件71篇。

【从严治党】 签订党风廉政建设目标管理责任书和党建工作目标责任书，开展警示教育和廉政大讲堂、领导干部解读党纪党规原文、开展党纪党规知识测试等系列活动。制定15项配套制度，对机关、办属单位财务情况、“三公”经费开支情况、重要时间节点违反“四风”问题以及作风纪律、遵守会议纪律等情况开展监督检查和随机抽查。

【机关建设】 举办1期人防信息化人才业务培训班。参加省人防办组织的全省人防系统信息化集中培训。对区县人防专项经费管理使用情况监督检查，对存在的问题督促落实。健全财务管理和固定资产管理制度，开展人防资产清查核实。推进扶贫攻坚行动，开展“大走访、回头看”活动，帮助联系村和贫困户解决一些实际问题。

（冯　晶）

双拥工作

【概况】 2016年，双拥工作以支持深化国防和军队改革、精准扶贫为重点，在服务全市经济社会发展、国防和军队建设中做出重要贡献。

【创建工作】 2016年，市、区两级党政领导及驻兰部队团以上主要领导亲自动员部署双拥创建工作，参加重大节日的军地互访，参加军队和地方组织的重大活动，双拥工作始终处于强有力的领导之下。部署新一轮创建工作。兰州市编制《兰州市争创双拥模范城“九连冠”实施方案》，明确全市新一轮双拥创建的指导思想、目标要求、主要任务和保障措施，成为兰州市新一轮双拥创建的指导性文件。确保2016年全市双拥各项工作圆满完成。按照省双拥办文件要求，结合兰州市实际，与县区、部门沟通确定了今年军地援建“双十工程”任务，明确职责分工，层层抓好督促落实。做好退役士兵安置、军人子女就学和家属就业、部队异地搬迁、房产土地权证办理、营区周边环境整治等各项重点工作。

【宣传教育】 做好全民国防教育，对党政领导、机关企事业单位人员、预备役人员、在校学生等重点人群的思想理念教育。投资3.3亿元建成占地156亩的兰州市中学生素质教育基地，全年共完成7024名学生军训任务。推进爱国主义教育基地建设，依托烈士陵园、大型国有企业国防教育基地、民兵训练基地建立国防教育阵地，打造双拥文化建设基地，做好兰州市烈士陵园、兰州战役纪念馆、八路军驻兰办事处等场馆免费开放。在清明、“8·26”兰州解放纪念日、“9·30”

烈士纪念日等重要节点，组织社会各界开展凭吊革命先烈活动。9月30日，甘肃省城各界在兰州市烈士陵园隆重举行公祭活动，激发广大干部群众的爱国热情。双拥宣传工作。利用报纸、广播、电视台、新媒体等媒体联合造势，在国防动员月、双拥宣传月、“8·26”兰州解放纪念日和“9·30”烈士纪念日等重要节点期间开设宣传专栏，以评论、专题、理论文章等形式对双拥工作进行了深入报道。全市各级征订千余份《中国双拥》杂志免费赠予社区、街道和各级双拥领导成员单位及领导班子。广泛开展军人家庭悬挂光荣军属牌、军地领导联合为军属送立功喜报等活动。我市连续四届举办兰州市双拥杯篮球邀请赛，“八·一”建军节前夕为驻兰部队基层官兵举行庆“八·一”《战神》交响音乐会，省军区比武竞赛期间开展慰问官兵文艺演出，扩大双拥理念和爱国主义教育在群众中的覆盖面和影响面。

【服务部队建设】 解决驻兰部队土地、房产遗留问题。8月组建军地联合工作组，按照“先易后难、一事一策”的办法，一次性解决，不留后遗症办理68017部队、68028部队军用土地确权发证和西部战区陆军第一文化工作站、网络宣传教育中心房屋产权证工作。研究制定工作方案，推进西部战区陆军第一技术侦查局榆中苏家庄侦查阵地、武警总队机动支队、武警兰州市支队机动大队搬迁兰州新区工作。改善部队官兵工作生活条件。支持部队交通率先畅通。在城市交通体系建设规划阶段，与驻兰部队对接，充分考虑驻兰部队需要，合理布局城市道路网络。将火箭军营区和家属区周边道路纳入2016年城乡基础设施建设项目计划，家属区周边道路2016年开工，基地营区已建道路加装红绿灯和配套交通设施。7月底前，完成68023部队营区进出口道路建设。整治营区周边环境。清理疏通雷坛河河道排洪沟，将其纳入生态水系景观改造工程。协助武警甘肃总队拆除机关临街建筑台阶，恢复道路人行通道。更换兰空善后办附近垃圾转运站设备，城关区环卫局上门清理拉运的办法，解决兰州军区善后办、西部战区陆军、兰州军区空军善后办等部队营区垃圾清运难题。市、县区投入资金近亿元，支持预备役师团地下指挥所建设。投入720万元完成三亚海军“兰州舰”兰州园双拥共建项目，投入40万元援建兰州边检站文化体育活动中心。

【优抚安置】 2016年秋季入学开始，凡南昌路东教场军区机关现役军人直系适龄子女全部入学东郊小学，采取强校带弱校和“名校办分校”的办法，帮助兰空善后办周边学校提升教育质量。全年安排20个指标安置行政事业编制随军家属，各相关县区、单位拿出一定比例的公益性岗位安置下岗失业或没有工作的随军家属，城关区、七里河区、安宁区组织举办随军家属、退役士兵定向招聘会，为随军家属和退役士兵就业创造条件、提供服务。做好退役士兵安置工作。全额兑现兵役优待补助金，在坚持计划分配和自主择业相结合的基础上，做好退役士兵的安置工作。重点对各县区2015年退役士兵安置任务完成情况进行督查，对督查中发现存在的安置机制不健全、安置矛盾突出等问题，要求有关县区严肃整改，限期处理解决好存在的问题。

【拥政爱民】 兰州军区善后办精准帮扶榆中县金崖镇大涝池村，为贫困群众捐赠54头毛驴，帮助修建3个3000立方米的蓄水池，解决300多亩经济林灌溉用水、人畜饮水难题。西部战区陆军机关接力扶贫皋兰县水阜镇彬草村，机关刚一成立，就遍访挂钩贫困村困难群众，为扶贫脱贫出谋划策。68002部队帮扶七里河区八里镇，投入大量人力、物力对八里镇的6个村、1所学校、1个卫生所进行长期帮扶，全年为全镇7户困难家庭送去慰问金14000元、优质燃煤7吨和其他生活用品。兰州警备区投入20万元帮扶皋兰县黑石川乡白坡村、青石村，打造精准扶贫亮点，做法受到省军区推广。发挥人力装备优势，在兰州文明城市创建中争当主力军。各部队踊跃参与文明城市、卫生城市创建活动，以保护“母亲河”等为主要内容，主动做好营区及其周边卫生环境的整治，开展军民共建文明路、文明街、文明社区、文明单位等活动。各部队推动学雷锋活动常态化，开展为民便民服务活动，军民共建文明卫生城市。抢险救灾和维护社会稳定中争当突击队。驻兰部队全力保障春运执勤和兰洽会、兰州国际马拉松、环青海湖国际公路自行车赛和著名景点等人员集中地区的安全保卫工作，为建设平安兰州做出了积极贡献。

（张进军）

新区·开发区

兰州新区

【概况】 2016年,兰州新区完成地区生产总值151.6亿元,增长25.1%;完成固定资产投资491.3亿元,增长3.14%;完成一般预算收入13.9亿元,增长51.2%;完成招商引资到位资金453.5亿元,增长25.7%。

【改革创新】 用改革的思维和办法破解难题,推进行政审批、干部人事分配制度、招商服商、国资国企等改革试点工作,在全省实现了“六个率先”,探索形成可复制推广的新经验、新模式。通过招商引资、“出城入园”和产业培育,新引进产业项目37个,总投资337亿元,累计落地产业项目338个,总投资4220亿元,建成投产项目126个,2016年实现工业产值275亿元,产业集聚效应逐步显现。

【城市功能建设】 按照现代化标准建成幼儿园14所、中小学校13所、医院6所,教育医疗体系逐步完备。职教园区5所学院基本建成,将于2017年9月正式招生。建成瑞岭国际、奥特莱斯、东航国际广场等一批星级酒店、大型综合超市、商务综合体项目,加快建设长城影视基地、西部恐龙园、环球嘉年华主题乐园等一批文旅项目,商业体系逐步健全。新增造林绿化3.3万亩,累计完成18.3万亩,生态环境明显改善。

【对外开放】 综合保税区、中川国际航空港、中川北站铁路口岸获批建成,2016年实现进出口总额8.2亿美元;兰州至中亚、欧洲、南亚的国际货运班列实现常态化运营,南亚班列被列为全国16个多式联运示范工程,国际合作产业园加快建设,初步搭建了“一区一港一园一口岸一通道”的开放平台。

【科技创新】 抢抓兰白科技创新改革试验区建设机遇,与上海张江建立战略合作机制,成立联合创新研究院,建设以联创智业园、亚太科技总部基地等7大孵化平台为代表的“科技创新一条街”,设立国家和省级技术研究中心4个,培育高

兰州新区建设一景

新技术企业13家，探索形成扶持水性科天、凯博药业等科技型企业快速产业化的新模式。

【社会民生】 推进精准扶贫精准脱贫，完成20个村整体脱贫，2016年城乡居民人均可支配收入分别达到25000元和9500元。加快特色小镇和美丽乡村建设，2016年建成省级、市级和新区美丽乡村6个。全力做好城乡居民社会保障工作，城乡居民养老保险参保率、农民参合率分别达到95%和98.7%。

（唐志磊）

兰州高新技术产业开发区

【概况】 2016年，高新区营业总收入1750亿元，地区生产总值330亿元，工业增加值240亿元，战略性新兴产业和高新技术产业增加值占地区生产总值的比重达到40%；每万人口发明专利拥有量32件，高于全国8件、全省1.93件、全市9.27件的平均水平。从列入市上目标考核主要经济指标来看，2016年地区生产总值221.7亿元，增长8.7%。其中，第一产业增加值0.88亿元，增长6.2%；第二产业增加值164.7亿元，增长7.5%，规模以上工业增加值151.3亿元，增长7.6%；第三产业增加值56.1亿元，增长12.7%。固定资产投资139.2亿元，增长15.4%。地区生产总值、工业增加值、固定资产投资对全市经济增长的贡献率分别为10.2%、37.6%、10%，呈现出稳中向好的发展态势。

【项目建设】 项目带动，开发建设扎实推进。全年熟化出让产业用地1500多亩，实施各类建设项目175个，其中新开工入库项目60个，亿元以上项目44个。从产业项目来看，金徽财富中心、陇星总部经济示范园区2#楼等项目全面建成；陇神戎发医药产业园一期、红星美凯龙现代城市综合体等项目全面投入运营；国家生物医药产业基地创新园二期、甘肃紫光总部经济大厦、铁科院研发基地、省交规院国家级重点实验室等项目加快实施，510所研发基地、真空设备制造、中农威特生物医药基地、西脉新材料产业园、鑫盛豪节能环保等项目开工建设。从基础设施和公共服务设施来看，榆中园区科中、科小东城分校新生入驻，兰大附中新校区、110千伏变电所、自来水一二级加压泵站和万国风情商业街等项目基本建成，海洋游乐城项目加紧建设，园区大道改造提升等10多条道路及污水处理等基础配套设施项目建设进展顺利，棚户区改造1#安置区及防洪工程等项目加快推进。

【招商引资】 利用“兰洽会”“文博会”“科博会”等招商平台和走出去招商活动，围绕产业导向，坚持招大引强，实施精准招商。全年，招商引资重点项目签约20多个，总投资170多亿元。其中亿元以上项目20个，开工项目18个，招商引资到位资金75.4亿元，占目标任务的103%。狠抓近4届“兰洽会”签约项目的落地实施，签约资金总额达181.62亿元的26个重大招商引资项目中，已累计到位资金94.89亿元，资金到位率达到52.2%，开工率达到81%。富士康西北区域总部、中国电建2个世界500强企业项目已经入驻，引进美国全聚脲新材料研发生产基地项目进入批量生产，红星美凯龙榆中园区城市综合体项目正式签约落地。

【园区建设】 打造“众创空间+苗圃+孵化器+加速器+产业园”的产业孵化链条。“创新工场”全面投入运营，引进伯骊江3D打印、华测检测、宝海医药、旭达电子等一批高新企业，特别是引进快速制造国家工程研究中心兰州创新示范中心、西部战区地理信息工程科技创新工作站、院士工作站、博士后研发中心等高层次科研研发平台，构建了军民融合、院校合作、政企互动的发展新格局。“创新大街”落实国家建设专项基金3亿元，落实国开行配套贷款15亿元，沿街41个科技企业孵化器、105个科技服务平台和860户科技企业整体提升步伐加快，大街等改造工程已动工建设；科技孵化大厦、红叶城电商基地、高新大厦等重点孵化器启动运营，孵化器总面积达到50万平方米。

【产业升级】 2016年，认定高新技术企业36户，总数达到138户，占全省的31.6%；新列为全省战略性新兴产业骨干企业2户，总数达到16户，占全省的36.8%；培育上市企业6户，总数达到22户，占全省的36.36%。甘肃万维的“智慧旅游云平台”获得省科技进步二等奖，兰州海红、华宇航天等企业参与了12项行业标准制定。全年累计申报科技类专项项目和创新基金项目160多项，获得支持资金3000多万元。积极搭建银企对接平台，破解科技企业发展融资难题，邀请金融机构和券商举办银企对接及新三板上市培训会，区内100多户企业与金融机构和券商进行对接，51户企业申请了兰州市扶持小微企业创新创业信用融资贷款和中小微企业互助贷款。兰州高科担保公司为科技企业提供担保贷款3.8亿元。与上海张江国家自主创新示范区开展深度合作，建立了兰州张江科技金融创新战略平台，设立10亿元的兰州久有创新发展（风险）投资基金，为6户企业提供股权投资担保10亿多元，有4户企业已入驻本区。组织形式多样的创新创业服务活动，举办发展研讨会、创客分享汇等活动14场（次），为区内外1500多名创新创业人才、团队及投资人搭建沟通交流平台，助力项目孵化成长。投入600万元，承办了第五届中国创新创业大赛（甘肃赛区）暨“兰州高新杯”甘肃省创新创业大赛，480多个企业和团队参赛，决出获奖企业和团队49个，有近20多个企业和团队的成果拟在我区就地转化。新引进入孵企业1000多户，吸纳创新创业人才2万人以上。在双创行动有力带动下，2016年新注册企业2000多户，平均每天6户。

【干部队伍建设】 2016年4月，《兰州高新区全面深化干部人事制度改革的总体方案》经市委批准实施。打破单位性质、干部部门及个人身份等界限，实行全员竞聘上岗，建立人员能进能出、职务能上能下、待遇能高能低的新的干部人事制度。针对专业人才和业务骨干短缺的现状，面向全省公开遴选（选调）了77名优秀年轻干部，使干部队伍整体素质得到优化，平均年龄从44岁下降到38岁，本科及以上学历由原来的51%提高到现在的90%。新的干部人事管理体制和运行机制的建立，增加了干部队伍生机和活力。

【精准扶贫】 投入资金1750万元，实施8个小康村建设，基础设施建设、公共服务配套、村容村貌整治等项目有序推进。组织区内企业开展“百企帮百村”活动，有20家企业签订协议，落实帮扶措施。用好中央薄改资金642万元，改善农村学校办学条件，为定远、连搭两学区各中小学购置配备教学设备，实施1所学校教学楼建设项目。投资1711万元，实施标准化学校建设，有10所学校已通过市上验收。面向全省公开选调教师37名、面向社会公开招聘教师11名，改善两镇部分学校师资配备不足的问题，全方位提升农村学校教育教学保障水平。

【从严治党】 按照从严治党和党风廉政建设责任制要求，年初制定下发《高新区2016年党建工作意见》《高新区2016年党风廉政建设主体责任清单》《关于进一步提升创新创业能力的意见》等系列文件，层层签订了党建和党风廉政建设目标责任书，分解下达主体责任清单100多个事项。结合乡镇换届，选派2名科级干部到乡镇任职，为6个农村涣散党组织选派6名优秀年轻干部担任第一书记。积极探索共建联建等党组织多种设置形式，进一步强化了企业、机关、街道（社区）、农村基层党组织“四位一体”大党建格局。把问责制度化，开展正风肃纪督查检查15次，领导班子成员工作约谈200多人（次）、提醒约谈60人（次）、诫勉谈话15人（次），对18名干部进行了问责处理。

（闫世海）

兰州经济技术开发区

【概况】 2016年，兰州经济区全年完成地区生产总值246.04亿元，同比增长11%；第一产业增加值5.5亿元，同比增长6%；第二产业增加值138.46亿元，同比增长11.6%；规模以上工业增加值101.8亿元，同比增长13.2%；建筑业增加值34.65亿元，同比增长7.4%；第三产业增加值102.08亿元，同比增长10.5%；固定资产投资376.48亿元，同比增长27.2%；社会消费品零售总额117.87亿元，同比增长10%。

【创新发展】 围绕兰白试验区建设任务，共申报高新技术企业认证15家，其中新认证企业8家，到期复审企业7家；转化科技成果37项，其中重大成果转化项目14项；开发新产品28个；引进培育创新创业团队19个；建设创新平台17个；设立2.5亿元生物医药产业基金。第22届兰洽会期间，与北京科技大学、中医药预防糖尿病国家级国际联合研究中心等5所学院签订合作协议，加强生物医药产业信息交流，在创客空间、科研课题和项目申报、项目争取、科技成果产业化和生物医药产业园实训基地等方面开展合作。与兰州职业技术学院共建的创客空间于11月正式挂牌。与兰州交通大学、甘肃农业大学、兰州职业技术学院联合举办3次大学生创新创业大赛，共征集参赛项目319个，84个项目获得奖励，奖励金额达到90万元。建成经济区5000平米的科技孵化中心，审定通过第一批入驻企业（项目）11家，并出台《科技企业孵化器及孵化企业认定和管理暂行办法》《入孵企业和创业团队管理办法》《关于支持企业改制上市专项资金使用管理办法》。成功举办经济区首届科技成果展，33家企业、6所大专院校科研院所的80个科技成果参展，5家企业进行了成果推介，3家银行开展了银企对接活动。组织参加2016年中国兰州科技成果博览会，组织佛慈制药等14家企业和兰州交大、西北师大等7家高校（科研院所）参展，共制作展板22块，参展实物28件。

【体制改革】 围绕转型升级、创新驱动、提高行政效率、优化发展环境，从政策资源、人员力量、工作重心最大限度向二级园区倾斜，把事务性管理职能下放到二级园区，实现项目建设和管理在二级园区封闭运行和两级管委会都实行岗位聘用管理和全员绩效考核，管委会机关工作人员由原来的264人缩减为

78人，70%人员下沉到二级园区工作。根据国家、省、市有关国有企业改革意见，实施城投公司转型改制工作，完成了清产核资、工作人员竞聘和建章立制工作，已初步建立较为规范的企业制度和运行模式并于10月开始试运行。

【项目建设】 2016年，各类在建项目472个。其中，5000万元以上项目72项，预计完成投资132亿元；5000万元以下项目380项，预计完成投资180亿元；房地产和跨境项目20项，预计完成投资28亿元。兰州西部药谷产业园建设情况。项目规划面积5194亩、总投资23.44亿元，主要建设以现代中药制造为特色、以疫苗生产为重点、以医疗器械制造和以保健品为补充的全国重要的生物医药产业基地。该园区在建项目26个，其中有生物医药企业和项目16个，主要包括和盛堂、安泰堂、禾邦、锦东、申联药业、尚方堂、人为峰、九州通、佛慈制药等。西部药谷2016年4月20日开工建设项目一期，主要为31栋单体厂房、热能站及污水处理工程，建筑面积约20万平方米。截至年底，基本完成13栋单体工程主体建设，计划下年分批次交付使用；污水处理工程，处理能力为5500立方米/天，计划2017年上半年建成投入使用；生产制造及研发区也正在积极推进前期工作，计划条件成熟一块开工建设一块，在项目建设期内尽快形成规模。甘肃（兰州）国际陆港推进情况。按照全省标志性工程和全市一号工程要求，配合完成了《甘肃（兰州）国际陆港总体规划》，实现了城市总体规划、产业规划和土地利用规划“三规合一”，港务区基础设施工程全面铺开，开工建设13条道路，西行线半幅通车，北滨河路西延段完成征拆工作，全线开始施工；G309线已完成地勘及方案设计优化，征拆工作已全面启动。《兰州铁路口岸甘肃（兰州）国际陆港作业区可行性研究报告》通过了市级评审，已由省政府上报国家口岸管理办公室。

【招商引资】 全年组织外出招商引资活动37次，对接企业近300家，重点跟踪推进的企业14家。在第22届“兰洽会”上，通过省、市专场签约4个项目，总投资32亿元，其中已开工3个项目，开工率75%，到位资金6.415亿元，到位率20.05%。全年累计引进到位资金44.37亿元，完成年任务40亿元的110.92%，其中省外到位资金40亿元。

【落实主体责任】 全年组织开展全区性的学习教育活动 18 次，参训人数近千人（次）。学习教育内容召开中心组学习会议15次。在“两学一做”问题梳理征求意见中，共收到对党工委、管委会班子意见建议380条，对班子成员提出意见建议923条；经梳理，对党工委、管委会班子提出问题12条、提出建议18条。同时，各党支部也分别制订了学习教育计划，每周组织学习教育、每月开展学习讨论、每位党员交流发言，组织生活制度化、常态化。组织开展了党建知识业务培训、党支部和党员干部承诺践诺、党建知识竞赛、诗歌朗诵比赛、重温入党誓词、主题征文等党建活动。

【廉洁教育】 组织廉洁宣传教育13次，包括“廉洁文化公开课”等，邀请市委党校和市委讲师团进行全会精神专题辅导，受教育人数达1500余人（次）。开展专题廉政谈话4次，测评4次800余人（次）。对16名市管干部建立廉政档案，包括“个人事项、三述报告、问题线索处理、婚丧嫁娶报告”等。党工委、管委会班子成员、各部门主要负责人认真开展约谈，层层传导压力，深入警示提醒，全年共开展工作约谈215次、提醒约谈12次、告诫约谈6次，约谈县级干部76人（次）、科级干部356人（次）、一般干部323人（次）。问效问责。全年共开展各类检查督查51次，下发函询通知书3份、督办通知书1份，通报批评3人，降职处理1人，诫勉谈话1人，提醒约谈3人。调查核实市纪委转办问题线索1件，结案1件，办结率100%。对1名没有如实申报个人事项的干部进行诫勉谈话。

【精准扶贫】 经济区共联系帮扶5个村，帮扶贫困户193户，委派联扶干部和驻村干部13人长期驻村。及时更新了精准扶贫大数据信息采集工作，共入户100余人（次），对1300多户农民，进行了拉网式走访调查摸底，全年共确定帮扶项目8个，其中榆中县中连川乡撒拉沟村3000亩土地平整续建、新建3个蓄水池、光伏发电、贡井乡吕家岘村250亩土地平整、永登县红城镇玉山村50盏太阳能路灯、红城镇玉山村危房改造、皋兰县水阜镇彬草村水渠改造等7个项目已完工，永登县坪城镇坪城村美丽乡村正在建设。

【安全生产】 全年召开4次经济区安全生产专题会，传达国家、省、市关于安全生产工作新要求，安排部署安全生产工作15次，开展3次全区范围内的安全生产大检查，参加了2期全市安全生产专题培训班、1期经济区消防知识讲座培训、1期市工信系统安全生产培训。

（陆毅仁）

城乡规划与管理

【概况】 2016年，深入贯彻落实中央、省委城市工作会议和市第十三次党代会精神，围绕建设“山水城市、宜居城市、活力城市”目标要求，开展“两学一做”学习教育，创新规划理念，强化城市设计，加强城乡规划管理，提升城乡规划工作水平。

【总体规划】 编制完成《城市特色规划研究》初步方案、《大兰州城市群》的规划研究、《兰州市城镇风貌规划研究》初步方案、《兰州城市色彩(主色调)规划》。

【专项规划】 编制完成《兰州公共服务设施专项规划》；完成《兰州市城市交通承载力研究及立体交通专项规划》编制工作；完成《兰州市地下空间利用专项规划》编制工作的初步成果，明确地下空间资源开发利用的基本原则和建设方针，研究确定地下空间开发利用的功能、规模、总体布局与分层规划；完成《兰州市海绵城市专项规划》草案编制工作，综合评价兰州海绵城市的建设条件，确定海绵城市建设的目标，增强海绵城市建设的整体性和系统性，通过海绵城市建设，最大限度地减少城市开发建设对生态环境的影响。编制完成《兰州市中心城区停车场专项规划》，解决“停车难”的问题；完善中心城区“抽疏”规划，统筹推进“抽疏”战略，控制中心城区开发强度，优化产业布局结构，疏解城市交通，均衡发展公共服务业，完善公共服务配套设施，推动城市建设“双增双减”；编制完成皋兰、榆中新型城镇化试点县“多规合一”规划；督促指导各县区开展城镇风貌规划编制，塑造各具特色的城镇新形象。

【城市设计】 开展总体城市设计研究，统筹城市空间布局，协调城市景观风貌；编制雁滩核心地区、轨道交通沿线、坪台地、西固区西固路区域等重点地区城市设计，控制空间布局形态和区域特色，打造功能完善、生态宜居的城市。实现中心城区控规全覆盖，完了城关区、七里河区、安宁区、西固区等中心城区18个片区控规的编制报批，优化用地布局，细化用地分类，确定开发强度，明确公共服务配建，使控规真正成为规划管理的基础依据。加强乡镇控规编制，协调指导各县区开展重点镇控制性详细规划编制。

【三维信息管理系统建设】 完成兰州市地下管线普查及信息化服务项目工作。建成管线建库和动态更新系统、管线综合管理应用系统、管控一体化平台、管线三维虚拟现实系统、地下管线服务共享平台、地下管线审批管理系统等综合型管线信息系统。

【规划服务和监督问责】 通报反馈督查结果，提出整改意见，健全落实奖优罚劣的考评机制，2016年，为水源地、南北快速路、绕城高速、轨道交通等省市重大项目，医院、学校、文化、旅游等公共服务项目，城市道路、管网等基础设施项目和重点招商引资项目提供了良好的规划服务，共核发《建设项目选址意见书》17份，用地面积278亩；共核发《建设用地规划许可证》82件，用地面积3785亩；核发《建设项目选址意见书》(市政工程类)7件、《建设项目用地规划许可证》(市政工程类)6件、《建设工程规划许可证》(市政工程类)91件,共核发《建设工程规划许可证》162个,其中共办理保障房项目57个,总建筑面积151.35万平方米。在审批过程中严格按规划条件要求审批项目配建,共核发、幼儿园24个(364万平方米)、核发小学4所(181万平方米)、中学5所(1.67万平方米)、地下车库74.28万平方米,以及社区用房、居委会等其他配套设施5万平方米。

【城市景观和建筑色彩规划管理】 加强建筑外立面色彩审查,对全市的建筑色彩进行了地毯式摸排,重点对城市主次干道、重点区域和六大出入口建筑色彩与周边环境进行清查,引导塑造富有特色的城市空间,形成"显山、露水、透绿"的城市景观特色。

【"畅交通"工程规划审批】 完成城关黄河桥东、西、南过街通道,金港城糖酒市场、兰州卷烟厂、红泥沟和红山万和城等10座天桥的规划审批工作;完成轨道交通2号线一期工程沿线风亭、出站口、地下区间等设施的规划审批工作;完成S607-2#路、S610#路、S633#路、B646#路等约7公里道路工程的规划审批工作,嘉峪关东路—白银路快速化工程、北滨河路西延段工程等方案设计的审查和兰州市中心城区给水专项规划、兰州市综合管廊规划、兰州市节水规划等专项规划审查。

【依法行政】 健全完善规划法规制度,起草制定《兰州市城乡规划条例》,修编《城乡规划管理技术导则》,为城乡规划管理提供技术支撑,制定《兰州市地下管线管理办法》《兰州市地下管线信息系统管理办法》,规范地下管线规划、建设和管理。制定《兰州市地下空间开发利用管理办法》,加强地下空间规划管理。制定《兰州市住宅区配套服务设施建设配建标准》。严格执行城市规划,严格依法审批,严禁随意调整规划,严格控制容积率、建筑密度、绿地率等强制性指标,严格保护各类城市市政基础设施、公共服务设施、城市公共绿地、黄河河道及排洪通道、文物遗址等用地,切实维护规划的法定性和严肃性。完善违法建设查处机制,加大规划许可公示力度,加强巡回跟踪检查,坚持"勤巡查、早发现、快制止、严处理",建立快速反应机制,对违法建设做到及时发现,及时制止,对未经批准,擅自加高、加长(宽)的违法建设坚决予以查处。立案调查处理违法建设5起,查处率达到100%;下达违法建设案件行政处罚决定书5份,下达行政处罚(听证)告知书5份。

【党风廉政建设】 专题召开党风廉政建设工作会议,细化年度党风廉政建设工作任务和责任清单;党组书记与班子成员、班子成员与分管处室和单位,逐级签订党风廉政目标责任书,一级抓一级,层层抓落实;实行人人承诺、签字背书制,全员签订了党风廉政承诺书,做到了廉政承诺、签字背书全覆盖。认真贯彻《党风廉政建设主体责任约谈工作制度》,共开展工作约谈252人次,提醒约谈45人(次),告诫约谈7人(次),鼓励约谈27人(次)。突出变更规划、调整容积率、建筑审批、违法建设查处、干部选拔任用、资金使用六大防控重点,加强廉政风险防范、排查和管控,共梳理廉政风险点128个。其中,一级风险点34个;二级风险点63个;三级风险点31个。有针对性的制定防控措施149条,规范权力运行。健全完善批前公示和批后公告制度,实行规划"三公示",即城市规划公示、审批项目公示、违法查处公示,全面公开审批要件、审批时限、办事流程,对审批事项办理过程实时公开,强化社会监督和舆论监督,提高城市规划透明度,推进"阳光规划"。

【"两学一做"】 组织召开局"两学一做"学习教育推进会议,组织完成"两学一做"学习教育4个专题的学习研讨,并抓好自查整改工作;组织党组会学习10次、党组理论中心组学习12次和党组学习扩大会议10次;举办7期"规划大讲堂",邀请8名省内外专家进行辅导讲座;2次邀请市委讲师团进行十八届五中全会精神和习近平总书记系列重要讲话精神主题宣讲,报送"两学一做"学习教育信息26篇。

【精准扶贫】 围绕"六个精准"和"1+21"方案,结合西川村、漫水村两个帮扶村基础设施落后的实际,筹集资金12万元,帮助解决农田水利设施、村庄道路及配套设施建设、村容村貌整治、土地开发整理等,改善帮扶村生活、办公条件。

(赵心刚)

城市建设与投资经营

【概况】 2016年,城乡建设工作以城乡基础设施建设为重点,以路网建设、城市配套、村镇建设、行业管理为主要工作,城市基础设施水平、综合承载能力和人居环境得到改善。

【重大项目】 全年实施城乡基础设施项目83项,完成固定资产投资190.1亿元,同比增长93.9%。特别是建成和启动了一批城市基础设施重点项目。建成北环路工程并实现全线通车，缓解黄河北岸东西向交通拥堵问题，加强了西固、安宁同城关区之间联系，带动九州等地区的建设发展。建成雁白黄河大桥，结束青白石和雁滩隔河相望的历史，带动青白石片区的整体开发建设。建成中铺子垃圾焚烧发电厂，于9月30日正式并网投运。开工建设马滩片区综合管廊项目，开展兰石CBD、崔家大滩及雁滩片区综合管廊项目前期，兰州市地下综合管廊项目进入全面启动、快速建设时期。在全力推进轨道交通1号线一期工程的同时，开工建设轨道交通2号线一期工程，同步开展了3号线、4号线前期工作。

【关注民生】 优化城区交通网络，实施各类路桥项目46个，建成北环路等13个项目，开工建设T605#路、T607#路和北滨河路西延段等33个项目，城区交通骨干路网逐步完善。集中整治改造主次干道106条，道路通行能力大幅提升。建成小西湖立交桥下立体停车库，城区新增各类停车泊位2万余个，“停车难”得到初步缓解。启动背街小巷整治工作，实施部分道路交叉口改造，着力构建交通微循环系统。改造建设供热管网设施，破解“供暖难”。完成1436台（次）锅炉、2189公里主干管网检修工作，更新改造超期服役主干管15.6公里，完成25个供热站、155公里老旧管网改造，落实供热计量收费1400万平方米，化解供用热矛盾。针对气温骤降的实际，提前2天启动供暖，处理供热投诉12000余件，解决供热问题300多起，全力兑现“让市民过一个暖冬”的承诺。加快供水设施提升改造，破解“吃水难”。编制完成《兰州市中心城区供水专项规划》等3个供水规划，优化改进制水工艺，增加曝气吹脱、热嗅检测、浊度在线检测等装置和仪器，落实枯水期联防联控和24小时驻厂值守制度，保障水质安全。完成北滨河路输水干线工程前期，建成东部科技新城、恒大绿洲、盐场等加压泵站，有效解决了部分高坪偏远地区“吃水难”问题。加强城市应急保障工作，破解“抢险难”。调整完善局系统应急工作领导机构，成立市政、公用、建筑3个应急工作小组，分行业组建了专业应急抢修队伍，开展应急演练22场（次）。启动建设城区道路安全预警地理信息系统，开展道路地下空洞探测工作，更换800余套新型井盖，处理路面塌陷等各类应急事件514起，有效保障城市正常运转。

【关注热点】 污水收集处理能力实现新提升。启动七里河、安宁等4座污水处理厂提升扩容工程，实施雁伏滩等5座污水提升泵站改造，建成城区排水防涝项目，截流整治左家沟等4条洪道黑臭水体，编制完成雷坛河、大金沟和寺儿沟3条洪道黑臭水体治理方案。编制完成《兰州市特色小城镇建设试点工作指导意见》，成功申报榆中县青城镇为国家级特色小镇，榆中青城、西固河口、皋兰什川3镇为省级特色小镇，完成5个市级试点镇、7个培育镇的现场踏勘和初步评审，启动平安、苦水等13个沿黄小城镇的污水收集处理项目，提升小城镇基础设施水平。农村危房改造。改善农村居住条件，完成全市农村存量危房摸底工作，改造建档立卡农村危房1482户。各县区建设部门采取异地搬迁、集中安置、政府兜底等方式，大力实施农村危房改造工作，基本解决了建档立卡贫困户的住房安全问题。公共艺术建设。成立公共艺术建设管理办公室筹建处，启动雁滩中心公园（雕塑公园）项目，完成《兰州黄河主题雕塑长廊专项规划》初稿，向中外雕塑家征集雕塑作品42件，打造黄河雕塑长廊，提升城市形象、品味。

【强化服务意识】 制定出台《兰州市建设工程项目施工许可证办理优化方案（试行）》，将16项前期要件优化整合为6项。特别是配合国务院督查工作，为66个保障性住房项目办理了施工许可证，保证了项目及时开工建设。严控工地扬尘。落实大气污染防治工作责任，开展“零点行动”300余次，发现整改扬尘问题122个，有效抑制工地扬尘，保证空气质量。安全监管。按照“党政同责、一岗双责”的要求，认真履行安全生产监管责任，制定《兰州市城乡建设局安全生产工作责任清单》《兰州市城乡建设局各级干部安全生产职责清单》2个责任清单，对局系统各级领导安全责任进行细化、量化、具体化，靠实安全生产工作责任。先后5次主持召开安全生产工作会议，研判安全生产形势，部署工作任务。坚持“四不两直”原则，整改清除各类安全隐患200余个，城乡建设领域安全生产形势明显好转。

（贺荣庆）

兰州建设投资（控股）集团有限公司

【概况】 兰州建设投资（控股）集团有限公司在册员工1618人，其中本科以上学历513人，占总人数的29.5%。公司机关设有15个职能部门，下辖13家二级法人公司。兰州建投总资产达1196.5亿元，比合并前997亿元增长了10%.公司将下属同类企业整合到同一板块，组建13家专业二级独立法人公司，加强集团管控体系。公司设立15个职能部门，强化财务集中管理、工程统一管理、资产归口管理、纪检垂直管理，进一步理顺管理体制机制，加强对各下属公司的控制和监督。构建经营分析体系。公司上下紧密按照“政府主导、同业合并、依法合规、确保稳定”的原则开展各项工作，通过全体员工的共同努力，超额完成各项生产经营任务，实现了公司持续健康发展的目标。建设人才梯队体系。按照“整合资源，专业分工”的原则，发挥下属13家专业公司的人才、技术和管理优势，将工作推进、任务完成情况与干部考核、评先评优、绩效考核挂钩，形成公平公正的内部竞争环境和规范有序的企业运行环境，切实提升了核心竞争力。

【重点建设】 2016年，兰州建投投资建设项目453个，总投资1745.1亿元。完成投资857.33亿元，占总投资的49.2%。主要承建南山路、北环路（二期）工程，以及北环路东联络线、市区“上跨下穿”、人行过街天桥，金雁、深安、小西湖黄河大桥等重大城建项目。在兰州市东西向大通道中，公司投资建设南、北滨河路和南山路3条主动脉，城市五大出入口以及其他道路，占全市路网工程总量的80%；作为“139”城市骨干路网和“321”环城公路网的重要组成部分的北环路东西线建成通车，T605#路西段比预计工期提前3天建成通车，白银路、天水路上跨下穿工程也建成通车；投资建设黄河大桥7座，占黄河兰州段已建成跨河桥梁的90%；投资建设了兰州市雁儿湾等3座污水处理厂，雨污水管网、河道治理、黄河河堤、天桥地道等项目，使兰州城市功能和品质得到了明显提升，人居环境得到了明显改善。

【安居工程建设】 实施棚户区改造，以及廉租房、经适房和公租房项目建设。已开工建设保障房项目49个，完成400多万平方米4.3万套保障性住房的融资及建设任务，其中甘肃水泵厂、兰州一毛厂等24个项目（135.98万平方米15761套房屋）已竣工交付使用。沙井驿棚改项目作为全省最大的保障房项目也已全部建成，5799套房屋已交付使用。

【融投资平台】 公司开拓资本市场、创新融资模式，已累计融资1618.51亿元，并为各县区棚改项目筹措资金总额达336.3亿元，支持和保障一大批省、市重点项目的实施。取得私募股权基金牌照，成为兰州国资企业规模最大的私募资金管理方，并已开展城乡发展建设基金工商名称核准工作。

【管理工作】 公司在资金筹集、项目运作、工程管理、人才储备、管理机制、市政基础设施建设、路桥工程建设、棚户区改造等急难险重的建设任务和事关全市经济社会发展的大型项目和工程的同时，积累经验。完善人才机制，建立岗位竞聘制度，加大治庸问责力度，将工作推进、任务完成情况与干部考核、评先评优、绩效考核挂钩，形成了规范有序的运行环境、公平公正的内部竞争环境。完成去行政化。5月13日，市土地储备投资中心机构整体移交至市国土局管理，该中心截至3月31日的所有债权债务以及为城投公司抵押担保形成的债务由公司承继。综合服务。设立服务中心，统一为基层单位办理对外合同审签、招投标审批、法律审核以及财务会签等工作，将原本分散在各部门的审批事项全部合并在服务中心，实行一站式服务、流水线办公。统筹分工协调。为加强项目建设能力，有效克服项目多、任务重、工期紧、分布广等困难，公司按照行政地域和项目类别，将原由1个公司承担的基础设施项目，划分为3个项目公司负责实施，及时有效地保证了续建项目的按期复工和新建项目的前期工作。以上改革举措，在机构设置上做“减法”，在职能发挥上做“加法”，在效能提升上做“乘法”，使公司整体运营迈上了依法合规、高效有序、持续健康的发展轨道。

【队伍建设】 公司储备人才信息库，保障公司用人需求，使得人才缺口得到基本缓解。按照“分类管理、科学设岗、明确职责、严格考核、落实报酬”的总体要求，开展以“定责、定编、定岗、定薪”为主要内容的人力管理和收入分配制度改革。规范人员编制管理，优化人力资源配置，提高公司整体的运行效率，构建科学岗位管理体系。

（姬俊儒）

招投标管理

【概况】 2016年，公共资源交易局在市委、市政府领导下，把交易平台打造成展示政府形象的新窗口、源头治腐的新阵地和服务发展的新平台。交易中心共完成各类交易项目2180项，超出上年全年336项；完成交易金额802亿元。政府采购类完成1233项，交易金额521亿元，工程建设类完成910项，交易金额183亿元，国土资源交易类完成35项，交易金额84亿元。同时，超额完成了2亿元的招商引资任务，共引进资金4.09亿元。

【招投标管理】 按照国务院办公厅、省政府办公厅《关于整合建立统一的公共资源交易平台工作方案的通知》要求，迅速展开兰州市公共资源交易平台整合的前期准备工作，对全市公共资源交易平台的现状和存在的问题进行了梳理，先后召开了3次党组会、5次业务工作会，对平台整合工作进行了深入分析研究。并积极向省公共资源交易局和市政府、市公管办请示汇报，对各县区交易中心的机构设置、人员配备、交易场地等情况进行充分调研，征询各县区对整合交易平台的意见建议。起草了《兰州市公共资源交易平台整合方案》，于2016年8月2日和9月2日分别经市政府常务会和市委全面深化改革领导小组会议研究通过。目前已完成各县区公共资源交易平台机构编制的划转工作，正在有条不紊地推进县区公共资源交易平台在编人员的接收、工资整合和资产核拨工作。做好新场地建设工作。按照平台整合后标准化服务场地建设的要求，为有效解决项目压场、人员拥挤和安全隐患等问题，市政府同意租用城关区南关十字伊真大厦11-13层作为市公共资源交易中心标准化服务场地，11月28日完成了场地功能区域设置安装和信息化配置等工作并正式投入使用。新场地由开标区、封闭评标区、行业驻场监管区、候标和询标区、公共服务大厅、办公区等功能区域组成，总面积4002平方米，内设9间开标室，13间评标室，每天可满足20多个项目的开评标工作，切实保证了全市公共资源交易工作的快捷、高效、有序开展。

【效能建设】　推进电子招投标试点工作。按照省政府办公厅《关于做好国家电子招标投标试点工作的通知》的要求，中心对现有电子招标投标系统进行升级完善后，与省公共资源交易局建设的公共服务平台、行政监督平台实现了对接。4月1日启用新招投标系统以来，中心共发放数字认证锁818个，开通数字认证锁企业权限 2102个，更新数字证书21个，修改企业信息及密码重置214个。推进远程异地评标工作。为完成省、市电子招标投标公共服务平台的对接工作，配合建立省、市两级公共资源交易信息公开共享和互联互通机制，中心对现有网络环境进行了改造，拉设了用于成兴系统开评标的数据专线，并积极同成兴公司衔接沟通，掌握远程异地评标的软硬件需求，对现有软硬件设施进行改造，为远程异地开评标工作打好基础。推进省、市专家共享工作。针对市级专家库专家数量少、分类不合理的问题，与省公共资源交易局积极沟通，启用了省局评标专家库，市级平台服务的专家由原来的2000名扩充至13000名，切实保障了全市公共资源交易工作的顺利开展。

【重大项目建设】　为确保全市重大项目建设在招投标环节不受延误，中心严格执行首日开评标承诺制，加开“早八点场”“晚场”和“周末场”，优质高效地完成了兰州重离子医用加速器应用示范区（二期）项目、兰州国际港务区基础设施新建道路工程，兰州市全民健身中心建设项目等政府投资多、社会公众关注度高的重大项目。

【交易服务】　完善理顺保证金缴退等工作流程，实行工作人员挂牌上岗制度，认真落实“首届责任制”“一次性告知”“法定最短时间办结”“离岗告知”和“AB岗”等工作制度。为进一步强化评标专家管理，制定评标专家诚信承诺制度，要求所有评标专家在评标前签署《评标专家诚信承诺书》，同时针对部分评标专家出勤、评标行为、职业道德等方面屡次违反评审工作的问题，建立了评标专家信用管理制度和台账，形成评标专家信用记录，为行业主管部门规范管理专家库提供了依据。对兰州市2016-2017年棚户区改造、七里河区S183等6条道路综合管廊项目选定PPP社会投资人等大项目新项目进一步完善服务方式，持续优化“主动服务、即时办理、限时办结、提醒办理、跟踪服务、任务考核”等六大特色制度，对重大项目邀请专家进行论证，有力保障了全市公共资源交易工作的顺利开展。

【自身建设】　开展“两学一做”学习教育。按照“基础在学，关键在做”的核心要求，把学习教育作为推进中心党建工作的主要抓手，努力营造了公共资源交易工作与“两学一做”学习教育相辅相成、相得益彰的良好格局。制定了《“两学一做”学习教育实施方案》，建立了“两学一做”学习教育工作台账，明确了工作内容、完成时限和责任人，为“两学一做”学习教育的顺利开展奠定了坚实基础。

（唐仲虎）

公用事业

·城市公共交通·

【概况】　2016年，兰州公交全年总收入达到5.97亿元。其中，实现运营收入5.66亿元；运营公里1.54 亿公里；客运人次完成7.63亿人（次）。车厢服务合格率96.4%，车辆整洁合格率98.4%，车辆完好率99.2%，行车安全保障率93.15%，乘客满意度测评指数95.44。各项经营管理指标较好完成，企业呈现出“调整升级稳步推进，创新发展成效显著，经济动能逐步积聚，职工队伍和谐稳定”的良好态势。

【服务保运转】　全年调整开通线路27条，调整站点48处。结合政府“畅交通”活动加大综合整治力度，重新制定运营计划，利用高峰时段区间车、直达车，避开拥堵节点，提升客流输送能力。发挥GPS智能调度系统功能，实时监控线路运行情况及道路拥堵状况，克服道路拥堵带来的不利影响，保证广大市民的正常出行。改善职工工作环境，新建新区绿地公交站、树屏产业园公交站等4处停车场（站），解决20多条线路无首末场站及驾驶员入厕难、休息难的问题。推行"差异化"服务。通过开通高峰快线、节假日购物专线、"定制公交"等诸多线路运营模式，满足不同群众的出行需求。特别是"定制公交"创下了年收入1262万元的历史新高。配合政府开展主城区道路交通管理"十查十看"专项督查行动，将主城区划分6个片区，组织300多名管理干部上线值勤，通过大整治、大整顿行动，短期内取得实效。做好民情通服务热线和各类乘客意见建议的答复工作。受理民情通服务热线转办件38000多件，受理网络舆情信息、总经理信箱等转办件351件，回复率100%、处理率100%，得到了乘客的理解和认可，在民情通服务热线综合考评中我司名列前茅。强化综合施策，加大卫生保洁整治力度。根据市委、市政府大气污染综合治理的要求，对所有公交车辆卫生状况进行整治，短期内改变车辆卫生状况差的现状，从根本上杜绝城区道路公交车二次扬尘污染。

【打造智慧公交】 随着智能调度和公交信息化技术的不断成熟和应用，打造"智慧公交"成为城市公交的发展趋势。一是拓展、完善智能调度系统的应用功能，提升公交智能调度系统，加强运营数据的提取和分析，完善公交综合运营监测平台，以更加简洁、直观的方式为集团决策提供依据。实现了全司智能调度的统一管理，对现有的BRT线路及平台进行技术改造，实现集团智能调度系统的统一规划、统一管理。投资100万元对智能调度系统提升工程起支撑、保障作用的基层单位操作电脑进行批量更换。结合公交线路调整、优化工作，对68条运营线路基础数据和49条运营线路报站器语音等及时进行修改，保证车辆的正常运营。完成97台空调车车载全彩电子显示屏的安装试用工作，提升车辆设施和配置。完成客运公司及重点要害部位视频监控安装、验收工作，提升内保工作智能化管理水平。

【强化基础管理】 强化制度管理。公交集团对"三大标准"不适应、不适宜的标准制度进行全面修订和完善，修订后的"三大标准"由原来624项标准增至1139项。其中新增标准621项、删除标准99项、合并标准7项，整章建制工作取得新成效。制定部门及岗位安全职责，完善岗位安全生产工作职责321项，强化了全员安全生产责任意识，推进企业安全生产管理工作。修定集团应急预案，按要求向上级部门实施报备。加强集团质量管理体系的运行。开展质量管理体系再认证和内部审核，验证质量管理体系的有效性、充分性和适宜性。强化劳动力管理。实施"增主减辅、调整人员结构"的调控战略。面对驾驶员短缺的局面，采取滚动式培训方式，加大驾驶员培训力度，全年新增驾驶员423人，修理工64人，驾驶员增长比例高于往年，缓解长期以来驾驶员、修理工短缺的现状。控制后勤辅助岗位人员增加，通过退休等方式自然减员219人，使公司人员结构更加趋于合理。

【车辆升级换代】 根据国家、省、市政府推广新能源公交车政策要求和公交打造绿色公交的的需要，做好新能源车辆选型工作，完成288辆大容量、高配置公交车的采购工作，其中280台为12米插电混合空调公交车、8台为12米城际空调公交车，这是兰州公交有史以来一次性购置新能源车最多的一次，实现绿色出行。在政府部门的指导帮助下，并与珠海银隆就600辆纯电动公交车租赁事宜，反复商谈，最终签订了租赁合同。

【新区公交基础建设】 完成总建筑面积5425平方米的兰州新区纬三路运调中心及停车场站建设，并投入使用。完成新区经七路公交综合车场建设项目立项，设计、勘察招标，土地证、建设开工许可证等各

更新后的纯电动公交车

种手续，完成了临时施工用电、用水的申报审批等工作；完成舟曲新苑公交站建设项目立项、使用权批复、规划许可证、设计勘察招标、土地证、建设规划许可证等一系列审批手续。基础建设进程的加快，为公交运营调度、职工工作生活提供便利条件和保障。

【依法治司工作】 配合立法部门，做好《兰州市城市公共汽车客运管理条例》的立法修订工作。在市人大、市政府多次组织召开的客运条例论证会、调研会上，兰州公交提出了“公交优先发展政策保障、维护客运职工合法权益、建立工资保障和正常增长机制、完善客运票价定价和政府补贴以及政府购买公共汽车客运服务制度”等具体的修改意见和建议，大部分被采纳。《客运条例》经过市政府常务会议讨论通过、市人大常委会一审审议，2017年将颁布实施，从法律层面为公交的持续发展提供保障。依法加强全司各类合同管理和办事程序的合法合规性，加强各类司法诉讼，维护企业和职工的合法权益。

【政策扶持和经济增长】 争取政府扶持政策和资金支持。通过向政府有关部门反映公交面临的现状和企业存在的问题，争取政府到位补贴资金3.6亿元，成为历年来政府财政补贴兰州公交到位资金最高的一年，为企业的持续发展和基础建设、车辆购置提供了强有力的保障。拓展服务范围和领域，做好西固区域出租、公共自行车租赁等工作，完成150台西固区域出租车采购和投放工作，缓解西固地区打车难的问题。强化财务资金管理，严格控制预算外支出，使资金运转状况正常。全年融资贷款3.05亿元，为集团车辆更新、场站建设提供了保障。2016年9月完成新区遗留7辆民营公交车辆收购工作。对原有车体广告全面清理的基础上，经过重新制定广告规范，确定标准、明确区域，争取相关部门批准，新型广告得以重新发布，为企业增加收入奠定基础。

【安全体系】 在构建“五位一体”安全御防体系的同时，加强交通安全工作管理。抓线路安全管控，全面落实、推进“百日安全专项治理及劳动竞赛活动”、“百日推进”活动等，将安全生产大检查与“畅交通”工作有机结合，统筹推进，通过GPS智能调度系统超速管控、早晚高峰例查、车载视频抽查、重大节会检查等方式和手段，有效提升线路安全管理水平。落实企业安全生产标准化工作，修订交通安全绩效管理和驾驶员行车安全考核办法，制定岗位安全生产责任制，完善应急预案报备、评审环节，对300多名管理人员进行执业资格培训，定期开展安管统计分析，坚持季度考评与每周督查相结合，形成交通安全闭环管理流程。贯彻省、市安全生产会议精神，开展城市公共交通综合治理活动，通过全方位、拉网式的大检查大整治，遏制公交车辆违章、违法行车行为。落实危险源辨识、风险控制、隐患排查治理等相关办法，及时排查各类风险和事故隐患，本着“即知即改、限期整改、隐患挂号、整改销号”的原则进行综合治理。开展“平安公交大家谈”安全文化系列活动，将安全文化和培训教育内化为驾驶员自觉行为，外化为实际行动。加大安全生产的资金投入，全年投入安全资金1890万元。2016年行车责任事故间隔里程346万公里/次，行车安全保障率93.15%，上线事故、车内车门事故、GPS超速等得到有效控制，交通安全工作整体稳定。加强内保和综合治理工作，完善目标责任制，集团内部层层签订内保消防和综合治理目标责任书，做到职责明确，责任到人。开展专项整治活动，加强内保防范和消防管理工作；开展多单位、多部门联动的“突发事件应急演练”和实战灭火演练，提升集团预防突发事件的能力；加强重点节日期间安防工作，加大隐患排查和整改力度，落实“五查”制度和“三品”检查制度，全年检查回场车辆90万余台（次），出动检查人员3万余人（次），从源头上消除安全隐患；加强工业安全管理，开展隐患排查和安全生产专项整治，杜绝重特大生产安全事故；加强加气站安全管理，建立加气站定期检测安全评估制度；加强网络安全管理，做好无线电通讯设备和全司网络设备的维护和数据传输工作，将原有百兆网络结构提升为双核心+专用防火墙的网络结构，解决网络安全隐患，为运营数据的传输提供了更好的通道。

【为职工谋福祉】 根据政府有关“公交职工工资水平不能低于兰州市社会平均工资”的精神，2016年为全司职工普调工资每人每月300元，建立职工工资增长机制，让职工共享改革发展成果。按期足额缴纳职工“五险一金”2.03亿元，其中养老保险1.14亿元、医疗保险4500万元、住房公积金3100万元；关心职工身心健康，做好职工防暑降温费的发放以及送清凉、送温暖等项工作，全年发放高温补贴919.22万元，发放取暖费1322万元，给职工购置发放防暑药品19.17万元。集团公司持续开展了为职工生日送蛋糕和困难职工慰问帮扶等活动，为困难职工发放救助、慰问金23.4万元，对考取大学的106名职工子女助学奖励21.2万元，在全司营造关心职工生产生活、替职工办实事、办好事的和谐氛围。

【担当社会责任】 2016年11月中旬以来，针对兰州市大气污染指数偏高、空气质量下降的不利形势，兰州公交按照市政府防治大气污染、启动橙色预警、市民免费乘座公交车的统一安排，打响了保卫"兰州蓝"攻坚战，在最短的时间、用最快的速度，动员所有的力量参加线路运营和疏导乘客。全司职工放弃公休，加班加点，在运营圈次增加、服务时间延长的艰苦情况下，保证线路的正常运转，为全市人民出行做出了积极贡献。全年公交IC卡打折优惠及让利乘客2.16亿元，为社会做出贡献。给70周岁以上老年人、伤残军人、警察，以及兰州市优服对象提供免费乘车服务；做好大型活动、节会期间线路运营工作，开通"兰洽会""文博会""科博会"等多条临时专线，方便群众出行,完成"兰马赛"政府交给公交的运输任务；开展精准扶贫工作，安排80多名中层领导干部驻村帮扶，走访帮扶农户240多户，提供帮扶资金15.5万元，为旅顺村建设路灯等设施，开展助学帮扶活动。制作发布"核心价值观""两学一做"等公益广告达2.3万幅，BRT站台公益广告135幅，宣传了社会美德，倡导了正能量。

【开展文明创建】 集团公司巩固"全国文明单位"成果，开展系列创建活动，在外部积极做好"五城联创"文明城市迎检等工作，做好公交车辆、枢纽站、停靠站的清洁维护工作，倡导市民文明排队乘车、文明出行；推进法制文化进车厢活动，利用公交车尾屏等媒介连续播放社会主义核心价值观等内容，倡导社会正能量，2016年，集团公司再次获得"全国文明单位"荣誉称号，被中共甘肃省委宣传部、省司法厅等部门联合授予全省法治宣传教育先进单位"荣誉称号，被省经贸协会授予"先进单位"荣誉称号。

（颉永军）

·城市供水·

【概况】 2016年，公司通过股东双方的密切协作，公司管理层和全体员工积极采取应对措施，有效开展了枯水期自来水安全联防联控工作，各项生产经营计划顺利完成，重点项目建设稳步推进，供水服务水平有效提升，经营管理工作再上台阶，有力地保证了城市安全供水，

【生产经营】 2016年全年供水量完成23556.07万立方米，同比下降0.13%；售水量完成22407.88万立方米（含洒水降尘水量450.71万立方米），同比上升1.95%，扣除增加的洒水降尘水量因素，售水量同比下降0.12%（目前工业用水继续呈下降趋势，特别是兰化、西固热电厂和范坪热电厂大幅减少了工业一次、二次用水，生活用水保持上升趋势）；实现营业收入44248万元，比上年44704万元减少456万元，降低1.02%，亏损2166万元，比上年盈利20万元减少2186万元，较董事会设定的利润指标亏损5092万元减亏2926万元；水费回收率完成98.37%，比上年同期提高0.48%；水质检测项目综合合格率99.99%，比上年同期提高0.05%；管网压力合格率99.05%，比上年同期下降0.39%。各项服务指标均优于《特许经营协议》规定的指标。全年公司共受理新接水用户登记347户、现场勘查345户；新发展和改装用户373户。新增抄表用户131户，全年新增售水量约158万立方米。供水服务热线"96766"接听用户来电32336次，接听率96.44%，比上年提高5.28%；受理民情通"12345"转办件2423件，用户满意率占90%以上；处理市民各类书面供水服务投诉件529份，人大议（提）案2件，处理及时率100%。在兰州市政府对全市公益类服务企业"12345民情通"转办件处理工作评比中，公司供水服务热线在2016年各季度和全年评比中均名列第一。

【供水安全】 通过修订《水质管理制度》、编制《水质中心关于清水库、管道清洗消毒的有关技术要求》、编写并发布新的质量体系文件，从制度上完善水质管理体系。提高了水质的内控标准，将滤池出水浊度由≤0.8NTU提升到≤0.6NTU（国标1.0NTU以下）。对第一水厂和第二水厂的老旧失效阀门进行了更新，创造条件更换了第二水厂3#滤站排泥闸板密封圈，进一步降低了水损，厂内水损从2015年的9.64%下降至8.46%，全年减少水资源费支出150万元。通过大力清理长期未用水户、建立长期未用水临时销户库等措施加强对未用水户的管理，使6个月以上的未用水户由年初的418户降到年末的160户。2016年水费回收率为98.38%，同比上升0.49%，收回历史欠费518万元。为方便用户缴费，公司开通了"银行代收水费"业务，增加了缴费渠道。积极落实市政府"残疾人水量减免"政策，向录入公司系统的600户残障家庭发放了《残障家庭水费减免卡》。强化供水管网管理，推进管网信息化建设。2016年在建立供水管网巡检网格化管理制度的基础上，通过主动检漏、加强责任追究、积极协调施工方签订供水管网保护协议等一系列措施，有效地减少了大口径管道的爆管次数，全年抢修次数虽较上年大幅增加，但爆管仅有2起，主动修漏减轻了爆管抢修造成的社会影响；管网地理信息系统（GIS）的建设取得阶段性进展，目前已完成安宁区、城关区部分底图绘制和兰州市主干管线地图绘制及安宁区管线数据的校核与信息录入。

【防范枯水期水质异味】 2016年，在兰州市自来水安全联防联控工作方案的基础上，公司通过积极采取以下措施，投入资金300多万元，精心组织，成功防范了黄河枯水期水质异味的发生。

从2015年9月11日起连续召开会议，传达市政府相关会议精神，布置枯水期防控工作。并建立每周一召开生产调度会议制度，对枯水期异味防控工作进行安排布置。成立由公司全体领导成员组成的枯水期应急领导小组，并明确了各环节具体责任领导。修订完善了《黄河枯水期工艺运行方案》和《黄河源水突发有机污染物指标超限应急预案》，制订了《黄河枯水期防范水质异味工作方案》，对枯水期应急响应机制进行简化明确。加强值班监督检查的工作，认真落实公司三级检查岗位人员责任，指导车间严格按照要求做好防控工作。优化活性炭和高锰酸钾的投加方式，从以前逐渐增大投加量改为先按最大量投加后根据情况逐渐调整。2015年12月1日至2016年3月21日共投加高锰酸钾15.22吨，活性炭273.91吨。先后对53名热嗅人员进行了专业培训，使嗅辨工作常态化。邀请环保部嗅辨专家进行了嗅味闻测技术交流和授课。在第一水厂沉淀池建成4套曝气吹脱装置。

寻求技术支持。公司先后与中科院环境生态研究中心等6家权威机构联系，邀请专家学者来现场指导枯水期应急工作，对湟水河水样及水电站水库底泥取样进行专题研究实验，明确原水水质中重点关注污染物的种类和成分，有针对性地研究消减异味的方法措施。邀请股东方威立雅集团派技术人员来我司协助枯水期防控工作，提供技术支持。

【提升供水保障能力】 2016年公司继续保持对制水和供水基础设施方面的投入，董事会批准专项工程计划共285项，计划资金16153.5万元，根据实施条件和项目进展情况，实际完成项目计划资金6648.49万元，其中：改建工程投资计划项目260项，在建及完成255项；计划资金4293.21万元，实际完成投资2363.58万元；基建工程计划资金11560万元，实际完成投资4284.91万元；全年支付抢修结算资金1088.03万元。总投资30万元在制水的各生产环节设立了11个嗅味检测台，在制水一厂沉淀池安装了4套曝气吹脱装置用于异味的去除，提高了水质异味的防控能力；投资35万元完善及新建一、二厂生产安全监控设施、五星坪等高地水库高清安防监控系统和公司电子围栏安防系统，加强了反恐防范工作；与第三方评测机构合作，实施了信息安全等级保护工作；投资16万元建立了网站入侵检测防御系统应用防火墙，防止信息安全事件的发生；投资300万元对第二水厂2#过滤站屋面进行维修加固，大大提高了建筑物整体稳定性、安全性，消除了2#过滤站使用过程中的重大安全隐患；实施一水厂变电所微机保护装置及监控系统更新项目，消除了一水厂重大安全隐患；累计投资1950万元，开展榆中各加压站区域沉陷治理项目，历时2年时间，和平加压站和太平堡加压站均已全部完成设计内容和要求，和平加压站通过正式验收。

【系统改造】 2016年投资73万元继续实施第二水厂的自控系统改造项目，新增1#、2#泵房及1#、2#滤站控制系统，实现二厂内流量、浊度信号全流程监控，为将来通过SCADA系统整合二厂的数据和控制创造了条件；投资86万元对二厂3号过滤站的4#、5#、6#滤池进行翻砂工作，以提高滤站出水水质、减少反冲洗频次，增加高峰期供水量；累计投资230万元，实施第二水厂2#泵房及配套改造收尾工程，已完成总体进度77%的工程量；投资94万元对和平中途加压站供电系统进行正式用电改造，解决了中途供水高峰期的瓶颈问题，每月电基同比下降60kwh/km^3，取得明显的节能效果；针对制水各厂和远程公司实际运行状况，在不增加投入的前提下，分别采取“优化最大需量核准值”、制订电气减容方案和“容量封存”的方式共计节约基本电费约45万元。东部科技新城配套供水项目包括一级、二级加压站及配套输水管道工程。目前已完成一级加压站站内设施、设备、工艺管道及高低压电气系统安装。已完成二级加压站主要土建工程。一级加压站至二级加压站之间DN500输水干管于6月底前全部安装完成，等加压站现场具备条件后可进行进出水管道碰接。截至目前，该项目累计实际完成投资约2110万元。

【企业管理】 建立人力资源管理系统，规范企业劳务用工管理。2016年7月，人力资源管理信息系统投入试运行，大幅降低了管理成本，提高了管理效率；制订了《劳务用工管理办法》和《劳务派遣合同》，采用劳务派遣用工的方式以符合财务审计和税收政策，同时也降低了公司在劳务用工过程中的安全风险。争取失业稳岗补贴，完成薪酬调整工作。积极利用政府就业补贴政策，向市人社局申报、领取了2013年和2014年的失业稳岗补贴297万元，用于员工补贴和补充社保资金，并完成了2015年失业稳岗补贴申报；依据国家政策完成35名符合“五七工、家属工”条件的人员资料审核、资格公示及材料上报等工作，解决了历史遗留问题；在企业亏损的情况下，继续保持员工工资的适度增长，按照效率优先、兼顾公平、向高技能岗位和部分一线岗位倾斜的原则，增加基础工资100元，岗位工资增加5%，同时大幅提高了倒班员工的夜班和早班补贴，新增了值班人员的补贴，并将聘用的技师、高级技师的补贴分别提高到每月200元和500元。开展员工培训和继续教育。2016年公司围绕年度工作重点，实施产生费用的培训共36项112人（次），参加外部培训员工的覆盖面达到5.7%。全年共有1570人（次）参加了内部培训，涉及工艺运行操作、供水营销、水质等岗位技能以及健康安全、管理等方面。

【安全管理】　加强安全教育培训，加大安全资金投入。开展了涵盖全部高管、中层管理人员和安全员参加的安全生产培训，取得了“安全资格证书”；对新进厂员工开展了入厂安全教育；组织了“员工基础安全”“特殊工种”等专项安全教育培训，培训员工1300余人（次）。2016年为全员更新发放春、夏两季工作服4028件（套），为一线员工发放791件（套）安全鞋、安全帽等个人防护用品，制作更新了受限空间、电气安全等各类安全警示标牌8000余个，有力保障了生产安全。全年安全管理费用支出240万元，同比增长14.8%。落实安全检查和隐患排查，开展安全生产标准化建设和职业卫生评价。

【安全检查】　2016年公司进一步加大安全检查频率，安委会成员中，公司高管全年检查172次，中层管理人员全年检查751次，对于违反安全操作规程或存在的不安全因素，狠抓整改落实，强化了全体员工的安全意识，并有效遏制了各类生产安全事故的发生；开展安全生产标准化三级达标的创建工作，已通过专家评审；开展了职业病危害现状评价和职业卫生六大档案的建立工作，进行了职业病专项体检，制作噪音、粉尘、化学品悬挂职业危害告知牌30余块。对全体员工进行了健康体检，涉水员工进行了职业卫生体检及培训，并取得了健康证，建立了生活饮用水卫生档案。完善应急管理体系，做好应急措施准备。修订完善了《供水管网抢修应急预案》《泄氯事故应急救援预案》等应急预案和处置手册，并组织开展了原水突发事件、供水抢修、漏氯、电气检修、消防、受限空间、火灾及电梯故障等多项应急演练，通过演练更好地提高了应急响应和现场处置水平。2016年集团公司安全生产总体情况较为平稳，未发生一般及以上等级的生产安全事故。上报工伤1人，工伤认定1人，上报未遂事件16起。

【宣传沟通】　2016年围绕安全供水中心工作和公司阶段性的重点任务，适时开展对外宣传。积极与《兰州日报》《兰州晨报》、“每日甘肃网”“中国兰州网”等多家媒体和网站合作，定期刊发水质公示，及时发布计划停水通知，在枯水期水质安全“保卫战”、夏季供水高峰期和冬季采暖期，通过邀请记者专题宣传，缓解和消除用户对安全供水的担忧；参加由政府组织的“落实进行时”广播、电视及网络直播，就自来水服务的热点问题和市民进行直接沟通；全年开展了5次“水厂开放日”活动，通过实地参观和介绍制水流程，加强与公众沟通，展现企业良好社会形象，增强广大市民对兰威水务安全供水的信心。2016年在市级以上网络媒体刊发供水服务类消息31篇，在报纸刊登供水服务类消息21篇，做到了安全供水和优质服务工作动态的及时报道。

（付辛酉）

·城市供气·

【概况】　2016年，天然气主营业务全年创效2.04亿元，较2015年0.99亿元增长106%；亏损项目扭亏成效明显，甘南分公司同比减亏149万元，皋兰分公司同比减亏113万元，永登分公司同比减亏53万元，LNG项目同比减亏851万元；非气业务经济指标保持增长。建投公司业务进一步加大生产建设力度，全年实现利润9982万元，业务资质顺利升级，取得了市政公用工程施工总承包二级资质；燃器具销售业务实现利润1957万元。

【安全生产】　2016年，甘肃昆仑燃气公司修订完善《安全生产管理办法》等14项安全生产管理制度。调整优化安全生产目标指标和安全管控指标，与各单位、各部门签订安全环保目标责任书43份，与员工签订安全生产目标责任书1400余份。甘肃昆仑燃气公司加强宣教培训，持续提高安全意识。通过开展安全生产月、安全讲堂、安全“五进”等宣传活动，进一步提高安全宣传的受众面，全年累计发放宣传材料10万余份，受教育群众25万余人（次）。组织安全管理、安全技能、职业取证及岗位安全等各类培训60余次5300余人（次），364名员工取得相关职业资格。甘肃昆仑燃气公司狠抓隐患整治，完善应急管理体系。开展燃气阀井隐患专项整治，改造阀井843个，加装燃气阀井网2800余个；整改道路塌陷隐患7项，管道占压隐患76项；启动兰州中心城区天然气老旧管网改造计划；争取市区安全监管部门支持，通过拆改迁移、封堵燃气管网，消除安全隐患。修订完善《应急管理总体预案》和20个专项预案；开展公司级应急演练2次，参加政府联动应急演练3次，所属单位开展应急演练50余次。开展危害与环境因素辨识及风险评价，辨识各类风险因素3500余项并分别制定防控措施，推进消项整改。

【重点项目】 2016年，甘肃昆仑燃气公司北高压输气干线和南次高压输气管线建设工程通过竣工验收并正式投运；马滩综合服务基地调压站全面建成投运；中心城区天然气管网改扩建工程顺利推进；北龙口供气工程敷设完成管线10公里；永登CNG加气站正式投运；定西市牟家坪接气门站建设全面完工并具备投运条件；甘南州夏河门站建设项目通过验收并投入使用。重点项目建设的不断推进，有效促进了用户市场挖潜和天然气扩销增量。

【企业管理】 按照两个“昆仑”重组整合的相关要求，对甘肃昆仑燃气公司有关制度进行了梳理和修订。对兰外公司客户工程报装业务流程进行了全面梳理和优化。财务资产管理持续强化。通过聘请专业税务顾问和开展税收管理自我诊断，有效防范了税务风险，全年补缴税费230.5万元。内控工作持续深化，内控测试发现例外事项239个并及时整改落实。加强资金管理，通过开发资金管理平台对所属营业网点回笼资金进行有效管控，确保了资金安全。通过资金集中管理，全年实现资金管理收入3000多万元。

【优质服务】 与兰州三维市民卡公司合作，通过在各服务站及银行营业网点安装自助终端缴费设备，拓展用户缴费便民服务渠道。“96777”蓝焰热线全年接听回复近7万个用户咨询电话，及时处置漏气隐患500余起；处理12345民情热线电话1100余个。结合效能风暴行动的开展，全面梳理汇总2015年以来用户来电、来访反映事项并形成整改意见。针对易引发用户投诉的薄弱环节制订整改措施20余条，推行新的服务举措10余项，满意率测评取得100%的好成绩。开展爱心服务活动，落实国家扶贫政策，全年投入近50万元资金，帮助永登县七山乡、兰州新区中川镇等乡村脱贫致富，企业服务社会的职能得到发挥。

【党建工作】 2016年，召开公司第一次党代会，选举产生公司新一届党委、纪委；按期完成基层党组织换届选举工作；严格党内生活，扎实推进“三会一课”、民主评议党员等制度的落实，完成党员组织关系排查和党费清缴核查等重点工作。开展“两学一做”学习教育，推进学习教育的开展。开展落实主体责任、党风廉政建设目标责任、六大纪律执行情况专项检查。落实约谈工作制度要求，公司主要负责人和班子成员全年共开展约谈172次487人（次）。

【企业文化】 2016年，甘肃昆仑燃气公司企业文化建设深入推进。强化企业宣传，通过网站、电台、报刊等媒体宣传平台，在为用户答疑解难的同时，宣传安全用气相关知识。全年刊发各类宣传稿件1446篇，电台栏目宣传400余期。坚持开展爱心服务活动，全年救助困难职工和困难党员92人（次），发放慰问帮扶金10.6余元，实施了涵盖离退休职工在内的补充医疗保险，解决职工后顾之忧。

（路有为）

·城市供电·

【概况】 国网兰州供电公司全年完成售电量237.3亿千瓦时，线损率3.08%，城、农网供电可靠率分别为99.959%和99.895%；城、农网综合电压合格率分别为99.999%和99.227%。运行110千伏及以下变电站128座、容量607.9万千伏安；配电变压器共计9604台、212.4万千伏安。电网规划向精准目标迈进，完成公司“十三五”新农村电网改造升级规划全覆盖，创建四星级以上配电线路58条，五星级站房4座，四星级站房9座，标准化台区55台，标准化柱上开关74台。全年安排检修2495项，落实电网风险管控“准确定级、先降再控、闭环管理”要求，完善全网风险评估、预警发布、过程控制的闭环管控联动机制，全年编制事故预案276份、保电方案88份，发布八级及以上电网风险预警125项，监督落实六级电网安全风险预控措施。

【智能管控】 利用15座基站、40套热点完成兰州新区、红古、窑街地区输电线路视频在线监控网络覆盖，完成4条线路180多公里、600多基杆塔的无人机巡视，实现无人机巡视拍摄画面实时高清回传接入智能管控平台，同时将无人机拍摄制作3D视感全景图。建设变电设备远程巡视系统，完成16座变电站视频系统安装、12座变电站安防视频改造，38座变电站具备俯瞰变电站全景及全方位覆盖设备功能，36座农网变电站具备安防视频。全年不停电作业4976次，减少停电26.68万时户数，多供电量1591万千瓦时，延伸收费199.7万元，加快配电自动化建设，改造开关20台DTU15台，实现兰州市区配电自动化覆盖率80%，成为国网公司完成配电自动化覆盖率达到目标的15家单位之一，推进配网故障快速定位系统建设，完成5个地区的部署，农村配网故障快速定位系统覆盖率100%，故障判断准确率97.2%，实用率与判断准确率均为全省第一。

【重要保电】 完成“兰马赛”、敦煌文博会等重要保电任务，营销专业团队获“敦煌文博会供电保障功勋集体”荣誉称号。获省公司2016年度科技进步成果二等奖2项、专利授权奖励7项；组织申报的2项科技成果，首次入选中电联《配电网建设改造创新成果及应用案例汇编（第一辑）》；获省公司2015-2016年度科技信通（智能电网）工作先进集体。

【“三同步”建设】 依据国网甘肃省电力公司信息通信网络与安全“同步规划、同步建设、同步运行”的“三同步”要求，所厅项目实现供电所（营业厅）及上联变电站的光纤专网覆盖，全面完成兰州新区智能电网可视化平台建设，实现对兰州新区智能电网运行状况的综合监测，并利用多系统数据综合分析，为电网运行管理提供智能辅助决策，该项目获中电联2016信息化成果三等奖。

【党群工作】 根据省公司党组1号文件精神，专题研究制定印发公司党委1号文件，召开党委会23次，研议重大事项55项。在王家堡棚户区改造、组建三新公司、规范集体企业管理等工作中，公司党委荣获“甘肃省先进基层党组织”称号。召开6次党委会议，专题研议公司反腐倡廉建设重点。落实“两个责任”、履行“一岗双责”、遵守党的政治纪律和政治规矩。公司纪委制定《纪检监察工作要点》，编制24节气表。与各基层单位签订《2016年党风廉政建设目标责任书》，与倚能集团所属单位和部门负责人签订党风廉政建设目标责任书，编发《廉政手册》220余册。在基层单位和星级供电所创建企业文化示范点，搭建“网上文化长廊”，新区公司制定企业文化示范点创建方案，被授予“国家电网公司企业文化示范点”称号。推进“安康杯”竞赛，开办“电力安全大讲堂”，张贴“安全生产月”主题宣传贴画2200张，悬挂安全主题横幅130条，制作安全主题展板30个。公司2人荣获省公司“安康杯”竞赛先进个人称号，1家基层单位荣获省公司“安康杯”竞赛先进集体称号，公司荣获省公司“安康杯”竞赛优胜单位称号。在省公司“安全发展、忠诚卫士”主题演讲比赛和甘肃省“安全生产、有你有我”主题竞赛活动中公司分获团体第一名和团体二等奖。开展第四届“书香国网”主题读书征文和职工优秀文学作品征集活动，公司选送作品《最是书香能致远》荣获全国第四届“书香三八”读书活动三等奖。

【集体企业】 兰州倚能电力（集团）有限公司，是集体企业，以投资经营为主体，两级法人一级管理，新机构设立8部1中心，11个分公司，9个子公司。330千伏通渭变、宝兰客专、洛-绿-巩线路工程、110千伏七里河、魏坪变电站等甘肃省电力公司、兰州供电公司重点工程项目按计划完成，王家堡棚户区项目圆满完成阶段性工作。在甘肃省电力公司电网建设领域奖项评比中，集团公司取得4面红旗，330千伏通渭变电站工程、110千伏祁家坡变电站工程获得安全质量管理流动红旗；330千伏洛-绿-巩线路工程、110千伏魏坪变电站工程获得工程项目管理流动红旗，该四项工程同时被评为“标准工艺示范工地”。110千伏中川 — 源泰送电线路工程在国网甘肃省电力公司2016年输变电工程优秀设计评选中，荣获线路组一等奖。房产经营分公司被评为甘肃省诚信单位，海南倚能·美林湾南北区住宅销售清盘，倚能戴斯酒店公寓、倚能·城市之光商铺、西安倚能·维兰德小镇尾盘销售进行中。

（陈含悦）

城市管理与执法

【概况】 2016年，市城管委依法行政，坚持问题导向，坚持市、区联动，实施城市管理督查考核行动，狠抓城管执法队伍建设，落实从严治党主体责任，推动各项工作取得新进步、新突破，较好地完成各项目标任务。

【提升环卫管理水平】 提高道路环卫作业质量。落实城市道路清扫保洁“六净五无”标准，执行人工一大扫、两普扫、全天候保洁制度，实施以道路洗扫、吸尘作业为主的环卫作业模式，并对重点区域和节点路段进行集中冲洗、除尘作业，使主城区464条主次干道精细化作业实现了提档升级，道路清扫保洁率达到98%以上，机械化清扫率达到86%。对927条背街小巷推行环卫作业一体化管理，严格落实环卫保洁规定，道路环卫作业质量不断提升。生活垃圾不落地收集。市城管委在近郊4区大力推广生活垃圾“不落地”收运工程，采取“巡回收集”和“直接收集”两种垃圾收集模式和“直接运输”“中转运输”“自行运输”3种垃圾运输方式，提升生活垃圾不落地收运水平。近郊4区现有生活垃圾压缩车辆收集点69个，定时定点收集线路131条，小型生活垃圾收集车122辆，实现生活垃圾不出院收集的小区院落463个，日产日清生活垃圾约2500吨。免费公厕管理。依据《兰州市公厕免费开放办法》等相关规定，严格落实“五净六无两好”质量标准，督促指导近郊4区环卫部门开展每日检查和不定期巡查，强化公厕管理人员服务意识规范公厕保洁作业标准，改善481座公厕入厕环境。区域环境卫生整治。在做好主次干道、人行道环卫作业的基础上，推行环卫作业一体化管理，重点清理背街小巷、城乡结合部道路各类卫生死角。牵头组织开展了雁滩、伏龙坪、西园、龚家湾、南山路等重点区域脏乱差的集中清理整治工作和城市水源地、高校校园及周边等重点区域市容环境综合整治工作，改善环境卫生面貌。特别是从2016年10月起，协调城关区政府集中开展了背街小巷市容环境综合整治，取得显著成效。

【整治违法建设】 查处存量违法建设。市城管委指导和督办各县区、高新区城管执法部门在全面摸排辖区违法建设底数、制定拆除方案的基础上，联合公安、国土、建设等各方面力量，依法拆除了一批严重影响城市规划实施、市容市貌及存在较大安全隐患的违法建设。先后依法强制拆除了安宁区众邦金水湾楼顶违法建设（私自搭建的彩钢房）42户3200平方米；七里河区两座高层违法建设（五星坪164号16层违法建设，建筑面积5812平方米；华林山436号18层违法建设，建筑面积6802平方米，现已拆除至第6层），依法没收并处罚了城关区兰州港联购物中心项目违法建设173159平方米。截至年底，全市查处、拆除存量违法建设2508处建筑面积77.75万平方米。遏制新增违法建设。为落实违法建设网格巡查工作和发现、劝阻、制止、报告和查处责任制，努力做到新增违法建设及时发现、及时制止、及时报告、及时拆除。2016年以来，全市城市建成区共发现并强制拆除新增违法建设691处建筑面积12.4万平方米。2016年9月，根据国家住建部关于开展城市建成区违法建设专项治理工作五年行动的有关要求，兰州市制定下发了《兰州市城市建成区违法建设专项治理工作5年行动实施方案》（兰政办发〔2016〕227号），提出全市城市建成区违法建设专项治理五年工作的总体要求、工作目标、工作原则及工作要求，明确了专项治理工作的具体任务和实施步骤，对兰州市城市建成区已排摸出的违法建设，制定年度治理计划。

【户外广告整治】 开展户外广告整治。以规范管理、集中清理为目标，按照“先主后次、逐步清理、整体推进”的要求，市城管委组织各县区城管执法部门，分区域实施户外广告集中整治行动，清理拆除未经审批擅自设置、超审批时限设置、严重影响市容市貌和存在安全隐患的各类户外广告43万平方米。其中，拆除楼顶、楼面、地面单立柱等单块面积超过50平方米的大型户外广告牌520块6.6万平方米；清理拆除兰州至中川机场高速公路控制区内广告牌85块公路控制区外7块；整治拆除黄河风情线沿线小西湖立交桥以东区域楼顶、楼面大型户外广告牌24块，上述区域剩余的2块大型户外广告正在依法组织拆除中。整治沿街商铺门头牌匾。按照“一店一牌”原则，集中清理取缔商铺立面、门前乱挂乱设的各类招牌设施51088平方米，统一规范沿街商铺门头牌匾管理。结合城区小街巷改造工程，完成近郊4区11条门头牌匾示范街建设任务。

【污染管控】 加强道路扬尘污染管控。在做好日常道路环卫保洁作业的基础上，结合每日路况、气象条件，对环卫抑尘作业进行指导，对重点区域及重点道路进行不间断的喷雾降尘、洒水压尘、洗扫清尘、清扫除尘作业，有效降低路面和低空的积尘负荷。特别是近期，结合四区作业实际，市城管委进一步研究制定了洒水作业实施方案，实施道路分级洒水模式，科学调度洒水作业，同步对洒水车进行改进改装，洒水作业科学化、精细化水平不断提升。加强工地扬尘污染管控。为全力抓好近郊4区117家工地的扬尘管控，市城管委现场督导各辖区城管执法部门按照属地化管理要求，通过对建筑工程工地不间断巡查，督促落实“六个百分百”防尘要求。在推行建筑垃圾运输公司化、规模化运营，实行行业资质准入制度的基础上，督导4区城管执法部门联合交警等部门，在城市主要出入口设置了渣土车辆检查卡口点，对渣土车辆无手续、无秩序乱倒乱排及道路遗撒造成扬尘污染的行为进行严管重罚。做好沙尘天气应对。在沙尘天气来临前适时发布调度指令、沙尘天气来临时及时启动《兰州市沙尘天气防尘治污工作应急预案》，督促各县区城管执法、环卫部门强化道路洒水压尘、工地洒水等扬尘防治措施，快速降尘。沙尘天气结束后，开展“全民洗城”活动，及时清除积尘，减少沙尘天气对空气质量带来的不利影响。截至年底，市城管委共发布调度指令97条，启动应急预案20次。

【黄河风情线管理】 理顺黄河风情线管理体制。2016年8月，市委深改组第十二次会议通过了《关于进一步理顺黄河风情线管理体制的工作方案》，明确了黄河风情线“三统一”原则，即由市规划局统一负责黄河风情线的整体规划，由市建设局统一负责黄河风情线的项目建设和市政设施维护，由市城管委统一负责黄河风情线的日常管理和执法工作，确定黄河风情线管理办公室管理的区域。强化黄河风情线市容环境卫生管理。加强了黄河风情线沿线224万平方米道路的清扫保洁精细化管理，实现了重点区域人行道及桥梁的全覆盖清洗，沿线区域果皮箱全部实行袋装化收集，在中山桥及南北广场、黄河母亲、亲水平台等重点区域，实行常态化清拖作业，定期开展沿线13公里交通护栏的清擦清洗工作。严格开展执法巡查，依法清理、整治了黄河风情线沿线店外经营2019处（次）、摆摊设点6661处（次），依法拆除各类违法建设3400平方米、违规户外广告68348平方米，沿线市容秩序持续好转。提升黄河风情线亮化效果。维修30处楼体桥梁及8公里河堤护栏亮化设施，排查检修了雁滩桥、金雁桥、中山桥、月亮岛、城关桥及河堤护栏亮化设施，确保了节会期间亮化设备的正常运行。按照上级部门要求，协调通知各单位适时开启亮化设施，圆满完成了“兰马赛”“兰洽会”“电商大会”等重大赛事节会期间“夜游黄河”的亮化保障任务，营造了靓丽的夜景效果。

【出入口沿线环境整治】 按照市政府要求，协调各县区及相关部门，结合区域实际，制定六大出入口沿线市容环境综合整治方案，重点围绕违法建设治理、户外广告拆除、环境卫生管理等方面，拆除各类违法建设52292平方米、违规户外广告71270.8平方米，清理垃圾1万余吨，清洗、维修楼体立面、墙面11万平方米，新砌围墙、文化墙1844平方米，有效解决了城市出入口环境脏乱差问题。特别是七里河区对南出入口实施了“一轴、两线、六街区、十处景观”的整体提升改造，市容环境面貌大为改观，有效示范和带动其它出入口综合整治工作全面开展。

【队伍建设】 开展“四讲四有”10项系列活动，完成“两学一做”学习教育各项任务，发挥党员示范、带动、引领作用。举办4期法律专题培训班，通过开展法律业务知识学习和遵纪守法教育，增强城管执法队员的法治意识，提高执法办案能力。明确执法工作纪律，规范队伍执法行为，管理执法队伍，增强城管执法队员公正文明执法的意识。围绕发生的不按规定程序执法、野蛮粗暴执法等侵害群众利益的行为进行作风大整顿，执法效能进一步提高。

【从严治党】 贯彻落实省委“3783”主体责任体系和“866”评价标准，遵守中央“八项规定”、省委“双十条”规定、市委“十四条”作风纪律规定，积极推进党风廉政建设和反腐败各项工作任务。召开党组会46次，专题集体学习18次，研究党建议题40个，聚焦建章立制，聚焦提前预防，强化廉政风险防控工作，排查廉政风险点43个，制定防控措施43条。聚焦基层党建，按照市委“八查八促”要求，开展内部巡查1次，督导整改基层党建具体问题53项。聚焦压力传导，开展常态化廉政约谈。党组书记及其他班子成员共约谈870人（次）。聚焦执纪在前，支持纪检组开展工作，发挥监督执纪问责职能。

（张海明）

建筑业

【概况】 2016年，兰州建筑业完成增加值267.12亿元，比上年增长7.3%。全市具有建筑业资质等级的总承包和专业承包建筑业企业完成总产值1003.20亿元，增长9.3%。

【工程管理】 优化项目服务。本着服务项目建设、推进审监分离的原则，多次组织人员专题研究，结合《兰州市建设工程项目模块化审批实施办法（试行）》，优化施工许可证办理流程和前置要件，制定出台《兰州市建设工程项目施工许可证办理优化方案（试行）》，将16项前期要件优化整合为6项。特别是配合国务院督查工作，为66个保障性住房项目办理了施工许可证，保证了项目及时开工建设。

【建筑市场监管】 落实大气污染防治工作责任，制定下发一系列专项工作方案，实行“划片包干、责任到人”的监管模式，督促建设各方严格落实“6个百分之百”防尘措施。组织开展“零点行动”300余次，发现整改扬尘问题122个，有效抑制工地扬尘，保证空气质量。

【安全监管】 按照“党政同责、一岗双责”的要求，履行安全生产监管责任，制定《兰州市城乡建设局安全生产工作责任清单》《兰州市城乡建设局各级干部安全生产职责清单》两个责任清单，对局系统各级领导安全责任进行细化、量化、具体化，靠实安全生产工作责任。先后5次主持召开安全生产工作会议，研判安全生产形势，部署工作任务。坚持“四不两直”原则，整改清除各类安全隐患200余个，城乡建设领域安全生产形势明显好转。

（贺荣庆）

房地产业

【概况】 2016年，市房产局认真履职，强化管理，确保各项工作推进，取得较好的工作实绩，为“十三五”规划开局之年夯实了基础。

【棚户区改造】 实施棚户区改造项目37个，涉及住户21135户，任务量居全省第一，顺利完成目标任务。

争取国开行授信额度260亿元，累计发放26.63亿元，棚改资金短缺难题得以有效解决。“一站式”并联审批优势充分显现，棚户区改造推进速度稳步加快。

【住房保障】 公共租赁住房建成2200套，年内分配17545套，累计分配29530套，分配入住率达96.69%。住房租金补贴发放12620户，补贴金额3561.60万元，完成目标任务的180%。完成了2016年经济适用住房配售。执行市委“人才强市”战略，配建107套人才公寓，经组织部人才办批准，已有23位专家级人才入住。

【房地产市场】 制定《兰州市化解房地产库存实施方案》以及《促进兰州新区和兰州高新区房地产健康稳定发展指导意见》。全市商品房销售883万平方米，增速30.2%，超额完成目标任务的22%；房地产单位从业人员增速8.4%；房地产业从业人员劳动报酬增速24.4%；居民自有住房服务增速5%。对全市商品房预售情况进行摸底，查处违规预售5起。整顿房产交易中介市场，强化部门联合检查，查处违规代理2起，妥善处理群众各类投诉128件，清退交易大厅中介机构。累计监管商品房预售资金约23亿元，监管存量房交易资金约43亿元。

【物业精细化管理】 实施40个“三不管”楼院整治，对全市793家物业企业和2000多个小区进行拉网式摸排检查，根据检查结果进行分类处理。试点探索老旧小区维修资金归集方式，归集维修资金（近郊4区）9.21亿元。落实“冬防”工作要求，开展物业小区扬尘污染防治，强化湿法清扫，生活垃圾实行日产日清，控制污染源。收缴公房租金5852.10万元，解决公房产权遗留问题6处，收回货币安置款1499.15万元。对3处危楼进行了维修加固，对21户住户进行异地安置，维修危旧房3.1万平方米。全市征收房屋1.9万户189万平方米，无一起重大群体上访。深入征收现场60余次指导解决具体问题，重点协调处理42起补偿安置遗留问题。成立兰州市房屋征收评估专家委员会并组织4次评估鉴定会议。加强征拆工地扬尘管控，制定了《兰州市国有土地上房屋拆除扬尘防控标准化作业操作方案》，所有征拆工地均按要求实施作业。

【房产交易有序进行】 履行房产交易职能职责，衔接不动产登记部门，确定房产交易登记工作模式，制定和优化了工作流程，保证房屋交易与不动产登记发证工作平稳开展。累计办理各类交易登记业务75283件，交易额达到309亿元；房屋租赁登记备案93万平方米；房屋面积预测绘567幢，916万平方米，实测绘200幢，面积338万平方米。

【从严治党】 开展“两学一做”学习教育，邀请党校教授、市委讲师团专家为全局党员辅导专题党课4次，组织中心组学习27次。严格执行约谈制度，全年约谈1278人（次）。各支部设立了“党员先锋岗”，党员示范带动，以实际行动展现党建成果。建立“两学一做”精准扶贫精准脱贫实践教育基地，聚焦帮扶村发展短板，加大资金支持和项目建设，实施帮扶项目18个，总投入258.5万元，改善了帮扶村的基础条件和公共服务设施。全局系统帮扶的10个村均已实现了整村脱贫，其中武胜驿村和奖俊埠村已建成小康村。

【专业培训】 分3期开展房地产经纪人资格培训，培训人员328人；举办经纪人继续教育培训班，培训人员1000余人；开展物业经理岗位培训7次，培训人员528人；开设省市机关事业单位工勤技能岗位培训7个专业10个教学班，培训人员428人；开设局系统精准扶贫农业实用技术培训班，培训农户79人。

（郭飞天）

住房公积金管理

【概况】 2016年，住房公积金各项业务稳步发展，超额完成省、市下达的目标任务。其中，归集住房公积金43.55亿元，完成目标任务36亿元的121%，同比增长13%；发放个人住房贷款46.67亿元，完成目标任务35亿的133%，同比增长3.3%；截至年末，中心归集总额达到286.61亿元，归集余额155.86亿元，缴存职工总数达到48.62万人，贷款总额达到216.10亿元，贷款余额144.14亿元，累计受益家庭9.66万户，支持职工购房面积达820.74万平方米。年内创新宣传工作，制作住房公积金宣传片1部、微电影1部、动画短片7部，在省市电视、报刊等媒体宣传报道住房公积金有关政策10余次，发放宣传资料4万余份，深入企业宣讲30余次，扩大住房公积金制度的影响力。

【住房公积金归集】 年内新增开户单位928家，新增缴存职工7189人，完成目标任务6000人的120%；当年归集额43.55亿元，同比增长13%，实现覆盖率和归集额逐年递增的目标。通过业务系统时时掌握各分中心和管理部新开户单位和职工汇缴情况，按月汇总归集扩面工作进度，按照任务完成情况督促有关分中心和管理部加大工作力度，确保扩面任务落实。按照受委托银行考核办法，给各受委托银行网点制定并下达住房公积金归集扩面、欠缴率控制目标，督促受委托银行开展住房公积金归集扩面工作。加强行政执法力度。由中心稽查处与各分中心和管理部联动开展行政执法，对相关企业进行调查取证，召开行政执法立案会议，确定重点执法单位。对50家重点企业启动行政执法程序，有10家被执法企业开始为职工缴存住房公积金。认真落实有关汇缴政策。根据《住房城乡建设部、发展改革委、财政部、人民银行〈关于规范和阶段性适当降低住房公积金缴存比例的通知〉》要求，允许相关困难企业阶段性降低缴存比例。

【住房公积金贷款】　年内发放个人住房贷款46.67亿元，完成目标任务35亿的133%，同比增长3.3%；个贷率达到92%，超出83%目标任务9个百分点，同比增长10个百分点；个贷逾期率0.34‰，低于1.5 ‰的控制目标；贷款风险准备金充足率达到100%；按期完成了最后一笔项目贷款0.5亿元的回收工作。严格贷前审核。建立了个人征信审核机制，制定了《住房公积金个人住房贷款适用个人征信信息暂行规定》，对申请受理的每一笔贷款，严格审核借款人征信记录，从源头上控制了不良贷款发生。强化贷后管理。坚持常态化地开展逾期贷款催收工作，全年电话催收逾期贷款17942人（次），上门催收逾期贷款541人（次），发送逾期催收短信16570条，发送还款提醒短信56万条。全年通过法律诉讼追回27名借款人逾期贷款本息及罚息105万元，担保公司清偿逾期贷款11笔本息合计250.55万元。 年末贷款逾期率控制在0.34‰，低于住建部逾期率1.5 ‰的控制标准。

【住房公积金惠民政策】　2016年4月，对住房公积金个人住房贷款相关政策规定进行了调整，推出现房贷款、恢复本市缴存职工异地购房贷款、降低现房自然人担保商转公贷款住房公积金质押率、提高家庭月供支出收入比、调整家庭月收入认定方式、接受经公证的委托代办面签、准许现役军人办理贷款以及在项目手续齐全、企业信誉好的商品房楼盘试行“先贷款后抵押”受理模式，放宽二手房贷款购房时间限制、简化他房抵押贷款受理条件等10项贷款新措施，降低了住房公积金贷款政策门槛，提升住房公积金缴存职工家庭住房消费能力；落实住房公积金汇缴新政，按照《住房城乡建设部 发展改革委 财政部 人民银行〈关于规范和阶段性适当降低住房公积金缴存比例的通知〉》要求，允许困难企业实行阶段性降低缴存比例，给与政策性扶持；推动归集扩面工作，通过协调市财政、人社部门，将市直属单位临聘人员纳入住房公积金缴存范围；实施了贷款额度和缴存余额相挂钩政策，使贷款投放工作更加公平和科学；积极克服发展“瓶颈”，着力解决资金流动性不足的问题，按照管委会批复，积极开展银行授信贷款和公转商贴息贷款，截至2016年末，共开展银行授信贷款8.5亿元，已偿还2亿元，受理“公转商”贴息贷款30笔1465.80万元，支付贴息金额4810.91元。

【信息化建设】　按照住建部建设公积金综合服务平台的要求，完成网上业务大厅、自助查询终端、短信平台、12329热线电话的开发和建设工作。其中短信平台月均发送信息5万余条，实现了对职工扣款、放款、提取等账户资金变动的实时通知；开展业务系统“双贯标”工作，完成基础贯标的开发测试工作。服务渠道进一步拓宽，开通网上服务大厅，有4365家单位开通了网上业务大厅，开通率达到67%，方便缴存单位办理汇缴等业务；做好业务系统延伸功能的开发工作，完成财务电子档案、公转商、稽核系统的开发上线工作；中心系统和网络的安全等级保护三级评测工作也顺利完成。服务大厅硬件建设提升，城关管理部于2016年12月搬迁至市政务服务中心，服务环境更加优质，职工办事更加便捷；新购置了红古管理部服务大厅，将解决空间狭小等问题。

【财务管理】　开发建成财务电子档案系统，满足财务工作科学化、信息化、高效化的管理需求，改进财务档案管理的工作方式，提高会计档案查询的便捷性、准确性；加强资金的精细化管理，加快资金划转速度，确保已办结的贷款业务能在当天支付资金，次日计息，提取业务当日完成资金支付；认真做好住房公积金的保值增值工作，年内实现增值收益2.22亿元，上缴财政2015年廉租住房补充资金3.4亿元，为缴存职工共结息2.06亿元。执行数据和系统核查制度，按照中心制定的《关键业务数据核查制度》，每月第一周对销户支取业务和贷款还款业务进行三级核查，对贷款月度批扣、年度结息、年终结转等关键时点数据进行核查，保证资金支付的准确性；建立并完善了业务系统关键参数监控制度，每周进行系统关键参数检查，保证业务系统正常运行，防范了系统风险。加大内部审计力度，年内完成全部10个分支机构2014年、2015年度提取、贷款审计，抽检率达到15%，各分中心和管理部对审计抽查剩余部分业务进行全面自查，及时发现和纠正业务办理过程中存在的问题，防范违规操作风险。

（卢声白）

环境保护·园林绿化

环境保护

【概况】 2016年，全市环境空气质量达标天数243天，剔除32天沙尘天气影响后，年度达标率72.8%。主要污染物二氧化硫、氮氧化物、化学需氧量、氨氮排放总量分别削减3980吨、4998吨、2702吨、411吨，同比下降5.7%、6.2%、6.23%、5.36%，提前实现年度减排预期目标。黄河干流兰州段水质状况良好，达到国家三类标准，河流水质总体上保持稳定，水质达标率100%。环保“三同时”制度落实严格，全市建设项目“三同时”执行率达到100%。辖区内未发生严重环境违法、违规、越权审批情况。未发生重大环境事件及核与辐射安全事件。

【环境信访】 2016年，共受理12369环保举报电话投诉1222件，受理环保微信举报443件，均已办结，办结率100%。全年在兰州市环境保护局政务网站发布各类信息13471条，政府信息平台公开信息649条。同时，开通兰州市环境保护局政务微博，转载信息232条。定时搜集整理网络舆情信息，关注负面舆情动向，全年形成定期网络舆情简报45期。

【规划与财务】 编制完成《兰州市“十三五”环境保护规划》和《2016年兰州市环境保护计划》，制定了《2016年度兰州市创建全国质量强市示范城市工作环境质量改善计划》等。2016年，全市凝炼水污染防治和大气污染防治共6大类60个分项目。争取节能减排财政政策示范项目、饮用水水源地中央环境保护、年度大气污染防治“以奖代补”、精准扶贫环境综合整治等中央环保项目专项资金2.17亿元。

【污染物减排】 2016年，纳入全市减排计划的27个项目全部完成。其中水减排项目8个，气减排项目14个，农业源减排项目5个。减排机制不断创新，全年开展3场污染物排污权交易活动，成交二氧化硫92.315吨、氮氧化物130.25吨、化学需氧量4.711吨氨氮0.286吨，实际总成交额170.44万元。对35家重点排污企业安装35套刷卡排污设备，实现对41家火电、水泥、石化、铁合金、钢铁、污水处理厂、制药、乳制品等重点废水、废气排污企业的刷卡排污管理的全覆盖。

【环境影响评估】 2016年，完成172个项目环评审批，36个建设项目竣工环保验收。同时，推进简政放权、放管结合、优化服务改革，开设“一站式”服务窗口，对审批程序、监督管理进行规范。对全市25家企业环境保护开展“一考双评”工作。完成1家大型企业、6家中型企业、10家小型企业的审核评级工作。

【环境监测】 完成环境质量例行监测工作，建成并投运4个省控空气自动监测站和国家区域空气自动监测站站房；完成全年国家重点监控废水污染源10家、污水厂10家、废气污染源22家及危险废物污染源企业16家的监测工作；完成验收监测、砖瓦窑提标改造验收监测、总量减排验收监测以及其他抽查、督查、投诉等各项监测任务。编制完成兰州市空气、水、声等环境质量监测报告，各类污染源监督监测报告及专项监测报告、《2015年兰州市环境质量简况》《兰州市五年环境质量报告书》（2011年–2015年）。

【大气污染防治】 强化工业污染治理，完成2家火电企业的4台330兆瓦机组超低排放改造，实施55户企业“出城入园”，27户企业正在搬迁建设。实施燃煤减量，发放财政补贴9500万元，对全市95家195台2412蒸吨燃煤锅炉、煤粉锅炉、水煤浆锅炉全面实施清洁能源改造和提标治理。2016年，主城区煤炭使用总量控制在620万吨以内，较2011年下降38.9%。协同防治尾气污染、2016年累计淘汰黄标车、老旧车16912辆，占年度计划的133.2%；推广使用新能源汽车3588辆；市区全面实行黄标车、无标车、“冒黑烟”车、农用车等四类车辆禁行制度及工程机械国三准入制度。加强预警应急响应、2016年11月份，对多年未遇的恶劣天气，兰州市于11月10日启动大气污染橙色预警，立即实施了244家工业企业限停产、工地土方作业全停工等应急措施。于11月20日实行了机动车24小时单双号限行和公交车免费乘坐等措施。

【水环境保护】 2016年，组织市、区两级环保部门对黄河兰州段196家废水排放企业、城镇污水处理厂环保设施运行情况进行检查，杜绝污染物直排黄河的现象。与青海省海东市签订跨界污染联防联控协议，共同制定了《2016年度枯水期湟水河流域跨省市水污染联防联控工作方案》，2月至5月，通过市直相关部门组成8个指挥部紧密配合、全市环保系统7个巡查组分段包抓、市委市政府20名县级督查员驻区督办，保障湟水河枯水期自来水安全。2016年全市5个地表水断面水质状况评价中，扶河桥和新城桥断面均达到二类水质，包兰桥和什川桥断面均达到三类水质。

【生态环境保护】 由甘肃省环科院中标，编制兰州市生态红线划定方案，已完成兰州市土壤污染加密调查工作，并通过专家评审。对兰州市78家重点危险废物产生和经营单位进行了更新调查，完成辖区2家危险废物处置单位危险废物经营许可证换证初审，每月完成对危险废物处置单位进行专项检查工作，每季度完成对2家废旧电子拆解企业审核检查。全年共办理危险废物联单9251份、跨地州市转移审批78份、跨省转移5份。

【排污收费】 开展执法检查，采取航拍取证、驻厂执法、流动监测、平台监控、视频监视、工况监督、网格监管等创新管理措施，严控污染排放强度，打击环境违法行为，共行政处罚28件，收缴罚款352.7万元，向公安部门移送3件，其中刑事拘留1件，行政拘留2件。2016年，共征收排污费 2521万元，其中挥发性有机物排污费自2016年6月份开始征收（起征日为2015年4季度），征收400多万元。全力实施建设项目环境安全风险专项整治，全年共立案调查违法企业21家，其中移交县区处理3家，对11家“未批先建”和2家“批建不符”违法行为进行了立案查处，共计罚款105.7万元，有效遏制了违建项目行为的发生。

（赵新邵）

园林绿化

【概况】 “十二五”期间，兰州市坚持公园绿地与附属绿地同步推进，城市园林绿化实现了跨越式发展，相继实施了黄河风情线提升改造工程、黄河兰州段湿地保护修复和五泉山、白塔山、兰山公园、雁滩公园、金城公园、兰州植物园及兰州碑林等公园基础设施改造工程；认真落实城市绿地系统规划，开展了“百万鲜花靓金城”活动。

【园林建设】 新增、改造城市园林绿地2345.6公顷。“十二五”末，城市建成区园林绿地面积累计达到6590.48公顷，绿地率从25.07%增加到33.2%，绿化覆盖率从28.17%增加39.1%；人均公园绿地面积从8.93平方米增加到10.87平方米。

南滨河路模纹花坛

【绿化多样性】 根据兰州市城市建设的需要，引入玉兰、樱花、北美海棠等品种，大大丰富了兰州市的景观植物品种，丰富了植物多样性，园林绿化层次水平和城市品味得到显著提升。

【道路绿化】 2016年，"省门第一道"生态景观提升和兰州至中川机场城际铁路沿线绿化（简称"一道一路"）。通过实现共同推进确保监管质量，通过集中流转土地推进道路添绿、平地建绿，通过优化配置树种打造生态景观节点，取得了明显成效："省门第一道"沿线完成了环境综合治理，实施抚育管护130.53公顷，完成造林绿化156.13公顷；兰州至中川城际铁路沿线完成造林绿化78.73公顷。

【体制改革】 2016年，积极推进城市园林绿化管理体制创新，围绕城市园林绿化执法体制不顺、职责交叉、管理粗放等认真开展研究论证，提出了明晰市、区两级园林绿化建设管理职责划分和理顺黄河风情线管理体制的建议，为市委、市政府出台城市管理执法体制改革意见、理顺黄河风情线管理体制提供了参考，并整体移交了黄河风情线绿地和南河道绿地的物业管养。全面谋划国有林场改革，根据国家和省上政策精神，遵循生态公益性的发展方向。稳步推进集体林权制度综合配套改革，新增林权抵押贷款2.87亿元；认定登记家庭林场14个；新增农民林业专业合作社13个；实现林下经济产值3.12亿元，超额完成年度既定任务。

【招商引资】 2016年，市特色农产品深加工产业组分配我局招商引资任务2亿元。上年转结的1个项目（沈家岭生态文化旅游项目），累计到位资金1.5亿元（2016年到位0.5亿元）。新引进的2个项目（甘肃润枫源农牧生态有限公司在永登县民乐乡投资的中药材种植加工项目，兰州顺泰房地产开发有限公司在名城广场投资的广场综合体景观工程项目），实现投资2.63亿元，到位资金经市上认定为3.4亿元，完成了分配目标。

【"两学一做"】 2016年，按照全市"两学一做"学习教育工作部署和要求，全局以党支部为单位，开展集中学习与督促自主学习结合起来，对重点篇目的系统学习与重要理论的交流探讨结合起来，指导党员有效利用工作间隙学，占用8小时以外时间学。突出示范带动。全面推行书记带头上党课，带头交流讨论，充分发挥领导先锋带头示范作用。从严落实制度。坚持把落实制度挺在前面，规范了党支部"三会一课"制度。层层传导压力。局党组专门会议研究，对"两学一做"进行扎实安排和部署，细化要求、靠实措施，确保学习教育有序推进。强化正面宣传。专门成立宣传组，加强了对活动亮点、先进典型的宣传报道。

（吴建明）

南北两山生态建设

【概况】 2016年，市南北两山环境绿化工程指导部落实中央及省、市关于生态文明建设的新要求，打造山水城市，加强南北两山3.87万公顷林地的抚育管护，两山生态建设保持良好发展态势。

【景观提升】 编制完成《兰州市南北两山"十三五"生态建设实施方案》和《兰州市南北两山深入推进绿色发展建设国家生态安全屏障的实施方案（2016-2020）》，为提升两山景观风貌提供指导。按照"逐片消除荒斑、逐年增绿造景"的思路，对城关区南山面山、国道212线南出口、南山路面山西固段、大青山至石楷湾面山等地段实施补植补造和绿化景观提升改造工程，建设规模为133.33公顷，栽植苗木24.2万株，苗木成活率均在90%以上。开展罗九公路沿线景观提升工作，罗九公路安宁段投入1000多万元，新建游园2座，建成登山步道5条310米，安装生态木桩1.2千米，修建休息亭、景观亭5座，修建花园、景观长廊、路灯等基础设施，景观效果提升，得到登山市民的普遍好评。罗九公路城关区段，委托设计单位编制完成设计方案。对白塔山区域面山可视范围的裸露荒斑和坡度在45度以上的破碎坡面分期进行综合治理，全面完成挡土墙、土方、生态袋筑码、管网铺设，治理面积23345平方米，治理效果明显。

【管理管护】 加强南北两山58万亩林地的抚育管护，实施1000公顷森林抚育项目，顺利通过省林业厅、国家林业局核查验收。实施200公顷三北防护林工程建设，完成林地复整清淤任务2366.67公顷，补植各类苗木100.5多万株。动员引导社会力量参与两山生态建设，认养树木3000多株，认养林地6.7公顷，进一步汇聚社会力量绿化南北两山。投入春检维修资金1212.3万元，完成维修项目达50项，维修泵站26座，维修更换喷头6714个、软管16.35千米。完成迭部林业局兰州南北山林业实验总厂二泵站迁建项目初步方案设计，通过专家论证、概算评审和立项批复。积极协调兰州中川城际高铁沿线生态景观工程刘家湾至茅茨段133.33公顷绿化水利配套工程前期工作。完成灌溉面积1.55万公顷，完成率达99.3%；灌溉水量达到2560万立方米，占计划的

106.7%。扩大“喷灌降尘”面积。严格按照全市大气污染防治方案要求，主动将榆中、皋兰部分区域纳入“喷灌降尘”作业范围。督促检查各喷水点加快调换喷头频次，扩大喷水作业范围，延长泵站供水时间，确保县区指挥部及相关管护单位喷灌降尘工作落实到位。特别是11月以来，兰州出现了罕见的连续污染天气，克服困难将喷灌降尘工作持续到11月21日，较上年延迟15天，为“兰州蓝”做出了贡献。

绿映金城

【依法治林】 围绕《两山管理条例》《两山总体规划》的实施，规范开发项目审批，严格审批程序，对已审批项目进行追踪监督检查，对不符合审批内容的行为及时予以制止。全年收到项目46个，审核审批24个，答复6个，退回不予受理16个。加大林地执法力度，依法行使执法权和处罚权。下发《停工通知书》28份、现场阻止停工2次、公安机关立案1件，下发《督办通知》5份。拆除重点区域与景观严重不协调的危旧管护用房、广告宣传牌，彻底改善两山环境面貌，全面消除管理顽疾。拆除危旧房屋2处，拆除面积1240平方米，清理拆除两山广告宣传牌217块5104平方米，拆除广告画面22面1015平方米，拆除兰山农家乐违规广告牌13面，消除了环境“乱象”和“视觉污染”。组织开展承包单位年中、年终考核，客观、公正地评价绿化承包单位工作成效，公开考核结果，督促提高承包单位尽责率。

【科技兴林】 与中科院寒旱所院地合作，开展科学研究和项目谋划交流，形成《兰州市南北两山人工林稳定性调查研究》，顺利通过专家验收。加强机场通道、城区五大出口陡削坡绿化区的抚育管护，制定技术规程，规范管理流程，绿化保存率稳中有升。开展兰州绿博园牡丹引种工作，引进牡丹、芍药80余种300株，牡丹专类园牡丹、芍药品种已达到140余种。适时开展两山负氧离子浓度监测、雨情信息监测管理工作，为发展决策提供基础信息支持。

【护林防火】 做好护林防火工作。开展护林防火及安全生产宣传活动，采取发布通告、公开致信、流动宣传、微信发布、防火知识进校园等方式，营造宣传氛围。督促各县区在道路沿线、坟区周围、林区与农地接壤等重点区域，开设防火隔离带87.8公里。在春节、元宵、清明、五一等关键时期，市、县区两级指挥部全体干部职工，放弃节假日休息，深入防火一线，蹲点守护，开展防火督查，最大程度地消除火灾隐患，取得了连续16年无较大以上森林火灾的良好成绩。不定期开展两山林区安全隐患排查整治专项行动，落实监测预防和整改措施，对存在安全隐患的单位限期整改。特别对两山林业管理站、上水泵站等单位生产生活用电用火、农用车载人问题进行整治，对生产运输车辆加强安全排查，消除潜在隐患。开展对双条杉天牛、柏大蚜等危险性林业有害生物的专项防治工作，防治各类林业有害生物面积28675亩，防治率为99%，其中无公害防治面积1816公顷，无公害防治率为95%。

（陈东亮）

工业

综述

【概况】 兰州是"一五""二五"期间国家重点布局建设的12个工业城市之一。现已形成以石油化工、有色冶金、装备制造、能源电力、生物医药、农产品加工为支柱的工业体系，是我国重要的原材料工业基地。全市现有规模以上工业企业358户，非公经济市场主体累计29.6万户，信息产业企业4000余户，"两化"融合示范企业101户。工业主要呈现出"五个主导"，即重工业主导、能源原材料主导、传统产业主导、国有及国有控股主导和中央省属企业主导。轻、重工业比重为30.7∶69.3，石油化工、能源电力、有色冶金、装备制造、农产品加工、建材、生物医药等七大产业占到全市工业增加值的90%以上。2016年，兰州市规模以上工业企业完成工业增加值502亿元。其中，国有企业完成工业增加值45.1亿元，下降1.0%；集体企业完成工业增加值4.8亿元，增长3.0%；股份制企业完成工业增加值432.7亿元，增长1.0%；外商及港澳台投资企业完成工业增加值18.6亿元，增长42%。轻工业完成增加值154.1亿元，下降1.7%；重工业完成增加值347.9亿元，增长4.7%。

【主要指标】 2016年，兰州市规模以上工业增加值实现502亿元，增长2.6%。单位生产总值能耗下降13.58%。非公经济完成增加值1015.8亿元，增长11.4%，占GDP比重达到44.9%，提升1.3个百分点。电信业务总量收入135.6亿元,增长58.9%，超目标38.9个百分点。其他营利性服务业收入9.75亿元,增长23.88%，超目标1.88个百分点。战略性新兴产业增加值达到305.7亿元，增长13.4%，占GDP比重达13.5%。

【政策落实】 2016年，贯彻落实国家化解过剩产能政策，淘汰榆钢公司一期100万吨生铁／140万吨粗钢产能，完成年度任务。同时，积极向上争取资金支持，全年向上争取资金13068万元。

【工业运行】 建立50户重点企业和10个重大项目及176个工业信息化项目动态台帐，掌握企业运营和项目建设情况。县区包抓制度。将8个县区和兰州新区责任到人，按月分解指标任务，每月实地督导，预警研判工业经济形势。

【新兴产业】 全年为289户企业提供担保贷款4.1亿元，为15户企业贷款贴息3000万元。众邦电线电缆、科天新材料等8户企业入选全省第三批战略性新兴产业骨干企业，累计29户，占全省50%。完成重点新产品研发项目71项,13项产品通过了省级新产品鉴定验收。培育重点工业企业94户，爽口源等14户企业成功在新三板挂牌，陇萃堂接受系统审核，即将挂牌。累计创建国家级企业技术中心8户，省级企业技术中心67户。制定《兰州市加快发展生产性服务业促进产业结构调整升级的实施方案》和《兰州市"十三五"生产性服务业发展规划》等，明确发展方向，细化工作措施和重点工作任务。

【项目建设】 重点对2016年梳理出的总投资719.8亿元的176个工业

和信息化项目，责任到人，由分管领导和处室包抓，加快建设进度，全年建成60个，累计完成投资120.61亿元。107户企业启动实施出城入园，61户建成，22户正在建设；已选址未开工7户（新区7户），未选址5户；暂缓实施12户。

【非公经济】　降低小微企业融资成本，全年为小微企业发放信用贷款2.04亿元，提供互助贷款1600万元。协调265名领导干部及相关责任部门对重点非公企业进行联系帮扶，解决企业发展难题270项。新认定市级中小企业公共服务平台6家，推荐认定省级平台1家，累计创建国家级中小企业公共服务平台8家，省级平台37家（含国家级8家）、市级平台22家。非公企业梯次培育，新增销售收入50亿元以上企业2户、10亿元以上企业15户，亿元以上企业增长10%，总数达到354户。加强对融资担保机构监管，对全市102户融资担保机构进行了年检复核，对不合格的22户提出整改意见，清退违规融资担保机构7户。

【信息产业】　创建“宽带中国”示范城市。完成450个未通光纤行政村的光纤网络建设，行政村光纤网络通达率达100%。通信基础网络设施建设，累计建成移动通信基站超过1.5万个，城市家庭20兆及以上宽带接入能力达到96%以上。创建国家信息消费示范城市，实现了云产品在6000余户企业中的应用。推进“三网融合”。甘肃电信已获得集团公司IPTV传输许可证和手机电视分发、公共互联网音视频服务的授权，省广电网络公司已取得省通管局颁发的ICP许可证，电信IPTV用户超过17万户，广电宽带互联网覆盖用户77万户。

【循环经济】　创建节能减排示范城市，25个典型示范项目基本建成20个。国家“城市矿产”示范基地建设，报废汽车拆解等7个项目已建成。循环经济示范区自评估工作，完成《甘肃省循环经济总体规划》兰州市承担的目标任务。培育兰州市再生资源回收公司等30户省级循环经济示范企业，占全省27%。推进高新区等6个省级以上开发区园区循环化改造工作，累计建成37个循环化改造项目，总投资57.8亿元。全面开展新能源汽车推广应用工作，全年共推广应用新能源汽车4563辆。

【招商引资】　牵头全市工业和战略性新兴产业组14个成员单位开展招商引资工作，赴哈尔滨、大连等地开展招商活动，共计100余人（次），引进了珠海银隆新能源汽车、湖南科力远新能源汽车动力电池转型升级和新能源材料研发及量产、浙江传化集团智能公路港等延链补链项目，跟踪在谈项目137个，其中，到位资金项目37个，到位资金42.47亿元。承接产业转移。全年承接产业转移项目242个，其中完工43个，在建199个，引进到位资金317.03亿元。筹办第22届“兰洽会”兰州馆布展工作，推进101个“兰洽会”签约项目。

【工业治污】　煤炭市场管控。全年共查处煤炭经营使用违法行为102起，执行行政处罚17起，罚款18万元，没收有烟煤等劣质煤炭435吨，取缔非法经营点12个，取缔非法型煤生产线2条，取缔流动销售劣质煤行为5起。三大电厂煤质监管。完善电厂煤质监管工作制度，建立三大电厂煤质监管在线视频系统，对电厂用煤煤质实施24小时驻厂监管。冬防限停产措施。会同环保局确定了2016-2017年度“冬防”停产企业名单184户，督促县区抓好限停产措施，没有发现私自复产现象。行业污染监管。对化工等有挥发性排放的工业企业采取限停产措施，在对煤炭管控区、184户限停产企业加大管控的同时，将工作范围拓展到管控区以外，加大排查力度。

【安全生产】　民爆行业安全生产监管。开展民爆企业安全生产检查15次，督促企业整改安全生产隐患47处，创建平安企业19户，民爆行业安全生产形势总体可控。油气管道保护。开展油气输送管道安全生产检查活动6次，重点加强重大节会期间安全监控，确保安全运行。宣传教育。组织企业开展“安全生产咨询日”，以及以案示警等宣传教育活动，共为70余家企业发放安全生产学习宣传资料400余份，增强企业安全意识。

【精准服务】　做好企业协调服务。与企业对接，强化调研，在信息产业、装备制造业、园区发展等方面形成专题调研报告，同时梳理出企业困难和问题94个。其中，中央和省属企业34个，已办结31个；非公有制企业60个，已办结53个，未办结10个问题积极协调解决。降低企业用电成本。帮助连城铝业、腾达西铁等31户高载能和战略性新兴产业骨干企业向上争取电价优惠政策，累计签约电量81.86亿千瓦时，降低用电成本10.03亿元。

石油化工

【概况】　兰州市石油化工产业经过多年的不断努力奋斗，在石油炼制、石油化工、合成材料、新材料研发及精细化工等领域取得了长足的发展，现基本形成炼油、化工、化肥、农药、农膜、有机化工基础原料、三大有机合成材料、精细化工、塑料加工、化工机械和化学清洗等23个行业，能生产25大类380余种产品。截至2016年底，共有石油化工行业规模以上企业46户，实现工业总产值591.6亿元，占全市规模以上工业比重的28.3%，实现工业增加值124.7亿元，占全市规模以上工业比重的24.8%。主要产品产量：2016年完成原油加工量823万吨，汽煤柴油总量572万吨，乙烯51.7万吨，合成橡胶11.9万吨，合成树脂85.5万吨，炼油催化剂4.1万吨。

【骨干企业】 中石油兰州石化分公司、中石油兰州润滑油厂、甘肃鸿丰电石有限公司、兰州三叶公司等30户企业为兰州石油化工产业亿元以上企业，实现主营业务收入559亿元，占全市石油化工产业比重的95%，占全市工业比重的26.8%。

有色冶金

【概况】 有色冶金产业是兰州市工业经济重要的支柱产业之一，全市现有规模以上有色冶金企业64户，从业人员1.99万人,拥有1亿元以下企业23户，1亿元以上企业41户，10亿元以上企业13户，50亿元以上企业2户。主要产品包括电解铝、钢铁、铁合金、炭素、镍钴新材料等。重点企业有中铝兰州分公司、中铝连城分公司、酒钢集团榆中钢铁公司、腾达西北铁合金有限公司、兰州金川科技园、方大炭素等。

【电解铝及铝加工】 电解铝是兰州市重要的支柱产业之一。兰州市共有中央直属电解铝企业2户。其中，兰铝设计产能43万吨，连铝设计产能54万吨，全市合计电解铝产能97万吨。初级铝加工企业共11户，设计能力139万吨，主要分布在连海地区。

【钢铁】 现有钢铁冶炼生产企业3户，榆钢公司设计粗钢产能255万吨，兰鑫钢铁设计粗钢产能70万吨，兴元钢铁设计粗钢产能30万吨，全市粗钢生产能力合计355万吨。为深入推进我市工业领域供给侧结构性改革，全面落实国家、省上关于化解过剩产能的安排部署，2016年榆钢公司停产封存两座420立方米高炉和2台40吨转炉，有效化解兰州市生铁产能100万吨，粗钢产能140万吨。

【铁合金】 现有铁合金企业共16户，共有铁合金矿热炉52台，总产能共65万吨，主要产品有硅铁、硅钡等，龙头企业有腾达西铁。

【镍钴新材料】 镍钴新材料以兰州金川科技园有限公司为依托，已形成8500吨/年四氧化三钴、4000吨/年电积钴、10000吨/年镍钴锰三元前驱体、1300吨/年氧化亚镍、240吨/年高纯金属、500吨/年银产品、3000公斤/年贵金属材料的生产能力。钴的年产能（按金属量计）10000吨，位居世界第二，是中国最大的钴产品生产商。

【炭素】 炭素行业龙头企业主要有方大炭素新材料科技股份有限公司和兰州阳光炭素有限公司。方大炭素已成为亚洲最大的优质炭素制品生产企业，已形成年产19万吨石墨电极、年产3万吨炭砖的生产能力。兰州阳光炭素有限公司已形成年产30万吨电极糊的生产能力，是中国最大的专业电极糊生产企业，其生产的阳光牌节能自焙电极糊产品成为国内电石、铁合金、有色金属及黄磷四大行业的矿热电炉企业首选品牌。

建材

【概况】 建材工业是兰州市重要的基础原材料工业。现有规模以上企业65户，从业人员0.9万人。建材产品主要包括水泥及水泥制品、玻璃、商品混凝土、新型建材等。主要企业有永登祁连山水泥有限公司、甘肃京兰水泥有限公司、兰州红狮水泥有限公司、兰州甘草环保建材股份有限公司、兰州新蓝天新材料有限责任公司和兰州宏建建材企业集团等企业。

【水泥】 是全市建材工业的主导产业，全市水泥生产企业共7户，共有水泥熟料生产线11条，全部为新型干法水泥生产线，水泥产能已经达到1000万吨以上。企业主要有永登祁连山水泥有限公司、甘肃京兰水泥有限公司、兰州红狮水泥有限公司和兰州甘草环保建材股份有限公司。

【玻璃】 全市平板玻璃生产企业仅兰州新蓝天新材料有限责任公司1户，拥有日熔化量1000吨的太阳能浮法玻璃生产线和年产100万平方米的Low-E低辐射节能镀膜玻璃生产线，年产平板玻璃设计能力为600万重量箱。

【混凝土】 企业主要有宏建商品混凝土有限责任公司、甘肃恒利混凝土有限公司和甘肃西部建材有限责任公司。

【新型建材】 产品主要包括新型墙体材料、节能保温材料、防水密封材料和装饰装修材料。企业主要有甘肃建投建材有限公司、兰州源聚保温材料有限公司、雨中情防水材料有限公司、科天环保节能科技有限公司和宏建建材集团兰州新区新材料科技产业园。

装备制造

【概况】 装备制造业是兰州工业的重点支柱产业之一，经过多年发展，已经形成了以石油化工机械、通用机械制造、电工电器、仪器仪表等为主体，门类比较齐全、基础比较雄厚、具有较强实力的装备制造业工业体系，已涉及《国民经济行业分类》全口径装备制造业的统计范围的9大类，即金属制品业，通用设备制造，专用设备制造，汽车制造业，铁路、航空设备制造，电气机械及器材制造业，计算机、通信和其他电子设备制造，仪器仪表制造业，金属制品，机械和设备修理业。截至2016年底，全市装备制造业规模以上企业68户，占全市规模以上企业的19.1%，占全省装备制造业的42.6%；全市装备制造业完成工业产值340亿元，占全市规模以上工业比重为10.28%，占全省装备制造业的47.1%。

【石油钻采、炼油化工装备】 依托兰石集团、蓝科石化、长征机械等骨干企业，研制具有自主知识产权的顶部驱动钻井系统等高端钻采设备，进一步提升石油钻机电传动控制系统智能化水平和可靠性。做大做强抽油机，提高修井、压裂等车装采油专用设备市场份额。大力发展以加氢、催化、裂解、换热、干燥等为代表的高压、高温及低温设备。重点开发具有自主知识产权、高效节能的表面蒸发空冷器、大型板壳式换热器、板式空冷器等节能设备。

【汽车及零部件制造】 依托兰州知豆电动汽车有限公司，自主设计研发小型化轻量化车身、电动汽车专用底盘、远程服务与管理系统车载终端的“知豆牌”城市微行纯电动汽车，由传统汽车的制造转型为新能源纯电动汽车的制造。

【风能、太阳能发电装备】 依托兰州电机等企业，重点发展液力耦合等多种型式兆瓦级系列风力发电成套机组。依托大成科技等企业配套发展太阳能聚光光热发电成套设备，构建聚光太阳能热利用技术研发、工程示范、装备制造生产基地。依托宏宇变压器、众邦电缆等企业发展高效节能变压器、特种电缆等电工电器装备，从单一配套产品向成套化一体化方向发展。

【通用装备】 依托航天510所、兰州真空等企业打造国内一流真空获得与应用设备基地。开拓金属板带连续真空镀膜、真空热处理、真空钎焊以及真空干燥等真空应用设备市场，扩大真空技术应用范围。扩大各类耐强腐蚀、耐磨和耐高温特殊泵，大中型磁力泵、径向柱塞泵及高温高压高合金特殊阀门生产规模。进一步扩大智能化试验机、矿难救生舱等市场占有率。

【铁路及轨道交通装备】 加快中车兰州高端轨道装备基地项目建设，发展城轨车辆组装制造及各类车辆运维保养，打造中国中车西北区域总部基地和向西开放开发战略基地。重点发展盾构设备、隧道施工成套装备、管片等隧道施工系列设备。

【数控机床及专用装备】 重点发展数控立式车床、数控立式加工中心、大型数控专用成型机床等，配套发展机床功能部件及铸造件、结构件等，形成机床工具生产的集聚区。依托兰石、兰驼、亚盛·亚美特等企业，发展适合西部农村耕作特点的大中型拖拉机、大型高效耕作机械、节水滴灌设备等现代农业装备。

医药制造业

【概况】 经过多年的培育和发展，兰州市医药制造业依托资源优势、科技优势和区位优势，形成了生物技术药物、现代中（藏）药为重点的产业体系，部分领域关键核心技术达到国内领先水平。2016年，全市拥有规模以上医药生产企业16户，实现工业总产值46.9亿元，同比增长5.0%；完成工业增加值20.8亿元，同比增长0.7%。

【骨干企业】 兰州生物制品研究所有限责任公司、中农威特生物科技股份有限公司、中牧实业兰州生物药厂是以疫苗等生物制品的研发、生产为主导，科研特色鲜明，销售市场稳定，是中国生物制品行业的骨干企业。兰州生物制品研究所有限责任公司2016年产值达到13.7亿元，对行业发展的支撑作用明显。

【对外合作】 随着国家“一带一路”战略的深入实施，兰州佛慈制药股份有限公司、甘肃陇神戎发药业股份有限公司、兰州和盛堂制药有限公司、甘肃泛植生物科技有限公司等重点中药企业积极抓住机遇，开拓国际市场，成长性好，带动性强。佛慈产品出口到美国、澳大利亚、日本、香港等27个国家和地区，产品国外认证数、海外商标注册数、出口覆盖面、出口品种数长期位居同行业前列，2016年出口额名列中国中成药出口企业十强；和盛堂小柴胡颗粒成功在匈牙利完成注册；2016年9月13

日，甘肃陇神戎发药业股份有限公司在深交所创业板上市，其全资子公司甘肃新丝路产业投资有限公司对外投资成立吉尔吉斯新丝路有限公司，为公司打开国际市场奠定基础；甘肃泛植出口甘草系列产品。

食品加工

【概况】 兰州是甘肃省重要的食品工业基地。近年来，兰州市食品生产企业积极调整产品结构，不断延伸产业链，加快发展安全、营养的功能食品和绿色食品，初步形成了涵盖烟草制品、农副食品加工、食品制造、酒饮料制造等产业体系。“黄河”“莫高”被认定为中国驰名商标，还涌现出“兰州”系列卷烟、“庄园”系列乳品、“雪顿”酸奶、“爱里”蛋糕、“安旗”蛋糕、兰州百合、苦水玫瑰等一批地方特色食品，为兰州市的经济和社会发展做出了贡献。2016年，全市食品加工业完成工业增加值118.6亿元。其中，烟草制品业完成工业增加值104.5亿元，同比下降6.2%；农副食品加工业完成工业增加值4.6亿元，同比增长20.3%；食品制造业完成工业增加值2.7亿元，同比增长7.1%；酒、饮料制造业完成工业增加值6.8亿元，同比下降2.4%。

【主要产品产量】 2016年生产卷烟293.8亿支，啤酒38.0万千升，软饮料150.5万吨，乳制品16.3万吨，鲜、冷藏肉1.0万吨。

信息产业

【概况】 2016年，加快“宽带中国”示范城市建设。组织各通信运营企业编制完成《兰州市通信基础设施建设专项规划》。完成铜缆接入光纤化改造62万户，城市平均网络速率达到20Mbps以上。新建4G基站1530个，基本实现主城区的4G信号全覆盖，行政村4G覆盖率达96%以上。成功获批国家农村宽带普遍补偿试点，完成450个行政村的光网新建及改造，全市行政村光纤网络通达率达到100%。

【电子制造业】 编制完成了《兰州市“十三五”信息产业与两化融合发展规划》，形成了以电子原材料、高端电子制造、军工电子产品、新型电子元器件、消费电子等产业为发展重点的电子制造业支撑体系。长飞光纤光缆兰州公司年产200万芯公里光缆、甘肃洁星通信公司年产100万千米通信光缆高技术产业化以及安鸿数码科技固态硬盘、U盘等电子元件等项目建成投产。兰州全志电子研发的小微型PLC获得全国工业过程测量控制和自动化标准化技术委员员肯定，与北京机械工业自动化研究所和中国工程物理研究院合作，起草微型小型可编程序控制器编程语言、RNet现场总线协议、微型小型可编程序控制器机器人运动控制编程表达方法等3项国家标准制定。

【软件及信息服务业】 系统集成资质企业94户，其中一级资质企业2户，二级资质企业8户。2016年软件及系统集成业主营业务收入51.2亿元。三维数字社会服务管理系统联盟推广中心已完成主体22层建设已完成主体封顶，兰州市信息惠民公共服务平台建设项目，三维服务网、三维城市手机APP、微信受理平台等项目建设都已完成。西北中小企业云服务平台、三维数字社会管理服务平台、北斗卫星导航综合服务平台等10个平台建设加快推进。甘肃精准扶贫大数据管理平台、三维数字社会服务管理平台、甘肃省招投标电子公共服务平台在第二十届中国国际软件博览会，集中展示了甘肃省软件服务业取得的创新成果。特别是“基于惯性传感的多人动作扑捉系统”参展产品突出数字化、交互式的感知体验效果，引发现场观众的高度关注。

（徐 斌）

农 业

【概况】 2016年，全市农业增加值61.79亿元，增长6%，全省排名第三；农村居民人均可支配收入达到10391元，增长8%，全省排名第四，农业农村经济总体保持了稳定向好的发展态势。全市粮食总产量达到4.32亿公斤，肉蛋奶总产量达到1.29亿公斤，水产品产量达到168万公斤，农机总动力达到177万千瓦。打造10个省级粮油高产基地，示范带动全市粮播面积达到11.91万公顷；推广旱作农业，完成全膜双垄沟播面积3.53万公顷，推广脱毒马铃薯面积3.77万公顷。特色产业持续壮大。实施高原夏菜、中药材、玫瑰、百合四大特色产业发展规划。以榆中、皋兰2个整县制省级现代农业示范区、红古鑫源等8个省级现代农业示范园为抓手，打造8个特色产业千亩标准化生产基地。建成榆中新营罗顶村、谢家营村，永登武胜驿镇奖俊阜村、中堡镇五里墩村4个千亩蔬菜标准化生产基地，带动全市新增蔬菜种植面积0.53万公顷，累计达到7.2万公顷，产量达到29.66亿公斤，其中设施蔬菜348.67公顷；集中建成榆中贡井乡大坪村、石台村2个千亩中药材标准化生产基地，带动全市新增中药材种植面积2377.33公顷，累计达到1.41万公顷，产量达到4280万公斤；建成永登苦水镇寺滩村千亩玫瑰标准化生产基地，带动全市新增玫瑰种植面积1333.33公顷，累计达到1.19万公顷，产量达到3250万公斤；建成七里河魏岭乡龙池村千亩百合标准化生产基地，带动全市新增百合种植面积466.67公顷，累计达到6.68万公顷，产量达到4910万公斤。病虫害防控。农作物重大病虫害平均防控效果达到84.6%，病虫损失率控制在5%以下，小麦、马铃薯等作物专业化防治覆盖率提高到26.5%以上，中短期预报准确率达到97%以上。

【现代畜牧业】 实施畜牧业增量工程。建成永登龙泉万荣、红古平安镇鑫源等5个万只以上大型养殖基地，新改扩建千只以上标准化规模养殖场108个，带动全市畜禽饲养总量净增65万头（只），达到673.39万头（只），其中肉羊饲养量净增6.5万只，生猪饲养量净增6.23万头。标准化示范工程。制定了《2016年畜禽养殖标准化示范场创建实施方案》，明确了饲养管理等畜禽标准化养殖规范，加强了6个省级、15个市级标准化示范场建设工作。将永登县作为现代畜牧业粮改饲示范县，发展优质牧草种植，全年粮改饲种植优质燕麦1793.33公顷、苜蓿700公顷，小黑麦93.33公顷。产业链延伸工程。推进全产业链项目建设，成立兰州肉羊产业联盟。培育优质畜产品品牌，其中“甘草羊”“七山王”羊肉品牌已经在国家工商总局注册，建立了电商平台，养殖规模达到3.9万只。配套完善畜禽良种繁育体系，完成黄牛冻配改良0.68万头、绵羊杂交改良8.3万只。动物疫病防控。实施重大动物疫病春、秋季集中免疫及日常补免，免疫各类畜禽1551万头（只、次）。加强人畜共患病防控，检测布病样品86874份，检出阳性样品全部扑杀并无害化处理。加强虹鳟鱼IHN疫病防控，开展免疫疫苗注射实验三批。强化兽药、畜产品质量安全监管，查处各类案件109起。全年没有发生区域性重大动物疫情、兽药、屠宰环节畜产品质量安全事件。

【产业化经营】 培育特色产业精深加工。找准农业发展和农民增收短板，扶持爽口源等20家重点企业大力发展特色精深加工项目。新发展市级产业化重点龙头企业26家，达到159家，较上年增长19.55%。全市初级农产品加工转化率达到74%以上。农产品加工量达到317.4万吨，加工产值达到77.72亿元。培育新型经营主体。扶持贫困村合作社30家；新认定各级农民专业合作社示范社219家，达到325家，其中县级示范社159家，市级示范社60家。对11个合作社示范项目进行了扶持，全市农民合作社带动农户数达到13万户，占总农户数的40.28%。新创建各级家庭农场30家，其中市级27家；创建示范性县级专业大户10家。永登、榆中、皋兰3县和七里河区贫困村已实现合作社全覆盖。农业新兴业态。培育"互联网+"新业态，打造苦水玫瑰综合体、兰州百合产业化开发博览园、甘肃名优特产电商销售等4个重点项目，搭建农业创新发展新平台。发展休闲农业，打造甘肃中渭、明德庄园、甘肃首石发、甘肃康瑞、甘肃榆兴、甘肃康源6个休闲创意农业示范园。农产品产销对接。通过兰州农业信息网、农产品价格信息采集平台、微信等及时发布本地、周边以及全国农产品供需情况、价格等信息；加大市场开拓、产销对接及营销工作力度，赴北京、昆明、成都等9个城市开展特色名优农产品宣传推介、产销对接活动，巩固特色农产品外埠市场，拓宽了销售渠道。

【农村改革】 引导农村土地规范有序流转。完善土地流转服务体系，依托市农投公司建成了兰州市农村产权交易中心；通过农业部西部地区农村土地仲裁基础设施建设项目，建成了皋兰、红古两个标准化仲裁庭；全市8个县区全部成立农村土地纠纷仲裁委员会，全市土地流转累计达到80.24万亩，合同签订率达到98%。推进农村土地确权颁证。兰州市3县农村土地确权工作已经进入收尾阶段；4区2015年任务村已全面完成，2016年任务村公示中。农村"三资"管理改革。制定出台《兰州市农村集体资金资产资源管理办法》，建立乡镇三资委托代理中心14个，开通农村集体"三资"网络平台端口101个，227个村完成帐务初始化工作。农业保险试点工作。积极推进中药材、设施农业、肉羊3个地方性险种试点工作，参保金额达到615.36万元，理赔732.47万元；高原夏菜、百合、玫瑰三个地方试点险种方案已经市政府常务会议通过，2017年试点实施。

【农产品质量安全】 建成市级追溯平台1个，城关区、榆中县2个县区级追溯平台，56个乡镇及企业农产品质量安全追溯平台。加强农业标准化生产，已建成1个国家级出口蔬菜质量安全示范区，1个国家级无公害农产品生产示范基地县，5个省级无公害蔬菜生产示范县区，18个无公害农产品标准化生产示范基地。全市"三品一标"农产品产地面积达到13.33万公顷，无公害养殖业产地规模达到80万头(只)，"三品一标"农产品达到288个，面积稳控在65%以上。充分发挥64个乡镇农产品质量安全监管中心、120个农产品检测点监管网络体系作用，全市农产品检测合格率99%以上，畜禽产品检测合格率100%，省级农产品例行监测合格率达到98%以上，全市未发生重大农产品质量安全事故。

【农技服务】 实施农业科技提升工程，推广测土配方施肥面积19.27万公顷，高效农田节水技术87.71万亩，绿色防控技术1.14万公顷。发挥14个科技试验示范基地、30个现代农业实训基地作用，完成农民培训10万人（次）。推进农业面源污染治理，农作物秸秆综合利用率达到80.5%，废旧农膜回收率已达到79.6%，尾菜利用率达到44%。全力配合"兰州蓝"攻坚战，开展农村秸秆、荒草禁烧宣传、巡查，保护农业生态环境。实施农业机械化提升行动，争取、落实购机补贴1581万元、农机燃油补贴820万元，完成机械化作业面积33.33万公顷，耕播收综合机械化水平达到47%。

【其他重点工作】 争取农业资金5067万元，占全年目标的101%。完成招商任务2.6亿元，占市特色农产品深加工产业组分解任务2亿元的130%。完成深圳前海农产品交易所兰州运营中心的挂牌成立，配合推动"三宝农业"完成新三板上市工作。制定都市农业、蔬菜产业、苦水玫瑰产业、百合产业、中药材产业5个发展规划和《关于精准脱贫推进全面小康社会建设富民产业培育实施方案》《关于加快转变农业增长方式推进农业供给侧结构性改革的实施方案》，围绕"做大产业、做实民生"，促进农民持续增收。

（张　睿）

林　业

【概况】 2016年，兰州林业建设贯彻执行党和国家关于林业工作的方针政策，拟订全市林业建设的中长期规划、重点工程规划和年度计划并组织实施；拟订相关法规和标准、规程并监督实施；管理森林资源、陆生野生动植物资源、湿地和荒漠并组织开展调查、监测、发布相关信息；依法负责退耕还林工作。

【农村生态建设】 2016年，营造林任务共完成0.89万公顷（其中兰州新区及南北两山范围1866.67公顷<人工造林1000公顷、封山育林866.67万公顷>，8县区7046.67公顷），超出年初666.67公顷计划33.7%。全市生态修复与治理效果良好，榆中县兰家窑流域30千米范围的整流域治理，生态修复和保护效果明显，得到了国家林业局的充分肯定；美丽乡村建设亮点突出，以榆中县马坡乡旧庄村、红古区平安镇夹滩村为代表，通过因地、因村制宜，绿化美化村容村貌，较好地改善了人居环境，根据兰州市“小康村”建设标准，全市40个重点扶持村村庄绿化全面完成。林业产业发展基础进一步夯实，全市建成经济林产业基地666.67公顷，其中红古区薛家台、奔康台皇冠梨、苹果基地达到千亩以上规模，七里河区上果园村苹果基地建成33.33公顷规模。万亩育苗基地建设，电商平台建设和规划方案编制按时完成，3个国有苗圃结合国有林场改革正在整合、扩大规模，对苗木专业村实行了重点补贴。

【林业项目建设】 2016年，对森林资源保护和管理，通过靠实管护责任、严格“四到县”考核，落实152.43万亩天然林、10.32万公顷重点公益林的管护；加大对各级政府保护和发展森林资源目标管理，完成2016年度全市森林覆盖率考核工作，全市净增森林面积2093.33公顷，森林覆盖率指标修订为14.96 %；落实护林防火责任机制，全市未发生重特大森林火灾；落实森林病虫害防治检疫工作，全市未发生大面积林业有害生物灾害，推进了自然保护区建设。

【资源保护】 依法办理征占林地

连城国家级自然保护区

的审核报批，支持全市重点项目：兰州南绕城高速工程、第二水源地工程、污水处理厂污泥集中处置工程、九州东南出口道路等建设工程；对国家林业局卫片检查通报的破坏环境资源的林业违法案件进行督促整改，打击涉林违法犯罪，强化林政执法，依法查处林政案件29起；按照“占补平衡”要求，开展全市森林植被恢复工程建设；依法履行职责，完成全市486个固定样地的全国第九次森林资源一类清查工作，完成林地变更调查成果的修改完善和市级验收，开展林业生态“红线”划定的各项前期工作。

【从严治党】 2016年，对照省委“3783”主体责任体系、“866”新要求和市委“八查八促”检查考核部署，局党委制定中心组学习计划，党的法律法规知识的学习和讨论，邀请专家对党规党纪的解读，局班子成员局党组书记共上党课122次，局党组班子开展提醒约谈601次。对存在苗头性、倾向性的问题的相关人员，由纪检组进行廉政约谈和提醒约谈，涉及约谈12人（次），做到件件有结果。

【精准扶贫】 2016年，局机关帮扶力量全部加强到2个重点村，严格驻村纪律。细化驻村工作队纪律，无特殊情况，均要求工作队员常驻村上，严格干部轮流驻村考勤管理。全局20个帮扶村共开工建设76个项目，有40多个项目完成建设，争取到位各类建设资金2500万元，其中局机关落实帮扶资金680万元。为红寺村落实村庄道路硬化、农田水利设施配套等项目，为上庄村落实田间道路修整、蔬菜生产基地上水配套等项目。

（吴建明）

【概况】 2016年，完成水利固定资产投资45.71亿元，占目标任务38.2亿元的119.6%。完成中央下达的总投资10.42亿元的27项水利项目年度建设任务，完成投资9.41亿元，投资完成率90.32%。开展工作落实年活动，收到并办结各类交办督办事项181项，办结率100%.

【水政】 落实水资源管理制度，对各县区实行水资源管理制度考核。在水行政执法和行政审批方面，确立权力清单46项，行政审批效率不断提高；起草水行政执法规范性文件，加大对非法取水、非法采砂、侵占河道水域岸线、违法设障等涉水案件的监督查办力度。

【水资源】 实行取水许可管理。把好建设项目水资源论证审批关口，完成红古区供排水改扩建项目水资源论证报告书的审查及取水许可证核发。推进规划水资源论证工作，完成《兰州市国民经济发展规划水资源论证报告书》（初稿），从规划布局上实行以水定规模、以水定发展。贯彻落实水污染防治行动计划。完成2016年度全市水污染防治行动计划的4项任务，完成兰州市地下水超采区治理方案，建立7个万亩以上中型灌区的信息名录，配合市建设局对西固区寺儿沟、元托峁沟，七里河区雷坛河、硷沟等洪道进行实地查勘，为黑臭水体整治提供技术支撑。完成兰州市水源地建设项目水资源论证报告书审批。先后10多次前往黄委协调审查兰州市水源地水资源论证报告书，并编制完成《兰州市河西走廊国家级高效节水灌溉示范项目节水规划方案及实施情况》《兰州市农业节水及污水再生利用工作方案》《兰州市节水压超方案》。

【水利规划】 编制完成规划总投资469.73亿元的《兰州市"十三五"水利发展规划》《兰州市应急备用水源工程规划》《兰州市防汛减灾水利薄弱环节建设实施方案》《兰州市水利风景区建设规划》《兰州市节水压超方案》等8类水利专项规划。黄河干流防洪治理项目等9项总投资278.45亿元的水利项目成功列入水利部黄河流域"十三五"规划。4大类7大项总投资29.4亿元的水利项目已由省水利厅上报国家发改委、国家水利部争取列为2017年中央预算内投资项目。

【水利建设】 推进总投资12.72亿元的13类24项重点水利项目建设。投资4.9亿元推进全市重大水利建设项目黄河干流兰州段防洪治理工程，完成剩余黄河干流主体工程建设任务。投资3.4亿元全面完成引洮一期榆中县配套工程建设任务。投资1.02亿元实施兰州至中川城际铁路沿线水利配套工程建设；投资0.674亿元实施"省门第一道"景观提升改造项目水利配套工程建设；投资0.2亿元完成永登坪城乡精准扶贫灌溉工程建设；投资0.96亿元实施庄浪河东干渠首至寺滩泵站段、大通河红古区段江河支流治理工程和七里河雷坛河五里铺段中小河流治理工程，治理河长35.8千米；投资0.2194亿元解决全市1.46万人农村饮水安全问题；投资0.7亿元实施七里河西津、西固区工农坪、兰州市大砂沟、榆中三电4处大型泵站更新改造；投资0.38亿元发展高效节水灌溉面积3.8万亩；投资0.24亿元新修梯田2万亩；投资0.186亿元实施21座调蓄水塘建设；投资0.08亿元扶持贫困及边远山区水利基础设施建设。指导城关区政府和七里河区政府实施雁滩南河道生态水系提升改造和城关区老狼沟，七里河区雷坛河、马滩南河道生态水系建设。

【农村饮水安全】 把农村饮水安全工程作为全市水利建设的重中之重，预算安排市级配套资金1000万元，争取国家资金2635万元，建成集中供水工程6处、分散水窖工程1处493眼，有效解决了永登、榆中、皋兰9个乡镇25个贫困村7145户29581人的饮水安全问题。至年底，解决全市90.73万人的饮水不安全问题，使全市饮水安全人口达到131.98万人，建成集中式供水工程154处，分散式水窖工程3915眼，农村饮水安全工程水质在线监测项目1个、净化水厂16座、水质检测中心8个，农村饮水安全普及率达到100%，自来水入户率达到76%。

【抗旱防汛】 修订兰州市防汛应急预案，明确各部门防汛工作职责，制定重点区域防灾避险方案，督促并落实了各部门保障服务责任和在建工程施工方落实防洪安全责任。落实预警预报，通过与气象、水文、国土的密切配合，建立雨情、水情、地质灾害预报预警信息共享和会商机制，发布预警50次4000条，基本形成了纵横结合的防汛监测预警网络。排查险情隐患。对全市2446处险情隐患点进行全面排查，发现并督促整改重点隐患点18处，落实24小时应急值班值守和汛期实时监测制度。落实防汛抢险应急措施，对全市重点河道、洪道、水库和塘坝进行了拉网式大排查，各县区对河洪道垃圾淤泥进行了清淤疏浚；调整充实14个防汛抢险救灾工作组，组建由武警部队、预备役和各类专业人员组成的市级防汛抢险队伍1492人、县区级防汛抢险队伍14534人。

【安全生产】 全市水利系统开展各类安全生产专项检查108次，出动水利干部432人（次），检查单位和工程项目658个，发现隐患工程462处，及时整改339处，下发整改意见通知书132份，完成整改132处，整改率达到100%，全市水利安全生产形势持续稳定向好。

（王政东）

公 路

【概况】 2016年，完成公路运输总周转量143.47亿吨公里，同比增长17.47%，超出年度增速目标2.47个百分点；其他营利性服务业收入实现同比增长19.23%，超出年度增速目标0.23个百分点；完成交通固定资产投资78.03亿元，全年固定资产投资达到87.16亿元，同比增长76.72%，超额完成40亿元市列年度目标任务；招商引资到位资金3.2亿元，圆满完成市现代服务业产业组及招商小组年度招商引资任务；全年完成向上争取资金7164万元，超出年度目标任务0.2个百分点。

【农村公路建设】 按照全市实施“1+21”精准扶贫工作部署要求，实施农村公路、农村客运站点建设和农村公路防护工程，全面完成年度交通精准扶贫任务。完成为民兴办实事农村公路建养任务，在市上补助0.7亿元的基础上，自行筹措资金1.69亿元，完成农村公路建设180项，433.9公里，超出年度300公里目标任务44.6%；完成农村公路养护5434公里，完成投资3862.9万元，其中重点养护600公里，完成投资526.5万元。行政村客运停靠点建设。实现全市所有行政村客运站点全覆盖，乡镇客运线路通达率100%，行政村通达率93%。启动农村公路防护工程，总计完成3645公里，完成投资1.47亿元。

【干线路网建设】 “6873”和兰州道路率先畅通工程加快推进。协调省交通厅在全省“6873”交通突破行动战略布局下，联合启动兰州道路率先畅通工程，从2016年起，用3到5年时间，构建兰州市1横3环9纵的“139”城区道路网和3环21射的“321”环城公路网。2016年，计划实施的17项（省建9项，市建8项），877公里“321”重点公路项目全部启动实施。截至年底，市建项目中，S301海岗公路项目、S104阿干镇至马坡段公路建成通车，年内完成投资3.86亿元，累计完成投资15.24亿元；G341中川至永登公路、S103盐什公路、S102龙泉至中川公路按计划加快建设，年内完成投资11.91亿元，累计完成投资18.51亿元；S103什青公路前期手续加快办理，确保2017年开工建设，北绕城东段高速公路试验段项目完成设计批复和施工招标，开工建设；中通道高速公路项目公司组建成立，相关前期手续抓紧办理。省建项目中，南绕城高速公路加快建设，完成投资30.76亿元，完成投资66.59亿元，项目计划2018年10月建成通车；G109忠和至河口公路、G309金崖至河口公路、G312清水驿至苦水公路等国道环线项目前期手续加快办理，计划2017年开工建设；新建连霍高速兰州东、兰州北收费站前期办理完成，征迁工作已启动，计划2017年初步建成。

【综合运输】 客运枢纽方面，新汽车东站全面开工建设，完成投资0.23亿元，计划2018年建成投用，西固综合客运枢纽、安宁客运枢纽前期手续加快办理。货运枢纽方面，定远物流园、货运西站、货运北站建成投用，五矿钢铁物流园、兰州公路港物流园、兰港物流园加快建设，城区外围物流园区承接功能初步显现，有力配合城区物流站场“出城入园”搬迁，为城区大货车限行提供有效支撑保障。

【改革创新】 完成7类26个项目的交通影响评价工作。传统出租汽车行业改革。全年新增出租汽车运力1827辆，总保有量达到9695辆，对出租客运企业实施“三率”（投诉率、违章率、事故率）考核，倒逼出租客运企业落实主体责任，安装出租汽车车载摄像设备4371辆，提高行业智能化监管水平。建立运营服务标准，严格规范驾驶员营运服务行为。网约出租汽车改革。按照国办《指导意见》和7部委网约车《管理暂行办法》，结合兰州出租客运市场实际，制定《兰州市深化出租汽车行业改革发展的指导意见》《兰州市网络预约出租汽车经营服务管理实施细则》和《兰州市私人小客车合乘指导意见》3个政策文件，已报请市政府审定。结合机关公务用车改革，组建全市公车服务中心的任务，协调交发建公司与市属3家国有企业共同出资组建成立兰州益民汽车租赁有限公司，开展地方网约出租车试点工作。

【公共交通】 提升公交服务保障能力，发展城市公共交通，完成《兰州市中心城区公共交通专项规划》修编，全年新开通公交线路17条，优化调整84条，迁移站点270余处。开通“定制公交”100余台，按照省、市要求，全面完成公交车体广告治理规范工作，建立发布流程，使公交车容车貌更加美观、窗口形象得到提升。加快城乡公交一体化进程，开通市区至榆中定远、城关青白石、西固河口、永登树屏和皋兰城关等10条城乡公交线路。

【文明创建】 行业文明创建。结合全市创建文明城市迎检测评工作要求，利用出租汽车顶灯、公交车LED显示屏、车站码头显示屏流动宣传优势，开展创建卫生城市工作宣传，营造文明创建工作氛围，开展车站码头、公交站牌、车辆卫生集中整治行动和从业人员文明用语、优质服务提升活动，加强公交出租、长途旅游客运、黄河水运等窗口单位形象亮化和文明服务教育。非法营运治理。自2015年5月启动非法营运车辆集中整治以来，截至年底，全市查处非法营运车辆10418辆，其中2016年查处4743辆，有效遏制“黑车”蔓延趋势。提升黄河水上运输能力。完成大峡、桃树湾、什川3座水运码头建设，开通大峡库区奇峡观光旅游航线，新建成金牛街、黄河母亲水上公交码头2座，水上公交巴士航线由盐场堡延伸至金牛街，通航里程达到13.2公里。行业新能源推广进度.启动新能源电动汽车充电基础设施建设，建成各类充电桩位264个，投放新能源公交车280辆，纯电动出租汽车739辆。

【畅交通】 按照市政府部署，承担全市治理交通拥堵牵头协调职责。从交通秩序整治、交通组织管理、交通设施建设、服务水平提升、智慧交通建设、交通需求调控等方面，谋划启动实施交通拥堵综合治理的“十大行动”，完善城市交通网络，疏通交通“瓶颈”，优化交通组织，提高交通通行能力和运行效率，平衡交通供需矛盾，系统提升交通系统整体服务水平。市交通委牵头编制的《兰州市交通拥堵治理总体方案》已修改完善，待市政府审定，并启动《兰州市环城公路网畅通方案》《兰州市公共交通提升方案》2项治理交通拥堵配套方案编制工作。

【安全监管】 开展“道路运输平安年”“安全生产百日推进”活动，建立“两张清单、两张图”的责任监管机制，建立健全安全生产责任体系，在“两客一危”重点行业签订三级安全目标责任书，实行安全生产网格管理，把牢安全生产责任关。结合我市实际，建立《兰州市道路运输安全生产责任制》《兰州市交通运输行业安全生产工作约谈制度》等一整套安全生产监管制度并强化实施措施，把牢安全生产制度关。抓好安全“源头管理”，确保新开业企业、新进入人员100%考核达标，把牢安全生产准入关。强化安全意识、应急演练和人员教育力度，实行安全管理人员、行业从业人员标准化考评培训，累计举行行业应急演练13次，举办安全培训班3期，培训人员400余人（次），把牢安全生产教育关。组建成立兰州游客服务中心，规范旅游客运车辆市场监管。

【交通环保治理】 通过“无车日”“公交出行周”等主题活动，持续加大“绿色交通、低碳出行”宣传力度，实施公交优先战略和交通运输绿色交通城市创建项目，争取国家绿色交通项目资金4600万元。全年淘汰营运性“黄标车”659辆，实施营运性船舶重油污染防治，启动26座码头防污改造，开展大货车限行绕行宣传引导，强化行业治污监管力度。落实大气污染红色预警期间全市所有公交车辆免费乘坐，保障群众出行需求。做好中央环保督察工作，核查办理省协调联络组转办的2项环保投诉件。按照年度目标分工，落实“山水城市、宜居城市、活力城市”创建任务，完成公交车体广告标准规范、环城公路网建设、公交优先发展、航空枢纽建设等4类工作年度目标任务。协调交通运输部政研室、秘书长单位和各成员单位，举办2016兰州·全国中心城市交通改革与发展研讨会，取得良好成效。落实公共机构节能降耗和全国卫生城市创建任务，单位能耗同比下降1.6%，交通系统卫生单位创建达标率达到20%。

（陈新伟）

铁 路

【概况】 兰州铁路局始建于1956年，地处西部铁路网的枢纽，是亚欧大陆桥在中国境内的重要区段，管辖铁路位于丝绸之路经济带甘肃黄金段和丝绸之路经济带宁夏战略支点境内。2016年，全局营业里程4834.2公里，总资产3438.69亿元，职工总人数80299人。现有路局机关行政管理职能机构31个、附属机构35个，基层单位62个。管辖车站（线路所）287个，配属机车1300台、客车车辆2026辆、动车组28组。担当图定客车104.5对，其中管内62.5对、跨局42对。管内有兰新高铁、陇海、兰新、兰渝铁路岷县至广元段、兰青、包兰、宝中、干武8条干线和其他5条支线，以及受委托管理的太中（银）线、中川、天平（天华）和敦煌合资铁路，连接甘、宁、青、新、蒙、川、陕7省（区），是西北交通运输和经济建设的大动脉。

【管辖范围】 陇海线于社棠车站、天水车站间K1392+530公里处与西安铁路局分界；兰新线于柳沟车站、安北车站间K985+500公里处与乌鲁木齐铁路局分界；兰青线于水车湾车站、海石湾车站间K60+000公里处与青藏铁路公司分界；包兰线于乌海西车站、惠农车站间K423+000公里处与呼和浩特铁路局分界；宝中线于安口窑车站、崇信车站间K136+100公里处与西安铁路局分界；太中线于安边镇车站、定边车站间K1461+280公里处与西安铁路局分界；西平线于长武车站、长庆桥车站间K172+740公里处与西安铁路局分界；兰新高铁于陈家湾西车站、民和南车站间K1726+500公里处，浩门车站、军马场车站间K1944+926公里处与青藏铁路公司分界，于柳沟南车站、石板墩南车站间K2580+236公里处与乌鲁木齐铁路局分界；天平（天华）线于青林车站、华亭车站间K114+694公里处与西安铁路局分界；兰渝线于羊木车站、广元车站间K497+443公里处与成都铁路局分界。

【基础设施】 兰州铁路局管辖线路延长总计9900.36公里，其中正线延长7759.17公里、站特线延长2141.19公里。接触网运营总里程4713.949公里（1.17万条公里）；电力线路12650.688公里；车站287个，其中按照普速铁路管理的车站268个、线路所2个，按高铁管理的车站15个，高普合一管理的车站2个。信号设备换算道岔组143088.644。运营铁路桥梁1793座10.82万米，隧道170座15.27万米，涵渠7095座15.84万横延米，桥隧涵合计27.99万换算米；路基设备总长5792.05公里，其中正线长4240.07公里、站线长1551.99公里。货场56个，占地面积454万平方米；货运营业线路21条，营业里程3923公里；专用线专用铁路239条，其中专用线213条、专用铁路26条。

【运输安全】 推行规章制度、设施设备、人员配备、现场管理、过程控制、评价评估“六个安全标准化”，着力构建以“7+N”为主体的安全管理新体系，建立职工违章、违纪信息电子计分制，对积分达到上限的职工实行为期1个月的离岗培训。盯住高铁和旅客安全、劳动安全、施工安全、路外环境安全等6大关键，强化过程控制，防范风险隐患，筑牢安全生产防线。全年投入资金2858亿元，全面提升安全保障能力。强化专业管理，抓实季度考评、问题分析、专家诊断和责任追究，增强安全工作的针对性和可控性。消灭责任行车一般B类及以上事故，安全生产实现新发展。

【运输指标】 全年完成旅客发送量4191.56万人，为年计划4100万人的102.23%，比上年同期增加471.25万人，增长12.67%；货物发送量747.6万公斤，为年计划770万公斤的97.07%，比上年同期减少7.14万公斤，下降0.95%；换算周转量1610.84亿吨公里，为年计划1605亿吨公里的100.36%，比上年同期减少91.99亿吨公里，下降5.40%；旅客周转量362.04亿人公里，为年计划384亿人公里的94.28%，比上年同期减少9.67亿人公里，下降2.60%；货物周转量1247.84亿吨公里，为年计划1220亿吨公里的102.28%，比上年同期减少82.28亿吨公里，下降6.19%。

【编组计划调整】 2月1日，天平（天华）线开通投入运营，开通初期安排路用列车1对，担当通勤任务；安排货物列车2对，其中区段列车、摘挂列车各1对。5月15日，全路实施自2007年以来最大范围的一次列车运行图调整，其中兰新高铁新增动车组2对，普速旅客列车兰州局担当延长径路3对，外局担当新增5对，调整径路1对。为满足管内客流需求，新增管内客车6.5对。为缓解兰州站到发线能力不足的矛盾，部分列车车体采取外排措施。天水口客车由46对调整为48对，增加2对；安口窑口客车由5对调整为6对，增加1对；海石湾口客车由16对调整为18对，增加2对；安北口客车由25对调整为27对，增加2对；长庆桥、惠农、定边口客车对数维持不变。天水口因客车增加，货物列车由58对调整为56对，减少2对。6月28日，兰渝线兰州东至夏官营段开通投入运营，陇海线客货列车在夏官营站分线运行。

【建设项目】 2016年，铁路总公司下达兰州局9个在建基本建设项目及4个铁路综合货场项目（其中3个为新开工项目），计划投资312.55亿元。其中9个在建项目计划投资分别为兰州—重庆铁路85亿元、兰新铁路第二双线42亿元、天水—平凉铁路2亿元、宝鸡—兰州客运专线55亿元、敦煌—格尔木铁路4亿元、兰州—中川机场铁路1亿元、兰州—合作铁路0.5亿元、银川—西安铁路70亿元、吴忠—中卫铁路38亿元；4个铁路综合货场项目计划投资分别为兰州铁路综合货场（续建）3.2亿元、金昌铁路综合货场（新开工）2.35亿元、平罗铁路综合货场（新开工）1.4亿元、平凉南铁路综合货场（新开工）1.1亿元。

【客运品牌创建】 3月20日、4月5日、4月10日分别从兰州、嘉峪关、银川开行4趟直达广州、北京、南京、昆明、成都和张家界、武夷山的“丝路快车·兰铁旅游号”品牌旅游专列；4月26日开行银川—敦煌“丝路驿站·沙坡头号”环形旅游列车和银川—宁东“丝路驿站·宁东号”城际直通列车；5月14日、5月15日先后开行敦煌—北京“文化圣殿·敦煌号”、天水—敦煌“丝路快车·伏羲文化号”、天水—平凉“丝路快车·古莱坞号”以及兰州—宁波、兰州—桂林北5趟“丝路快车”；5月30日、6月1日先后开行天水—西安“天水号”、嘉峪关—敦煌“方特欢乐世界号”；7月15日开行张掖西—兰州中川机场“张掖丹霞号”和张掖—敦煌“张掖冰沟丹霞号”；9月9日开行嘉峪关—镜铁山“兰铁旅游嘉峪关冰川观光旅游列车”；9月27日开行兰州—桂林北“兰州新区号”、兰州—宁波“兰州国际港务区号”；12月8日开行银川—上海的“神华宁煤”号；12月26日开行岷县—成都“陇南号”品牌列车，努力扩大客运服务新供给。截至年底，路局共打造品牌列车25对，形成从甘肃、宁夏境内出发，可直达北京、上海、广州、深圳、桂林、成都、宁波等铁路新通道。

【临客及旅游列车】 全年开行临客89列。春运期间，加开临客38列（其中天水至乌鲁木齐13列、兰州至乌鲁木齐13列、兰州至上海9列、兰州至重庆北3列），发送旅客12万人；暑运期间，加开临客32列（兰州至昆山27列、天水至乌鲁木齐5列），发送旅客4.4万人；返程棉农运输开行临客2列；8月30日为“文博会”安保人员开行临客1趟。全年开行跨局旅游专列16列，运送旅客1.9万人。

【站车竞赛评比】 在全路进京、进沪、进穗直通旅客列车和较大车站评比中，兰州、银川、兰州西3个车站分别获得全路“文明车站”称号；兰州铁路局担当的Z55/6次、Z75/6次、Z275/6次、T117/8次、K44/3、K1295/6次、K1177/8次、K359/60次、K629/30次、K1331/2次列车分别获得全路“红旗列车”称号。兰州铁路局“红旗列车”评比中，兰州客运段旅游车队Y667/8/3组、银川客运段兰州车队K9679/80次1组、兰州客运段上海二车队Z217/8次4组、兰州客运段高铁车队D2741/2/3/4(D2751/2)次动13组，兰州客运段高铁车队D2745/6次动21组分别获得第1名；兰州铁路局“文明车站”评比中，天水、嘉峪关南、武威、定西4个车站分别获得第1名。

【货运品牌建设】 8月30日在兰州、银川、嘉峪关三地同步组织开行普速、快速、特快货运品牌列车，打开对外、对内和城际、区域货运及时达大通道，做到定点定时发货、定点定时收货，形成独具特色的以“西部快运”为主题的“三长线、三环形、一城际、一区域”货运品牌列车供给体系，不断提高货运改革的社会关注度、影响力、占有率和经济性；全年开行中欧、中亚货运班列103列，特需列车233列，点对点快速列车135列，实现货物列车客车化开行。

【人才队伍建设】 投入3970万元建设职工培训基地，构建以路局职工培训中心为依托、8个区域性培训基地为骨干、160个一线实训练功场为补充、82个技能工作室为支撑的立体职教网络。联合清华大学、北京交通大学、兰州交通大学等知名高校，举办高级研修班5期，培训领导干部338人；采取半年时间全脱产方式，组织182名优秀中层干部到高等院校、生产现场历练提素；全年举办各类干部培训班152期，培训干部1.47万人（次）。分层举办6万余人（次）参加的技能竞赛，涌现出4368名技术能手和技术标兵；评定表彰23443名星级职工，新增高铁人才1492人，技师和高级技师、高级工、中级工分别占技术工人总数的6.6%、33.4%、48.2%。

【民生工程】 投入资金1.5亿元，对平汝支线、红会支线、环城线等7条线上52个站区、325个车间班组“十小设施”进行升级改造，提升“三线”建设品质，改善职工生产生活条件。投入帮扶资金3952.4万元，助医、助学、助困51506人（次）。落实职工健康行动计划，组织全局在岗职工健康体检、9716名职工和劳模健康休养。实施职工保障性住房建设三年规划，建成交付住房690套、开工建设726套。坚持全方位关爱职工，投入5857万元补助职工伙食，投入5160万元建设职工单身公寓，投入261万元为沿线站区接入互联网，创建栓心育人良好环境。

【机构调整】 兰州车站，兰州、武威、银川3个房建段，兰州生活段，兰州供水段分别设职工教育科；兰州、嘉峪关、银川3个货运中心分别设职工教育部。成立兰州铁路局陇南工务段。成立兰州铁路局职工培训中心，撤销兰州铁路局职工培训站。成立兰州铁路局现代物流发展指挥中心，为路局附属机构。兰州、银川2个客运段分别增设经营创新科。兰州、嘉峪关、银川3个货运中心分别增设市场开发部。

（杨雍梅）

中川机场

【概况】 兰州中川国际机场始建于19世纪60年代末，1970年7月26日通航，是甘肃省省会兰州市的空中门户、西北地区的重要航空港、国际备降机场。机场公司以中川机场为核心，构建中川机场与国内主要航点、国际重要节点的门户机场，打造中川机场除省内支线机场外与半径600公里范围的支线中转枢纽中心，开辟中川机场与国内主要干线机场、旅游城市机场的空中快线，引进建立4家以上基地航空公司，力争5年内驻场运力达到50架以上的发展理念，机场总面积20.17万平方米，其中T1航站楼建筑面积2.97万平方米，T2航站楼建筑面积6.11万平方米，枢纽建筑面积4.87万平方米，停车楼建筑面积6.21万平方米。2016年，完成飞机起降91091架次、旅客吞吐量1089.69万人（次）、货邮吞吐量5950万公斤。

【基础设施】 兰州中川国际机场飞行区等级为4E，跑道长4000米，宽60米，装有Ⅰ类精密进近仪表着陆系统2套和全向信标2套和指点标2套。T1、T2航站楼面积约9万平方米38个停机位（16近22远），16个登机桥，设有双向I类精密进近仪表着陆系统和I类进近灯光系统，可满足波音B747、空客330等大型飞机安全起降要求。机场配有从国外引进的航行管制、通信导航、气象、雷达等先进设备，有一整套独立的供水、供电、供暖系统，以候机楼、航管楼、机场宾馆、餐厅和停车场为主体的航站区，能够有效地满足驻场用户和旅客的需要。

【安全保障】 建立科学高效安全管理体系，确保飞行、空防和地面运行安全。自2007年顺利通过国家民航局组织的安全审计和航空保安审计以来，2012年通过了民航局组织的持续安全审计和安保审计。

【服务功能】 从2015年2月4日起，微信值机、自助值机、网上值机及手持值机等新的值机方式正式投入使用；共开放A、B、C岛及国际区值机柜台35个，T1、T2航站楼共有登机口25个。航站楼在原有基础上新增42台自助值机设备，并在值机B01柜台设立自助行李托运设备。在值机B10柜台和综合服务柜台设置“党员示范岗”，在问询台、“爱心直通车”、贵宾室前台、T1中转柜台、T2头等舱、A08值机柜台设置了6个“团员示范岗”，同时开展“红黄笑脸贴”服务，对需要帮扶的老弱病残孕和晚到旅客提供便捷的服务。为满足中转旅客的需求并做好便捷、温馨服务，2016年4月29日，公司推出了“四优、四免、一专享”中转服务产品，着手打造“经兰飞·无忧行”中转服务品牌。2016年11月28日，T1旅客服务中心如期投入使用。

【机场建设】 自2011年开展兰州中川机场二期扩建工程，第一阶段T2航站楼(61000平方米)及配套工程于2015年2月转场投运。第二阶段飞行区扩建工程正在进行分阶段全面施工，快滑、垂直联络道及部分站坪工程已于2015年底建成投运，并于2016年1月7日正式投运。与28家航空公司签订地面代理服务协议，通航城市达75个，航线107条，完成飞机起降67122架（次）、旅客吞吐量800.90万人（次）、货邮吞吐量5009.4万千克。截至2016年底，兰州中川国际机场累计通航城市达90个，客运航线161条，其中国际和地区航线23条，货运航线5条，累计运营航空公司达40家；2016年，机场年旅客吞吐量达到1089.7万人（次），跨入全国大型繁忙机场行列，其中，旅客吞吐量增速连续两年位居全国省会机场第一名，排名全国机场第28位，省会机场第22位。为兰州中川机场2016年旅客吞吐量突破1000万人次做出了应有的贡献。

（王　钧）

轨道交通

【概况】 2016年，兰州轨道交通公司完成固定资产投资82.32亿元，超额完成了市委、市政府下达的目标任务。其中，1号线一期工程完成投资48.86亿元，占年度计划42.64亿元的115%，累计完成投资158.7亿元，占总投资198.16亿元的80%；2号线一期工程完成投资12.01亿元，占年度计划20.53亿元的58%，累计完成投资12.01亿元，占总投资90.78亿元的13%；兰州西站综合交通枢纽工程完成投资15.43亿元，占年度计划11.57亿元的133%，累计完成投资30.97亿元，占总投资79.88亿元的39%；T112#和S260#市政道路完成投资0.987亿元，占年度计划0.9759亿元的101%，开工累计完成投资3.24亿元，占总投资7.81亿元的41%；资源开发项目完成投资5.03亿元，占年度计划7.41亿元的68%。

【项目进展】　全线20座车站已有16座主体封顶；17个盾构区间已有12个实现双线贯通，全线施工难度最大、风险最高的4条穿越黄河隧道全部贯通，盾构区间累计掘进29654米，占总量的87.6%；全线铺轨累计完成5400米，陈官营停车场综合楼投入使用，东岗车辆段具备接车条件，两列电动客车制造完成并于2016年10月28日运抵车辆段内；机电设备安装与车站装饰装修工程同步展开；东岗、焦家湾、文化宫、小西湖等站点部分道路恢复通行。加快工程建设的同时，重点突破了省政府站征地征收难题，基本完成了省政府站的征地征收工作，省政府站与中央商务区项目结合建设方案得到落实；加大协调力度，解决了东方红广场站占用省公安厅门前绿地问题，降低了施工安全风险；与沿线区政府反复沟通，有效处置了城关区焦家湾站居民阻工、西固区中盐公司和陶瓷市场土地移交、15号地块先期进场施工等影响工程建设的难点问题。

同时，2号线一期工程全面开工。优化征地征收和交通疏解工作方案，加大征地征收和交通疏解工作力度，完成征地征收协议签订168户，占征收总量的87%；2号线一期工程于2016年5月14日全面开工，重点实施管线迁改和交通疏解工程，全线7个站点开始围护结构施工，完成总量的16%；管线迁改完成8%。

【编制规划】　与国家发改委、住建部和省市发改部门对接，将3号线一期、4号线一期工程纳入第二轮轨道交通建设规划，客流专题、交通一体化、沿线土地控规、社会稳定、文物保护和环评专题等6个支撑性专题报告均已通过专家评审，并获得相关部门批复。7月12日，国家发改委对《兰州市城市轨道交通建设规划（2016–2021）》进行了预审。根据预审意见，重点协调市规划局编制《兰州市四版规划实施情况评估报告》和《总规中关于轨道交通部分的规划调整报告》，推进了第二轮建设规划的报批。兰州西站综合交通枢纽工程北广场实现主体结构封顶。在抓好轨道交通工程建设的同时，统筹兼顾兰州西站综合交通枢纽工程建设，优化施工组织管理，加快推进北广场建设，北广场主体结构于2016年8月顺利实现封顶，机电安装完成总量的70%，装饰装修、室外工程完成总量的50%。加强工程调度，实施周调度工作机制，加快了S260#、T112#道路工程建设步伐，S260#道路北延段箱涵主体结构完成92%，T112#道路北延段箱涵主体结构完成73%。

【人才管理】　做好人才储备工作，通过委托培养、社会招聘和人才引进等方式，充实运营管理人才，目前运营分公司人员规模达到近1500人；加强人员培训，外送广州地铁、上海地铁公司培训运营人员470人；分岗位、分类别、分批次组织到岗人员提早开展工程介入，发现建设与运营需求不匹配的问题276项，完成优化77项，为1号线一期工程安全运营服务奠定了基础。

【资金管理】　落实轨道交通项目资本金13.78亿元，其中省级资本金4.64亿元，市、区级资本金8.64亿元，争取国家专项建设基金7亿元；巩固银企合作。完成2号线一期工程65.2亿元银团贷款合同签订；抓住目前宽松货币政策的市场机遇，争取银行贷款22.96亿元，特别是争取了建设银行东京分行9.96亿元的贷款，实现了境内融资向境外融资的成功转变；创新方式，开展直接融资，在中国银行间市场交易商协会成功注册了甘肃省首单15亿元10年期限的项目收益票据—兰州西站综合交通枢纽项目收益票据；发行规模为15亿元期限15年的“16兰州轨道公司债”已通过国家发改委第一次审核；设立“兰州市轨道交通发展基金”的相关准备工作也在稳步进行，直接融资取得重大突破。多渠道融资保证了轨道交通建设的顺利进行，2016年11月19日，公司在第三届中国西北金融高峰论坛上获得“一带一路”金融合作与创新优秀企业案例奖。

【资源开发】　充分借鉴发达城市地铁上盖开发经验，突破结构划分、土地评估、宗地测绘等政策和技术难题，办理完成东岗车辆段二期上盖开发项目前期手续；认真研究政策和法律法规，突破土地手续办理瓶颈，办理完成东岗车辆段一、三期项目土地收储、设计方案审查，三期土地竞拍成功；转变思路，按人防工程项目办理完成奥体中心、迎门滩等地下空间开发全部前期手续，工程正在陆续开工；小西湖项目完成地面一层及地下两层主体结构施工。在加快项目手续办理的同时，整合现有资源，稳步推动商业经营，新区地铁商务酒店正式运营，年平均入住率接近60%，2016年实现收入428万元；探索经营轨道百货，第一家便利店西客站店于2016年

6月11日开始营业，实现收入76万元；编制完成轨道交通资源开发项目商业模式方案，建立轨道商业战略联盟，意向性招商229家。

【质量管控】　完善体系，强化管理，安全质量形势平稳可控。树立“安全第一，质量为本”的理念，建立“党政同责、一岗双责、齐抓共管”的安全生产责任体系；靠实参建单位职责，强化了重要工序、关键工种、隐蔽工程等关键部位的监督检查；注重依靠科技信息化手段提高安全质量管理效率，依托安全风险信息平台，增加隐患排查治理和人员安全教育培训“平安卡”管理系统；推进安全文明标准化工地建设，建立了1000余平米的质量安全标准化培训基地；加强文明施工管理，落实了大气污染“六个100%”防治措施。2016年，公司被国家住建部确定为“城市轨道交通工程质量安全管理标准化研究”实践运用试点单位，5家施工企业获得国家、省级“文明工地”称号，《全断面红砂岩地层盾构改进》等3个QC课题成果获得甘肃省第36届QC成果一等奖。全年未发生重大安全质量事件。

【从严治党】　从严治党责任，加强党的建设，干部作风明显转变。加强思想政治建设，把“两学一做”学习教育作为党建工作的龙头任务，通过组织中心组学习、知识竞赛、闭卷考试等方式，全年安排集中学习16次，学习教育有序推进；落实好干部“五条标准”，规范中层管理人员选拔任用程序；落实全面从严治党责任，制定了《全面从严治党实施细则》和《强化党内监督工作要点》；加强党风廉政建设，充实纪检监察力量，完善基层纪检监察部门，开展廉洁教育“四进”活动；强化执纪问责，定期实施约谈，推动“两个责任”逐层落实。深入推进精准扶贫工作，公司帮扶干部定期入户走访，慰问重点帮扶贫困户，向身患尿毒症的贫困群众发放慰问金5000元；筹资50万元，为扶贫点硬化道路1.7公里；向新营村小学260名学生捐赠生活文体用品价值2.6万余元；精准扶贫得到了市委联扶办、联扶地方党组织和困难群众的一致肯定和好评。

（冯　杰）

邮　政

【概况】　2016年全市邮政行业业务收入累计完成10.55亿元，同比增长58.07%，其中快递业务收入6.76亿元，同比增长87.88%。全市邮政行业业务总量累计完成8.49亿元，同比增长42.57%；快递业务量完成3333.97万件，同比增长56.52%。行业总量和业务收入接近全省40%，快递业务量占全省56%以上。业务总量增速位于全市三产增加值责任单位第一，是全市GDP增速的5倍，是第三产业增加值增速的4倍，超过全省增速9个百分点。全市快递服务企业达到53家，分支机构网点467处。行业从业人员7300多人，快递服务机动车1300多辆，电动车3400多辆。“双十一”期间，全市快件日均处理量超过145万件，峰值达到214万件，是2016年日常处理量的5倍。2016年以来，主要快递企业新增人员1300余名，新增各类车辆83辆，新增分拨场地23000平方米，新增分拣线4条，扫描枪300余台，投入资金达1600余万元。

【“两学一做”】　全年组织11次中心组学习，安排12人次参加市直工委组织的机关廉政大讲堂专题课程。组织4个专题的集中研讨交流，局领导上党课4次，全体党员集中学习15次，撰写心得体会8篇。召开组织生活会4次，查找问题，整改落实。配合活动。组织机关和快递企业60多名员工参与2016兰州国际马拉松赛，提升行业形象；参加“快递杯”篮球赛并获得亚军。在G20峰会、敦煌文博会和“双十一”旺季保障期间，领导带头，全员放弃休息日，坚持24小时在岗值班，持续开展夜查和网点监督检查，确保寄递渠道安全。综合运用现有的信息平台，编印“不忘初心、砥砺前行”市局成立以来工作回顾图册。通过机关门户网站和微信公众号发布“两学一做”动态信息，建立“两学一做”微信学习群，全员安装使用“两学一做”APP学习软件，向全体党员推送全面从严治党学习小贴士，进一步丰富学习教育形式。

【快递行业】　快递“上机上车”和“向西向下”成效明显。邮政航空和顺丰航空的全货机顺利起降兰州中川机场，快件进出省进一步提速。中铁快运率先利用高铁实现了兰州发往河西地区的快递当日到达目标。乡镇快递服务覆盖率已达100%，实施邮政快递服务“三进”工程，市重点快递企业已进入405个社区，覆盖全市所有高校，菜鸟驿站入驻校园3个，已进入18个商场，邮政、顺丰、速递易等公司已安装智能快件箱650余组。持续推进服务网点标准化建设工作。“快递+”工程稳步推进，产业联动效应显现。兰州市特色农产品百合、玫瑰、瓜果、蔬菜、中药材等通过快递渠道推向全国，带动产值2000万元。支持快递业与制造业深度融合发展，快递企业与科天环保、兰炼、华为终端、医药公司等合作初具规模，带动产值3000余万元。加快快递功能园区建设，推动建设兰州新区快递功能园区集中作业区。推动邮政、快递企业合作，在村邮站建设中拓展快递服务功能。已建成村邮站643处，其中争取地方政府投资325万元建设150处，连续2年纳入政府“为民办实事”项目，为村邮站建设提供了强有力的地方性政策、资金保障和支撑。按照政府资金使用相关手续，完成村邮站设备采购、配送及调试安装，跟踪验收。对审查备案的村邮员，签订责任书，多次开展培训，并协调县区政府和相关部门拨付运营费用。

【行业服务】 协调相关电商、快递企业，依托农村电商“一平台两终端”，将村邮站建成集农产品收购、有机农资供应、工业品销售等功能为一体的综合服务站点。解决快递车辆通行难题。开展“统一形象、统一车型、统一编号”快递车辆备案管理，安装监管标识。此项工作受到全国多个兄弟单位推广和借鉴。全年共为21家快递公司办理了1229张快递运输车辆电子通行证，有效解决了兰州市限行期间快递车辆通行问题，确保快件运输顺畅及时。联合交警部门开展快递电动车集中整治行动，组织快递行业快递电动三轮车安全文明规范管理专项培训，开展“同倡议、同承诺”系列活动。智慧邮政建设成效明显。配合兰州市政府三维数字建设工程，实现三维服务网快递查询功能，已对接申通等6家快递公司。与兰州三维大数据标准化研究院进行了洽谈，充分发挥邮政行业服务网络布局和大数据平台的信息化优势，开展网络终端及物流配送合作，通过邮政网点发放市民卡，布设三维服务终端机。

【安全监督】 落实简政放权，加强事中/事后监管。全年按时完成审批事项282项。快递网点许可申请实地核查时限缩短至10日，变更核查时限缩短至7日。出动执法检查900余人（次)，检查邮政、快递营业场所537处，下发整改通知书88份，行政约谈告诫14次，罚款7.377元。推行文明执法，规范使用执法信息系统，坚持行政执法管理信息系统“登录、录入、公开”3个100%。2016年，现场检查录入信息覆盖系统所有检查表项目，实现执法流程网上审批、执法活动网上监察、执法质量网上考核。配合公安、烟草等部门通过寄递渠道办理案件41起，共计查获毒品1427克、假发票27万份、假证件3613本、假冒伪劣香烟1786条，案值20余万元。按照省局优化行政审批流程有关要求，完善行政审批事项办理流程，公开行政审批流程、公开信息和相关文件。强化普遍服务监督。依法履行局所撤销停限办业务审批，变更营业时间以及营业网点迁址等备案。加强机要通信安全监督检查；完成农村地区普遍服务达标检查、对补建局所的持续运营情况、投递频次等进行专项检查。开展党报党刊投递的“回头看”，监督邮政企业进一步提升党报党刊的投递服务质量。完成邮政专用标识车辆监督、重大题材邮票销售检查和邮件时限监测、建制村通邮现状调查等工作。完成邮政特邀监督员的调整和信息录入工作。全年累计开展社会监督活动175人(次)，反馈监督报告175份，走访消费者39人次，提出建议和意见5条，反馈各类问题7个。

【党风廉政建设】 坚持把纪律和规矩挺在前面。制定出台《中共兰州市邮政管理局党组关于履行全面从严治党主体责任实施方案》，明确责任，强化工作保障。完成党建七项任务专项检查和整改落实。制定《谈心谈话记录表》，存档备查。党组书记、纪检组长同科室负责人和机关党员干部谈心谈话15人（次)，督促问题及时整改。完善签字背书、工作约谈、督查考核、述责评议等机制，严格执行《党章》第八条有关要求，划分确定党小组，“三会一课”制度进一步落实。结合省局财务检查，提出10项整改措施,制定财务专项整治方案。严格执行项目预算审核制度，从严从紧控制委托项目，今年以来没有发生一笔调查、测试等委托业务。结合省局财务检查，集中开展2次财务自审，财务管理更加规范。建立“主动问诊、上门服务”工作机制。领导带头深入监管对象，采取互动交流、现场办公、专人负责的方式，严格规范津补贴、差旅费等发放。

（张　海）

中国联通兰州分公司

【概况】 2016年，中国联通兰州市分公司响应国家“提速降费”的政策，推进建设高速宽带网络，促进提速降费的措施，推进光纤到户和宽带乡村工程，并推出流量不清零、流量转赠等服务，为“互联网+”行动提供有力支撑，在大数据时代中探索新的发展道路。

【优质服务】 从基础服务工作入手，提升用户对联通产品售后使用感知。做到流量提醒分类细化，短信提醒及时、精准，保证用户明白消费、放心使用；完善网厅、手厅、短厅等电子渠道自助订购功能，在售流量包均实现自助订购；坚持问题导向，畅通客户投诉与信息沟通渠道，跟踪、分析公众市场客户投诉，每月集中力量解决几件影响用户感知的热点问题和共性问题，改善、提升集团客户的服务响应速度，以服务质量、服务水平、服务速度赢得用户。

【经营业务】 开展流量经营,与腾讯合作推出“腾讯大王卡”(T卡),为用户提供流量更多、更加优惠的上网产品;对当月流量超套餐的用户进行回访推荐,推出以4G全国套餐、流量王产品、折扣流量包等为主多种流量产品;充分利用数据模型,开展老用户换机、换卡、合约续约、流量包推送等各项老用户优惠活动。

【行业应用】 推进“互联网+”行动计划,布局热点领域。借政府、行业都在制定有关“互联网+”行动契机,加强与政府相关部门的沟通,参与和承接本地网的“互联网+”项目,为政府移动办公平台提供服务。大颗粒创新业务发力,ICT业务实现新突破。七里河执法局项目是公司ICT项目建设“第一单”,该项目为今后公司在全市范围内开拓类似业务项目奠定了良好的基础,也为公司在客户单位开展其他业务合作树立标杆。

【网络改造】 优化调整4G移动网络,在高校网络建设上取得突破性进展。对城区内基站进行逐一分析论证,开展优化整治,逐站核查后,对天馈安装不规范、位置不合理的站点提出整改、搬迁建议,对弱覆盖区域提出加站建议,并现场勘查,选择合适站址,完成兰州马拉松、敦煌文博会等重点通信保障7次。改善校园、部队、医院、大型小区的覆盖,以扇区为单位对网络进行优化、调整及建设,提升了网络覆盖质量,采取自主优化和本地优化服务相结合的方式,具备条件的优化工作自主实施,及时发现问题,提出解决方案,评估解决效果,提升网络质量及用户感知。

【固网宽带】 响应“提速降费”惠民政策,在外部推动下主动开展提速降费,在售主流宽带产品速率达到20M,在网20M以下宽带用户从后台提速至20M;升级优化固移融合产品,主力发展100M智慧沃家,实现光纤宽带与4G业务共享。通过“UU在线”实现装机员现场办理宽带业务,简化业务流程,提升用户现场办理宽带的感知。为了加快光改老用户割接,组织广大员工共同参与,完成298个ADSL小区的光改退铜及模块下电工作,实现全光网络覆盖,并为移动网络小区覆盖提供光纤资源,为小区宽带用户提供优质网络保障。

(刘克俭)

中国电信兰州分公司

【概况】 2016年,兰州分公司以“强管理、促发展”为主线,紧盯“1358”目标,提份额,业务结构不断优化,企业效益和可持续发展能力增强,获中共兰州市委“全市先进基层党组织”、集团公司“双领先奖”等荣誉,实现“十三五”良好开局。

【党建工作】 完成巡视整改任务22项、细化整改措施65项;落实“两个责任”,党要管党、从严治党稳步推进;有效落实党组织党建制度,开展“两学一做”专题教育和“四讲四有”专题研讨。召开公司第十次党代会,完成九届党委、纪委班子换届选举;实行“党员承诺”上岗制,摘牌制动态管理77个“党员示范岗”;贯彻八项规定、反“四风”要求。加强反腐倡廉建设及宣传、警示教育力度,提升依法治企、从严管理、合规运行效率。

【经营工作】 业务收入快速增长,完成预算的101.5%,收入增长率保持全省前列;完成49.1%,完成预算目标;净利润完成预算的100%,重点业务规模拓展,全年移动用户完成预算目标的212.18%;完成宽带用户预算目标的182.11%。

【重点市场】 基础业务领域,年内分阶段启动营销会战,放大“012”模式。以电视为牵引,农村市场整村整乡推进,城市市场重点小区攻坚突破。行业市场,围绕酒店宾馆、医院病房等推广电视业务,带动电视发展,年末份额超过45%。实施光网行动,承接“宽带中国·光网兰州”示范城市创建工作,做大光宽规模,H占比达66.64%。新兴业务领域,以“全球眼”七期为牵引,做透视频应用,加强流量经营,实现总流量翻番。破局翼支付,点面结合改善支付生态,交易额9.2亿元,完成集团下达指标。物联网、云和大数据都取得新突破。深耕校园市场,坚决落实“决心不减、攻势不退”营销策略,全面完成秋季迎新任务,市场份额提升2.5%。

(蔡　琴)

商务贸易

【概况】 2016年，全市第三产业增加值完成1413.78亿元，增长10.9%，增速在全省排名第二，占全省的比重达到38.34%，三次产业结构从“十一五”末的3.07∶48.09∶48.84调整为2.67∶34.89∶62.44，第三产业占GDP的比重提高了13.6个百分点，创历史新高。社会消费品零售总额完成1263.33亿元，增长9.7%，增速在全省排名第二，占全省的比重达到39.67%；其他营利性服务业营业收入增长26.43%；外贸进出口总额增长5%。

【商业网点】 全市现有各类商业网点10.52万个；各类商品批发交易市场158个，年成交额过亿元的市场67个过10亿元的16个过50亿元的4个；大型百货店29个，大型综合超市33个；全市注册资金200万元以上的物流企业230多家，注册资金1000万元以上的物流企业33家，其中5A、4A、3A级物流企业各2家；典当企业80家，拍卖企业52家；全市现有持证餐饮企业13582户（含个体户），其中牛肉拉面馆1265家。45个大类、30余万种商品吸纳辐射全国各、省、市区，形成了大商贸、大市场、大流通、大服务的格局。

【项目建设】 推进北龙口国际商贸物流城、兰州国际商贸中心等20个重点商贸项目，完成投资70.2亿元，超额完成年度目标任务。现代服务业产业招商组共报备项目线索36个，落地24个，到位资金33.47亿元，完成全年目标任务的119.5%。市商务局共引进6个项目，落地2个，到位资金2.64亿元，完成年度任务的132%。全年向上争取各类资金1.26亿元，完成目标任务的114.6%，拉动社会投资5.23亿元。重点抓好六园五中心的规划和建设，即兰州国际物流产业园、兰州凤凰山钢材物流园、北龙口二手车物流园、安宁医药物流园、西固石化物流园、“主食厨房”九州配送园区和兰州农副产品物流中心、兰州粮油仓储物流中心、安宁图书物流中心、中川空港国际物流中心、甘肃国家基本用药目录药品统一配送中心。力争到“十二五”末，把兰州建成带动全省、服务西北、辐射全国的区域性物流中心和面向中亚、欧洲的国际物流集散基地。

【民生体系建设】 建成5个县、乡便民市场政府实事项目，10个商业网点和5个标准化菜市场，带动社会投资1.95亿元；建成运营美食城10家、主题酒店10家、餐饮示范企业13家，建成主食厨房配送中心6家。肉菜流通追溯体系建设通过商务部中期评估和考核验收。依托百年梨园、桃园、枣园、植物园和西湖公园、雁滩公园、五泉山、白塔山、徐家山、兴隆山等生态资源，将星级酒店、主题公园、休闲度假区及商业商务配套设施有效集中，形成形态美观，内外连通，生态、人文环境与商务、会务、度假相协调的休闲度假区。在仁寿山、兴隆山等区域规划发展会议度假休闲中心，在植物园、徐家山等区域规划发展生态景观休闲中心，在九州、天斧沙宫等区域规划发展大型主题游艺中心，在五泉山、白塔山等区域规划发展历史人文游览中心，形成区域功能相互配套、商旅文相互结合、休闲业态相对集中的休闲度假聚集区。重点抓好青白石白道坪、九州生态园、兰山三台阁等大型生态休闲消费中心项目。

【商贸行业】 打造生态商贸品牌，重点培育一批品质优良、环境良好、绿色健康、节约资源、可持续发展的商贸服务品牌；打造生态旅游品牌，重点发展乡村旅游、生态旅游、历史文化旅游、都市观光旅游等品牌。培育文化创意品牌，重点发展动漫游戏、现代传媒、影视出版、时尚创设、互动休闲和策划、设计、艺术、古玩等文化产业品牌，规划建设文化创意产业园区，抓好甘肃飞天文化产业大厦项目。依托兰州市的优势特色产业，狠抓出口产品结构调整，着力扩大机电、石化、精细化工、有色金属、新材料、生物医药、特色农产品出口；大力实施"科技兴贸"战略，努力培育20家年出口500万美元的高新技术骨干企业，5家年出口1000万美元以上的高新技术龙头企业；发展加工贸易、服务贸易，推动科技型企业开拓国际技术服务和服务外包市场，努力把服务贸易、服务外包培育成对外贸易新的增长点。要在巩固传统出口市场的基础上，引导企业积极开发中亚、俄罗斯、中东等新兴市场，深度开发欧洲市场，全面推进向西开放。积极实施"走出去"战略，有重点、有步骤地支持有实力的企业开拓对外承包工程市场，扩大境外业务，带动设备等货物出口和对外劳务输出。开展酒类、成品油、再生资源回收、典当、拍卖等专项整治活动，清理地区封锁，打破行业垄断，营造良好的发展和消费环境。市、县商务部门共出动执法人员7000多人（次），检查经营单位近9000户，其中：查获违法酒类商品0.75吨，标值10.1万元，查处案件92件，处罚30多万元。

【市场供应】 通过科学规划、合理布局，加大扶持力度，狠抓社区商业"双进"工程，重点抓好社区菜市场、便民蔬菜副食网点、社区超市、放心早餐快餐、再生资源回收、家政服务等便民服务网络建设，拓展服务领域，平衡业态业种比例，推进便民服务网点连锁化发展，建立与经济社会发展相适应的城市便民服务体系。到2015年，力争近郊4区早餐点、便利店、回收点和菜市场4种保障性商业服务覆盖率达到100%、连锁率80%；郊3县1区覆盖率达到60%、连锁率达到60%；家政服务覆盖全市各社区。按照"保证供应、稳定价格、惠民利民"的原则，以低于同地区、同品种蔬菜、肉食15%的价格，开展平价肉菜进社区活动，全年共销售肉菜6000多吨。完成6个品种1万吨冬春蔬菜储备，在元旦、春节期间，以低于市场30%~50%的价格进行投放，有效发挥了节日期间保供稳价的作用。

【电子商务】 充分运用电子、信息、自动化等现代技术和连锁经营、品牌经营等新型营销方式改造提升传统服务业，重点抓好传统交易方式、服务方式、消费模式的改造提升，推行商品市场电子结算、刷卡消费，加快推进市场批发、零售、配送等交易和服务的电子化、信息化。要突出抓好兰州牛肉面的提档升级，充分利用兰州牛肉面商标成功注册的有利时机，尽快制定出台商标使用管理办法和产业化发展规划，从产品标准、外部形象、内部环境、文化品位等方面进行规范提升，打造一批示范店、标准店，大力发展连锁经营，推动兰州牛肉面向产业化发展。要适应消费需求的新变化，积极培育振兴"老字号"，引导扶持餐饮、理发、照相、洗染等传统服务业改造提升、创新业态和连锁经营、品牌经营，加快推进传统劳动密集型服务业提档升级、焕发活力。兰州新区联创智业电子商务基地、高新区电子商务基地、西固区丝路电子商务产业园等电商园区（基地）建设初具规模；永登县被国家商务部列为国家级农村电子商务示范县，甘草店镇等8个乡镇、清水村等65个村被列为省级电商示范乡、示范村。全年电子商务交易规模达980亿元，增长35.7%；本地电商企业实现交易额27.3亿元，比上年度净增20亿元，增长273%。

【现代物流】 甘肃民丰物流园、和平家盛商贸中心等一批商贸物流园区建成运营。推进中亚、中欧、南亚国际货运班列常态化运营，商贸物流国际化加快推进。2016年第十三届中国国际物流节上，兰州市被授予"中国物流业十大最具创新力城市"奖，市商务局获得"中国物流十大管理创新"奖。成功举办2016"一带一路"中国（兰州）国际跨境电商物流大会，兰州市与广州、西安、成都等13个城市签订了《中欧班列集散战略合作协议》，兰州市获得"'一带一路'建设突出贡献"奖。

【会展经济】 举办第三届兰州年货会、甘肃（兰州）台湾名品博览会、第五届甘肃国际汽车交易会、兰州国际马拉松体育用品博览会等重点展会62个，交易额达823亿元。围绕石化、矿产、机械、农产品、食品药品、电子信息等产业优势，积极开展洽谈会、博览会、展销会等专业展会和特色节会，积极争取国内外行业权威机构、国家有关部委、行业协会的支持，力争全国性的汽车、服装、家电、电子科技等大型展会在兰州举办，培育做大兰州会展业，努力把兰州打造成省内乃至西部的"会展城""节会城"。

（余国先）

外资外贸

【概况】 2016年，全球经济深度调整，总体复苏乏力，需求不振，外贸进出口的不稳定性和不确定性进一步增大。加上国内经济下行压力增大，出口产品成本上升的实际情形下，兰州对外贸易仍然保持5%的增长。

【对外贸易】 兰州铁路口岸获批对外临时开放，新区北站作业区海关监管场所已建成，东川铁路物流中心作业区围网、卡口、海关和检验检疫查验仓库等配套设施加快建设。兰州新区综合保税区获批筹建进口肉类指定查验场，中川机场国际航空口岸获批筹建进口冰鲜水产品和进境水果指定口岸。甘肃（兰州）国际陆港保税物流中心（B型）申报材料已全部完成，并上报兰州海关。跨境电子商务基础设施建设取得实质性进展，全省首家跨境电商公共服务平台基本建成，兰州市跨境电子商务综合试验区建设方案上报国务院并批转商务部审核。

【国际经济合作】 加大引进外资力度，2016年新批外商投资企业9家，完成合同利用外资额3.38亿美元，完成目标任务的422.5%。境外投资企业14户，完成对外投资1.6亿美元，对外承包工程新签合同5亿美元，对外承包工程营业额1.8亿美元。开拓中亚、西亚和中东欧沿线国家市场，组织企业参加了白俄罗斯农业展、中俄博览会、“哈萨克斯坦~中国商品展览会”等境外展会，签订一批新的对外经济合作项目，取得良好成效。

（余国先）

经济合作服务

【概况】 2016年，兰州市签约实施省外招商引资项目1151个，投资总额7538.43亿元，完成到位资金1876.47亿元，同比增长11.61%，超额完成省上下达的年度任务（增速9%），占年计划101.49%。

【项目推进】 领导带队赴北京、广州、南宁、昆明等地举办招商推介活动10余场。组建能源和新能源、工业及战略性新兴、特色农产品深加工、现代服务、文化旅游等5个产业组，调整成立第二批114个招商小组，围绕全市重点产业开展招商工作，确立重点招商区域45个，通过对口单位、商会等多渠道招商，全年赴外招商260多批（次）。

【招商引资】 以第22届“兰洽会”为重要平台，着力推进招大引强。本届“兰洽会”共签约项目146个，签约总额1407.92亿元，邀请740个团组、5450名宾客参会，同比增长15%。全年引进10亿元以上项目55个，引进500强企业和行业龙头企业投资项目31个，新引进普洛斯、华润集团、中国进出口银行、富士康集团、传化集团、麦当劳、中冶集团等500强企业8个。

【项目建设】 推行“五定包抓”责任制（定人员、定项目、定责任、定措施、定时间），以盯人、盯事、盯结果并举的方式推进项目建设。第二十、二十一、二十二届“兰洽会”全市签约项目427个，签约总额4103.58亿元，截至年底，开工361个，开工率84.54%，到位资金1883.08亿元，资金到位率45.89 %，123个项目建成投产，建成投产率28.8%，各项指标总体完成情况位于全省前列。其中，第二十二届“兰洽会”签约项目中，109个项目开工建设，项目开工率74.66%，累计到位资金420.84亿元，资金到位率29.89 %。

【区域合作】 借助国家“一带一路”战略机遇，推进区域合作。开通兰州—日喀则—加德满都国内首个公铁联运国际货运班列，并实现常态化运营，为“中国制造”开辟了一条通往南亚的便捷通道。截至年底，组织发运货物8列232车。开通国内唯一直通中白工业园的大通道“兰州号”（兰州—明斯克）中欧国际货运班列，助推中白产业园建设。成立兰州“一带一路”经贸合作研究会。与尼泊尔加德满都市和西藏日喀则市建立友好城市关系。

（柴筱璇）

兰州海关

【概况】 2016年，兰州海关对外贸易进出口总值453.2亿元人民币，同比下降8.9%。接受报关单10399份，增长20.1%；监管进出境货物170.8万吨，增长8.2%，货值198.7亿元，增长40.5%；办理备案加工贸易手册81本、备案金额156亿美元，分别增长37.3%和10.7%；开通国际航线25条，监管进出境航班4407架（次），人员20.9万人（次），分别增长42.8%和20.2%。

【服务地方经济】 促成《海关总署甘肃省人民政府合作备忘录》签署，成为继海关总署与福建、新疆签署合作备忘录后的第三个新一轮签署省合作备忘录，为丝绸之路经济带甘肃黄金段建设争取到更高层次政策提供支持。与兰州市签署《兰州海关兰州市政府合作备忘录》，对接支持甘肃黄金段建设的重要结点、重点项目。支持中国首列发往南亚的公铁联运国际货运班列顺利发运，协助完成首列“兰州号”返程国际货运班列监管工作，全年监管发运“兰州号”中欧、中亚国际货运班列115列，累计监管出口车皮4945节，货运量10.8万吨，货值16.58亿元。大力支持新贸易业态发展。加强与省、市商务主管部门协调沟通，组织召开企业座谈会，做好开展跨境电商前期准备工作，兰州市内已年进入跨境电商平台实体运作阶段。

【平台建设】 支持和争取兰州铁路口岸获批临时开放。支持兰州、敦煌航空口岸扩大开放和新增国际航线，推动兰州航空口岸开通迪拜—兰州、澳大利亚达尔文—兰州、孟加拉达卡—兰州的货运直航包机，填补该航空口岸直航货运进出口空白；支持兰州中川机场出境免税店获总署批复。结合兰州新区综保区业务实际，指导加快复制推广自由贸易试验区制度创新成果，研究提出10条自贸区创新制度复制推广项目，拓展综保区业务，推动海关特殊监管区域功能多元化、业务多样化。全年综保区进出口货物总量2517吨，货值3.97亿美元。

【贸易便利化】 协调推进《兰州海关 甘肃出入境检验检疫局关于关检协作合作机制的协议》和《关于深化关检合作的补充协议》的落实，印发《兰州海关甘肃出入境检验检疫局关于全面推进关检合作“三个一”的通知》，提高统一版“一次申报”系统应用实效。全年接受一体化报关单7938票，占比76%。

【文博会监管服务】 制订监管方案和应急预案，成立应急工作领导小组，抽调通关监管、旅检、缉私、技术等部门人员成立应急小分队。专题向省政府分管领导汇报敦煌航空口岸涉进出境通关监管设施配备、场地设置等问题，并提出意见建议，得到省领导重视。加强业务研究。组织人员赴深圳、西安海关学习大型展会监管经验与做法。走访甘肃省文博局、省外办、酒泉市政府、敦煌市政府、敦煌机场公司等单位，与省文博局、总署相关司局、兄弟海关建立协调机制。主动跟进了解参展商、展览品及进出境人员等相关信息，宣传海关通关监管政策规定，答

兰州关区2016年业务量统计表

项　目		单位	2016年	比上年同期 ±%
进出口报关单		份	10399	20.1%
监管进出口货运量		万吨	170.8	8.2%
其中	进口货运总量	万吨	168	9.7%
	出口货运总量	万吨	2.8	-40.6%
其中	监管进出口货运值	亿元	198.7	40.5%
	进口货运总值	亿元	165.5	32.5%
出口货运总值		亿元	33.2	101%
税收入库		亿元	12.8	9%
其中	关　税	亿元	0.1	0
	进口环节税	亿元	12. 7	9%
上缴罚没收入		万元	35.36	-85.31%
内销征税		亿元	5.641	56.3%
审批减免税		亿元	1.33	26.7%
备案加工贸易合同		份	81	37.3%
合同备案金额		亿美元	15.6	10.7%
监管进出境航班		架（次）	4407	42.8%
出入境人员		万人（次）	20.9	20.2%
稽查补税		万元	842.96	-61.1%
刑事案件立案		起	1	0
刑事案件案值		万元	3513.28	244.8%
行政违规案件立案		起	16	-44.8%
行政违规案件案值		万元	6435	338%

2016年8月22日，海关总署党组成员、国家口岸办主任黄胜强一行赴兰州国际港务区调研

疑解惑，提供建议，顺利完成进境参展作品及出境外国政要验放工作。

【综合监管】 关区全年进口查验率3.97%，出口查验率9.74%，进出口查获率12.6%。加强行邮监管，全年查获违禁物品178件，征收行邮税款51万元。贯彻落实新《海关稽查条例》，推进常规稽查“双随机”、主动披露、引入社会中介参与稽查等重点改革项目，稽查追补税843万元。重新认证5家高级信用企业，对4家企业进行培育，争取更多的企业享受更大的通关便利。天水、金昌、新区3家监管场所顺利通过验收，并指导在建监管场所3家，批准新设保税仓库1家。关区监管基础得到全面强化。

【打击走私】 全年新立刑事案件1起，涉案案值3513万元，涉嫌偷逃税款约878万元；办结以往刑事案件3起，办理行政案件15起，案值6400万元，涉税1.8万元，罚没款入库35万元，补税入库527万元；协助外地海关缉私局办理协查案件45起，继续保持了打私高压态势。

【税收征管】 全年税收入库12.84亿元，增长8.5%，完成自测11.2亿元计划。加强减免税政策宣传，强化审批管理，审批减免税款1.33亿元，增长26.7%，内销征税5.64亿元，增长563%。集中汇总征税改革初见成效。结合关区实际，对重点商品实行企业自主申报、自行缴税，海关对税收要素审核后置的新型税收征管模式，保证企业享受纳税便利服务，引导进出口企业、单位守法自律。办理汇总征税295票，征收税款1045万元。

【行政审批改革】 建立、实施“一个窗口”受理、网上预受理及预审查制度；优化177项行政执法领域内部核批事项，取消18项，压缩40项审批环节，下放11项审批层级，优化率38.9%；清理废止29项政策性文件，进一步规范执法行为，提升执法统一性。

【精准扶贫】 选派4名优秀干部驻村扶贫，关领导先后8人（次）带领驻村干部到联系村调研；干部全年驻村222天，深入走访404户扶贫户。建档立卡808份，制定20余项扶贫措施。组织11个机关党支部分别与村党支部签订《结对共建协议书》，深入开展共建活动。克服自身经费紧张、地方资源相对较少、无对口帮扶项目等困难，统筹预算资金28万元，协调落实项目及帮扶资金742万元，协调兄弟海关和红十字会向镇村学校捐赠200万元物资。资助5名贫困生4年大学学费，联系协调社会力量捐赠文化体育设施，协调有意愿的企业考察帮助规划镇村林下产业发展。

（赵　政）

粮　食

【概况】 2016年，兰州市市购进粮油21.5亿斤，占全年计划的100%，销售粮油22亿斤，占全年计划的100%；国有及国有控股企业实现利润207万元，同比增长21%。全市粮油市场呈现货源充足、繁荣有序的良好发展态势。

【放心粮油】 提升改造50家“升级版”放心粮店。这是市委、市政府2016年为民兴办的实事之一。对整体形象重新进行了设计，邀请专家论证后，按照建成后既是实体店，又是电商配送店的标准，采取先试点后全面铺开的方式进行。“升级版”放心粮店建成后，以崭新的形象和优质的服务，赢得领导和群众的普遍认可，成为兰州一道亮丽的风景，社会反响强烈，省内外多家兄弟单位前来参观学习。在淘宝·特色甘肃馆、东方红广场等地举办世界粮食日暨全国爱粮节粮宣传周、食品安全月宣传活动。

【“粮安工程”】 实施“粮安工程”危仓老库改造。争取到中央和省财政资金4411.5多万元、市级财政资金1200万元，拉动投资近亿元，创历年新高。争取到省列“粮安工程”项目18个（其中：危仓老库项目14个、军粮基础设施改造项目4个），已完工15个、主体完工2个、正在建设2017年内完工1个。此外，中央预算内项目永登5000吨新建库房项目已经完工，焦家湾粮库3万吨库房建设项目正在建设中。

【宏观调控】 加强储粮监管。做好储粮轮换和质量监管，推进绿色、科学储粮，全市科学储粮18.5万吨，科学保粮率达到96%；完成了永登县1000套科学储粮小粮仓建设。推进粮食产业发展。在黑龙江省五常市建立了2000亩优质水稻种植基地；引导和鼓励企业做大粮油总代理总经销、集团消费、节日消费等，不断拓宽经营渠道，千方百计提高企业效益和职工收入。加强粮食社会统计。推进统计体系改革，举办了2期全市粮食系统粮油统计信息系统培训班。四是抓好安全生产。组织各粮油库定期开展消防演练和隐患排查；在全行业开展了多轮次安全生产大检查；实行台账管理，下发隐患整改通知书6份，全部整改完毕。切实加强应急保障工作。与食药局联合开展了2016年市区食品安全事故应急演练，组织仓储企业开展5次消防安全应急演练；开展军供粮油质量专项检查。加强市场监管。坚持日常巡查和专项检查相结合，开展粮食流通市场“百日大整治”行动和大中专院校

2016 年 9 月 27 日，放心粮油进农村

集体食堂、城郊结合部、集贸市场、粮油零售网点等专项整治。

【“双创”活动】 与市就业局联合举办兰州市粮食行业“百名创业、千名就业”大学生专场招聘会。进场求职大学生3000多人，创2016年兰州人才市场进场人数新高。支持粮油电商发展，成立兰州粮油电商公司；争取把放心粮油纳入全市惠民信息工程大数据系统，完成全市放心粮店数据整合；分批免费为放心粮店配备三维市民卡POS机。空中易购、润民粮油、广源集团等民营粮油电商企业迅猛发展，线上销售比重稳步提高。

（周成强）

供销

【概况】 2016年，兰州市供销合作社系统实现商品购进总额59.63亿元，同比增加绝对额11.53亿元，增长23.97%；商品销售总额59.45亿元，同比增加绝对额11.45亿元，增长23.85%。社会消费品零售额24.98亿元，同比增加绝对额2.37亿元，增长10.48%。其中，城镇消费品零售额20.32亿元，同比增长7.23%；乡村消费品零售额4.66亿元，同比增长27.32%。农业生产资料供应总值2.36亿元，同比增加绝对额0.09亿元，增长3.96%。农副产品购进总额5.12亿元，同比增加绝对额1.02亿元，增长24.88%。再生资源购进总额25.09亿元，同比增加绝对额6.76亿元，增长36.88%。其中，废旧金属购进额22.01亿元，同比增长57.10%；废旧非金属购进额2.10万元，同比回落51.50%。再生资源销售总额25.35亿元，同比增加绝对额7.22亿元，增长39.82%。其中，废旧金属销售额22.36万元，同比增长49.57%；废旧非金属销售额2.04万元，同比回落35.85%。项目建设投资总额3.22亿元，同比下降绝对额0.51亿元，回落13.67%。其他营利性服务业营业收入0.19亿元，增速11.01%。

【基层组织建设】 抓好村级综合服务社改造提升建设工作。各县区供销社采取供销社筹资、引进合作投资、争取项目资金、与乡镇及村两委共建等形式，提升村级综合服务社功能。永登县供销社投资200万元，扩建河桥供销社南关门市部，新增营业面积400平方米；投资130万元，改造建设连城农贸市场；投资64万元，翻建七山供销社门市部280平方米。榆中县供销社投资90多万元新建4个村级综合服务社，改造提升56个综合服务社。西固区供销社将西固区河口大红枣综合服务社项目建设成为集饮食、住宿、会务接待为主的旅游接待中心，新增就业岗位35个，经济收入提高20%，带动了周边农民增收。全年全市供销系统基层社总数53个，经营服务网点572个，各类协会55个，各类专业合作社169个，农村综合服务社298个，社会组织建设和为农综合服务体系不断完善。

【项目建设】 兰州再生资源循环经济加工产业园国家“城市矿产”示范基地10万吨再生塑料项目1.83平方米的车间建设已完工，塑化车间完成6条塑料颗粒生产线的安装并开始调试，塑编车间完成87台圆织机、2台拉丝机的安装和编织袋生产线调试。产业园实现工业产值7.9亿元。废纸（废黄板纸）再制造生产线顺利出纸，标志着从“废纸收购——废纸造纸——包装纸箱生产”的一个完整产业链和循环经济发展模式正式形成。金达商务大厦三期续建工程项目完成外墙保温、亮化及土建、水系统、消防工程，电梯、空调等配套设备安装，公共区域正在装修。抓紧进行招商工作。市农副公司积极拓展保险箱、安防设备销售及安装等业务，开发建设华泰农产品配送中心和儿童体验教育“多多城”等项目；市果品公司扩大主营业务；市土产公司接管定西路二支路农贸市场等，社有企业经营业务不断向前发展。

【为农服务】 针对特色农业和农民需求做好培训工作。以集中学习与深入田间地头进行指导相结合方法，加强科学生产、市场营销、公共关系等方面的培训，培养农村实用人才和新型农民，提高农民经纪人带领农民闯市场的能力。全系统社会组织会员人数11650人，全年举办农民培训班22期，培训农民13708人、农民经纪人2077人。农民培训信息咨询服务1100人（次），发放科技资料12088万份。为农综合服务能力明显提升，农业生产服务收入额876万元，土地流转面积1010亩，配方施肥面积26950亩，统防统治面积30160亩，庄稼医院108个。开展金融服务，永登县各基层社主动与信用社、农行、建行、新化村镇银行、兰州银行等开展合作，在交通便利、服务人口较多的40个基层社村级综合服务社设立金融服务代理点，开展小额存取款、农民领取养老金业务，方便农民群众。榆中县供销社通过与县财政、兰州银行、中华联合财产保险公司积极协商，形成《开展合作金融的试点方案》。

【电子商务】　推进电子商务“一网带四网”，使县区供销社、基层社、社有企业成为发展农村电子商务的重要基础和依托，盘活终端实体网点，推动线上线下融合发展，加快形成网上交易、仓储物流和终端配送一体化经营，破解农村流通“最后一公里”难题。皋兰县供销社投资100万元建成县级电子商务中心，组织农产品经营企业、行业协会、农民合作社等市场主体，整合农产品资源，通过自建平台、借助第三方电子商务平台等形式开展网上销售，打造地方特色品牌，使供销社成为推广名优土特产品的重要抓手。加快基层经营网点的信息化改造，抢占网络消费市场。各县区供销社把发展农村电子商务服务站纳入改造提升村级综合服务社合并建设，建成63家。全年全系统电子商务销售额2234万元。

【招商引资】　2016年，市供销社先后赴四川内江、湖北荆门、广东深圳，河北石家庄、保定、霸州、廊坊及西藏、温州等地及无锡、万宁、毕节等市供销社开展招商引资活动，与中国西南再生资源产业园区、格林美股份有限公司（荆门）循环产业园、河北吉川集团等20余家企业进行项目对接，引进到位资金2.1亿元，均已完成项目报备。与无锡金利达生态科技股份有限公司签订了合作意向书，在城市建筑固废垃圾循环再利用、河流水生态修复技术等项目应用上谋求共同发展。

【精准扶贫】　落实帮扶村永登县民乐乡八岭村商贸中心三期工程建设、维修文化工程和灌溉水渠、危房改造、驻村场所建设等帮扶项目5个，投入帮扶资金34.05万元。走访填表253户，电话联系和现场拍照38户，在省、市、县三级帮扶单位中占到了76%。经过省、市贫困退出验收，帮扶的32户建档立卡贫困户脱贫30户。

（刘　蓉）

烟　草

【概况】　2016年，兰州市烟草专卖局（公司）下辖兰州新区、城关、七里河、西固、安宁、红古5个区级烟草专卖局（营销部）和榆中、皋兰、永登3个县级烟草专卖局（营销部），有在岗职员工614人。全年市局（公司）卷烟销量16.4万箱，实现税利12.03亿元。

【企业管理】　年内降本增效1323.6万元（目标完成率105.63%），货币资金净收益6296万元，重点费用同比下降15.87%。规范企业经济行为，落实“三个保障机制”，加强各类采购管理，推进办事公开民主管理，各类应公开事项公开比率达到100%。加强法制烟草建设，制定和实施法治宣传教育第七个五年规划，开展形式多样的宣传教育，增强了广大员工特别是各级领导干部尊法、守法意识，加深社会对烟草专卖制度的认知和理解。落实安全生产法律法规和管理制度，强化安全生产责任，加大隐患排查治理力度，落实由上至下的安全双层检查机制，全年未发生安全责任事故。

【卷烟营销】　2016年，单箱销售额2.94万元，同比增长0.3%。坚持“稍紧平衡”原则，关注市场价格和社会库存，关注和有效响应客户需求，完善货源供应措施，保持市场状态和合理社会库存。依托“135”工作法，以现代终端增值服务为切入点，落实统一的营销平台规则，整合服务资源，优化服务营销体系，丰富个性化服务内容，发挥现代终端的示范引领作用。完成兰白物流业务整合工作部署，积极推进物流中心非法人实体化运行，改革运行模式，完善管理制度，厘清工作职责，形成市公司统筹下相对独立运作的物流管理机制。

【专卖管理】　组织开展卷烟市场整顿专项行动和“互联网+物流快递业”整治，全年查获假冒走私卷烟137.22万支，非法流入卷烟963.94万支，同比分别上升282.87%和43.6%，卷烟市场控制力得到进一步增强。探索行政许可改革，通过听证适度放宽合理化布局条件，推行行政许可“十日办结制”，提高工作效率和客户满意度。加大工作力度规范卷烟市场秩序，打假破网成效显著，全年破获国标、省标网络案件4起，最大的一起案值达到3200万元。

【队伍建设】　按照员工队伍职业化建设要求，梳理完善岗位管理体系，分析提炼出各岗位核心素质和通用素质，构建起兰州烟草胜任素质词典和所有岗位胜任素质模型。加强群团组织建设，建立健全组织机构和规章制度，组织开展全区职工运动会暨广播操比赛，调动员工参与文化活动的积极性，满足员工的精神文化需求，也为员工展示自我、发挥特长搭建了平台。

【作风建设】 在全体党员中开展"两学一做"学习教育。市局（公司）机关党委积极探索新形势下加强党员教育管理的有效途径，落实"三会一课"等党建工作制度，强化党小组作用发挥，推进基层组织生活经常化、制度化、规范化，组织召开全市系统基层党组织建设现场会和党小组长培训会，总结推广党支部的先进经验和党务工作人员的日常工作方法，发挥典型引路的作用。落实主体责任，加强党风廉政建设和反腐败工作，强化日常反腐倡廉教育，认真落实约谈制度和谈心谈话制度，努力筑牢反腐倡廉的道德防线和制度防线。年内相继开展以"守规矩、尽责任、重落实"为主题的正风肃纪教育活动，社会主义核心价值观和行业共同价值观教育、岗位职责教育和劳动纪律教育，使广大员工进一步增强了规矩意识，树立起高尚道德追求，改进工作作风，提高了工作效率和工作质量。

【社会责任】 2016年，向兰州市慈善总会捐款20万元（营销中心捐赠），用于帮扶辖区零售客户；向兰州市儿童福利院捐款1.24万元（机关捐赠），用于购置儿童生活用品。推进精准扶贫工作，红古营销部资助辖区洞子村水利设施建设及道路修缮，帮扶2户贫困户，捐款8万元；西固营销部资助辖区孟家山村基础设施建设，捐款5万元；永登营销部资助辖区浪排村基础设施建设,捐款5万元；皋兰营销部资助辖区头沟村基础设施建设，捐款5万元。

（藤泽峰）

非公经济

【概况】 市委、市政府高度重视非公经济发展工作，坚持"抓大不放小"，着力运用政府推动、政策驱动、市场拉动、典型带动等手段，制定出台《兰州市非公经济发展"十三五"规划》《进一步推动全市非公有制经济跨越发展实施方案》等政策文件，通过转变服务职能、营造良好发展环境，鼓励大众创业、激发民间投资热情，支持万众创新，促进非公经济转型升级，积极搭建平台，破解中小企业融资难题，强化服务引导，构建中小企业服务体系，做好非公党建，构建健康良好政商关系等多渠道开展工作，非公经济发展取得了较好的成绩。

【经济指标】 2016年，全市完成非公经济增加值1015.8亿元，占GDP比重44.9%。完成非公经济固定资产投资983亿元，同比增长9.4%。新增规模以上非公企业户数387户，同比增长58%。非公经济市场主体累计达29.6万户，较上年末增长7.6%；非公企业主体9.7万户，较上年末增长8.2%。新增招商引资项目970个，到位资金1307.3亿元，同比增长0.5%。完成"个转企"815户，同比增长46.3%。非公经济完成税收收入159.5亿元、新增就业人数12.4万人，新增授权专利数420个。

【行业扩展】 从行业来看，非公经济不仅扩展到石油化工、冶金建材、装备机械、食品加工、商贸、房地产等36个传统产业，同时在高端装备制造、生物医药、信息技术、新材料、新能源、节能环保、公共安全产业和生产性服务业等战略性新兴产业方面有所突破，海默科技、科天新材料等非公企业已成功入选全省战略性新兴产业骨干企业。

（王　伟）

旅　游

【概况】 2016年，兰州市文化旅游工作开展"美丽兰州——2016丝绸之路文化旅游年"主题活动，推进"山水城市、宜居城市、活力城市"建设，各项工作取得显著成效。

【产业发展】 2016年，全年实现文化产业增加值70亿元，增速达到15%。法人机构3122家，从业人员5.7万人，资产总额230.27亿元。全年接待国内外游客5341.97万人次，增速29.62%；实现旅游总收入448.12亿元，增速33.94%。全市10家规上旅游企业，实现营业收入7.2亿元，同比增长23.43%。全市旅游直接就业人数12万人，较上年增长20%。推进了54个具有支撑作用和明显优势的重点项目，总投资887.97 亿元，已完成投资151.1077亿元，2016年度完成投资67.0843亿元。推进兰州树屏丹霞项目、黄河奇峡综合开发项目、兰州黄河楼项目、鲁土司衙门旅游开发项目、兰州老街项目、旅游厕所等重点项目,促进产业融合发展。

【公共服务】 公共服务体系加快完善。完成乡镇综合文化站达标建设3个；建成文化集市生产基地5个、固定经营点6个，实现销售额1.5亿元。实施文化惠民工程，推进广播电视高山台站基础设施改造和地面无线数字化电视覆盖工程，建成23个标准化"户户通"中心和198个运维服务网点；新建多功能院线影院4家、影厅25个，在建数字多厅影院2家。加快各类博物馆、纪念馆建设进度，新建博物馆12家。实施兰州府城隍庙、红城感恩寺、五泉山建筑群、八办旧址等保护工程。推荐铁柱宫、天齐庙、河口古民居、柳合山堂、黄河母亲雕塑等文物遗存审报第八批省级文物保护单位工作。乡村旅游发展。完成城关伏龙坪街道、七里河阿干镇、榆中城关镇、皋兰什川镇等4个乡镇旅游示范乡镇的创建工作。创建星级农家乐300家。完成皋兰县什川镇北庄村、榆中县城关镇分豁岔村、青城镇青城村实施旅游扶贫试点村建设。推进大通河生态园自驾游营地、药水沟温泉度假村自驾游营地、越国开心农场自驾游房车营地、猪驮山景区自驾游营地等建设。智慧旅游全面推进。实施"互联网+文化旅游"行动，全市重点景区点、文化产业园区WIFI覆盖和入境短信关怀平台的建设工作。发挥主页二维码扫描、兰州智慧文化旅游官网、兰州文化旅游指南手机客户端、兰州文化旅游微博平台运营维护和信息发布平台，加强网络宣传营销，提高城市文化旅游服务水平。

【城市影响力提升】 品牌节会精彩纷呈。2016年，举办市级层面大型节会15场（次），各县区举办节会24场（次）。在北京人民大会堂成功举办"美丽兰州—2016丝绸之路文化旅游年"主题宣传活动新闻发布会及启动仪式。《大梦敦煌》在人民大会堂和中央党校成功演出，获得首都各界人士的赞誉。举办第六届敦煌行·丝绸之路国际旅游节开幕式系列活动，在活动策划、内容创新、接待服务等方面创下多项历届之最。举办兰州首届黄河母亲节暨黄河母亲雕塑落成30周年纪念活动、第六届中国·兰州黄河文化旅游节、第五届中国·兰州鼓文化艺术周等一系列大型节会，实现以节促游、以节聚力、以节提位、以节造势的效应。承办国家旅游局"重走长征路"红色旅游主题活动首发团甘肃兰州交接仪式，参与文博会各项活动。营销方式不断丰富。同兰州铁路局合作，将兰州—上海Z216、Z218直快列车打造为"兰州号旅游专列"；组织兰州太平鼓艺术团赴埃及参加2016年海外"欢乐春节"演出活动；组织优秀群众文艺团队赴埃及、美国进行交流演出；邀请丝绸之路沿线国家乌兹别克斯坦、斯洛伐克、罗马尼亚等4个国家的优秀文艺团队来兰演出。举办"5·19"中国旅游日文明旅游主题宣传活动。城市合作交流加强。参加西安举办的"西北旅游营销大会"、福建厦门举办的第二届中国气候旅游高峰论坛暨生态文化旅游品牌宣传推介活动，兰州获得"中国最美生态文化旅游城市及中国低碳生态避霾旅居度假城市"荣誉奖牌；先后成功举办了"丝路之梦—兰州美术作品展""大河魂—兰州画院美术作品展""徽韵–丝路情–合肥·石河子·兰州·西安美院美术馆作品联展"活动。

【行业管理】 行业监管平稳有序。优化13项行政许可事项的流程，建立"12318"为核心的举报监督体系，提高举报案件的受理、移交、查处、办理效率；完成全市31家电影放映单位年检工作和电影专项资金的征收工作；完成295家印刷经营单位、8家图书零售经营单位、37家电子出版物经营单位、3家连续性内部资料编印单位的年检工作；新审核批准印刷企业28家；完成全市47家星级宾馆的复核工作；新审核评定西固金城公园等5家景区为国家3A级旅游景区。专项整治行动开展。开展"扫黄打非""天山""珠峰""固边""护苗""黑广播"等专项整治行动。共出动检查8927人（次），检查网吧967家（次），歌舞娱乐场所583家（次）、游艺娱乐313家（次）、影剧院126家（次）、图书出版物市场713家（次）、印刷企业221家（次）、音像市场102家（次）、艺术品市场163家（次），游商地摊2013家（次）；查缴各类非法出版物13万余册张盘、查缴违法卫星地面接收设施5400余套、查缴违规电子游戏机主板220余台（块）、现场捣毁违规电子游戏机主板130余台（块）；检查旅游车辆44台（次），检查带团导游员94人（次）；检查旅行社109家，旅游服务网点98个，A级景区12家，星级饭店18家。

【建设人才队伍】 制定《兰州市提升讲解员和导游队伍能力三年培训规划》。出台《兰州市金牌导游员管理办法（试行）》和《兰州市政务导游管理办法（试行）》。举办国家级项目兰州鼓子、农村文化骨干、兰州市第七届戏剧小品、全国旅游团队服务管理系统、首期全市导游讲解员培训班；举办兰州市第四届博物馆（纪念馆）讲解员、"最美导游、最美游客"、首届金牌导游及星级宾馆服务技能服务大赛；选派67名优秀文化工作者派驻乡镇开展文化帮扶活动，选拔推荐兰州市首批"金城文化名家"5名，引进演艺及各类器乐、视频编辑等专业技术人才10名。

（司永鹏）

财 政

【概 况】 2016年，兰州市财政工作以稳中求进工作总基调，财政预算执行总体平稳。加大民生福祉投入、支持重点项目建设、创新财政投入方式等方面取得新的进展。

【预算执行】 2016年，全市一般公共预算收入215.48亿元，增长16%，完成年初预算确定的10%预期目标。其中，市级104.84亿元，增长11%；兰州新区13.87亿元，增长51%；县区96.77亿元，增长17%。全市一般公共预算支出422.9亿元（转移支付207.35亿元），增长23%。其中，市级171.67亿元，增长26%；兰州新区37.54亿元，增长18%；县区213.69亿元，增长21%。全市政府性基金收入134亿元，增长66%。其中，市级68亿元，增长99%；新区14亿元，下降4%；县区52亿元，增长58%。全市政府性基金支出126亿元，比上年同期增长63%。其中，市级50亿元，增长73%；新区14亿元，同比下降26%；县区62亿元，增长113%。全市国有资本经营收入7597万元，加上年结转307万元，总收入7904万元。其中，市级7875万元，新区29万元；安排支出7260万元，调入一般公共预算615万元，年终结余29万元，总支出7904万元。其中，市级7875万元；新区29万元。全市社会保险基金收入117亿元，支出108亿元。当年收支结余9亿元，年末滚存结余110亿元。

【管理改革】 政府性基金预算、国有资本经营预算调入一般公共预算比例提高。化解存量债务和逾期债务，争取到新增债券29.8亿元，置换债券163.73亿元，将地方政府债务纳入预算管理。清理盘活存量资金，按照市委全面深化改革领导小组工作部署，推行市级行政事业单位财务核算集中监管，撤销行政事业单位基本户，减少财政资金滞留环节，提高资金的使用效率，全年盘活财政资金8亿元，统筹用于扶贫、教育及城市基础设施建设等重点方面。预决算信息透明度逐步提高，建立公开口径、格式、时间、方式“四统一”公开机制，公开年度预决算的部门达到110家，公开率100%；依法履行预算调整程序，将预算调整、新增及置换债券等重大事项及时向人大常委会报告；全年配合各级审计部门开展审计任务6项，认真落实审计意见并整改。

【预算执行约束】 研究制定财政内部控制基本制度和防控办法，通过明确职责权限、细化操作规程、固化业务流程、开展考评问责，构建内控执行体系，启动内部控制规范实施工作，切实防范化解财政风险。加快预算执行进度，强化中央转移支付资金管理，提升预算执行的均衡性和效益性。严控项目支出，压缩一般性支出，降低行政运行成本，确保“三公经费”只减不增。市级行政事业单位“三公经费”总支出4106万元，下降9%。纳入非税收入收缴范围的单位增加到468家，428家市级预算单位实行电子化支付管理，确保财政资金安全高效支付。强化绩效管理，组织全市预算绩效管理培训，树立预算绩效理念，开展项目支出绩效目标编制工作，推动绩效管理工作开展。

【民生投入】　把保民生作为财政工作重点，紧盯农业、教育、医疗、住房和就业等社会保障等重点问题，加大民生支出。全年全市农业、教育、文化、社会保障、医疗卫生、交通运输、住房保障等民生支出243.5亿元，占一般公共预算支出的66.2%，增长37.42%。市级安排资金4.7亿元，支持完成8个方面24件为民兴办实事；企业离退休人员养老金、城市低保、农村低保标准分别提高了6.5%、10%、22%，资金按时发放；集中供养农村“五保”人员标准提高33%，分散供养的农村“五保”人员标准提高了9%；发放城市低保户蔬菜价格补贴1200万元，惠及全市6万余人；创新扶贫机制，安排资金2.2亿元，加大精准扶贫力度，深入推进“1236”扶贫攻坚行动；保障性安居工程投入建设资金4.25亿元，完成21135户棚户区改造，基本建成公租房2200户；投入资金4052元，建成标准化学校157所，标准化教学点28个。

【重点项目建设】　筹措资金20亿元，重点支持轨道交通、生态环境保护、第二水源地项目、农村公路和兰州新区等重大项目建设；安排资金7.7亿元，支持现代服务业、旅游业、电子商务以及兰州港务区等项目建设；投入资金3亿元，用于环境污染治理和生态景观工程项目；下达资金3亿元，用于中川铁路立交至黄羊头公路建设资金；投入资金1亿元，用于109国道（傅家窑至八里湾）改扩建工程；拨付资金2亿元，加大职教园区建设推进力度；配套资金2014万元，淘汰黄标车和老旧车辆727辆，新增新能源汽车730辆；争取上级财政资金2.9亿元，市级配套资金9亿元，推进5大类19个节能减排示范项目建设，确保全国节能减排财政政策综合示范城市通过国家考核。

【投入方式】　安排资金1.25亿元，发展战略新兴产业，发挥财政资金引导作用。整合科技、就业、工信等部门专项资金1.65亿元，以培训促创业，以小贷推创业，以创业带就业，形成大众创业、万众创新的良好局面。筹资10亿元，设立“兰州科技产业发展投资基金”“兰州科技创新创业风险投资基金”两支科技型基金，扩大产业基金规模，注入国有融资平台公司资本金12.35亿元。配合市发改委积极推广PPP模式，缓解政府投资压力；配合制定政府购买行业协会服务的政策措施，规范政府购买社会服务行为。

（高利贵）

国家税务

【概况】　兰州市国家税务局是于1994年8月为适应分税制改革的需要分设成立的。负责兰州地区中央税、中央地方共享税的征收管理，征管的主要税种有增值税和消费税(简称“两税”)、企业所得税、储蓄存款利息个人所得税以及车辆购置税共5个税种。市局下辖8个县区国税局和4个直属单位，69个基层税务分局和7个县区稽查局;全系统现有在职干部1308人，大专及以上学历人员占在职人员的90%。

【税务工作情况】　七里河国地税合作示范区被总局评为“全国百佳国税地税合作县级示范区”。2016年纳税人满意度排名位居全国省会城市第十名；“六五”普法工作获评“全国法治宣传教育先进单位”。持续加强干部队伍建设。制定出台《兰州市国税系统税务分局长管理办法》，数字人事实现市、县两级全覆盖，为干部队伍建设注入了新的活力。绩效管理卓有成效。2016年在全省国税系统绩效管理考评中，取得了第一名的好成绩。

【税收工作】　2016年税收收入首次突破200亿大关，全年入库各项税收203.21亿元，同比增长16.16%，税收规模位居全省第一。税收职能作用有效发挥，全年落实各项税收优惠政策16.4亿元。2016年5月1日，营改增试点工作开始，顺利完成32045户营改增纳税户移交、2998户一般纳税人登记、7242户税控设备安装、53957户次税种认定、29786户次票种核定、46212户税负分析身份界定；开展400余场（次）专题辅导，帮助企业充分享受改革红利。

【信息公开】　政府信息公开是政务公开的重要内容，是提高政府工作透明度、保证公民合法权益、促进依法行政的重要举措。将政府信息公开工作列入重要议事日程，多次召开专题会议，并成立政府信息公开领导小组，明确分管领导，主管部门、工作人员及其岗位职责。制定《兰州市国家税务局推进政务公开工作实施方案》《兰州市国家税务局政务公开指南》《兰州市国家税务局政务公开目录》《兰州市国家税务局依法申请公开政府信息工作规程》《兰州市国家税务局政务公开保密审查办法》《兰州市国家税务局系统网站管理办法》《兰州市国家税务局系统绩效考核办法》等规章制度，确定年内工作目标和任务，从政府信息公开的内容、流程、渠道、审核、发布、工作考核、责任追究等方面进行责任细分，并将信息公开工作纳入到年度绩效考核内容，进一步落实工作责任，确保各项工作有序推进。

【载体建设】 为方便公众了解信息，多措并举有效推行主动公开政府信息工作：一是凡需主动公开的政府信息，均在门户网站公开。二是部分重要信息同步通过报纸、杂志、广播、电视等公共媒体予以发布。三是及时对“纳税咨询系统”“12366”、纳税服务QQ群、12345民情通等渠道上的纳税人咨询均在规定时间内给予了答复。四是做好官方微博、微信的建设和推广，及时发布转载最新税收政策；五是做好重大政策解读服务。涉及重大决策、社会关注度高的事项，及时编发解读材料，通过网站政策解读专栏、办税服务厅发放宣传手册、税法解读、咨询服务等，及时、准确为公众解读国税政策提供服务，使涉税事项公开透明，征纳双方沟通畅通高效。依托新闻媒体开展税收宣传。策划《每周说税》电视节目在兰州电视台新闻综合频道播放，进一步拓宽宣传渠道，扩大税收宣传影响力。全年共制作播放35期。

【从严治党】 2016年以来，实现两个目标”为核心内容的党建工作2.0版架构体系。市局机关党委先后被兰州市委和市直机关工委评为“先进基层党组织”。积极培育昂扬向上的党建文化，通过“好家书好家风好家训好家规故事会”、举办“颂歌献给党、激情颂党恩”歌咏比赛等活动，巩固厚植了党建工作感染力和影响力。党建品牌影响力不断增强，全年系统内外1800余人（次）到兰州市局观摩交流党建工作。以规范“三会一课”为重点，开好季度组织生活会和四个专题讨论，通过集中开展党员家访、党员谈心谈话、党员组织关系排查和党费收缴专项检查等活动，纪律意识显著增强。

（王　豪）

地　税

【概况】 2016年，兰州市地方税务各项税费收入309.59亿元，同比增长10.2%，增收28.64亿元。其中，地方税收160亿元，占考核计划153.07亿元的104.53%，超收6.93亿元，同口径增长16.32%，增收22.45亿元；各项基金（费）收入149.58亿元，同比增长4.32%，增收6.19亿元。

【收入计划管理】 扩大重点税源数据库监控范围，对纳入市级监控的百万元以上重点税源企业逐个核查，确定市级重点税源监控企业，并实行实时监控，动态管理。“营改增”后纳入市级重点监控的444户企业完成地方税收85.69亿元，同口径增长2.16%，增收1.81亿元。完成2015年度14505户企业的企业所得税汇算清缴工作，汇缴面达96.44%。推行受理2015年度年所得12万元以上纳税人自行申报18347人，申报人数创历史新高。全市个人所得税全员全额明细申报率达96%，受到省局通报表扬。社保基金征缴。与市社保、财政、人社等部门沟通达50多次，分析费源及任务完成进度，及时查找解决征缴中存在的问题和原因，根据社保费和基金金税三期优化版试点上线整体工作安排，从组织保障、人员培训、沟通交流、监督考核等方面入手，统筹协调、密切配合，推进“金三”试点上线工作有序开展。

【征管工作】 清理核查漏征漏管户，深化“金税三期”系统应用，加强基础数据日常管理，统一规范县区局上报报表、台账，协助省局升级改版涉税事项办理及电子档案管理系统，夯实强化了征管基础。推开“营改增”试点工作，完成34137户营业税纳税户征管信息资料的移交工作。通过涉税舆情监控、带班坐班督导、整合窗口职能、开辟绿色通道、增设服务窗口等举措，保证了营改增后代征工作的顺利开展。细化分解涉及市级层面的34大项61小项工作任务。与国税局互设办税窗口12个，共同进驻政务大厅4个，使纳税人享受到“进一家门、办两家事、三方满意”的便捷服务。

【堵漏增收】 通过国地税联袂开展诚信纳税倡议、有奖征文竞赛、微信知识竞答等活动，营造宣传氛围。印制《2016税宣一本通》3万册，将最新税收政策送到纳税人手中。通过“12·4”法制宣传日，针对性地开展法制宣传教育，充分利用电视、广播、电台、报纸、门户网站、微信、微博、手机短信等媒介，将有关法律法规和税收政策宣传到千家万户。落实重大案件审理制度，全年审理重大案件13件，查补税款3897万元，罚款214万元，加收滞纳金89万元。落实税收优惠政策，全年减免各类税款96479万元，41818户企业享受税收减免政策。严格按照涉税行政审批制度改革要求，加强税收规范性文件清理，清理废止涉税规范性文件108份，确保执法依据的可靠性。加强稽查力度。全年检查各类企业289户，查补收入20684万元。其中，税款16329万元，加收滞纳金2509万元；罚款1846万元。积极应对总局千户集团税收风险和省局金税三期下发风险管理任务，安排专业团队逐户进行实地核查，确保总局和省局各项任务的顺利完成。应对任务6487户，其中重点完成应对异常税源信息516条，查补入库各类税款2732万元，入库滞纳金430万元。

【党建工作】 开展“两学一做”学习教育，围绕“两学一做”学习教育的要求，全系统53个基层党支部组织852名党员下载兰州市“两学一做”

手机APP进行学习，通过组织党的知识竞赛、主题演讲比赛、诗歌朗诵等形式，增强学习效果。知行合一真"做"，推出唱红歌、职工运动会、扶贫点做一天庄稼汉、好家风好家训征集、五好文明家庭推荐评选等有特色、有新意的主题励志活动，特别是在纪念建党95周年之际，表彰了一批优秀党支部和优秀共产党员，并通过选拔，组成先进事迹报告团，在全系统巡回宣传他们的感人事迹和创优实践。组织开展向纳税人"问需求、优服务、促改革"活动，还通过设立意见建议箱、组织召开纳税人恳谈会和基层分局局长向纳税人述职述廉会等形式，受到了刘云山、赵乐际等中央领导调研时的充分肯定。做好基础党建工作。坚持问题导向，组织开展了党员组织关系集中排查、党费收缴专项检查、抓严抓实学习教育整改等工作。

【领导班子建设】 秉持"把人当人、使人成人、自己做人"的人本带队思路，突出领导班子的作用发挥，带头落实首问责任、岗位责任等服务制度。调整县区班子及市区两级中层领导岗位，选拔使用正科级领导干部4名、副科级领导干部57名、主任科员21名、副主任科员13名。开展"岗位大练兵、业务大比武"活动，"行政管理岗"8名同志、"纳税服务岗"2名同志分别进入全省前50名。组织干部职工登陆国家税务总局网络学院培训平台自主选课学习。组织开展公务员远程网络培训，共计22个学时，1200多人参加。组织省内培训班30期，916人参加培训。在广西大学、安徽大学、南京财经大学、苏州大学等高校举办各类培训班97期，1593人次参加学习深造。执行考勤、请销假、外出审批、税容风纪管理等内部管理制度，查处"庸、懒、散、慢"、不作为、乱作为等违纪违规行为。结合市上误餐补助的发放，推行脸部识别考勤系统，实行每天4次打卡考勤，将从严管理要求落到实处。落实省委"3783"主体责任体系和"866"衡量检验标尺。逐级签定包括党风廉政在内的"三主一廉一监督一承诺"六个责任书。完善《廉政风险防控工作手册》，排查廉政风险点200个，制定防控措施539条。运用监督执纪"四种形态"，完成自办案件8起，市纪委转办案件1起。对严重违纪和被处刑罚的4人给予开除党籍和开除公职处分。

【纳税服务】 开展"便民办税春风行动"，落实首问责任制、限时办结制、预约办税、延时服务、24小时自助办税等制度，根据总局2016年全国税务系统纳税人满意度调查结果通报，兰州市地税局综合得分83.13分，位列省会城市地税部门纳税人满意度第8名，首次进入全国前10名。红古区、七里河区、兰州市局办税服务大厅顺利通过"优秀办税服务厅"考察验收。实现了"一窗通办"和省域"同城通办"。落实二维码一次性告知制度，发放调查表1300余份，征询各类意见549条。全面升级完善了12366纳税服务平台。

【文化建设】 开展道德讲堂活动100余次。把传统文化列入必修科目，结合道德讲堂诵经典和"我们的节日"中华经典诵读等活动，评选出一批家庭事业两不误的"五好文明家庭"，总结健康向上、富有内涵的好家风、好家训100余条。组织开展春节送对联，植树节种树，清明节公祭，青年志愿者学雷锋，献爱心送温暖，畅交通治污染，关爱残疾儿童，保护母亲河、创卫共参与等活动。组织参加省局组织的2016年全省地税系统羽毛球比赛、"送文化促双联，聚焦精准扶贫"、兰州市直机关第九届运动会、"两学一做"知识竞赛、市直机关工委"不忘初心，继续前进"主题演讲比赛等活动，均取得优异成绩。

（杜晨琛）

监　管

·中国人民银行兰州中心支行·

【概况】 2016年，中国人民银行兰州中心支行落实严守风险底线、推进"五个基础""三项工程""五大保障"工作任务。金融稳定、金融统计等10项工作在总行工作会议上作经验交流，反洗钱、金融科技等22项工作受到总行、国家外汇管理局和省委省政府肯定。"两权"抵押贷款、地方国库现金管理、农村信用体系建设等8项总行试点工作进展顺利。金融精准扶贫工作得到国务院副总理汪洋、总行潘功胜副行长以及省长林铎肯定，总行在兰州召开全国金融精准扶贫现场会，对甘肃的做法进行推介。

【"五个基础"】 2016年末，全省金融机构各项贷款余额159万亿元，同比增长16.01%，增速居全国第七位；投入甘肃实体经济的央行资金超过1100亿元。建立拟发债企业及商业银行债券承销情况统计制度，全省有28家企业累计通过银行间债券市场融资2164.9亿元；推动甘肃公航旅集团成功发行5亿美元高等级无抵押境外 保机构风险评级和差别化保费缴纳工作，按季监测评估辖内金融机构改革情况，国开行和农发行改革方案实施，农业银行"三农金融事业部"涉农贷款占比明显提升，农村合作金融机构改革活力释放。推进利率市场化改革，全年全省贷款加权平均利率6.26%，同比下降62个基点。履行金融管理职责，完成新设金融机构开业核查52次，受理加入人民银行金融管理与服务体系业务申请489项，收到重大事项报告878项，综合评价66家金融机构，对全省农村信用社、光大银行、农业银行514个银行网点开展执法检查，对40家金融机构开展专项执法检查，对违法违规机构给予行政处罚869.58万元。对44家异常出口不收汇企业进行风险提示，对18家银行机构和11家企业开展异常购付汇约谈。健全反洗钱监测、评估、处置机制，联合开展“打击利用离岸公司和地下钱庄转移赃款专项行动”。金融消费者投诉咨询办结率达到100%，金融服务普惠性提升。中央银行会计核算数据集中系统（ACS）综合前置子系统顺利上线，支付清算系统高效运行。开发的个人信用报告查询前置系统在全省推广使用，农户信用信息系统建设推进。经理国库职能不断深化，电子缴税业务量快速增长，地方国库现金管理试点取得新进展。发行基金总量供应合理，券别结构优化，反假货币宣传力度加大，现金柜台和ATM冠字号码实现100%查询。省级数据中心基础环境“云”化工程试点工作走在全国前列。内部管理全面强化，召开全省人民银行安全管理工作会议，印发落实安全管理责任的意见，开展网络系统和基础设施风险安全管理大检查。完善发行库标准化管理长效机制，加强车辆、枪弹等安全管控，实现调拨押运安全无事故。专项检查13个市州中心支行财务预算执行情况，稳步推进基建项目，圆满完成节能减排任务。开展依法行政、守卫押运等重点审计项目，审计发现的突出问题得到整改。首次举办全省人民银行保密知识竞赛，完善保密制度22项，全年未发生任何失泄密事故。兰州中心支行获得“全省档案工作先进集体”。

【“三项工程”】 建立金融扶贫主办行制度，将全省90%的支农再贷款限额投向75个贫困县。投放精准扶贫小额贷款434.93亿元，实现对有发展生产愿望和能力的建档立卡贫困户全覆盖。启动1000亿元产业扶贫专项贷款。启动“两权”抵押贷款试点工作，投放“两权”抵押贷款7.13亿元。全省助农取款服务点达到2万多个，实现联网通用。全面深化金融支持对外开放工程，督促金融机构建立以信贷为主体，投资、租赁、贸易融资等业务为补充的多元化金融对外服务体系，运用银团贷款、内保外贷、协议融资、涉外保函等形式，支持涉外重点区域、重点项目和重点产业发展。全年全省跨境收支总额114.1亿美元，进出口总额453.2亿元人民币，对外实际投资额同比增长近4倍，与丝绸之路沿线国家实现贸易额突破100亿元，同比增长8.5%。支持丝绸之路（敦煌）国际文化博览会建设，推动文化金融发展。构建覆盖省、市、县三级金融风险监测体系，强化对金融机构和部分重点企业的风险监测，开展银行业金融机构不良资产真实性和同业业务合规性现场评估，对地方政府融资平台、影子银行、房地产信贷等重点领域进行风险排查，开展票据中介、资产管理、委外投资等重点调查，开展互联网金融风险专项整治行动，确保全省金融风险整体可控。科技金融创新专项行动取得进展，引导金融机构制定专门的科技小微信贷管理制度，推出“双创贷”“助创贷”等信贷产品，提升金融服务科技创新型企业的专业化水平。至年末,全省战略性新兴产业贷款余额达到732亿元。

【自身建设】 开展“两学一做”学习教育，举办纪念建党95周年和红军长征胜利80周年系列活动，增强全体党员争做“四讲四有”合格党员的行动自觉和思想自觉。充分发挥工会服务基层、服务职工职能，切实增强共青团联系青年的桥梁纽带作用，不断提高离退休干部服务工作水平。选拔一批处级干部，优化干部队伍结构。完善党风廉政建设责任制检查考核办法，健全以“定责、履责、考责、追责”为重点的“两个责任”制度落实体系。推进作风建设和反腐倡廉宣传教育。强化监督执纪问责，落实中央“八项规定”精神和廉洁从政各项规定。建立甘肃省金融扶贫贷款专项统计制度，开展“统计数据质量提升年”活动，对银行业影响等重点领域开展调查研究，完成调研课题44项。年内共有4篇政务信息被国办、中办采用，31篇专报件和2条政务信息被总行和省委、省政府领导批示，政务信息在总行考核中位列省会中心支行第五名，较上年前移11个位次。试点示范引领效果初显，部分试点工作、示范工作取得进展，农户信用信息综合评级系统应用范围扩大，研发农户信用信息系统不断完善，金融精准扶贫、科技型小微企业金融服务典型示范工作形成可推广的经验和模式。推广以业务管理制度化、标准化建设为内容的县支行“业务标杆示范行”创建工作，6个县支行被评定为省级“业务标杆示范行”。不断健全工作落实机制，修订目标管理考核制度，加大督查督办工作力度，建立季度督查工作机制，分层加强工作分类指导和监督检查，建立工作分解立项、全程跟踪、序时催办、阶段性通报等督查督办制度。

【法律与金融消费权益】 组织全省人民银行317人开展行政执法资格法律培训考试，为符合条件的300人办理中国人民银行执法证。开展全省人民银行近三年发布的规范性文件清理工作，清理不符合法律、行政法规和金融规章规定的规范性文件。梳理金融管理职责、检查事项与检查权限，制定随机抽查事项清单，建立市场主体和检查人员名录库，确保全辖依法履职，金融管理有序进行。开展综合执法检查，将综合执法检查作为提高依法履职水平的重要工作，结合随机抽查机制对执法检查组织实施进行部署，成立项目组对甘肃省农村信用社、农业银行甘肃省分行和光大银行兰州分行开展综合执法检查，对其他14家金融机构开展相关业务专项执法检查。通过开展综合执法检查，查处金融机构的违法违规问题，推动金融政策法规的落实，维护良好的金融市场秩序，改善和优化全省金融环境。审查基建项目、民事合同等各类法律服务项目的合法性，执行授权委托书制度，规范合同审查程序，防范法律风险，维护人民银行合法权益。加强政府信息公开法律审核，确保政府信息公开流程合法、规范。配合司法机关金融信息查询和案件协助工作，充分发挥法律事务在保障人民银行依法履职和加强自身建设方面的作用。加强金融消费者权益投诉服务标准化建设，统一投诉咨询答复口径，提高12363电话服务水平，防范风险隐患。作为总行确定的六家试点单位之一，组织省内3家银行业法人金融机构开展金融消费者投诉分类标准应用试点工作。实现投诉分类标准在辖内地方性金融机构的全面统一应用，3家试点单位投诉管理电子化流程及投诉统计监测分析电子化管理程度和标准化水平提升。收集金融机构和辖内人民银行典型案例信息，按机构和业务类型及时进行整理,充实案例信息库，收集各类案例200余例，为加强投诉分析和案例信息共享，强化风险提示提供了保障。接听、受理12363金融消费权益保护咨询投诉电话，依法协调处理电话和现场金融消费者投诉，解释答复投诉咨询，反馈投诉处理结果，消费者的诉求得到解决。全年全省人民银行受理金融消费者咨询1079件，受理投诉195件，办结100%，维护了金融消费者合法权益。推进金融消费权益保护评估检查工作，在组织辖区128家金融机构进行自我评估基础上，组织全省对15家金融机构开展现场评估。开展监督检查，组织各市州中心支行开展以个人账户信息安全保护为重点的个人金融信息及银行卡领域金融消费权益保护专项检查工作。检查全省金融机构16家。其中，国有商业银行10家；股份制商业银行1家；地方法人金融机构5家；检查机构网点71个。对检查中发现的问题现场开展制度及业务方面培训，指导金融机构规范业务管理，促进金融消费者权益保护工作良性发展。用“3·15金融消费者权益日”“5·15打击和预防经济犯罪日”“金融知识宣传月”等平台，借助现场、报刊、网络、微信公众号等宣传媒体，在农村贫困人口、城镇低收入人群、困难人群及大中专在校学生等群体开展宣传活动。全省人民银行和金融机构发动2000余名青年志愿者和员工，开展各类现场宣传活动663场（次），受众消费者58余万人（次），发放各种宣传材料63余万份，媒体报道83次。开展消费者金融素养问卷调查工作，在全省14个市州、63个县区开展问卷调查工作，收回有效问卷1975份，为了解全省消费者金融知识水平和需求，开展金融知识普及工作奠定基础。

【货币政策市场管理】 2016年，全省人民银行发放再贷款、再贴现和常备借贷便利（SLF）467.61亿元。其中，发放支农再贷款242.52亿元，同比减少23.16亿元；累计发放支小再贷款44.25亿元,同比增加8.5亿元；累计办理再贴现133.84亿元，同比增加6.3亿元，面向省内地方法人金融机构首次发放SLF47亿元。执行好定向降准政策，引导金融机构改进支农支小金融服务，缓解农户、小微企业融资难融资贵问题，促进全省“三农”、小微企业发展。年内对农业银行甘肃省分行30家考核达标县级三农金融事业部执行比农业银行低2个百分点的优惠存款准备金率。执行比例考核办法有关存款准备金激励约束措施。对考核达标的县域法人金融机构执行比同类金融机构正常标准低1个百分点的存款准备金率。做好平均法考核存款准备金相关工作，建立工作机制，制定工作方案，分解落实任务，确保存款准备金考核制度改革顺利实施。做好存款准备金监督检查和对欠缴法定存款准备金违法行为的处罚工作。要求相关金融机构对执法检查中发现的问题进行整改，依法处罚欠缴法定存款准备金的金融机构，维护存款准备金政策的严肃性。监测分析金融机构流动性变化情况，制定完善相关监测报表，密切关注辖内重点机构的流动性变化情况。年内甘肃银行等7家自律机制基础成员均年检达标，另有2家新申报机构被全国自律机制吸收为观察成员。推动利率定价水平高、符合相关条件的金融机构参与发行、交易同业存单及大额存单，全年全省法人金融机构同业存单共计发行386亿元，大额存单共计发行27.5亿元，有效拓宽了地方法人金融机构资金来源渠道，扩大金融机构负债产品市场化定价范围。拓宽企业直接融资渠道，推动金融机构加大银企对接，多渠道宣传企业债务型融资工具，缓解企业和项目建设融资难题。全年全省非金融企业通过交易商协会注册，在银行间债券市场发行债券155亿元。

通过外汇交易中心数据库端口，掌握辖内市场成员参与同业拆借市场交易具体情况。做好同业拆借市场、债券市场、衍生品市场、黄金市场、票据市场和外汇市场等各金融子市场相关业务管理和监测分析工作，关注市场变化，加强风险防范工作。结合辖区实际开展黄金市场业务专项调查，掌握全省黄金市场交易品种、交易量和管理制度。做好票据市场日常监测分析，掌握区域票据市场运行特征和风险点，配合总行做好地方法人机构接入票据交易平台的申请工作，组织41家地方法人金融机构提交票据交易平台接入申请。

【金融稳定与农村金融管理】 召开全省银行业金融机构负责人会议，通报全省金融管理工作和重大事项报告制度执行情况，督导金融机构严格执行金融法规政策和金融管理制度。全年受理加入人民银行金融管理与服务体系业务申请489项。落实重大事项“零报告”要求，全年接收重大事项报告878项。开展金融机构年度综合评价工作，对全省410家银行、证券、保险业金融机构进行年度综合评价，依据评价结果对金融机构实行分类管理，督促金融机构稳健合规发展。对全省105家法人投保机构进行风险评级，掌握投保机构风险状况和经营管理情况。实施风险差别费率制度，顺利完成首次差别化保费缴纳工作。督导金融机构加强日常风险应急管理，指导部分重点关注法人金融机构开展风险应急演练，对可能出现的风险问题提前做好应对处置安排。开展人民银行系统省、市、县三级联动处置金融突发风险应急演练活动，检验人民银行系统应对金融突发事件能力和应急预案有效性。在全省范围内开展金融风险排查工作，摸排实体经济、地方政府融资平台、影子银行、房地产信贷等重点领域风险状况，调研全省金融机构不良资产处置、创新业务发展、非金融企业杠杆率情况，对发现的问题及时向有关部门进行预警提示，遏制相关金融风险。深入开展金融机构现场评估，组织对全省12家银行业机构开展不良资产真实性评估，督导金融机构客观、真实反映资产质量。现场督查9家银行业机构同业业务合规性，引导金融机构规范业务经营行为，加强对实体经济支持力度。开展互联网金融风险专项整治行动，核查各类机构634家，确保了全省金融风险整体可控。

深入推进金融机构改革，做好全省70家农行县级事业部改革情况监测工作，督导农业银行完善“三农金融事业部”管理体制，提升涉农贷款占比。开展大型商业银行、邮储银行、资产管理公司分支机构改革情况调研，向总行反馈相关情况，引导各金融机构积极转变发展方式和盈利模式，不断提升金融服务水平。截至年末，全省有农村商业银行23家、农村合作银行8家、农村信用社52家、村镇银行20家，四类机构各项贷款3313.21亿元，各项存款3775.06亿元，为服务全省农村经济发展提供了支持。四类机构发放支农再贷款余额213.72亿元，同比增长14%。加强利率管理，指导金融机构建立完善《甘肃省存款利率定价自律公约》《甘肃省市场利率定价自律管理办法（暂行）》等制度框架，促进降低涉农贷款利率。建立不良贷款反弹报告机制，对79家农村合作金融机构开展信用风险和流动性风险压力测试。定期监测法人存款类金融机构存款账户信息，开展全省存款保险评级工作，完成差别化保费交纳工作。推进农村支付服务环境建设，自主研发甘肃省银行卡助农取款服务管理信息系统，全省6家涉农银行机构布设的2万多个助农取款服务点全部实现联网通用功能。推动非现金支付工具在农村地区的应用，全省农村地区发放银行卡6351.85万张，较年初增长9.1%，采用手机银行等新兴支付方式的用户量达到3358.31万户，较年初增长21.0%。

督促3家村镇银行正式接入个人征信系统并开通查询权限，组织6家申请接入征信系统的村镇银行完成接口程序测试及最终验收，启动7家村镇银行接入企业征信系统工作。组织正式接入征信系统的四类机构参加企业征信数据质量核对及量化考评，对全省农村信用社系统的84个法人机构和452个营业网点征信信息安全开展专项检查。对甘肃省农村信用联社及其分支机构开展综合执法检查，对发现的违规问题依法予以严肃处理。指导村镇银行开展反洗钱数据报送，对涉及大额和可疑交易零报告机构进行质询，辖内7家村镇银行均实现“总对总”报送。

【外汇管理与国际收支】 开展大额购付汇监测和异常购付汇约谈，召开座谈会，要求企业严格控制购汇规模，切实降低结售汇差额规模和占比。整治出口不收汇，采取多项措施对全省出口不收汇问题进行整治，报送《甘肃企业出口不收汇问题应引起高度重视》专报得到原省长刘伟平和副省长郝远的重要批示。提升国际收支监测分析水平，全方位、多角度持续监测重点行业和企业，深入分析大额跨境资金流动趋势，高效完成《2015年甘肃省外汇收支运行报告》等分析报告。实施跨境融资宏观审慎管理新政，举办全省跨境融资宏观审慎管理政策培训会，多渠道、多途径向社会公众大力宣传跨境融资宏观审慎管理新政，为跨境融资宏观审慎管理新政在全省的顺利推广实施奠定了坚实基础。核对借用外债企业上报数据与系统数据，掌握全省跨境融资宏观审慎风险加权余额控制情况，避免超限额跨境融资情况的出现。加强对银行和企业的现场辅导，确保新政实施初期政策的正确贯彻执行。上线个人外汇业务监测系统，运用个人外汇业务监测系统对全省个人项下跨境流出入数据进行持续监测，有效遏制了个人分拆购付汇等违法违规行为的发生。在全省范围内开展流出项下外汇业务专项检查。查办“3·16”专案。检查3家金融机构开展异地企业大额购汇专案，并进行行政处罚。创新全省外汇市场监管机制，指导17家外汇指定银行共同签署《甘肃省外汇市场自律机制工作指引》和《甘肃省银行外汇和跨境人民币业务展业公约》，搭建起全省外汇市场自律机制。提高行政审批便利性和透明度，推广实施银行结售汇行政审批网上预受理预审批，通过外汇局互联网子网站及时发布2016年全省办理结售汇和外汇衍生产品的金融机构明细表。全年为25家银行分支机构开办了结售汇业务、人民币与外汇远期和期权业务。积极为金川集团财务公司、酒钢集团财务公司、兰州银行和甘肃银行核定综合头寸上下限额。运用新版考核系统对银行外汇管理政策执行情况进行考核。支持省内重点企业和优势产业加快“走出去”步伐，提高“引进来”质量，优化企业“走出去”和“引进来”的金融环境。与丝路基金、中拉产能合作投资基金等国家中长期开发投资基金进行沟通，为省内重点企业开展国际产能合作、加大境外投资、加快“走出去”步伐争取新的资金来源搭建政、汇、银、企对接平台。举办2016年甘肃省外汇政策培训暨外汇衍生产品推介会，邀请总局和中国银行、建设银行总行专家就外汇政策和各行外汇衍生产品开展详细讲解，为银行向企业面对面推介外汇衍生产品搭建对接平台。

【调查统计】 年内形成“甘肃省金融支持金融基础设施建设情况调查”“我省存款增速回落的原因及未来展望”“甘肃省理财市场运行情况分析”“甘肃省存贷款利率监测报告”“甘肃省票据融资增长情况分析”“甘肃省银行家经济景气合成指数编制研究”等10多篇专题分析调研报告。其中，调查统计处与货币信贷处共同完成《2015年全省金融运行情况报告》《2016年上半年甘肃省金融运行形势分析》和《2016年前三季度甘肃省金融运行分析》得到林铎省长肯定性批示；《2015年甘肃省社会融资规模监测分析报告》和《2016年1–4月全省金融运行情况》得到郝远副省长批示；《企业生产经营状况继续恶化》和《甘肃省小额贷款公司经营情况调查》被《调查统计与分析》刊载。向办公室报送信息40多篇，其中《中小微企业融资需求强烈但融资成本高问题亟待解决》《农户进城购房现状及影响因素分析》和《2016年上半年甘肃省金融运行形势分析》被省政府采用。《地方政府债务置换对商业银行统计的影响》在总行2017年金融统计制度会上做了交流发言。为保证数据质量提升年活动顺利开展，兰州中心支行成立活动领导小组，制定下发活动方案，通过统计专题培训、制度巡回讲堂、组织知识竞赛、召开经验交流座谈会等多种方式开展数据质量提升年活动。各金融机构制定严格的数据考核细则，完善系统监测程序，对重点指标设定校验阀值，不定期开展自查纠错，定期进行检查培训。兰州中支编制《甘肃省金融统计数据质量提升年活动简报》7期。5月底，下发金融统计业务知识竞赛参考书目，设计竞赛试题600余人，于11月25日举办省级金融机构统计知识竞赛，在兰金融机构40余人参加比赛，并评选出一、二、三等奖。通过数据质量提升年的活动，各金融机构及数据上报机构充分认识到了统计数据质量的重要性，对金融统计工作的重视程度明显提高，接受金融统计管理的主动性明显增强，金融统计从业人员的沟通交流更加频繁，分析解决问题的能力得到大幅提升。在全省金融统计人员的共同努力下，2016年金融统计数据实现了“零差错”目标。建立甘肃省扶贫贷款专项统计制度。为落实政府关于全省扶贫攻坚的政策，从甘肃贫困地区金融发展现状、扶贫贷款种类和普惠贷款的发放情况、精准扶贫项目贷款发放情况、货币政策支持情况等四个层面设计扶贫贷款统计内容。根据试点结果，对统计制度内容进行评估，逐项分析统计指标的有效性、可行性和实用性，优化指标体系，形成甘肃省扶贫贷款专项统计监测制度（兰银发〔2016〕87号），填补了甘肃省金融扶贫贷款统计工作的空白。按照“两条线省级汇总数一致”原则，人民银行和金融机构审核，确保总分关系平衡。完成2015年、2016年一、二季度三期数据的收集、汇总和核对工作。三期数据收集的结果显示，甘肃省发放的扶贫贷款占全省各项贷款余额30%，为全国精准扶贫工作做了有益的积淀。按照总行《关于建立金融精准扶贫贷款专项统计制度》要求，与甘肃省农牧厅、农机站等单位协调沟通，收集省、市、县等三级农业产业化龙头企业、示范性家庭农场及农业专业大户名单，下发至辖内各金融机构，确保金融精准扶贫贷款数据填报的准确性。组织召开金融机构座谈会，强调金融精准扶贫贷款专项统计的重要性，解读相关制度内容和统计指标，提升统计人员业务能力和工作责任感，加强数据报送的现场指导和数据核查，确保数据质量准确无误。编制《金融产品价格综合统计监测月报》，向金融机构提供存贷款加权平均利率、理财及信托资金收益率等信息，提高金融机构自觉适应市场变化和主动调整经营策略的能力。研发数据校验程序，制定excel版民间融资系统数据校验模板，将民间融资系统中的数据与手工录入版本的数据进行校核，实现校验的精确化和自动化；研发小额贷款公司数据报送校验程序和数据审核校验程序，大幅提高小额贷款公司的数据报数质量和数据审核速度。

【征信管理】 加强征信业务监督管理，按照《中国人民银行关于加强征信合规管理工作的通知》要求，组织全省人民银行系统、地方性金融机构和征信系统小微接入机构全面开展征信合规情况自查自纠工作，排查征信业务风险隐患，规范业务流程，督促各类机构依法合规开展征信业务。开展对中国银行甘肃省分行、光大银行兰州分行和部分征信系统小微接入机构的征信业务检查工作，督促被查机构严格落实征信管理制度，规范征信业务行为和市场秩序。加强征信信息安全管理。制定印发《关于进一步加强金融信用信息基础数据库应用管理工作的意见》，强化金融信用信息基础数据库管理应用风险防控措施。落实安全管理职责，建立健全征信信息泄露的风险防控体系。组织研发并在全省人民银行系统推广个人信用报告查询前置系统，为征信系统的安全平稳运行设立了安全保障。全年监测异常查询9.27万笔。防范违规查询征信信息行为的发生，维护了信息主体合法权益。稳步推进社会信用体系建设。协调省社会信用体系建设成员单位推进信用信息共享、信用奖惩机制建设等基础性工作，推动全省社会信用体系建设发展。中小企业和农村信用体系建设取得成效。截至年底，全省补充完善10.57万户中小企业信用信息，7.47万户企业获得银行授信，其中6.37万户获得银行融资4416.51亿元。为440.18万农户建立信用档案，评定信用农户370.12万户，对建立了信用档案的358.55万户农户发放贷款1859.27亿元，为中小企业和农村经济发展提供资金支持。截至年底，数据库已收录全省11.48万户企事业单位和1720.82万自然人信用信息，采集各类非银行信息28.24万条。数据库查询服务渠道进一步拓宽，全省已形成“柜台查、网上查、自助查、网银查”四位一体的查询服务体系，为社会公众提供了更加高效便捷的查询服务。全年累计查询企业信用报告19.60万笔、个人信用报告451.19万笔。中征应收账款融资服务平台和动产融资统一登记系统的推广应用取得显著成效。中征应收账款融资服务平台注册用户2735个，成交业务481笔，金额538.72亿元。动产融资统一登记系统登记业务1.06万笔，查询10.58万笔，拓展中小企业融资渠道。对辖内2家信用评级机构开展现场检查，全年开展各类信用评级业务35笔。核查和调查摸底全省信用评级机构和企业征信机构信息的真实性，掌握全省征信市场的发展状况，为加强征信市场监管奠定基础。推进征信宣传教育进机关、进社区、进农村、进企业、进校园“五进”活动，协调省教育厅在《形势与政策指导纲要》中设置“征信与诚信文化”专栏，征信知识进大专院校教学大纲取得突破性，进一步加快征信宣传教育融入国民教育进程。联合大专院校组织开展征信知识讲座、征文、知识竞赛等活动，在高校形成了“学征信、懂征信、用征信”氛围。各地结合本地实际开展特色宣传教育，借助新闻媒体特别是新兴媒体力量开展宣传，不断创新宣传教育方式和手段，征信宣传教育的覆盖面和影响力进一步扩大。

【反洗钱工作】 推进金融机构洗钱风险自我评估，制定《甘肃省金融机构洗钱和恐怖融资风险管理指引》，指导辖内22家银行业机构和地方法人机构建立洗钱风险自评估制度，系统评估本机构潜在和现实的洗钱外部风险，查找流程设计中的风险漏洞，建立反洗钱工作闭环，强化全流程的洗钱风险管控。探索区域洗钱风险评估，按照“总体环境稳健性、反洗钱监管体系完备性、洗钱风险威胁性、洗钱上游犯罪冲击性”4个维度，分16大类108个小项建立了评估指标体系，尝试开发涵盖“信息采集、风险评估、风险视图、机构管理”等六个模块的“区域洗钱风险评估系统”，初步实现了批量导入数据、系统自动评估、风险多维显示、结果分级查阅等功能，探索开发的区域洗钱风险评估系统有力支持了风险评估工作的深入开展。按照“统一标准、审慎有效”原则，对辖内银行、证券期货、保险、支付机构等70多家省级机构反洗钱工作开展考核，针对性地引导义务机构将反洗钱资源向高风险领域倾斜。保持现场检查高压态势，全年重点对工商银行、农业银行、邮储银行甘肃省分行跨境汇款业务及中华联合财险、新华人寿甘肃分公司等机构开展专项检查，牵头开展了对甘肃省农村信用联社和光大银行综合执法检查，达到检查一家触动一片的效果。对兴业银行、兰州银行等5家银行机构开展监管走访，督促银行机构提高业务风险防范水平，针对证券创新业务发展迅速的现状，召开证券公司创新业务与洗钱风险管控座谈会，增强证券机构洗钱风险管控能力；针对保险业风险意识淡薄的问题，对泰康养老、永安财险等5家机构实施了约见谈话，督促保险机构提高反洗钱责任意识；针对支付机构反洗钱工作基础薄弱的实际，印发《支付机构反洗钱考核评估办法》，加大了对支付机构的反洗钱监管力度。不断强化可疑交易监测分析，全年接收处理可疑交易报告76份，同比增长35.71%。向中心申请研判9起，向公安机关、国家安全及国税部门移送洗钱犯罪线索36起，9起线索立案，5起成功破获，移送线索量、立案率、侦破率同比均有大幅提高。密切配合洗钱案件资金调查，通过联合培训、案情会商、实地走访等形式加强与省反恐办、禁毒、经侦等部门的沟通交流，全年协助省纪委、公安厅、禁毒、海关等部门完成反洗钱行政调查和案件协查41起，同比增长41.38%；涉及被调查对象254个，调查可疑账户945户，涉及可疑交易资金约500多亿元。有序推进反洗钱专项行动，“打击利用离岸公司和地下钱庄转移赃款”“反腐败国际追赃追逃”“打击骗取出口退税和虚开增值税专用发票”三大专项行动成效显著，全年向公安机关移送地下钱庄可疑线索5起，协助破获公安部统一督办的甘肃省辖内“12·17”地下钱庄专案，协助省纪委对5起涉嫌追赃追逃及腐败洗钱案件中的150多个账户开展调查，移送涉嫌骗税和虚开可疑交易线索7起，2起立案侦查，专项行动得到了总行、公安部、外管局的通报表扬。对马氏地下钱庄、涉藏分裂融资等实际工作中发现的洗钱风险开展调研，形成一批有价值的调研成果。组织业务骨干深入金融机构和市、县人民银行开展培训，派员跟班参加总行对中国人寿总公司、花旗银行（中国）有限公司的风险评估和现场检查，实现人员和业务的双向培训。组织地方法人金融机构3879余人参加总行远程网络培训，向金融机构73名反洗钱高管人员颁发培训证书，进一步增强反洗钱工作人员履职意识和风险管控能力。强化反洗钱宣传.围绕《反洗钱法》颁布10周年，组织全省人民银行和义务主体开展主题宣传，借助网络自媒体、报纸连载、广电访谈、主题征文、民俗文化、业务竞赛等宣传形式，提升全社会对反洗钱工作的认知度，活动期间全省累计制作和发放宣传资料30余万份，受众人数达上万人，《金融时报》以“十年探索铸就辉煌 同心戮力续写华章”为主题专版宣传报道了全省人民银行和金融机构反洗钱工作10年来取得的主要成绩和特色做法。

【金融研究】 全年全系统有400多篇调研文章在省部级以上刊物发表，71项研究成果获甘肃省第五次金融科研优秀奖，11篇论文获第三届中国西北金融高峰论坛征文活动表彰奖励，1篇论文获甘肃省第十四次哲学社会科学优秀成果三等奖，1项研究课题获总行重点研究课题优秀奖。普惠金融、营改增、金融精准扶贫、“一带一路”等重点研究，得到总行领导的充分肯定。初步显现“大调研”合力效应，年初组织召开全省人民银行调查研究和政务信息工作推进会。在全省人民银行调研人员的分工协作下，形成一批有广度、有深度的调研成果。有序开展调查研究工作，完成《丝绸之路经济带框架下西北五省区协同发展研究》《丝绸之路对外开放：甘肃金融的作用与效率》等系列研究成果，为建设国家战略提供理论指导和智力支持。《金融精准扶贫的甘肃实践》《突出“四个精准”助推甘肃脱贫攻坚》等多篇调研报告得到总行、省委、省政府领导的肯定性批示。总行在兰州召开“全国金融精准扶贫现场会议”，推介了甘肃金融精准扶贫的主要做法和经验。深化金融风险防范研究，围绕有色、钢铁、水泥、煤炭等行业在去产能、去库存过程中存在的问题，房地产供需形势及其对银行业信贷风险的影响开展监测和分析，防范重点领域金融风险。对金融机构资产管理、委外投资、非标资产投资、产业基金、不良资产核销等开展系列调研工作，做到金融风险早发现、早报告、早预警、早处置，提升金融风险防控工作的前瞻性和有效性，不断提升研究工作的前瞻性与敏锐性。了解经济金融改革发展新方向、新领域。在总行关注和契合未来发展方向、洞察经济金融发展规律、事关经济金融长远发展的领域中捕捉热点、难点和重点问题，如在国际资本流动、G20峰会数字普惠金融议题、区块链与电子货币、绿色金融、“营改增”改革的影响、科技金融等前沿领域开展深入研究。关注全省经济金融运行中出现的新情况，破解制约全省经济协调发展的瓶颈和障碍以及金融运行中的深层次矛盾，探索金融支持地方经济发展的途径。提高课题研究的质量和水平，全年组织完成总行重点课题1项、兰州中支课题43项、青年课题24项，完成会计财务、调查统计、外汇管理等对口司局条线课题近10项，积极推动基础理论创新和计量方法突破，形成了一批高质量的阶段性研究成果，其中两项课题分别获得2016年总行课题评审优秀奖和总行团委课题评审三等奖。

专项研究普惠金融，结合甘肃省情和地区实际，吸收借鉴总行消保局、G20最新研究成果，形成“一套指标体系、一个综合指数”的甘肃省普惠金融发展评价体系，研发的农户信用信息综合评级系统完善且应用范围扩大，金融精准扶贫、

扶贫再贷款、科技型小微企业金融服务典型示范工作形成了可推广的经验和模式，“两权”抵押贷款试点、电商扶贫、高风险法人机构预警提示、压力测试技术方法创新等取得显著成效。持续提升研究系统影响力，全省人民银行系统积极围绕经济金融改革攻坚重点、难点和关键环节深入开展调研，形成一批具有学术价值和决策参考价值的研究成果。其中，全系统有400余篇调研文章在省部级以上刊物发表；4篇调研报告被中办、国办采用，41篇调研报告被总行、省委、省政府采用；33项研究成果得到总行和省委、省政府领导批示。2016年中美央行高端对话工作论文《全球流动性周期及其宏观影响》等翻译工作受到总行好评。重视研究人才的培养和锻炼，根据业务发展和实际需要，通过课题联系人制度、青年讲堂、学术研讨会、联合调研、专题合作研究及调研技能培训、课题现场点评等方式，培养和锻炼中青年干部，提升研究人员业务能力和综合素质。研究团队合理分工、高效协作。按照专业优势和业务分工、区域优势和经济发展特点，在全辖形成研究领域互补、专业合作有序、区域特色突出的研究团队。转变调研工作作风，把党建工作放在突出位置，坚持党建工作与研究工作同安排、同推动，形成业务与党建深度融合、共同发展的良好局面。通过“两学一做”等学习教育活动，引导党员干部转变研究思想，改进研究工作作风，学而信、学而用、学而行，实事求是、创造性地开展研究工作。

【信息化建设】 试点省级数据中心基础设施“云”化工程，提高重要应用系统安全保障能力。科学部署，做好电信网络新型违法犯罪交易风险事件管理平台、国库监管等业务系统推广上线及人民币结算账户管理系统、ACS客户端等升级换版的技术支持。以科技部门自身信息化为重点，开发金融科技综合管理系统，提升科技服务信息化水平。强化运维保障，确保人民币结算账户管理系统、ACS等重要系统的安全稳定运行。强化信息化设施建设。实施兰州中心支行同城转接中心/兰州CCPC同城网络备份中心机房的建设和搬迁工作，推进省级数据中心新机房建设。完成全省业务网核心交换机升级和虚拟化推广工作，在业务网部署网络监测分析系统，完善业务网网络安全运维手段。优化金融城域网网络结构，提高网络的灵活性、健壮性。对现有IP语音核心系统进行自主可控升级改造，提升办公系统工作效能。强化全省人民银行信息安全管理。开展全省机房基础设施、网络和业务系统风险排查整治工作，提升信息安全风险防范能力。强化信息安全基线管理和信息安全检查、整改，提升信息安全整体防护能力。强化应急管理，统筹规划全省数据备份体系建设，提高省级数据中心重要应用系统的灾难恢复能力。制定《人民银行兰州中心支行业务网数字证书管理实施细则》，做好全省数字证书管理工作。支持丝绸之路经济带甘肃段建设工程，制定出台全省金融支持敦煌文博会建设的指导意见，督促指导酒泉市、嘉峪关市中心支行做好敦煌市金融IC卡“闪付”示范区建设工作，满足敦煌文博会期间多样化支付需求。加强风险管控，开展以信息保护和支付安全为主要内容的防范电信网络欺诈宣传，制定辖内银行卡风险管理工作方案，严控银行卡支付风险。组织召开全省金融IC卡和移动金融工作推进联席会，推动各商业银行、支付机构签订《甘肃省金融IC卡与移动金融公共服务领域应用联网通用建设公约》，强化金融IC卡和移动金融考核，做好金融IC卡发卡审核及相关数据的统计报送等工作。深化全省银行业信息安全指导，召开全省银行业信息安全联席会议，推进区域金融信息安全协调机制建设。强化监督检查，对甘肃农信社联合社进行科技业务执法检查，组织辖内地方法人银行业金融机构开展关键信息基础设施网络安全检查。核查整改，做好非银行支付机构技术管理，完成支付业务分类评级技术测评。治理应用环境，推进国产密码应用工作，逐步形成构建国产密码安全保障体系的良性生态环境。提升全省科技服务水平，加强科技队伍能力建设，举办全省省级数据中心虚拟化平台技术培训班和信息安全管理暨网络技术培训班，组织全省科技人员400多人（次）参加总行、兰州中心支行举办的各类培训。在全省开展以政策解读、科技管理、系统维护、信息安全等为主要内容的科技业务学习交流活动，有效提升了科技人员的理论水平和业务技能。

【货币发行与安全保卫】 对市州中心支库发行基金铺底定额重新核定，为提高需求计划编制科学性提供依据。分析影响全省现金运行的主要因素，提高现金需求变动趋势预测的准确性，全年投放发行基金1040.28亿元，比上年同期下降1.73%；回笼发行基金933.83亿元，比上年同期下降5.23%；净投放106.45亿元，比上年同期增长45.44%，从总量和券别两方面保证全省现金合理供应。做好硬币自循环工作，制定《人民银行兰州中心支行开展硬币自循环工作实施方案》，召开兰州市16家银行业金融机构参加的甘肃省硬币自循环工作座谈会，支持金融机构和企事业单位配备硬币自助兑换机、存取一体机和自动售货机等设备，大力推进硬币流通环境建设。8月底，提前完成1角硬币自循环工作目标。提升库房规范化管理水平，为全省各级

发行库采购、配备扫地机24台，扎把机、捆钞机各100台。7月，分2期举办发行库管理暨发行会计业务培训班，市州、县区两级货币金银部门180余人参加培训班。4月16日–5月24日、10月16日–11月24日，对全省13个市州中心支库及34个县区支库开展业务检查，提升库房规范化管理水平。提高流通中人民币质量，推进冠字号码查询工作，全省5190台取款机（ATM）、6651台存取款一体机（CRS）、14078个营业网点柜台对外付出现金全部实现冠字号码可查询，可查询率达到100%。开展人民币收付、假币收缴鉴定暨人民币净化工程专项检查，检查营业网点804个，同比增长4.8个百分点。规范金融机构现金收付行为，提高流通中人民币质量，推动反假货币重心前移，在全省开展“2016年反假货币宣传月”活动，利用新媒体互动，在兰州公交34条线路1100余辆公交车定时播放反假货币知识；在甘肃移动电视频道、手机APP牛肉面客户端、“央行甘肃”微信公众号、工商银行“融e联”等平台开展反假宣传，受众超过300万人（次）。全年收缴假人民币368.43万元53932张，遏制了制贩假币的违法犯罪活动，维护了人民币作为“国家名片”的信誉。落实总行《普通纪念币发行管理办法》，做好箱号登记，包装箱管理，加强现场督查指导，向社会公开发行数量、发行进度、剩余数量、预约时间、兑换网点等有关信息，接受社会监督，完成2016年贺岁普通纪念币、孙中山先生诞辰150周年普通纪念币发行工作。启动安全保卫管理系统在全省人民银行系统的上线部署工作。筹备兰州中心支行监控（指挥）中心建设，建成后监控（指挥）中心将具备监控、指挥、远程联网、北斗定位等功能。完成3个市州中心支行和6个县区支行发行库监控报警系统的立项改造，进一步提升了技防建设水平。举办全省人民银行系统安全保卫业务培训班，对97名守押岗位人员开展培训，提升人员业务素质和履职能力。推进社会治安防控体系建设，为创造良好金融环境、服务经济社会发展发挥了重要作用，被省委、省政府评为“2016年度全省综治（平安建设）工作先进成员单位”。

【国库组织与国债管理】 全省各级国库坚守国库以“两个安全”底线、日常风险防控和重点监督检查相结合，完善内控管理机制，强化各项制度落实。对辖内5个市州中心支库、兰州市4个县区支库和9家代理国库开展实地业务检查，先后对4家商业银行38个分支机构办理的代理国库业务进行执法检查，督促纠改存在的问题，全辖国库顺利实现了“业务零差错、操作零违规、资金零风险”目标。全年全省办理公共预算收入1440.67亿元，同比增长3.94%；公共预算支出3195.60亿元，同比增长3.74%。组织全省各级国库参加2016年年终决算业务处理应急演练，使全辖国库人员提前熟悉掌握年终决算流程。配合“营改增”等财税体制改革顺利实施，2016年营改增税收入库124.82亿元，同比增长3.82倍。加强国库集中支付资金清算管理，通过集中支付办理库款支拨业务248.25万笔、金额2614.40亿元。地方国库现金管理工作成功试点，与财政部门联合出台实施细则、实施方案等相关文件5份，通过公开招投标方式开展商业银行定期存款操作2期，向15家商业银行投放资金200亿元，为省级财政增加利息收入近5亿元；收回工商银行代理的兰州第五支库交由人民银行嘉峪关市中心支行经理，提升国库服务效能；国库统计分析的信息参谋作用不断增强，全省有59篇调研报告发表于省部级以上公开刊物，发挥国库信息决策参谋作用。

适应对象的新需求，不断提升国库“服务社会民生”水平。与税务部门沟通协调，采取多种形式督促加快TIPS的推广，2016年全省TIPS电子缴税业务量占税收收入比重达到81.1%。积极推进财政支出电子化建设。扩大涉农惠民补助资金国库直拨业务范围，2016年通过“国库直通车”拨付13类134项政府补助资金，共87.65万笔金额73.25亿元。督促商业银行做好国债发行、管理与宣传工作，全年全省组织发行凭证式国债4期6.51亿元、储蓄国债（电子式）10期8.21亿元，金额同比分别增长20.33%、38.22%；兑付无记名国债本息合计70857元。

【支付清算与电子结算】 召开辖内银行机构全省支付工作会议，规范辖内银行机构支付结算业务，提高支付业务风险防范意识。开展对辖内银行机构400多家网点的支付结算执法检查，规范银行机构的支付结算业务行为。执行人民银行总行《关于加强支付结算管理 防范电信网络新型违法犯罪有关事项的通知》要求，协助公安机关利用信息化手段对涉案账户进行紧急止付、快速冻结、快速查询、封停业务等。开展全省支付机构客户备付金风险和跨机构清算业务整治，及无证经营支付业务整治工作。受理“12363”咨询投诉，办结率达到100%。

改善农村支付服务环境，建设以助农取款服务为核心，手机支付服务为主体，流动金融服务车为补充的甘肃省农村支付服务体系。截至年底，全省农村地区设立助农取款服务点2.10万个；布放ATM机9759台、POS机15.87万台，分别较年初增长14.5%、18.6%；发放

银行卡6351.85万张，较年初增长13.8%，农村人均持卡量达2.46张；手机银行和网上银行用户数量分别达到2010.14万户和1348.16万户，较年初增长29.4%、10.2%。稳步推进业务系统建设任务。举办ACS综合前置业务培训班2期，培训全省人民银行及银行机构200多名业务人员。完成甘肃省农村信用社辖属法人机构及全省11家村镇银行的综合前置子系统推广上线工作。做好ACS信息管理子系统（AMIS）上线运行工作，确保电子商业汇票业务推广工作顺利实施。提升账户管理水平，按照《中国人民银行兰州中心支行行政执法信息公示工作规程(暂行)》要求，逐笔登记银行账户开户许可证核发工作中的相关信息并进行公示。落实“集中申报制度”和“账户专管员制度”，召开银行结算账户专管员会议，强化对银行机构人民币银行结算账户的管理。执行账户审核制度，规范银行结算账户的使用和管理，全年新开立单位银行账户10.19万户，撤销、变更6.88万户。

召开“2016年全省银行票据业务风险防控及工作分析视频会”，提升全省银行机构票据业务管理水平和识假防伪能力。联合甘肃银监局安排部署全省加强票据业务监管相关工作，规范票据交易行为，防范票据业务风险。开展商户协议换签工作。利用“5·15”宣传活动等，以“防范风险，护航发展”为主题集中宣传，提高群众对银行卡风险的防范意识。有序推进支付清算工作，全年支付系统兰州城市处理中心处理支付业务7589万笔，金额34.69万亿元，同比分别增长454%、3.1%，支付系统业务量不断攀升。落实支付系统业务运行管理制度，加强对支付系统登录、日切、日终处理等关键环节的节点监控。管理有力，督导及时，各直接参与者未出现影响资金及时清算行为。举办“支付清算业务”“支付系统推动对外贸易”专题培训，围绕区域性法人银行支付业务拓展、贫困地区支付清算体系建设与环境改善路径、电子商业汇票业务发展等支付清算焦点和热点问题，开展基层调研，取得调研成效。开展“票据交换系统”应急演练，以4月18日实际业务为演练对象，全面检验“票据交换系统”突发事件的响应、指挥和处置能力。应对兰州地铁修建造成的交通拥堵困难，及时调整和优化速递线路，全年出动速递车辆2万多台（次），安全行驶36万公里。加强交换单位准入退出管理，当年新增交换单位32家，撤销直接交换单位14家，间接交换单位6家。加强票据清分业务管理，全年未发生任何资金差错。

【人事教育】 重点开展“两学一做”学习教育，推进干部选拔任用，加强党的建设、干部队伍建设、干部教育培训、劳资统筹管理和自身建设。党委班子先后召开党委扩大会议7次、党委中心组集体学习10次、参加省市党政主要领导干部研讨班和专题辅导5次，主题联组学习会1次，先后48次赴13个市州中心支行、37个县支行、50多家企业、130多户贫困农户开展调研；举办专题辅导讲座5期，38个党支部开展集中学习研讨4次；组织全省党员开展远程学习，举办全行各党支部书记、委员培训班，完成对572名党员入党材料、组织关系等排查工作和党费收缴倒查和补缴工作。人事处党支部被西安分行评为“先进基层党组织”。做好干部选任工作。采用竞争性选拔，配备副处级领导干部13名，通过个别推荐选拔，提任正处级领导干部4人、副处级领导干部9人、副处级非领导职务6人，选配2名副处长主持处室工作；制定科长聘任工作实施方案，组织完成对各部门93名科长的考核续聘、转聘工作；完成对各部门空缺科长的聘任工作，推进科以下行员非领导职务择优晋升工作；交流调整处级干部7人、科以下干部12人，选派2名干部到总行司局学习交流，推荐2名干部到东部地市中心支行交流锻炼，推荐2名干部到地方政府挂职任副县长，选派1名干部进行援藏交流，选派2名干部担任驻村帮扶工作队队长。编制干部培训计划，确定6期重点和专项培训，全行举办各类培训班32次，参训干部职工超4500人（次）。开展4个层面的远程专题培训，进行考试测评和网上专题讨论，续聘、新聘专业技术人员317名，认定全省23名干部新取得的学历学位。做好劳资统筹和人员招录工作。开展违规发放薪酬补贴专项整治。对全省工资执行项目进行规范。落实在职职工工资待遇及离退休人员各类养老待遇。做好养老保险制度改革各项准备工作。开展全省聘用制员工履职情况专题调研，得到总行肯定，以通报形式规范了聘用制员工的管理工作。完成行员及聘用制员工招录工作。

【会计财务】 完善会计财务制度体系，新增规章制度7项；整理编印《会计财务工作文件汇编》，收录人民银行总行及兰州中心支行会计财务工作文件91条；开展会计财务系列工作手册的编写工作，完善内控机制；在全省人民银行会计财务部门开展“会计财务制度学习年”活动；制定《关于加强县支行会计财务基础工作和基层行建设的指导意见》，通过多种措施，增强省、市、县三级工作合力，推动形成全员学制度、用制度、守制度的良好局面。健全风险防控约束机制，以会计、人事、内审、纪检等部门联合检查为主，开展专项核查、调查研究、青年会计财务人员培育等工作的“兼容性检查”模式；现场检查预算制度执行、劳动工资管理、固定资产、集中采购、基本建设等工作，检查覆盖面达到100%。组织全省人民银行开展严肃财经纪律、预算管理情况自查自纠，联合人事、内审部门开展专项检查，对发现的问题做到不回避、不迁就，严格督促整改纠正。开展“四风”问题整治情况“回头看”、专项巡视问题整改落实自查自纠，加大监督力度、对发现的问题边审边改、立查立改，确保专项核查工作做实。提高财务预算管理能力，在预算分配、项目安排及业务周转金核定等方面实行差异化管理，体现了权责对等、奖惩分明的管理要求。调研、科学测算、分配预算资金，做到预算资源向基层行倾斜；编制《2017-2019年三年支出规划》及2017年部门预算。推动预算管理改革工作持续深入。加强“三公经费”等支出项目预算管理，控制支出标准和范围。做好基本建设、固定资产、集中采购管理工作。完成决算审计；完善2016年总行批准的7个县支行维修改造项目的方案设计。按照总行部署和中心支行安全风险排查工作要求，在全辖开展新建和维修改造项目风险排查工作，全面清查基本建设和专业工程档案资料，防范和消除基建项目、基建档案管理风险隐患。组织全省人民银行对土地、职工宿舍等不动产开展调研，加强辖内不动产管理使用。做好公务用车制度改革前期工作，汇总、核实全省人民银行参改人员、车辆信息以及节支率测算数据，按照规定核定上报业务用车编制申报数量和车辆信息。落实“管采分离”，全年实施集中采购项目65个，资金节约率12.32%。

【纪检监察】　召开党风廉政建设暨纪检监察工作会议，制定印发年度党风廉政建设责任分解意见、党风廉政建设和反腐败工作任务分工意见、纪检监察工作安排意见，形成以定责、履责、考责、追责为主要内容的“大循环”工作机制。主责主业强化监督执纪，对22名新提任、新任职和岗位交流的处级干部进行任职廉政谈话，对11个执法部门主要负责人进行警示提醒谈话，对4个直属县（区）支行主要负责同志进行年度廉政谈话，对11名新聘任科长进行廉政谈话，强化对党员干部的纪律约束。运用党纪轻处分，从快、从严处理上级行纪委交办的信访核查任务，对轻违纪的1名党员干部给予党内警告处分、3名干部进行诫勉谈话。开展辖属县区支行巡察工作，推动县支行党组落实全面从严治党责任。推动作风建设纵深长效发展，开展“四风”问题整治“回头看”，强化日常监督提醒，组织党员领导干部收看《永远在路上》专题片，采用下发通知、短信提示、现场督查等方式，早提醒、早教育，严防“四风”问题。推进岗位（廉政）风险防控工作。开展岗位（廉政）风险防控工作跨区域交叉执法监察，实现对市州中心支行和直属县区支行执法监察全覆盖。加强风险监督管理系统运行管理，完成各项指令性监督计划，录入各类内外部监督信息，修订完善风险监督管理系统考核办法。加强纪检监察队伍建设，增补离退休干部处和法律事务处负责人为纪委委员，完善监督工作机制。举办全省人民银行纪检监察业务培训班，就监督执纪“四种形态”、纪律审查、《问责条例》等内容进行专题辅导，积极参加上级行组织的业务培训。

【其他工作】　换届选举机关工会职工代表和工会“三委会”委员，征求职代会职工提案，召开机关工会三届一次职工代表暨会员代表大会，指导辖内支行召开职工大会；成立职工伙食委员会，建立伙食监督员制度。开展职工生日祝贺和传统节日慰问，组织干部职工进行健康体检。兰州中支党委、工会坚持两节看望慰问基层行及困难职工活动。开展具有央行特色的群众性文化体育活动。举办迎新春机关职工摄影作品展、建党95周年暨全省人民银行系统第2届职工书法绘画作品展。在全省开展“红五月—职工文化教育宣传”系列活动和“纪念中国共产党成立95周年、红军长征胜利80周年主题实践”活动，举办2016年机关职工趣味运动会，举办羽毛球选拔赛，组队参加总行举办第4届职工羽毛球比赛，组织各党支部完成换届工作，做好党费收缴、党员发展和“两优一先”评选表彰工作。开展全省“两学”知识竞赛和纪念长征胜利80周年系列活动。开展精准扶贫活动，全年向帮扶村投入项目资金131.8万元，实施公共服务设施建设项目8个。召开精准扶贫工作座谈会，组织全省人民银行“双联”工作挂职干部赴榆中县考察学习。兰州中支精准扶贫工作获甘肃省精准扶贫省外帮扶单位民心奖。

（宋雨瑶）

·中国证券监督管理委员会甘肃监管局·

【概况】　2016年甘肃监管局对8家上市公司开展现场检查，对4家公司下发监管函，实施行政监管措施4次，对涉嫌信息披露违法的1家公司移交稽查立案处理。开展针对性走访调研，掌握辖区公司生产经营情况。2016年对12家上市公司、2家“新三板”公司和1家会计师事务所开展调研走访，较好地完成了全年证券监督管理工作。

【机构监管】 召开辖区机构监管和私募基金监管工作会议，传达监管要求，通报存在问题，明确监管底线。做好非现场监管工作，做好法人证券期货机构年报审计分析及合规风控报告审阅，开展备案报告事项审阅，审阅各类备案报告材料160余份；审核行政许可事项8项。落实"双随机"抽查工作机制开展3家（次），对信访举报线索开展5家次，对私募基金开展6家（次），完成重点业务的现场检查22家（次）。查处机构违法违规行为，对公司违规销售基金行为及私募基金管理人违规信息披露行为，采取行政监管措施；协助公安和工商等部门，对非法期货交易平台进行认定。做好机构信息技术监管。

【风险防控】 做好非上市公众公司监管。根据举报线索对1家公司进行现场核查，核实举报事项；按照工作要求，对2家公司开展现场检查，对2家公司开展关联方占用公众公司资金情况专项检查。监管中介机构履职，在挂牌公司现场检查中，调阅核查主办券商相关资料并密切关注执业情况；对未履职尽责的签字会计师出具警示函；开展对中介机构双随机检查工作。专项整治互联网金融风险，与甘肃省政府金融办牵头组织开展辖区股权众筹风险专项整治，制定印发工作方案，研究整治重点内容，开展风险排查和处置工作；配合做好互联网金融活动专项整治，对排查中发现的2个线下众筹项目，督促地方政府及时规范治理。防范私募基金风险，向甘肃省政府金融办通报私募基金监管要求和省内私募基金开展情况，揭示行业风险和存在问题；建立私募基金突发事件应急处理机制，会同政府、工商、公安等部门建立风险防范和应急处置机制。

【稽查执法】 全年办理案件14件。其中，主办案件7件；协查案件5件；证监会稽查局以案代训2件。有序开展行政处罚工作，受理稽查部门移交案件2件，办结1件，罚没款95万元。有效推进打非工作，印发执行《甘肃证监局打非工作要点分解表》，落实打非工作责任制；开展防范打击非法集资宣传月活动，宣传非法集资危害；联合开展辖区各类交易场摸底排查，甄别出违规经营交易所及外省交易所代理商8家。

【投资者保护】 建立投资者诉求统一受理平台及多渠道协同处理机制，畅通维权渠道。全年办结信访、举报和投诉事项81件，通过"12386"热线渠道办结各类投诉事项21件。市场主体承担投诉处理首要责任。联合甘肃证券期货业协会举办甘肃辖区证券期货经营机构投诉处理培训班，督促证券期货经营机构严格执行投资者适当性管理，完善投诉处理机制，畅通诉求处理渠道，切实承担投诉处理首要责任。自律组织发挥投资者保护积极作用。与甘肃省证券期货业协会、甘肃省上市公司协会、中证中小投资者服务中心有限责任公司签署合作备忘录，切实强化纠纷调解专业指导和人力支持；推动建立纠纷调解中心与诉调结合试点法院联系机制，有效畅通投资者诉求表达和解决渠道。加强投资者教育，增强投资者维权意识。组织专题讲座210余次，参与投资者5000余名；开展进社区等活动150余场，受众人数1.5万余人；印制宣传折页2万份、海报1000份、环保袋1万，引导辖区投资者正确认识私募基金和远离非法投资。

【资本市场建设】 甘肃上市公司并购重组和再融资态势持续良好，实现再融资123.82亿元，6家公司重大资产重组在推进中。2家公司首发上市，募集资金10.61亿元；拟上市公司12家。其中，1家公司首发通过，3家公司报送IPO申请材料，15家公司在"新三板"挂牌，总数达到32家，其中有8家公司增发募集资金109.78亿元。至年底，甘肃股权交易中心挂牌公司959家，纯托管企业648家；当年私募债券融资3.79亿元，股权质押融资236.22亿元。是年有6家公司通过交易所市场发行公司债券，累计融资67.4亿元。至年底，甘肃省在中国证券投资基金业协会"私募基金登记备案系统"已登记私募基金管理企业21家，备案私募基金24只，私募基金实缴规模60.32亿元。

（阎　琳）

·中国保险监督管理委员会甘肃监管局·

【概况】 2016年，甘肃保监市场运行稳中有进。全年实现保费收入307.7亿元，同比增长19.8%。其中，产险公司保费收入109.2亿元，同比增长12.2%，增速排名全国第十二位，历史性的迈上百亿元台阶；人身险公司保费收入198.5亿元，同比增长24.4%。赔款与给付支出109.4亿元，同比增长17.9%。寿险退保率3.4%，低于全国2.3个百分点。市场未发生重大风险和非正常群体性事件。产险市场综合成本率、承保利润率均位居全国第四位，非车险业务占比达27.2%，高于全国0.97个百分点。与国计民生和社会治理密切相关的农业保险、责任保险和保证保险快速增长，增速分别为9.8%、13%和19.5%，责任保险覆盖面和渗透度进一步扩大，占比高于全国0.4个百分点。寿险业务注重转型，普通寿险实现保费收入86.3亿元，同比增长40.2%，占寿险业务的51.4%，比上年同期提高5.03个百分点。行业实力不断增强。截至年底，辖内保险公司总资产689.4亿元，是“十二五”初的2倍多。全年提供风险保障28.8万亿元，同比增长165.5%。9月，黄河财产保险股份有限公司获批筹建，标志着甘肃法人保险机构实现了零的突破。后发优势和良好环境，年内吸引5家财产险总公司相继来甘设立分支机构。年内全省有法人保险主体1家（在筹）省级保险主体29家（其中4家在筹）。

【监管工作】 年初，应中共甘肃省委、省政府邀请，保监会项俊波主席来甘为省委理论学习中心组作专题报告，并代表中国保监会与甘肃省政府签署了《大力促进甘肃现代保险服务业发展战略合作备忘录》。甘肃保险业助力精准扶贫工作先后得到国务院副总理汪洋2次重要批示。省委、省政府主要领导大力支持保险工作，受邀出镜“7·8全国保险公众宣传日”专题片摄制。林铎省长来局调研，对监管工作和行业发展提出希望。省政府年内相继出台了商业健康保险、农险基层服务体系建设、城乡居民基本医保委托商业保险机构经办等3个省级政策文件。12个市州政府制定出台促进保险业发展的实施意见。中共兰州市委、市政府召开3次专题会议、出台3个政策文件、5个实施方案推动保险业发展。局班子成员为兰州、酒泉等4个市州政府作专题辅导报告。央视《朝闻天下》对甘肃省农业保险进行专题采访报道，中央深改办内部信息专题介绍甘肃省“两保一孤”保险的“秦安模式”，《甘肃日报》头版头条刊载保险扶贫报道。

【拓展服务】 加强保险扶贫制度设计，联合省扶贫办出台《甘肃省保险业助推精准扶贫精准脱贫工作的指导意见》，对接全省脱贫攻坚多元化的保险需求，健全保险助推脱贫攻坚支撑体系。形成农业保险“精准滴灌”、贫困人群“缺口补位”和贫困地区“造血扶贫”3种具有甘肃特色的保险扶贫新模式。城乡居民大病保险覆盖人群稳定在每年2210万人，年内为17.6万群众支付补偿5.5亿元；“两保一孤”特困人群保险试点覆盖97.2万贫困人口，提供风险保障295亿元，支付保险补偿674.6万元。农业保险参保农户202.2万户（次），全年支付赔款6.86亿元，受益农户153万户（次）。农房保险扩大到5个市开展统保，定西市开展农房地震保险。筹措资金，帮助扶贫村解决饮水困难，资助贫困学生，解决困难户生活难题，中共甘肃省委、省政府授予保监会“甘肃省双联行动暨精准扶贫省外帮扶单位‘民心奖’”荣誉称号。农业保险扩面、提标、增品。省政府出台《关于加强农业保险基层服务体系建设的通知》，成为全国首个省级政府关于农险基层服务体系建设的顶层制度安排和指导性文件。年内新开办茶叶、李广杏、枸杞、洋葱、葡萄、军马等6个特色险种，办好11个中央财政补贴险种和苹果、蔬菜等近20个地方特色险种，全省农险品种接近30个，初步形成“覆盖大宗种养殖、区域性优势品种、地方性特色产品”和“传统成本保险、新型价格指数保险、天气指数保险”的“3+3”保障体系。甘肃农险发展规模达到8.4亿元，继续位居全国中游，西北第二。省政府印发《甘肃省整合城乡居民基本医疗保险制度实施意见》，明确由商业保险机构经办全省城乡居民基本医保。创新大病保险运行模式，将门诊慢、特病纳入大病保险保障范围。指导承办机构对接系统、改善流程，在兰州14家省级医疗机构启动实施一站式结算和异地就医即时结算。调整完善报销政策，提高筹资标准用于大病保险补偿和新增自负高额医疗费用的再报销。推动税优健康保险在甘肃省正式落地。在兰州、天水、武威3市开展老年人意外伤害保险试点。参与社会治理，推动责任保险参与社会治理体系建设，发展安全生产、环境污染、食品安全、校园安全、火灾公众等责任保险，转嫁公共安全事故损失发生后的政府风险和买单责任。联合省综治办出台《关于保险业参与全省平安建设的意见》。协调省高法开展诉讼财产保全责任保险试点。依托医疗责任险，完善医患纠纷人民调解机制，服务“平安医院”建设。大宗艺术品保险取得突破。运用保险机制强化病死动物无害化处理，防止病死畜禽流入市场，保障“舌尖上的安全”。保险服务实体经济。推动“险资入甘”，年内引进保险资金36.3亿元，有20个项目获得保险投资206.7亿元。助力小额信贷，全省9个县开展“政保银”小额贷款保证保险，累计支持580家涉农小微企业获得银行贷款超2亿元，在解决“三农”、小微企业、居民消费融资难方面取得成效。推动科技与保险结合创新，联合省科技厅出台《甘肃省开展专利保险工作的指导意见》，稳步推进首台（套）重大技术装备保险，为企业自主创新、技术改造和装备升级提供全方位风险保障。

【激发市场活力】 推动商车改革制度落地。周密部署，精心组织，推动甘肃省成为第三批全国商车改革省份，18个省第一个实现整体切换，80%的消费者享受到改革红利。推进“互联网+”快处快赔机制改革。在强化公司小额案件快速处理机制的基础上，推动以线上手机APP快处快赔模式、线下市州全覆盖快处快赔中心、节假日高速公路警保联动便民服务活动等3个维度的车险快处快赔机制建设，服务“畅交通、治污染”工程。安排部署中介法人机构注册资本金托管工作，开展窗口指导，明确托管要求。创建首个保险创新试验区。与嘉峪关市政府联合创建保险创新试验区，围绕“险资入嘉”和城市风险管理2大课题，积极谋划推进有关项目。

【消保监管】 加强基础建设，建立调查案件上墙制度，细化工作流程，明确各环节办理时限。制定《投诉受理及检查注意要点》，针对33个关键节点提出风险控制具体措施。做好投诉处理工作，全年接待处理有效保险消费投诉730件，立案调查涉嫌违法违规的31件投诉案件。办理行政复议案件18件，行政诉讼案件17件，政府信息依申请公开50件，局长信箱来信26件，信访事项5件。强化消保宣传教育，开展“3·15”保险消费者权益保护系列活动和“7·8”全国保险公众宣传日活动，持续开展车险理赔服务质量测评工作。指导保险公司完善保险销售环节风险提示，做好服务承诺公开工作，开展总经理接待日活动996次，解决消费者投诉事项553件。

【规范市场秩序】 修订行政处罚裁量标准适用规则和现场检查依法行政工作手册，规范执法行为。开展保险机构“两个加强、两个遏制”、产险、寿险、中介领域的专项检查，全年派出检查组76个3131人（次），检查保险机构76家（次）。做出行政处罚17件，处罚机构17家次，处罚责任人19人（次）罚款179.5万元。其中，机构罚款161.5万元；个人罚款共计18万元。机构警告3家（次），撤销任职资格3人，警告16人（次）。

【掌控风险】 开展“偿二代”评估评级。根据保监会“偿二代”统一安排部署，开展对中法人寿和都邦产险总公司SARMRA评估。参与对保险公司法人机构的分类监管评价。强化风险监测排查。监测分析满期给付与退保，对银保存量业务规模较大的公司开展满期给付与退保风险专项督查，发布风险提示。与有关部门建立监管合作机制，开展“三反”防范风险工作。在全省集中开展4大类40余个风险点的排查工作，对各保险机构风险管控进行评价。开展以“慧眼·守信·明责”为主题的保险业防范非法集资专题宣传月活动。联合省公安厅开展“安宁2016”反保险欺诈专项活动。加强案件风险防范和考核，持续推进保险机构案件问责整改清理工作。关注防范中介机构和个人销售非保险类金融理财产品风险，开展专业中介机构风险排查和保险公司中介业务自查督导工作。

（李瑞红）

银　行

·中国农业银行甘肃省分行·

【概况】 2016年，省农行各项存款余额1889.49亿元，比年初下降262.94亿元；日均存款余额2041.76亿元，净增13.12亿元。各项贷款余额1322.9亿元，净增82.09亿元，增长6.62%。实现中间业务收入（含委托资产手续费收入）12.3亿元，同比多增2.21亿元。实现拨备前利润37.87亿元，拨备后利润21.86亿元。

【“三农”金融服务】 推进精准扶贫贷款投放，在甘南、陇南累放65.93亿元、13.57万户，其中当年投放44.78亿元9.20万户。全年投放扶贫惠农贷款43.70亿元，已累放265.29亿元。营销专业大户（家庭农场）2165户6.08亿元，余额7861户19.99亿元。与甘南州政府合作推出“生态文明小康贷”，投放1617笔1.57亿元。开展“两权”抵押贷款试点，投放农村土地经营权抵押贷款9笔1045.5万元，陇西支行率先实现农民住房财产权抵押贷款“零”突破。做好农村产业金融服务，向舟曲嘎尔隆等项目投放12.46亿元，余额净增5.12亿元，投放量是上年同期的1.22倍。累计发放农民专业合作社及社员贷款10.93亿元、农业产业化龙头企业贷款20.39亿元。清退低效无效服务点，有效惠农服务点10715个；新增惠农卡有效客户45.1万户，完成总行计划的150.34%。新建自助银行79个，物理网点、自助网点乡镇覆盖率39.8%。完成惠农通工程代理项目448个，其中代理新农合、城居保开立财政专户93个，账户留存资金55.4亿元。布放“四融”终端1.31万台，注册客户30.51万户，总交易金额527.5亿元。

【对公业务】 向“北仙”高速、兰州新区有轨电车等重点项目投放贷款78.5亿元，余额净增34.77亿元；向酒钢、金川公司等大型企业投放贷款155.4亿元，净增19.65亿元；向兰州铁路局等总分行核心客户投放贷款316.07亿元，净增24.7亿元。优质客户营销，取得省级财政“国库集中支付、非税、专户”三项代理资格，中标国库定期存款21亿元。与省农发行、国开行积极合作，开立账户101个，落地资金39亿元。营销西部战区2个正军级单位基本存款账户。向小微企业投放贷款152.27亿元，余额净增13.42亿元，增幅7.23%，比各项贷款平均增幅高1.21个百分点；贷款客户数增加769户，申贷获得率增加8.89个百分点，达到监管要求。承销华龙证券三期券商短融17亿元，公航旅永续债2亿元；承销地方政府债3批2期，金额82.4亿元。累计销售对公理财138.7亿元，日均余额11.9亿元。“黄金租赁+套期保值”实现收入4681万元，同比增长50.8%。实现同业融资净利息收入4932.45万元，中间业务收入3545.92万元，同比增加631.42万元。办理跨境参融通2.75亿元，国际贸易融资收入505万元，占国际业务收入的32%。

【零售业务转型】 推进营业网点转型。完成519家网点标准化转型工作，占比87.97%，在37家全国农行分行中排名第三。推进个人金融业务。营销“定利盈”和“活利盈”两款产品，吸收资金66.57亿元。拓展个人住房贷款，净增18.71亿元；推广“农民安家贷”业务，投放9.22亿元。新增签约私人银行客户156户，个人加权贵宾客户2.55万户。在系统内率先推出实物贵金属微信销售平台，自主推出“敦煌风光”系列银章，实现贵金属手续费收入1829万元，同比多增440万元；实现对私理财收入5345万元，同比增加471万元。强化业务风险管控，不良透支余额、不良率分别较年初下降1032.4万元和0.34个百分点。拓展电子银行业务,开展新版掌上银行营销推广活动，新增掌银活跃客户18.88万户，同比多增13.59万户，客户端占比同比提升6.6个百分点，动户率同比提升5.34个百分点。加快电子银行联动营销，电子渠道销售理财产品472.39亿元，企业网银代发工资签约客户同比增加235户。深化线上线下协同，网络金融分流率85.68%，提高10.81个百分点，电子渠道金融性交易占比91.89%，提高4.81个百分点。

【风险管控】 将大额风险作为信用风险管控的重中之重，对确定的15户22.5亿元重点客户实行定向控制、全力化解。加快信贷结构调整，根据总行对钢铁煤炭行业和“两高一剩”及贸易类客户新出台信贷政策，科学审慎管理风险。加强客户评级管理，全行AAA级以上高端客户用信比重提高2.64个百分点。处置自营不良贷款7.4亿元，完成总行计划的245.75%。开展重点领域部位风险排查，严防骗贷盗存、“抽屉协议”“阴阳合同”、理财“飞单”等操作风险，严控员工监守自盗、内外勾结、参与非法集资等案件。开展运营风险精准治理、金库突击检查和风险线索核查，柜面堵截各类诈骗2171起，堵截数量排全国前五。以电信网络诈骗专项治理为契机，严格控制账户数量，加强客户信息保护。强化各类案件防控。上年问题整改率99.2%；当年问题已整改90%以上。以巡视问题整改为重点，强化执纪问责力度。

【党建工作】 开展“两学一做”学习教育，将“两个责任”纳入综合绩效和党风廉政建设责任制“双线”考核。做好十九大代表选举工作，选出全国农行代表候选人、总行党代会代表候选人和省分行党代会代表候选人。调整处级干部59人，其中新提任16人。加大培训力度，举办各级领导班子（含支部书记）培训班6期622人（次）。强化干部监督管理，开展廉政谈话1465人（次），涉及处级干部104人（次），科级干部554人（次）；省分行纪委发送任前廉政提示函39份，全辖签订廉政责任书1413份。基层组织建设。独立党支部占比提升至95%。党员发展向基层倾斜，共发展党员87人，消除党员空白网点。设计研发“互联网+党建”手机APP，在总行党建研究优秀课题成果评选中获一等奖。做好巡视问题整改，中央巡视问题整改率96%，总行专项巡视发现的问题整改率94%。推进纪委“三转”，对省分行监察室增设单元，核增编制，组建3个巡视组，对二级分行监察室增加编制，在一级支行设置专职纪检监察岗位，分次分批实行一级支行纪委书记派驻制。启动省分行巡视工作，完成第一批6家行的现场巡视。

（邱　鑫）

·中国工商银行甘肃省分行·

【概况】 2016年，各项存款余额1889.49亿元，比年初下降262.94亿元，日均存款余额2041.76亿元，净增13.12亿元。各项贷款余额1322.9亿元，净增82.09亿元，增长6.62%。实现中间业务收入（含委托资产手续费收入）12.3亿元，同比多增2.21亿元。实现拨备前利润37.87亿元，拨备后利润21.86亿元。

【“三农”金融服务】 全年投放惠农贷款43.70亿元，已累放265.29亿元。营销专业大户（家庭农场）2165户6.08亿元，余额7861户19.99亿元。与甘南州政府合作推出“生态文明小康贷”，共投放1617笔1.57亿元。开展“两权”抵押贷款试点，投放农村土地经营权抵押贷款9笔1045.5万元，陇西支行率先实现农民住房财产权抵押贷款“零”突破。农村产业金融服务方面，向舟曲嘎尔隆等项目投放12.46亿元，余额净增5.12亿元，投放量是上年同期的1.22倍。累放农民专业合作社及社员贷款10.93亿元、农业产业化龙头企业贷款20.39亿元。清退低效无效服务点，有效惠农服务点10715个；新增惠农卡有效客户45.1万户，完成总行计划的150.34%。新建自助银行79个，物理网点、自助网点乡镇覆盖率39.8%。完成惠农通工程代理项目448个，其中代理新农合、城居保开立财政专户93个，账户留存资金55.4亿元。布放“四融”终端1.31万台，注册客户30.51万户，总交易金额527.5亿元。

【对公业务】 向“北仙”高速、兰州新区有轨电车等重点项目投放贷款78.5亿元，余额净增34.77亿元；向酒钢、金川公司等大型企业投放贷款155.4亿元，净增19.65亿元；向兰州铁路局等总分行核心客户投放贷款316.07亿元，净增24.7亿元。取得省级财政“国库集中支付、非税、专户”三项代理资格，中标国库定期存款21亿元。与省农发行、国开行积极合作，开立账户101个，落地资金39亿元。营销西部战区2个正军级单位基本存款账户。累计向小微企业投放贷款152.27亿元，余额净增13.42亿元，增幅7.23%，比各项贷款平均增幅高1.21个百分点，贷款客户数增加769户，申贷获得率增加8.89百分点，达到监管要求。承销华龙证券三期券商短融17亿元，公航旅永续债2亿元；承销地方政府债共3批、2期，金额82.4亿元。累计销售对公理财138.7亿元，日均余额11.9亿元。“黄金租赁+套期保值”实现收入4681万元，同比增长50.8%。实现同业融资净利息收入4932.45万元，中间业务收入35459.2万元，同比增加6314.2万元。办理跨境参融通2.75亿元，国际贸易融资收入505万元，占国际业务收入的32%。

【零售业务转型】 完成519家网点标准化转型工作，占比87.97%，总行计划完成率273%。营销“定利盈”和“活利盈”两款产品，吸收资金66.57亿元。拓展个人住房贷款，净增18.71亿元；推广“农民安家贷”业务，投放9.22亿元。新增签约私人银行客户156户，个人加权贵宾客户数新增2.55万户。推出“敦煌风光”系列银章，实现贵金属手续费收入1829万元，同比多增440万元；实现对私理财收入5345万元，同比增加471万元。突出ETC项目发卡带动，累计新增发卡17.1万张，同比多增9.2万张，增幅为116%，贵宾客户渗透率较年初提升4.08个百分点。开展分期业务专项营销活动，交易额达14.06亿元，同比多增4.81亿元。做好商户刷卡手续费调整工作，有效收单商户净增1366户，计划完成率171%，实现收单业务收入1.05亿元，同比增收1670.3万元。强化业务风险管控，不良透支余额、不良率分别较年初下降1032.4万元和0.34个百分点。开展新版掌上银行营销推广活动，新增掌银活跃客户18.88万户，同比多增13.59万户，客户端占比同比提升6.6个百分点，动户率同比提升5.34个百分点。加快电子银行联动营销，电子渠道销售理财产品472.39亿元，企业网银代发工资签约客户同比增加235户。深化线上线下协同，网络金融分流率85.68%、提高10.81个百分点，电子渠道金融性交易占比91.89%、提高4.81个百分点。

【风险管控】 将大额风险作为信用风险管控的重中之重，对确定的15户22.5亿元重点客户，实行定向控制、全力化解。加快信贷结构调整，加强客户评级管理。开展不良清收，共处置自营不良贷款7.4亿元，完成总行计划的245.75%。瞄准重点领域部位开展风险排查，严防骗贷盗存、“抽屉协议”“阴阳合同”理财“飞单”等操作风险，严控员工监守自盗、内外勾结、参与非法集资等案件。开展运营风险精准治理、金库突击检查和风险线索核查，柜面堵截各类诈骗2171起。以电信网络诈骗专项治理为契机，严格控制账户数量，加强客户信息保护。开展风险排查、“两加强 两遏制”回头看等治理活动，建立健全双线整改机制，上年问题整改率99.2%；当年问题已整改90%以上。

·中国银行甘肃省分行·

【概况】 截至2016年底，甘肃省分行本外币资产、负债总额分别达到929.42亿元和919.20亿元，人民币存款日均余额932.5亿元，较年初新增3.71亿元，增幅0.4%；人民币各项贷款余额623.5亿元，较年初新增3.74亿元。实现账面拨备前利润16.11亿元，实现净利润7.74亿元。其中，非利息净收入5.35亿元。本外币不良资产余额（含银行卡）5.7亿元，较年初增加1.94亿元,不良率0.89%，在四大行中最低，较当地平均水平2.04%低1.15个百分点。实现代理保险收入4370万元，同比增长8倍，达到历史最高，同比增幅居系统首位；基金业务实现手续费收入915.4万元，同比增幅16.6%，基金托管手续费收入较上年同期增加近4倍；银行卡分期业务实现中收5159万元，较上年增加582万元，同比增幅12.72%。各业务部门在制定本部门重点产品的同时，借助产品销售实现中间业务收入的全面开花结果。资金业务条线实现收入10007万元，较上年同期增长8.59%。11月，作为全球协调人成功协助甘肃省公路航空旅游投资集团在香港发行5亿美元债券，成为西北地区首单。支持省内重大基础建设项目，成功营销兰新、兰渝、甘肃省公航旅集团有限公司和甘肃省交建集团授信项目等，用中行海外联动业务优势，推动“一带一路”建设。助力酒钢集团“俄铝牙买加铝土矿项目”、金川集团并购印尼红土矿项目、天庆集团美国休斯顿住宅公寓项目等，累计支持各类项目总投资额超过10亿美元。加大代发薪、银医、银校、E社区等项目拓展力度。7月，营销陇南市武都区财政系统代发业务，取得在财政系统代发薪业务上的重大突破。成功承办“2016中国西部国际产能合作论坛暨企业对接洽谈会”；8月，营销兰州大学教职工代发薪项目80%市场份额，9月，参与到首届丝绸之路（敦煌）国家文化博览会金融服务工作中，获得省市领导的高度认可。将学习教育与考核督办结合起来，夯实合规发展基础，通过培训、考核、知识竞赛等多种方式，提高员工对内控案防工作的认识，增强自身风险防范意识；增强三道防线力量配备，择优选拔人员充实到风险内控岗位，形成“违规必查、违规必究、追究必严”的严肃问责机制。提前完成全辖10家智能化网点的升级建设工作，使全辖智能化网点达到39家，占比达到31.2%，智能化网点的升级建设，也显著提高了全渠道金融交易笔数及金融交易电子迁移率。固化厅堂服务营销流程，落实流程制度化。加强教育培训体系建设，全面提升职工业务水平。全年举办各类日常业务培训46期，培训各级员工3800人（次）。选派员工参加总行培训243期、391人（次），提升全辖员工专业化水平，提升工作效率。

【党团建设】 开展“两学一做”专题教育活动。成立分行“两学一做”学习教育协调小组和3个督导工作组，在活动期间，召开2016年党建工作会议，召开甘肃省分行党委中心组（扩大）学习会议，开展“党建活动月”共四大类17项专题系列活动。发挥党、团、工会作用，结合实际，将党建工作与员工队伍建设有机结合，开展“员工家访”及“传关爱、送祝福”等活动，同时切实抓好全辖共青团建设，建立健全辖内各级团组织；充分发挥好工会工委的桥梁纽带作用，组织开展各类活动，成功举办甘肃省分行第一届职工运动会。树榜样传播正能量，开展甘肃省分行首届“十佳柜员、十佳大堂经理、十佳客户经理、十佳经营性支行行长”评选活动，让全辖各条线、各机构、各岗位涌现出来的先进个人从幕后走向台前，号召全体员工向这些先进学习，切实发挥先进典型以点带面、星火燎原的带动效果。

【品牌建设】 全年投稿员工有500余名，占全行员工⅙。组织撰写有新闻价值的宣传报道，在总行报纸网站和社会媒体刊登。全年全行在各类媒体刊发新闻稿件1982篇。其中，在全国、省市级媒体上稿147篇；在中总行网站上稿461篇。通过电视、广播、微信、网点电子显示屏等渠道广泛开展中行形象、企业文化、业务拓展、产品推介、风险防控等方面宣传，提升中行品牌知名度和美誉度。通过报纸、电视等传统传媒开展中国银行形象宣传及产品推介，在省市级报刊投放广告118期，在兰州市电视台公共频道投放形象宣传广告242期。通过高速公路、LED大屏、楼宇电梯广告、公交车体等户外媒体开展形象、出国留学、智能服务等产品宣传，在省内投放户外广告6500余块。利用网络进行新媒体宣传，通过省分行微信公众平台，推送业务、产品及活动信息，全年发布微信146期，图文信息466条。

【履行社会责任】 承办“2016中国西部国际产能合作论坛暨企业对接洽谈会”，展示省分行国际化经营优势及支持企业“走出去”能力；作为“首届丝绸之路（敦煌）国际文化博览会”合作银行，为这次国际盛会全程提供优质服务，展示了良好的品牌形象。参与甘肃精准扶贫，向扶贫村捐赠专项资金支持巷道硬化、修砌水渠、安装路灯和发展果园等项目。当年为1481名贫困大学生发放国家助学贷款1000万元。

【干部队伍建设】 开展“选人用人”“两个加强、两个遏制”条线检查工作。落实高级经理（含）以上个人有关事项申报核查工作。规范基层经营管理人员聘任管理，增设基层内控副职。加强员工因私出国（境）管理，对全辖员工因私出国（境）证照进行上收管理，同时规范和明确员工因私出国（境）证照审批制度及流程。组织做好2016年秋季招聘后续工作及2016年春季招聘工作。其中，秋季招聘招收新员工95人；春季招聘招收新员工60人。做好省分行本部及各分支行定岗定编工作。根据咨询公司工作量测查结果及定编建议，客观、合理核定各部门人员编制，确保人员编制与实际工作需求相一致。

【教育培训】 恢复中共中国银行甘肃省分行党校，强化对党建工作的组织保障和人才支持。省分行全年举办各类培训班53期，培训人员4200余人（次）。其中，党校培训7期；人力资源部牵头举办重点人才培训班7期；承办总行培训5期；配合各条线部门开展日常业务和综合素质培训34期（含视频培训）。各二级分行全年举办自主培训不少于5期。通过开展分级培训、分层培训、全员培训，确保员工培训覆盖面达到100%。

【风险管理】 围绕“面、线、点”三个层面全方位引领、支持业务持续健康的发展，指导分支机构把好项目储备关，使项目储备符合发展偏好，帮助一线挖掘储备目标客户群。面上，布局2016年重点拓展领域，全辖抓高端装备制造、基础设施建设、节能环保、服务消费、信息消费、现代物流、互联网经济发展。线上，动态重审完善了7个政策制度，并以工作手册为载体，建立项目准入坐标法机制，将行业授信策略、客户评级准入坐标化。点上，坚持原则性与灵活性相结合，加强部门间联动协作，主动提供“名单式”指导，联合开展“置换行动”，围绕投放进程安排审批资源。全年在交通运输、文化旅游、PPP、养老、医院、现代农业、高端装备制造等领域取得突破，批复新增客户87户，金额521亿元。创新流程，多措并举提质效。落实“统一营销、统一授信、统一审批、统一贷后”管理要求。贴近市场，加大现场尽责、评审的频度和力度，最大限度地促成业务。批复授信项目217个，金额1003亿元。全力以赴化风险。持续健全发挥“六位一体”资产质量监控体系，完善前中后台联动风险管控模式，通过创新监控手段、整合内外数据信息、分类工作合规自查，做实资产质量监控，做到风险早发现、早预防、早处理、早化解。实施客户分层差异化管理模式，按照风险程度分清轻重缓急，实施分层管理，将有限的管控资源优先聚焦于风险程度较高、影响较大的重点客户，提高潜在风险化解成效。提早介入已逾期或存在较大风险征兆的潜在不良客户，逐户制定化解策略，分片区专人监控督办。截至年底，甘肃省分行不良贷款余额5.08亿元，较上年增加2.55亿元，不良率0.79%，较上年上升0.41个百分点。资产质量在甘肃五大行中位居第一。

【金融业务】 2016年，甘肃省分行人民币公司存款余额581.85亿元，较上年减少56.69亿元，四大行口径市场份额20.15%，较上年提升0.06个百分点；日均存款余额637.1亿元，新增15.27亿元。人民币公司贷款余额483.25亿元，较上年末减少6.98亿元。现金管理集团客户100户，新增22户，沉淀日均存款65亿元。公司金融业务全年实现收入9.87亿元，在全行贡献度达38.1%，较上年提升3.8个百分点。在省内第一家为省属重点企业成功发行5亿美元海外债。完成省交建集团44亿元、中铁二十一局集团30亿元、兰石集团11亿元等一批重大项目的跟踪营销、授信落地及投放储备等工作。参与承办2016中国西部国际产能合作论坛暨企业对接洽谈会，助推省内资源、环保、特色农业、建筑类企业走出国门，与境外政府与企业洽谈对接，寻找合作商机和融资便利。通过做大理财、基金等拉动存款增长，做好客户营销与服务，引导资金回流。截至年底，全辖人民币个人存款余额259.15亿元，日均余额295.38亿元，外汇存款实现持续增长，较上年增加7,665万美元。全年实现条线净收入7.81亿元。其中，利息收入5.81亿元；非利息收入2亿元。非息收入全行贡献度37.38%，同比提升2.05个百分点。提升存量客户的稳定性。截至年底，全辖存量个人客户182.01万户，较年初新增13.25万户，增幅7.85%。个人客户金融资产月均余额403.96亿元，较上年新增16.88亿元，其中20万以上中高端客户金融资产260.03亿元，占全量客户金融资产的64.37%。

【个人贷款业务】 截至年底，甘肃省分行个人贷款余额14026亿元，较年初增加10.72亿元，新增额在考核组内居第九位。按照人民银行统计全金融机构口径，全辖个人贷款余额市场份额3.86%，较年初下降0.25个百分点。资产质量略有下降，不良贷款余额8551万元，较年初上升3901万元，不良率0.61%，较年初上升0.25个百分点。关注类贷款平均占比0.85%。全年实现个贷中间业务收入1147万元。

【银行卡业务】 新增5.38万张，累计37.75万张；当年新增信用卡有效客户3.58万户，累计28.27万户；实现非利息收入（含税）12330万元，同比增长2%；银行卡分期业务实现交易额12.95亿元，同比增长76%。

【贸易金融业务】 2016年，累计实现国际结算业务量34.31亿美元，国际结算市场份额为43.31%；实现跨境人民币业务量79.30亿元，跨境人民币市场份额为36.75%。2项市场份额均在省内同业中排名第一。

【中小企业业务】 2016年，甘中小企业新模式贷款余额21.41亿元，较上年末减少9.38亿元，贷款余额列总行考核组内第9位。中小企业新模式客户数294户，较上年末减少148户，客户数列总行考核组内第八位；中小企业新模式不良贷款客户21户，不良贷款额1.79亿元，不良率8.36%。中小企业业务全年实现净收入8373万元。小微企业贷款余额242.69亿元，小微企业客户数2675户，小微企业申贷率78.60%，均完成监管机构“三个不低于”和总行下达的考核任务指标。

【互联网金融】 截至年底，企业网银交易客户数15553户，其中新激活交易户4303户。企业网银存量客户达到22958户，实现企业网银交易量5299.12亿元，较上年末减少9.68%；当年累计手机银行交易客户207758户，其中新激活交易户152350户，手机银行存量客户达到797791户，实现手机银行双边交易金额423.83亿元，较上年增长24.13%；累计股商存管交易所商户4户，报关客户24户；电子渠道金融交易迁移率为76.65%，较上年末提高4.91个百分点。

【纪检监察】 2016年，召开党风廉政建设暨纪检监察工作会议，省分行行长与各二级分行、中心支行、直属支行、省分行各部门负责人签订党风廉政建设责任书45份。督促、指导二级分行、中心支行与下属部门、网点负责人签订党风廉政建设责任书209份。下发《甘肃分行2016年纪检监察工作要点》《甘肃分行落实党风廉政建设党委主体责任和纪委监督责任2016年工作任务分解表》《关于重申中国银行甘肃分行举报工作相关要求的通知》，确保纪检监察各项工作推进。落实中央“八项规定”精神，推进廉洁风险防控工作。成立廉洁风险防控领导小组，深入开展廉洁风险防控工作。在春节、五一、端午、中秋、国庆等重大节点，提前下发廉洁自律、厉行节约、严格落实中央“八项规定”精神的通知，从办公用房、餐饮、用车、收送礼品等具体问题抓起.开展“四风”整治“回头看”，对查出的问题认真整改。成立巡视办公室，配备1名专职监察经理，负责日常巡视工作。组成2个巡视组，对4家分支行开展巡视工作。8月—10月，积极配合总行第六巡视组做好对甘肃分行的巡视工作。执纪问责，对发生案件和重大风险事件的机构或部门实行“一案双查”“双线问责”，有效推动甘肃分行问责文化、合规文化建设。全辖全年问责531人（次），其中，给予开除2人、撤职1人、记大过4人、记过8人、警告处分25人、免职2人、给予经济处罚489人（次）。

【稽核工作】 完成稽核项目12个。其中，总行级项目7个；分行级项目3个；计划外项目2个。稽核检查内容涉及6个业务条线、11个业务产品；检查机构32家，机构覆盖率25.6%。重点检查了实物贵金属业务、类信贷业务、外汇业务、IT、基层机构关键控制环节、消费者权益保护工作、公司贷款利率异常数据、个人授信资产呆账核销、数据质量管理及以往发现问题的整改状况，评价对监管规定的落实情况，针对存在的问题和隐患提出有效的改进建议，强化监督整改，堵住漏洞。通过稽核发现问题78个，发出稽核报告10份。发现重大违规事项1起，因稽核发现而处理、问责员工62人。其中，记大过处分1人；记过处分1人；警告处分1人；扣罚绩效工资3人；通报批评并经济处罚59人。

【职工文化生活】 相继举办写春联、手机随手拍、拔河、扑克升级、动手做月饼和优生优育健康知识讲座等系列活动；组队参加中国银行首届五人制足球全国总决赛，获优秀组织奖；参加甘肃金融系统第二届职工羽毛球比赛和金融系统百万职工走向健康系列活动；参加中国银行员工才艺大赛，3件作品获铜奖，5件作品获优胜奖，获优秀组织奖。参加全国金融系统第4届戏剧比赛和器乐大赛，获戏剧铜奖；举办甘肃省分行首届职工运动会。为职工做实事办好事，开展送温暖活动，全年慰问帮扶困难职工172人，金额39.7万元；看望慰问生病住院员工和直系亲属丧葬抚恤等123人次，金额13.76万元；救助特困女职工21人，金额6.6万元。健全工会组织，规范操作流程。建立和完善工会经费收缴台帐。加强工会经费管理，管好用好工会经费，使工会经费很好发挥服务职工、服务大局的作用。

（李贵义）

·交通银行甘肃省分行·

【概况】 2016年，交通银行甘肃省分行呈现出良好发展势头，市场占比提升46个基点。存贷款增幅、增量均实现突破，基础支撑力进一步夯实。截至年底，分行人民币各项存款时点余额447.70亿元，较年初增加31.31亿元，增幅7.52%。日均余额441.70亿元，较年初增加41.59亿元，增幅10.39%。人民币各项贷款时点余额291.58 亿元，较年初增加20.77亿元，增幅7.67%；日均余额289.48亿元，较上年增加27.97 亿元，增幅10.70%。实现经营利润82362 万元，同比增长5633 万元，增幅7.14%。实现经济利润34140 万元，同比增长5327万元，增幅17.20%。截至年底，不良贷款余额、占比与上年持平。强化内控合规管理，开展“两加强、两遏制”回头看、案件防控“长剑行动”和“五大领域”专项整治等专项行动，实现全年安全营运无事故，无重大案件、无重大声誉风险事件。以人为本，关注员工诉求，持之以恒做好员工关爱工作。以企业文化建设为契机，发挥工会团委群团组织桥梁作用，通过改善网点食堂、休息环境，保证网点员工“一口热饭、一张床”；实行基层营业网点双休日轮休，在不降低服务质量、客户体验的前提下，减轻前台员工劳动强度；举办丰富多彩的职工运动会、知识竞赛、插花比赛等文娱活动；配发健身器材，建设健康小屋，打造“职工之家”等系列举措，在改善员工物质生活的同时满足员工精神诉求，最大限度的使经营发展成果惠及全行员工。

【公司业务】 公司板块业务上积极发挥牵头部门的引导、协同作用，紧盯全年任务指标，根据市场环境安排部署各项业务，努力克服各种不利因素，攻坚克难，公司业务保持了稳定发展态势。主动管理存款，优化负债结构，关注存款市场利率变化趋势，精细测算每笔主动负债成本，执行高成本理财审批制度，把控高成本负债利率和占比。采用次高成本负债代替高成本负债的策略，通过大额定期存单替换高成本表内理财及协议存款的方式降低负债业务成本。加强对公司存款变动的预测和监控，掌握各经营单位存款的大额变动项目，逐项跟踪落实，协助经营单位制定对策，争取进款尽早落地，出款体内留存。截至年底，人民币对公存款日均余额302.39亿元，较年初增加30.39亿元，增幅11.17。人民币对公存款时点余额307.76亿元，较年初增加22.87亿元，增幅7.69%。以项目储备机制为抓手，大力推动资产业务发展。公司部紧跟总行节奏，在全行范围内实施《重点储备项目管理办法》，认真做好重点项目的筛选、上报、专项规模申请及投后管理等工作，为资产业务稳步发展发挥了作用。定期组织经营单位召开重点储备项目推进会，推动优质资产项目早落地、早受益。截至年底，有30个项目入选总行重点储备项目库，库内项目共计审批授信280亿元，实现投放87.56亿元。推进客户工程建设，制定《甘肃省分行2016年公司客户发展行动计划》，积极发挥部门牵头管理作用，深化客户名单制管理，制定有针对性的指标推进方案，配合经营单位积极做好重点客户的营销工作，扩大本行在省内民生领域的市场份额。

【个人金融】 围绕七大类客户群体，做大做优零售客群。重点针对代发工资客户、信用卡客户（双卡联动）、POS家易通客户、品牌客户，做好“获客、活客、留客”工作。逐户分析代发客户构成情况，从客户需求出发，制定一户一册的财富配置方案，通过“企业行”“代发行”等活动，对重点代发单位进行深耕、宣传开通代扣代缴业务及代发客户专享理财、手机银行配套产品及服务，持续提升存量代发。做大做强做优资产负债业务。突出“拉新、留存、提升”，继续以“AUM为统领”，贯彻落实“以客户需求为导向”，重点在交易结算资金沉淀、代发存款、表内表外产品、保险期缴、贵金属销售、三方资金做大AUM的同时，提升负债业务市场占比。做大消费贷规模，在按揭贷受制约的市场形势下转变目标，重点提升商铺贷款、消费贷款、信用卡好享贷、天使贷、POS贷、质押贷业务占比，实现利息收益与品牌客户双提升。发挥全员营销作用，推动与营运板块的合作，整合网点各项资源，根据业务特点针对性地分配目标，充分发挥板块融合的优势。完善省辖分行、支行、普惠网点队伍建设，发挥管理团队作用，整合零售板块、营运板块各条线、提高分支行管理团队管理能力、业务水平、协作能力。根据营销人员各序列的特点，明确任务目标，并配套专项推动活动，实现业绩与个人收入双提升。严格落实考核办法，紧盯业绩指标，及时通报。尝试两个板块之间人员双向流动，激活队伍，能进能出，能上能下。

【同业业务】 2016年，分行加强与当地同业机构合作，借助产品优势不断做大同业业务，同业负债规模持续大幅度增长。截至年底，同业存款时点余额53.88亿元，比年初增加10.21亿元，增幅23.38%；同业存款日均余额39.12亿元，比年初增加5.81亿元，增幅17.44%。围绕重点客户，加深合作，做大同业业务规模。与省内国有商业银行、政策性银行、城商行、农商行及信用社的合作。把握市场机会，了解客户需求，依托同业存放、同业理财等业务开展有针对性的营销，不断扩大合作业务份额。深化合作范围、提升合作深度，巩固第三方存管业务和融资融券传统存管业务，争取更多低成本的资金沉淀。加强与保险公司的合作，扩大保险公司合作的范围，联合主要保险公司在全行开展对公代理财险专项推动活动，提高代理保险业务的发展，提高保费收入。

【国际业务】 协同各经营单位，响应总分行年初会议精神，践行“以市场为导向、以客户为中心”的经营理念，精准摸排梳理国际业务重点客户，配合总分行做好国际业务客户的分层分类分级工作，制定潜在客户营销目标清单，加强对省内重点客户的精准营销和管控，一户一策，打开业务发展新局面。整章建制，规范国际业务内控制度。国际部在日常管理中注重加强对分支行进行外汇管理政策的传导和解读，总结提炼业务操作中的风险点和政策把控难点，通过多种形式的培训，提高业务人员对政策合规性的重视程度，指导分支行严把政策风险关口，力争杜绝违规操作的发生。2016年在外汇局对银行执行外汇管理政策情况考核优秀。国际部刻制并向各基层营业单位下发外汇业务批注章及外汇业务受理章66枚；同时签发各类国际业务内控制度细则6个；配合监管机构及上级主管部门完成反洗钱专项检查、个人外汇业务专项检查、国际收支专项检查等；配合审计部进行的“两加强、两遏制”回头看、风险部组织的全面风险排查等，不断规范业务办理。

【风险管理】 围绕“利润稳定增长、质量基本稳定、案件防控取得新成绩”三大目标，坚持“控逾期、清不良，提升资产覆盖率”工作主线，通过“三严三实”“两学一做”学习教育，强化党风廉政和廉洁自律建设，守纪律讲规矩，全力做好新时期下风险防范化解、资产保全工作。认识“经济下行期”分行发展面临的风险形式和特征。通过开展面向各经营单位主要负责人、对公客户经理的专题风险防控培训、典型案例分析等活动，提高各经营单位风险防控的自觉性、责任感、紧迫感，树立"依法合规、稳健经营"的风险偏好与风险文化，落实各项风险管理基本政策。发挥全面风险管理委员会风险管理决策平台的作用，通过全面风险管理委员会积极推动信用风险、操作风险、市场风险、流动性风险及声誉风险管理工作的全面开展，通过风管会项目问题跟踪机制，促进问题整改，有效推动和不断完善重点工作。通过严格风险管理的过程监督，借助内部管理考核，引导全行共同管控潜在风险，缓解风险压力。加大不良资产清收压降力度，加强贷款临期管理。执行落实《关于加强潜在风险贷款（授信）管理的通知》《交通银行甘肃省分行关于严格落实信贷"三查"责任，遏制不良资产上升的通知》《关于建立授信风险管控通报机制的通知》要求，按月提前梳理即将到期的贷款信息，通过下发邮件和行长信息进行提示，督促各经营单位逐户核实掌握客户风险状况及偿债能力，及时落实还本、付息的资金来源，做好贷款到期前的风险预判，避免因疏漏造成贷款逾期情形。对无法避免逾期的贷款，及时启动资产线索排查及核实，制定风险化解措施，争取实现增量风险业务资产加固。控制逾期非不良贷款，按照总行风险管控要求，建立风险、授信部门风险管控联动机制。及时填报和向授信管理部门转发银行业协会按月下发的全省欠息、逾期客户清单，为贷款准入、风险预警提供共享信息。通过现金清收、诉讼清收、贷款重组、结构化交易、核销等方式压降逾期不良贷款，提升资产拨备回拨，实现风险资产提质增效。对正常经营、还款意愿良好、担保措施落实的，采取压降本金、利息挂账、变更结息、加固资产担保等措施后进行重组；对还款意愿差或抵押物相对足值但重组可能造成权益减少的贷款积极采取诉讼清收。全年，现金收回存量不良贷款0.1858亿；现金收回逾期非不良贷款0.3037亿；通过收回欠息逾期上迁至正常类贷款6.8932亿。

（闫炳华）

·中国邮储银行兰州市分行·

【概况】　2016年，邮储银行兰州市分行完成银行自营收入3.23亿元，全省排名第一位，同比增加2365万元，增幅7.89%，全省排名第把位，完成省行下达预算目标100.31%，超收100.31万元；本年累计实现利润1.07亿元，全省排名第一位，增幅-1635%，全省排名第十三位。

【优化业务结构】　全年实现收入4934万元，完成收入计划98.69%，收入同比增幅27.43%。时点余额21.42亿，新增3.59亿；日均余额21.11亿，新增4.58亿。非利差收入1473万元，占比达到29.85%，较上年同期增长2.14个百分点；中间业务收入首次突破800万元大关，达到854万元，同比增幅239.8%。实物贵金属全年销售额475.98万；人民币理财累计销售额13.75亿；信用卡发卡量3882张，实现收入290万，增幅771.43%；个人网银新增激活率52.77%；手机银行新增激活率57.82%。公司业务累计完成收入12989万元，完成年度收入计划72.16%，同比增长-3.39%，占全行总收入的40.18%。时点余额为59.91亿元（不含同业19亿元），本年累计新增22.31亿元；日均余额为43.08亿元（不含同业19亿元），本年累计新增10.06亿元。公司贷款结余45.1075亿元，本年累计净增24.8275亿元，同比增长122.42%，环比增长9.75%；占全省公司信贷余额的64.34%。

零售贷款实现业务收入14651万元，完成年度收入计划任务的81.39%，同比增长16.75%，占全行总收入的45.32%。累计发放贷款10880笔43.22亿元，较上年同比增幅47.36%。累计净增贷款5141笔26.11亿元，较上年同比增幅为61.47%，完成年计划任务的106.18%。全行拨备覆盖率387.02%。全行零售信贷业务结余22611笔66.78亿元，同比增幅64.20%。不良贷款157笔，金额5690.75万元，不良贷款率0.85%。从全省来看，是年本行贷款净增在全省总净增中的占比达到57%，贷款结余占比达到24.39%。贷款年净增量在西部10省省会城市排名第二；从贷款分项来看，小额、消费、小企业贷款结余全部排第四，个商排第二，均处于靠前位置。

【特色经营】　全行中间业务收入（含信用卡业务收入）实现853.7万元，较上年增幅239.8%，中间业务占个金收入比例较上年提升10.8个百分点。中间业务收入的大幅增长与各支行营销意识、氛围的的转变密不可分，支行营销从以产品找客户到为客户配产品的方向转变。成功发行兰大校友卡，累计发卡达8831张，实现本行与全国211/985高校发行联名卡的"零突破"；积极与兰大校团委沟通，开通电子支付业务并开立公司账户；天水路及榆中县支行利用移动展业平台在手机银行加办与激活业务方面取得新进展。服务实体经济，在省分行金融市场部的大力支持协助下，兰州市分行坚持主动融入地方经济，不断加大对民生、"三农"和实体经济等领域的支持力度，全年累计投放贷款超过200亿元。与省交通厅签订10年期200亿元的公路产业基金，首期落地11亿元；与公航旅签订15年期200亿元的"降杠杆产业基金"，首期落地35亿元；为省国投授信60亿元，投放流贷15亿元。为甘肃亚盛国际贸易有限公司投放全省首笔信托贷款业务1.5亿；为中铁二十一局集团应收账款收益权转让业务3亿元；甘肃省首笔自营及对接PPP合作模式的“两当—徽县”高速公路项目贷款30亿获得总行批复；先后与省交通建设投资集团公司、兰州大学、甘肃省建设投资（控股）集团总公司、甘肃省民航机场集团等重点单位建立授信关系。多项业务“零突破”。分行是取得二手房首付款资金监管资格的第五家银行业金融机构。开拓消费类贷款业务渠道、再就业小额担保贷款业务渠道、担保机构合作渠道等，推进新业务，实现“零突破”。联合兰州市城关区烟草局举办多期“烟草贷”业务推介会，分行烟草贷业务发放实现了“零突破”。帮扶小企业客户，本年度申报减额续贷2笔、金额800万元，办理转期贷1笔、200万元，在实现风险“软着陆”的同时，也为有效控制逾期不良贷款开辟新路径。发放3000万元小企业固定资产贷款及小企业流动资金贷款各一笔，实现最高额业务“零突破”；发放税贷通3笔、470万元。

【风险防控】 级级签订《案件防控和安全保卫责任书》418份；开展其他案件风险排查活动；召开案件防控专题工作会议和警示教育；健全问题、整改和问责机制。资产保全推进。全年完成不良贷款责任认定204笔金额3435.7万元，经济处罚143人（次）、处罚金额69991元；2016年不良贷款“亮剑”清收活动和清收“百日竞赛”活动清收不良贷款本息合计1528.34万元，均超额完成省分行计划任务；核销不良呆账58笔金额282.74万元。

【企业管理】 通过集团巡视组、总行等全面检查发现问题，加强“三重一大”会议制度管理办法；规范物资采购，制定标准化全流程管理；规范公务用车管理办法，建立制度化车辆管理台账。确保优化财务管理流程，推进“营改增”税收政策变更工作的衔接，完成ERP系统上线工作，确保税务管理系统、ERP系统的顺畅运行。2016年，兰州市分行增员63人。其中，校园招聘大学生13人；社会招聘41人；邮储银行系统内调入9人。按季度开展全员轮岗4次，轮岗121人（次）；开展全行人员日常排查4次，集中排查2次，排查员工2400余人（次）；结合本行实际制定绩效考核办法，绩效考核体系不断完善；及时整理、修正、维护人力资源系统；重点关注员工持证上岗工作，全年全行组织参加岗位资格考试6次，岗位资格持证率达到90.5%；全行开展培训90余期，覆盖各条线部门。兰州市分行积极跟进网点建设，全力打造总行级标准化达标网点，搬迁支行改造6家；年内共投放或更新自助设备32台、自助填单机13台、叫号机联网20台、存折补登折机10台，新建离行式自助银行1家。完成全市金库及网点的清分机具冠字号码系统上线工作、配合省行成功完成资金汇划业务上线工作。配合省分行成功实现所有网点切片系统上线，储蓄逻辑系统所有业务全部实现集中授权。耿家庄支行、广场支行、城关支行率先成功完成中间业务平台电子印章上线。现金备付率下降幅度较大，由年初的089%下降到064%，降幅0.25%，创近几年来备付金率最低水平，受到省分行的表扬。凭证识别率均达到85%以上，个人稽核差错率有效控制在省行考核范围内，全年无差错逾期。完成财务成本报账、理财双录、电子印章、会计放款影像资料上传等10多个新系统上线工作；完成城关、天水路、东部、红古区等支行新址网络调试、设备安装工作；完成省住房公积金委托贷款项目、省财政非税收缴项目、兰州大学校园一卡通、三方支付项目等系统的应用部署和上线工作，为全行重点营销项目的推动起到技术支撑作用。开展“安防知识微信答题季”“能力提升之我见”主题征文暨演讲比赛、“互讲互学”等系列活动，推进安防知识教育学习。完善制度，层层签订目标责任书，提升执行力。网点安全管理标准化达标活动要求和新的GA38–2015标准，对本行网点组织自查整改工作。

【党风廉政建设】 领导带头落实“两学一做”、党风廉政建设责任制，落实党的民主集中制，坚持“一岗双责”，加强班子自身建设，发挥班子的集体领导作用。自5月下旬启动后，参与员工335名，排查岗位44个，经廉洁风险防控领导小组会议2次集体研究，审定后的《廉洁风险目录》中，发现廉洁风险点61个。落实集团巡视反馈问题的整改工作，开展“三重一大”制度执行情况开展专项自查整改工作、开展集团巡视问题整改工作“回头看”活动。

【企业文化】 年内，兰州市分行开展乒乓球比赛、“三八”职工登山比赛、“五一”春游踏青采摘、植树造林、“五四”青年节拓展、职工趣味运动会、助跑2016年国际马拉松、庆祝建党95周年为党员过集体政治生日、大学生座谈会、“陇上健步走”启动仪式、“迎国庆 颂祖国 两学一做”歌咏比赛、重阳节慰问退休职工、“邮储有爱”爱心捐赠等活动。发放生日慰问卡416张、探望职工17次、职工子女“金榜提名”慰问7人，通过调研考察，在榆中、永登、红古、广场建成“职工之家”。增强团队凝聚力，提升员工的归属感。

（陈　梦）

·中国农业银行股份有限公司甘肃省分行营业部·

【概况】 2016年，在市委、市政府有力支持和总分行的坚强领导下，农行甘肃省分行营业部深入贯彻党的十八大，十八届三中、四中、五中、六中全会精神和习近平总书记系列重要讲话精神，紧扣市委、市政府重大决策部署和经济建设重点，以“围绕狠抓业务经营转型、提升综合竞争实力”为工作中心，打造客户经理队伍建设、网点布局功能转型两项系统工程，力求对公业务、零售业务、三农业务、新兴业务重点突破，筑牢党建、机制、风险三大经营基础，严把内控、保卫、运营三个主要关口，经营管理呈现“主体业务保持稳定、重点领域实现突破、财务状况不断改善、合规意识持续增强、风险管控严守底线”的良好发展态势。截至2016年年末，各项存款余额达到346.36亿元；累计投放贷款109.10亿元，贷款余额达到271.33亿元，较年初增加9.83亿元；实现拨备前利润8.08亿元。

【对公业务】 把握国家“一带一路”战略机遇，主动介入交通运输、城市轨道等全省重大基础设施项目，以及华能、兰渝铁路、中国铝业等一批优质大客户。同时，争取支持渭武高速、省国投、兰州轨道二号线等一批总分行已审批待投放项目，将已储备的保利集团、华能酒泉第二风电等重大项目纳入项目库管理，积极推进贷款投放。与农发行营业部达成战略合作，成功落地黄河河道治理、交建集团静会公路、西固达川土地整理等一批重点项目；与省交通厅反复对接，成功落地全省农村路网改造一期项目。把握军改契机，强力配合，精准服务，完成西部战区陆军两个军级单位账户开立工作和军队网银支付平台上线。先后与省内中国银行、建设银行、兰州银行、光大银行、农商行等机构实现同业业务合作，并加大方大炭素、三毛集团等合作力度，积极接触金宝实业、合德科学器材、阳光炭素、天华化工机械等国际业务客户，营销势头向好。全年累计投放省公航旅、甘肃盛达、兰渝铁路、华能风电等重点客户贷款及中小企业贷款80.92亿元。全年共办理同业资金业务71.96亿元。

2017年8月9日，农总行党委委员、副行长郭宁宁，省农行党委书记、行长娄群在营业部营业网点调研指导工作

【零售业务】 转变营销思维，创新发展模式，开展各类活动，激发全员活力，强力改善零售业务整体局面。将现有贵宾客户逐户分解到网点柜员、大堂经理、客户经理，使网点每位员工回归服务客户的基本职责。组织开展春天行动等综合营销、零售产品外拓营销、信用卡“七走进”、各类专项产品PK赛及节假日客户品鉴会等活动，结合厅堂营销、现场营销、邀约营销、外拓营销和联动营销，强化帮扶督导，及时将营销进度、成绩“晒红榜”和“亮红灯”，激发全员通过产品渗透来挖潜拓新，助推取得营销实绩。全年新增三方存管有效客户3531户、贷记卡有效客户8794户。加强网点环境整治，规范宣传物品摆放，增设客户等候区资讯营销墙、扫码墙、海报架、卷帘等软件布置，多维度展示产品营销信息，强化网点营销氛围，实现网点机具科学摆放、网点人员“弹进弹出”。优化绩效考核方案，打造网点主题特色，不断提升客户体验，持续提升产品交叉销售率，全面激发网点人员的营销积极性和内生动力。产品交叉销售率171.16%，较年初提升15个百分点。集中人力，全面摸排，突出重点，组团营销，实现了个人贷款的集约经营，全年合作按揭项目20多个，投放住房贷款15亿元，系统内名列前茅。

【“三农”服务】 加大“三农”信贷支持力度，注重提升“惠农通”工程质效与融合，稳步推进涉农代理业务，持续深化“三农”金融服务。针对农民春耕和秋收的资金需求，明确信贷支持对象，合理安排贷款投放，确保全年信贷支持春耕、秋收农业生产落实到位。积极与地方党政沟通协调，把握关键环节，靠实工作责任，分月下达、按季监测，加大精准扶贫贷投放力度，有效提升支农惠农水平。全年累计投放精准扶贫贷款7001户金额41490万元；其他农户贷款241户金额1472万元；农产贷款5户7笔，贷款余额46160万元。对低效服务点进行整合优化，逐步完成对服务点布放机具升级换代，完善惠农服务点布局与功能，不定期开展服务点业务指导与培训，全力提升服务质效。全年累计办理助农取款26.4万笔，转账业务44.5万笔，缴费业务31万笔。加强与市农合局沟通，积极推进新农合“一户两卡”制卡发卡工作，全力推进新农合、新农保等涉农代理业务。全市五级医疗机构读卡器布放率100%，乡镇卫生院、村级卫生所转账电话、POS机布放率100%。

【风险管理】 面对日趋严峻的风险形势，始终保持清醒头脑，高度重视风险管控，牢牢守住风险案件底线。对全行到期贷款收回情况按月预警、按月通报、实时督促，从机构、业务品种、行业投向、业务条线等多个角度全方位分析，及时发布预警信息，严防贷款形态下迁。同时，落实清收责任，采用上门、诉讼清收等方式，加大不良清收处置力度。引入“作业退回率、授权抹账率”等多项差错类指标，加强柜面差错管理力度，合理设置差错容许值，严控柜面人员操作风险。重点突出对预警核销、对账质量、监管履职等指标进行考核，引导辖属各行加强监管，关注风险，掌控风险。以“全覆盖、严问责、实改进”的原则，在全行范围内组织开展“两个加强、两个遏制”回头看，梳理整改问题95个。以“打假治乱”为重点开展专项治理，坚决治理虚假骗贷问题、员工参与非法集资、民间借贷等违规行为，逐条核查上级行下发线索675条，做到该查必查、如实反映、定性准确、反馈及时，确保线索核查到位、风险揭示到位、措施落实到位，切实防范和化解各类案件风险隐患与事件。

【队伍建设】 按照“围绕经营抓党建、抓好党建促经营”总体思路，坚持党建统领全局，全面加强党的建设，狠抓队伍建设，为业务转型发展提供坚强保障。统一部署基层党建工作，将党建工作与业务经营同部署、同落实、同检查、同考核、同总结。制定“两学一做”学习教育实施方案和工作规则，明确“两学一做”学习教育目标、内容和措施。坚持外部辅导与内部学习相结合，举办“党建大讲堂”，邀请党建专家解读党章党规和习总书记系列重要讲话，着力提升全行党员干部思想境界和理论素养。构建“前台营销拓展有力、后台运行规范集约”的经营管理架构，配齐、配强个人信贷业务及营业网点大堂经理岗位员工队伍，持续优化全行干部员工队伍结构。结合利润、中间业务收入、“一比两率”等重点业务经营指标，按季科学评价全行干部工作质量及管理水平，同时增加基层党建、员工行为管理考核权重，提升全行中心工作与干部考核的关联度，切实发挥考核评价“指挥棒”作用。组织开展“四风”问题整治情况“回头看”，认真梳理自查发现问题整改情况，并组织专人对辖属支行开展重点督查整治。全面落实中央巡视问题整改和总行巡视问题整改工作，并建立整改工作“问题清单”“责任清单”“任务清单”，确保整改工作落到实处，切实加强作风建设。

（李锦禄）

·招商银行兰州分行·

【概况】 2016年，招商银行兰州分行资产总额364.38亿元。人民币一般性存款时点余额328.89亿元。其中，对公存款余额228.53亿元；储蓄存款余额100.36元。全折人民币一般贷款余额231.44亿元。其中，对公贷款余额158.16亿元；个人贷款余额73.28亿元。票据融资余额9.64亿元。

【资产负债业务】 截至年底，自营存款活期占比较年初增加5.44个百分点。其中，对公存款提升6.24个百分点；储蓄存款提升4.02个百分点。梳理重点投放客户名单，完成18户重点客户投放，累计投放金额25.03亿元，实现了资产投放逆势增长。小企业贷款主要投向本地优质的教育、医疗、民生消费、医药、文化、信息技术等行业客户及千鹰展翼、供应链类业务。截至12月底，小企业贷款余额达15.58亿。零售信贷发展住房按揭贷款和优质行业消费贷款，稳定小微贷款规模；调整客户结构，提升定价能力和定价水平；加强贷后管理和不良清收，全面管控风险。截至12月底，零售贷款余额73.28亿元，较年初新增7.62亿元。其中住房贷款余额39.76亿元，较年初新增9.94亿元。调整票据业务思路，改变策略，全年完成票据贴现、转贴现业务量3468.69亿元。其中，直贴业务64.99亿元，较上年同期增长38.61%；转贴现买入1127.41亿元，较上年同期增长26.52%；转贴现卖出1121.62亿元，较上年同期增长142.6%；正回购39.44亿，其中再贴现19.95亿。

【新兴业务】 完成债务融资工具30亿元，发行额度13.32亿元。发行单笔承销费收入历史最高的私募债，发行2.12亿元券商短融。通过业务撮合和险资对接，与券商、信托、银行、各类基金、资产管理公司的联动协作，确保是年应收尽收，完成全年指标任务。发展同业理财业务，积极拓展新兴业务。分行实现同业业务营业净收入7643元，其中非利息净收入5664万元。实现招赢通交易量737亿元，完成总行全年计划的145.78%；新增托管规模171亿元，完成全年计划的102%。单个客户使用产品数量较年初新增1.53个。未发生一笔操作风险和违约业务。国际结算量完成3.37亿美元，完成率112.33%；互联网金融客户数增量完成5,118户，完成率153.92%；供应链金融高价值客户数增量完成170户，完成率141.67%；互联网外部资产业务量完成26.77亿元，完成率133.85%；C+智慧票据池项目数际完成20户，完成率133.33%；移动支票有效交易笔数完成11.2万笔，完成率112%；移动支票交易金额完成70.8亿元，完成率708%。

【客户群建设】 零售金融推出快乐宝贝卡、滴滴联名卡、行者驿站联名卡、狗不理联名卡、社区联名卡、女企业家商会女神卡等，累计发卡过万张。建立“双网”获客平台，经过近3个月试运行后，通过“双网”渠道获客，有效提升分行信用卡客群。陆续推出“零售旺季攻坚战”“代发客户专项提升方案”“一元购酸奶”等活动，进行客户群提升和非零不达标客户的提升。分行零售大众客户群净增有效户8260户。每周定期召开客群督导提升问询会，做到每周有提升，每期都有亮点。分行对公有效户6436户，较上年底增加2146户，预算完成率165.08%；净增核心价值客户15户，预算完成率250%；公司理财客户600户，较上年增长285户。加强与华龙证券、省科技厅、省市工信委等部门的合作，搭建多方位获客渠道。对优质的存量客户，通过提前审批、提高审批效率。无贷有效户较上年新增2163户，完成任务指标180.25%，小企业价值客户数69户，完成任务指标138%。

【考核管理】 以提升财务数据分析能力、费用使用效率为主线，继续深化、细化财务管理。对各条线业务展开全面的合规自查工作，从公司、零售、运营三大条线反馈结果看，自查中未发现不合规问题。数据统计实现全年对外报送零差错，实现近几年统计工作100%正确率的突破。有序开展流动性工作，头寸管理工作整体平稳有序，全年未出现透支等重大问题，同时配合总行完成人行清算账户零余额切换。成立“营改增”推进工作小组，统一协调分行相关部门的工作，5月1日兰州分行“营改增”工作顺利落地，并获得甘肃省国家税务局、甘肃省地方税务局颁发的“A级信用纳税人”称号，受到招总行通报表扬。

【风险内控】 率先推行风险官制度，对信贷业务的风险状况进行检测，推进经营主责任人制度。加强到期及逾期授信业务管理，强化日常信贷检查和预警排查力度。落实“铁三角”制度，截至年底，分行不良贷款额4.91亿，不良率2.04%，均在控制目标范围内。

【人力资源】 分行党委以“从严治党”开展系列工作。开展“两学一做”学习教育活动，落实党建重点工作任务。健全党支部基础工作，完善选拔机制，加强专业队伍管理。2016年，兰州分行通过公开竞聘形式择优选聘各层级任职干部，建立专业岗位后备人才库11个，对存有离职意向的员工行长亲自进行面谈挽留，稳定员工队伍。

【企业文化】 成立企业文化建设督导小组，从流程梳理、会议精简、扩大福利、员工文化生活等方面做出改变，切实为员工办实事、办好事，提升员工的幸福感。举办20年行庆系列活动，以成立20周年为契机，对外树立形象，对内员工有集体感和归属感，形成积极向上的文化氛围。

（沈建强）

·兰州银行·

【概况】 2016年底，兰州银行资产总额达到2570.63亿元，较年初净增500.22亿元；各项存款余额达到2107.09亿元，较年初净增344.63亿元；各项贷款余额达到1227.72亿元，较年初净增165.25亿元。全年实现总收入127.48亿元，净利润21.08亿元；资本利润率达到13.73%，资本充足率达到11.67%，拨备覆盖率达到213.06%，不良贷款率为1.60%，单一客户贷款集中度和最大十家客户贷款集中度均控制在规定范围内。在英国《银行家》杂志公布的“2016年全球银行1000强”排行榜中，按一级资本排名，位列第四〇二位，比上年提升108位；按总资产排名，位列第三九五位，比上年提升43位。荣获中国人民银行征信中心企业征信系统优秀机构称号，是甘肃省唯一一家连续5年荣获该殊荣的单位；荣获“2016年度中国债券市场优秀金融债发行人”称号；连续5年荣获省长金融奖；精准扶贫专项贷款案例被甘肃省委宣传部等单位联合授予“一带一路”金融合作与创新金融机构优秀案例奖；被甘肃省住房资金管理中心评为2016年住房公积金业务合作优秀经办行；被市委、市政府考核批准为2016年最平安企业，被市公安局考核批准为单位内部治安保卫工作先进单位。

【风险防控】 健全全面风险管理体系，优化完善全行风险管理制度，明确全年风控管理具体要求和措施。做好重点领域风险防控，出台房地产及建筑业、钢贸、商圈等重点行业风控指导意见，对票据业务、出租车行业贷款及林权抵押贷款等进行前瞻性风险提示，省外贷款、房地产贷款、跟单贷款、票据、中介机构及异地抵（质）押管理等风险较高的业务和操作环节细化规范。做好违约贷款化解工作，确定年度重点化解和盘活对象，制定并实施风险客户分层管理方案，建立多层次的包片化解责任制，一户一策开展风险化解工作。调整信贷投向，逐步将信贷资源向大客户倾斜，执行对重点过剩行业客户的名单制管理，提高异地业务审批门槛。贷后管理水平有效提升，上线贷后管理模块，明确贷后三级管理，确定重点直管客户，定期开展考核通报。防范操作风险，制定《风险条线岗位行为规范》，强化风险条线人员行为管理，完成关键岗位人员道德风险评价标准制定工作，开展异常行为排查。改进审计工作，完成银承、跟单贷款等10项专项审计，做好分支机构内控评价工作，上线手机版稽核信息管理系统，突出非现场审计的监督分析。加强应急管理，编制完成《应急预案管理手册》，开展“周学习、月检查、季度预案演练”。

【优化业务结构】 全年新增“摘牌”账户525户，新增账户存款余额161.94亿元。集群客户营销取得重大进展，全年完成华龙证券、省国投等31个集群客户的签约，集群客户存款余额达224.4亿元；推广加快对公产品，上线现金管理平台二期，全年新发放单位结算卡7277张；推出排污权抵押贷款、融医贷等新产品，研发线上对公一键贷、票据池、供应链等业务。截至年底，对公存款余额达972.94亿元，对公存款占比较年初上升了1.47个百分点。个人业务更上新台阶。个人存款余额突破千亿，达到1134.15亿元；三维市民卡发卡量达206.67万张，信用卡发卡量达10.97万张。上线财富管理系统，丰富中高端客户适配产品，以个性化形式发售尊享百合、大额存单、专享e融e贷等产品，增值服务有效开展；上线积分宝、房易贷、房享贷等新产品，一键贷业务累计发放金额突破15亿元；特约商户规模和交易规模不断增长，正式取得基金销售牌照。“三农”业务打开新局面，全年发放精准扶贫贷款72.5亿元，累计投放180.3亿元；在陇南上线农村产权信息化综合服务平台，并在兰州、嘉峪关等地推广运用；新开发农机具按揭贷款、农村住房产权抵押贷款、农村土地承包经营权抵押贷款等产品，积极推进农民专业合作社互助贷款和“支部+协会”业务。稳健推进小微业务持续清理商圈业务，稳妥推行“万企计划”，推出政银保业务，编制完成动产融资工作手册。投行业务取得新进展。大力推进基金业务，落地基金项目3个，总规模63亿元；落地PPP项目2个，总规模15亿元；积极推进资产证券化业务，探索不良资产处置新模式，向甘肃银监局提交不良贷款ABS试点行申报材料。强化金融市场业务风控建设，实施委托资产管理业务“白名单”准入，以策略调整引领投资转型，加快同业协作模式升级，“百合共融”资金联盟成员再度扩充，积极探索“银保”“银证”业务新思路，与华龙证券展开多层次战略合作，成功发行“2016年兰州银行二级资本债券”，全年实现经营收入39.9亿元；理财业务从简单对接客户需求向主动管理客户需求转变，不断丰富产品种类，推出“百合钱包”滚续型产品，打造对公理财产品套餐，上线百合夜市理财，定制发行三维市民卡专属理财产品。兰银金融租赁公司获得中国银监会批准筹建并正式开业运营，成为近10年来甘肃省获批的第一家全国性金融机构，跨区域、多元化经营迈出新步伐。

【完善平台布局】 完善互联网平台功能，手机银行、网上银行、微信银行实现多次更新升级，客户体验进一步提升；三维商城全面升级为百合生活网，实现平稳过渡；e融e贷完成与信贷系统、大数据平台的对接，上线债权转让功能；e住e行实现多通道发布、12个市州业务分区等功能，上线在线按揭贷款业务。优化平台布局。正式上线银医社，涵盖自助办卡、挂号、缴费等20多项功能，成功实现就诊卡、银行卡、社保卡的三卡合一目标，开创了全省银医合作新模式；上线百合积分联盟系统，首期与甘肃移动等30家商户及105家牛肉面店铺实现积分互通；试运行金融云平台，为企业提供一站式便捷服务；上线运行跨境电商平台，实现海外直邮、保税直发、免税商品3种跨境购物模式；搭建企业一户通，成功接入甘肃工业品B2B交易平台、金融云平台、百合生活网、跨境电商等渠道。丰富移动支付场景，完成HCE等四项云闪付产品，上线易付宝快捷支付、微信钱包提现、微信信用卡支付等功能，推出“综合二维码”。线上线下融合更加紧密，强力推进O2O便民服务点建设，建成O2O实体店370家，与政府协调确定了未来两年百合e家建设计划。

【管理和服务】 上市工作取得重大突破，证监会受理兰州银行上市申报材料，成为西北第一家向证监会提交上市申报材料的城商行。强化工作督办，逐项分解市委、市政府重大决策、银行监管政策、行长工作报告及全年重点工作，按季督办，推动各项工作有效落实。推进信贷审批制度改革，贷款审批人试点行票据业务正式实施“单签、双签”审批，深入推进信贷审批限时办结制度，对重点客户实施优先和专人跟踪服务，推进信贷业务集中作业，实现了信贷审批效率与质量的双提升。探索人力资源管理新方法，实施劳务派遣用工制度，探索建立“订单式”人才培养模式。促进人员培训工作全面提升，开发建设网络学院学习平台和培训考试平台，实施全员学习培训积分制，上线培训积分管理系统和动态二维码培训考核系统，建立内训师选拔及培训体系。提升客户体验，推进差异化服务竞争策略；开展“幸福银行”主题活动，组织“幸福口号征集令”，拍摄“幸福银行”微电影，开展“幸福厅堂”创建活动；关注服务细节，通过增设爱心窗口、组织手语培训、增设呼叫电话等措施，提高服务特殊群体水平；进一步提升消费者权益保护工作水平，理财业务“双录”工作三项措施全部落实到位。出台《员工行为守则》，开展“员工行为守则学习年”活动，确保《员工行为守则》中的各项要求根植于每位员工的心中，落实到日常行为中，确保企业文化的引领作用。做好品牌公益活动，连续6年成功冠名兰州国际马拉松赛，连续3年开展“共建美好家园——兰州银行回收废旧电池大型公益活动”。

（殷秀梅）

保　险

·中国人寿保险股份有限公司兰州市分公司·

【概况】　2016年，中国人寿保险股份有限公司兰州市分公司在全省系统年度经营指标绩效考核中，达到AAA级公司。全年实现保费收入120971万元。其中，新单保费54764万元；续期保费66207万元。全年投保数量95253人（次），保险金额525.5亿元。为近2万人次提供理赔，赔付金额8078.47万元。

【个人保险】　明细经营思路，按照分渠道管理的经营策略，以全年工作思路为主线，以制度经营为准绳，提高渠道经营的效率、效果和效能，不断强化制度经营理念和管理模式拉动业务发展。突出专业理顺渠道管理，立足实际改制创新，有效利用财务、人力、产品、客户、基本法五大资源，分层面、分职级对各级营销员进行针对性帮扶。按照“队伍发展带动业务发展”工作思路，坚持队伍建设、业务发展、基础管理三位一体，紧抓核心指标，通过抓好增员、培训、育成，促进队伍的有效提升；立足服务，成新销售，提供专业服务。以基层一线为发展重点，以客户需求为导向，不断提升销售队伍诚信销售和专业服务水平。

【团体业务】　以法人业务和口子险业务为抓手，加强政保合作，参与地方政府民生工程项目建设。以市场为导向，调动渠道发展业务的积极性，通过多层次、全方位的科学规划及优化服务，增强客户大服务的意识，为更多企事业、机关团体、部队官兵、各类院校和建筑、航空等行业和单位及政府小额贷款、城乡居民大病保险等重点项目提供医疗、意外保险保障，承担保险行业应有的责任，为社会做出应有的贡献。

【银行保险】　推广基本法和渠道管理系统，强化制度经营，夯实渠道基础管理，提高渠道精细化管理水平。巩固提升市场份额，省会城市地位凸显。与各银行渠道不断加强合作力度和领域。后援服务支持强化，防范化解经营风险。在销售过程中倡导依法合规销售，强化职场培训，要求销售人员在售前、售中、售后过程中，坚持诚信销售，为客户提供良好的服务保障，维护职业安全，杜绝违规行为，有效化解经营风险，得到多方肯定。

【财务管理】　预算管控，为经营管理打好基础。发挥财务的职能作用，根据财务数据准确反应公司经营全貌，提出经营策略和解决办法，发挥预算政策导向作用、费用政策杠杆作用。加大财务支持力度，提高公司内涵价值。费用资源向销售一线倾斜，激励一线促进业务发展。严格审核，抓好日常费用报销工作，优化费用报销流程，加强费用审核力度，规范费用报销系统管理，提高费用报销时效性；加强资金管理控制限额防范资金风险，执行收支两条线管理，做到资金使用的计划性、效率性和安全性；强化风险管控，防范税务风险，确保公司合规经营。

【运营服务】　运营渠道以基层满意度和客户满意度为衡量标准，以服务基层为重心，以支持销售为主线的服务理念，做好“转型发展、提升价值、服务一线”的后台保障原则，强化提升柜面的自主管理能力和工作执行力。简化业务办理流手续，加快业务处理时效，提高理赔速度；加强培训、考核力度，提高员工业务素质；通过加强业务管理，规范业务流程，提高业务质量，支持业务发展；通过严格权限管理，强化监督检查，进一步提高风险管控力度，打造统一规范、出单迅速、理赔给付便捷及时的服务平台。

【合规经营】　以“提高认识、防控风险、充实队伍”为重点，进一步采取有效措施，规避主要风险，把依法合规经营融入到公司经营管理的全过程。正对经营发现的问题，查找根源，加大整改力度，堵塞各种漏洞，解决理赔难和销售误导问题，防范和化解违规经营风险。坚持预防和教育为主，推进党风廉政和反腐倡廉建设，完善惩防体系建设，开展效能监察。抓好一线的内控评估和风险防控工作，增强公司重点环节、关键岗位的风险防范能力，保质保量完成风险管理、法律合规管理、反洗钱管理等各项风险管控任务，确保内部控制合规达标。

（李　娜）

·中国平安人寿保险股份有限公司甘肃分公司·

【概况】 2016年，甘肃分公司有分支机构71家，包括1个分公司、12个中心支公司、46个支公司和12个营销服务部，保险业务已覆盖全省13个地市。分公司原保费收入36.5亿元，同比增长31.9%。其中个人营销渠道加强队伍管理，夯实基础，代理人数量达到15969人，较年初成长28.6%，实现保费收入32.6亿元，占总保费收入的89.2%，同比增长29.0%。其中，新单保费收入约13.3亿元，同比增长43.4%；续期保费收入约19.3亿元，同比增长20.7%。银邮代理渠道实现保费收入1.7亿元，占分公司总保费收入的4.7%。业务支出方面：累计支付各项赔款和给付6.1亿元，同比增长43.5%。其中，赔款支出2022万，同比下降0.6%；死伤医疗给付2.7亿元，同比增长25.1%；满期给付30308万元，同比增长76.5%；年金给付1646万，同比下降2.2%，各项赔付支出稳定，无重大风险。

【个人寿险业务】 晋升促发展工程，主要通过面谈、创说会运作、重点人群关注、分类推动、晋升支持及辅导，还有新人留存线。面谈分人群进行，涉及面广，支持全面；创说会分为分公司层面、营业单位层面及营业部/展业课层面；加强对02起飞及准主任的培养，关注主任/区主任养成，特推出逐鹿计划，对新主任进行特别辅导；网点方面在分类推动政策引导下，持续推动网点大型化和标准化；在晋升支持及辅导方面，以主任训练日的安装及蟠龙培训植入，建立以晋升表彰会为载体的荣誉体系；新人留存线，重点对3个月及1年内新人进行特别关注。绩优增绩效工程，重点推动项目为钻石平台的持续推动，在营业部课建立钻石组长，分层级对钻石人员进行追踪；建立以巅峰论坛为载体，钻石俱乐部、综拓俱乐部为重点关注的荣誉体系；在团队中植入标准合格人力的定义，持续推动绩优人员发展；创建以人寿保险业务为主，其他保险业务为辅，非保险业务为补充的丰富产品线。基础筑平台，打造“3+2”经营模式，经营节奏前置；积极开展线上主拓活动，在营业部课推动E化进程；在营业部课大家5大功能组，包括增员功能组、训练功能组、日常管理功能组、综拓功能组和E化功能组，同时强化营业部计划管理工作，提升自主经营能力；进一步强化合规管理，季度现场检查，月度自查，品质宣传日固化；打造金牌导师团队。

【财务管理】 预算管理。2016年预算室在总公司的部署下，紧密围绕总公司“两率”工作指引，结合分公司实际，适时调整预算管理思路，合理规划分公司各项费用，践行风险把控职能，为分公司合规经营做出了积极贡献。按年初规划，每季度召开部门兼职预算员专项培训与沟通会，及时宣导各项政策、制度，并对各部门费用使用过程中存在的问题与不足进行及时指导，进一步提升了NPS；每月进行退单率和滞后签报、滞后报销统计，使分公司各项费用及时、均衡动支、避免年度突击花钱带来的风险。会计核算。2016年公司核算室重点围绕KPI指标管控、强化基础管理、防范财务风险等重要工作开展，通过梳理工作流程、加强过程管控、开展弱势三级机构帮扶，防范化解财务风险，促进财务基础工作整体提升；并认真开展员工培训、2016年年终决算、重点数据清理、财务业务真实性自查等一系列项目性工作，进一步夯实了财务基础，加快财务人员向管理型转型，使员工的财务综合管理技能得到了有效提升。税务管理。2016年，国税总局全面推开营改增试点，金融保险业由营业税模式转变为增值税模式；为使公司税务管理与新的管理模式无缝衔接，根据总部整体税务工作要求，在2016年5月1日营改增上线前，全面达成营业税所有批次退抵税工作，为营业税划上圆满的句号。为理顺增值税下发票管理、税金申报、三级机构税务风险管控等流程，分公司与省国税局沟通，争取到省级汇总纳税的增值税管理模式，防范和规避了因增值税发票管理混乱导致的税务风险，使本公司进项税省级汇总、应抵尽抵。资金管理 资金工作作为内外收付工作关口，财务部一直高度关注。2016年，资金室在积极执行国家及公司的各项制度的前提下，恪守资金工作标准化流程，为防范和降低资金风险，下发资金制度指引、强化全省资金出纳人员培训，定期对资金收付制度进行检视、完成年度资金帐户清查、及时学习国家及公司的各项资金制度学习，提升员工技能，简化资金流程，合理防范资金风险，也使资金工作有了一定提升。

【业务管理】 为全力支持县域网点发展，规范网点运营管理工作要求并明确后援服务管理范围及各岗位职责，编制了《二元网点后援服务操作手册》，提升各县域网点的服务水平及销售支持能力。定期收集一线队伍和三级机构关注的重点工作事项，内容涵盖后援各专业知识点，包括新契约投保、回访、理赔、续期等内容，以及一线队伍日常展业过程中需要重点关注的事项和资讯，每季度整理印制成通俗易懂的“后援温馨提示”三折页，便于一线业务队伍查询，提高业务办理时效和后援专业技能。通过公司内网、晨会、报刊等多种宣传渠道，宣传后援服务和专业知识。2016年全年通过内网、微信等各平台共计推送后援服务稿件500余篇，帮助一线队伍及时了解后援各项服务和专业知识，增强了一线队伍的展业信心。同时充分利用新科技平台，通过网络互动直播间、知鸟等途径，及时对业务队伍关注的后援知识点进行在线培训宣导，实现实时互动，不断提升培训宣导效果。人才培养。结合业务需求，建立针对性的在岗员工培训和梯队培养计划，提升干部及骨干员工的整体素质。针对专题思考、PPT制作、报告讲解和思辨、表达能力进行综合锻炼，并在梯队建设中加入轮岗计划提升潜力干部的前线经营能力。在实现培训整体目标的同时，逐步形成了具有甘肃特色的各层级制式培训项目，对于建立人才培养与发展机制起到了积极的作用，夯实了人才基础，对分公司未来的业务发展起到了积极的推动作用。人力资源部在2016年新增专项人才培养方案——轮岗计划、接班人计划、精准潜才计划。以上计划旨在培养、搭建干部梯队，支持寿险业务持续、快速成长。为了拓宽培训渠道，举办多元化的培训，分公司充分利用总公司各项培训资源，在各层级员工中大力推广移动端课程的学习、定期举办学习沙龙、派送优秀干部赴其他机构进行经验交流，拓宽视野。与此同时，积极响应和贯彻监管对于各级高管人员的培训。

【培训管理】 2016年，培训部不断总结代理人停考后的培训经验，广泛吸纳机构、网点的培训意见，在确保合规运作的前提下，加强新人关键技能培养，规范新人培训上岗流程，推动新人入口培训的平台化运作。开门红期间为助力公司人力发展，提升新人留存效率，培训部全力打造“优才星训营”品牌文化，在现行新人班推动基础上，强化制度执行，优化班务运作，突出氛围营造，全力配合甘分开门红人力目标大捷。

【企业文化建设】 2016年，推广“新生活运动”，组织员工活动。2016年，平安人寿继续推行“新生活运动”，结合“平安RUN”，倡导广大员工借助平安人寿APP，学习健康资讯、参与健康运动、养成健康习惯。甘肃分公司积极贯彻“平步青春、安享健康”理念：2016年共开展员工关爱日俱乐部活动8次、主题活动8次、跑团活动3次、员工运动会1次，并积极开展”平安有约 健康行”活动推广。

2016年8月21日–10月6日，平安人寿甘肃分公司开展“全民平安RUN 陇原健康行”系列马拉松活动，历经6大甘肃中心城市接力，超过6000余位选手倾情参与，并在敦煌国际马拉松的宣传下，使整体赛事影响力进一步加强。甘肃寿险充分利用平安金管家平台构建的开放式健康生态平台，全力为客户打造医、食、住、行、玩、财’生态圈，极大提升客户体验。精准扶贫活动。2016年5月24日至26日，为积极响应甘肃省委省政府工作号召，甘肃保监局牵头组织平安人寿甘肃分公司赴甘南迭部县花园乡科牙村开展了为期3天的扶贫工作。保监局领导及平安员工走访每一户贫困农牧民家庭，通过家访了解了农牧民的实际困难及需求，并对已经修建扶贫水窖的贫困农牧民家庭送去了补贴款，受到了当地农牧民的热烈欢迎和真诚感谢。在本次扶贫慰问过程中平安人寿甘肃分公司为8户贫困家庭发放补贴款项总计8000元。开展公众宣传活动7月8日保险公众开放日，平安人寿通过“保险进社区”“市内设立宣传点”“保险宣传健步行”“为平安点赞APP活动”开展了形式多样的“保险宣传日活动”，多层次、多维度、大范围宣传平安及保险业，拉近了公司与社会公众之间的距离。现场发放共计5000余份保险知识宣传册，宣导寿险功用、理赔流程、平安金管家APP，营造活动氛围。

【客户服务】 2016年，平安人寿客服部根据总部全面推进客户体验提升工作要求，推动一系列的“以客户为导向”的服务举措实施、传播

2016年7月8日，平安人寿甘肃分公司参加“7·8”保险宣传日活动

等工作，提升核心产品竞争力，运用APP平台构建O2O客户经营模式，并持续以客户为中心提供差异化服务，全面提升接触点体验，基础服务持续领先同业，深入推行健康管理为核心的加值服务，实现超预期高频互动，秉承“简单便捷，友善安心”的服务理念，在夯实基础管理、提升客户服务体验、加强风险管理、优化业务流程、加强团队建设等方面不断完善，从强化基础管理和提升客户服务体验两个角度，改善服务细节，注重客户体验，提高客户满意度，打造体验经济时代的寿险服务。

【银行保险业务】　2016年，甘肃平安银保持续以建设银行、中国银行为重点主力渠道，同时，中信银行一跃成为甘肃银保的主力渠道，并且成功开拓了新银行渠道——民生银行。各银行渠道的建设，为分公司银保业务发展起到了至关重要的作用，与此同时，建立客户经营渠道（B02渠道以及线上B10平安保渠道），加强客户服务工作，在为老客户提供好服务的同时，开展客户二次开发。2016年，甘肃平安银保调整思路，开门红期间重点以期交上量为主，超额达成开门红目标，达成率110%，二季度制定五六连动方案，通过经营网点沙龙，特训团等经营模式，6月23日达成全年企划期交目标，三季度制定“勇气行动”，冲刺甘肃银保冲刺目标。一系列方案、营销活动对于各阶段业务达成起到了关键作用，持续跟进总公司步伐，盯紧目标，抓紧销售节点，提前187天达成全年目标。2016年，甘肃平安银保部打造晋升文化，积极提倡队伍向高职级晋升；同时，甘肃平安银保始终把合规销售放在第一位，积极倡导合规销售理念，积极营造学习、合规的良好销售氛围。规范经营是贯穿银保部全年的重点话题，也是一个健康的销售队伍应具备的精神品质，甘肃平安银保在关注业务指标达成之余，也在持续关注对客户经理销售品质的管理。

（李从容）

·华融资产管理股份有限公司甘肃省分公司·

【概况】　2016年，中国华融资产管理股份有限公司甘肃省分公司实现利润2.46亿元，是上年利润总额的220%；资产规模达到69.2亿元，是上年底资产总额的210%，用一年时间实现了利润总额、资产规模“双翻番”的目标。

【基础管理】　分公司风险管理和内部控制委员会、业务审查委员会、财务审查委员会和评估审查委员会机制健全，对涉及人、财、物及业务经营等重大事项，4个委员会专项会议形式，按照“集体审议、科学决策、公正严谨、规范高效”原则进行审议决策。业务决策实行业务审查与资产评估相分离，业务审查与分管领导相分离；财务管理，坚持收支两条线，所有收支全部纳入账内核算；对固定资产的购置、车辆更新等费用，做到专款专用，节余上划，各项费用支出均严格按照审查审批流程规范操作。

【商业业务】　围绕大客户开展项目营销，实现与区域重点企业的合作，为重点企业投放的资金占新投放项目规模的56.32%，初步实现客户结构从一般客户向优质客户的转变。调整业务结构，新投放项目中非房项目投放资金占新投放项目规模的91.8%，在客户行业分布上有了新的突破，分公司投放结构渐趋合理。2016年，实现了分公司历史上的3个“第一单”，即第一单兰州主城区房地产项目、第一单房地产百强企业项目、第一单政府融资平台项目。加大股权资产管理，完成年度股权资产处置工作，实现了国有资产的保值增值。

【风险合规】　做实增量项目的风险管控。严格按照公司系统准入要求和负面清单制度，把好项目准入关，从源头预防项目风险，确保分公司全年新增项目“零风险”运行。落实风险防范化解责任制，开展存续项目风险排查，评估项目风险底线，逐个摸清项目状况，全年不良率保持在合理水平。开展“操作风险就在我身边”百日主题活动，提高全员防范操作风险的责任意识和能力。

【队伍建设】　年内面向社会组织了两轮次招聘，经过层层选拔、优中选优，为分公司的发展注入了活力。开展“操作风险就在我身边”百日主题活动、“外学平安、内学浙江”专项活动。对主持部门工作期间认真负责、工作成效明显的2名高级副经理和1名经理予以提任，在全员范围内开展民主测评，推选出5名后备干部进行重点培养和使用。对4名任经理十年以上、履职尽责的老同志给予了专家级待遇。

（司晓磊）

经济管理与监督

发展与改革

【概况】 兰州市发展和改革委员会现共有16个职能处（室）、4个代管机构和3个事业单位。职能处（室）分别是：办公室、发展规划处、国民经济综合处（兰州市经济动员办公室）、固定资产投资处、经济体制改革处、基础产业处、能源处、农村经济处、财政金融市场处（兰州市利用国外贷款项目办公室）、高技术产业处、社会发展处、园区开发处、行政审批事务处、政策法规处、计划财务处、应对气候变化处及市重大办内设的综合服务处和协调推进处。代管机构：兰州市实施西部大开发战略领导小组办公室（正县）、兰州市重大项目办公室（正县）、兰州市目标管理办公室（副县）、兰州市重大项目稽察特派员办公室（副县）。委属事业单位：兰州市发展和改革委员会经济发展研究中心（科级）、兰州市政府和社会资本合作项目管理办公室（科级）、兰州市政府和社会资本合作项目评价中心（科级）。

2016年，兰州市三次产业结构由上年的2.68∶37.34∶59.98调整为2.67∶34.89∶62.44，第三产业比重首次超过60%，较上年提高2.46个百分点。实施“3341”项目工程，推进产业优化布局和改造升级。推动“三区”加快发展，发展新的经济增长点。推进各项改革，一批重点改革任务顺利推进。加强产业链精准招商，突出重点节会招商，全市招商引资到位资金完成1876.47亿元，超额完成目标任务。统筹城乡和社会事业协调发展，加快实施教育、科技、文化、卫生等重点项目，社会保障和民生事业取得新进步，经济社会发展质量进一步提升。

【国民经济运行与监测】 跟踪监测兰州市经济社会各领域发展情况，重点对农业、工业、建筑业、服务业、固定资产投资、财政收入、城乡居民收入等指标进行逐月、逐季跟踪监测，掌握动态变化趋势，分析经济运行中的矛盾和问题，提出针对性的工作措施。

【目标管理】 分解2016年经济社会发展目标。制定完善目标考核办法，新增城市建设管理、小康达标村建设、战略性新兴产业增加值等指标，对不适宜考核县区的居民消费价格指数、与第三产业指标考核有重复的贷款增幅等指标进行调减，对民生改善、社会建设、创新发展的考核，发挥考核导向作用。做好2016年度目标考核工作。制定2016年度目标管理考核工作方案，调整优化考核办法，提出按考核指标类型分别由市统计部门提供数据、行业部门提供数据、省级部门反馈数据、牵头部门提供考核结果等方式进行考核的意见，对市管领导班子和领导干部、党风廉政建设、目标管理等年度工作进行了考核，尽可能减少考核过程中的人为因素，实现了量化考核，考核结果经市委、市政府审定后通报全市。

【重大项目管理】 筛选确定111个市列重大项目列入年度计划，涉及责任单位24个。将111个市列重大项目全部分解给28位市级领导包抓，对项目建设进行指导协调。对影响项目施工的前期手续办理、征地拆迁、设施迁移等问题，联系各方协调处理。先后召开专题协调会65次，协商解决措施并明确办结时限，全年协调解决45个项目的74个问题。其中，解决项目手续办理方面8个问题，征地拆迁方面31个问题，配套设施方面11个问题，解决了项目选址、官网标高、阻工等其他问题20个。建立重大项目基础信息台账，编发《兰州重大项目建设简报》11期，反映项目建设进度及问题解决进展情况。向责任单位下发督办函，明确工作进度。全年为包抓领导呈送项目建设专题报告、向责任单位下发督办函各129份。市重大项目办公室、市委市政府督查室针对项目开工不足、投资进度缓慢以及项目问题解决不到位的实际情况，多次开展联合督查，督促整改。

【“3341”项目工程建设】 把“3341”项目工程作为推动经济社会发展的重要载体，推动投资稳定增长。围绕国家“11+6+3+1”重大工程等领域，在基础设施、棚户区改造、城镇化建设等方面征集828个项目，总投资8600亿元。积极与省上“十三五”规划进行对接，筛选、凝炼全市“十三五”规划项目426项，总投资9540亿元。向上争取资金12.28亿元。争取专项建设债券基金项目，全年三批基金共争取到项目66个，基金106亿元。加快推进PPP项目。全市储备PPP项目108个，总投资1968亿元。其中，入选国家项目库20，入选省级项目库50个。开工建设PPP项目8个，编制完成“一方案两报告”项目25个。加强产业链精准招商，突出重点节会招商，全市招商引资到位资金完成1876.47亿元，超额完成目标任务。

【重点领域改革】 供给侧结构性改革。全市原煤、钢材、粗钢产量同比分别下降3.6%、44.5%、64.9%，均全部完成压减任务。全市商品房可售面积较上年底减少152.7万平方米，下降15.2%。推进“营改增”，落实增值税优惠11.29亿元、企业所得税优惠11.32亿元。落实国家保险费率政策，降低困难企业社会保险费率和缴费基数。深化行政审批改革。取消调整行政许可项目24项，其他事项6项。编制完成和公布权力事项流程图，调整权力事项56项，取消和下放权力事项106项。推进“互联网+政务服务”，行政审批事项“网上办理”更加便捷。优化行政审批流程，项目立项、土地利用、规划报建、施工许可的审批环节压减57%，部门审批时限压减69%。党政机关公车改革。制定《兰州市公务用车制度改革实施方案》，搭建一般公务用车服务平台和综合执法执勤用车服务平台，规范处置涉改车辆。有序推进国企改革。推进市属国有企业负责人薪酬制度改革，实施兰州食品有限公司等试点企业混合所有制改革，完成兰州美高鞋业有限公司以增资扩股方式实施的资产重组工作。完成“三证合一”“一照一码”登记制度改革，工商登记业务全部实现网上流转，行政许可、行政审批全部实现网上运行，实行“一口办理”，办理时限压缩到5个工作日以内。推进农村土地经营权流转，流转土地面积80.24万亩。全面完成农村集体土地所有权登记发证工作，有序推进农村土地承包经营权确权登记颁证工作。持续加快医疗卫生体制改革。公立医院综合改革不断深入，国家基本药物制度逐步落实，以药补医工作成效显著，逐步建立以服务价格调整为主的新型补偿机制。

【年度计划执行】 专题调研对全年计划执行情况。全市经济保持平稳发展势头，三次产业结构调整效果明显，第一产业所占比重回落0.01个百分点，第二产业所占比重回落2.45个百分点，第三产业所占比重提高2.46个百分点，总体人均生产总值比上年增长7.7个百分点。从市级年度计划目标实现情况看，地区生产总值、第三产业增加值、一般公共预算收入等7项指标完成市十五届人大六次会议确定的增长目标，第二产业增加值、工业增加值、建筑业增加值、农村居民人均可支配收入等4项指标未完成年度计划目标。

【“两学一做”】 全年委党组中心组学习14次，全委全体党员集中学习5次，各党支部组织集中学习讨论114次，上党课31次，召开组织生活会3次，开展民主评议党员1次。开展纪念建党95周年系列活动，组织党章党规知识竞赛、测试，组队参加兰州市直机关庆祝建党95周年“两学一做”知识竞赛；开展“两学一做”学习教育征文活动；重温入党誓词活动；走访慰问困难党员、老党员活动；评选表彰优秀党员活动，推荐市直机关工委表彰优秀党员2名，委内表彰优秀党员10名；开展参观八路军驻兰办事处活动；开展献爱心捐助活动，全委党员干部为马坡乡互助合作救助基金捐款1.51万元；开展优秀党课评比活动；党员公开承诺践诺活动。利用手机APP学习，开办学习园地，印发“两学一做”学习教育应知应会内容摘编，增强了学习效果。

（席向鹏）

国土资源管理

【概况】 2016年，兰州市国土资源局争取省政府批准建设用地2.62万亩，供应建设用地2.4万亩，实现出让收入123.39亿元，连续两年突破百亿，各项工作取得新成效，实现了“十三五”良好开局。

【保障发展】 争取省上下达兰州市2015年—2020年城镇工矿用地规模指标21.486万亩，占到全省的32%；加大用地保障力度，争取省政府批准建设用地2.62万亩，新增建设用地2.21万亩，争取国土部批准兰州市2016年度城市建设用地指标3351.6亩；异地占补平衡市场化交易取得突破，协调落实指标4.64万亩；全力推进未利用地试点开发，为碧桂园等6个未利用地试点项目保障用地2.25万亩；在全国省会城市中率先开展并完成中心城区压覆矿产资源全覆盖调查与评价；支持企业出城入园，盘活14个企业用地1512.15亩；供应建设用地2.4万亩，实现出让收入123.39亿元；全年向上争取资金1.1057亿元，为促进全市经济增长做出贡献。

【资源保护】 2016年，兰州市有耕地保有面积424.3万亩，基本农田保护面积270万亩。全面完成城市周边永久基本农田划定工作，主城区及兰州新区划入5.45万亩，远郊3县1区划入2.41万亩。积极推进全域永久基本农田划定工作。大力开展土地整治，建设高标准农田7.13万亩；年内通过项目验收新增耕地1483.8亩。规范矿产资源管理，矿业权市场化配置率100%，市级延续、出让矿业权收益305.4万元；征缴矿产资源补偿费196.56万元；加强矿山环境治理，完成了红古区矿山地质环境恢复治理项目；提取矿产资源环境恢复治理保证金1365.25万元，提取率100%。严肃查办土地违法违规案件，现场核查面积较大违法用地52宗；挂牌督办典型违法违规案件8宗；全面完成2015年度土地卫片执法检查工作。

【土地节约集约】 出台《兰州市土地节约集约利用实施意见（试行）》等办法，实行差别化土地管制政策和引导措施。实施建设用地总量和强度双控行动，控制建设用地总量，确保不突破土总规确定的规模；执行用地标准，加强建设项目用地标准控制和节地评价；鼓励企业改造，鼓励和支持地上地下空间开发利用。加强建设用地供后监管和动态巡查，在全市开展了土地违法违规大清查行动，组织对批而未供土地逐宗进行了清理，提高供地效率；全方位开展土地利用动态巡查，巡查率由31%提高至91%；加大闲置土地处置力度，全部处置到位上年认定的19宗闲置土。推进资源综合利用，“矿山三率”指标全部落实到位；投资992万元实施城区地热资源勘查项目，实际成井深度2502米，单井深水量2160立方/日，实测井口出水温度73度，该地热井的成功实施是兰州地热勘查的新突破。

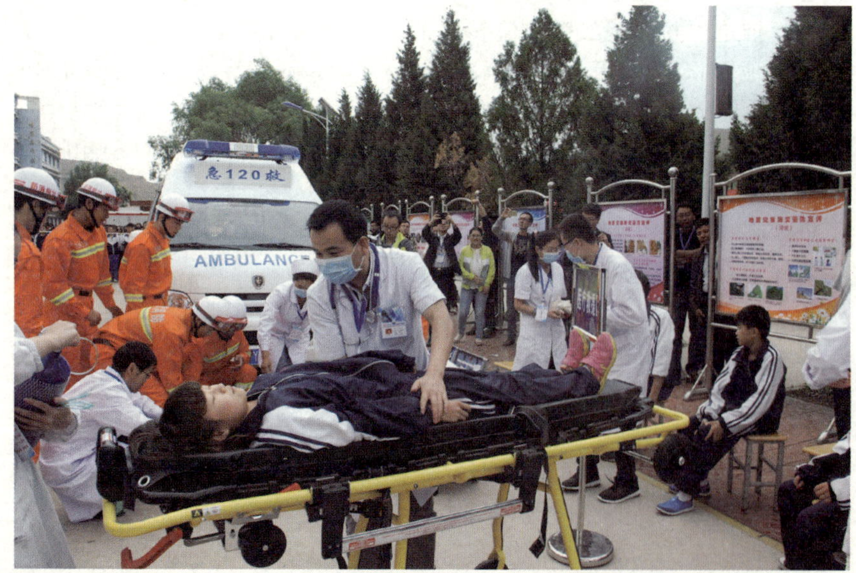

2016年7月1日，市国土局组织开展全市突发地质灾害应急演练

【改革创新】 出台《兰州市国土资源管理供给侧改革实施意见》，支持项目建设和产业转型，同期相比，上年供应基础设施用地比重由13.2%提高到63.22%；商服用地比重由36.36%下降为9.06%。不动产统一登记工作继续走在全国前列，全市机构、人员、场地及统一登记、颁发新证工作实现全覆盖；市级不动产登记信息平台全面上线运行，继杭州后率先实现与国土部信息中心数据实时汇交，累计颁发不动产权证书25767本，不动产登记证明35842份，占全省发证量的55%。深化体制机制改革，理顺土地储备职能，研究制定《关于建立兰州市近郊四区（开发区）储备土地收益分成机制保障土地储备工作良性发展的实施意见》等多个办法意见，为加强土地市场调控打下了基础；推进行政审批改革，取消非行政许可5项，15项合并为6项，减少要件10个、环节10个，压缩时限50%以上。

【民生工程】 为扶贫开发重点安排新增建设用地指标600亩，在13个贫困村立项土地整治和高标准农田建设项目9个，总投资9790万元，总规模7.43万亩。全面完成农村集体土地所有权登记发证工作，颁发集体土地所有权证3320宗，完成农村集体土地使用权地籍调查28.4万宗；组织完成全市征地统一年产值标准和区片综合地价更新工作，在2012年出台的标准基础上，征地统一年产值补偿标准和区片综合地价分别均涨18.9%、15.32%。争取到位资金6500万元，开展了兰州市伏龙坪滑坡群灾害治理工程可行性研究、设计及经费估算等工作，启动伏龙坪地质灾害综合整治工程；争取到位资金6250万元，有序推进8个综合防治体系建设治理工程及2处搬迁避让工程；大力开展全市地质环境管理信息化建设，该工作被列入“全国首批试点城市”；稳步推进监测预警，并获批“国家级监测预警示范区”；隐患排查、监测预警、群测群防和应急演练实现常态化，及时妥善处置地质灾害灾情险情31起，财产损失同比下降98.8%。

【精准扶贫】 在全市贫困村投资8238万元，完成高标准基本农田建设3.82万亩；筹措资金165万元硬化了新昌村村内道路，协调投资10万元建成村服务中心和文化广场；投资8万元为百禄村筹集种养基金；投资7万元为草源村修建道路；为帮扶村积极争取农业产业化发展项目，协调解决问题36个，实现1个村实现脱贫目标。

【基础环节】 完成2015年度土地变更调查与遥感监测工作，共核查图斑3898个，变更面积5.36万亩，得到国家检查组的充分肯定。在全国率先引入市场机制开展地价评估的基础上，初步完成兰州市建成区范围内标定地价体系的建立。“数字国土”项目完成“一个中心、二个系统，三个平台”建设任务，加快了信息化建设；先后出台了《兰州市国土资源管理供给侧改革意见》《兰州市贯彻国土资源部协议出让国有建设用地使用权规范（试行）的实施意见》等6个规范性文件，规范权力运行；建立了我局《国土资源领域通过法定途径处理信访投诉请求清单及主要依据》清单。全面完成了2.59万份文书档案和3619盒业务档案整理及数字化工作，被省档案局评为“甘肃省档案工作规范化管理省特级单位”。

（赵国栋）

国有资产监督管理

【概况】 2016年，兰州市国有资产监督管理委完成市政府下达的各项经济指标。市属国企实现营业收入149亿元，同比增长7.2%；实现利税总额12亿元，同比增长8.5%；招商引资完成2.15亿元；向上争取资金1965万元；市国资委系统企业62个项目,完成投资146亿元。

【项目建设】 市属国有企业承担的兰州水源地工程、兰州市轨道交通工程、南山路、北环路、高原夏菜、保障房建设等省、市重大项目及企业技术改造、设备更新等项目62个，完成投资146亿元。其中，兰州水源地工程、轨道交通建设工程1号线和2号线建设正在加紧施工，顺利推进；南山路、北环路全面建成通车；高原夏菜项目建设积极推进；兰州水泵总厂在兰州新区“出城入园”搬迁改造项目竣工投产；兰州佛慈制药股份有限公司兰州新区佛慈制药科技工业园项目完成工程量的80%。

【企业改革】 按照“一企一策”原则持续深化企业改革。完成市城投公司与市国投公司资产、业务、人员的整合，组建兰州建投集团；完成兰州水泵总厂改制及兰州国器装备制造集团组建；修订兰州银行的公司《章程》，理顺了股权结构，为推进早日上市创造条件；完成兰州威立雅水务公司股权调整；完成兰州宇通客车有限公司资产重组，引进珠海银隆集团合资经营，为兰州市新能源汽车产业和储能产业发展奠定了良好的基础；完成兰州星火机床有限公司、兰州高压阀门有限公司等企业所属厂办大集体企业的改制，积极推进兰州糖酒副食公司中山门市部等4户“僵尸企业”低效无效资产的清理和盘活。稳妥推进混合所有制改革，完成兰州美高鞋业有限公司、兰州食品有限公司2户企业以增资扩股方式引进民营资本实施资产重组，有效盘活了存量资产，实现企业可持续发展。现代企业制度运行更加规范，以权责清晰、运转协调、制衡有效为目标，建立健全董事会、监事会和经营管理层，完善公司法人治理结构，充分发挥董事会的决策作用、监事会的监督作用、经理层的经营管理作用、党组织的领导核心和政治核心作用，进一步规范了企业的运营机制。

【企业发展】 推进市级投融资平台公司转型，完善国有资本投资运营体系。推进市级“1+8”投融资平台公司实行市场化运作，向国有资本投资运营公司和实体公司转型。全年，市属国有及国有控股企业融资总额659.4亿元，有力支持了兰州市水源地，轨道交通一、二号线，北环路等重大项目建设和企业发展。按照同业归并原则，整合组建行业集团公司。通过整合市属企业的国有资产和国有股权，完成兰州粮油集团、甘肃沙井驿建材集团、兰州国器装备制造集团的组建。支持市属国有企业探索参与成立有关基金，增强融资能力。设立兰州城乡发展建设基金等6只产业投资基金，基金总规模累计达到282.5亿元。利用“互联网+”，创新企业经营模式。兰州佛慈、粮油集团等企业转变传统经营方式，发展电商业务。组建兰州三维大数据研究院有限公司，为发展大数据产业、建设智慧兰州创造条件。引导支持兰州国资利民资产管理有限公司投资发展网约车经营业务，支持兰州科技发展有限公司发展兰州科技大市场，实施创新驱动战略，发展科技咨询项目申报、股权投资基金、创业孵化和科技服务及“孵化器”运营。组建兰州国际港务区投资开发有限公司、兰州市地下综合管廊有限公司和兰州市文化旅游产业发展有限公司，服务兰州国际港务区建设、城市基础设施建设和文化旅游产业发展。剥离非经营性资产，剥离甘肃新兰药药业有限公司等6户企业的非经营性资产，由兰州国资利民资产管理有限公司接管，切实减轻了企业负担。

【国资监管】 完善国资监管制度，制定《关于进一步深化市属国资国企改革促进企业发展的实施意见》《深化兰州市市属国有企业负责人薪酬制度改革实施方案》《兰州市属国有企业规范董事会建设的实施意见》等制度、办法，完善国资监管制度体系。转变国资监管方式，由以往管企业、管资产向管资本转变，重点管企业董事会重大事项决策，包括企业财务预算、项目投资方向等，管企业经营业绩的考核。充分发挥经营层在企业生产经营中的组织、执行作用，企业具体经营事项放手让企业自主经营、发展。国有资产监管全覆盖，按照政企分开要求，通过实施国有资产整合，推动市级行政机关、事业单位所属企业脱钩改制，推动市级经营性国有资产的集中统一监管。修订21户监管企业的章程，规范企业董事会、监事会、党组织的设置和议事规则，通过章程管理有效维护了出资人权益。

【监事会工作】 制定《兰州市国有企业监事会年度工作报告制度》等相关制度。完成53户企业监事会的换届工作。向新组建的兰州国际港务区投资开发有限公司等7户企业派出监事会或监事，完善了企业法人治理结构。开展当期监督检查工作，促进企业规范经营管理。

【安全生产和信访维稳】 落实出资人安全生产监督职责，在市国资委系统建立健全安全责任、检查指导、考核问责、培训教育、应急救援等体系，督促监管企业落实安全生产主体责任，安全生产事故控制在市政府下达的目标之内。全年接待群众上访213批（次）、926人（次），协调处理信访件252件，协调解决了一大批特殊疑难信访问题和历史积案，维护了企业和社会稳定。市政府国资委被市委、市政府授予“2016年度平安建设工作先进单位”。

【党建工作】 组织国资委系统党员开展“两学一做”学习教育活动。进一步落实从严管党治党责任，认真履行“一岗双责”，企业党组织政治核心作用得到有效发挥。年内完成32户企业董事会、党组织换届工作，调整、交流42户次市属企业领导班子，调整干部148人（次）（提拔75人（次），交流67人（次），挂职4人，免职和降职各1人。组织市国资委系统企业领导人员参加各类业务培训4批次160多人（次）。进一步强化党风廉洁建设和反腐败工作。落实“两个责任”，严明政治纪律和政治规矩，加强廉洁文化建设，企业领导人员纪律意识、廉洁意识进一步增强，反腐倡廉的体制机制进一步完善。

【精准扶贫】 按照省委、市委“精准扶贫、精准脱贫”的要求，作为组长单位，牵头组织23个帮扶单位，以项目建设为突破口，在韦营乡累计建设交通、水利、卫生、养殖、种植等扶贫项目41个，全面完成帮扶对象脱贫任务。市政府国资委集中人力、物力，帮助韦营乡韦家营村完成标准化肉驴养殖场和标准化日光温室大棚建设，指导该村建立“公司+合作社+农户+银行”的经营管理模式，着力发展有机蔬菜和舍饲养羊、肉驴等种植、养殖产业，壮大了村集体经济。通过在韦家营村开展扶贫济困活动、植树造林、加快村土地流转，发展订单农业、培育富民产业，加强村容村貌、人居环境、道路设施整治建设力度，使农民生产生活条件得到了改善，该村实现整村脱贫。

（张　辉）

工商行政管理

【概况】 2016年，兰州市工商系统推进商事制度改革工作，促进各类市场主体总量增加、质量提升。截止12月底，全市工商系统累计登记各类市场主体298041户，注册资本（金）5731.37亿元，比上年年底增长7.53%和25.98%。全市新增市场主体39745户，分别比上年同期增长6.72%、36.84%。严厉打击违法违章行为，“双打”、红盾护农、反不正当竞争、打击商业贿赂、打击传销等专项整治行动取得明显效果，查处各类经济违法违章案件1584件，罚没款684.94万元。

【登记制度改革】 截至年底，全市工商系统颁发“三证合一、一照一码”营业执照66261户。其中，办理设立登记23738户；办理变更换照登记42523户。自9月14日起，自“一照一码”形式实现“五证合一”工作开展以来，全市登记载有统一社会信用代码的“五证合一”营业执照8028户。积极推进商标工作，全市商标注册申请量4467件，新增注册商标2242件，新增国际注册商标3件，注册商标达17397件。贯彻修订的《中华人民共和国消费者权益保护法》，加大消费维权宣传，2016年，受理录入的案件6977件，办结6639件，办结率95%。为消费者挽回经济损失720.99万。推进执法案件信息公示工作，全市工商系统查处各类违法违章一般程序案件891起，在全国企业信用信息系统公示297件，在门户网站公示594起，公示率分别达到100%。推进企业信息公示抽查工作，在全市范围内开展企业即时信息公示情况抽查工作。

【市场监管】 围绕民生热点问题，加大执法力度，组织专项行动，开展节日市场监管、红盾护农"春雷行动"、2016年红盾质量维权行动、农贸市场计量器具与管理规范、油品市场整顿、打击侵权假冒、网络市场及服务领域消费维权等专项整治工作。按照市委、市政府安排部署，全力开展雁滩地区综合整治，全市工商和市场监管部门查办各类经济违法违规案件1584件，收缴罚没款684.94万元，维护了公平有序的市场秩序。

【广告管理】 2016年，全市广告经营单位达到4565户，与上年的4212户同比增加8%。其中，主营广告企业2148户，兼营广告企业2417户；广告从业人员达到2.6万余人。广告经营额11.52亿元，与上年的10.78亿元同比增长6%。受理投诉举报案件20件，转办案件12件，全市查处广告案件113起，罚没款156.36万元。

【商标管理】 2016年，全市商标注册申请量4467件，新增注册商标2242件，新增国际注册商标3件，累计注册商标达17397件。确定读者、陇原兰海、苦水玫瑰等15件为中国驰名商标培育对象，爽口源、至仁同济、和盛堂等35件为甘肃省著名商标培育对象。上报中国驰名商标1件（庄园牧场），推荐上报甘肃省著名商标28件，续展甘肃省著名商标22件。全市选择5个工商所建立品牌服务指导站，指导基层商标品牌工作。

【消保维权】 全年接到12315指挥中心分派和自行受理录入的案件6977件，办结6639件，办结率95%。为消费者挽回经济损失72099万元。在积极维权的同时，分析举报数据，运用主流媒体报刊、兰州红盾信息网等平台，发布消费警示，引导市民安全消费。发挥社会共同维权惠民作用，制定《兰州市推行消费环节经营者首问和小额消费纠纷先行赔付机制实施方案》，在全市大型商场、超市、市场、宾馆等行业实行消费环节经营者首问和消费纠纷先行赔付制度，建立100个先行赔付机制站点，解决消费纠纷6件，赔付金额3398元。

【社会管理综合治理】 参与社会管理综合治理开展打击违法传销、"扫黄打非"、卫星广播电视地面接收设施专项检查、校园周边环境、安全生产监管等专项整治活动，提升了市场秩序规范化水平。

【重点市场专项整治】 以规范市场经营行为为重点，加大对重点商品、重点市场以及重点地区的监督检查，加强对农贸市场计量器具与管理规范、油品市场、危险化学品、烟花爆竹、煤矿、砖厂等重点行业的监管和节日市场、文化市场、品牌汽车市场、钢材市场、通信市场等重点领域的整治，严厉查处各类违法行为，维护市场环境。

【法制建设】 全面深化行政指导，对无主观故意且未造成严重后果的轻微违法行为，采取行政建议、行政告诫、行政指导等柔性执法方式，提升规范市场秩序的效果。强化法治工商建设工作，落实行政执法责任制，规范执法行为，创新行政执法工作机制，完善制度规范，明确岗位职责，细化工作流程，促进执法规范。

【非公企业党建】 开展扩大两个覆盖"百日攻坚"活动，按照"小个专"全面建、行业综合建、市场联合建、园区培育建、挂靠部门建的"五个组建"办法，党组织覆盖率增加到40.8%。在巩固效果的基础上，实施"重点区域帮扶工程""千户企业带动工程""登记注册窗口增量工程""重点行业提速工程""百户企业示范工程"，党组织覆盖率显著提升。制定《兰州市非公企业党组织流动党员管理办法》，落实"双找"工作，查找出40000多名流动党员，将流动党员纳入组织管理，使隐形党员、口袋党员亮明身份。抓好园区企业、工作滞后的县区和小微企业、个体工商户集聚的商务楼宇、商业街区、专业市场，按照"一企一策"要求，把分散的党员纳入党组织管理。与市委组织部联合下发《关于向全市非公有制经济组织选派党建工作指导员的通知》，从市、县区两级党政机关、企事业单位、科级后备干部中选派懂党务、素质高、责任心强的党员到非公企业担任专职党建指导员和联络员，帮助指导企业开展党建工作。与市委组织部联合对全市"两新"组织2000名党建指导员进行培训，其中工商系统党建指导员400人参加培训。

（王　伟）

价格管理

【概况】 2016年，兰州市物价局

联合市商务局制定《兰州市蔬菜价格应急预案》，为兰州市蔬菜价格出现异常波动时政府采取相应的紧急平抑措施提供了依据。1月—12月，兰州市 CPI同比涨幅分别为0.1%、1.7%、1.7%、1.6%、1.2%、0.9%、0.5%、0.1%、0.2%、0.2%、0.3%、0.6%，同比累计上涨为0.8%，居全省14个市州第十四位，在省、市确定的调控目标3.0%内运行，确保市场价格基本稳定的预期调控。

【市场价格监测】 加强粮油肉禽蛋蔬菜等居民生活必需品的价格监测，分析研判价格波动。加强价格数据报送,完成粮食、食品、工业生产资料、工业消费品、成品油、能源、城市居民服务、小农产品和畜产品等重要商品价格、收费的监测、数据采集、分析和上报，全年采集上报主要商品和服务价格监测数据4.12万条（次），调查报告3篇，分析材料及动态信息35篇；报送国家发改委“实时价格应急监测调查系统”数据46期，处理监测数据1200余条（次）；搞好副食品价格监测日报制度。每周二、五以《兰州市价格监测日报》形式上报市上四大家。4月初，针对市场蔬菜价格波动较大的形式，政府主要领导指示，兰州市启动监测日报制度。全年共编印《兰州市价格监测日报表》88期1760余份，处理兰州市主要农副产品监测数据2.08条（次），上报数据3696余条（次）。为市政府掌握全市市场价格提供有力依据。强化市场价格监测调研工作。为全面了解兰州市本生猪价格变动和运输价格调整情况，根据国家发改委要求，上报《兰州市关于开展生猪市场价格情况调查报告》和《道路运输价格监测的报告》，同时撰写《关于我市农产品价格下降原因及影响分析报告》，被《甘肃要闻》转发刊登。配合国家和省发改委，对兰州市药品市场价格和房地产价格进行调研，并根据省上要求，对全市食盐价格监测进行布点，为国家放开食盐价格打好基础。

【价格热点受理】 全年监督办理群众来信、来电、来访、咨询9694个。其中，民情通服务热线2787件，政府网络平台转办件140件。本局12358平台受理5514件，省发改委价格举报中心转15件，其他渠道转来1238件，全部按规定程序登记交办，答复结案，群众满意率90%以上；承办的人大代表和政协委员建议提案共10件，其中：省政协提案3件，市人大建议2件，市政协提案5件；完成了市政府领导交办涉价问题的批示件、涉兰舆情和省委书记网上留言等各类价格事项答复18件；完成信访局转办件5件。

【保障房价格管理】 审批经济适用住房价格14家，面积604022平方米。对兰州新华印刷厂等14个项目免征城市基础设施配套费，减免总建筑面积为75.70万平方米，减免金额约6.05亿元；完成市政府对棚户区改造项目免征城市基础设施配套费等各行政事业和政府基金减免意见的上报。会同市房管局和市财政局召开近郊4区的公共租赁住房租金标准的座谈会，形成较为规范的工作流程，全年审核审批8家公租房租金，23个项目，面积108111平方米。

【收费专项检查】 严格落实日常和元旦、春节、五一重大节日市场巡查制度，对城4区各大型商场、超市的价格行为加强监管，对不规范的价格违法行为及时提醒告诫和依法处罚；开展电力价格、药品价格、电信行业市场价格、涉农收费、供热计量收费、农业生产资料及农产品市场价格、机动车停放和物业收费、商品明码标价行为等专项检查，查处一系列价格行为违法案件。全年检查400余家单位和企业，处理价格违法案件227件，没收违法所得金额1190928元，退还用户金额2844元，罚款金额171893元，上缴财政金额1362821元。建立快速反应机制，解决群众反映的价格利益诉求。根据“12358”举报平台办理的要求，加强对举报案件办理情况的督察，对实名举报做到接到一起、查处一起、答复一起，按照规定程序和时限，处理好专业维权举报和疑难复杂举报，维护广大群众的合法权益。

【依法行政】 年初，局党组召开专题会议，研究部署依法行政工作各项目标任务的实施，制定《兰州市物价局2016年依法行政工作安排意见》，将依法行政的各项目标任务分解到全局系统，纳入目标管理，并将依法行政工作经费列入部门预算。根据《甘肃省人民政府关于公布省级政府部门第十七批中央在甘单位取消调整和下放行政项目的决定》、新颁布的《甘肃省定价目录》和《兰州市人民政府关于公布第十二批取消调整和下放行政审批项目的通知》要求，对要求下放和取消的权利认真进行梳理，取消“民爆器材流通费用”等6项实行政府指导价、政府定价的商品和服务价格，向县区下放了10项政府内部审批事项。提高政府制定价格的科学性和透明度，按照国家和省发改委对定价权限和职权设定，依法依规对本局权力清单进行调整，并在政府网站上公布权力清单和职责清单。对现有的政府内部审批事项制定进行目录化、编码化管理。依据职能，以商品价格、服务价格、房地产价格、物业收费和行政事业收费管理为目录，制定梳理出相应的价格审批事项和编码。

【出台调价项目】 根据国家发改委、财政部、住建部《关于制定和调整污水处理收费标准等有关问题的通知》，督导检查全市8县区开展此项工作的情况，制定城4区污水处理收费标准的调整工作计划，对污水处理厂进行摸底调研和成本监审，提出听证方案，12月8日，召开兰州市城市居民污水处理费收费标准听证会，将听证会结果及建议上报市政府。会同有关部门研究制定“污泥处理厂对外招标边界条件”《兰州市城镇居民供水“一户一表、水表出户、按户收费”实施意见》及《兰州市加快发展生产性服务业促进产业结构调整升级实施意见》，解决兰州市城区生活污水处理厂市场化运营中出现的有关问题。

【价格监管】 根据《兰州市2016年供热计量工作要点》，会同市建设局印发具体工作实施方案，完成实行集中供热、节能要求、安装供热计量装置、满足计量收费等技术要求，使供热企业通过并达到验收标准，向全市各供热企业送达了“提醒告诫书”220份。根据国家发改委《关于加强地方天然气输配价格监管降低企业用气成本的通知》，测算及分析天然气配气成本。组织对轨道交通票制票价制定工作进行考察调研，调研第二水源地供水价格、公交车路线设置、现行票制票价情况及下一步与轨道交通接轨等事项。加强对行政事业收费的事中事后监管，会同市财政局对全市所有的涉企收费进行清理整顿。批复市三院39个新增医疗服务项目价格；调整兰州殡仪馆8类57项殡葬服务收费价格；调整兰州天庆实验中学等4所民办学校的学费收费标准；调整兰山公园索道价格和市老年公寓的服务价格，并规范了市属医院医疗服务收费行为；督促全市中小学执行省发改委《关于2016年春季中小学教材零售价格的通知》和《关于2016年春季中小学教辅材料零售价格的通知》；完成《兰州市促进医养结合服务发展配套政策》工作；对31家企业进行特色标价签备案。加强对环境资源价格的监管，理顺价格矛盾。梳理对省发改委下放至兰州市服务收费项目票价标准制定等事项，并就有关停车场收费标准重新报批事宜与市交警队进行沟通衔接，向企业下发重新报批停车场收费事宜函500余份。草拟《兰州市停车场服务收费管理办法》（征求意见稿），待修改完善后报市政府审定执行。

【价格调节基金】 全年征收价调基金841.12万，完成2015年—2016年淡季蔬菜配送1462.38万斤，财政补贴资金365.59万元。其中，省级财政补贴146.23万元；市级财政补贴219.36万元。加强对价调基金的监管，对上年扶持建设的农贸易市场、食品冷链企业和本年拟扶持建设的项目进行了督查和调查摸底；检查全市271家蔬菜肉食直销店进行，对存在的问题要求立即整改。针对上半年蔬菜价格异常波动情况，向县区物价部门下发在蔬菜直销店进行平价蔬菜销售的通知，并督促检查各蔬菜直销店抓好平价蔬菜销售的落实工作。向全市城市60994个低保人员发放临时蔬菜价格补贴1829.82万元。完成75家新建蔬菜直销店的验收及2家食品冷链与农贸市建设资金的划拨工作。评审永登回乡妹农业科技发展有限公司4000吨蔬菜项目实施方案，核拨建设项目补贴资金60万元；核拨七里河米家山5000吨蔬菜保鲜库改扩建项目和永登陇深达红城农综市场建设项目资金补贴240万元；核拨全市2016年度蔬菜肉食直销店运行资金889.2万元。

【从严治党主体责任】 准确把握关于落实主体责任的各项部署要求，从思想深处高度重视主体责任的落实，分解、细化党组集体领导责任、主要负责人的第一责任、班子成员职责范围内的领导责任，确保责任的层层落实和压力的层层传导。成立市物价局从严治党主体责任巡查小组，巡察督导全局系统的从严治党相关任务、工作作风、遵守纪律、党风廉政建设及党建等工作，督促整改存在的问题，全面抓好物价局系统从严治党主体责任制的落实。全年局党组召开党组会议5次、中心组（扩大）会6次，专题研究部署、宣传教育、分析警示党风廉政建设和反腐败及相关工作。组织观看《永远在路上》等警示教育片，撰写观后感，教育党员干部以身边的人和事为警示，提高坚守纪律的思想防线。同时，根据市委、市纪委“三转”要求，就党风廉政情况局党组和纪检组分别上报自查报告，对全局的党风廉政工作进行总结。局主要领导作为党风廉政建设第一责任人，勇于担责，做好牵头抓总工作，分解与市委签订的《兰州市党风廉政建设和反腐败重点工作责任书》，明确了责任、完成时限和任务要求。组织中层干部31名进行述纪、述廉、述作风，局主要领导就落实党风廉政建设主体责任对全体干部职工进行集体约谈，并与分管领导，分管领导与分管处室、单位负责人层层签订《2016年兰州市物价局党风廉政建设目标责任书》。按照责任书的要求，局班子成员严格履行“一岗双责”，按照市委的部署要求，把从严治党作为重大政治任务，从思想深处重视主体责任的落实，履行好各自职责。切实做到用制度管人管事，工作中有章可循，实行上下班签到制度，对出勤情况进行抽查的长效机制。

【精准扶贫】 完善各类帮扶工作

制度，做到档案资料完整。落实干部驻村工作制度，分阶段分批次派出干部驻村，协调解决困难和问题，确保工作长流水、不断线。年初，向全村发放高原种养殖资料2套，向联系帮扶的贫困户发放惠民政策宣传手册65份，干群联系卡59张，在村委会集中宣讲政策2场（次）。组织全局干部2批（次）集体入户调查宣讲、走访建档立卡户，通过开展“走访谈心、访贫问计”活动，掌握全村及各农户基本情况。挤压部分办公经费对全村59户购买复合肥，为保证贫困户过冬，购置棉衣和棉鞋。

（王彩花）

质量技术监督

【概况】 2016年，兰州市质监部门抽检煤炭3188批（次），抽检油品173批（次）；帮扶企业125户，培训各类企业人员1132人；检查企业222家、在用特种设备2935台套；开展农资、装饰装修材料、烟花爆竹产品等各类专项整治6项，办理各类违法案件62起，大案要案15起，移送公安机关7起，办理投诉举报97件；全年完成计量器具强制检定33205台件；帮助6家企业通过“标准化良好行为企业”创建和4家企业“产品采用国际标准或国外先进标准”的考核验收。

【质量工作】 与8个县区政府签订《质量工作目标责任书》；制定、印发《兰州市质量发展十三五规划》《兰州市贯彻实施质量发展纲要2016年行动计划任务分解表》、兰州市质量工作《考核办法》和《考核细则》，明确了未来5年兰州市质量工作指导思想、基本原则和主要目标及2016年度具体任务，完善了考核机制。七里河“全国百合产业知名品牌创建示范区”和榆中县“兰州高原夏菜知名品牌创建示范区”通过国家质检总局验收，其中七里河“全国百合产业知名品牌创建示范区”获得国家质检总局正式命名，永登苦水玫瑰示范区已向省局提交创建申请；省路桥公司和兰州市大气污染治理荣获省政府质量奖，3户企业获提名奖，37个产品通过甘肃名牌产品评审，指导41户企业申报信用等级评价工作，引导55户企业主动向社会公开发布《企业质量信用报告》。

【特种设备安全监管】 进一步完善特种设备监管责任体系，制定“一岗双责”工作制度；成立安全生产应急办公室，每季度组织召开安全生产工作会议，研究安排特种设备安全工作；联合省局组织召开电梯安全攻坚战暨兰州电梯生产企业工作推进会，全市115家电梯安装、改造、修理企业参加，有效确保了电梯安全攻坚战深入推进。对兰州市使用年限长、故障率高、投诉较多的120台电梯进行安全评价，开展兰州市维保单位及电梯责任公示牌专项检查，联合县区局举办特种设备应急救援演练4次，联合安监局培训乡街安全监管人员450人。采取企业自查、县区督促检查、市局邀请专家联合督查的方式，组织开展“百日推进”活动，进行涉氨企业、锅炉、油气输送管道、起重机械等安全专项检查及重要时段安全大检查，检查企业222家、在用特种设备2935台套。

【产品质量安全监管】 开展农资、装饰装修材料、烟花爆竹产品等专项整治6项，办理各类违法案件62起，大案要案15起，移送公安机关7起，办理投诉举报97件。检查雁滩地区小企业、小作坊、商铺等430多家，责令停止生产5家，责令改正66家，依法停业搬离11家，建议工商依法取缔29家。产品质量监督抽查，持续强化监管力度。制定《产品质量监督抽查工作制度》，以百姓关注的电线电缆等14类产品为重点，制定产品质量监督抽查和风险监测计划543批（次），同时对县区不合格产品处理后工作逆向抽查监督，督促落实不合格产品后处理工作。以涂料、家具等5类消费品开展消费品质量提升专项行动。继续加强工业企业产品质量分类监管，督促企业落实产品质量安全主体责任。全年以机动车检验检测机构、消防设施检验检测机构、部分建筑建材检验检测机构为重点，监督检查64家，下发通报2次，集体约谈2次，并对存在的问题责令机构进行全面整改。为提高检验检测机构和县区监管人员对新评审准则的理解及监管人员的能力，对全市185家检验检测机构及县区认证监管人员进行集中培训，并组织专家编制相关行业《检验检测机构监督检查工作指南》。加强检验检测能力建设，对辖区内检验检测机构调查摸底分析，为了完善全市检验检测提供依据。采取产品质量抽检和监督检查双管齐下，重点加强对食品相关产品、危险化学品及包装物（容器）、电线电缆、劳动防护用品获证企业的监管，并结合“质量月”“食品安全宣传周”活动，宣传食品相关产品安全知识，印发宣传册2000份，邀请新闻媒体记者和市民代表到企业进行现场参观。推进全市施工机械油品大检查工作，全面检查兰州黄河干流营运性机动船舶及市区各类施工机械使用的油品质量，严厉打击生产、销售使用劣质油品的行为，检查施工工地83家,抽检油品173批（次）。

【标准化工作】 召开2016年全市标准化工作会议，会同市发改委等部门制定《兰州市高新技术产业标准体系建设实施方案（2016—2020

年）》。国家级榆中县菜花和省级皋兰县富硒白兰瓜栽培农业综合标准化示范项目顺利通过考核验收，2家单位申报第九批农业标准化试点项目。三维数字社会服务管理中心和兰山公园管理委员会已建立一套行之有效的服务标准体系，示范带动效应逐步显现。安宁区行政服务中心申报的国家级和榆中县福利院等单位申报的省级社会管理和公共服务综合标准化试点项目分别通过国标委和省局的审批，组织2户企业申报省级高新技术产业标准化试点，组织张一悟纪念馆、皋兰政务服务中心申报第四批国家级社会管理服务业试点项目。推进《兰州市室内装饰装修材料有害物质限量技术规范》制定、宣传等工作；联合市工商局在大型装饰装修材料销售市场开展使用低毒低污染装饰装修材料倡议宣传活动，引起了广泛的社会反响，被省局监督处列为全省消费品质量提升工作的典型；结合世界标准日活动组织西北永新等20家企业在高新区管委会进行了“标准进企业”座谈会；大力开展采标和标准化良好行为企业创建工作，帮助6家企业通过“标准化良好行为企业”创建和4家企业“产品采用国际标准或国外先进标准”的考核验收。积极推进企业产品标准自我声明公开工作，通过举办培训班，发布《通告》等形式，全面宣贯公开的要求、程序和方法，并联合省标院对公开的标准进行审查、梳理和评价。全市声明公开标准939项。开展地方标准制修订工作，督促各相关部门完成10项城市管理标准,10项管理规范起草工作，完善城市管理标准体系；向全市公开征集2016年甘肃省地方标准制修订项目，截至年底，审定发布1项，批准立项6项。做好地理标志产品保护工作，制定印发《关于进一步加强地理标志产品保护推进精准扶贫工作的实施意见》，健全完善地理标志产品发展机制，引导兰州市地理标志产品保护工作加快发展，皋兰软儿梨地理标志产品申报工作正在进行。

【计量工作】 联合市工商局、市商务局，邀请市政协委员、新闻媒体定期对全市农贸市场开展专项检查，针对检查出的问题，在征求市场主办方意见建议基础上提出整改目标，通过新闻媒体发布“计量监督红黑榜”4期；向全市各街道市场发布兰州市工商局兰州市质监局《关于严厉打击制造、销售和使用不合格计量器具，严厉查处短斤少两行为的通告》5000份，督促市场主办方落实主体责任，监管部门落实监管责任。开展全市加油机专项检查，抽检加油机71台件；与市交通委城运处完善了出租车计价器监管联动协作机制，抽查出租车计价器60台件，处理出租车计价器投诉200余起。全市培育诚信计量承诺单位103户，并登报公示接受社会监督。全年完成计量器具强制检定33205台（件），培育计量合格确认20户，对重点用能企业能源计量审查的43户企业进行“回关看”，梳理整改建议20条；组织开展定量包装商品检验200批（次），过度包装检验100批（次）；抽检热量表20批（次）。

（刘青梅）

统　计

【概况】 2016年，受国际需求持续收缩、国内经济结构调整等因素交织影响，兰州经济下行压力增大，各级党委和政府宏观决策对统计产品需求更加紧迫，全市统计系统树立创新、协调、绿色、开放、共享的发展新理念，主动适应、反映、把握、服务经济新常态，以系统化思维谋划统计服务工作，主动服务、精深服务，准确为市委、市政府重大决策部署提供预警预判和分析建议，为全市经济平稳增长和全面建成小康社会提供了有力统计保障。

【统计改革】 跟进国家制度改革，把握指标变动部分，推动GDP统一核算。做好项目的核查、对比和数据分析，5000万以上的项目投资全部实现联网直报。推进网上零售统计制度改革，初步建立全市网上零售统计体系。创新电商平台统计工作，全面掌握全市电子商务发展状况。加强战略性新兴产业的统计监测，依托战略新兴产业企业单位名录库，建立全市战略性新兴产业统计监测机制。稳步推进全市循环经济统计工作，加强资源消费调查。

【统计服务】 分析全市及县域经济发展态势，促进统计数据生产向利用互联网、云计算、大数据和统计服务向事前反映、预测预判、对策建议并重转变。向市委、市政府主要领导呈送《呈阅件》11期、《领导参阅》13期，分别对2016年度全省、全市主要经济指标完成情况，上半年、前三季度全市经济运行情况预计，城镇登记失业率与调查失业率相关内容、全市基层统计机构及人员配备情况汇报及建议、全市社会经济发展现状及产业职能的调研报告、建成小康社会进程解析、固定资产投资统计存在的主要问题等进行分析和提前预警，市委、市政府主要领导和分管领导批示4次，强化对经济运行的即时预警。抓预警监测。实施主要经济指标每月预报制度，在掌握企业生产经营状况和重大项目进展情况的基础上，对全市主要经济指标完成情况进行预计，从企业、项目、行业等说明存在的问题，并针对问题提出可行性意见建议，每月20日前预计各项经济指标数据，做到早预测、早分析、早预警。抓深度咨询，结合各县区、兰州新区、高新区、经济区发展特点和各处室业务实际，采取分专业、定专题等方式，分别为各县区统计局和市局各专业处确定21篇统计专业课题，累计向国家局、省局和市委、市政府报送信息600多条,省局采用152条，国家局采用25条，市委、市政府采用40多条，做到“旬有消息反馈，月有态势分析，常有数据资料”。抓产品服务，丰富《综合统计月报》资料内容，增加部门月度、季度数据，扩大分送范围；推进《兰州统计年鉴—2016》改版工作，编发《领导参阅》13期、《统计快讯》27期、《兰州综合统计信息月报》11期，向市委、市政府领导和各部门决策提供服务。创新统计服务方式，推送《兰州统计微讯》400余条，转发超过3万次；精心编印《图说兰州统计》《回顾十二五、喜迎党代会》等综合专辑，为党代表和“两会”代表参政议政提供统计咨询服务。

【统计基础建设】 执行“四条红线”，抓好企业一套表联网直报，做好“四上企业”上报入库工作，加强与编办、工商、民政、税务等部门的联系，做到基本单位名录库动态管理、应入尽入。基本单位名录库在库单位55829个，“四上企业”在库单位2799个。推动部门统计联席会议机制落实，召开部门行业数据联席会议5次；与市发改、工信、商务、建设等部门主动会商9次，实现部门行业数据的统一匹配。与省统计局各专业处沟通衔接，加大业务指导和工作支持力度。开发云资源库，对1978年以来的统计历史数据进行整理汇总和电子化存储，建立数据查询平台。强化统计业务培训，借部门之力、院校之力、专家之力，在农业、投资、工业、商贸、服务业、文化产业、统计执法及“四上企业”申报、统计从业人员继续教育培训等领域开展68场（次）培训和业务指导，累计培训统计人员近1万人（次）。加强干部知识能力和素养培训，选派市、县156名业务骨干赴国家统计局培训基地、成都、西安等地参加业务培训。按照《兰州市人民政府关于进一步加强统计工作的意见》要求，在全市开展统计基础建设摸底工作，对8个县区及“三区”统计机构的196名人员分专业情况、119个乡镇街道的343名专兼职统计人员、1164个村（社区）的1102名兼职统计人员进行登记备案，基本摸清了全市机构、人员、持证等情况。制定《“十三五”时期兰州市统计改革和发展规划》和《兰州市2016年依法行政工作要点》。对全市98家房地产、58家建筑业、107家工业、88家商贸、41家服务业共392家联网直报企业及上年在网报期间国家局、省局曾查询过的数据质量存在异常或上报不及时的195家联网直报企业进行专项治理自查和抽查，自查率达100%。各县区和兰州新区对45个乡镇街道、865家重点企业开展重点核查，提高了干部群众对统计“数据造假、以数谋私”严重性、危害性的认识，切实强化了基层统计人员的依法统计意识。

【部门统计】 就“去产能、去库存、去杠杆、降成本、补短板”和建设“山水城市、宜居城市、活力城市”开展统计监测，提供统计数据服务。强化制度，实行数据归口管理。建立联席会议制度，加强与经济指标牵头部门的联动合作，每个季度前牵头组织召开相关部门联席会议，针对各指标在数据形成过程中存在的问题和动态信息，与各相关责任单位沟通联系和分析研判，研究调度指标情况，注重横向对比分析，找差距、查不足，看优势、明劣势、补短板。加强产业结构的分析、行业企业“领头羊”的分析，为跟踪监测部门管理行业发展现状、把握经济发展动态提供参考依据。推动部门统计联席会议机制落实，组织召开部门行业数据联席会议5次；与发改、工信、商务、建设等部门主动会商9次，有效实现部门行业数据的统一匹配。强化与省统计局各专业处室的沟通，争取加大业务指导和工作支持力度，先后与中石油、中石化、甘肃烟草、兰州石化等企业衔接，协调沟通统计工作，理顺统计数据报送渠道。

【统计调查】 推进第三次全国农业普查工作，全市成立10个县区级、61个乡镇、25个涉农街道和730个行政村普查机构办公室，划分普查区803个，普查小区2940多个。落实农业普查预算经费1277.98万元，在市级电台、电视台每天滚动播出农业普查宣传片，在市、县区主要场所设置大型广告牌40多块，悬挂标语2万多条，完成全省农业普查启动宣传和市级农业普查试点及清查摸底、现场登记工作。执行统计制度，组织实施农业、工业、建筑业、批发和零售业、住宿和餐饮业、房地产业、重点服务业等行业，及投资、消费、人口、劳动、文化、科技等领域16项常规统计调查，精心开展企业创新调查、工业企业成本费用、限额以下批零住餐企业、游客抽样、大城市月度劳动力等专项调查。做好社情民意委托调查，撰写完成《兰州市创建“全国质量强市示范城市”市民满意度、知晓度、参与度民意调查报告》。严格落实“五城联创”调查，开展市民对创建文明城市工作的支持率、城市环保、城市园林绿化、城市环境卫生状况满意率4项民意问卷调查，完成撰写《兰州市公众对城市环境保护群众满意度调查报告》《兰州市创建卫生城市工作状况群众满意率民意调查报告》《兰州市创建全国文明城市工作群众满意度调查报告》和《兰州市创建园林绿化城市群众满意度调查报告》。积极推进“2016年为民兴办实事”满意度问卷调查，分城乡居民、企业单位、政府部门等多个层次对24件实事落实情况现场摸底，完成撰写《2016年兰州市为民兴办实事落实情况群众满意度问卷调查报告》。

【作风建设】 学习《党章》、党纪法规，教育引导领导班子和党员干部牢固树立政治意识、大局意识、核心意识和看齐意识，坚定理想信念和政治立场。加强思想道德建设，践行社会主义核心价值观，开展“求实、创新、严谨、奉献”统计行风建设，弘扬“真实可信、科学严谨、创新进取、服务奉献”统计核心价值观，树立“科学统计、依法统计”理念。强化党支部、党小组建设，3名同志进入党支部班子，4名同志担任党小组长。落实市委、市政府和市第十三次党代会工作部署，制定《关于分解落实2016年工作任务的通知》《2016年目标任务分解表》和《关于贯彻落实市十三次党代会精神实施方案》《贯彻落实市第十三次党代会精神实施方案工作任务分解表》，将各项工作目标任务量化细化，分解落实到每位领导和每个处室、人员，做到人人肩上有担子，个个身上有压力。建立责任清单工作台账，安排专人落实督导跟踪，确保目标明晰、责任到人、追责有据。承办市领导批示4件，市政府常务会议办理事项7项，落实市委、市政府责任清单5件，办结率达100%。加强制度约束。执行党风廉政建设“3783”主体责任体系，对照“866”检验标尺和“111”监督细则，制定《落实党风廉政建设主体责任约谈工作实施方案》《贯彻落实〈建立健全惩治和预防腐败体系2013-2017年工作规划〉实施方案》《关于落实主体责任加强廉政风险防控工作实施方案》，加强对党员领导干部的教育和监督。规范权力运行，编制兰州市统计局职责清单，明确职责名称、职责对象、实施依据、实施机构和承办部对7项行政处罚权、7项监督检查权制作权力运行流程图，编制权力清单名录，全部纳入电子监察管理系统。落实“三重一大”集体决策、主要负责人不再直接分管人事、财务物资采购等具体事务。执行数据质量控制与评估制度，规范评估行为。加强防控排查，推进廉政风险防控机制建设，对廉政风险实施分级监控，主要领导抓全面、分管领导抓分工、各处室抓落实、纪检监察抓监督的分类防控、分级监督机制。全局排查廉政风险点26个。其中，高级风险点15个，中级风险点11个；制定防控措施21条每月检查一次，进行提醒预防。

（王利杰）

审计

【概况】 2016年，审计局实施各类审计项目和事项804个，其中：预算执行审计6个、经济责任审计25个（计划内）、财务收支审计4个、民生及专项资金审计7个、企业审计4个建设项目结决算审计563个及跟踪审计86个，政府交办事项109个。在各级新闻媒体和政府门户网站发表文章信息262篇，其中在人民网、新华网、光明网等国家级媒体上发表39篇，在省厅门户网站、甘肃审计等厅级以上媒体发表42篇，在市政府门户网站等媒体发表140篇。

【审计项目】 对兰州市本级及所辖3县5区重大政策措施落实情况进行了跟踪审计，做到边审计、边整改、边规范，促进政策措施及时落实到位。年度实际财政预算执行情况进行了审计，共审计一、二级预算单位32个，延伸审计相关单位60个。于8月25日受市政府委托向市人大常委会作审计工作报告，得到了积极评价。对市商务局、市司法局等单位的领导干部进行经济责任审计，实施领导干部离任交接事项8件。对市大数据局、互联网新闻中心、兰州市土储中心等4个单位财务收支进行了审计。

【固定资产投资审计】 对兰州轨道工程1号线等重点工程项目跟踪审计外，完成了368个工程价款结决算审计，送审金额34.56亿元，审定金额30.85亿元，审减金额3.71亿元，审减率10.74%。

【民生资金（项目）审计】 在审计工作中，审计局牢固树立“民本审计”理念，加大对民生资金和民生项目的审计力度，提高民生资金使用效益，保障民生政策落到实处。重点审计调查保障性安居工程投资、建设、分配、运营情况。重点关注棚户区改造及配套基础设施建设项目、保障性住房分配和管理等方面情况。完成了学生资助专项资金、兰州新区2015年度征地拆迁及养老保险基金联网审计，组织实施了城关区等5个县区及兰州新区的城乡居民最低生活保障资金、永登县2015年精准扶贫专项贷款和村级互助资金、榆中县等4个县区及白银市保障性安居工程跟踪审计等7个项目。

【企业审计】 对兰州市交通发展建设有限责任公司、兰州威立雅水务集团等4家企业分别进行财务收支、资产负债损益、经营管理等情况的专项审计。根据企业生产经营特点，建立科学的内部审计指标体系。审计部门根据企业生产经营的关键控制点和阶段性工作重点，有针对性地提出审计任务和工作计划建议，由审计、财务、营销、纪检监察等部门参加的审计工作联席会议，定期通报审计管理工作的进展和审计成果运用情况，研究解决审计工作中面临的困难，对审计成果的建设性、适用性进行评价。通过有效的指标审计评价，调动和激发一线管理人员的工作积极性和主动性，从而实现企业整体的经营目标。

【成果表彰】 在2016年度市直机关党建目标考核中获优秀等次；档案室通过省档案局考核验收，被评为全省审计系统唯一一家省特级档案室；在甘肃省审计厅年度目标管理考核中位列全省第一；兰州市审计局组织实施的市少年儿童活动中心主任任职以来经济责任履行情况审计获得甘肃省审计厅优秀项目表彰，兰州市城关区审计局实施的区财政局2014年度预算执行和其他财政收支情况审计获得甘肃省审计厅表彰审计项目；2名同志被省厅评为全省稳增长政策措施落实跟踪审计先进个人。

【思想作风建设】 兰州市审计局始终把提升执行力作为转变干部作风的重要抓手，把握督查问效、规范管理、实绩考核、责任追究四个关键环节，提高工作效能，推动审计工作有序发展。通过加强督查问效保障执行力。在局机关内部成立了效能考核办公室，通过责任清单的方式，跟踪落实各项工作，对于存在的苗头性、倾向性问题，加强约谈、诫勉谈话，明确执行时限，提出阶段性要求，确保保质保量完成年度项目计划和市委、市政府及省审计厅安排的审计项目。着力增强制度的执行力和约束力，用制度促管理、以规矩促规范。把局机关内部管理制度编印成《兰州市审计局工作运行规程》，把执行制度的要求落实到每个岗位和人员，明确权责，细化流程，责任到人，切实做到事有专管之人，人有明确之责、责有限定之期，切实增强落实执行的自觉性。紧紧抓住“不落实的事”，查处“不抓落实的人”，坚决治理工作中“等、靠、要”思想和“庸、懒、混”作风等不良倾向的滋生，以定责、问责促进履职、履责，在全局干部中树立“忠诚、责任、担当、清廉”的意识，确保政令畅通，提升审计工作效率和质量。

（张青松）

安全生产监督管理

【概况】 2016年，兰州市发生各类生产安全事故195起，死亡176人，受伤227人，直接经济损失2205.5万元。按可比口径，同比分别下降6.7%、12.42%、5.3%和3.41%；发生各类较大生产安全事故3起，死亡12人，按可比口径，同比下降50%和52%；未发生重大生产安全事故。10月，兰州市安监局荣获“全国安全生产监管监察系统先进集体称号”。

【廉政建设】 局党组围绕省委“3783”主体责任体系和“866”检查考核机制、从严治党、党风廉政建设和反腐败工作。2016年开展廉政效能“三督查”12次，“三跟踪”回访26次，下发督办11期，督办重点工作137项，促进各项工作任务和廉政纪律的落实。推进党风廉政建设和反腐败工作。对发现的苗头性、倾向性问题及时谈话提醒、约谈诫勉，全年开展集体约谈5次，提醒约谈9次，工作约谈76次，鼓励约谈1次，对行政“慢作为”的4名机关处室负责人进行了工作提醒约谈。

【“两学一做”】 成立“两学一做”学习教育协调推进领导小组，召开动员大会。保障学习时间，开展学习研讨4次，集中学习40余次，党组班子成员撰写心得体会20篇，专题研讨稿15篇；党员每月撰写1篇心得体会及3篇专题研讨稿。丰富学习载体，开展“熟记熟背入党誓词”“手抄党章30天”“革命传统教育”“党员承诺践诺活动”“主题征文活动”党章党规知识测试和专题辅导等系列活动，全面理解党的纲领，牢记党的宗旨，牢记党员的义务和权利。在重要时段、重大节日、重要节点发送廉政短信420余条。

【安全生产责任】 2016年，全市117个乡镇（街道）均建立乡镇（街道）安全生产委员会，设立安全生产委员会办公室和安监站，配齐安办主任、安监站站长。1130个行政村（社区）建立了安全生产管理室。482名乡镇（街道）安监人员、1572名行政村（社区）安全信息员投入工作。全市678户规模以上重点生产经营单位建立安全生产委员会，基层监管机构和人员“八有”“五会”“四会”要求得到落实。制定“责任清单”，完善安全生产责任体系。建立健全了“四张清单一张网”和“一个办法一个指南”。“四张清单”（《兰州市各级各部门安全生产工作责任清单》《兰州市各级干部安全生产职责清单》《生产经营单位安全生产责任清单》和《生产经营单位各级人员安全生产职责清单》）明确了各级、各部门、各企业单位安全生产工作职责，“一张网”（市、县区、乡街、村社四级安全生产监管网络体系）完善了四级全覆盖的安全监管架构。同时，配套出台了《兰州市安全生产隐患排查治理责任追究办法》和《企业安全生产检查指南》，实现了安全生产明责在前，尽责在中、追责在后。

【安全监管】 通过委托授权、购买服务方式，发挥专家在指导检查、隐患排查中的技术优势，在重点行业领域开展明察暗访和突击检查。对专家排查出的问题和隐患及整改情况，实施现场排查、专家上报、向行业主管部门反馈、行业主管部门督促整改并反馈结果、专家现场复查、市安委会办公室汇总上报市政府相关领导的闭环管理模式。约谈通报督促隐患整改，建立市安委会办公室会同市纪委、市委市政府督查室联合约谈机制，将连续发生一般事故、发生较大事故的属地政府、企业都纳入约谈范围。通过约谈，倒逼县区、乡镇（街道）和企业落实安全生产责任。实施“零报告”，推进“打非治违”。在全市范围内实施安全生产领域非法违法行为月度“零报告”制度。由各乡镇街道安监站负责按月对辖区内非法违法生产、经营、建设行为全面摸排，并统计上报。对一般非法违法行为，由乡镇（街道）或县区部门查处，对非法违法行为严重，可能酿成事故的上报市安委会办公室或行业管理部门联合查处。全年累计统计各类非法违法生产、经营、建设行为1547起，查处、整顿1386起，责令限期整改161起。提升信息化建设监管水平，建成并投入试运行兰州市安全生产综合监管及应急指挥平台、危险源监管（西固）子平台，实现了各子平台及系统的联通联动，将1.63万家生产经营单位基础信息纳入数据库，建成完善后的平台能够实时监控所有规模以上企业和重点行业领域企业自查自改工作，并共享兰州市大数据社会服务管理局所有公共安全信息。

【专项整治】 2016年，组织开展春运道路交通、春节烟花爆竹“两会”“兰马赛”“百日推进”“四会一节”年终督查考核等8轮全市性的督查检查。防范和遏制重特大事故，作为全国11个防范和遏制重特大事故试点工作城市之一，把“遏重”作为安全生产“牛鼻子”工程，制定工作方案和2016年度推进计划。市上选取城关区、西固区2个试点区域和12个行业领域的18户试点企业，率先开展安全风险辨识、评估，积极探索安全风险管控和隐患排查治理的标准规范。推进9个重点行业领域的风险排查、分类和建档等基础性工作。落实企业主体责任，7月10日起–9月30日，在全市范围开展企业落实安全生产主体责任“百日推进”行动，组织9个重点行业领域的42户企业开展互查互检，对64户企业进行重点督查，对2182名企业负责人、安全管理人员和一线职工进行现场考试。在全市企业推广应用“四张卡”（即“岗位责任卡”“岗位操作卡”“应急操作卡”“岗位风险告知卡”）管理模式，向社会发布企业落实主体责任“红榜”企业22户、“黑榜”企业10户，有效带动和鞭策企业落实安全生产主体责任。保障城市建设运行安全，开展城市地下空间及管网管线、建筑施工、道路和水上交通、人员密集场所消防、城市周边地质灾害等五大领域安全检查。城镇燃气领域，全面排查4万余根埋地入户引入管、5610台调压箱柜、5091座阀井进行，排查出504处外力撞击泄漏隐患和79处地基塌陷危害燃气设施安全隐患，逐条分解落实整治任务。

【安全宣教】 市委组织部、市安委会办公室、市委党校联合举办专题培训班，分两批对全市县区书记、县区长、市委各部门分管安全生产工作的班子成员，市政府各部门、群团组织主要负责同志和分管同志进行脱产培训，培训县级领导干部286人。采用“三个一批”（参加省上培训一批，市级培训一批，各县区培训一批）方式分期对全市600余名科级干部、4700余名执法监管人员进行专题轮训。全市“三项岗位”人员考核发证工作基本实现网上报名、网络计算机考试、网上申报制证的全网络化管理，通过考试并核发制证7482人（次）。宣传社会化。在《兰州日报》、兰州电视台、兰州人民广播电台开辟安全生产专栏。开设“兰州市安全生产监督管理局”微信公众号，建立安全生产监管微信群140余个，建立涵盖市、县区、乡镇三级，涵盖部门、企业、服务机构人员，涵盖危险化学品、非煤矿山、职业健康等重点行业领域的微信群网络。

（白建栋）

食品药品监督管理

【概况】 2016年，兰州市食药系统立案1318件，结案1256件，捣毁制售假劣窝点33个，移送公安机关53件，追究刑事责任5件，罚没款1694.12万元。行政处罚案件信息公开1256件，案件信息公开率100%。

【食品安全监管】 2016年，全市创建省级食品安全示范店8户，市级食品安全示范店73户，食用农产品规范化管理示范性农贸市场12个。与市农委联合发文，推进食用农产品追溯体系建设。全年对25764户食品生产经营单位进行记分记录，记分率72.48%。检查食品生产经营企业42556户（次），责令限期整改2207户，责令停止经营16户，停业整顿104户，封停83户。依法取缔221家，捣毁食品加工“黑窝点”23处，立案查处84起，查封设备47台，扣留设备工具等701台件，查扣假冒伪劣白酒131瓶，不合格食品761公斤。查扣食品原料33194公斤，查扣食品添加剂1572公斤，成品365公斤，查扣各类伪劣食品885公斤，非法加工的大豆油、芝麻油717公斤，销毁不合格食品3.18万余公斤。全年巡查食品生产单位1364次，记分205分。依法查处14家违规违法企业，罚款53.1085万元。制发《关于加强重点食品监管和综合治理工作的通知》。开展糕点企业、节日市场、蜂产品、明胶、食品添加剂、肉制品兽药残留、复原乳标识标签等专项检查。开展食品小作坊专项整治。年内创建市级餐饮服务食品安全示范店58户，示范街7条，市级文明餐桌示范店58户，示范街7条，省级食品安全示范店8户，示范食堂2户，示范街2条。开展外卖"年夜菜"及集体聚餐备案情况检查，全年自查自纠率100%，监督检查率100%，隐患排查率100%，检查信息公开率100%。检查学校食堂及托幼机构食堂1832所，出动执法人员4191人（次），执法车辆448台（次）。开展早、夜市食品摊贩经营场所设置和登记管理工作，督查早餐、夜市163户，小餐饮249户。督查监狱系统食堂9所。完成35项重大节会、活动餐饮食品安全保障任务。全年抽检餐饮具3659份，自洗餐饮具合格率80.7%，集中消毒餐饮具合格率97.7%。出动监管执法人员3.01万人（次），检查餐饮单位14778户，立案395起，没收违法所得10.65万元，罚款482.25万元，责令整改1887户，移送司法机关案件3起，捣毁制假窝点1个。

【药品监督管理】 开展药品流通领域专项整治。彻查疫苗经营企业问题疫苗流向，吊销3家药品批发企业《药品经营许可证》；突击检查药品批发企业20家、药品连锁企业2家和药品零售企业55家，收回5家批发企业、12家药品零售企业《药品GSP认证证书》，限期整改71家，责令重新认证20家，全年抽检中药饮片124个品种846批（次），核减经营范围45家。按新版GSP标准跟踪检查药店60家、复查问题企业10家，吊销《药品经营许可证》1家，核减处方药经营范围72家，核减中药材中药饮片经营范围45家，立案查处65家；对3种中成药的52个批次合计9253瓶盒实施召回。在260家药店配发政府便民缴费服务终端机，对80批次全年抽检不合格的药品（含国抽2批化学药）依法实施查处，立案73起，结案57起，没收销毁假劣中药材中药饮片125.56公斤，罚没款28.36万元。全年新开办药店76家，注销药店87家。依据《甘肃省中药饮片监督管理办法（暂行）》严格审核新申开的3家中药饮片生产企业。集体约谈中药饮片企业11家，予以风险警示生产企业法定代表人2家，对连续出现不合格产品的1家企业关键岗位人员提出用工警示。组织开展药品生产企业培训班8期。开展基本药物生产全覆盖抽检110批（次），监督抽检148批（次），医疗机构抽检医用氧1批、中药饮片3批，予以查处不合格的批次8个。与市卫计委联合下发《关于进一步加强医疗机构特殊药品管理的通知》，与市公安局联合下发《关于进一步加强罂粟壳产品监管的通知》，联合市禁毒办检查罂粟壳生产经营单位3家和绿源辐照站，联合市卫计委对医疗机构特殊药品使用情况进行检查。约谈1家经营企业负责人、质量负责人，对1家生产企业下发风险警示书，立案2起，监督销毁亚兰公司的罂粟壳废料2次12962公斤。联合市卫计委对8个县区37家各级医疗机构药械使用质量管理情况进行集中督查，立案3起，当场处罚1起。检查31家药品类生产配制单位，检查医疗机构3131家次，下发责令改正通知书5家，立案18起，罚没款24.94万元。

【医疗器械监管】 精简审批流程15项。开展医疗机构医疗器械使用管理，避孕套、隐形眼镜、注射用透明质酸钠、定制式义齿、医疗器械冷链管理、医疗器械流通领域经营行为、一次性使用无菌和植入性医疗器械专项检查和第三类医疗器械生产企业实施《医疗器械生产质量管理规范》监督检查，检查医疗器械经营企业3076家（次），生产企业138家（次），立案117起，罚没款215.5063万元，责令改正177家，依法注销6家《医疗器械经营许可证》。确定诚信企业7家，失信企业4家，约谈重点监管企业和医疗器械经营企业40余家。全年完成总局监督抽验14批次，省局监督抽验19批次，监督抽验避孕套32批（次）、血糖试纸11批（次）。

【保健食品化妆品监管】 开展保健食品打"四非"专项行动，联合公安部门，取缔保健食品会议营销黑窝点6个，查处保健食品违法案件25起，查扣违法保健食品、食品类产品1953(罐、瓶、袋)。2016年，推进7家化妆品生产企业换证工作，集中整治美博城、鱼池口、兰新、义乌等4家化妆品批发市场，查处化妆品违法案件3起，罚没款1.706万元，没收产品货值金额0.44万元。

【应急管理】 8月9日，在七里河开展应急演练，演练模拟兰州市七里河区中心小学学生发生群体性疑似食物中毒事件，分事故报告、应急响应、响应行动与指挥协调、应急处置、应急结束、善后工作等6个科目进行。核查处理、上报七里河建筑工地工人误饮有机溶剂中毒事件。核实上报榆中县村民家中自建房屋食物储存、操作不当引起的11人肠胃不适事件。核查定远镇猪嘴岭13人肠胃不适事件。处置城关区11人就餐一氧化碳中毒事件。调查上报政法学院学生赴靖远县刘川乡涝坝湾参加拍摄电影饮食不洁所致的肠胃不适事件。核实红古区红古镇部分村民聚餐后出现身体不适症状情况。全年落实有奖举报12件，兑现奖金0.995万元。

【体系建设】 编制完成检验检测体系建设工作方案，以市食品药品检验所为中心，8个县区检验检测中心、113个乡镇（街道）快检室为辅的食品药品检验检测体系已建立并开始运转。完成食品抽检12711批（次），药品抽检230个品种1477批（次）；全市43家食用农产品快速检测室完成快检71451批（次），全市乡镇（街道）食药所共完成快检32372批（次）；市食品药品检验所完成检验19491批（次）。其中，食品16034批（次）；药品3085批（次）；化妆品235批（次）；保健食品137批（次）。全市重点食品抽检合格率98%，药品评价性抽检合格率100%。

【宣传和信息化建设】 2016年《兰州日报》整版报道了全市食药监管工作；开展"3·31"、科技活动周等宣传活动；租用市区繁华地段LED大屏、大型广告牌和市区公交车的移动电视、市区400家牛肉面馆的数码海报机、社区宣传橱窗开展食药公益宣传。开展现场义诊、食药安全进社区、食药科普知识大讲堂、全国食药监管随手拍行动，邀请专家开展食药科普"陇上护老"行动。在"全国省会城市食药系统利用网站以及媒体公开食品安全信息工作测评"中食品药品监督管理排名第一；开发建设云桌面平台；完成全市药品便民查询系统；开通运行兰州市食品药品大数据管理系统，开发药品零售许可审批系统；市局微信公众号开发"便民查询""办事指南"和"曝光台"3个栏目；开通市、县区两级"今日头条号"；开发局系统协同办公系统。通过微博、微信、网站向公众宣传"美瞳"、注射用透明质酸钠、家用医疗器械等产品科普知识和选购常识。

【综合保障】 上报省局全市县（区）检验机构资源整合方案。兰州市食品药品检验所实验楼建设项目投资概算8155.22万元，市财政安排2016年建设资金1500万元。年拨付县区食药局623万元。其中，400万元用于50家规范化街道（乡镇）食药监管所建设；拨付食品抽检经费121万元，684名信息员补助费82万元；高新区连搭和定远2个乡镇食药监管所设备购置款20万元。为创建食品放心城市，协调3000万元列入2017年度全市财政预算。

【廉政建设】 全年召开从严治党专题会议31次，制定相关制度16项。开展"两学一做"学习教育和"先锋引领""效能风暴"行动。每季度开展一次警示教育，落实"四个一"廉政制度。主要领导对相关责任人和直属单位主要负责人及时开展约谈，领导班子其他成员认真履行"一岗双责"。局系统层层签订党风廉政建设目标责任书25份，自律承诺书233份；领导干部讲党课8次，培训党员1023人次；组织开展警示教育3次，发送廉政警示短信600余人（次）；全局开展工作约谈71次208人（次），提醒约谈2次6人（次），告诫约谈1次1人（次）；排查廉政风险点563个，制定防控措施542条。

（刘　冰）

教育

【概况】 2016年，全市有各级各类学校1588所，其中幼儿园815所，小学515所，初中85所，九年制学校50所，十二年一贯制学校8所，完全中学31所，普通高中23所，中等职业学校57所，特教学校4所。在校学生541202人。其中，幼儿园112767人，小学211993人，初中98120人，普通高中68812人，中等职业学校49045人，特教学校465人。教职工46804人（基础教育43055人，中职3749），其中专任教师38851人，专任教师中幼儿园7509人，小学14365人，初中8753人，普通高中5242人，中等职业学校2860人，特教学校122人。

【学前教育】 坚持以“幼小协同，科学衔接——努力提高学前教育科学保教水平”为主题，不断开展幼小衔接宣传活动，向社会及家长传播科学保教理念；深入开展幼儿园分类评估，完成3所省级示范园初评、7所一类园评估、22所二类园评估任务；加强公办园建设，扶持社会力量办园，创新办园模式，扩大学前教育学位，缓解“入园难”问题，2016年学前一年教育已经普及，学前三年毛入园率达到90%，比上年增长4.4%。核拨学前教育以奖代补资金1037万元，用于普惠性民办幼儿园、托护点950余万元。学前教育普及水平进一步得到提高，学前教育壮大发展。

【义务教育】 完善义务教育经费保障机制和城乡校舍安全保障长效机制，统一城乡义务教育“两免一补”政策。全力推进义务教育基本均衡发展县评估工作，红古区、皋兰县通过教育部评估，全市已有6个县区通过国家认定，永登县通过省级教育督导评估，为2017年义务教育均衡发展迎接国家评估奠定基础。深入创建标准化学校及标准化教学点，建成标准化学校129所、标准化教学点18个。全面推进现代化学校建设，完成首批20所试点学校的督查评估工作。小学适龄儿童入学率100%，毕业率100%；初中阶段适龄人口入学率100%，毕业率100%；九年义务教育巩固率99.41%；义务教育阶段残疾儿童入学率88.5%。初中毕业生综合素质评价合格率99.86%，全市初中毕业生33970人，九年义务教育水平稳中有升，义务教育优质发展。

【普通高中教育】 普通高中招生21219人，高中阶段入学率为99.03%，其中普通高中入学率为67.41%。参加高考人数26668人，116人成绩进入全省文理科前百名，占全省录取总人数的58%，600分以上804人，占全省录取人数的33.47%。一本上线率19.67%，二本以上上线率50.49%，三本及以上上线率71.32%，比上年提高2.64%；总上线率98.86%，比上年提高0.26%。深入推进高中课程改革，组织开展大集体备课、教学开放周、教学研讨周等活动，推进教学方式和学习方式的改进，初步构建适合学生全面、个性发展需求的课程体系。持久推进普通高中多样化、特色化发展，6所学校申报创建省级普通高中特色实验学校，1所学校申报创建省级示范性高中。继续扩大普通高中招生自主权，将自主招生分数线由统招线下60分以内调整到线下100分以内，高中教育特色发展。

【中等职业教育】 中等职业教育招生15819人，毕业23081人，中职就业升学率96.78%，专业对口率91.83%。加快职教园区和兰州现代职业学院建设，落实省教育厅《关于整合办学资源，优化中等职业教育布局结构的指导意见》，确定学院机构建制，组建学院领导机构，加强学院师资队伍、管理队伍和课程建设，年内已实现首批6个专业招生787人；启动成立兰州体育学院申报工作，发展高等体育职业教育，为提高竞技体育和群众性体育运动水平培养多种类型人才。女子中专、理工中专、城建学校3所国家示范学校已顺利通过省级验收。开展多种方式的职业教育宣传活动，让社会充分了解职业教育的政策和意义。组织职业教育专业师资培训180人（次），围绕市场需要重点开展外语、加工制造、交通运输专业教师全员培训。安排100名教师赴企业实践，从企业聘请100名能工巧匠到学校任教，促进职业教师的技术操作水平和学生的实训技能的提高。加强校级和校际间技能大赛工作，提高技能操作水平。

【特殊教育】 兰州市教育局与8个县区教育局、兰州新区教育科技文化局、高新区社会事业和农村工作局签订《兰州市2016年特殊教育事业发展目标责任书》，并于年底对各县区完成目标责任书工作情况进行调研。扩充特教资源，新建西固区西固二小和兰州新区彩虹城小学2个特教班，新建随班就读资源教室16个。其中，七里河区1个，西固区2个，榆中县3个，永登县3个，皋兰县2个，兰州高新区1个，市属学校4个。拨付120万元特殊教育专项资金，支持特殊教育发展。积极争取落实8%的市级残保金用于特殊教育，年内共争取资金76万元。评选出特殊教育教学新秀2人。各县区结合实际，有计划地开展第13个民族团结教育宣传月活动。接待教育部民族教育司对兰州市义务教育阶段民族团结教育师资现状的调研，组织全市55名一线民族教育教师赴西南大学进行9天的脱产培训。

【成人教育】 参加社会自学考试共计38684人108568科（次），全市参加技术培训的人数为163080人（次），完成了《全国职工统计报表》及2016年成人教育年报统计。教育局印发《关于设立兰州社区大学推动社区教育发展的通知》，依托甘肃广播电视大学兰州市分校设立兰州社区大学。开展赴河南省教育厅成人教育研究院、北京市大兴区社区学院的调研，促进双方的学习与交流。指导创建“学习型社区”15个。

【民办教育】 全市共有民办学校679所。其中，幼儿园661所，小学4所，初中4所，普通高中10所；在校学生91575人，其中幼儿园77624人，小学2159人，初中7458人，普通高中4334人。教职工10721人，其中幼儿园9317人，小学58人，初、高中1346人。教育局修订完善《兰州市民办学校年检评估标准》。对全市新审批的30所和需更换《办学许可证》的49所学校进行核实，上报省教育厅民办教育管理处，完成对这些学校《办学许可证》的印制和发放。完成《兰州市普惠性民办幼儿园认定办法》修订，组织开展对157所民办幼儿园2016年兰州市普惠性民办幼儿园的认定公示工作。完成“兰州碧桂园学校”和“兰州中学”新创办学校验收评审工作，并获批成立，增加有效学位2550个，完成招商引资2.5亿元；完成“兰州商业会计职业学校”“兰州敦煌艺术职业学校”“兰州金盾司法警官职业学校”的初评工作，并及时下发筹设批复；实地查看“兰州衡水实验中学”的筹建情况。

【教育科研】 深入开展课程改革，教育局印发《关于进一步深化中小学课程改革的意见》，明确改革方向和目标任务。组织开展教学新秀评选、青年教师技能大赛、“一课一名师，一师一优课”评比、全国课改博览会观摩、信息技术与学科融合课例比赛等活动，推进课堂教学深度

2016年6月16日，兰州市第七届生态道德实践活动开营

变革。组织开展“高效课堂”教学研讨周活动，60余种教学模式得到研讨与推广。立足校本、立足课堂、立足发展，征集并鉴定市级个人课题519项、规划课题240项。

【师资队伍】 教育局印发《兰州市师德建设五年计划（2016-2020）》，提出十大举措、四大保障，构建师德建设长效机制。组织市级培训4.4万人（次），国培、省培1700多人（次）。召开“三名人才”工作推进会，深入推进名校长、名师、名班主任队伍建设，评选出名校长19位、名班主任20位。组建第二届全国名师发展学校，参加在苏州举办“核心素养与基础教育课程改革”为主题的高端研修。不断推进教师有序交流，选派180多名城区骨干教师到陇南、永靖、榆中、永登、皋兰等地支教，选派120名农村新教师到城区学校跟岗学习。全面落实乡村教师待遇，对永登、榆中、皋兰、七里河等贫困县乡村教师，按每月不低于300元标准分类发放生活补助。全市小学专任教师学历合格率99.96%，大专以上学历占91.67%；初中专任教师学历合格率99.86%，本科以上学历占88.26%；普通高中专任教师学历合格率96.98%，研究生以上学历占7.47%；中等职业学校专任教师双师型教师占18.36%。师生比小学1：14.85、初中1：113、普通高中1：13.78、中等职业学校1：19.29。全市共录用教师654人，其中公开招聘386人，引进免费师范生、硕士研究生、“985”“211”院校本科生239人，从全省公开选调优秀教师29人。

【体育与健康】 树立正确的评价导向，首次将体育以50分分值直接计入中考总分。继续推广阳光体育、足球进校园、体育舞蹈进校园等活动，建成市级足球特色示范校50所、国家级足球特色示范校22所。榆中县中连川小学足球队女队员孟森和王春成功入围由北京“爱只因有你”公益基金会组织的第二期“中国西部足球少年英国行”选拔24人名单，前往英国布鲁克豪斯学院接受15天的足球专业训练。开展中小学合唱比赛、中小学生体育舞蹈大赛、高雅艺术进校园、“丝绸之路经济带沿线城市教育协作会暨中小学文化艺术竞赛”等活动。组织参加全省第三届中学生运动会，共获金牌31块、银牌21块、铜牌16块，打破记录10项，取得奖牌总数第一的佳绩。组织全市校园足球三级联赛，68支球代表队参赛，市级媒体现场直播，社会反响良好，体育教育多姿多彩。创建标准化心理咨询室（B级）14个，其中兰州理工中专等5所学校达到省A级标准。创建全省心理健康教育特色学校，兰州五十五中等9所中小学获此殊荣。“兰老师心理健康热线”延长服务时间，扩充服务内容，80余名热线咨询人员接受封闭式培训，心理健康教育质量得到提升。

【科技活动】 实施“飞天计划”，新建科技创新基地学校10所，评选“兰州市小小科学家”20名。贯彻《全民科学素质行动计划纲要》，开展“科技下乡”“知识产权进校园”“高中生科学营”等活动，获得机器人竞赛等1021项科技成果。组织160余名科技教师参加“教育部—乐高创新人才培养计划”。

【学校文化建设】 加强顶层设计，教育局印发《兰州市中小学德育工作“134”行动计划》，明确未来一个时期我市德育工作的目标和方向。进一步完善“三走进”“四融入”“五结合”举措，确保社会主义核心价值观教育入脑、入心、入行。加强中华优秀传统文化教育，创设国学教育基地，开展国学讲堂、经典诵读等活动。组织开展“三爱三节”“我们的节日”“学习雷锋精神，争做美德少年”“学长征精神，做红色传人”“怀感恩，行孝道”等主题活动，促进德育与课堂教学、实践活动的充分融合，建成文明校园32所、德育示范校40所。学校治理体系进一步完善，全市百人以上学校全部完成《学校章程》制定，市教育局遴选部分学校章程结集成册。学校文化建设体系不断完善，开展“三风一训、校徽校歌校旗”征集活动，引导学校文化建设深度发展，建成文化达标校144所。学校文化建设内涵不断深化，出版《品质提升试点学校案例集锦》，科学管理举措、先进教学理念、高效课堂模式等优秀案例在全市得到推广。

【安全管理】 认真落实校园安全日检查、周上报、月通报，采取“四不两直”的方式，开展定期巡查和不定期不定时抽查。与市属学校及直属单位签订目标责任书，细化工作指标，量化考核标准，明确责任主体，强化问责力度。建设安全应急预警系统网络专线“直通车”，实现视频巡查、远程控制、报警联动等多项网络视频监控功能。密切联合公安、安监、城管、交通、文广、食药、质监、工商、气象、交警、消防等部门开展安全隐患大排查、大整治，全年共开展联合整治行动3次。进一步加强重要节点的宣传教育，广泛宣传国家防灾减灾、消防、法制等方面的基本知识，积极开展应急演练，提高广大师生自救互救能力。教育局下发《关于进一步加强学校实验室危险化学品安全管理的通知》，明确“五双”管理制度和“四无一保”的工作要求。免费发放《兰州市公民反恐手册》5000册，《致家长一封信》5万张，灭火毯10000条，组织专人编写《中小学生安全教育系列手册》，内容涵盖消防、交通、公共安全、食品卫生等多个方面。全市现有备案注册的专业校车220辆，乘坐校车学生1.1万余人，幼儿园乘坐校车幼儿0.9万余人，总计乘坐人数2万余人。220辆校车100%购买了校车交强险和承运人责任保险，全面保障学生的生命安全。1094所学校参加校方责任保险，参保学生434598名，其中义务教育阶段学校校方责任保险实现全覆盖，学生参保率达到100%。教育局基建办对市属学校既有建筑的玻璃幕墙、外墙贴砖和装饰石材工程进行全面安全排查，对有玻璃幕墙安全隐患的7所学校、外墙瓷砖隐患的16所学校、装饰石材隐患的7所学校进行隐患消除，确保校园安全。组织人员深入学校对塑胶运动场地的使用情况、质量情况和面层检测情况进行专项检查。

【卫生保健】 实施农村义务教育学生营养改善计划的学校有616所惠及96194名学生，农村义务教育学生营养改善计划已实现全覆盖。教育局、食药局联合印发《全市中小学幼儿园食品安全“百日大整治”实施方案》，积极安排部署全市中小学开展食品安全自查自纠，排查安全隐患。向县区、学校派发《中小学生食品安全手册》教育读本3.8万册。卫计委和教育局联合印发《关于加强春季学校传染病防控工作的通知》《关于进一步加强秋季学校传染病防控工作的通知》，对全市中小学校及托幼机构的传染病防控工作进行安排部署。根据教育部《中学生预防艾滋病专题教育大纲》《中小学健康教育指导纲要》的要求，将预防艾滋病健康教育纳入教育教学工作体系之中，统一为学校配发预防艾滋病健康教育挂图200套，预防艾滋病常识宣传页500份，宣传画200份。实现学校毒品预防教育全覆盖、学校无涉毒问题发生的工作目标。

【教育督导】 确定永登县为县级政府教育工作省（市）级督导评估县区，核查本县政府教育工作各项指标达成度，针对存在的问题和薄弱环节，边查边改。全力指导红古区、皋兰县接受义务教育均衡发展省级督导评估和国家的评估认定，继续监测城关区、西固区、安宁区、七里河区的义务教育均衡发展整改、巩固和提高工作。对全市8个县区的农村小学教育经费管理使用情况、全市中小学校校园欺凌治理情况、10个县区的教师有偿补课治理情况，全市中小学、幼儿园秋季开学情况、全市基础教育五项督查市级督查工作情况等开展专项督查，并形成督查报告上报省教育厅。迎接省教育厅督查组对本市基础教育五项工作的省级督查。配合教育部督导局科研团队来本市开展中小学校管理评价指标和网评工具试测工作。组织人员开展以“改薄”工作、义务教育均衡发展监测、县级政府教育工作、职业教育、体育艺术教育等为主要内容的五项督导评估。

【特色亮点】 实施“智慧父母·圆梦工程”，开展家庭教育研究与宣传，普及家庭教育知识，推广家长教育经验，形成“家校同梦、合作共育”格局。依托兰州市智慧父母大讲堂，多次举办“智慧父母、提升素养，阳光少年、快乐成长”主题讲座。举办全市中小学家庭教育指导培训，引导家长树立正确教育理念，掌握科学的家庭教育方法，受到家长的高度赞誉，取得很好的社会效益。通过“名校+弱校”“名校+分校”“名校+农校”，扩大优质教育资源的辐射面。教育局印发《兰州市中小学“一体化办学”工作方案》，提出联校办学、集团化办学、联片办学3种模式，主城区及兰州新区已有61所学校组成了21个办学体。完善捆绑评价、师资互派、集中教研等一体化办学机制，400多名教师、20多名干部实现互派交流，部分办学体内教师实现一体管理，“一体化办学”初具规模。

首次取消普通高中择校生，原有择校生计划直接转为正式计划，更好满足群众上好学的需求。稳步推进民办学校招生，实行自主招生和电脑派位相结合的招生政策。全面调研中小学教材使用情况，加强教材教辅规范管理，做好部编德育、语文和历史三科教材的指导使用，办学行为更加规范。

组织28名“三名人才”赴台湾考察交流，9名职校教师赴德国实地学习，10名教师赴日本、英国、毛里求斯等国研修访学。加强与日本八户市、秋田市教育交流，组织40余名中小学师生研学互访。组织少年棒球队赴日本矽谷市访问交流，对外合作交流成效显著。

【办学条件】 向市属学校共下达建设资金4.46亿元，其中：校舍建设2.42亿元，安排资金941万元对14所学校校舍进行改造维修，同时，协助市属学校186个维修项目完成在机关事务局的采购审批。安排资金400万元对23所学校的锅炉及供暖系统进行了维修改造，消除安全隐患，保证市属学校冬季安全正常供暖。制定《十三五项目建设专项规划》，加快教育供给侧改革，调整优化学校布局，对市属学校优质教育资源进行保留提升、扩充新建和调整撤并，规划新建7所学校。完成22所中小学校园信息化建设任务和24所学校信息化功能场所配备。推进中小学智慧课堂融合应用示范校建设项目、网络高清视频会议系统建设项目，为11所学校配备“畅言教学通”多媒体教学系统130套，为

162所学校建成“班班通”教室851个，教育信息化稳步推进。

【党建工作】 坚持全面从严治党，深入开展“两学一做”学习教育活动，组织局系统近5000余名党员利用手机APP平台开展党风党纪学习教育活动。不断严肃党内政治生活，认真履行“一岗双责”和落实党风廉政建设主体责任建设，主动开展党内民主生活会。加强中小学党组织建设，认真开展党员组织关系排查，民办学校实现基层党组织建设的全覆盖。

（王发强）

校外教育

【概况】 2016年，兰州市校外教育倡导示范活动、舞台艺术展示、兴趣培训、图书借阅等工作取得成就。兰州市少年儿童活动中心荣获全国儿童图文创作大赛优秀组织奖等奖项。

【“十三五”规划】 编撰《兰州市未成年人校外教育事业发展“十三五”规划》。兰州市校外教育工作“十三五”期间主要任务是完善校外教育体制机制，加强校外教育活动场所规划和建设，发挥市属校外教育机构育人功能，发挥主题教育实践活动育人优势，加强校外教育理论研究宣传工作，加快校外教育信息化建设，建设高质量的校外教育人才队伍，加强制度建设、加强安全管理、加强经费投入、加强跟踪落实等措施保障规划顺利实施。

【示范活动】 3月至6月，开展“畅想2020，未来兰州更美好”——兰州市第二十四届作文比赛、第十六届手抄报比赛、第四届摄影比赛，100多所学校的1万余名学生参加全市比赛，927名学生荣获等次奖，217名教师荣获优秀辅导奖，70所学校获得先进集体奖。4月至10月，组织105所学校参加“我的未来·我的梦”全国儿童图文创作大赛暨兰州市少儿绘画比赛活动，3187多幅（组）作品参加全市比赛，81组图文作品、256幅绘画作品获等次奖，182名教师获辅导奖。4名师生获得全国等次奖和优秀辅导奖。4月至10月，开展“我为兰州添一抹绿”——兰州市少年儿童第七届生态道德实践活动，6月14日，70余名学生在甘肃省农科院参加生态道德实践营，参观科技成果展览室，了解甘肃农作物分布特点、病虫害防治、科研方面取得的成就，农科院专家讲解植物生长发育种植技术，指导少年儿童进行小麦、胡麻杂交实验，邀请专家讲解脱毒马铃薯的原理和优点，现场示范脱毒栽培过程。生态道德作品征集活动中共收到58所学校998篇征文、1515幅美术作品，250名学生获得等次奖，206名教师获得辅导奖。

【场所建设】 为配合兰州市轨道交通和城关区中央商务区建设工作，兰州市校外教育办公室（兰州市少儿活动中心）及兰州市少年宫、兰州市少儿图书馆等3家单位搬离兰园，进行拆迁过渡。目前，中心及图书馆在南滨河东路金色堤岸写字楼过渡，市儿童艺术剧团和市少年宫部分培训班在兰园过渡，市少年宫在静宁南路原兰州市四十二中学过渡。

【庆“六一”活动】 “六一”期间，为期3天的2016年兰州市校外教育系统庆“六一”系列活动在甘肃黄河剧院登场，市儿童艺术剧团创作演出的儿童剧《传统的味道》连演3场，邀请联扶点榆中县马坡乡河湾小学师生和城市少年儿童共同观看儿童剧，观众达2000多人。“我的未来·我的梦”全国少年儿童图文创作大赛暨兰州市少年儿童绘画作品展、第十六届青少年学生手抄报作品展、第四届青少年学生摄影作品展同时展出，展出100余幅绘画作品、120余幅手抄报和110余幅摄影作品。

【理论研究】 2016年校外教育理论研究完成调研报告、论文20篇，经专家评审小组严格审定，评出一等奖3篇、二等奖6篇、三等奖9篇，于12月进行表彰，课题顺利结题。承担中国家庭教育学会少年儿童校外教育分会2016年两项课题任务，完成《兰州城区未成年人参与课外校外科技活动调查》和《愿做一棵小小草——“我为兰州添一抹绿”兰州市少年儿童生态道德教育与研究》2篇课题论文。

【宣传督导】 《兰州校外教育》编印4期1500册，从2016年第二期开始全彩印刷。编印《“俭以养德，我们在行动”兰州市青少年学生优秀作文选》，精选128篇优秀作文结集成册，集中展示第二十三届作文比赛的丰硕成果，作为奖品赠送师生。在全国、省、市级媒体发布宣传信息55条，发布微博62条,开通《今日头条》信息发布平台，发布信息3条。兰州校外教育网站主动公开文件、制度、信息65条，网站点击率达7.1万人（次）。督导组对市儿童艺术剧团国家艺术基金演出项目《传统的味道》复排演出、市少年宫举办的DI创新大赛、市少儿图书馆馆内图书外借工作、指导处承办“我为兰州添一抹绿”兰州市少年儿童第七届生态道德实践活动、研究处承担的课题研究结题情况等重点工作进行督导评估，指导工作规范开展。

【乡村社区少年宫建设】 全市乡村（社区）少年宫建成由学区校长

为主任、学校校长为副主任、艺术学科教师为成员的管理体制，全年新建10所，目前已建成145所。6月，举办全市“乡村（社区）学校少年宫”舞蹈教师培训活动，80余名舞蹈教师参加培训。11月，举办兰州市乡村（社区）学校少年宫成果展暨骨干培训班，190余人参加会议。城关区突出“一校一特色”品牌建设。安宁区聘请老师在6所少年宫教授围棋。5月，榆中县召开“乡村学校少年宫”观摩活动暨提升管理水平现场会。9月，皋兰县召开乡村学校少年宫建设与管理调研座谈会。

【兰州市未成年人心理健康辅导】

聘请心理咨询专家开展未成年人心理健康面询辅导活动，面询36例64次84人。每周六定期开展心理电影放映活动，全年放映电影28场，观影人数达1820人。开展青少年团体心理辅导训练营活动8期，参加人数205名。每月2次下基层学校、联扶点开展心理健康辅导活动。承办兰州市未成年人心理健康辅导骨干培训班，80名心理教师参加培训、交流活动。开设“快乐助跑营”等特色活动。在榆中县、皋兰县和永登县举办3场心理治疗技术师资培训活动，150余名心理辅导教师参加。12月11日，举办2场以“为孩子的成长智慧护航”为主题的心理健康公益讲座，听众达300余人。全年开展各类心理健康辅导活动90次，累计参加人数达3100人（次）。

【兰州市“小飞天”艺术团】 1月，参加甘肃省歌剧院、甘肃省陇韵合唱团的交响合唱《敦煌》——《朝圣篇》第九首《听说的地方》童声、混声合唱的演出，该节目参加甘肃省春节联欢晚会。1月，舞蹈《小猴嬉桃》、民乐团4个节目参加2016年西北5省少儿春节联欢晚会。7月，在甘肃大剧院举行“梦丝路——从这里出发”兰州市少年宫2016年公益演出，1500名观众观看演出。8月，合唱《丝绸之路我的梦》参加2016年中国青少年文化艺术节器乐、声乐、诵读专场演出，获得三等奖，演员获“优秀小演员”，2名教师获“优秀指导老师奖”，兰州市少年宫获“优秀组织奖”等称号。

【儿童艺术剧团】 从剧本、音乐、舞美设计等方面打磨儿童剧《传统的味道》，3月30日，在金城大剧院再次亮相，校园版进校园巡演。5月，参加“西安首届儿童戏剧节”优秀儿童剧展演。暑假期间，在甘肃省歌舞剧院的花雨小剧场和甘肃省话剧院六零小剧场演出。全年共演出62场，观众达6万人（次）。在各演出学校征集《传统的味道》观后感409篇，优秀篇目上报国家艺术基金，并在《兰州校外教育》杂志刊登。

【市少年宫】 全年共举办文、体、科长短期培训班250个，培训学员5000人（次）。学员参加市级以上竞赛、演出等获奖200人（次）以上。40名武术学员在2016年兰州国际马拉松赛开幕式上表演《武出我精彩》。5月，选送70幅作品参加第十一届“天眼杯”中国国际少年儿童漫画大赛，14幅作品获奖。5月，选送10篇文学作品参加第十一届全国青少年冰心文学大赛，全部获得等次奖，2名教师获得教师辅导一等奖，兰州市少年宫获“全国青少年冰心文学摇篮奖”。8月，参加2016“锦绣杯”舞蹈公开赛，取得16个等次奖。赴兰州市儿童福利院为孩子们送去100余套保暖内衣和食品。兰州市少年宫流动少年宫赴乡村（社区）学校少年宫送教下乡达200个课时，辅导教师150人、学生2000多人，涵盖美术、电子琴、声乐、舞蹈、航模、武术、书法等专业。1月赴兰州市儿童福利院开展慰问孤残儿童送温暖活动。承办由中国青少年宫协会主办的“点亮未来 相约金彩”——流动少年宫关爱农村留守儿童服务活动，以“流动少年宫”为载体，对本单位员工、志愿者进行培训，接收8种30件器材、自筹资金购置游戏设备，9月至11月，赴兰州市榆中县河湾小学、西固区达川中心学校等地开展关爱农村留守儿童服务活动，将2万余元的8项游戏体验活动器材赠送给河湾小学。

兰州市少儿图书馆举办绘本阅读分享会

【少儿图书馆】 开通微信公众号，购置云屏数字借阅机，拓展借阅服务手段。上架新书4735册，为8个流动阅览站配书5213册，5个分馆配书4874册，接待读者人数达9.8万人（次），图书流通11万册（次），办理借书证634个。6月，成立永登县少儿图书馆分馆，配书2029册。6月，建立兰州监狱未成年犯管区图书流动阅览站，配书103种515册。举办丰富多彩的读书活动，多渠道扩大服务内容。1月，举办“书香润泽童年、阅读伴我成长”为主题的新年寄语活动、读书读报知识竞答、“七彩童年”讲故事比赛，400余人参加。5月29日，举办“童心灿烂，我心飞扬”为主题的庆“六一”亲子阅读体验活动。暑假期间，开展为期15天的小图书管理员社会实践活动、“欢乐暑期，快乐阅读”优秀少儿读物进学校展阅活动、“环保酵素救地球”环保知识讲座、中英文绘本阅读故事分享会。4月至9月，组织读者参加由第十二届兰州读书节组委会主办，兰州市图书馆、少年文摘报社联合承办的“念亲恩，知孝义，践孝行”征文活动，收到稿件422份，10位同学获等次奖。参加全国“寻访红色记忆”征文、摄影大赛、“红色经典阅读”绘画大赛，报送500余幅篇作品，127人获等次奖。

【县区校外教育办公室】 城关区校外教育办公室开展“好家风、好家训、好家规”家风故事征集评选活动、“最美家庭”“最美母亲”“文明家庭”等评选活动，组织家庭教育讲座，参训教师、家长达5000人（次）以上。七里河区160名少先队员在百合公园开展“保护母亲河”学雷锋活动；组织39所学校3500余名师生参加童心向党歌咏活动，评选47名同学为2016年“美德少年”；承办兰州市2016年中小学中华经典诵读展演暨学习和争做美德少年主题活动，1500余人参加。安宁区举办第三届“飞向蓝天 扬帆启航”航空航海模型竞赛、第一届“驾驭未来 共筑家园”车辆模型竞赛、安宁区科技节、“庆七一 诵经典”比赛，承办2016年兰州市科技节安宁活动周启动仪式。红古区开展文物知识进校园主题活动，巡回展览红古区内发现挖掘的文物图片，讲解彩陶文化、文物知识，15所学校6000余名学生参与活动。

【县区青少年活动中心】 西固区青少年活动中心开设15个专业83个兴趣培训班，学员2600余人。建成开放式图书阅读角，完成2个功能室的基础改造工作。每周四、五下午举办公益活动，10所学校800名学生参观学习；举办庆“六一”才艺展示，40个节目、500幅美术书法作品参加展示。榆中县青少年活动中心开设培训班252个，培训3248人，其中，武术学员达239人，参加展演18次，获集体奖12项，个人奖385项，中心被国家体育总局武术中心和中国武术协会评为武术段位制考试点；建成280平方米的武术大厅，新建航模操作室、机器人设计、创新工作室，寒暑假、节假日免费开放图书室、科技室、科普室，周末举办机器人表演；中心成为兰州大学党员、共青团员志愿服务实践基地和中国青少年宫协会会员单位。皋兰县青少年活动中心科技馆免费开放，5000多人（次）参观；多媒体室播放爱国主义经典影片，观影人数达1000人（次）；图书馆借阅图书1万多册（次），借阅人数达5000多人（次）；皋兰县未成年人心理健康辅导站开展团体心理辅导35次，个体心理咨询150人（次）。

（刘占爱）

2016年3月23日世界气象日，气象专业人员给孩子们讲解科普知识

科学技术

【概况】 2016年，市科技创新工作以体制机制创新为动力，围绕兰白科技创新改革试验区建设，整合科技资源，营造创新环境，搭建创新平台，健全创新体系，释放科技创新潜力，提升科技创新能力，创新型兰州建设迈上新台阶。

【科技创新工作】 推进兰白科技创新改革试验区建设。市科技局开发工业新产品74个；转化科技成果210项，其中重大科技成果63项；公示新认定高新技术企业74家；市发改委向省发改委申报工程研究中心（工程实验室）8个（其中生物医药3个3D打印技术1个信息技术2个新材料2个）；市工信委新认定市级中小企业公共服务平台6家，向省工信委推荐省级平台2家，推荐申报国家级企业技术中心1户（方大碳素），获批省级企业技术中心4户，市科技局贯彻“两个办法”已认定了兰州市科技成果转化基地38家、企业研发中心18家，预计建设创新平台77个。引进创新团队111个，完成专业技术人员职务资格认定1050人，开展职业技能培训40000人，组织职业技能鉴定35157人；兰州市组建总规20亿元的兰州科技创新创业风险投资基金和兰州科技产业发展投资基金。设立“甘肃银行科技部”和“兰州银行科技支行（硅谷支行）”今年共对兰州市科技型企业贷款投放累计4394亿元。科技体制改革。推行科技计划项目管理改革，开展第三方评估管理试点。完成“兰州市科技业务综合服务平台”建设工作，按照“3+3”的市级科技计划新体系做好年度项目征集工作。根据《兰州市科技计划项目第三方评估管理办法（试行）》，开展委托科技中介服务机构对兰州市人才创新创业项目及市级科技计划项目进行评估、评审试点工作。开展了“十三五”科技创新发展规划编制工作。按照全市“十三五”规划的总体部署，开展“十三五”科技创新发展规划的咨询论证和修改完善，确定全市“十三五”全市科技发展的总体思路、发展目标和重点任务。加快科技企业孵化器建设。编制出台《兰州市科技企业孵化器“十三五”发展规划（2016-2020年）》，统筹规划全市科技企业孵化器建设。编制完成《兰州市科技小巨人企业培育三年行动方案（2016—2018年）》，引导中小微企业向“专精特新”发展，培育一批科技“小巨人”企业。

【企业科技】 启动2016年全市科技企业孵化器认定工作，组织申报市级科技企业孵化器7家，推荐“兰州联创智业园管理有限公司”等9家企业申报省级科技企业孵化器，组建87家科技企业孵化器和众创空间组成的兰州市众创孵化联盟。推进科技金融融合。组建“兰州科技创新创业风险投资基金”和“兰州科技产业发展投资基金”，10亿元的政府出资和兰白科技创新试验区引导资金已基本到位，基金公司注册、基金账户设立等工作全面完成，基金组建工作进入全面收尾阶段。设立500万元的科技贷款风险担保基金，委托兰州科技发展有限公司作为出资人，与兰州银行、中国人民财产保险股份有限公司甘肃分公司共同设立“政银保”科技贷款保证保险，合作构建有效控制和分散风险的“政银保”合作小额贷款体系，提高科技型中小企业融资能力。举办2016中国兰州科技成果博览会。本届科博会以“科·技兴业 博·览世界 会·聚兰州”为主题，参展单位233家，设置兰白科技创新改革试验区展、“十二五”科技创新成果展、战略性新兴产业展、青少年科技嘉年华暨“双创”展、新能源汽车和专业汽车展等5大展区，展出科技成果1021项，展品214件。举办驻华大使、科技参赞“科技丝路—兰州行”主题活动，积极探讨“一带一路”科技合作新愿景。由10位两院院士领衔，举办“石油装备制造国际高端论坛”“新材料产业发展国际高端论坛”“军民融合快速制造3D打印产业发展论坛”等9个专项论坛。签订科技合作与成果交易项目136个，交易金额10.9亿元，超过以往两届之和。加快科技服务体系建设。兰州科技大市场一期已建成1100平方米的科技创新服务大厅，开发的兰州科技大市场网络平台、微信平台已投入使用；与上海张江、国家技术转移东部中心、北京大学、中国科技大学、瑞士洛桑大学、新加坡南洋理工大学共建6个技术转移中心，搭建科技金融、创客创业、技术转移、技术交易、大仪共享、碳权交易、科技服务、项目申报等8个功能服务平台；与省轻工院等院所共设立专业技术分市场14个，联合1898文化传媒公司等23家创客机构成立省内首家创客联盟。强化技术市场管理，在兰州新区设立技术合同认定登记站，加强技术合同认定登记工作，完成技术合同认定登记额305亿元。拓展科技合作渠道。市政府与兰州大学、中科院兰州分院等10所高校院所签订新一轮战略框架协议，内容涵盖产业发展、人才培养、科技合作等诸多领域。根据兰州市出台的《关于鼓励和支持高等院校科研院所在企业（园区）建立科技成果转化基地的管理办法（试行）》和《关于鼓励企业在高等院校科研院所建立企业技术研究和开发机构的资助扶持办法（试行）》相关规定，企业和高校院所联合组建“产学研合作科技成果转化基地”38个、“企业研发机构”18个。

【拓展国际科技合作】 与联合国工发组织、美国德州理工大学、德国能源国际公司、巴基斯坦海泰克公司等企业开展合作沟通，签订合作协议。强化科技项目引领。年内共组织争取省级科技计划项目75项，经费1786万元。市级科技计划项目共征集6大类项目790项，经组织调研、专家评审，共4批下达市级科技计划经费4200万元。2016科技计划项目紧紧围绕市委、市政府中心工作，聚焦全市经济社会发展的难点热点，支持传统产业升级改造、战略性新兴产业发展培育和科技型中小企业培育，涉及信息技术、生物医药、节能环保、文化科技融合等重点发展领域。实施知识产权战略。获批为10个国家重点产业知识产权运营基金试点城市之一，组建兰州市重点产业知识产权运营基金。推进知识产权“百人进千企”活动，组织百人服务团队，通过网格化管理模式为近千家企业提供服务。做好专利资助，截至10月底，共发放专利资助资金82.5万元，资助专利1614件。截至8月底，全市专利申请受理4768件，同比增长51.2%，占全年任务目标6850件的69.6%，占同期全省专利申请受理11994件的39.8%；全市有效发明专利为3415件，每万人口发明专利拥有量为9.25件。

【强化科技扶贫工作】 做好科技支持精准扶贫精准脱贫和小康村建设工作，争取省级科技特派员创新创业专项资金20万元、国家“三区”科技人才服务专项资金150万元，市列科技特派员专项100万元，开展科技特派员服务精准行动、科技扶贫产业培育行动和精准扶贫科技培训行动，大力发展现代特色农业，助推精准扶贫工作。

【从严治党】 开展“两学一做”学习教育活动，坚持高标准、严要求，加强党员教育管理，落实党内法规制度，严肃党内政治生活，严守党内政治准则。强化一把手抓党建的责任，落实“一岗双责”要求。将反腐倡廉工作与业务工作同步安排部署，落实中央“八项规定”、排查清理廉政风险点，开展约谈工作，严格执纪问责，开展纪律作风明察暗访，开展项目研发和资金使用方面的情况抽查，强化对科技项目申报、评审、拨付、使用、验收等各环节的全程监督。提高依法行政能力，把学法用法和依法行政、廉政勤政有机结合起来，开展权力清单和规范性文件清理工作。

（曲跃华）

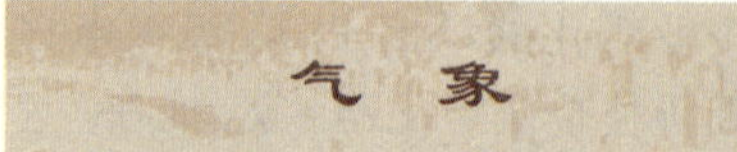

气象

【概况】 2016年全市平均气温在6.6～11.4℃之间，较常年偏高0.6～1.1℃；年降水量在309.9～355.4毫米之间，与历年平均值相比，榆中正常略少，兰州市区、永登正常略多，皋兰偏多；年日照时数正常略多。年内冷暖起伏大，入春、入夏早，入秋、入冬晚，降水量偏多但雨日偏少。主要的气象灾害有暴雨洪涝、冰雹、大风、大雾、雷电、伏旱、秋旱等，造成部分地方农业损失，总体上看，2016年属于气候条件较好的年景。

【主要气象要素概况】 气温：全年平均气温正常略高。2016年全市年平均气温8.5℃，较常年偏高0.9℃，按照气温等级评定标准，属正常年份。年内各月平均气温起伏较大，主要以偏高为主，其中3月、4月、6–9月和12月平均气温偏高，特别是8月异常偏高创历史同期新高，5月偏低，其余月份接近常年。

冬季（2015年12月–2016年2月）：市区和3个县的气温比历年平均值偏低0.1～0.4℃，比上年同期值偏低1.5～1.6℃，按气温异常等级标准，全市冬季气温偏低。

春季（3月–5月）：平均气温9.9℃，市区为13℃，永登为7.5℃、榆中、皋兰均为9.6℃，气温比历年平均值偏高0.4～1.3℃，按气温异常等级标准，榆中略偏高，其余各地属正常。

夏季（6月–8月）：平均气温20.9℃，其中市区为23.8℃、榆中为20.0℃、皋兰为21.1℃、永登为18.6℃，比历年同期平均值偏高1.7～1.9℃，各地平均气温与历年同期平均值相比正常略高。

秋季（9月–11月）：平均气温8.2℃，较常年同期偏高0.6℃。其中市区为10.9℃、榆中为7.9℃、皋兰为7.5℃、永登为6.6℃，比历年同期平均值偏高0.2～0.9℃，按气温异常等级标准，秋季气温正常。

日极端最高气温：兰州37.0℃（7月4日）、榆中33.0℃（8月17日）、皋兰35.2℃（8月8日）、永登31.0℃（8月8日、8月9日）；高温日数：兰州44天、榆中3天、皋兰25天，其中兰州为近10年高温日数最多，高温时段较为集中。

日极端最低气温：兰州–17.1℃（1月24日）、榆中–22.8℃（1月24日）、皋兰–24.5℃（1月24日）、永登–24.9℃（1月24日）。

降水：全市年平均降水量326.9毫米，较常年偏多18.3毫米（6%），与上年相比偏多95.7毫米（41%）。兰州、榆中、皋兰、永登4个观测站年降水量分别为332.2毫米、309.9毫米、310.0毫米、355.4毫米。冬季和春季降水偏多，夏季和秋季降水接近常年。其余各地偏多10%～26%，全市降水属于正常。

各月降水量分布：除2、4、5、7、10月降水较常年同期有所偏多外，其余月降水均偏少，特别是11月、12月降水异常偏少，为1999年以来同期最少。全年平均雨（雪）日73天，市区为79天、榆中为71天、皋兰为69天、永登为71天。

冬季（2015年12月–2016年2月）：降水量10.1毫米，较常年同期偏多4.1毫米（69%），比上年冬季偏多2.3毫米（29%）。其中市区9.6毫米、榆中10.5毫米、皋兰4.8毫米、永登15.5毫米。全市冬季降水偏多。

春季（3月–5月）：降水量82.7毫米，较常年同期偏多18.8毫米（29%），较上年同期偏多28.4毫米（52%）。其中市区91.9毫米、榆中94.6毫米、皋兰86.5毫米、永登57.7毫米。春季降水永登正常，其余各地偏多。

夏季（6月–8月）：降水量167.0毫米，较常年同期偏少4.7毫米（3%），较上年同期偏多61.0毫米（58%）。其中市区0－8月降雨量分别为163.4毫米、149.9毫米、163.4毫米、191.1毫米。夏季降水皋兰、永登偏多，市区持平，榆中偏少。

秋季（9月–11月）：降水总71.1毫米，较常年同期偏多4.0毫米（6%），较上年同期偏多11.7毫米（20%）。其中市区73.1毫米、榆中59.4毫米、皋兰57.1毫米、永登94.7毫米。秋季降水以偏多为主。

日照：2016年全市总日照时数2838.0小时，较常年偏多107.7小时（4%），比上年偏多175.3小时（7%），按日照时数年度评定标准，全市日照正常。与上年同期值相比偏多122.1～217.5小时。

各月日照时数：除1–3月、7月、9月日照时数较历年平均值偏多外，其余各月日照时数以偏少为主。

【主要天气事件】 伏旱：2016年夏季我市干旱时空分布不均，特别是受伏旱、秋旱影响较大，从8月上旬–10月中旬，各地降水持续偏少，特别是7月下旬–8月下旬前期各地持续晴热高温天气，降水显著偏少，致使土壤水分蒸散加快土壤跑墒明显，造成永登西北部浅山区、皋兰大部、榆中的中南部浅山区土壤缺墒或持续缺墒。

大风：年内出现大风天气达10天，其中市区未出现，榆中、皋兰各3天，永登4天。

扬沙：年内出现扬沙天气达9天，其中市区4天，榆中1天，皋兰4天。

浮尘：年内出现浮尘天气达39天，其中市区为10天，榆中为12天，皋兰为15天，永登为2天。

暴雨洪涝冻害：2016年全市短时强降水、暴雨频发，出现“5·20”“7·10”“7·18”“7·23”“8·15”“8·25”等一系列极端天气过程，给群众财产和基础设施造成了重大损失。

6月27日，榆中县出现雷阵雨天气,导致玉米等农作物不同程度受灾。受灾程度3～5成，农作物受灾面积100.5公顷，其中：玉米20.7公顷，洋芋28公顷、豆类30.8公顷、胡麻18.2公顷、小麦2.8公顷。直接经济损失49万元。

7月8日，永登县武胜驿镇、民乐乡、七山乡、坪城乡突降短时强降水，持续时间约30分钟左右，降水引发的洪涝灾害导致4个乡镇的5332户23847人受灾，农作物受灾面积达到568公顷，成灾面积达到537.5公顷。造成经济损失2220.19万元，其中农业经济损失1073.05万元，基础设施损失918.15万元，家庭财产损失231.99万元。

7月23日夜间至24日清晨，兰州市普降大雨，局部地方出现暴雨，永登南部、皋兰南部、红古区、西固区等地雨量较大，最大雨量出现在永登的大沙沟村，达到97.7毫米，全市共有10个站点超过50毫米，达到暴雨。降水同时还伴随着雷暴、短时强降水等灾害性天气。洪涝灾害共造成4个县区的9个乡镇45个村3488户15284人受灾，农作物受灾面积508.88公顷。灾害共造成直接经济损失5595.22万元,其中农业经济损失1990.71万元、基础设施损失3503.21万元、家庭财产损失101.3万元。

7月27日，永登县柳树镇、城关镇突降冰雹，持续时间约15分钟左右。冰雹灾害导致2个镇的2个村191户765人受灾，农作物受灾面积85公顷，成灾面积80公顷，造成经济损失83.2万元。

8月23日—24日，全市连续普降小到中雨，最大降水量出现在红古区，导致红古区平安镇8个村部分农田遭受洪涝灾害。灾害导致永登县、兰州新区、红古区的5个乡镇24个村1161户4568人受灾，倒塌房屋3户9间，损坏房屋47户47间，紧急转移安置25人，农作物受灾面积10公顷，另有部分基础设施遭到不同程度

2016年5月12日，兰州市气象局在广场开展防灾减灾宣传活动

损坏。经初步统计,灾害共造成直接经济损失231万元,其中:农业损失15万元,基础设施损失137万元,家庭财产损失79万元。

冰雹:年内冰雹主要出现在4—9月,虽然冰雹日数少,但局地冰雹带来的灾害较为严重。

4月16日,兰州市出现雷阵雨天气,并伴有7~8级阵性大风,红古、西固、七里河、安宁出现冰雹,冰雹直径0.5厘米,致使七里河区魏岭乡、黄峪乡及安宁区安宁堡街道发生冰雹灾害,灾害持续时间约20分钟,共造成6个乡镇的2600户11969人受灾,农作物受灾面积902公顷,其中成灾902公顷,主要受灾农作物有水果玉米、娃娃菜、桃果树等经济作物,共造成直接经济损失1582万元。此次灾害无人员伤亡和房屋倒损报告。

6月2日,永登县的七山突降冰雹,持续时间约20分钟。这次冰雹造成苏家峡村106人受灾,受灾面积达到41.2公顷,成灾面积达到33公顷,造成经济损失29.7万元。

6月21日,永登县武胜驿镇突降冰雹,持续时间约20分钟左右。这次风雹灾害导致武胜驿镇的5个村367户3100人受灾,受灾面积达到202公顷,成灾面积190公顷,造成经济损失315万元。

6月29日,榆中县甘草店镇和龙泉乡出现风雹天气,导致蔬菜及玉米等农作物不同程度受灾。灾害造成2个乡镇的7个村34个社1379户5446人受灾,农作物受灾面积1232.6公顷,直接经济损失139.8万元。

9月12日,榆中县城关镇、夏官营镇、清水驿乡、龙泉乡和甘草店镇发生风雹灾害。灾害持续时间10分钟左右,灾害共造成5个乡镇的24个村86个社1943户7606人受灾,灾害导致洋芋、玉米、烟叶和蔬菜等农作物不同程度受灾。农作物受灾面积561公顷,成灾面积519.2公顷,直接经济损失达377.2万元。

低温冻害:年内主要出现3次寒潮(强降温天气过程),分别为1月23-24日、11月21-22日、12月25-27日。

高温天气(日最高气温≥32.0℃):2016年≥32℃的高温日数累计72天,较常年偏多,为近10年最多。出现时段为6~8月,集中在夏季,市区出现最多为44天,皋兰次之为25天,榆中为3天,永登未出现。

榆中县受7月28日-8月22日持续高温天气影响,造成20个乡镇的238个村1366个社64592户254665人受灾,受灾农作物有洋芋、玉米和秋杂等。农作物受灾面积14786.1公顷,成灾面积12168.2公顷,预计直接经济损失达3671.3万元。

【公共气象服务】 印发《兰州市2016年气象灾害防御工作要点》,纳入对县区政府的目标考核;在山洪地质灾害易发的青白石街道上坪村建成气象防灾减灾示范社区;启动城区27块主要户外高清电子显示大屏播出气象预警信号;与大数据管理局合作建设"时空信息云平台气象示范应用",实现气象信息发布体系与城市公共信息发布体系的有效融入;3县均完成1个乡镇所辖村级气象灾害应急准备工作,皋兰县气象局制定全县57个行政村(占100%)村级气象灾害应急行动计划;与国土局、环保局、民政局、农业局等多部门联合发布自然灾害预警,提醒公众注意防范;为市政府接通气象数据信息专线;市、县气象局均召开气象灾害多部门联络员会议;市气象局联合市政府应急办举办"国突"预警信息发布培训班,开通政务外网链路,完成"国突平台"各部门应用的对接工作。做到信息发布精细化、领导决策精准化和应对防范提前化。

【决策气象服务】 成立春汛期气象服务领导小组,气象监测和网络通讯设备运行良好、预警信息发布渠道畅通、业务流程和规章制度可操作性强、应急预案和响应机制健全。发布预警信号85期,预警短信130次,编发决策服务材料567期,其中雨情快报216期,重大天气过程专题2期,专题服务57期,中长期预测44期,气候评价20期,农气材料156期,重大活动气象保障33期、领导参阅6期、污染防治决策材料27期,市领导批示6次。

2016年6月11日,市气象局为兰州国际马拉松赛事做好气象服务保障

【为农服务】 制定《兰州市2016年农业气象周年服务方案》，开展春耕春播、夏收夏种气象服务，发布专题材料96期。编制“三农”专项建设实施方案，与市防汛办、市农委联合建成了5个防灾减灾示范乡镇、8套设施及农田小气候示范地、6套自动土壤水份观测站。

【重大社会活动保障】 为兰州国际马拉松赛道布设区域站，为组委会提供逐10分钟实况和逐小时预报，为航拍兰州、电视直播赛事提供气象服务；为安宁桃花会、第十四届“黄河奇峡·花漾什川”文化旅游节、“中国玫瑰之乡·兰州玫瑰旅游节”等旅游节提供精准预报和气象服务。

【依法行政】 “3·23”世界气象日、“5·12”防灾减灾日组织全体职工走上街头宣传气象法规、气象灾害防御知识，印发宣传材料6000余份。向甘肃气象政务网、中国气象报、市政府网站积极投稿，宣传介绍基层气象改革与发展成就。加强气象服务窗口的标准化、制度化、规范化建设，行政许可和审批事项全部进驻市行政服务中心办理，防雷行政审批和施放气球许可推行网上“一站式”服务。行政业务流程均实现网上操作，全程留痕，办理程序、承诺期限及服务质量在服务窗口进行公示，接受社会监督。

【人工影响天气】 制定2016年人工影响天气作业计划，举办人影办作业人员培训班，完成全部地面人工防雹增雨作业资质办理。2016年为大气污染治理、农业生产和生态环境开展增雨雪作业64点（次），发射火箭弹220枚；实施人工防雹作业124点（次），发射炮弹1684发；地面碘化银烟炉播撒系统建成后，适时开展增雨作业34点（次），燃烧焰条168支。

（詹玉辉）

地 震

【概况】 兰州地震局做好《兰州市建设工程地震安全性评价和抗震设防要求审批管理规定》的修订工作。配合市编办、发改等部门，梳理权责清单，将其纳入甘肃省政务服务网和市建设项目并联审批平台。组织符合条件人员参加培训考试。全市地震系统具备执法资格人员达50余人，将法制教育内容纳入干部职工的理论教育、业务学习之中，增强干部职工学法用法的针对性和有效性。采取市县联合执法的方式在安宁、红古等县区开展建设工程抗震设防要求执法检查，会同安宁区规划、建设等部门对西北师大兰天学生公寓开展执法检查，对甘肃浩源公司施工影响兰州市地震博物馆地震监测台站监测环境的行为进行协调处理。参加省地震局、市政府法制办等部门举办的各类法律知识培训讲座以及全国和地区性防震减灾工作会议培训，学习省内外依法行政工作先进经验，邀请省地震局专家在全市应急工作培训会上讲解地震应急处置等内容，提高领导干部和工作人员的法律意识与应对地震灾害的能力。

【地震监测预报】 编发月震情会商意见12期，提交震情趋势报告2份，数据信息收集、报送、分析，完善地震观测资料数据库。高效应对青海门源6.4级地震，对涉及我市永登县的震情形势进行了科学分析，完善跟踪机制。对全市测震台站和前兆台站进行2次全面检查，完成对皋兰台电路改造、永登民乐台道路维修，及时排除安全隐患。与省地震局、观测设备厂家、网络维护人员沟通协调，圆满完成系统升级工作，目前已实现省地震局白银、临夏、景泰3个测震台观测资料共享，增强定位精度，提升监测水平。

【震害防御】 做好对各类新建、改建、扩建建设工程抗震设防审批工作，重点抓好第二水源地等重点项目的地震安全性评价审批管理和服务工作。指导县区做好审批业务承接和运行，提高审批监管能力，保障建设项目审批工作高效有序开展。全市审批建设工程抗震设防要求64项，其中，市政务服务中心地震局窗口审批26项，榆中县地震局审批5项，皋兰县地震局审批25项，永登县地震局审批3项，城关区地震局审批3项，西固区地震局审批1项，红古区地震局审批1项。推进新区地震小区规划工作。推进地震安全示范小区创建工作，指导榆中县城关镇文兴路亨威小区、陇翔园小区、陇顺小区创建地震安全示范小区。推进地震安全农居工程建设，强化农村建房的抗震设防培训和指导。结合小康村建设、危旧房改造、整村搬迁等形式，不断提高农村房屋及公用设施的抗震性能。开展第五代区划图的学习培训以及宣传工作。结合全市开展的安全隐患排查工作，市县两级地震部门协调配合建设、教育、国土、水务、安监、卫生、文化等有关部门，组织对危旧房、地质灾害易发点、基础设施、生命线工程、次生灾害源和学校、医院等人员密集场所隐患进行排查和除险加固，着力防范地震安全隐患。

【地震应急】 组织市抗震救灾指挥部各成员单位开展抗震救灾准备自查工作，查找应急准备工作存在的问题，明确改进方向。做好地震应急装备日常维护和保养。推进市地震应急指挥技术系统调试工作，系统进入试运行。开展地震应急培训与演练，强化公众地震应急意识。指导部分单位开展地震应急疏散演练。结合半年和年终考核，对相关县区和市属单位地震应急工作落实情况进行督促检查。组织人员参加省地震局组织的地震应急处理及制图培训班、“第一响应人”培训班以及市政府应急办、市交通委、市气象局联合开展的应急工作培训，市国土局开展的突发地质灾害应急演练，配合市政府应急办、气象局、大数据管理局、工信委完成全市应急相关工作，配合省地震局完成了甘肃省地震应急救援队国家测评预演和正式测评工作。进行全市灾情速报员队伍登记备案。依靠地震应急指挥系统平台开发震情获取手机APP平台，收集上传相关灾情信息。建立综合救援队伍、专业救援队伍、企业救援队伍等互为依托、协调联动的工作机制，确保地震发生时及时实施救援。稳步推进地震应急志愿者队伍、地震应急现场工作队伍建设，加强培训指导，提高队伍实战能力，全市现有地震应急志愿者队伍21支，总人数达1600余人。配合推进避难场所建设和应急物资储备体系建设。按照市政府要求，市应急避难场所建设和运行维护由民政部门牵头实施，全市16个应急避难场所建设项目已全部完成，总投资9281.78万元，其中市级应急避难场所指挥中心项目8个，总投资8832.57万元，县区避难场所建设项目8个，总投449.21万元。市救灾物资储备库今年正式启用，完善救灾物资储备管理机制。结合实际新购置储备救灾物资45000余件，价值300余万元。

【宣传教育】　用重点时段，开展宣传。利用“5·12”防灾减灾周、“科技周”“7·28”唐山地震40周年纪念日等重点时段，采取网络电视播放专题片、摆放展板、有奖问答、发放资料、现场讲解等多种形式开展集中宣传，现场发放资料2万余份，各县区也结合实际开展了不同形式的宣传活动及地震应急避险演练等系列主题活动。据统计，防灾减灾周期间，全市发放宣传资料15万余册，摆放展板200余块，宣传横幅70余条，大屏幕宣传30余次。“5·12”“7·28”期间，在兰州电视台生活经济频道、综艺体育频道播放《应对地震灾害——公众自救互救常识》《家园》地震科普知识专题片3次；在《兰州日报》开辟的科普专栏刊登了4篇防震减灾科普知识；连续7天在全市36条公交线路的1500多辆公交车车载电视、甘肃省广播电影电视总台官网—丝路明珠网、甘肃省广播电影电视总台手机APP客户端—牛肉面3个平台同步播放防震减灾公益宣传片，共播放14次；通过中国移动公司兰州分公司短信平台，向市民发送防震减灾科普知识短信40多万条。在城关区、七里河区、安宁区和西固区120个社区点位电子条屏全天滚动播放14天防震减灾科普知识；在局官方微信、微博开展专题宣传，登载了微信14篇、微博14篇。举办培训讲座5次，邀请专家开展专题讲座1次；在安宁区黄家滩新村、费家营联合交大社区开展现场宣传2次；组织指导50余所中小学校开展了防震应急疏散演练与宣传活动，1万余名师生参加；编辑完成《防震减灾应急知识读本》《防震减灾知识读本》，为全市20所防震减灾科普示范学校、11个防震减灾示范社区及地震安全农居示范点捐赠《青少年防震减灾知识手册》等科普图书900余册；向省市相关部门、全国地震兄弟单位发放《防震减灾》杂志1900余本，进一步扩大防震减灾宣传影响力。探索防震减灾科普宣传新途径、新平台。在全市近4区120个社区点位电子条屏常年定期不定期开展防震减灾科普宣传，登载21期防震减灾知识；与甘肃飞天广电数字移动电视传媒、公交移动传媒、丝路明珠网、甘肃省广播电影电视总台手机APP客户端等媒体合作开展宣传；会同城关区在酒泉路街道建立全省首个防灾减灾服务站。开展市级防震减灾科普示范学校创建活动，经考核验收，兰州市第四十九中学等6所学校被命名为第四批“兰州市防震减灾科普示范学校”。组织推荐各县区开展省级科普示范学校的创建申报工作，永登县城关回民小学、榆中县一悟小学被评为省级防震减灾科普示范校。

（刘海龙）

高等教育

·兰州大学·

【概况】　校园面积3807亩，建有6个校区，有2所附属医院、1所口腔医院。学校设有31所学院，开设91个本科专业，44个硕士学位授权一级学科，19个博士学位授权一级学科，18个硕士专业学位授权类型，1个博士专业学位授权类型，19个博士后科研流动站。有6个国家级人才培养基地，6个国家级实验教学示范中心，2个国家级人才培养模式创新试验区，8个省部级基础科学研究和教学人才培养基地。学校有本科生20559人，硕士研究生9018人，博士研究生2063人。在职教职工4145人，有专任教师1958人，其中教授等正高职514人、副教授等副高职706人，研究生导师1534人，两院院士9人，“千人计划”特聘教授8人，“万人计划”领军人才3人，教育部“长江学者”特聘教授13人，国家杰出青年基金获得者18人，国家百千万人才工程人选者11人，“创新人才推进计划”中青年科技创新领军人才3人，国家级教学名师4人，国务院学位委员会学科评议组成员10人，青年“千人计划”项目获得者2人，“万人计划”青年拔尖人才4人，国家优秀青年科学基金获得者17人，教育部新世纪（跨世纪）人才129人，甘肃省教学名师22人，甘肃省领军人才90人，国家自然科学基金委创新研究群体4个，教育部创新团队8个，高等学校学科创新引智基地7个，国家级教学团队5个。学科设12个学科门类。有8个国家重点学科，2个国家重点培育学科，32个省级重点学科，6个省级重点培育学科。有2个国家重点实验室，6个教育部重点实验室，2个农业部重点实验室，2个教育部人文社会科学重点研究基地，2个国家地方联合工程实验室，15个甘肃省重点实验室（含培育基地），4个教育部工程研究中心，7个甘肃省工程研究中心（工程实验室），1个国家自然科学基金委中德研究中心。

【教育教学】 成立教育教学发展顾问委员会，重新组建教师教学发展中心，支持开放课程和MOOC课程建设，实施“主干基础课教学团队建设”。启动临床医学专业认证，制定《兰州大学医学院本科课堂教学工作规范》《兰州大学医学院本科实验课教学工作规范》。1名教师获得第三届全国高校青年教师教学竞赛一等奖。1名教师获得甘肃省高等学校教学名师奖。1门课程入选首批“国家级精品资源共享课”。新增2个甘肃省特色专业、2个甘肃省教学团队。

组织47个学科参加全国第四轮学科水平评估、4个专业学位授权类别参加专业学位水平评估试点。制定《兰州大学学位授权点动态调整办法》，建立有上有下的学位授权点动态管理新机制。加强专业学位案例教学，落实双导师制，拓展实习实践平台，新增3个甘肃省研究生联合培养示范基地，671名研究生入驻南通基地。6篇博士学位论文入选甘肃省优秀博士学位论文，13篇硕士学位论文入选甘肃省优秀硕士学位论文。80人入选国家建设高水平大学公派研究生项目。学校建立24门创新创业类通识课程，建成8个创新创业教育基地,与兰州市人民政府签订共建“兰州创业大学”协议。学校入选第二批“全国高校实践育人创新创业基地”和首批深化创新创业教育改革示范高校。建成4个国家级孵化服务平台，兰州大学科技园萃英众创空间被认定为第二批国家级众创空间和甘肃省优秀众创空间。加强学校就业指导中心建设，做好就业服务，全校2016届毕业生整体就业率为91.26%，其中到西部就业学生达51.87%。组建大学生心理咨询中心，入选“第三批全国高校心理健康教育与咨询示范中心建设计划”。网络与继续教育学院获评“2016中国最具社会影响力高校网络教育学院”“中国现代远程教育（1998-2016）终身教育特别贡献奖”等荣誉称号。

【科学研究及成果】 获批国家重点研发计划课题3项、对发展中国家科技援外项目1项，国家自然科学基金项目171项（其中，重点项目4项、重点国际合作项目1项）、国家社会科学基金项目26项（其中，重大项目1项、重点项目2项），教育部人文社科项目23项、甘肃省科技计划91项、甘肃省社科规划项目22项。科研经费总计3.75亿元，同比增长5%。

新增各类重点研究基地11个，其中国家国际科技合作基地2个，国家地方联合工程实验室1个，海外联合研究中心1个，甘肃省重点实验室培育基地1个，甘肃省工程实验室2个。做好草地农业生态系统国家重点实验室和部分省部级重点实验室评估准备。1个教育部创新团队获得滚动支持。1个研究团队入选甘肃省高校协同创新科技团队。

截至年末，获国家、部委和省级科技成果奖600余项，编辑出版各种专著、教材、译著1000余部，在自然指数所认定的68种期刊上发表论文174篇。获得国家自然科学二等奖1项、技术发明二等奖1项。获得教育部高等学校科学研究优秀成果奖（科学技术）4项。1名教授获得2016年度何梁何利科学与技术创新奖。被SCIE收录科技论文1564篇，较上年增长5%，排名全国高校第33位；发表表现不俗论文660篇，排名全国高校第29位。1篇论文入选2015年中国百篇最具影响国际学术论文。1名教授入选“全球2016高被引科学家名单”。

【对外交流】 与境外高校签署合作协议19份。推进“一带一路”高校联盟发展，成员单位增加至126个。举办高水平国际学术会议16次，聘请长短期国（境）外专家562名。全年因公临时出国（境）615人（次），学术类出访占92%。学生交流规模扩大，品牌项目增多，779名学生赴国（境）外交流学习，同比增长12.6%，接收国（境）外学期制交换生64人。接待港澳台来访人员1039人（次），同比增长32%。与宁夏回族自治区、白银市人民政府、甘肃中天集团、中国科学院近代物理研究所等单位签订合作协议。签署科技项目合同792份，金额1.27亿元。授权专利150项。实施“教师科研培育计划”，在校留学生共计452名。3所共建孔子学院开展汉语教学和中国文化宣介，注册学员2544人，同比增长24.6%。第比利斯开放教育大学孔子课堂项目获批通过。深化附属小学与南通师范学校第一、第二附属小学等名校的师资培训合作，牵头成立了“李吉林·情境教育兰州工作室”，推广情景教育进课堂。

【基础设施建设】　制定《兰州大学建设工程项目全过程跟踪审计实施办法》，完成工程结算审计155项，完成招标采购项目175项。加快在建工程建设进度，8号学生公寓、一分部12号教职工公寓交付使用。榆中校区青年教师公寓竣工并达到入住条件。完成一分部1号、2号地下平面车库调配工作。完成170余项维修改造项目，累计投入986.25万元，维修改造附属小学教学楼、操场。利用专项资金1080.7万元建设榆中校区节能平台，实现榆中校区水电在线监测和分析。完成本部和医学校区供热管网热计量在线监测和远程调控。完成新校区用地范围勘测定界、可行性勘察报告和智慧校园建设方案，开展建设需求摸底调查。提升榆中校区校园环境育人功能，对校区1万余平方米的重点区域进行景观绿化，补种花卉、苗木2万余株。

【校务建设】　编制完成学校“十三五”总体规划，完成人事管理体制机制、科研评价机制、创新创业教育等13项综合改革事项。完成校学术委员会换届，修订《兰州大学学术委员会章程》，健全学术权力运行体系。将“双一流”建设与综合改革、“十三五”规划相结合，部署“双一流”建设方向和领域。研究确定野外台站（实习基地）、大数据中心（数据库）、与丝绸之路经济带相关的智库、生态环境与国土安全、材料和医药基础性研究、西部高发疾病机理与防治等六个方面的建设内容。将教育部下达的“双一流”专项引导资金全部用于人才队伍建设和学科建设。修订《兰州大学科研经费管理办法》，完成经济责任审计项目9项。基金会募捐收入快速增长，到账资金1255万元，同比增长15.56%。制定《兰州大学实验室危险废弃物管理办法》，组织学院签订实验室安全责任书。推进大型仪器设备开放共享。推动“兰州大学智慧校园”建设和协同办公系统推广应用，实施一卡通升级换代项目。启动档案数字化工作，出版发行“萃英记忆工程”人物访谈录《我的兰大1》，建成珍贵档案展厅。深入开展校园周边治安、交通、消防、道路安全和经营秩序等方面整治工作。

（程亚娟）

·西北师范大学·

【概况】　2016年，学校设有27个二级学院、65个系、3个教学部、1个独立学院、3个孔子学院。有国家地方联合工程实验室1个，国家级人文社会科学重点研究基地1个，国家级研究院1个，国家级教学团队2个，教育部重点实验室1个，教育部创新团队2个，教育部研究中心2个，省高校人文社会科学重点研究基地6个，省级重点实验室4个，省级研究中心17个，省创新群体4个，省级工程研究中心（工程实验室）8个。有各类学生36393人，其中普通本科生18797人，研究生7801人，留学生386人，继续教育本、专科生9409人。教职工2192人，其中具有正高级职称319人，具有副高级职称697人；专任教师1226人，其中教授296人、副教授518人。有博士生导师149人，硕士生导师978人。双聘院士4人，“长江学者”特聘教授2人，国家级教学名师1人。有9个博士后科研流动站，7个博士学位授权一级学科，30个硕士学位授权一级学科，1个专业博士学位授权点，14个专业硕士学位授权点。有2个国家重点（培育）学科、32个省级重点学科。有77个普通本科专业。校本部占地面积960亩，新校区占地面积729亩，定点绿化用地约1300亩。校舍总建筑面积83.3万平方米。各类图书文献资料384.4万余册（盘），固定资产总值10.72亿元。

【制度建设】　全年组织12次党委理论中心组（扩大）学习会议，二级党委理论中心组举办110多次理论学习。制定党委全委会、党委常委会、党政领导班子议事协调会、校长办公会等4个议事规则。严格执行中央“八项规定”和省委“双十条”规定，压缩“三公”经费支出。修订《中共西北师范大学委员会落实党风廉政建设主体责任实施细则》，制定《约谈和函询领导干部暂行办法》《公务接待管理办法》《党员领导干部个人家庭婚丧嫁娶等事宜报告办法》《干部请假管理办法》等。配合省委第四巡视组做好专项巡视工作，制订《关于落实省委第四巡视组通报意见建议的整改方案》《关于落实省委第四巡视组巡视反馈意见的整改方案》和“整改台账”。

【教学工作】　召开六届二次教代会。启动“基于信息化教学变革与质量提升”为主题的教改六期工程实施方案。调整教学工作委员会，新成立教学督导与评估委员会，制定《关于进一步突出教学工作重心的实施意见》《西北师范大学教师教学奖惩办法》。组织承担“语数外卓越中学教师培养改革”和“西部幼教精英培养计划”两个国家卓越教师培养计划改革项目。新增经济学、英语、地理科学3个云亭班试点专业和电子信息工程卓越人才培养试点专业。推荐评审2个省级特色专业、2名省级教学名师、2个省级教学团队、12门省级精品资源共享课程、11个省级教学成果奖项目。制定《西北师范大学硕博连读暂行办法》《关于在职人员报考西北师范大学学术型博士研究生的规定》《西北师范大学研究生"三助一辅"工作实施办法》。举办第三届青年教师教学技能大赛获奖教师专题教学研讨会，开展校院两级"教学观摩月"活动。举办2017届师范生教学技能大赛。在第三届全国师范院校师范生教学技能竞赛中，学校首次获得国家一等奖1项、二等奖1项、优胜奖1项。在全国数学建模竞赛中荣获国家二等奖5项、省级特等奖10项、省级一等奖6项、省级二等奖2项。

【学生工作】 录取本科生4528人，硕士研究生2076名，博士研究生92人。修订《普通本科学生奖学金评定办法》《普通本科学生助学金管理办法》《普通本科学生校内勤工助学管理办法》，制定《西北师范大学学生公寓安全管理办法（试行）》。开展第七届学生心目中"我最喜爱的教师"评选活动。组织近500名师生参与首届"丝绸之路（敦煌）文化博览会"志愿服务工作。学校被确定为"研究生支教团示范高校"和"全国大学生服务西部计划优秀高校"。开展新年音乐会、新年舞蹈晚会、"丁香花开"诗词文化节、"书香年华"读书节等校园文化品牌活动。新增翻译硕士、计算机科学与技术、文物与博物馆、艺术硕士（舞蹈）等4个甘肃省联合培养研究生示范基地。"甘肃省师范教育人才精准服务平台"等6个项目获得省教育厅"大学生创业就业能力提升工程"立项支持。举行毕业生文明离校系列活动。毕业学生6418名，其中本科生4923名、硕士研究生1435名、博士研究生60名。毕业生平均初次就业率61.86%，年终就业率80.26%。

【学科建设】 组织"十三五"规划论证，制定并颁布"十三五"发展规划。制订《西北师范大学高水平大学建设方案》，启动实施学校优势特色学科建设计划。评审推荐教育学、中国语言文学、化学和数学4个学科申报省级优势学科；推荐寒旱区地理生态与资源学科、马克思主义理论、艺术学等3个学科（群）申报省级特色学科。成立文、理、应用学科学术委员会，学校学科建设委员会和文、理、应用3个学科建设委员会。制定学校学科建设评价指标体系，开展教育部第四轮学科评估工作。做好2017年博士学位授权点申报准备工作。完成学位授权点动态调整工作。"区域环境分析及特色功能材料应用电化学研究"教育部创新团队通过教育部结题验收（优秀），并获教育部"创新团队发展计划"滚动支持。获批国家地方联合工程实验室1个、甘肃省重点实验室培育基地1个、发改委省级工程研究中心1个、甘肃省高校重点实验室1个、甘肃省创新中心1个。

【队伍建设】 学校新引进教师56人。新晋升正高级职称23人、副高级职称29人。选派出国访学研修19人，国内访学研修4人；选派国内进修攻读博士20人，国外攻读博士学位1人；从事博士后研究工作7人。依托教师发展中心平台，开展各类推选、评选23场（次），298人做公开汇报。制定《人事代理人员管理暂行办法》，修订《教职工年度综合考核暂行办法》。刘仲奎、王宗礼入选国家"万人计划"领军人才；卢小泉、张继获批享受国务院政府特殊津贴；许琰获第三届全国高校青年教师教学竞赛文科组一等奖；段文山获"全国优秀科技工作者"；莫尊理获"全国科普工作先进工作者"称号。3人获第二届"明德教师奖"，13人入选"甘肃省高校飞天学者特聘计划"，2人入选"甘肃省陇原创新人才支持计划"，90人入选学校第二届"青年教师教学科研之星资助计划"。

【公共服务保障】 2016年，获得中央财政支持资金3200万元。修订《西北师范大学智慧校园信息标准》。开展云计算数据中心、办公自动化、教育教学平台、网络信息安全等工作方案的设计工作。完成184.26亩新校区二台地的征拆、1047亩北山林地的无偿征地和林权证的办理工作。配合做好安宁大学城空中廊桥校园内廊桥的优化设计。新校区特教楼全面通过验收。文科实验实训楼和新校区学生宿舍楼建设进展顺利。完成了旧文科楼保护性拆除工作。完成学生发展中心及大学生艺术教育中心的装饰改造工程等70项维修改造工程。完成北校区教师公寓修建性详细规划方案。

（牛成春）

·兰州理工大学·

【概况】 学校占地面积4000余亩，固定资产16.99亿元，图书馆藏书222万册，现有2个研究生院、2个国家大学科技园、21个二级学院、68个本科学院，全日制研究生4512人，留学生250人。

【教学教育】 学校有5个博士后科研流动站、5个一级学科博士点、25个二级学科博士点、18个一级学科硕士点、92个二级学科硕士点、6个硕士专业学位类别，涵盖9个学科门类，有16个省级重点学科。成立大学生创新创业教育工作领导小组、创新创业学院,制定《兰州理工大学关于深化创新创业教育改革的实施方案》。入选全国首批99个深化创新创业教育改革示范高校,获批“甘肃省示范创新创业学院建设”项目并得到500万元资助,投资800余万元的“创客梦工厂”进入实施阶段。大学生创新创业教育水平有明显提升,获得全国“互联网+”大学生创新创业大赛铜奖4项,在各类科技竞赛中获得国家级奖励43项,机电学院“3J科技创新协会”荣获全国“小平科技创新团队”奖。贯彻融合工程教育认证理念和创新创业教育思想,提出2017版本科培养方案修订的原则意见,2个专业通过工程教育认证,2个专业通过住建部评估。引导广大教师开展混合式课程教学改革,立项建设40门混合式课程,其中26门已完成第一轮实践。大力推进教学质量工程建设,获批国家级质量工程项目1项、省级质量工程项目14项。获得省级教学成果奖一等奖2项、二等奖2项,讲课竞赛国家级三等奖1项、省级一等奖1项。强化实践教学环节,来源于教师科研项目的本科生毕业论文题目占比超过30%。加强实验室建设和安全管理,新建和改造完善22个标准化实验室,建设统一的危化品管理平台,确保实验室安全和安全实验。

学校有全日制硕士研究生3540人、博士研究生338人。创新研究生教学内容与教学方法,优化学术型研究生课程体系,健全专业学位研究生课程体系,评选资助重点学位课6门。博士、硕士学位论文分别在教育部、甘肃省抽检中合格率为100%。全面推行博士研究生招生申请审核制,设置“三助一辅”岗位167个。获得研究生数学建模竞赛全国二等奖4项、三等奖3项,全国研究生电子设计竞赛三等奖2项。

【队伍力量】 学校有教职工2309人,其中专任教师1570人,共享院士4人,教授、副教授等副高级以上职称890人。深化人事管理制度改革,完善引人用人、职称评聘、岗位聘任、考核评价机制,杜小泽教授顺利通过“长江学者”特聘教授岗位评选,柔性引进1位院士、1位“长江学者”特聘教授,引进博士49人;教师考取定向培养博士研究生29人,学成返校教师18人。新增享受政府特殊津贴专家1名、特聘教授2名、客座教授6名,5名青年学者入选甘肃省“飞天学者”特聘计划。采取人事代理的方式公开招聘硕士学历专业技术人员8人、管理人员9人。聘请19位国内外知名专家学者为兼职或客座教授。省教科文卫工会在学校设立“杜永峰劳模创新工作室”。

【科研成果】 学校有2个教育部“长江学者和创新团队发展计划”创新团队,5个国家级科技创新平台(其中省部共建国家重点实验室1个),34个省部级科研机构。获得国家项目立项71项,其中主持重点研发计划项目1项,科技进款达到1.2亿元。加强基础研究,SCI、EI、CSCD分别收录学校论文337篇、573篇、322篇,较2015年分别增长22%、42%、278%。获得省自然科学奖、科技进步奖二等奖5项,教育部社科成果三等奖1项。制定《兰州理工大学促进科技成果转化办法》及相关的配套制度,调动教师从事科技工作的积极性,学校代表省属高校在甘肃省科技创新大会上作了典型发言。制定支持科研基地运行的实施方案,省部共建国家重点实验室建设工作被国家科技部基础研究司给予肯定,有色金属新材料与装备国际合作联合实验室通过了教育部立项建设。新型液压传动和流体静压蓄能风力发电机组项目进展顺利,进入样机安装调试阶段。与兰石集团、知豆汽车、省能源研究所、甘肃建投集团签订合作协议书。调整产业管理机构职能,做实做大资产经营公司,全资及控股企业全年实现销售收入1.2亿元。

【党建工作】 配合开展省委专项巡视,推进巡视整改工作,促进全面从严治党的落实。加强党的基层组织建设,举行二级党组织分类考核和书记抓党建工作述职评议,调整全校基层党支部设置,每个党支部党员人数保持在20人左右。全年发展党员1885人,其中教职工党员11人。举行纪念建党95周年大会。

【教育管理】 推进辅导员工作课程化,举办校领导“月月谈”和领导干部联系新生班级活动,发挥朋辈典型的榜样示范作用,有效推动全员育人和全过程育人,学生考研上线率为14.18%,毕业生大学英语四级累计通过率为54.01%。易班学生工作站获“全国十佳工作站”荣誉称号,获得“三下乡”暑期社会实践工作国家级奖励8项,电气工程及其自动化专业2015级红柳基地班团支部被评为2016年全国高校“活力团支部”。全面促进毕业生就业创业,2个项目成功申报甘肃省大学生就业创业能力提升工程,校级重点教材《大学生职业生涯发展规划》被列入高等教育“十三五”规划教材,学校被选为百强企业校园招聘最爱去高校50强,截至12月1日,2016届毕业生就业率为97.01%。

【交流合作】 学校扩大师生赴海外交流规模,教师公派访问、访学或研修人数达75人,学生赴海外交流人数达76人。落实对台高校合作交流协议,实施管理干部赴台培训、骨干教师赴台交流和优秀学生赴台研修等项目。全年共招收来华留学生104人,新聘外教8人。承办2016年甘肃省教育外事工作会暨“一带一路”战略主题论坛、全省“国际工程师资质认证项目”工作培训会议。学校与东南大学签订了《关于加强城市与建筑遗产保护领域合作的框架协议》。促成甘肃省与东南大学签订战略合作协议，东南大学、北京理工大学加入“一带一路高校联盟”。加强学术交流，有6位院士和近千名学者出席学校主办或承办的高水平学术会议。11月17日，中国焊接学会前理事长、兰州理工大学教授陈剑虹应邀在美国焊接学会2016年年会上，作题为《焊接金属解理断裂微观机理》的报告，成为在美国焊接学会上作报告的首位中国学者。

【校务管理】　学校设19个学院、1个教学研究部。制定《兰州理工大学“十三五”事业发展规划》。制定《兰州理工大学学术委员会章程》，学校被确定为甘肃省高等教育综合改革试点院校，修订完善岗位津贴制度。依法办学、依法执教、依法管理。

【保障与服务】　学校有2个校区，占地面积2430亩，固定资产总值14亿元，校舍建筑面积108万平方米，图书馆馆藏图书222万册。制定实施《兰州理工大学后勤管理模式和服务保障运行机制改革实施方案》，实现后勤管理处与后勤服务实体独立核算的“小机关、多实体、大服务”的“一甲多乙”型管理体制。成立全校安全大检查工作领导小组，制定工作方案，开展校园安全大检查、校园及周边环境综合整治，推进平安校园监控系统建设。启动两校区公共楼宇水房、卫生间升级改造工作，完成修缮项目28项。全年完成政府集中采购项目161项，节约资金1944.9万元。启用离校系统、迎新系统、宿管系统，实施数字化校园建设。

【校风建设】　开展爱国主义教育和中国梦宣传活动，扎实推进社会主义核心价值观“1616行动计划”，被省教育厅确定为培育和践行社会主义核心价值观优秀品牌，《中国教育报》头版头条报道了学校思想政治工作。马克思主义学院入选甘肃省重点建设的马克思主义学院行列。成立学校中国特色社会主义理论体系研究中心。加强师德师风建设，评选“师德标兵”5人，给予表彰宣传。顺利通过“全国文明单位”年度复审。学校纪委被评为“省属高校纪检监察机构先进集体”。土木工程学院被全国总工会授予“全国模范职工之家”称号。

（全　辉）

·兰州交通大学·

【概况】　设有20个学院，1个直属教学部，65个本科专业。全日制学生29694人，其中本科生22505人、硕士研究生3560人、博士研究生282人、高职生2683人、留学生252人。教职工2239人，其中专任教师1569人，双聘院士4名，教授、副教授828人。有23个硕士学位授权一级学科点，5个博士学位授权一级学科点，4个博士后科研流动站，19个省级重点学科。有1个国家级人才培养模式创新实验区，1个国家级教学团队，5个国家级实验教学示范中心，6个国家级特色专业建设点，4个教育部长江学者创新团队，1个国家工程技术研究中心，2个国家与地方联合工程中心（工程实验室），其他省部级重点实验室、研究中心、协同创新中心等各类平台37个。学校校园占地面积1565亩，建有3个校区，1个国家级大学科技园区。校舍建筑面积76.47万平方米，固定资产总值15.59亿元。教学实验仪器设备2.82亿元，纸质图书234.14万册，电子图书51.30万册。学校为教育部来华留学示范基地，是全国毕业生就业典型经验高校、中国政府奖学金海外留学生招收院校、中国人民解放军空军后备军官依托选拔培养院校、全国工商管理硕士（MBA）专业学位研究生培养单位、全国工程管理硕士（MEM）专业学位授权单位、教育部第二批“卓越工程师教育培养计划”高校和国家“中西部高校基础能力建设工程”高校。

【制度建设】　完成《兰州交通大学“十三五”事业发展规划》编制工作，从指导思想、办学规模和基本建设等13个方面，对今后五年的工作做了规划部署。成立高水平大学和一流学科建设工作领导小组，围绕国家“双一流”战略，结合学校第十一次党代会和“十三五”发展规划战略部署，编制完成《兰州交通大学高水平大学建设方案》和5个一流学科建设方案。开展“章程落实年”暨“制度建设年”活动，制定《兰州交通大学学术委员会章程》，清理废止各类规章制度184件。发布《本科教学质量工作报告》《毕业生就业质量年度报告》，修订完善学校学术、科研、教学指导、职称评定等机构章程。

【师资队伍】　学校引进博士14名、硕士27名，56名教师受聘为正、副教授。1人荣获“国务院政府特贴专家”称号，2人入选国家“万人计划”，3人入选“陇原青年创新创业人才项目”，5人被聘为飞天学者，40名领军人才通过考核并获续聘，126位教师获“从教30周年纪念章”。高原交通工程信息与控制技术研究创新团队通过培育期验收。3名教师获批“西部地区人才培养特别项目”。

【教学工作】 召开2016年教学工作会议，举办第二十一届青年教师教学竞赛。新增2个省级特色专业，2门省级精品资源共享课程，2个省级教学团队，1名省级教学名师。交通运输专业再次通过工程教育专业认证。完成通信工程、水利水电工程2个专业的工程教育专业认证现场考查。成立创新创业学院，申报“2016年甘肃省高校大学生就业创业能力提升工程”项目，获批1个甘肃省创新创业教学改革重点项目、2个甘肃省创新创业教学改革一般项目、1名省级创新创业教育教学名师、1个省级创新创业教育教学团队、1个省级创新创业教育试点改革专业。新增1个国家级实验教学示范中心和1个省级实验教学示范中心。是年，各类教改项目荣获省级教学成果一等奖3项，二等奖1项，厅级教学成果奖7项。组织学生参加23项省部级以上学科竞赛活动，获省部级以上奖450项。

【学生工作】 强化课堂、考场、活动三大阵地建设，深入开展“学风建设主题教育月”活动，促进学生养成教育和行为规范。新增2个大学生社会实践基地，学校共有实践基地79个。有教工文体协会14个、学生社团78个，年均组织开展活动达300余场，吸引9万余人参与。组织师生参加兰州国际马拉松赛、“第十六届全国大学生田径锦标赛”等27项重大赛事，共计夺得35个省部级以上冠军。荣获全国2016年大学生“三下乡”社会实践优秀组织单位、全国大学生暑期实践专项行动优秀团队、甘肃省大中专学生志愿者暑期“三下乡”社会实践活动优秀组织工作荣誉称号。

【研究生教育】 学校召开学位与研究生教育工作会议，明确学校学科建设分“三步走”的奋斗目标。制定《ESI一流学科奖励办法》《兰州交通大学博士、硕士学位授权学科和专业学位授权类别动态调整办法》《兰州交通大学预防与处理学术不端行为的实施细则》，撤销生态学等10个学位授权点，新增测绘工程等10个学位授权点。向省教育厅推荐交通运输工程、土木工程2个优势学科，环境科学与工程、机械工程、信息通信与电气工程3个特色学科。9篇论文入选甘肃省优秀博士、硕士学位论文。3名博士后获得博士后专项基金资助，1名博士后获得中国博士后科学基金第六十批面上二等资助。

【招生就业工作】 共录取全日制学生7739名，其中博士研究生43人、硕士研究生1204人、本科生5513名、预科生28名、高职生871名、专升本考生80名。学校制定《兰州交通大学就业工作奖励办法》《兰州交通大学毕业生面向基层就业和自主创业奖励办法》等制度办法。培训就业指导教师86人（次），全年共举办就业指导报告48场，各类招聘会685场。为2017届毕业生提供3600多个单位32000余个招聘岗位信息。是年，帮扶225名特殊群体大学生就业。至年底，2016届毕业生就业率为96.35%，其中博士研究生就业率为100.00%，硕士研究生就业率为97.35%，本科生就业率为96.01%，专科生就业率为97.28%。

【科研成果】 制定《兰州交通大学支持优秀科研平台（团队）科学研究资助计划的管理办法》《兰州交通大学科技成果转化管理办法（试行）》。全年承担各类科研项目800余项，其中国家“十三五”规划国家重点研发计划先进轨道交通重点专项1项、国家自然科学基金项目39项、国家社科基金项目2项，铁路总公司计划项目3项，教育部中华优秀文化艺术传承基地项目1项，其他省厅级科研项目98项，到账经费达1.14亿元。获省部级奖励18项、厅局级奖27项。2016年，学校授权专利188项，发表论文1769篇，其中SCIE、EI以及ISTP检索365篇。“铁道车辆热工”教育部重点实验室顺利通过验收。国家绿色镀膜技术与装备工程技术研究中心通过科技部评估。“敦煌彩塑制作技艺传承研究中心”入围中华优秀文化艺术传承基地，“甘肃省微电子行业技术中心”“甘肃省集成电路工程研究中心”“甘肃省轨道交通力学应用工程实验室”“甘肃省轨道交通电气自动化工程实验室”4个省级平台获批建设。

【对外交流】 完善中外联合培养、赴国（境）外学生交流项目等管理制度，选拔47名学生赴美国依阿华州立大学、麻省大学波士顿分校、塞勒姆州立大学，日本福井大学等10余所高校学习。加入中国-东盟轨道交通教育培训联盟。承办第二届“留动中国-在华留学生阳光运动文化之旅”西北赛区比赛，参加首届丝绸之路（敦煌）国际文化博览会，筹建“兰生染缬”主题展馆，承担博览会重要外宾接待工作。

（韩　虎）

·西北民族大学·

【概况】 学校现有19个省部级重点学科。其中，7个国家民委重点学科：中国少数民族经济、马克思主义民族理论与政策、计算机应用技术、社会学、应用数学、法学、民族传统体育学；12个甘肃省重点建设学科：民族学、中国语言文学、中国史、计算机科学与技术、畜牧学、兽医学、宗教学、民俗学、格萨尔学、马克思主义理论、教育学、美术学。

【党建工作】 学校党委下设24个基层党委、7个党总支、5个直属党支部。共有党员3646人（其中学生党员2127人，少数民族学生党员1003人，占学生党员总数的47.2%）。校党委把学党章党规与学系列讲话贯通起来，用好微博、微信等新媒体，创新学习教育方法，以学促做，发挥党员先锋模范作用。印发《关于进一步加强工作纪律转变工作作风的通知》，成立督查组，学校党委与各基层党委、党总支签订党风廉政建设责任书。开展反腐倡廉宣传教育月活动，举办反腐倡廉宣传教育月书画摄影展、党风廉政建设知识测试等活动。召开支委会、支部党员大会、党小组会，开展民主评议党员，党员定期评议基层党组织及领导班子等工作。召开党委领导班子巡视整改专题民主生活会，营造风清气正的校园氛围。

2016年3月，中央第十巡视组进驻国家民委并对学校开展延伸调研。学校党委坚持实事求是自觉接受师生监督，切实解决反映的问题，制定公布整改措施，坚持一手抓巡视整改一手抓日常工作，实现件件有着落、事事有回音的目标。

【师资队伍】 学校有专任教师1246人，正高级职务271人，副高级职务513人。有“国家百千万人才工程”国家级人选1人、全国优秀教师2人、全国教育系统先进工作者1人、国家民委突出贡献专家9人、享受国务院政府特殊津贴的专家24人。有“甘肃省跨世纪学科带头人”14人、“甘肃省高等学校教学名师奖”5人、“甘肃省高等学校青年教师成才奖”获得者58人；教育部“新世纪优秀人才支持计划”6人。有博士生导师27人，硕士生导师424人。

【教学工作】 筹备2017年本科教学审核评估，填报本科教学基本状态数据库。经认证工作委员会审议及公示，确认临床医学专业通过专业认证。组织法律硕士专业学位水平评估，开展艺术硕士专项评估整改工作。依托中央高校教学改革，开展卓越农林人才教育培养计划改革试点项目、公共主干课程建设与改革建设、民语类和双语类专业综合改革等项目。依托汉语实验教学中心，在部分学院开设《汉字书写艺术》《藏文书法》等课程。启动研究生教育质量保障体系建设，开展教育部研究生课程建设试点，研究生教育创新平台，组建各学科研究生教学指导委员会。完成硕士研究生培养方案修订和学位授予标准制定。启动招生复试权限调整到培养单位试点工作，发挥导师主体作用。

成立西北民族大学科技园管委会，科技创新园筹建工作顺利。获批加入兰州新区、兰白试验区创新研究院。大学生创业孵化中心进入施工招标。“西北民族大学多民族大学众创空间”通过考核，评获优秀。国家级大学生创新创业训练计划项目获批100项。本科生科研项目250项。取得专利40多项。成功孵化6家小微企业。学生获国际赛事奖项11项。是年，学校荣获2015年度甘肃省高等教育教学成果奖二等奖2项。入选甘肃省研究生联合培养示范基地3个。

【学生工作】 发挥课堂主渠道作用，思政课充实民族团结和民族宗教政策的内容，《形势与政策》课中安排统一战线专题，把培育和践行社会主义核心价值观教育融入教育教学全过程。以辅导员建设为核心，打造以“班主任、班干部、班集体”为主要内容的“三班建设”体系。做好学生推优工作，获有校内奖学金5695人，国家奖学金212人，国家励志奖学金701人；推选甘肃省高校“三好学生”候选人55人，在校生应征入伍54人。

校领导亲自带队开展暑期贫困学生家访活动，建立家校联系机制。合作开展西部战区陆军“助学圆梦”工程，采用一对一帮扶，一帮四年的形式对101名贫困学生进行资助。办理发放奖助学金、助学贷款、学费代偿、勤工助学、困难补助及社会资助1.08亿元，资助2.6万余人（次）。在教育部全国资助管理中心绩效考核中获奖补资金900万元。及时处理违纪学生并做好教育引导。做好新生入学教育与毕业生离校教育，建立未就业毕业生统计机制。事务中心整合学生服务窗口，实行处长带班制，提升服务能力。

【科研成果】 2016年，承担科研项目285项，到账经费3578.26万元，124项科研项目顺利结题。其中，《中国<江格尔>文本集成与研究》入选教育部哲学社会科学研究重大课题攻关项目；《蒙古语族诸民族民间故事类型分析与数字化研究》选题，中标获国家社会科学基金重大项目。“汉语普通话空气动力学模型及评测系统研究”项目，首获“霍英东教育基金会第十五届高等院校青年教师基金基础性研究课题”资助。学校合作研发的云藏藏文搜索引擎实现藏文词汇集搜索，为全球首个藏文搜索引擎。

学校教师发表论文701篇。其中SCI收录论文34篇、EI 20篇、ISTP7篇、CSCD（核心版）论文44篇、CSSCI（核心版）论文68篇。出版著作67部，其中A类出版社16部，B类出版社29部，C类出版社22部；申请专利98项，获得专利授权136项，其中发明专利9项，实用新型60项。

学校获得科研奖励39项。其中，“外墙保温及围护用断热节能复合板块成套技术的研发与应用示范”科研成果首次荣获高等学校科学研究优秀成果奖科学技术进步二等奖；《阿旺却太尔口述》首次获第七届高校科学研究优秀成果人文社科类二等奖；《新疆全面清理规范整顿农业播种面积土地的建议》获全国民族工作优秀调研报告一等奖；《肃南藏族的历史文化与社会》获甘肃省第十四次哲学社会科学优秀成果一等奖。《西北民族大学学报》(哲社版)继续入选“人大复印报刊资料”重要转载来源期刊，获评甘肃省“十佳社科期刊”。中央统战部民族宗教理论研究基地在全国11个研究基地量化考核中得分第一，荣获中国统一战线理论研究创新奖和成果奖。

【科研基地】 教育部民族教育研究发展中心重点研究基地“西北民族教育重点研究基地”揭牌；“甘肃省高等学校民族信息电子商务重点实验室”获批建设。应邀参加中央办公厅“伊斯兰教中国化座谈会”；成功申报“甘肃省宗教问题研究智库”。中国——马来西亚清真食品国家联合实验室项目获批。

学校建有国家民委、教育部共建重点实验室：中国民族语言文字信息技术实验室；4个国家民委重点实验室：藏文信息技术实验室、生物工程与技术实验室、口腔医学综合实验室、电子材料实验室。省级工程中心：甘肃省动物细胞工程技术研究中心；3个甘肃省重点实验室：甘肃省新型建材与建筑节能重点实验室、甘肃省民族语言智能处理重点实验室（培育基地）；2个甘肃省高校重点实验室：甘肃省高校环境友好复合材料及生物质利用重点实验室，甘肃省高校民族信息、电子商务重点实验室。建有3个甘肃省人文社会科学重点研究基地：西北少数民族文学研究中心、西北少数民族宗教研究中心、西北民族问题研究中心；1个省级哲学社会科学重大研究基地：民族地区经济社会发展研究中心；2个国家民委人文社科重点研究基地：西北民族文献研究基地、西北民族非物质文化遗产保护研究中心；建有中国统一战线理论研究会民族宗教理论甘肃研究基地，是教育部民族教育研究发展中心重点研究基地——西北民族教育重点研究基地。学校成为“民族信息科学与技术协同创新中心”牵头单位，成为“一带一路安全问题协同创新中心”“中国多民族文化凝聚与国家认同协同创新中心”“丝绸之路与华夏文明传承发展协同创新中心”核心协同单位。

【交流与合作】 聘请长短期国（境）外专家149人，承担114门课程，举办报告会、培训和研讨活动386场，15300人（次）到场学习。执行国（境）外专家引智项目122项，资金542万元；1名外国专家获“中国政府友谊奖”荣誉称号。派出37人（次）赴10个国家和地区参加会议、访学、进修、攻读学位及进行学术文化交流。53名学生出国（境）留学。中外合作办学项目国际经济与贸易专业总人数达91人，5人荣登犹他州立大学乔·亨茨曼商学院夏季学期院长荣誉榜。

【特色学科】 学校有1个国家级专业综合改革试点：社会学专业。有1个国家级卓越农林人才教育培养计划改革试点项目。有1个国家级教学团队：蒙古语言文学主干课团队。7个省级教学团队：蒙古语言文学主干课程、藏语言文学主干课程、20世纪中国文学、精细化工、口腔内科学、西北少数民族历史与文化、口译课程。4个教育部特色专业建设点：中国少数民族语言文学、作曲与作曲技术理论、社会学、汉语言；7个省级特色专业建设点：数学与应用数学、化学工程与工艺、生物技术、会计学、历史学、阿拉伯语、口腔医学。有1个国家级实验教学示范中心：民族信息技术实验教学中心。1个国家级虚拟仿真实验教学中心：民族语言文化与教育虚拟仿真实验教学中心。6个甘肃省高校实验教学示范中心：公共基础实验教学中心、数字传媒实验教学中心、民族信息技术实验教学中心、电气电信实验教学中心、工程训练中心、动物细胞工程实验教学中心。

（徐士超）

·甘肃农业大学·

【概况】 设有21个学院（教学部），55个本科专业，拥有动物医学等5个国家级特色专业；1个国家级重点学科（草业科学）、1个农业部重点学科和13个省级重点学科；5个博士后科研流动站，6个一级学科博士学位授权点，26个二级学科博士学位授权点；14个一级学科硕士学位授权点，66个二级学科硕士学位授权点，5个专业学位授权类别（15个授权领域）；有国家重点实验室培育基地1个、国家级实验教学示范中心1个、省级实验教学示范中心6个，省部共建和省级重点实验室（工程中心）30个。

有在校本科生16838人，硕士研究生1277人，博士研究生412人。有教职工1466人，专任教师1135人，其中高级职称人员509人；博士研究生导师89人，硕士研究生导师313人。有国务院学位委员会学科评议组成员3人，国家“百千万人才工程”一、二层次人选4人，“国家杰出专业人才”1人，教育部“新世纪优秀人才支持计划”2人，农业部“全国农业科技推广标兵”1人；“甘肃省科技功臣”“陇人骄子”各1人，甘肃省特聘科技专家4人、领军人才30人；突出贡献专家、特殊津贴专家、教学名师等74人。

学校固定资产总值7.55亿元，其中教学、科研仪器设备资产值1.91亿元；学校占地面积165.01万平方米，校舍建筑总面积69.05万平方米；学校各类纸质图书142.65万册，电子图书69.35万册。科学制定“十三五”发展规划。

【70周年校庆】 编印《图说甘肃农业大学70年》《羲园纪事》《本科教学成果概览》《科技发展报告》等校庆系列丛书，拍摄制作《筑梦七十载，扬帆新世纪》校史纪录片及5部校庆系列微电影，创作编演校史话剧《盛彤笙》。在省内外组建17个校友分会，隆重举行建校70周年庆祝大会和纪念朱宣人先生诞辰100周年座谈会；邀请院士、杰出校友、知名专家、企业代表举办70余场学术报告会和企业家论坛，举办庆祝建校70周年“敦品之春”师生联欢晚会、“励学之夏”民族歌舞晚会、“笃志之秋”高校联欢晚会、“允能之冬”专场音乐会等文体活动。整个校庆活动在广大校友和社会各界的支持下，在全校师生员工的努力下，成为学校发展史上具有里程碑意义的一次盛会。

【党建工作】 召开第六次党代会，听取《中共甘肃农业大学第五届委员会工作报告和纪律检查委员会工作报告》，选举产生中共甘肃农业大学第六届委员会和中共甘肃农业大学纪律检查委员会。学校党委印发《中共甘肃农业大学委员会“两学一做”学习教育实施方案》，成立学习教育督导组，有力推进“两学一做”学习教育的顺利开展。开展了十余场宣讲活动。制定《中共甘肃农业大学委员会关于严格党的组织生活制度的规定》，严格落实组织生活制度。是年，发展党员1306名。

【教学教育】 推行本科生弹性学制及“双专业/双学位”人才培养模式。修订车辆工程、风景园林和秘书学专业人才培养方案。树立教学典范，展示教学风采，开展“精彩一课”活动。改革考试方法，计算机基础类课程全部实现教考分离。落实“安宁五校战略联盟”共享实践基地，开展野外调查、文学采风创作、教学生产实训、庭审观摩等联合实践活动。草业科学专业教学团队，机械设计制造及其自动化、生物技术专业，《草坪学》，森林资源培育与保护、现代农业信息技术分别被评为省级教学团队、特色专业、精品课程、实验教学示范中心。教学成果获省教育厅奖9项，1名教师获省级教学名师，9名教师在全国高校外语教学、数学微课程教学设计和甘肃省第三届高校青年教师教学等大赛中获一、二、三等奖7项，10名教师获得学校第四届教师讲课大赛“十佳优胜奖”。

【科研成果】 2016年，有135项科研项目获得资助，到账科研经费达1.11亿元，比上年增长42.78%。发表学术论文1152篇，其中SCI论文118篇；授权专利167项。科研成果获中华农业科技三等奖2项，省科技进步一等奖1项、二等奖5项、三等奖3项。

【社会服务】 编制《甘肃农业大学服务甘肃省精准扶贫市域报告》和《甘肃农业大学服务甘肃省精准扶贫县域报告》。学校在河西绿洲农业区、陇中干旱区、陇南特色农业区和甘南草原牧区等重点区域建成专家院21个。开展“舟曲扶贫攻坚”、科技帮扶、“三区”科技人才等专项行动计划。依托4个省部级培训基地，举办精准扶贫等各类专题培训班37期，培训涉农干部、农村实用人才2000多人。

【学科建设】 组织17个学科参加第四轮学科评估。对生态学一级学科博士点、水土保持与荒漠化防治二级学科博士点、公共管理一级学科硕士点3个学位授权点进行试点评估。遴选和推荐草业科学为省级优势学科，兽医学、作物学、畜牧学为省级特色学科。

【研究生工作】 制定34个博士点和硕士点的研究生学位授予标准，全面实施新修订的全日制研究生培养方案，实行研究生论文抽查和双盲评审制度，完善博士学位论文质量保障机制。加强研究生招生宣传，共招收研究生575人，其中博士研究生85人，硕士研究生490人。

【学生工作】 修订《甘肃农业大学本科生奖励条例》。推进学生公寓物业化管理，制定学生公寓服务标准和日常报修维修工作流程。从优秀本科毕业生中选聘10人从事辅导员工作，落实辅导员进驻公寓制度。深化创优评优工作，涌现出28个先进班集体和2670名先进个人。全年为9578名学生发放各类奖助学金2500万元。组织116支实践团队开展暑期大学生社会实践活动。

招收本科生4401人，理工类和文史类提档线分别高出二本最低控制线18分和17分。持续开展校友回访等活动，寻访校友1965人，回访企业300余家。举办各类专场招聘会，提供岗位13264个，2016届本科毕业生年底就业率为92.16%，比上年提高4%。33名大学生光荣应征入伍。

成立第一家创新创业学院，举办首届“彤笙杯”创新创业大赛。获批大学生创新创业训练计划项目55项，争取资金819万元。设立科研训练项目（SRTP）632项，参加学生2730人。

【交流与合作】 参与“一带一路”战略，先后与白俄罗斯等5个国家的大学或科研院所签署合作协议。获批引智项目12项，资助金额112万元。新招收来自加纳、苏丹等国的留学生6名，在校留学生达到11人。5名教师被国家留学基金委公派留学项目录取。选派14名师生赴台湾中国文化大学开展暑期交流学习。与临洮农业学校和甘肃林业职业技术学院开展合作，成立甘肃农业大学应用技术学院和园林工程学院。

【校园建设】 完成礼仪广场、彤笙广场、文化广场、中式庭院和认知馆的建设，对3号培训楼、学生公寓楼、部分教职工住宅楼和路灯、锅炉进行维修改造。

是年，学校总收入6.73亿元，比上年增长8.8%，争取各类财政专项经费2.2亿元。制定预算管理、非税收入和高等教育自学考试收费管理办法。完成资产清查与第三方专项审计工作。全年新增固定资产5856万元。与全校各单位签订《治安管理目标责任书》。多部门联动，对校内彩钢房进行拆除，消除安全隐患。做好重大节假日和敏感时期的值班工作，维护校园安全稳定。学校被兰州市公安局授予“内部治安保卫工作先进单位”。

（马文龙）

·兰州财经大学·

【概况】 学校现有段家滩和和平两个校区，土地面积1700余亩、校舍建筑面积68万平方米，教学科研仪器设备总估7400余万件，有各类图书245万册，数字资源7490GB，学校有全日制在校本科生1.8万人，研究生1000余人，连续教育学员5400余人。

【获奖项目】 2016年，获得省级教学成果奖6项，获得全国管理决策模拟大赛国家二等奖一项，甘肃赛区二等奖1项，“学创杯”2016全国大学生创业综合模拟大赛国家二等奖1项，甘肃赛区一等奖1项，第二届全国“互联网+”大学生创新创业大赛省级优秀奖3项，中国互联网协会第九届（2016）全国大学生网络商务创新应用大赛西北赛区一等奖1项，冠生园杯全国财经类高校创新创业大赛铜奖1项，全国“互联网+”快递大学生创新创业大赛铜奖1项，第一届全国高校互联网金融创新大赛国家级二等奖1项，省级二等奖1项，全国高等院校企业竞争模拟大赛三等奖1项，2016年全国高校商业精英挑战赛“国泰安杯”流通业创新实践竞赛二等奖2项，“高教社杯”全国大学生数学建模竞赛国家级二等奖2项，省级奖12项。

【教育教学】 组织申报中央支持地方高校改革发展资金实验室建设项目1项，确定校外实习实训示范基地建设单位6个。获批甘肃省特色专业建设点2个，确立创新创业教育改革项目6个。54个本科专业面向全国29个省（自治区、直辖市）招生，实际招生4387名。2016届本科毕业生共4348人，至年底就业3859人，就业率88.75%。

坚持“一体多元”的办学思路，实施“高层次外籍专家短期专业课程”项目。共完成4期ESEC西部地区专门人才英语强化培训工作。圆满完成配合省委领导同志出访白俄罗斯的外交任务和首届文博会及“一带一路”高校联盟高端论坛等重要活动，与中国人民大学、南开大学等国内知名高校对接合作，与甘肃省商务厅等单位签署战略合作协议。

【科研成果】 获得地厅级以上项目立项114项，其中省部级以上科研项目立项45项，国家社科基金项目9项、国家自然科学基金1项、国家社科基金艺术基金项目1项。共获得甘肃省第十四次哲学社会科学优秀成果奖21项，其中一等奖2项；甘肃省高等学校科研优秀成果奖17项，其中一等奖1项；兰州市第八届社会科学优秀成果奖一等奖1项，二等奖1项。在国内外学术期刊上发表论文282篇，其中在CSSCI及以上刊物发表的论文146篇；出版专著、编著和教材34部，其中国家重点出版社20部。

获批成立甘肃省电子商务推广运营重点实验室和甘肃省电子商务技术与应用重点实验室（培育基地）。2016年科研经费合计800.1万元。其中，国家级科研项目经费214万元，同比增长58%；省部级科研项目经费151.8万元，同比增长41.87%；地厅级科研项目经费73.8万元，同比增长298.92%。

组织博士论坛、教授讲坛、陇上名家等高层次学术活动30余场（次），主办中国会计学会管理会计专业委员会2016年专题研讨会、中国国际共运史学会2016年年会暨学术研讨会、2016第三届中国西北金融高峰论坛等重要学术会议。先后邀请北京大学、清华大学、中国人民大学等国内重点大学知名教授专家来校进行学术交流。成功召开学校更名后第一次科研工作会议。

【研究生教育】 “汉语国际教育”和“会展经济与管理”两个专业被教育部批准开设并正式招生。申报“贸易经济”和“视觉传达设计”2个省级特色专业。配合完成“计算机科学与技术”专业省级评估工作，完成5个省级重点学科、会计硕士等8个学位点，以及新增的审计、新闻与传播2个专业学位点建设的绩效自评工作，应用经济学等7个学科参加全国第四轮学科评估。会计、保险、金融、国际商务、资产评估、应用统计等6个专业学位授权点和管理科学与工程一级学科硕士授权点顺利通过评估，全部合格。商务英语专业通过省学位委员会审批，正式获得文学学士学位授予权。录取研究生475名，较上年增长21%。入选甘肃省优秀硕士学位论文2篇。年底，研究生就业率达94%。

【师资队伍建设】 入选2016年甘肃省飞天学者计划7人，申报应用经济学科"长江学者"1人，入选"陇原青年创新创业人才项目"1人。大力实施校内青年学术英才培训计划和"兴隆学者"特聘计划。定向委培博士8人，组织教师参加各类非学历进修50人（次）。推荐各类智库专家、人才工程人选70余人（次）。晋升教授11人、副教授22人。通过专题报告会、午餐会等方式，开展教师发展中心主题活动共8次。修订完善机构岗位设置、博士引进、青年学术英才、考勤管理等方面的规章制度。申请增加20个事业编制并全部增设为专业技术高级岗位，其中正高15个、副高5个。顺利完成全员工资调标、社会保障信息采集、全国教师管理信息系统等工作。

【学生工作】 对全校36名一线专职辅导员和312名班主任进行系统培训，在第五届全国高校辅导员职业能力大赛第三赛区复赛中荣获三等奖1项，获评国家教育行政学院网络培训"优秀组织单位"，1人荣获"优秀管理者"称号。

一线专职辅导员全部入驻学生公寓办公，扎实开展学校党团组织、学风建设、校园文化、校园文明、指导服务、安全稳定"六进公寓"工作。

落实国家和学校资助政策，全年有15012人次获得资助，资助费用2354.79万元。投入近10万元完善心理健康教育中心设施建设，对2016级4598名学生完成心理普查，建立心理档案。完成2015级4051名学生军训任务和2016级男生兵役登记工作，183名学生在网上应征报名，25名学生光荣入伍。

【校务管理】 核准发布《兰州财经大学章程》，成立学校新一届学术委员会，修订完善学术委员会章程。完成206项全校性规章制度修订。制定并印发学校"十三五"发展规划。组织教学督导开展试卷检查、考试巡考、毕业论文检查、课堂教学听课与评价等督导活动。组织完成2016年学校本科教学基本状态数据库的数据采集、上报工作，积极开展教学研究项目的申报、评审和结项工作。

【保障服务】 申报国家发改委基本建设专项资金9000万元，申报中央支持地方专项资金2000万元，省级财政专项资金6946.41万元。完成43项维修改造项目，合同款总计1497.7万元。完成资产购置项目31项，总计2707.92万元。完成和平校区教研楼搬迁和办公用房调整，完成2016年资产清查，完成房改房《房屋所有权证》发放工作。

完成段家滩北一楼加固改造及室外附属工程、和平校区简易训练场及篮球场改造工程、教研楼及室外工程。完成校园网出口宽带的升级，新增带宽1.3G，完成两校区间联络宽带升级到万兆工作。

（牟　凯　杨晓祥）

·甘肃中医药大学·

【概　况】 2016年学校占地面积622468平方米，固定资产总值29874.51万元。校本部及2所直属附属医院有教职工及医护人员2847人，其中专任教师629人。双聘院士3人，博士研究生导师42人，硕士研究生导师325人，甘肃省名中医69人。全日制在校生10951人，其中本科生10170人、硕士研究生742人、博士研究生39人。校本部设有20个教学机构、4个直属机构、31个科研机构。有2所直属附属医院，8所非直属附属医院。有22个本科专业，涵盖6个学科门类；有3个一级学科博士学位授权点、4个一级学科硕士学位授权点和5个一级学科硕士专业学位授权点；有17个省部级重点学科、9个省医疗卫生重点学科、19门省级精品课程、3个省级实验教学示范中心、2所直属附属医院、8所非直属附属医院，各类教学实践基地117个。在乌克兰、吉尔吉斯斯坦、法国等国家建立8所岐黄中医学院和2所"中医中心"，招收40名留学生开展中医药学历教育，与美国、日本、南非等20多个国家和地区的学校和教育机构建立合作关系。2016年，学校共发展党员371名，其中学生党员346名，教职工党员25名；预备党员转正230名。

【教育教学】 学校修订制定教育教学相关制度，优化各专业人才培养方案，"岐黄英才班""本科生学业成长导师制"等教学改革试点工作成效显著。新增3家医院为学校临床医学研究生联合培养示范基地；修订完善研究生培养方案，招收"一带一路"沿线俄语国家留学生40名；继续推行校领导和处级干部听课制度，加大质量考评力度；药学实验中心入选省级教学示范中心。

【学科建设】 加强学科专业建设，新增1个本科专业、7个专科专业。伤寒学等2个学科顺利通过国家中管局重点学科建设优秀等次答辩，临床医学等2个专业入选省级特色专业，中药学专业学位及临床医学专业硕士学术学位授权点顺利通过国务院学位委员会专项评估检查。新增7个校级教学团队、5个校级培育团队和24门校级精品资源共享课进行培育，中医基础理论教学团队入选省级教学团队，标准化教研室和标准化课程建设水平明显提升。

【师资队伍】 全年公开招聘教师22人，其中博士11人、硕士11人。完成39名人事代理招聘工作。1名教师获得中医药高等学校教学名师称号，1名教师获得省高校教学名师称号，新推选出10名飞天学者，推荐4人入选岐黄中医学院培训师资库、推荐岐黄中医药传承发展奖2人、全国中医药传承博士后出站考核专家1人。完成“陇原之光”人才培养计划，推荐4名教师为青年骨干教师访问学者。对服务中期及期满的引进博士进行考核。承办甘肃省第三届高校青年教师教学大赛，获得人文社会科学学科组、自然科学应用学科组二等奖、自然科学基础学科组三等奖及优秀组织奖。开展新入职人员培训，组织学校副科以上干部和副高以上职称教师听取十八届六中全会宣讲团宣讲报告，组织1200余人（次）参加《专业技术人员创新能力培养与提高》培训，组织学校专业技术人员参加15次名医名家专题讲座。

【科研工作】 全年共推荐申报各级各类科技奖参评项目30项，获奖15项，73个省（局）级、校（市）级科研项目顺利通过结题验收。规范重点实验室、工程中心、人文社科基地管理，完成省财政厅《关于财政支持中药产业发展研究报告》，召开中药材产业发展研究报告论证会，与兰州新区科技产业孵化园入驻对接，完成甘肃中医药大学（中藏药）专业化众创空间认定工作。参与“中国——中东欧国家省州产业合作展”甘肃馆的筹建工作，申报的“甘肃中医药发展政策研究智库”和“甘肃中医药文化传承发展研究智库”2个项目被确定为甘肃高校新型智库。

【招生就业】 2016年，新招本科生2599人、专科生500人。成立创新创业学院，建立创新创业基金，申报“双创”项目，提升学生自主创业的能力和积极性。做好大学生征兵工作，有10名学生应征入伍。建立多元化就业渠道，学校1916名本科毕业生就业率达到86.22%。

【社会服务】 甘肃省中药材种子种苗质量检测中心正式运行，加强与省中药现代制药工程研究院药物开发项目合作。与兰州古驰生物科技有限公司签订“健康产品科技成果转化基地”协议，共同申请省高校大学生就业创业能力提升工程项目，完成项目答辩。先后与靖远县飞骏种植养殖农民专业合作社签订校企合作协议，与陇西保和堂药业有限责任公司签订“战略合作框架协议”，与华润医药研发中心签订战略合作协议等。

【医疗工作】 成功申报老年病科为“甘肃省中医药重点专科”，完成国家中医药管理局对贾斌名老中医传承工作室的验收工作，启动“甘肃省中药炮制技术传承基地”建设项目。进一步强化与临洮、康县中医院等帮扶单位的联系，组团援助碌曲县人民医院，共同开展“冬病夏治”。第二附属医院年门诊量达到34.35万人（次），同比增长5.7%。

【国际交流与合作】 积极开展对外交流合作，顺利实施援摩二期技术合作项目，校领导亲赴摩尔多瓦和乌克兰看望援外专家，解决发展中存在的问题。完成甘肃省第二期中医药对外服务人才俄语培训任务，在俄罗斯、乌克兰、法国举办中医研修班，加强对外医疗服务，努力推动中医针灸教学和中医文化国际化发展步伐，组织2批学术交流团前往台湾学习考察。借助敦煌文博会加大中医药对外宣传。

【基础建设】 和平新校区17幢单体建筑全部封顶，进入安装作业和内部装修阶段，保证一期建设项目年度目标任务的完成。主动衔接甘南州政府，加快藏医学院建设步伐。改善老校区后勤保障条件，改造视频监控系统，构筑“人防、物防、技防”三位一体的安全防范网络。完成学校二次供水设备、行政楼地下管道等工程的修复改造及男生公寓楼智能管理系统建设，建立校园机动车门禁系统，学校荣获“兰州市平安校园”称号。

（王　震）

·甘肃政法学院·

【概况】 甘肃政法学院有13个二级学院；有62个教学科研实验室中心。设有34个本科专业，涵盖法学、经济学、管理学、文学、工学、艺术学等六大学科门类，面向全国28个省（区、市）在提前单独录取批和第二批招生，拥有法学和工商管理两个一级学科硕士学位授予权，共有13个硕士学位授权点；有3个国家级特色专业建设点、1个国家级法学应用型人才培养模式创新实验区建设项目、8个省级特色专业；3个省级重点学科；建成省级精品资源共享课程3门；创建省级优秀教学团队4个。有教职工745人，其中专任教师578人。各级各类在校学生14166人，其中研究生598人，普通本科生10717人。有安宁区和兰州新区职教园区两个校区，面积1088亩，建筑面积392971平方米；固定资产41982万元。图书馆馆藏纸质图书和电子图书总计150余万册；学校主办的学术期刊《甘肃政法学院学报》和《西部法学评论》面向国内外公开发行。学校是首批国家卓越法律人才教育培养基地院校、全国政法干警招录体制改革试点院校、国家级大学生校外实践教育基地院校和教育部确定的地方院校第一批本科专业综合改革试点院校，是全国政法院校“立格联盟”成员。

【教育教学】 学校新增金融学本科专业，完成《2016版本科专业培养方案》修订工作；与甘肃省司法厅共建监狱学专业，探索“招生——培养——就业”一体化的监狱学专业人才培养机制；与甘肃省高级人民法院、甘肃民族师范学院联合培养法学专业（藏汉双语方向）专项人才，首批招生46人。以“精彩一课”公开教学观摩活动、“教师教学能力提升”专题系列讲座为抓手，打造高质量、有特色的精彩课堂。出台《甘肃政法学院深化创新创业教育改革实施方案》及《甘肃政法学院大学生创新创业计划训练项目实施办法》；学校获批教育部第二批实践育人创新创业基地单位，“公安侦查无人机系统开发与运用”等项目获评2016年度国家级大学生创新创业计划训练项目。“蛛网安全双创实验室”“《大数据挖掘》实验教学资源建设项目”“创客空间”成功获批为教育部产学合作协同育人项目。投入370万元立项建设法学理论等10个二级学科，完成法律硕士专业学位水平评估，开展法学一级学科硕士学位授权点合格评估工作，自主设置目录外司法鉴定二级学科。印发实施《研究生创新创业教育项目实施办法》，加强研究生创新创业意识、精神和能力的培养。

【科学研究】 全年获批各级各类纵向科研项目39项，其中国家社科项目3项。荣获地厅级以上科研成果奖29项，其中甘肃省社科成果奖9项，甘肃省高等学校社科成果奖20项。获批甘肃省高校协同创新团队建设计划项目，成立“法治甘肃建设理论研究中心”。丝路法学院承担省委政法委干部法治培训教材《“一带一路”建设法治保障专题》的撰写任务；完成“中国——中亚法律与经济贸易专题培训”班等8个培训班567人的干部培训任务。成功举办“一带一路”战略下涉外法律语言与人才培养研讨会、第二届全国司法社会工作年会、《甘肃政法学院学报》创刊30周年暨“民间法”栏目开办10周年研讨会等大型学术活动，全年举（承）办高水平学术讲座125场。

【队伍建设】 制订《甘肃政法学院“十三五”师资队伍建设规划》《甘肃政法学院“文翰学者”人才支持计划实施办法》《甘肃政法学院特聘教授聘任管理办法》。聘任实务部门工作人员兼任教授18名。加强博士培养工作，完成甘肃高校“飞天学者”聘任工作，聘任史玉成等6名教授为法学学科和工商管理学科的特聘教授、讲座讲授和青年学者。调整交流干部18人；聘任著名法学家吴汉东担任学校名誉院长，张保生担任校学术委员会主任，谢晖担任法学院院长。完成教职工工资正常晋升和调标。

【学生工作】 开展“五个认同”教育，坚持把学习贯彻党的十八大和十八届三中、四中、五中、六中全会精神，全国高校思想政治工作会议精神，纳入学校党课团课教学和校园文化建设，立德树人，以生为本。做好学生奖励资助，共奖助17974人（次），金额3704.57万元。举办大型校园双选会2场，邀请参会单位240多家，近6000人次毕业生参加双选会。成立甘肃政法学院大学生创新创业中心。学校获得团中央“2016年全国大学生暑期‘三下乡’社会实践活动优秀单位”称号，学校青年志愿者项目获团中央“第十一届中国青年志愿者优秀项目奖”，大学生国旗护卫大队在团中央组织的“第三届全国高校国旗手交流展示活动”中荣获二等奖，以“政法青年”公众微信平台为依托，推进“四进四信”活动，项目获团中央“四进四信”活动高校优秀项目，“政法青年”微信平台成功入选“2016全国高校官方微信百强”。大学生合唱团在甘肃省高等学校“校歌大汇唱”比赛中荣获全省高校非专业组第一名。

【合作交流】 围绕国家“一带一路”战略，分别与塔吉克斯坦斯拉夫大学，吉尔吉斯斯坦奥什国立大学、国立阿拉巴叶夫大学、国立人文大学签署合作办学协议，与美国俄克拉荷马州中央大学签署合作办学备忘录。完成8批次16人到加拿大、德国、美国、英国、香港、台湾等地因公出国（境）研修考察。主动参与甘肃省首届丝绸之路（敦煌）国际文化博览会，成功主办“丝绸之路沿线国家法制合作高端论坛”，被评为甘肃省首届丝绸之路（敦煌）国际文化博览会工作先进集体。成立河北、四川、上海、浙江4个校友分会组织，举办“杰出校友成长成才报告会”，校友工作受到中国高教学会校友工作研究分会表彰。

【学校建设】 编制完成兰州新区新校区概念性规划方案并按照相关规定完成修建详细规划的招标、一期项目的初步设计、可行性研究报告的编制及审查、环评、社稳、能评等相关工作，新校区建设被纳入全省重大项目。编制完成校本部前区教学实训综合体的可行性研究报告及相关能评、社会稳定性评价及环评工作。加快职工公寓建设，西校区教职工住房建设项目（南区）基本完成室内土建及安装任务。党委书记、校长与分管校领导、校领导与责任单位、联系学院层层签订目标责任书，出台《甘肃政法学院关于开展建设大学功臣和功臣单位评选工作的实施方案》，组成专门督查机构，对各部门建设大学的阶段性目标任务进行督导检查。制定完善了以《甘肃政法学院章程》为核心的一大批校内制度，严格预算编制、招投标、资产管理等工作，加强纪检监察和审计工作。召开学校第四届教代会和工会会员代表大会。学校新增纸质图书17万余册，纸质图书突破100万册，开通试用29个数据库；收集、整理各类档案2462卷（件）。2016年，总收入达到2.65亿元，比上年增加1000万元。引进“智慧校园”建设项目投资1400万元。

（张昊骏）

·兰州城市学院·

【概况】 设有18个二级学院，本专科专业42个，涵盖9个学科门类。拥有教育部“本科教学工程”地方高校第一批本科专业综合改革试点专业1个，省级特色专业5个，省级重点学科2个，高校省级重点实验室2个，高校省级人文社会科学重点研究基地2个。有物理、化学及化工、计算机、体育、教育技术、焊接工艺、数控、汽车故障诊断与检测等各类实验室113个，甘肃省城市发展研究院等23个研究院（所），全国职业教育师资培养培训重点建设基地等国家级、省级研究培训机构8个。全日制在校学生13858人，教职工1162人，其中教授108人、副教授292人、博士85人、硕士603人。校园占地50.54万平方米，有校本部、培黎校区和东校区3个校区，校舍建筑面积44.97万平方米，固定资产总值5.58亿元，其中教学科研仪器设备值1.19亿元；图书馆藏书105万册，电子图书83万册，电子资源数据库20个，馆舍面积3.05万平方米。

【党建工作】 学校以开展“两学一做”学习教育为抓手，组织党委理论学习中心组扩大学习会9次、全校教职工政治理论学习会9次，校领导和各基层党委书记讲党课近百次，开设“党建微课堂”，开辟网上学习专栏，组织编印《“两学一做”学习教育应知应会口袋书》《习近平总书记教育工作系列论述摘编》等学习材料，承办全省高校“两学一做”学习教育党章党规知识竞赛，将18个二级学院党总支改设基层党委并召开第一次党代会，清查补缴党费150余万元。按期完成省委第一巡视组专项巡视反馈意见整改任务。“七·一”前夕，围绕建党95周年暨红军长征胜利80周年，举办“颂歌献给党”教职工歌咏比赛、红色教育主题展等活动，组织处级以上干部赴会宁红军会师旧址重温入党誓词。校党委主要负责同志带队赴河西学院等4所省内高校开展党建调研，调研报告获甘肃省高校基层党建工作研究项目“优秀”等次。在省委2016年年底召开的市州党委书记抓基层党建述职评议大会上，作为全省教育系统唯一一家单位述职，1人荣获“全省优秀党务工作者”荣誉称号，学校加入全国高校党建研究会，成为省属高校唯一会员单位。

【教学工作】 调整优化学科布局和院系结构，将原有的18个二级学院优化调整为17个，确立了文理基础类（教师教育类）、服务城市类、工程教育类三大学科专业布局与服务面向。遴选确定重点（扶持）建设学科方向16个，重点（扶持）建设专业31个，扶持专业19个。应用型人才培养工作持续加强，学生就业创业能力得到明显提升，在各类专业竞赛中荣获国家级奖项30余项、省级奖项近百项。学校获评省级特色专业1个、省级教学团队1个、省级实验教学示范中心1个、教育厅级教学成果4项，并成为中国校企协同产学研创新联盟在甘肃省的唯一一家理事单位。

【师资队伍】 学校努力建设师德高尚、业务精湛的高素质专业化教师队伍。2016年，1人获评甘肃省优秀专家，1人荣获“全国优秀社会科学普及工作者”称号，1人入选2016年陇原青年创新创业人才项目，8人受聘为华东师范大学兼职博士生、硕士生导师。34人（次）参加境内外访学进修或培训交流，39人接受华东师范大学暑期培训，88人接受西部高校教师发展中心联盟培训，34人（次）接受专业能力培训和各类应用技术培训。全年共有53人取得教师资格认证，154人取得网络课程培训合格证，77名从教30年教师受到表彰。

【科研工作】 学校外来科研资助经费增长，科研服务地方的能力增强。共有64个纵向科研项目获准立项，其中国家级项目5项（含应急管理专项1项）、省部级项目20项，资助经费共计224万元。先后与18个外部单位签订委托协议，争取横向科研项目经费共计619万元。获批省级工程研究中心1个、省高校人文社科重点研究基地1个，获得中央财政支持地方高校发展项目专项扶持平台1个、省教育厅支持建设平台1个、省教育厅智库建设平台1个。全年出版学术著作44部，其中A类3部，“全国优秀社会科学普及作品”1部。完成高水平学术论文69篇，其中被SCI(E)收录论文13篇、EI论文9篇、ISTP论文2篇、CSSCI论文25篇、CSCD论文18篇、人大复印资料转载2篇。获省厅级科研奖励31项，其中一等奖2项、二等奖9项。39项成果获得国家知识产权局专利授权，其中发明专利1项、实用新型专利18项、外观设计专利20项。

【学生工作】 录取新生3849名，分数线高于省控线7分以上。完成46所省外院校近10万考生的艺术类招生组考工作。成立创新创业学院，组织各类招聘会100余场，提供就业岗位5000多个，就业率达到78.3%。《创意城市：大学生创新创业平台建设》获省教育厅立项资助100万元。召开校第二次团代会暨学代会，审议通过校团委、学生会工作报告，选举产生了新一届校团委和学生会领导班子。完善社团体系，学生社团总数83个，注册会员3400余人。建立“一院一品”特色校园文化活动格局，累计开展各类活动200余场（次）。话剧《山中有片核桃林》荣获全省校园戏剧节综合剧目类一等奖，青年传媒中心微信平台荣获团中央、中国青年报等机构评选的“全国高校最受欢迎十强媒体”荣誉称号，排名全国第六。暑期社会实践实现项目化运行，圆满完成各类实践项目36个，1支团队荣获全国大学生社会实践优秀团队称号，8支团队荣获省级社会实践优秀团队称号。

【基础建设】 学校高度重视基础设施建设的改善工作，省发改委主任周强、省科技厅厅长李文卿分别带领相关处室领导来校调研，详细了解并协调解决学校发展中的问题和困难；安宁区委、区政府主要领导来校现场办公，帮助解决深安大桥土地置换、征地拆迁等多年困扰学校发展的问题。在争取中央和地方各类专项资金9931万元的基础上，推进基础设施建设和民生改善工程，校本部教师公寓即将交付使用，培黎校区新建教师公寓建设项目完成主体结构，甘肃工业实训中心完成施工方招标工作，培黎校区5号学生公寓正在设计招标。争取省上660万元专项资金用于路易·艾黎纪念馆改扩建工程。加大人防、技防、物防投入，增强校园安全防范能力，并荣获兰州市“平安校园”称号。向兰州市人民政府争取，确定银安路与世纪大道交汇处的轨道交通1号线站点为“兰州城市学院”站。

【对外交流】 与华东师范大学联合开展“1+1+2”本科生联合培养工作，推荐5名学生进行为期1年的交流学习，与塞浦路斯欧洲大学等3所国外大学签署合作备忘录，与安宁区达成人才培养、实习就业等方面的合作共识。金昌市、中兴通讯股份有限公司等6家单位与学校签订战略合作协议。在甘肃省首届丝绸之路（敦煌）国际文化博览会中，协办路易·艾黎国际主义精神与“一带一路”建设国际论坛，承担外事翻译、对外推介和文化宣传等工作，被省委省政府授予“先进集体”荣誉称号。承办省委组织部委托的“国家生态安全屏障综合试验区建设专题培训班”。组织开展“国培计划”等培训活动，全年完成远程培训、短期集中培训5000余人（次）。《中国生态城市绿皮书》连续三年荣获“优秀皮书二等奖”。

（翟　云　郑炜华）

文 化

【概况】 2016年，全市文化工作在市委、市政府的正确领导下，打牢共同奋斗的思想基础；强化大局意识，营造改革发展的良好氛围；推动文化繁荣，激活持续发展的内生动力；积极推进“美丽兰州——2016丝绸之路文化旅游年”主题活动，全面推进“山水城市、宜居城市、活力城市”建设，全市文化旅游各项工作取得显著成效。

【行业管理】 全年优化13项行政许可事项的流程，建立“12318”为核心的举报监督体系，提高效率。完成全市31家电影放映单位年检工作和电影专项资金的征收工作，完成295家印刷经营单位、8家图书零售经营单位、37家电子出版物经营单位、3家连续性内部资料编印单位的年检工作，新审核批准印刷企业28家。开展专项整治行动，共出动检查8927人（次）。

【公共服务】 完成乡镇综合文化站达标建设3个，建成文化集市生产基地5个、固定经营点6个，实现销售额1.5亿元。推进广播电视高山台站基础设施改造和地面无线数字化电视覆盖工程，建成23个标准化“户户通”中心和198个运维服务网点，新建多功能院线影院4家、影厅25个，在建数字多厅影院2家。加快各类博物馆、纪念馆建设进度，新建博物馆12家。实施兰州府城隍庙、红城感恩寺、五泉山建筑群、八办旧址等保护工程。推荐铁柱宫、天齐庙、河口古民居、柳合山堂、黄河母亲雕塑等文物遗存审报第八批省级文物保护单位工作。组织兰州太平鼓艺术团赴埃及参加2016年海外“欢乐春节”演出活动，组织优秀群众文艺团队赴埃及、美国进行交流演出，邀请丝绸之路沿线国家乌兹别克斯坦、斯洛伐克、罗马尼亚等4个国家的优秀文艺团队来兰演出。举办“丝路之梦 — 兰州美术作品展”“大河魂 — 兰州画院美术作品展”“徽韵 — 丝路情 — 合肥·石河子·兰州·西安美院美术馆作品联展”等活动。

【赏石博览会】 9月17日–26日在西部欢乐园举办了大型赏石文化博览会，此次博览会旨在配合丝绸之路（敦煌）国际文化博览会，服务“一带一路”建设战略，宣传甘肃，弘扬黄河石文化，展示西北奇石风采，促进赏石文化事业和产业的发展繁荣。“马踏飞燕”“金龙腾越”“黄河母亲”“人祖伏羲”“女娲补天”“丝绸古道”“楼兰古韵”“钢铁战士”等众多精品奇石与观众见面。

【牡丹节文化】 5月10日，2016年兰州·和平牡丹文化旅游节暨榆中乡村休闲旅游推介会在榆中县和平镇启幕。2000多亩白牡丹、黑牡丹、红牡丹和紫斑牡丹等530多种牡丹铺就了满目的五彩花海，为市民呈现一场视觉盛宴。和平牡丹园先后从日本、山东、河南、四川等地引进品种260多个，已培育出紫斑牡丹等新品种，上世纪80年代，和平牡丹与洛阳牡丹、菏泽牡丹并称为全国三大牡丹基地。1999年，和平牡丹园被国家林业局、中国花卉协会命名为"全国花卉生产示范基地"。牡丹花开，蝴蝶自来。依托牡丹办花会，依托牡丹发展旅游产业，依托牡丹牵动县域经济，和平牡丹园从1990年开始共举办了十多届甘肃兰州牡丹花会，多次参加国家花展并获奖，取得了较好的社会效益和经济效益。随着乡村休闲文化旅游业蓬勃发展，榆中县凭借便利交通，丰富旅游资源，乡村旅游越来越火，目前农家乐、采摘园、休闲农庄有400多家。此次举办兰州和平牡丹文化旅游节和榆中乡村休闲旅游启动仪式，以牡丹花为媒介，联合榆中县境内丰富的旅游资源，大力推进文化旅游产业融合发展，加快榆中生态文化休闲基地建设，带动当地农民更多参与到旅游产业中来，促进农村产业结构调整，实现助农增收。

（司永鹏）

广播影视

【概况】 2016年，兰州广播电视台完成全国两会相关报道，实施"两学一做""建党95周年""纪念长征胜利80周年"、全市换届工作、"第二水源地建设""冬防"等主题宣传及"2016兰州国际马拉松赛"等重大节会赛事的报道，为全市发展营造相应的舆论氛围。

【创新节目】 新闻频道《兰州零距离》提高新闻时效性。生活频道推出《党建播报》《先锋引领》等新栏目。新闻广播《落实进行时》栏目成功实现电视、网络同步直播，入选《中国广播电视学刊》——"2016中国广播创新融合案例集"。交通音乐广播新推出《开心晚点名》，用脱口秀的方式说新闻、做监督、搞服务。独立创编制作的纪录片《兰州空战》在央视播出并获得国际纪录片优秀作品特别奖、全国党史优秀成果奖。创作的微电影《路过我，温暖你》荣获第四届亚洲微电影艺术节金海棠奖优秀作品奖及2016年甘肃省微电影网络剧大赛一等奖。联合拍摄的电视剧《海棠依旧》在央视一套黄金剧场播出并荣获第十二届中美电影节"优秀电视剧金天使奖"。投资联合出品、制作的电视剧《长征大会师》于11月16日在央视一套黄金剧场播出。2016年，在各类广播电视节目评奖中，兰州电视台获全国、省、市级奖共84件，其中中国广播影视大奖提名奖5件，省级一等奖21件。

【外宣工作】 2016年在省级以上新闻媒体共播出稿件768条。其中在中央人民广播电台播发稿件24条，在中央电视台播发稿件7条，在省电台播发稿件133条，在省电视台播发稿件375条，在其他媒体播发稿件229条。制作179条广播电视公益广告，滚动播出十万余次。与中央人民广播电台中国之声栏目组共同制作完成一期《做客中央台》广播节目，向全国听众介绍兰州精准扶贫、"兰州蓝"等热点话题。

【媒体建设】 完成《兰州治污微纪录片》的初审、复审并在光明网等媒体播出。打造"爱兰州"移动客户端3.0版，下载用户30.1万次，"爱兰州"微信矩阵对全台承办部分活动进行同步转播，实现网络电视台手机微直播。与上海卫视东方传播中心阿基米德FM拓展合作，完成广播三套频率节目实时上传，覆盖范围涉及全国。

【社会活动】 承办道德模范好人代表与市民见面交流活动"心系国家秘密、争做忠诚卫士"演讲比赛决赛、"两学一做"知识竞赛、主播邀您看轨道交通建设、"舞动金城幸福兰州"广场舞大赛、中国兰州主持人大赛、第八届兰州市家庭才艺大赛等60余场社会活动，取得了良好的社会效益。

【技术保障】 完成县区11个广播同步覆盖站点的维护维修工作；完成两辆4+2迅道电视高清转播车项目；完成广播播出UPS电源系统的整体更换工作；对直播车回传输通道进行了数字化"双路"传输改造，优化信号传输与分配。成立了QC质量监督管理小组，对广播电视节目制作、生产、播出、发射等各个环节进行定期检查。

【产业经营】 组建星广电影视传媒集团有限公司，寻求新的经济增长点。做好广告清欠工作，确保全台利益不受影响。各频率、频道进一步拓宽经营思路，挖掘节目潜力，优化广告结构。

【招商引资】 完成招商引资落地任务2.3亿元，超额15%完成2016年市委、市政府下达的刚性目标任务。广电新址后续配套建设工作有序推进。

【队伍建设】 执行领导干部选拔任用规定，抓好后备干部队伍建设和拔尖专业技术人员培养。组织、实施和举办专家来台授课、安排人员参加省市及赴外地学习等各类培训共计13批260多人次1390个学时。兰州播音主持培训基地充分发挥自身特色和优势开展了不同层次的培训活动。

（贾挺明）

兰州日报社

【概况】　2016年，兰州日报社以省委“3341”项目工程决策部署为指导，在办报、经营、管理和作风建设等方面工作都有新进展、新提高、新成绩。

【舆论引导】　全年围绕从严治党、“两学一做”学习教育、精准扶贫、省市“两会”、市第十三次党代会等重大宣传、民生话题积极组织了并对“精准扶贫进行时”“创建文明城市进行时”等多个栏目进行了重点报道，新闻宣传没有发生导向性错误和政治性差错。

【新闻宣传】　《兰州日报》开辟专版、专栏，完成“三严三实”专题学习，“两学一做”学习教育，“县乡人大换届选举”、十三五规划、精准扶贫、贯彻十八届六中全会以及大气污染防治、中央环保督察、建设幸福兰州、雁滩综合整治、文明兰州建设等重大宣传任务。从年初开始，日报编辑部由总编辑、副总编辑带队，在各区县、各重点部门单位、各重点项目现场，采写近20篇反映兰州市各区县经济文化社会发展的深度报道，如《产业换挡 经济提速—西固区调整产业结构迈向可持续发展快车道》《城关区开多剂良方培植未来五年双创孵化沃土》《精细化城市管理扮靓美丽安宁》等，兰州市“十三五”、县区域经济发展、“兰州制造”等宣传工作受到社会各界好评。

《兰州晚报》全年报道党的十八届六中全会精神贯彻落实情况、市“两会”、市第十三次党代会等重大活动报道。以系列报道纪念长征胜利80周年，策划举办了“信仰的力量—全国晚报总编辑暨西路军后代‘回望西征路’大型采访活动”，是《兰州晚报》历史上单个选题占用版面最多的一次报道。晚报推出一系列吸人眼球、社会关注的民生新闻，督促职能部门解决问题。开辟《全民大行动 保卫兰州蓝》专版，推出系列报道“雁滩蝶变”，展示此次综合整治成效、亮点、变化及启示。在以往“凡人善举，和你一起”报道的基础上，刊发一批《“熊猫血”孕妇求助志愿者献血1500毫升》等影响较大的好人好事和正面典型报道，营造了良好的人文环境。全年新闻报道既重质又重量，导向正确无差错。兰州新闻网加强与“今日头条”等知名网络平台的合作，网站浏览量和访问量有了提高，关注度不断提升。

《中学生导报》组织广大中学生举办、参与各种社会活动等，导报取得一定的社会效益和经济效益，如期达到减亏增效的目的。新媒体中心，通过自主策划、联合开展《文化金城》讲堂在线抢票、中国中学作文大赛等线上线下互动活动，为各平台增加了数十万粉丝。“指点兰州”APP客户端总数突破20万。被中国地方新闻网联盟评为“2016年全国地方网络媒体优秀手机客户端”。

【报业经营】　两报广告中心创新经营模式，调整营销策略，利用党报影响力和权威性，引导客户实现新的消费需求，创造出商机，减缓下降的势头。发行中心整合发行队伍，合理优化结构，完成年初制定的目标任务。印务中心通过生产各环节的严格管理，加大奖罚力度，降低成本消耗，出报率完成了社里下达的任务指标。物业中心积极摸索成本管理运行方式，立足服务，物业管理保障有力，规范有序。

【文化体制改革】　“兰州日报报业（集团）有限公司”名称通过兰州市工商局核准，市委宣传部下发总经理任职批复，完成“兰州日报报业有限公司”为母公司，兰州指点传媒有限公司和兰州中导报业经营有限公司为子公司的工商登记注册手续。

【招商引资】　完成市政府下达2亿元（到位资金）招商引资任务。引进浙江华利房地产公司在七里河区投资项目河湾堡棚户区改造项目，总投资15亿元。

（穆鸿文）

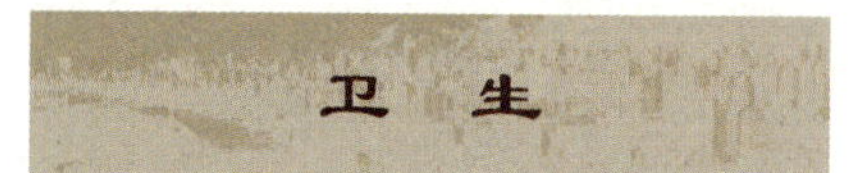

卫　生

【概况】　2016年，兰州市卫计委出台《兰州市卫生计生事业“十三五”发展规划》《兰州市医疗卫生服务体系规划（2016–2020年）》等一系列加快卫生计生事业发展的重要文件。各县区党委政府、市直相关部门高度重视卫生计生工作，从各方面给予支持，加快发展的环境更加良好。

【卫生体制改革】　县区卫生计生机构改革全面完成，所有乡镇和社区卫生服务中心保留计划生育服务机构并加挂健康教育所牌子，促进了卫生计生工作深度融合。县级公立医院改革全面推开。以医疗服务价格调整和财政补偿为主的补偿机制不断完善，实现医务人员收入、县内就诊率、医疗服务收入三个增加和药占比、医疗费用增幅、个人支出比例三个下降，其中职工收入同比增长10%、个人支出比例降至31%，政策补偿比达到75.12%。分级诊疗和医师多点执业制度全面落实。实现了"医生、基金、患者"三下沉，住院县外就诊率下降到19%，县级住院次平均费用为2720元，比全省平均数低350元。基层医疗卫生机构综合改革不断深化。在乡镇卫生院推行财务预算改革，基层妇幼保健机构实行绩效工资制度，激发基层医疗机构活力，调动基层医务人员积极性。健康扶贫成效明显。贫困村标准化村卫生室实现全覆盖。新农合人均筹资标准提高到550元，参合率达到98.05%，实际补偿比达到65%。全市建档立卡贫困人口新农合住院费用报销比提高5%，大病保险起付线由5000元降低到3000元，报销比在原来基础上提高了3个百分点。

【健康促进工作】 将健康融入所有政策。出台《关于全面开展健康促进模式改革的实施意见》，市、县区相关部门出台实施方案32个，对影响居民健康的大气污染、水污染、土壤污染等因素开展综合治理，西固区被列为国家健康促进试点区。推进"村级三件事"。发放健康工具包50多万个，培训33.9万人（次），刷写健康文化墙9.3万平方米，开展健康沙龙1.7万场（次），中医适宜技术进家庭服务92万人（次）。促进基本公共卫生服务均等化。在全市推行"网格化管理、团队式服务"模式，全市社区建立区域网格823个，组建专业指导团队156个、基本服务团队662个，开展家庭医生签约服务42.9万人，全市电子健康档案建档率达到81%，老年人、高血压患者、糖尿病患者健康管理率分别达到68%、42%和33%，65岁以上老年人免费享受健康体检服务。

【医疗质量稳步提升】 开展"三好一满意""优质护理服务"、抗菌药物专项整治等活动，落实医疗质量核心制度，实施医疗技术备案，实行临床路径管理，规范诊疗行为，控制医疗费用，群众满意度达95%以上。人才队伍建设不断加强。引进急需紧缺人才28人，公开招录28人，选派60多名骨干到国外研修学习。对口支援成效明显。共派出执业医师6782人（次）到基层医疗机构开展多点执业，接诊患者3.6万人（次）、开展手术104台（次）、查房示教1.2万（次）、"传帮带"医师5458人（次），提高基层服务能力。重点专科建设不断加强。投入资金3000万元，用于市级10个临床医学中心设备配备和学科带头人培养，完成2个县医院的重症医学科、新生儿科及薄弱学科建设，评选全省县级医院重点专科18个，发挥了示范作用。基层信息化建设实现全覆盖。完成乡镇卫生院和社区卫生服务机构信息管理系统建设，并与新农合、公共卫生管理系统实现了互联互通。全市有14类20项卫生计生数据已与市大数据中心完成了对接，实现了信息共享，信息化建设在全省处于领先水平。

【综合保障】 基础设施建设不断完善。市一院业务综合楼和儿童病区建设顺利推进，市中医院异地新建项目取得进展，完成基层医疗卫生机构建设项目57个。综合执法力度不断加大。联合公安、食药等部门开展了整治"两非"专项行动；集中开展整顿医疗秩序、打击非法行医专项行动，立案处罚二次供水单位13家、医疗机构47家、公共场所3家。重大疾病得到有效防控。适龄儿童免疫规划报告接种率连续巩固在99%以上，艾滋病持续保持低发态势，全年无重大传染病暴发流行。卫生应急能力明显提升。修订完善应急预案6部，完成马拉松赛、"兰洽会"等各类活动卫生保障任务38次，处置各类突发事件医疗救援34起。

【医养融合发展】 医养结合政策不断完善。出台《兰州市医疗卫生与养老服务相结合工作实施方案》《兰州市促进医养结合服务发展配套政策》《兰州市医养结合机构建设标准（试行）》等政策，涵盖老年人护理补贴、医养结合机构建设补贴和土地、税收、物价等优惠措施，是全省第一个比较完善的医养结合政策。医疗机构老年人健康服务能力提高。全市18家县级以上医院设置老年病科，床位达到600张，医疗机构全部开通老年人就医绿色通道，为符合条件的养老机构设置医疗服务点。全市确定32家医养结合试点单位，行先试点、示范带动。加快医养结合项目建设。推进市三院精神养老康复中心、市中医院康复养老中心、七里河区综合养老院等医养结合重点项目建设，计划设置床位2000张。

【中医药特色优势】 出台《关于促进中医药健康服务发展的实施意见》，明确市级各部门推动中医药健康服务发展的工作职责和目标任务。中医药产业发展态势良好。全市新增中药材种植面积3.6万亩，累计达到23万亩，产量达到4.3万吨，产值达到2.5亿元。基层中医药服务能力明显提升。创建甘肃省中医药工作先进和示范县区6个，6家市县区中医院均建成二级甲等中医院，100%的社区卫生服务中心和乡镇卫生院、83%以上的社区卫生服务站、73%以上的村卫生室能够提供中医药服务。所有县区级综合医院加挂了中西医结合医院牌子，中医药参与治疗率达到80%以上。完成各级各类中医药培训4680人（次），3人荣获第四批“甘肃省名中医”称号、11人荣获第二批“甘肃省基层名中医”称号。列建省、市中医药重点专科16个，市二院中西医肾病科被列为国家中医药管理局重点专科建设项目。

【获奖情况】 2016年，市卫计委被推荐为全省双联行动先进单位“民心奖”获奖单位，市三院、市中医院被授予“平安医院”称号，西固区、红古区获“全国计划生育优质服务区”称号，榆中县定远中心卫生院等6家卫生院获“全国群众满意的乡镇卫生院”称号。全系统获得2016年度甘肃省科技进步一等奖1项、甘肃医学科技奖4项、2016年度兰州市科技奖19项。在全省基层卫生岗位大练兵中，兰州市代表队获团体一等奖、2人获个人一等奖、1人获个人二等奖、1人获全国基层卫生岗位大练兵三等奖。

（苏万林）

计划生育

【概况】 2016年，兰州市出台《坚持和完善计划生育目标管理责任制实施办法》，坚持党政一把手亲自抓、负总责，层层签订目标任务，层层压实责任，做到安排部署到位、督促指导到位、业务培训到位、资金保障到位，取得了较好的工作成绩。

【计划生育家庭扶助】 出台《兰州市计划生育特殊家庭扶助工作实施办法》，将两类计划生育特殊家庭特别扶助金标准分别提高到每月1000元、800元，扶助标准全省最高。为近10万人（次）计划生育家庭落实奖励和扶助资金8000多万元，建成760个“陇家福·幸福寓所”。

【流动人口计生服务】 全面推进流动人口卫生计生公共服务均等化。出台了《关于进一步深化流动人口基本公共卫生计生服务的意见》，全面实施流动人口“双百”工程，推行“以房管人”为主，“以业管人”“以网管人”、户籍地和单位协管的服务管理机制，创建流动人口示范服务机构和示范乡街(社区) 20个，57万流动人口享受了基本卫生计生服务。

【两孩政策实施】 全面两孩政策有序实施，全年出生3.5万人，出生率8.64‰，自增率5.91‰，符合政策生育率99.3%，为1.8万人免费提供孕前优生健康检查。全面完成了省上目标要求，全省计划生育目标责任考核排名较上年有了较大提升。

【强化服务】 落实节育措施。协助基层单位落实独生子女费的领取。同时根据个人差异情况，落实不同的节育措施，建立了村级妇检服务室、节育药器库，供育龄妇女领取和使用，并做好了领取登记。开展宣传教育。按照“婚育新风进万家”要求，结合机关单位育龄妇女新观念，组织开展了科普知识学习，专门组织学习《人口与计划生育法》《社会抚养费征收管理办法》《计生条例》等，使人口与计划生育法律、政策深入人心，计生管理逐步走上法制化道路。

【“凤凰计划”】 2016年，兰州市计生部门在特困县全面推行“凤凰计划”（通过项目扶持、就业培训等方式，提高计生家庭自身发展能力和子女成才能力），根据当地的资源、市场和技术等条件，优先帮助农村“两户”落实各类农业发展项目。在农村劳动力转移中优先安排农村“两户”成员；资助考入大专以上院校的农村“两户”子女完成学业；全面推行“雨露计划”，加强职业技能学历教育培训，每年全市1500名“两后生”培训计划中要对农村“两户”家庭子女实现全覆盖；畅通农村“两户”家庭毕业生基层就业渠道，在企事业单位招考工作人员时对农村“两户”家庭子女给予倾斜；在新型社会养老保险试点中，政府为农村“两户”家庭代缴保险金或提高保险标准，为农村两户子女办理意外伤害保险，通过政府帮扶和引导，使农村“两户”家庭脱贫致富奔小康。

（苏万林）

【概况】 2016年，全市体育系统以“两学一做”学习教育为契机，全民健身活动蓬勃开展，竞技体育水平不断提升，体育产业加快发展，实现我市体育事业“十三五”发展的良好开局。

【群众健身】 6月11日，举办2016兰州国际马拉松赛，来自23个国家和地区的41000名运动员和选手报名参赛。赛事突出人文和慈善，以黄河文化为主线，增强兰州本土特色与“兰马”之间的关联度，将兰州地方特色融入“兰马”之中，塑造“兰马”品牌精神，赛事影响力和办赛水平大幅提升，在提升城市开放度、拉动文化旅游产业发展、促进城市建设、带动全民健身、提升群众幸福感等方面起到了积极作用。编制并由市政府印发《兰州市全民健身实施计划（2016-2020年）》，明确未来兰州市全民健身工作的发展目标、主要任务。立足于兰州山水城市和县区各自特点，开展丰富多彩的全民健身活动，全年开展各类全民健身活动200次，参与群众人数达到40万人，营造浓郁的全民健身氛围。加快推动体育社会组织改革，建立具有地方特色的各类协会，全市法人体育社团组织达到24家，形成规范有序、富有活力的社会化全民健身组织网络。结合全民健身需求，累计培训二级社会体育指导员300人以上，为全市群众体育健身的有效指导提供保障。

【竞技体育】 各训练单位克服场地设施等困难，在2016年国际摔跤法国公开赛、全国古典式摔跤锦标赛、全国青年女子自由式摔跤锦标赛、全国女子自由式摔跤少年锦标赛等赛事上都取到优异成绩，发现和培养一批优秀后备人才。

【体育产业】 举办兰州体育产业发展高峰论坛，邀请国内体育界知名专家、教授、运动员和企业界代表，围绕体育事业和体育产业发展开展研讨、交流和互动，培训体育服务业从业人员，为全市体育产业发展提供人才支撑。制定出台《兰州市体育产业发展“十三五”规划》，明确兰州市体育产业的发展目标，为“十三五”期间我市体育产业发展指明了方向。完成省、市政府为民办实事任务，建成5个乡镇及社区体育健身中心和200个全民健身场地，进一步缓解全民健身供需矛盾。推进市全民健身中心项目建设，为市体育公园全民健身运动基地建设奠定基础。建成兰州龙山冰雪世界一期项目，为发展冰雪产业做出积极探索。加大体育产业孵化园建设力度，协调推进安宁区体育产业孵化园和城关区电子竞技馆项目建设。借助马拉松赛影响力，举办首届兰州国际马拉松体育用品博览会暨兰州体育产业发展高峰论坛，制定出台《兰州市体育产业招商引资导则》，吸引54家国内外知名品牌企业参展，签约体育产业项目10个，总投资36.4亿元，为兰州市体育产业发展注入活力。全市布局完成20个社区健身房和16个社区足球场，为构建15分钟体育生活圈奠定基础。利用“互联网+”模式，积极推进兰州体育云平台建设，推进大中专院校及公共体育场馆对外开放工作。体育彩票销售额再创历史新高，全年体育彩票销售额达到9.63亿元，超额完成市政府下达的7.8亿元目标任务。

【“两学一做”】 开展“两学一做”教育专题，通过开展四个专题讨论，讲党课，写心得，谈体会，对党章党规和系列讲话真学真用，理论武装持续强化，党员干部的党性修养不断增强。完成机关党总支的换届选举，核查党费上交情况，密切离退休党员的组织联系。落实从严治党主体责任。建立落实从严治党责任情况定期督查制度，运用明察暗访、专项检查等方式，对局属各单位落实全面从严治党责任、基层党建工作等情况进行经常性检查督办，及时解决存在的突出问题，强化管党治党、从严治党压力层层传导，推动全面从严治党主体责任和党建制度体系落到实处、见到实效。组织系统领导干部多次深入帮扶村，结合“两学一做”专题教育深入帮扶村开展“讲党课、送知识、启智慧”活动，并从政策、法律、理念、思路上予以帮扶，对促进帮扶村经济发展起到积极作用。

（贾亚安）

社会保障

【概况】 2016年，城镇职工基本养老保险、城镇职工基本医疗保险、城镇居民基本医疗保险、失业保险、工伤保险、生育保险基金分别征缴54.06亿元、28.72亿元、0.91亿元、4.36亿元、1.87亿元、1.17亿元。城镇职工基本养老保险、城镇职工基本医疗保险、城镇居民基本医疗保险、失业保险、工伤保险、生育保险基金支出分别支出58.01亿元、24.19亿元、2.98亿元、3.58亿元、1.81亿元、1.6亿元。城乡居民社会养老保险参保（续保）率为97.4%，发放率为100%。

【社保改革】 推动社保改革发展，保障能力显著提升。落实供给侧结构性改革社保惠企政策，完成相关社保费率调整工作。在"五险合一"征缴模式的基础上，深化拓展网上申报，试推行缴费基数预审核模式。推开全民参保登记计划，各县区启动入户调查和确认登记工作。完成机关事业单位养老保险制度改革年度任务及新一轮待遇调标工作。审核认定"五七工""家属工"参保7376人。

【医疗保险】 出台《城镇基本医疗保险定点医药机构协议管理办法》和《工伤职工就医和结算经办规程》细化行业工伤风险类别，全市建筑业按用人单位参加工伤保险12.54万人（含农民工），按项目参加工伤保险7896人。

【养老保险】 实现全国养老保险比对查询，确定与地税系统联网事宜，遏制重复参保问题。推行"一站式"服务模式，优化城乡居民医疗保险缴费流程。改进养老保险生存认证方式，由企业、街道、医保经办部门共同认证，开展部分拟退休人员预审核制度试点。

【窗口服务】 市社保局结合社保工作面向基层、受众面广、群众关注度高、社会影响大等特点，从高树标准，从严抓管理，在"治顽疾、转作风、提效能"上狠下功夫，不断改进社保窗口工作作风，不断提升群众满意度。结合窗口服务，强化督导巡查。根据社保窗口服务工作特点，组建成立3个督导组和2个巡察组，按窗口分布划分督导巡查职责范围，对所有科室和全部服务窗口进行无缝隙的交叉督导巡察，确保专项行动取得实效。注重抓小抓细，完善制度管理。实行局长值班制度，坚决杜绝迟到早退现象。严格划分请销假权限，严格执行请销假程序。围绕目标任务，融入业务工作。大力简化办事程序，进一步完善网上申报、联网缴费模式，加紧进行与地税联网对接和财务A++平台的运用，充分运用信息化手段推进社保发展。紧盯群众关切，狠抓作风建设。严格执行首问责任制、限时办结制、责任追究制等管理制度，全面推行123工作法，大力提倡窗口文明用语，切实转变窗口服务态度，提高窗口服务质量。

【跨省转移关系】 兰州市人社局通过人社部跨省养老保险关系转移平台成功办理了参保人员的养老保险转入、转出业务，养老保险跨省转移工作正式纳入全国社保转移"网络矩阵"之中，实现从手工办理到网络平台的传输。兰州市社保局已经通过部网平台成功办理涉及北京、陕西、河南、江苏等十几个省市多座已连接部网平台城市的转入、转出业务共计40多笔。兰州市社保局在市本级联网业务开通运行的基础上，对各县区及兰州新区社保局都进行了业务培训，全市范围内已经启动跨省转移联网平台的连接和业务办理工作。

【基金监管】 制定印发《社会保险基金非现场监督管理暂行办法》等一系列社保基金监督检查规章制度和操作规范，开展大额医疗保险历史欠费数据核查审计、离休干部医疗费用专项资金监督检查、稳岗补贴发放使用情况、养老保险生存认证等专项审计检查工作。全面落实供给侧结构性改革政策，及时调整养老、工伤、失业等保险缴费费率。

（王　玺）

劳动就业

【概况】 全年累计发放贴息贷款3100笔，新增小额担保贷款4.479亿元，吸纳带动就业17664人。研究制定《深度创业培训实施方案》，举办“青年创客上海深度创业培训班”等系列培训，提升创业者创新创业能力。

【就业服务】 通过第二届大学生创业论坛、创业创新项目成果交流展示会、首届“智赢金城”创业创新大赛等“五个一”活动，在全市营造浓厚的创业创新氛围，通过“春风行动”等10项就业创业专项活动提升就业服务质量。全年发布各类岗位信息10.66万条，举办招聘会220场，达成意向性协议3万余人。组织实施高校毕业生基层就业项目和民生实事项目，引导927名高校毕业生到各类企业和基层单位就业。研究出台《高校毕业生就业见习管理办法》，认定高校毕业生就业见习基地105家，全市应届高校毕业生就业率达到89.76%。构建培训、鉴定、输转为一体的服务体系以及务工人员与培训学校信息对接机制，依托中职院校，组织11289人参加“两后生”职业技能教育学历培训，重点培养“双证”（毕业证和职业资格证）技能人才。重点培育“万人”劳务基地，实现就地转移就业28.14万人。推进“百片千村”减贫精准培训工作，实施“春潮计划”，组织5349人参加劳务品牌培训，促进农村劳动者转移就业。劳动合同签订率达97.34%，集体合同签订率达88.66%，劳动监察举报投诉案件结案率达97%。全市城镇居民人均可支配收入达到29661元，同比增长9.5%完成全年目标任务组织实地调研列入2016年化解过剩产能任务的3户企业，指导完成职工分流安置工作。开展企业经营用工情况调查工作，走访企业1400户，掌握企业生产经营和用工情况。发放失业保险支持企业稳岗补贴3.3亿元，涉及企业1230户、职工49.44万人。联合市财政部门对开展全市就业补助资金管理使用情况专项检查，现场反馈检查出的问题，责令相关单位立即开展问题整改。

【构建和谐劳动关系】 完善治理拖欠机制。制定出台《关于构建和谐劳动关系的实施意见》《关于全面治理拖欠农民工工资问题的实施方案》和《兰州市企业欠薪预警制度和监管办法》，提请修订《建设领域农民工工资保证金管理暂行办法》，依法缴纳市本级农民工工资保证金6.4亿元，涉及209户企业。返还保证金59户，涉及金额1.3亿元，涉及农民工7880人，新开工项目办理“一卡通”、缴纳农民工工资保证金实现两个100%。组织开展“无欠薪”城市考核，“无欠薪”城市取得阶段性成果。

【劳动监察】 加大监察执法力度，劳动用工检查涉及企业1.21万户，受理劳动保障监察案件887件，结案率达98%。接待来访9325起，涉及19800人，办理信访件341起，参与处理群体突发事件67起。追发用人单位拖欠劳动者工资0.75亿元，涉及劳动者4973人，追回押金8.4万元，补签劳动合同4359份。全市“劳动保障监察立案数、民情通热线、群访突发事件、欠薪案件、因欠薪越级上访案件”实现了五个下降。按照“属地化管理”和“五包责任制”要求，按居住所在地分县（区）建立“台账”，做好稳控工作，确保企业军转干部队伍的总体稳定。

【劳动仲裁】 开展优秀案例和仲裁文书评选等活动，举办全市仲裁员、调解员业务培训班6期，涉及400余人（次）。全市处理劳动人事争议案件1170件，其中，立案处理959件，结案935件，协调处理211件，受案率100%，按期结案率98%。全市调解组织示范点达到52个，95%以上的乡镇（街道）建立了调解组织，调解案件数占总结案数的43%。建成“金保专网”工作点1205个，全市57个街道已联通55个，59个乡镇网络已联通53个，412个社区（含城关区行政村18个）已联通380个。累计换发二代社会保障卡190万张。

【学习交流】 邀请有关专家开展依法行政专题讲座，举办全市人社系统依法行政培训班和行政执法案卷业务培训班。印发《行政规范性文件制定和备案办法》等11个行政规范性文件。完成局门户网站改版，优化功能，发布文件及信息

1531篇，向市委、市政府报送信息435条。在国家级媒体刊登稿件54篇，在市级媒体刊登稿件99篇。

【从严治党】 开展局系统落实全面从严治党主体责任专项督查及"回头看"，就督查出的问题在全局范围作通报，组织开展问题整改。制定《局党组关于进一步加强主体责任约谈和函询、诫勉工作的实施细则》。建立局系统理论学习书面测试制度，通过测试提升政治理论和人社政策业务学习实效。调整完善全局政务工作流程图、督查督办工作制度、工作汇报会议制度、机关考勤制度

（王　玺）

民　政

【概 况】 2016年，兰州市民政为民办实事，"城市低保标准提高10%""农村低保标准提高21.71%，使一二类低保户实现政策性脱贫""农村五保补助标准由年人均4414元提高到集中供养5900元、分散供养4825元"和"提高城乡孤儿基本生活费"四项任务提前完成，精神康复医院业务综合楼、社会福利院老年养护中心、老年公寓消防改造、第二社会福利院老年养护中心等重大项目顺利实施。

【低保提标】 按照城市低保提标10%（5区由每人每月515元提高到567元，3县由每人每月387元提高到426元）；农村低保标准提高21.71%（使一、二类低保户实现政策性脱贫，由每人每年不低于2453元提高到2986元）；农村"五保"补助标准由年人均不低于4414元提高到集中供养不低于5900、分散供养不低于4825元，确保了省、市为民兴办实事于5月30日全面完成。全年累计为5.92万户14.24万名城乡保障对象补助生活保障资金4.4378亿元。

【专项救助】 完善医疗救助和临时救助制度，医疗救助病种扩大至52种，一般性疾病金额提高至4万元，重特大疾病提高至8万元。逐步扩大临时救助范围，将救助上限金额提高至1万元。累计实施医疗救助11.36万人次4814.23万元；实施临时救助24576人次2163.19万元；有效保障了城乡困难群众的基本生活。

【参保参合】 对一、二类城乡低保及农村"五保"对象100%全额资助（城市每人每年50元，农村每人每年150元），其他城乡低保对象资助50%，确保了全市困难群众参保参合率达到100%。

【救助家庭财产核对】 与公安、工商、地税等12家部门签订了信息互查协议；依托市三维数字管理平台，研发了"兰州市社会救助对象家庭经济状况核对系统"，制定了低保资金两查两保实施方案，累计核对信息2777户7561人，确保了社会救助保障公正、阳光运行。

【救灾减灾】 兰州市部分县区遭受了洪涝、风雹、低温冷冻等自然灾害，共造成37.58万人（次）受灾，累计农作物受灾面积2.03万公顷，直接经济损失1.93亿元。有效应对灾害，加大救灾资金补助力度，争取省级冬春救助资金1331万元，协调市级救灾资金54万元，累计救助受灾群众2.10万户8.37万人（次）。积极开展自然灾害综合保险工作，向215户倒房户发放保险理赔金31万元，解决了受灾群众的基本生活问题。基层减灾能力建设，举办"5·12防灾减灾日"宣传活动，发放宣传资料5万份，开展防灾减灾救灾演练4300人次。培训县、乡、村三级灾害信息员1182人。推荐15个社区参加了全国和省级综合减灾示范社区评选，有2个社区评为全国综合减灾示范社区，营造全民参与防灾减灾的良好氛围。落实24小时值班制度，全市1185名灾害信息员24小时保持通讯畅通，确保了汛期救灾减灾顺利进行。加强救灾物资储备能力，协调落实250万元年度采购经费，完成230万元救灾帐篷、折叠床、火炉和牵引式自发电高架照明灯的招标工作，确保市救灾物资储备中心正常运转。救灾资金监督检查，对4个县区16个乡镇冬春自然灾害救助资金进行了专项检查，及时纠正县区资金发放不及时、平均发放资金、扩大资金使用范围的问题。

【老龄事业】 开展养老机构责任保险工作，为20家养老机构购买了综合责任保险，探索建立养老服务第三方评估制度，争取市级养老发展专项资金3300万元。机构养老，市老年公寓消防改造项目顺利竣工投入运营，市社会福利院老年养护中心主体结构封顶，市第二社会福利院老年养护中心开工建设，安宁区综合福利中心"公建民营"试点运营，城关区综合福利老年养护中心、永登县老年养护院开工建设，皋兰县老年养护院建设完成，华龙证卷机构养老产业基地项目持续推进，20家养老机构购买了综合责任保险，全市2016年新增养老机构5家。全市共有养老机构35家，每千名老人拥有床位达到了35张。社区养老，新建城市社区日间照料中心22个，农村日间照料中心96个，联合市财政对已建成并验收合格的城市社区日间照料中心2万元、农村日间照料中心1万元的运营补贴，确保社区养老健康持续发展。居家

养老，建设市级居家养老服务信息平台，拓展虚拟养老院服务范围和服务内容，服务人数达到24.5万人。全市以居家养老为基础、社区养老为依托、机构养老为补充的“三位一体”新型养老模式进一步巩固拓展。免费办理老年优待证9500本，就诊半价挂号、优先就诊、优先取药、优先住院等优待政策；成功举办“银龄行动”志愿服务、全市“敬老月”活动、第四届中国西部老龄产业博览会、百叟宴，全社会敬老爱老助老风尚显著增强；推进农村老人日间照料中心与老年协会协同发展，建立老年协会1038个，建会率达到了100%。

【社会福利】 组织全市50名孤残儿童护理员职业鉴定考试，孤残儿童护理员持证上岗率达到72.3%。3名儿童通过美国希望摇篮收养中心被美国家庭收养，5名孤残大中专毕业生落实就业安置。开展“贫困家庭疝气儿童手术康复计划”“明天计划”等各类儿童手术康复治疗活动，术前筛查上报“明天计划”手术患儿60例。完成849名孤儿基本生活费提标工作，集中供养孤儿由每人每月590元提高至1000元，分散居住孤儿由每人每月440元提高至640元，实现城乡标准统一。加大福利单位的安全工作监管力度，全面排查公办、民办养老机构安全隐患，保障服务对象的人身财产安全。

【残疾人两项补贴】 城镇低保及农村一、二类低保家庭中的残疾人每人每月发放100元生活补贴，为需长期照护重度残疾人每人每月发放100元护理补贴。收住流浪精神病患者86人（次），出院100人（次），新审批接收“三无”精神病患者7人。争取资金185万元，建立医院信息管理系统，完成病区消防改造，市精神康复医院业务综合楼项目进展顺利，主体封顶。

【慈善事业】 开展“中华慈善日”大型宣传活动，探索建立了全省第一家千万元冠名慈善基金-尹建敏慈善基金，实施各类救助近百万元，向全市5个县区医疗机构捐赠了5辆“母亲健康快车”。募集社会慈善资金1333万元，实施救助346万元。

【福利彩票】 全市累计设立投注站995家，累计销售福利彩票13.85亿元，为社会福利和公益事业建设发挥重要作用。

【优抚工作】 实施抚恤对象的提标核定，落实优待抚恤补助金社会化“一卡通”发放，拨付2016年优抚对象医疗补助资金448.2万元，抚恤补助资金6750万元，各项资金足额发放。

【退役士兵安置】 完成2015年冬季退役士兵档案的接收、审核、录入、编号等工作，累计接收退役士兵1151人，审核符合自主就业退役士兵1026人，接收安置6级伤病残退役士兵1人，完成计划安置68人，协调省市财政核拨兵役优待补助金3648.5万元，实施退役士兵职业技能教育588人（次）。

【爱国主义教育基地】 全年突出两个重点纪念活动：纪念建党95周年、纪念红军长征80周年，从繁复的历史资料中查找到了近200名参加长征的兰州战役将领。用这些历史资料筹办20个版面的《从长征中走来——兰州战役中的长征将领》主题展览。在兰州解放纪念日，在《兰州日报》用一个整版的篇幅发表了“多维视角下的兰州战役”一文，介绍兰州战役战况。派员赴台征集资料。经国务院台湾事务办公室批准，纪念馆从台湾取得民国报样49份，采访记录等文字资料587页，为研究和向社会解释兰州空战打下了基础。全年接待460批（次），接待参观群众32万人。

【军休服务】 为1620名军休人员发放工资、津补贴等离退休费1.96亿元，成立由军休医学专家及地方医疗骨干组成的“军休医疗专家义诊服务队”，由军休干部书法家、画家等组成的“军休书画协会”，争取资金240.7万元完成军休服务管理机构办公、供暖给水等设施维修改造，组织1131名军休干部在兰大二院参加年度体检。完成兰州北军供分站装修改造，接待部队官兵151列30440人（次），军供任务量增长38%，部队官兵满意率达到了98%以上。

【双拥工作】 2016年7月，在全国双拥命名暨双拥模范单位和个人表彰大会上，兰州市连续第八次被命名为“全国双拥模范城”，实现“八连冠”。协调20个行政事业编制安排随军家属，解决了军区机关现役军人子女入学和郊县部队营区门口道路不畅等问题，投入720万元完成三亚海军“兰州舰”、兰州园双拥共建项目，投入40万元援建了兰州边检站文化体育活动中心。

【社会组织】 社会组织培育发展和登记管理。全市新成立社会组织400家。其中，民办非企业单位102家、社团298家，直接登记社会组织34家。争取政府购买社会组织服务2个10万元。社会组织民主法制建设，制定《兰州市社会组织执法监察实施意见》，对15家社会组织开展了联合执法检查，处理违规3家。完成市级年检394家，更换新版社会组织登记证书437份，促进社会组织全面发展。

【村务公开】　将村（居）务公开方式由定时公开向即时公开转变。在坚持按月公开村（居）务的同时，对事关群众切身利益而又急需办理的如计生、居民医保、民政救济、开发建设等重大村（居）务的处理情况进行即时公开，接受党员群众的监督，全市村务公开率达到了100%。

【基层自治】　对村级29个机构牌子，保留6个，整合23个；对社区39个机构牌子，保留6个，整合33个；对村级15项考核评比，保留8项、整合1项、取消6项；对社区47项考核评比，保留15项、整合10项、取消22项；对村级创建达标保留10项；对社区35项创建达标事项，保留15项、整合3项、取消17项，在85个村实施农村社区试点工作，建成综合服务站85个，综合信息服务平台46个。加大城市社区综合服务设施建设，从2016年至2020年，市县财政按1∶1的比例，每年投入1亿元，用于改造社区、村办公活动阵地，市级5000万资金已全部拨付到位。2016年新建城市社区办公阵地7个，新增社区办公服务用房2520平米。

【殡葬管理】　印发殡葬改革资料3万份、“关于清明节安全文明环保祭扫的公告”2万份、法规政策宣传册2万份、手机短信40万条，在全市公交车、出租车滚动推送公益广告。探索实行了网格化管理，配备基本祭祀设施，增设社区文明祭祀劝导员，以“鲜花换纸钱”“时空信箱”“思念墙”等祭扫方式，引导群众文明低碳祭扫。全年累计火化遗体11396具，接待祭扫群众200多万人（次）。

【婚姻登记】　全年累计办理婚姻登记37161对，结婚26416对，离婚7790对，复婚2910对，合格率、规范率达到了100%。

【救助管理】　探索建立了市、县区、乡镇、村社四级全覆盖救助网格体系。实施全天候24小时巡查，全市累计救助流浪乞讨人员4921人（次），其中未成年人229人，危重病18人，基本达到了城市街面无流浪未成年人的预期目标。实行收养对象回访制度，依法监督规范收养当事人行为，保护被收养人的合法权益，全市累计办理收养登记14例，收养登记合格率和规范率均达到100%。

【留守儿童】　建立全市关爱保护工作联席会议制度，会同教育、公安等部门开展了农村留守儿童摸底排查工作，完善了农村留守儿童基础台帐资料，形成了政府领导、民政牵头、部门配合、社会力量参与的良好格局。皋兰县3位老师关切救助3名驻留儿童，荣获“师德标兵”称号。

【区划地名】　完成轨道交通一号线20座车站、38条道路和14座桥梁命名；完成第二次全国地名普查工作总量的80%，完成外业采集资料整理工作，依法有序开展了第三轮县级行政区域界线联检工作。全市行政区划设置城关、七里河、西固、安宁、红古5个市辖区，永登、皋兰、榆中3个市辖县。全市辖15个乡、46个镇、53个街道办事处、402个社区、730个村。

【项目建设】　实施市社会福利院老年养护中心建设项目，建设面积2.17万平方木，新增公益性床位500张，建设集老人用房、食堂、卫生保健、医疗康复、心理康复、诊疗、社会工作及护士站等功能为一体的综合性老年人养护中心。现已主体封顶，预计2017年10月投入使用。实施市精神康复医院业务综合楼建设项目，总投资1.25亿元，用地面积4112平方米，建筑面积31272.96平方米，床位500张，建设全省示范性精神康复福利医院，目前已主体封顶。实施市第二社会福利院老年养护中心项目建设，总投资3.06亿元，占地面积24亩，建筑面积5.1万平方米，设置床位1200张，建成面向全省辐射养老护理员培训、考评、鉴定、实训工作，现已开工建设。

【招商引资】　调整专职招商小组，引进兰州城市中心0.78亿，苏地肥业0.55亿，泰坦科技0.44亿，甘肃农垦生物科技园区0.48亿，招商落地资金2.25亿，完成年度2亿元招商任务。

（严　博）

民族宗教

【概况】　2016年，民宗委完成第三批全省民族团结进步创建示范单位评选工作，对表彰奖励的13家民族团结模范集体、示范单位进行了新的等次评定。会同市委统战部完成第三批全省民族团结进步创建示范单位推荐工作，推荐全省第四批民族团结进步创建模范集体、示范单位5家。开展民族团结进步宣传月活动。在社区、民族学校播放反映民族团结的10部优秀少数民族影片近100场（次）；发送民族团结进步宣传短信100万条；在城市繁华路段户外设置宣传广告面积4000平方米，发放宣传彩页3000张。筹集资金12万元。

【少数民族流动人口管理】　依托兰州市“三维数字平台”，建立城市少数民族流动人口信息服务管理平台，完善我市少数民族流动人口网格化管理数据，建立少数民族流动人口管理模板与民族工作模板，形成少数民族流动人口动态服务管理体系。

【民族经济社会事业】 建立兰州市少数民族特色优势企业名录数据库，争取财政资金200万元，对进入兰州市少数民族特色优势企业名录的9家企业给予贷款贴息补助。对10家企业的贷款贴息按季度进行审核，上报贷款贴息资金2024万元。组织民族企业代表50余人（次）赴宁夏银川、吴忠和青海西宁等地进行考察学习，与当地民族企业进行交流。组建兰州市少数民族双语服务志愿者队伍，为在兰州少数民族群众提供最基本的经济、法律、文化等双语服务。申报兰州市民族小学、民族保育院、民族图书馆等民族文化事业发展项目5项，争取资金130余万元。加大招商引资工作力度，与湖南邵阳商会甘肃中湘房地产开发有限公司、兰州伊尔伊饮食文化有限公司分别达成了投资3.95亿元，建设西北眼镜城和伊尔伊兰州牛肉面文化产业园的项目，已完成报备工作。做好少数民族生活困难群众清真牛羊肉价格补贴发放工作，全年发放补助225万元，补贴18754人次。在兰州新区秦川镇龙西村举办牛肉面拉面师培训班2期，培训70人。开展少数民族传统节日“开斋节”“宰牲节”“颁金节”“端午节”联谊活动和慰问活动。

【清真食品管理】 实施兰州清真餐饮品牌打造工程，与兰州广播电视总台联合完成《金城最受欢迎的民族品牌》的录制和播放工作。会同红古区政府、市经合局在天津举行13家300余人参加的中外企第五届生物技术在“一带一路”发展战略中的机遇与挑战论坛暨第十届“清真保障体系”培训及重点项目推介会。完成兰州市清真食品监管平台一期建设。与省商科所合作成立兰州市清真食品检验检测中心，填补兰州市多年来清真食品无法检测动物成分的空白。与陕西、河北、北京等省市建立清真食品协管机制。对接兰州国际高原夏菜食品采购中心，推进筹建清真市场交易区建设。开展清真食品日常监管和执法检查工作，处理“清真不清”问题。就“清真泛化”问题对全市开展集中检查整治工作，引导穆斯林群众正确认识“清真”涵义，解决出现的炒作“清真”概念，扩大“清真”范围，滥用“清真”标识等“清真泛化”现象，规范兰州市的清真食品市场。

【精准扶贫】 组织干部入村入户对村情、民情进行调查摸底。协调教育部门对龙西村小学实施改扩建和新建村幼儿园。争取市级“两个共同”项目建设资金20万元支持养殖合作社肉羊养殖场建设。筹集资金5.1万元，帮助17户帮扶家庭加入龙西村养殖合作社。发动宗教界捐款7万元，对17户帮扶家庭在养殖、开办小卖部、修缮院墙等方面扶持。动员民族企业家出资10万元，对10名生活困难家庭大学生进行资助，对27户贫困家庭进行慰问，为龙西村小学捐赠电脑4台、给410名学生每人赠送运动服装1套。

【宗教管理】 严格宗教活动场所设立和改扩建审批及监管，全年批准设立伊斯兰教固定场所5处，审核上报伊斯兰教场所1处。印发《兰州市2016年宗教工作“三支队伍”培训计划》，全年举办培训班20期、1800余人（次）。以“国法与教规的关系”为主题开展“宗教政策法规学习月”活动，举办培训班12期，培训人数1400余人（次）。开展“宗教慈善周”活动，9月22日在兰州新区龙西村举行兰州市2016年“宗教慈善周”活动启动仪式，兰州报恩寺慈善基金会捐赠养殖资金10万元，为10户贫困家庭购买种羊，对4户贫困家庭慰问。巩固教职人员认定备案工作。在原有教职人员认定备案工作的基础上，结合2016年甘肃省宗教地理信息管理系统录入工作，对新增、删减的备案人员及时进行更新和梳理。目前全市认定备案的宗教教职人员共有1053人，其中佛教252人、道教490人、伊斯兰教165人、天主教8人、基督教138人。和谐寺观教堂创建活动，落实国家质检总局《关于贯彻落实法人和其他组织统一社会信用代码制度建设总体方案有关事项的通知》精神，全年已申领宗教场所机构代码证355处，占总数的84%；开立场所银行结算账户252处，占总数的60%。完成423处宗教活动场所和1053名宗教教职人员年度考核工作，建立了市、县（区）宗教活动场所和宗教教职人员年度考核档案。加强佛道教场所管理，完成已批准佛道教活动场所的挂牌工作。完成乱建寺庙和乱建露天神佛像问题的集中督查和专项整治工作。巩固文明敬香工作成果，严禁长香、粗香、毒香进入寺院，引导佛道教场所开展“文明敬香”“合理放生”活动，推动“生态寺观”“文化寺观”建设。完成全国第三届和谐寺观教堂创建活动先进集体和先进个人的推荐工作，推荐先进集体6个、先进个人1名。

【宗教领域维稳工作】 在全市民族宗教系统开展禁毒宣传教育活动,配合市综治办完成“平安寺观教堂”创建工作，14处宗教活动场所被评为市级星级单位。开展全市民族宗教领域矛盾纠纷排查梳理，对排查出的9起宗教领域矛盾纠纷，实行挂牌督办，目前9起矛盾纠纷均已有效调处。加强信访工作，全年共处理信访案件4起，接待上访人员50余人（次），信访案件办结率100%。大型宗教活动审批。启动十市州协助机制，确保了香源堂、下西园灵明堂、五星坪灵明堂、东川拱北等宗教活动场所跨地区大型宗教活动的平稳举行。会同市委统战部联合对城关区、七里河区、红古区和永登县的11处藏传佛教寺院管理工作情况进行检查调研，确保全市藏传佛教寺院的安全稳定。有组织开展朝觐工作，8月18日邀请省宗教局、省出入境检疫局、市安全局、市外办有关处室负责人对朝觐人员进行朝觐政策法规、境外安全防范知识、卫生防疫常识等方面内容的培训，市伊协还组织教职人员进行了宗教知识方面的培训。精心组织统送统接工作，完成317名朝觐人员的统送统接工作。依法制止零散朝觐，对辖区内组织零散朝觐的组织者进行排查，对1起骑车私自出境参加零散朝觐人员进行了劝返。持续开展“达哇”宣教情况排查，抵御宗教极端思想渗透工作，治理“达哇”宣教成果。规范伊斯兰教经文班管理，遏制伊斯兰教经文班无序发展。在全市范围内挑选6名满拉进入甘肃省经学院满拉班学习。推进基督教私设聚会点治理工作，妥善处置未登记基督教组织。对52处基督教临时聚会点整顿治理，纳入正常管理。在全市开展了民间信仰调查摸底工作。经调查统计全市民间信仰场所共计1276处。

【从严治党】 完善制度，落实主体责任。履行管党治党政治责任，成立全面从严治党主体责任推进工作领导小组，落实“一岗双责”，落实目标责任。党组书记与党组成员、党组成员与分管处室层层签定党风廉政建设责任书。全年列入责任清单50项，按时限已全面完成。召开党组会议，组织学习兰委[2016]50号通报精神，全面分析研究通报中涉及本委的4个问题，对照检查，进行整改。增强看齐意识。全年开展党课教育讲座12次，理论中心组学习11次，全体干部集体政治学习48次。把全国宗教工作会议精神延伸到市级民族社团、宗教团体和宗教教职人员及信教群众，举办专题讲座5次，参加200人（次）。悬挂党旗，配发党徽，下发新的党费证，按月交纳党费，设立宣传栏，对“两学一做”专题教育进行全面安排部署，举办专题学习讨论28次，讲党课6次，召开党员组织生活会3次，开展民主评议党员2次。探索形式多样的反腐倡廉专题教育，通过张贴警示标语，通报中央和省市级查处的腐败案例，通过组织观看专题片、在市级以上刊物发表报道文章等形式，广泛深入开展反腐倡廉宣传。全年召开警示教育大会2次52人（次）。在《兰州日报》《甘肃民族工作》等媒体发表报道文章3篇。执纪问责。落实“三重一大”集体决策，主要负责人末位表态和重大事项报告制度，强化权力行使监督。落实“法无授权不可为，法定职权必须为的工作原则”，规范权力动作。凡涉及人、财、物、项目等敏感事项，坚持班子集体研究讨论决定。全年接受财政、审计、纪检部门监督检查5次。全年对机关1名处长进行告诫约谈。对西固区民宗委忽视群众利益，漏登6名朝觐群众网上报名问题，委纪检组调查上报市纪委，建议西固区委进行了追责。全年共组织各类约谈73人（次），其中，告诫约谈3人（次），提醒约谈6人（次），工作约谈64人（次），约谈面达到100%。加强监督检查。在元旦、春节、五一、中秋、国庆等重点节点和“公车”私用、公款吃喝、公款旅游和送礼、婚丧嫁娶事宜大操大办等重点领域，纪检组开展明查暗访11次，3名干部职工举办的婚礼事宜按规定进行了上报审核。加强“三公”经费管理。全年“三公”经费总支出22.03万元，其中公务接待费0.6万元，占全年预算接待总费用0.6万元的100%。公务用车经费支出3.91万元，占全年预算总额10万元的39.1%。公务活动支出17.29万元，主要是3名朝觐带队干部出国经费。健全制度体系。建立健全廉政风险管理机制。对全委33个工作岗位进行重新职权排摸分析，对班子“一把手”和拥有行政审批权、人事权、财务权、项目资金权等7个岗位确定为高级风险岗位，对班子其他成员和拥有人、财、物和其他行政权力处室的10个副职岗位和具体承办岗位确定为中级风险岗位，对其他16个一般性服务工作岗位确定为低级风险岗位。

（尕　部）

人物

【获正高级教师专业技术职称】

黄　庆　1983年毕业于西北师范学院体育系,现供职于兰州市第三十三中学。曾荣获省特级教师、甘肃省首批学科带头人、省级骨干教师体育先进工作者、金城名师等荣誉称号。人民教育出版社聘为课程标准体育实验教材培训团专家,教育部首批"国培计划"专家库成员,多次参编体育教材,发表学术论文多篇,并受聘于西北师范大学体育学院及各大院校任校外硕士研究生导师。甘肃省课程标准专家组、讲师团成员,甘肃省特级教师考察组成员。荣获教育部、教育学会体育现场课一等奖,基本功大赛二等奖,并担任《全国中小学教师教育继续网》系列培训课程案例解析专家。2016年12月获得正高级教师专业技术职称。

孙志刚　博士,特级教师,现供职于兰州市教育科学研究所课题室教研员。。苏步青数学教育奖获得者,甘肃省数学会理事,甘肃省数学教育研究会常务理事,兰州市数学会常务理事,西北师大硕士生导师。从事高中数学教学、数学教育、课程与教学论研究。出版教学专著6部,发表教育教学论文近100篇,参编教辅教材50多本。2016年12月获得正高级教师专业技术职称。

滕立玲　1988年7月毕业于西北师范大学化学系,先后在兰州市第四十三中学、兰州市第四十六中学任教,现任兰州市第三十二中学校长。曾荣获全国优秀教师、甘肃省中学特级教师、甘肃省化学优秀专家、市级骨干教师、兰州市优秀大队辅导员、、城关区优秀教师、城关区优秀大队辅导员,城关区青年教学新秀、城关区专业技术拔尖人才、城关区"杰出教师"、城关区"名教师"和"城关区优秀教育工作者"等荣誉称号。担任甘肃省特级教师评审委员会委员、国家名师评审委员会委员和职称评审小组成员;成立了中学化学名师工作室,主持和参与《利用学案,激励后进生参与课堂教学的研究》《提高课堂教学实效性的教学策略研究》和《交互式电子白板在初中化学实验教学的应用探究》等10项国家级、省市级课题,发表了《捕捉教育的契机》《安全重于泰山》等40多篇教育教学论文,出版教育专著《带着问题出发》,主编《中考导航》,事迹入选《中国劳模》《中国教师人力资源库》。2016年12月获得正高级教师专业技术职称。

王桂玲　1987年7月毕业于长春师范大学,现任兰州西北中学物理教师,多年兼任物理教研组长、备课组长等工作。曾获甘肃省骨干

教师、全国中学生物理竞赛优秀辅导教师、金城名班主任、金城名班主任工作室领衔人物等荣誉。忠诚党的教育事业，热爱学生，模范遵守教育法律、法规和师德规范，立足本职，爱岗敬业，注重创新，多次被评为兰州市优秀班主任。她在高中物理教学和班级文化建设、青春期教育以及后进生转化等方面进行富有成效的研究和实践，先后在省级及以上刊物发表教育、教学论文近30篇，出版教育、教学专著2部，主持省、市级课题4项并成功结题。2016年12月获得正高级教师专业技术职称。

王俊莉　中共党员，毕业于西北师范大学体育专业，现任七里河小学校长。曾荣获全国“双有”和全国综合实践活动先进个人、全国特色办学先进工作者、全国教科研优秀实验教师、甘肃省特级教师、甘肃省“三八”红旗手标兵、甘肃省骨干教师、陇原名师、金城名校长、兰州市领军人才等。多次被聘请为专家进行讲学，曾在第七届全国校长发展学校代表兰州市小学与南京市和成都市进行“学校文化建设”的现场交流，受邀第八届全国校长发展学校在鄂尔多斯班进行题为《学校文化与校本课程开发》的专题讲座。编著的《构建孩子喜爱的校本课程》，获甘肃省第九届教育成果一等奖。她以“给孩子幸福童年，给教师职业幸福”的幸福教育为办学理念，创设“七彩课程”“七度课堂”“七色花评价体系”，实现教育愿景，提升办学品质。2016年12月获得正高级教师专业技术职称。

吴小兰　1989年7月毕业于西北师范大学生物系生物专业，现任兰州市第六十一中学（原兰化一中）教师。曾任理综组长、教研组长、兰州市生物学科新课程专家组成员、市青少年科技创新大赛评委。曾获甘肃省骨干教师、甘肃省青年教学能手、兰化总校首席教师等荣誉。有扎实的学科基础理论和基本技能，熟练掌握教材，教学效果好，教法灵活，教学深受学生欢迎、家长信赖、同行赞誉。在国家级刊物上发表论文1篇、省级刊物上发表论文8篇、获奖的教育教学文章有20余篇；辅导的学生在竞赛中获国家级、省级以上奖10多项30多人次。多次被评为“甘肃省优秀科技辅导员”“生物竞赛辅导员”。多次承担市级以上教学讲座、学术交流，参与编写出版《甘肃省普通高中学业水平考试大纲与解读（生物）》。有5个课题结题并全部通过鉴定，4个课题获得“省、市基础教育科研优秀成果”奖，被授予“全国优秀科技教师”“兰州市教育科研工作先进个人”。指导培养青年教师5名，3人获得“兰州市教学新秀”并成为教学中坚力量。2016年12月获得正高级教师专业技术职称。

杨正仁　兰州市首届金城名师，甘肃省骨干教师，甘肃省特级教师。曾先后获得甘肃省园丁奖、榆中县教学新秀、兰州市教师楷模、陇原师德先进个人等荣誉。入选兰州市“222”工程人才。从事中学英语教学30多年，多次获高考榆中县英语单科成绩第一名奖；所教学生近100人（次）获全国中学生英语能力竞赛奖。在全国中学英语教师基本功大赛中课堂教学实录荣获二等奖；“一师一优课”获省级优质课奖。在省级以上刊物公开发表论文20多篇；主编《中学英语语法语用解析》和《做质朴的教育》以及合著3部。主持和参加3项国家级课题研究、1项省级规划课题研究、1项市级个人课题和1项县级课题研究。先后担任兰州市中学教师中级职务评委、兰州市骨干教师课堂教学评委、全国中小学教师说课比赛评委、兰州市教学新秀评委以及甘肃省英语基地课堂教学大赛评委。2016年12月获得正高级教师专业技术职称。

张德友　中共党员，甘肃省特级教师，省级骨干教师，兰州市人民政府教育督学、化学学会理事长，普通高中课程改革专家组成员，甘肃省化学学会副理事长。1979年8月起先后在永靖一中、兰州三十三中、兰州二中等县市数所学校从事高中化学教学及学校教育教学管理工作，期间自1983年起担任学校副校长、教务主任、校长等职。2009年起任兰州五十一中党总支书记、校长。承担完成省、市基础教育科研课题6项，获省市级一等奖、优秀成果奖；出版《学校管理的思考与实践》等专著3部，在国家省、市级刊物发表及获奖论文20余篇。2016年12月获得正高级教师专业技术职称。

张　文　农工党党员，兰州市城关区酒泉路小学教师。她大胆探索教育规律，用新思想、新理论、新方法启迪学生的思想和智慧，用简单易行的方法增强学生的学习兴

趣，用通俗、科学的道理促进学生全面发展，并善于调控课堂气氛，激发学生的积极性、主动性，注重学生能力的培养，注重学生差异性，注重学生的情感体验，形成自己独特的教学风格。她大胆倡导和实践“把讲台还给学生，把黑板还给学生，把思维还给学生”的理念，善于抓住课堂的每个细节，将课堂偶发事件当作教育资源加以开发利用。她总结出“备课因人而异，讲课因材施教，作业点面结合”的一整套卓有成效的教学方法，得到广大教师的一致好评。2016年12月获得正高级教师专业技术职称。

朱文龙　1990年7月参加工作，西北师范大学教育管理专业，现任兰州市东郊学校校长、书记。曾获甘肃省特级教师、省骨干教师、省教学能手、省“园丁奖”、兰州市“151人才”、杰出校长、优秀教师、教科研工作先进个人、七里河区十佳青年、优秀校长、优秀党务工作者等荣誉。全国首届名校长领航班成员，全国中小学教育督导评估专家，省督学，省基础教育课程教材小学数学学科组专家，省小学数学专业委员会副会长、省小学语文专业委员会常务理事、省乡村教师培训志愿者联合会常务理事，省教育厅、西北师大、城市学院培训主讲教师。承担多项国家、省、市级课题研究项目并获奖，两次获省教育科研一等奖。独立或合作参与多部教材的编写。所写论文在各级刊物上多次发表，并经常在省、市各种教学或评审活动中担任评委工作。所主持的兰州市东郊学校居兰州名校之列，在兰州乃至甘肃教育界有较强的影响力。2016年12月获得正高级教师专业技术职称。

【荣获中国好人榜】

段忠磊，男，37岁，中共党员，现任兰州市公安局特警支队二大队大队长。他十几年如一日，奋战在反恐冲突的前线，坚守爱岗敬业之本，无私奉献着青春汗水，谱写了一名共产党员的忠诚。

段忠磊同志自参加工作以来，热爱公安工作，积极投入特警事业，完成了各类急、难、险、重任务。面对持枪歹徒和穷凶极恶的暴徒，他沉着冷静，勇敢面对，先后成功参与处置“1·25”公交车、“5·15”三森家居广场爆炸案等13起，排除爆炸物 13枚，转移废旧炮弹11枚。在参与“3·4”盗枪抢劫杀人案、“3·9”持枪袭警案、“7·4”非法持枪案和陇南“11·17”重大群体性事件的历次任务中，他主动承担抓捕处置任务，作为第一突击组成员，始终战斗在第一线，不怕牺牲，坚决与犯罪分子斗争，成功抓捕、击毙多名犯罪分子，保护了人民群众的生命和财产安全。近年来，荣获过个人二等功1次、三等功6次，多次受到嘉奖，他先后获得“西北警务协作区公安特警红蓝对抗比武竞赛团体第一名”“甘肃省治安业务能手”“舟曲抗洪救灾先进个人”“首届感动金城十大政法人物”等荣誉称号。

18年来，他用自己的实际行动践行人民警察“忠诚、为民、公正、廉洁”的核心价值观，用青春和热血守护着金城百姓的平安，堪称为新时期80后警察的楷模和典范。

刘敏，男，1968年生，甘肃农业大学副教授。面对“大学生就业难”的社会现状，积极探索实践性教学的新模式，倡导“实践出真知”的教学观念，落实“思行合一、学以致用”的育人理念，切实培养大学生双创思想和实践动手能力。

刘敏老师自从参加工作伊始就积极投身各种社会实践，积累了大量广泛的社会经验，为其把书本讲活、把课程教实奠定了基础。先后获得甘肃省民族团结进步模范个人、甘肃省委宣传部宣传创新提名奖、“身残志坚”兰州好人和“敬业奉献”中国好人等荣誉表彰。现任甘肃农业大学文科实训中心主任（省级教学示范中心）、甘肃省农产品电子商务重点实验室副主任、阿里学院和淘宝大学的资深电商讲师。

“爱是一种力量，我们量力尽心…”，2008年指导学生发起的“爱的痕迹”团队至今已坚持进行了10年的公益活动，通过“三大套餐上山下乡”项目的实施，“爱的痕迹”既留痕在天水、渭源、武威、定西、甘南、陇南、临夏、平凉、陇西、庆阳等农村偏僻地区，又存迹于大学生心中，提高其实践能力和丰富实践经验。

从2006年开始指导组织学生参加各种类型竞赛，通过比赛使大学生的观察创意、组织协调、文案写作、演讲答疑等多种能力和素质得到提升，开阔了视野。从2005年开始基于“校政、校网、校企合作”的实践教学模式，通过与省委外宣办、中国甘肃网、省电化教育中心、中国生物能源网、邮储银行、物流快递、农产品企业等合作，为在校大学生提供一个实际而非模拟的实践平台。这项项目的开展不仅提升了大学生的实践能力，更培养大学生提前适应社会的能力。

组建10年有余的“Thinkpad”创新型学习团队跨年级跨专业通过“以项目为导向、以任务为驱动、以双创为目标”激励学生积极努力、求实上进。为了解学生的想法和引导学生思想的进步，每周都定期召开学习例会，例会内容包括要求学生每人每天的钢笔字、每人每周的作文、每周的PPT分享和点评……设身处地的为学生着想，给处于迷茫中的学生指明方向，这样的例会，他已风雨无阻的坚持了10年。教师是太阳底下最光辉的职业，“爱的痕迹”是他和大学生们一直践行在路上的风景，赠人玫瑰手留余香，爱是一种力量，我们量力尽心……。

居　廷，女，1963年生，兰州市城关区群众文化馆群众文化艺术专业辅导干部。她以志愿者和群众文化艺术辅导员的身份奔波在兰州市的各个街道、村镇、社区和市民广场，长期致力于先进文化传播服务，成为兰州群众文化志愿工作的骨干力量。她热爱艺术，热心公益，多年来义务免费教唱辅导各级各类群众近万人，组织、辅导、参加各类文艺展演、赈灾义演和群众性文体活动1100多场（次），培养100多支群众文艺团队，并自费印制上百册歌谱，为群众赠送声乐理论书籍。

在“兰州翼之梦心智障碍人士家庭服务中心艺术团”刚刚成立的时候，她在一个偶然的时刻与他们有缘相遇，开始融入其中，并坚持不懈地为他们进行业务辅导和心理疏导。她坚持业余时间给家长们上课，从最简单的声乐基础知识、运气、发音、嗓子的保护方法，再到优雅的走姿、举止……不厌其烦，细致入微；同时，没有忘记正能量的传播，讲身边感人的故事，讲家长们互帮互助，讲家庭和谐，互尊互爱，讲孝敬父母等等，听他们宣泄生活中的不快，为他们进行心理疏导。家长们在她的带领下自信了、心情阳光了，家长之间的团结互助多了。通过排练辅导，这群心情忧郁、精神接近崩溃的家长们重拾自信，一步步走向希望之路。翼之梦合唱团没有演出服，每次演出前就得四处张罗帮大家借服装，但总借着穿不是个办法，于是她自筹资金为合唱团24名成员购买演出服。还经常会在朋友圈发一些心智障碍孩子的相关活动，亲人、朋友看到后，纷纷加入奉献爱心的队伍当中。令她欣慰，家长们没有想到的是这些心智障碍孩子的变化，长期听她排练，他们竟能安静的坐在那里，有些甚至可以跟着节拍哼唱，合唱团成了家长们温馨快乐的心灵归宿。20多年来，她把群艺工作作为自己所挚爱的毕生事业，用爱心温暖残疾人士和智障儿童的心灵，用一点一滴的实际行动谱写着凡人善举的赞歌。

李剑锋，男，汉族，1958年5月生，大专文化程度，中共党员。1975年参加公安工作以来，历任兰州市公安局七里河分局刑侦一队副队长、刑警三中队队长、缉毒大队大队长，现任兰州市公安局七里河分局巡逻防控大队大队长，一级警督。从警40年来，李剑锋同志投身于公安事业，勤奋工作、乐于奉献，成功侦破许多大要案件，打击处理了一大批危害社会的违法犯罪分子。多次被评为省、市、区先进工作者，先后荣立个人二等功3次、个人三等功1次、个人嘉奖一次，2006年被评为全省优秀缉毒民警。

1975年，李剑锋参加公安工作，被安排到了七里河区公安分局从事刑侦工作。1983年，他被调入土门墩派出所，开始最基层的公安工作；1986年又回到刑警队。1996年，因工作能力突出，被提升为七里河区公安分局刑警一队副队长，负责重案侦破工作；2003年7月，因缉毒工作需要，被任命为七里河区公安分局缉毒大队大队长。与毒贩战斗，缉毒警随时都会有生命危险。从刑警岗位转战到缉毒岗位的李剑锋，开始了新的挑战。他面对日益严峻的禁毒形势，迎难而上，积极拓宽办案渠道，广辟毒品案件源，不断加大毒品案件侦破力度。随着缉毒工作的不断深入，七里河区公安分局缉毒大队在李剑锋的带领下不但在本省，还在云南等省份破获了多起毒品大案。

2012年6月26日，七里河区公安分局缉毒大队掌握一条线索，居住在七里河的一伙人要从云南购买毒品运输到兰州贩卖。6月27日，在甘肃省公安厅、兰州市公安局的统一协调领导下，李剑锋带领民警前往云南侦破此案。7月9日，4名毒贩在云南大理某医院门口交易时，作为现场指挥的李剑锋向布控民警发出抓捕信号，将4名毒贩抓获，缴获海洛因7329.5克。该案也被公安部列为督办案件。2014年12月，李剑锋带领他的队员们和贩毒分子斗智斗勇，斩断了一条跨省贩毒地下通道。2014年12月初，七里河区公安分局缉毒大队获悉，有涉毒嫌疑人从云南昆明乘火车向兰州运输大宗毒品。12月15日，民警掌握到贩毒团伙已从云南将毒品向兰州方向运输，但狡猾的毒贩没有按预定时间和路线行走。民警在无法获取深层次信息的情况下，决定在天水市上火车再开展侦查工作。17日上午7时许，在数千名旅客的火车上，民警来回穿梭排摸，终于确定了两名毒贩。当日11时40分，毒贩携带毒品在兰州火车站西出站口被守候的民警抓获，缴获毒品海洛因9175.98克。

1995年，由几名四川人在兰州肉联厂饲养分厂租用房屋种蘑菇，拉到市场上出售后赚了一些钱，其中1名四川人的3岁儿子被人绑架了，绑匪索要2万元。接到报警后，李剑锋带领民警对此案展开侦破，经初步判定是熟人作案，后经大量的排查走访，最终在西固区寺儿沟一防空洞里找到了被绑架的人质。但犯罪嫌疑人在落网后对其犯罪行为百般抵赖，后经出示现场调查获取的多种证据，犯罪嫌疑人终于对绑架老乡儿子，索要钱财的犯罪事实供认不讳。

1999年，全国公安系统刑侦改革，李剑锋被调任到七里河区公安分局刑警三中队，担任中队长一职。2003年，由于工作需要，他被抽调到七里河区公安分局打黑办工作，期间侦破了多起有影响的大案。

2002年，兰州市七里河区接连发生电线电缆被盗案件。接到群众报案后，根据线索，李剑锋带领民警在彭家坪一带，经过了1个多月的蹲点守候，在彭家坪一果园里打掉了一个盗窃电线电缆的盗窃团伙，抓获犯罪嫌疑人20多名。

在打黑办工作期间，破获案件40多起，李剑锋还打掉了以张某为首的黑社会团伙。张某盘踞在七里河西站一带，非法讨债、私藏枪支、敲诈勒索、聚众斗殴、强行索取“保护费”，成为危害社会治安的一大毒瘤。在案件侦破工作中，许多被张某强行索取过“保护费”、敲诈勒索的餐饮老板都是敢怒不敢言，警方接到的也只是些匿名举报材料，这给侦破工作带来了一定的难度，鉴于这种情况，李剑锋根据线索，带领队员逐一上门调查核实，并对有顾虑的餐饮老板做思想工作，其中1名餐饮老板向警方反映，张某团伙曾经收取了他15万元的“保护费”，之后，受害人纷纷开口举证，案件侦破有了关键性突破。最终，张某黑社会性质犯罪团伙被警方成功打掉，抓获犯罪嫌疑人20多名。

从警40年以来，李剑锋不断成长，从成为办案能手到成为缉毒大队长，他带领的缉毒大队，近年来，先后破获了200多起涉毒案件，其中，重特大贩卖运输毒品案件30余起，抓获涉毒犯罪嫌疑人250余人。缉毒大队也被评为“全省优秀公安基层单位”，还荣立过甘肃省集体二等功。

在缉毒大队一干就是12年，李剑锋带领他的缉毒队员侦破了许多毒品大案。但在去年的一次办案中，他却不幸遭遇车祸，车祸造成李剑锋左大腿骨粉碎性骨折。养伤期间，他还不忘工作，2014年12月17日，他拄着拐杖，和同事们一起将毒贩从云南押解回兰。在李剑锋的影集里，珍藏着这样一张照片，身着警服的他，手握一把手枪，目视前方，正气凌然。这把手枪是他当刑警时，组织配发给他的第一把手枪，这张照片也激励着他在以后的工作中与犯罪分子勇敢作斗争，永不退缩。

宋　巍，男，1982年生，生前系甘肃省人民医院烧伤科医生。病逝后捐献一个肝脏、两个肺脏、两个肾脏、两个角膜和全部皮肤组织，在生命的最后时刻，他的家人坚定地帮助他完成了最后的心愿，让他又做了一回“医生”。

2016年5月31日，在甘肃省人民医院烧伤科工作的宋巍在第二军医大附属长海医院烧伤科进修学习期间突发脑干出血，于2016年6月15日晚经抢救无效逝世，年仅34岁。宋巍去世后，他的家人强忍悲痛，毅然决定帮他完成最后的心愿——捐献器官拯救等待器官移植的病人。宋巍共捐献了1个肝脏、2个肺脏、2个肾脏、2个角膜和皮肤组织，也是上海开展器官捐献工作以来，捐献器官和组织最多的一例。这次捐献，挽救了4名病患的生命，让2名病患重见光明。宋巍用生命诠释着医生的使命，生命结束时仍然在救死扶伤。宋巍的妻子含着泪说“他是一名医生，救死扶伤是他的天职。他活着时就表达过以后捐献器官救助他人的愿望。如今虽然他走了，但是捐出器官可以拯救更多病人的生命！”。一名医生，在生命的最后一刻也始终不忘自己救死扶伤的天职。

王少华，男，1994年生，自由工作者。家住城关区九州开发区的他，90后的他，在危急时刻勇敢地出手相助，挽救了一个家庭，被人们亲切的称为“托举哥”。

2016年5月27日下午4时许，一阵阵喊声打破了九州大道洁诚小区的宁静。“太危险了，一个小孩悬在6楼窗口……”听到保洁员的呼喊声后，小区里许多住户立刻赶了过来，大家争先恐后地想办法救援，然而孩子还是从6楼窗口坠落了。危急时刻，他迅速冲了过去，用双手接住了孩子。因为冲击力大，坠楼的孩子和王少华都倒在了地上，王少华因受冲击被砸晕。事发后，住户纷纷拨打120，很快，孩子和王少华被120送到了兰大二院。经检查，小男孩颅内骨折，但生命体征平稳。

事发时男孩的姥姥看到孩子熟睡，便下楼买东西。谁料，男孩醒来后爬到窗口，便发生了让人惊心的一幕。王少华不计个人安危勇敢施救，醒来后第一句话也是在担心孩子："坠楼的孩子好着没"，他的举动告诉我们社会充满了爱。

有一种爱心叫做临危不惧，有一种勇敢叫做见义勇为。2016年，22岁的"托举哥"王少华徒手接住2岁坠楼男童的感人故事感动了这个城市。人们在赞许他的同时，也为他勇敢的举动竖起了大拇指。他挽救的不只是一个生命，同时也挽救了一个家庭，他用行动温暖整个城市，而这种行动还在城市中继续……

他在危险的瞬间毫不犹豫去救人，托举起了向善的力量。让我们感受到了这个"90后"小伙子身上那朴实无华的大爱，"托举哥"用行动诠释了人性的真、善、美。

岳淑莲，女，1964年生，兰州悦达通讯有限公司董事长。创业至今30年，是诚信让她改变了命运，开辟了实现梦想的通道，是诚信将农家女塑造成今天的企业家。

在多年的经营中，岳淑莲始终遵循"顾客满意我荣耀"的宗旨，"用户是企业的上帝，信誉是企业的生命，质量是发展的根本"的行为准则。在"水货手机"超级暴利的时代，她毅然决然与正规外贸品牌手机商合作，严格恪守"正牌正品、假一赔十"的经营理念，严把产品进货关、质量关、销售关、服务关，在客户群中赢得了"正品公司""平价公司"的美誉。公司下设70多家手机综合卖场、20多个手机专卖体验店、3个手机售后维修中心、1个客户服务中心、在全省发展1000余家合作经销商，公司2016年营业额达5亿元，利润347万元，缴纳税款1179万元。"吃水不忘挖井人，致富不忘共产党"。在不断发展壮大自身企业的同时，不遗余力地投入社会公益事业，切实履行社会责任，多年来为兰州市"五保户"住房爱心工程、"一企帮一村、共建新农村"、农村老人光彩幸福院建设及阳光助学、抗震救灾等爱心活动累计捐款捐物达200多万元，解决千余人的就业问题。与此同时，她始终将团队精神作为企业文化建设的核心内容，创建了员工发展基金，成立了"员工困难救助基金"，已资助困难员工10多万元；推出"孝行天下，大爱无疆"活动，设立了"孝心基金""教育成长基金"，累计为千余员工支出培训费200多万元；成立"大学生就业创业实习基地"，为见习生发放生活补贴10万余元。她的公司被国家工商总局授于"反欺诈反假冒伪劣讲诚信"试点单位，她个人先后获得"甘肃省百名青年特殊贡献奖""兰州十大创新人物"等称号。

30年来，她恪守"悦人达己、悦己达人"的双赢原则，视顾客为上帝，视员工为亲人，视企业为家，用企业家的真诚情怀诠释"悦人达天下"的大爱！

张荣庭，男，1947年生，兰州兰石医院退休医生。他曾在黄河中、泳池及水塘中先后救过9人，这位年近七旬的老人，对救人的事他从不提起，不计报酬，甘当无名英雄。

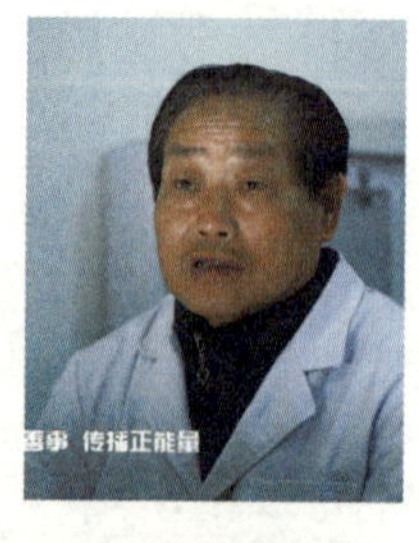

2015年7月20日，在七里河区黄河大桥南滨河路以西200米处，一名男孩在黄河一小岛边游泳时，由于黄河涨水，不慎卷入黄河河心，看到险情后，毫不犹豫的跃身跳入黄河中，不顾个人安危，不顾体力不支，拼尽全力向男孩游去，在男孩马上就要沉下去的危机时刻，抓住男孩，顺黄河水流方向逐渐靠岸救起。上岸后，张医生已是精疲力尽，全身无力，但是作为医生的他知道，时间就是生命，多一分钟抢救，这个孩子就多一份生还的希望，他拖着疲惫的身躯，咬紧牙关，马上对男孩进行心肺复苏，正是由于救助及时、抢救及时，一个17岁鲜活的生命，被张医生从死神手中夺回。当谈起这次救人的经历，他显得很平淡，对待旁人给予的赞扬也表现得很谦虚，始终重复着那句话：举手之劳，干嘛不帮人一把呢。通过对张医生的身边同事的了解，舍己救人的事已经不是第一次了，而每次救完人他都默默的走开，没有跟任何人提起，没提出过任何报酬，甘当无名英雄。"廉颇老矣，尚能饭否"，古稀之年的他，始终坚守着高尚的道德情操，舍己救人、助人为乐，传承着中华民族五千年的优秀传统美德。

王俊，男，1969年生，中共党员，现就职于中核集团兰州铀浓缩有限公司。19年来，他累计献血144800毫升，被称为无偿献血达人。

19年来，王俊同志在繁重的工作之余，几乎把所有的休息时间都投身到社会公益事业上，无偿献血志愿服务累计时间达3000小时以上。自1998年11月第一次无偿献血起，坚持无偿献血，献血次数已达到152次，(其中捐献全血38次，13600毫升，捐献机采血小板114

次，164个单位治疗量），共累计献血总量达到了144800毫升。如果按一个成年人全身血量为5000毫升计算，他献的血是他全身血液的29倍。如果按救助一个病人平均需要1000毫升血液计算，他所献的血已能救活145个病人。王俊的献血之路也不仅仅局限于兰州一地，当他出差、旅游、探亲等在外地时，他也不忘献出自己的一份份爱心，他的爱心献血遍布北京、天津、西安、成都、长沙、太原、西宁、银川等全国20多个城市。在他的感召下，已有100多位爱心人士加入到无偿献血者队伍。

2013年9月17日，经过严格的检查化验，王俊同志光荣的成为了中华骨髓库志愿者。2016年9月6日，王俊自愿在甘肃省红十字会签订并办理了无偿捐献遗体、无偿捐献全部器官的志愿书。

兰州铀浓缩有限公司奖励“兰州好人” 王俊5000元，他除了这5000元奖金外，自己又拿出5000元，共计10000元现金全部捐献给了甘肃省临洮县窑店镇小学的贫困学生。近30年来，爱心捐款共计65000余元，捐衣物120多件。十九年如一日，王俊同志用他一贯的爱心，不断地传递着正能量，创造了令人敬佩和感叹的精神财富。19年来，血液中心如同他的第二个家，他用爱心、善举、无私和大爱筑成一座座血液的桥梁，架于心间，传播红色正能量。

【“陇原工匠”和全国五一劳动奖章获得者】

首届“陇原工匠”获得者：卢朝鹏

卢朝鹏，男，43岁，中共党员，192年参加工作。中国石油兰州石化公司炼油厂催化二联合车间催化装置二班班长，高级技师、公司技能专家、卢朝鹏劳模创新工作室负责人，甘肃省总工会兼职副主席。主要技术成果《300万吨/年重催装置烟机出入口管线优化改造》项目获兰州石化公司科技成果一等奖。他带领技术骨干编写完成的《重油催化裂化装置停工导则》，为催化装置安全停工准备奠定了基础。2008年，他荣获中国石油天然气集团公司技能大赛金奖；2010年，获“全国劳动模范称号”。他带领的催化二班曾荣获2006年“全国职业道德先进班组、”2010年“全国劳动竞赛先进班组”“中央企业红旗班组”等荣誉称号，他们提出的催装置烟机汽轮机增加功率方法使4台机组平均多回收能量3000千瓦，年经济效益可达984万元。

全国五一劳动奖章获得者：孙建民

孙建民，男，兰州石化公司维达公司钳工，荣获2016年度“全国五一劳动奖章”。他多次荣获中油集团公司劳动模范、优秀共产党员、“十大杰出员工”等荣誉称号。28年来，他一直从事检维修工作，在工作中踏实肯干，技术上精益求精，凭着一股顽强拼搏的斗志、刻苦钻研的劲头和不屈不挠的精神，扎根在平凡的岗位上，使自己从一名学徒工成长成为一名优秀的班长、生产骨干和技术能手，获得诸多荣誉。2010年，他荣获集团公司劳动模范称号；2013年、2015年被评为兰州石化公司劳动模范；2014年被评为集团公司优秀共产党员；2015年被评为兰州石化公司模范共产党员，同时，连续两届被评为兰州石化公司“十大杰出员工”。

荣誉榜

【全国绿化先进单位】 安宁区以“生态宜区”工程建设为载体，持续推进“城市园林绿化”“北山森林生态景观”“生态重点项目建设”等系列工程，开展全区范围内植树造林，多渠道添绿、多层次植绿，不断扩大绿化总量等方式拓展绿化空间，着力实现“全区森林化、城市园林化、道路林荫化、乡镇全绿化、村庄林果化、田园景观化”的城乡良好生态格局。

2016年12月，兰州市安宁区生态建设管理局被全国绿化委员会、人社部、国家林业局三部委授予“全国绿化先进集体称号”。

【全国先进社科组织】 兰州社科院应用对策性研究取得重大进展，以城市社科院引领城市文化发展为主要课题；以城市社科院提升城市学术水平的主要内容，加强文化阵地建设，开展文化交流，加强文化人才队伍建设，起到服务地方文化发展的决定作用；同时加大咨政服务能力建设，提升兰州市经济社会发展的重要职能。2016年10月参加在济南市举办的全国城市社科院第26次院长联席会议，被评为“全国城市社科院先进单位”，同年参加在株洲市承办的全国大中城市社科联第27次工作会议，被授予“全国先进社科组织”荣誉称号。

县区概况

城关区

【概况】 城关区因唐、宋、明、清兰州城池关城而得名。位于兰州河谷盆地东部，是甘肃省会兰州市的中心区，是全省的政治、经济、科技、教育、文化、交通中心，是全国唯一省、市、区三级党政军机关集于一地的县区，全区总面积207.83平方公里。2016年末，全区辖24个街道、151个社区（村社区）、18个行政村，常住人口130.52万人。有回族、满族等52个少数民族。

黄河自西向东穿城而过，流经本区18公里。境内平均海拔1520米。属北温带半干旱大陆性气候特征，市区年均气温11.2℃，年均降水量327.8毫米，蒸发量1437.7毫米，全年日照时数平均为2446小时，无霜期180天以上，年平均相对湿度56%。辖区内有五泉山公园、水车博览园、黄河铁桥等自然人文景区。全区大中型商场拥有量占全市的80%以上，兰州东部批发市场等5个大型市场跻身“全国同类市场100强”。区内有兰州大学、中科院兰州分院、中国航天科技集团公司510研究所、中国农科院兰州兽研所等著名科研院所124家。有《读者》《丝路花雨》《大梦敦煌》及兰州太平鼓等一批文化艺术成果。

2016年，实现地区生产总值853.65亿元，增长9.3%。其中一、二、三产增加值分别为2.15亿元、116.69亿元和734.81亿元，同比分别增长5.2%、5.5%和9.9%；完成社会消费品零售总额687.96亿元，同比增长9.55%。完成城镇固定资产投资408.22亿元，同比增长9.1%。完成公共财政预算收入35.77亿元，同比增长22.23%。

【农业农村经济】 全区实现农林牧渔业增加值2.24亿元，同比增长5%。其中，农业增加值1.9亿元，同比增长4.57%；林业增加值0.14亿元，同比增长17.42%；牧业增加值0.11亿元，同比增长6.48%；农林牧渔服务业增加值0.09亿元，同比下降0.3%。全年粮食总产量达477吨，同比下降33.47%。蔬菜播种面积2.64万亩，同比增长1.8%，产量9.55万吨，同比增长1.27 %。年末，生猪存栏3209头，同比增长8.56%，出栏6091头，同比下降7.52%；牛1788头，同比增长1.02%，出栏340头，同比增长13.71%；羊存栏5307只，同比增长0.76%，出栏2619只，同比增长1.12%；家禽存栏1.06万只，同比下降5.36%，出栏2.8万只，同比增长76.1%。畜产品肉产量599.25吨，同比增长4.15%；牛奶产量4504吨，同比下降0.53%；鲜蛋产量100.8吨，与上年持平。

【工业和建筑业】 全年实现工业总产值166.88亿元，同比下降105%，增速同比下降145个百分点。其中，规模以上154.6亿元，同比下降11.9%，增速同比下降15个百分点。实现工业增加值49.4亿元，同比增长3.5%。其中，规模以上45.4亿元，同比增长3.1%。轻工业实现47亿元，同比下降6.9%；重工业实现107.6亿元，同比下降13.9%。

全年资质内建筑业实现产值46093亿元，同比下降539%。其中，产值上亿元的企业有40家，产值为41851亿元。实现增加值6795亿元，同比增长7.3%。全年房屋建筑施工面积达2085.04万平方米，同比增长1.61%；竣工面积530.92万平方米，同比下降12.19%。建筑企业全年在省外完成产值142.07亿元，占全部产值的30.82%。

【固定资产投资】 全年完成城镇固定资产投资408.22亿元，同比增长9.1%。其中，项目投资227.19亿元，同比增长2.56%；房地产开发投资181.03亿元，同比增长18.6%。从投资构成看，建筑工程258.4亿元，同比下降3.04%；安装工程36.04亿元，同比增长76.4%；设备工器具购置68.97亿元，同比增长19.66%；其他费用44.81亿元，同比增长51.44%。从三次产业投资看，第二产业实现投资26.85亿元，同比增长22.16%，占6.58%；第三产业实现投资380.76亿元，同比增长8.12%，占93.27%。

【项目建设】 全年实施100个项目中，开工项目85项，完成投资196亿元。酒钢会馆及资金结算中心、伊真置业广场等12个项目均已竣工。盛达金城广场、省人民医院住院部二期等9个市列重大项目全部开工建设，完成投资51亿元。甘肃农村信用社综合办公大楼等27个项目主体封顶。

【房地产开发与销售】 全区房地产开发投资增速达18.6%，比全区城镇固定资产投资增速高9.5个百分点。按房屋用途分，住宅投资113.25亿元，同比增长19.63%；办公楼投资29.04亿元，同比增长149.48%；商业营业用房投资21.92亿元，同比下降31.56%，其他投资16.82亿元，同比增长17.79%。全年实现商品房销售面积410.82万平方米，同比增长23.84%；销售额301.19亿元，同比增长27.94%。其中，住宅面积349.05万平方米，同比增长10.13%，销售额236.46亿元，同比增长10.66%；办公楼面积37.03万平方米，同比增长480.41%，销售额40.25亿元，同比增长277.58%；商业营业用房20.65万平方米，同比增长201.46%，销售额22.61亿元，同比增长168.21%；其他4.09万平方米，同比增长162%，销售额1.87亿元，同比下降29.17%。

【商贸流通】 全年批发零售和住宿餐饮业实现销售额（营业额）1925.36亿元，同比增长17.15%。实现社会消费品零售总额68796亿元，同比增长9.55%。全年有51户批发零售住宿餐饮企业达到限上标准，通过申报纳入统计范畴。其中，甘肃公航旅国贸公司、红星美凯龙家居广场、甘肃联升餐饮食品有限公司（麦当劳）等3户企业全年实现销售（营业）额近200亿元。亿元市场14家，全年实现成交额197.23亿元，营业面积91万平方米，总摊位数达11290个。

【旅游业】 全年接待旅游人数3016.6万人次，同比增长29.08%；实现旅游总收入271.75亿元，同比增长33.3%。举办兰州国际马拉松、兰洽会、城关区文化旅游节、冰雪欢乐节及文明旅游等大型主题宣传活动等节会。

【财政与金融】 全区实现地域性财政收入257.18亿元，同比增长6.66%。全年公共财政预算收入35.77亿元，同比增长22.23%。其中，税收收入30.86亿元，同比增长22.25%，占公共财政预算收入的86.27%；非税收入4.91亿元，同比增长22.13%，占公共财政预算收入的13.73%。全年公共财政预算支出50.94亿元，同比增长11.1%。金融机构人民币各项存款余额为5551.58亿元，同比增长10.55%；人民币各项贷款余额为4180.06亿元，同比增长18.58%。

【科技与教育】 全年科技经费投入达4308万元；推荐申报国家、省、市科技项目78项，其中32项获得上级科技部门立项支持，立项金额503万元；开展"知识产权校企百日服务活动"，印制《知识产权普及知识读本》10万册，向区属中小学生发放6万余册，向企业、辖区居民发放1万余册，深入企业开展知识产权服务50余次；开展科普大篷车"三进"活动60次，受益人数42000余人（次）；万人发明专利拥有量达14.71件，高出市平均量0.76件。年末辖区内拥有各级各类学校140所，在校学生133532人，教职员工8964人，其中专任教师8177人；幼儿园276所，在园幼儿38720人，保教职工5250人，新审批7所民办幼儿园，增加学位600余个。启动并开展"创新'三师一建'品牌，打造'四优'教育生态"系列活动，举办"生本教育"启动会、城关区教育系统弘扬苏雁芝教育思想传播师德正能量沙龙活动，城关区名校长、名师、名班主任大讲堂以及"走进身边的好学校"观摩活动等近20项，推动师德师能水平不断提升。率先在全省开展"智慧教育"、科技类活动室建设，推动教学方式、教研方式、管理方式、学习方式的信息化、现代化。建成全省首个教师发展培训中心，作为封闭式教师培训基地，累计开展培训17期，培训人数达1000余人。

【文化体育】 年末，全区登记在册群众文化队伍206支，参与人数8679人，文化志愿者2516人。组织各类文化活动共计60余场100余支团队，近5万人次参加。举办第十一届金城社区艺术节、第四届合唱高级研修班等活动，累计参与人数5000余人。文化市场经营场所共计287家。其中，娱乐场所49家、营业性演出场所16家、图书报刊经营场所151家、打字复印店经营场所41

家、音像制品经营场所29家，接收卫星传送境内电视节目许可1家。全区有国家级文保单位4处，省级文保单位10处，市级文保单位3处，区级文保单位4处。年末举办群体竞赛活动168场次，参与人数77240人（次），圆满完成兰州国际马拉松赛等品牌赛事保障任务。

【医疗卫生】　全年儿童“五苗”接种率达到95%以上，传染病疫情直报符合率达到100%。积极开展妇幼保健工作，全年育龄妇女妇科病筛查9954例，筛查率达91.33%；7岁以下儿童健康指导52367人，管理指导率91.54%；0~3岁健康指导28630人，指导率83.41%。65岁以上老人健康体检32594人（次），体检率达到61%；开展养生保健知识专题讲座和座谈交流846场（次）25375人（次）；举办各种主题“健康沙龙”活动3954场（次），活动受益57071人（次），社区居民健康知识知晓率达75%以上。

【生态建设】　年末，全区取缔小火炉1635台，出动执法人员3085人（次），执法车辆3674台（次），下发《责令整改通知书》838份，暂扣渣土及商砼车辆50余辆，空气质量达标天数237天。综合实施水污染防治，加快水体生态修复，辖区内地表水、地下水、年度水质达标率均为100%。噪声污染防治工作取得成效，全区交通干线噪声平均等效声级为69分贝，区域环境噪声昼间平均值为55分贝，“环境噪声达标区”达到国家区域环境噪声质量标准。工业固体废物处置率达到90%以上，放射性同位素与射线装置辐射安全许可证持证率达100%。

【人民生活与社会保障】　全年实现城镇居民人均可支配收入33399元，增长9.4%；农村居民人均可支配收入20780元，增长7.9%；城乡居民收入比为1.6∶1。城镇居民家庭恩格尔系数为30.43%，农村居民家庭恩格尔系数为32.98%。全年完成城镇新增就业55548人，安置困难人员就业3193人，城镇登记失业率为1.91%；完成职业技能培训14030人，创业培训1870人，岗位技能提升培训3310人，职业技能鉴定1995人；输转劳动力8662人，劳务收入16315万元；聘请知名企业家、成功创业者、创业投资人举办各类创业活动201场，培训、指导10000余万人（次）。全年参保单位达3628户，参保人数为98987人，征缴养老保险费104286万元，发放企业退休人员基本养老金86545万元，养老金社会化发放率、按时足额发放率均达到100%。全年基本医疗保险基金征缴额37357万元，全区参加基本医疗保险人数为571314人，其中参加城镇职工、城镇灵活就业人员、城镇居民人数分别为93838、26045、451431人。被征地农民养老保险工作有序开展，累计参保人数达到17347人，这些参保人员均按规定足额缴清养老保险费用，其中已有7148人按月享受基本养老金待遇。城镇基本医疗保险待遇审核稳步推进，审核住院病历共计60710份,其中职工病历37390份，居民病历23320份，住院病历审核合格率达到98%以上。审核城镇职工、居民长期门诊待遇14873人（次）（其中职工13436人（次），居民1437人（次），城镇职工长期门诊待遇初审合格率达99.46%，城镇居民长期门诊待遇初审合格率为99.51%。

领导名录

区　委

书　记　王　宏（8月免）
　　　　韩显明（8月任）
副书记　张永财
　　　　高文阳（12月任）
　　　　寇桂杰（12月任）
　　　　郭海泉（挂职）
常　委　王　宏（8月免）
　　　　张永财（12月免）
　　　　寇桂杰
　　　　伏禄代（12月免）
　　　　肖正明（12月任）
　　　　赵国钧　杨斌宏　张　森
　　　　陶　军（10月免）
　　　　朱家鹏　荆　都（挂职）

区人大

主　任　高　星（12月免）
　　　　冯广宸（12月任）
副主任　赵银生　李春玲　徐安全
　　　　闫　琳　郭建中　颜春生
　　　　姜惠琴（12月任）

区政府

区　长　张永财（12月免）
　　　　高文阳（12月任）
副区长　陶　军　荆　都　付松华
　　　　陈一夫　肖正明　鲍海涛

区政协

主　席　冯广宸（12月免）
　　　　伏禄代（12月任）
副主席　姜惠琴（12月免）
　　　　张　军　党瑞舫　王　满
　　　　张盛明　王金明
　　　　赵　彬（12月任）

（赵文娟）

七里河区

【概况】　七里河区地处兰州市中南部，介于东经103° 37'~103° 54'，北纬35° 50'~35° 06'。东与城关区交界，东南与榆中县接壤，南与临洮县接壤，西邻西固区、临夏州永靖县，北临黄河。东西最大距离21公里，南北最大距离33公里，全区总面积397.25平方公里。其中拥有林地12.6万亩，林木覆盖率25.48%；有效管护天然林7.21万亩。2016年全区总人口62.9万人，自然增长率为4.74‰。2016年辖9个街道，1个乡，5个镇。有汉族、回族等45个民族。

境内资源有煤炭、石英石、石灰石、坩土、沙石、路标石以及地热等7种。阿干镇煤矿可开采的煤炭只剩下0.0348亿吨。另有石灰石储量0.04亿吨，砂子2亿立方米，天然卵石约1亿立方米，路标石有0.5亿立方米，坩泥0.2亿吨，石英矿储藏量1亿吨。探明瓜州路有地热，井深2300米，水温63.5度，富含偏硅酸、氟、铁、偏硼酸等多种微量元素。西部欢乐园地下2500米处，水温60度左右。

全区实现地区生产总值414.6亿元，同比增长7.1%，其中第一产业累计完成5.45亿元，同比增长5.7%；第二产业累计完成161.7亿元，同比增长1%；第三产业累计完成247.47亿元，同比增长12.1%；社会消费品零售总额累计完成215.38亿元，同比增长10.03%；固定资产投资总额累计完成274.9亿元，同比增长15.37%；城镇居民人均可支配收入达到28260元，同比增长9.8%；农村居民人均可支配收入达到15506元，同比增长7.9%；完成公共财政预算收入17.97亿元，同比增长25%；八项支出合计26.27亿元，同比增长23.13%。

【交通运输基础设施建设】 牢牢把握新机遇，全力抓好公路建设、养护、路政等工作。全市农村公路通畅工程项目9项18.104公里。其中S101至侯家峪，全长2.6公里；G212至周家山，全长2.8公里；王家窑至尖山林站，全长3.8里；赵家洼至石窝头，全长0.5公里；中庄六组至西黄公路，全长0.6公里；G309至陈家沟，全长1.703公里；王家庄至改板沟，全长3.01公里；鲁家村道全长1.663公里，都已完工。阿干镇大草洼村组道路全长5.2公里，年内完成主体工程。

“一事一议”项目26项，财政奖补资金867.8万元。完成道路工程项目12项，共计23.1公里；桥梁工程项目1项，即侯家峪便民桥；文化广场项目5项，共计8900平方米；村道亮化工程8项，共计安装路灯327盏。农村公路计划列养里程362.04公里。

【农业农村经济】 2016年农业增加值完成 5.45亿元，增速为5.7%，农村居民可支配收入完成15506元，增长7.9%。蔬菜面积达到13.92万亩，蔬菜产量完成25.2万吨，其中百合产量完成2.82万吨。全区畜禽饲养量达到45.6万头（只）。设施农业建设稳步推进，今年新增设施农业532亩，其中日光温室202亩，占计划100亩的202%。培训农民0.51万人（次）。在西果园镇、黄峪乡、魏岭乡等乡镇推广全膜双垄沟播技术面积3.02万亩，建立2个千亩示范点，5个鲜食玉米示范点。不断完善加强提高“农民田间学校”工作。加强动物疫病防控工作，全年无动物重大疫情发生。

【工业经济】 2016年工业增加值121.16亿元，同比下降1%。战略性新兴产业增加值同比增长15.7%，占GDP比重达15%。预计实现战略性新兴产业增加值65.28亿元，其中：工业10亿元，信息产业1亿元，其他现代服务业54.28亿元。完成重点建设项目5个，引进项目3个，培育上规入库企业7个。实现非公经济增加值275.23亿元，同比增长13%。实现行政村光纤网络覆盖率达到100%，城市家庭20mbps及以上宽带接入能力达到95%，4G网络覆盖率达到95%；为民兴办实事之农村普遍服务建设项目涉及的29个行政村已实现光纤网络100%全覆盖。对符合项目备案条件的大方电子新能源功率预测预报系统项目、真空设备ZRX-750-12W火箭喷管真空正压钎焊炉开发项目等5户工业投资项目予以备案登记。完成兰州兰石集团有限责任公司、青岛啤酒（甘肃）农垦股份有限公司、甘肃兰驼集团有限责任公司等22家企业的出城入园搬迁改造工作。

【招商引资】 全区执行招商引资项目168个，总投资额977.06亿元，引进到位资金281.07亿元。全区共凝炼包装重点招商推介项目40项。第22届“兰洽会”全区签约项目共计32项。重点跟踪落实近三届（第20、21、22届）“兰洽会”签约项目57项，占年度目标任务51项的111.76%。已实施54项，履约率94.74%；已开工建设50项，开工率87.72%；已建成运营18项，建成率31.58%；引进到位资金279.31亿元，资金到位率48.72%。

【城乡建设】 全年完成建筑业总产值完成274.06亿元，与2015年241.96亿元同比增长13.3%，为近郊4区第一，建筑业增加值完成41.26亿元，比上年同期增长7.3%；向上争取资金7158.52万元；完成八里镇、阿干镇、西果园镇总体规划和控制性详细规划的修编工作和特色小城镇概念性规划，完成石佛沟景区重点区域修建性详细规划；维修小街巷25条，面积854平方米；维修维护消火栓315个；完善《七里河区建设工程施工现场管理办法》和《七里河区停工建设项目复工验收方案》，共审查办理121家施工工地的开复工手续；完成“一事一议”项目26项，投资867.8万元；完成村道亮化工程8项，安装路灯327盏，投资130.8万元；完成93户农村危房改造任务，并已通过验收。打击非法营运工作，共出动执法人员6161人（次），查扣涉嫌违法车辆1343辆，处理1069辆，收缴罚没款1827.4万元；完成马泉村黑沟村小组道路硬化和文化广场建设，对阿干村3个村小组以及马泉村共计553户农户进行了深入细致的摸底登记。

【旅游产业发展】 全年全区实际接待游客750.9万人次，同比增长33%；实现旅游总收入59.24亿元，同比增长32.9%。其中乡村旅游接待游客85.2万人（次），同比增长29%，乡村旅游总收入1.5亿元，同比增长30%。积极争取资金，为石佛沟国家森林公园风景区争取扶持资金300万元、为水车园争取扶持资金30万元、为沈家岭红色旅游项目争取扶持资金30万元。

【项目建设】 全年，全区共开工建设各类项目463项，总投资553.3亿元，完成投资235.72亿元。组织申报各类项目资金，共争取到各类资金5.6亿元。实行重点项目县级领导包抓责任制，拟定50个区列重点项目，开工项目35个，完成投资83.3亿元。加快兰石豪布斯卡、兰州中心、黄河楼等重大项目建设，其中海德堡极地海洋馆已投入使用。

【环境保护与治理】 全年全区空气质量优良天数达到243天。七里河区职工医院国控监测点位可吸入颗粒物年日均值为132微克/每立方米、细颗粒物年日均值为56微克/每立方米、二氧化硫年日均值为15微克/每立方米、二氧化氮年日均值为58微克/每立方米。水环境质量：七里河区包兰桥断面全年水质稳定达到国家三类水质要求，乡镇集中式饮用水水源地饮用水水质达标率为100%。声环境质量：辖区交通干线噪声为68.0分贝（A），区域环境噪声为54.9分贝（A）。污染减排：全面完成了2016年主要污染物总量减排指标。

【城市管理】 全年，在城市管理行政执法方面对辖区内户外广告牌匾展开专项整治，开展户外广告专项整治行动，对工林路、小西湖等路段几处楼顶的违规大型户外广告依法予以拆除，共拆除户外广告2179平方米，规范门头牌匾762平方米。对上、下西园区域内的22家活禽市场，3家私屠乱宰户进行强制清理取缔，解决上、下西园禁养区内活禽交易市场，宰杀生鸡等顽疾。对工林路和骆驼巷铁路沿线的“私屠滥宰”和非法加工“黑窝点”实施“零点清零行动”。对土门墩、秀川桥以东主干道两侧的夜间餐饮业环境污染行为进行联合整治，通过整治全区主次干道，夜间街面秩序明显好转，市容环境进一步优化。

2016年本地区国民经济和社会发展主要指标

项目	亿元	完成数	比上年增长（%）
生产总值	亿元	414.6	7.1
第一产业	亿元	5.45	5.7
第二产业	亿元	161.7	1
工业	亿元	121.16	–1
建筑业	亿元	41.26	7.3
第三产业	亿元	247.47	12.1
固定资产投资总额	亿元	274.9	15.37
地方财政收入	亿元	46.97	11.1
社会消费品零售总额	亿元	215.38	10.03
固定资产投资总额	亿元	274.9	15.37
城镇居民人均可支配收入	元	28260	9.8
农村居民人均可支配收入	元	15506	7.9
地区性财政收入	亿元	46.97	11.1
公共财政预算收入	亿元	17.97	25
财政支出	亿元	32.38	37.7
八项支出合计	亿元	26.27	23.13

【文化体育事业】 全年，七里河区文化产业共完成增加值5.93亿元，增速18.84%，资产总计达到27.76亿元，单位数294个，从业人员4660人。完成22个全省体育惠民工程和为民兴办实事的6个乡村舞台全部建设；承担的兰州市为民兴办实事的19条全民体育健身工程以及七里河区为民兴办实事的12条全民体育健身工程全部完成。9月为18个行政村补充图书2000多册，丰富了各村图书数量和种类。

【科技与教育】 全年申请专利登记1165件，同比增长43.30%，发明专利万人拥有量达到8.11件/万人。万人发明专利拥有量这项指标连续两年全市排名第一；财政科技投入2893万元，占本级财政支出的比例为1.44%。超额完成市列目标任务，全市排名第二。省级百合示范园区建设工作完成，成立兰州百合产业技术创新联盟，组织申报关于百合研发的科技项目，建成爽口源和甜甜两个百合脱毒种球育苗中心，建成西果园堡子村和魏岭白家岘百合标准化种植基地，建成甜甜百合展示厅，引进米家山和鹏成2家百合深加工生产线。全年联合各乡镇举办各类实用技术培训班52期3100

人（次）。

全区九年义务教育巩固率99.9%。投入580余万元，继续实施农村义务教育学生营养改善计划，惠及全区所有农村学校6483名学生；投入120余万元，继续实施“热饭工程”，解决农村学生中午不能回家吃饭的1505名学生就餐困难；投入96万元，实施校车工程。大力实施第二期学前教育发展三年行动计划，强化辖区各类幼儿园教育教学管理，完成18个行政村幼儿园建设任务。建成省级示范性幼儿园2所，省级一类幼儿园4所。

2016本地区基本情况

项目	数量	项目	数量
年末户籍人口（万人）	62.9	高等学校（所）	4
年末常住人口（万人）（省统计局反馈）	57.01	在校学生（人）	
外来人口（万人）		中等学校（所）	7
户数（万户）		在校学生（人）	
全年出生人口（万人）		中学（所）	22
人口自然增长率（%）（省统计局反馈）	5.21‰	在校学生（人）	17795
区域面积（平方公里）	397.25	小学（所）（含教学点）	85
年末耕地面积（公顷）	10093.33	在校学生（人）	32581
街道（个）	9	幼儿园（所）	149
镇（个）	5	在园幼儿（人）	18729
乡（个）	1	公共图书馆（家）	1
居民委员会（个）	78	文化馆（站）（家）	11
村民委员会（个）	59	影剧院（场）（家）	6
城镇登记失业人数（人）		博物馆、纪念馆（家）	2
新增就业岗位数（个）		全国重点文物保护单位（家）	2
公园绿地面积（公顷）	434.56	省级文物保护单位（家）	9
人均公园绿地面积(平方米）	10.08	国家级非物质文化遗产（项）	0
绿化覆盖率（%）		省级非物质文化遗产（项）	5
公园（个）	4	A级旅游景区（家）	2
医疗卫生机构（所）	409	体育场馆（家）	1
区（县）级医院（所）	8	私人轿车（辆）	
卫生机构床位数（张）	6623	各类矿产（种）	
医疗卫生技术人员（人）	5983	境内有各种植物(种）	32科64属174种植物
执业医师（人）	2533	年平均气温（摄氏度）	10.5
年降水量（毫米）	360	海拔（米）	2495

【精准扶贫】 全区共安排使用财政专项扶贫资金3530.56万元（中央资金540万元，省级资金568万元，市级资金530万元，区级资金1892.56万元）。区财政局、扶贫办、城投公司联合实施精准扶贫专项贷款工作，为全区所有建档立卡贫困户每户发放贷款5万元，共计发放贷款5575万元，实现全区建档立卡贫困户精准扶贫专项贷款全覆盖。全面完成21个市级重点贫困村和18个区级涉贫村脱贫任务，贫困发生率由2011年的16.83%预计下降到2016年底的0.44%。

【就业及劳务工作】 全年输转劳动力21076人，占年任务2万人的105%；创劳务收入4.36亿元，占年任务4.0666亿元的107%。城镇新增就业25493人，占年任务17500人的146%；城镇登记失业率为1.93%，控制在4%的目标之内；安置困难群体就业1580人，占年任务970人的163%。全年培训各类劳动力共9083人，占年任务7360人的123%。全年举办各类用工洽谈会28场，发布用工信息1.46万余条，吸引2.4万名求职者应聘，促成4938人实现就业。全年发放金额6875万元，占年任务6400万元的107%（含“万企计划”496笔），带动就业创业2745人。全年发放公益性岗位补贴5912.94万元，完成2015年1366名灵活就业人员及705名公益性岗位人员社保补贴审核及发放工作，共发放社保补贴499.57万元。同时，严格落实大学生进企业服务生活补助及应届大学生灵活就业人员社保补贴政策。截至年底，为44名进企业服务大学生发放生活补助金22.8元。

【社会保障工作】 全年累计征缴城镇职工基本养老保险基金67226万元；累计发放城镇职工基本养老金35827万元；累计征缴城镇职工基本医疗保险基金9765.25万元；累计征缴失业保险基金851.8万元；累计征缴生育保险基金306.65万元；累计征缴城镇居民基本医疗保险基金2405万元；城乡居民养老保险参保54272人，参保率98.35%，累计征缴基金960万元；累计发放养老金

2252.97万元，发放率100%。

落实城乡最低生活保障，保障城市低保对象78702户（次）163225人（次），发放低保金6294.28万元；保障农村低保对象15849户（次）36786人（次），发放低保金57842万元；保障农村“五保”供养对象244户244人，发放供养资金124.55万元。落实城乡医疗救助，2016年保障医疗救助对象33767人（次），全年累计发放救助金823.89万元。保障养老服务体系建设实现新发展，2016年虚拟养老服务总量近11万人（次），比去年增加57%。农村互助老人幸福院的覆盖率达到56%，贫困村农村幸福院实建4个，覆盖率为50%。

领导名录

区　委

书　记　石镜如（4月止）
　　　　魏晋文（4月任）
副书记　赵同庆（9月任）
　　　　高全铭（10月止）
　　　　杨建英（11月任）
常　委　石镜如（4月止）
　　　　魏晋文　赵同庆
　　　　高全铭（10月止）
　　　　杨建英　赫　莉（女）
　　　　高佑军（12月止）
　　　　杨曾涛（12月任）
　　　　贺　伟
　　　　赵海峰（11月止）
　　　　袁志学（11月任）
　　　　马永军（11月止）
　　　　车培东（11月任）
　　　　高希明（11月任）
　　　　张长霖（11月任）
　　　　赵增国
　　　　刘翔宇（挂职，11月任）

区人大

主　任　郑元平
副主任　吴成功（11月止）
　　　　张建学（11月止）
　　　　张向东（11月止）
　　　　刘建平（1月止）
　　　　田晓明　王海风（女）
　　　　魏宗仪（1月任）
　　　　何能斌（11月任）
　　　　王应宏（11月任）
　　　　黄　林（11月任）

区政府

区　长　魏晋文（4月止）
　　　　赵同庆（12月任）
副区长　孙　洋（4月止）
　　　　魏丽红（女，12月止）
　　　　白万恩（6月止）
　　　　车培东
　　　　郭璐巍（挂职）
　　　　屈春军（挂职）
　　　　郑　龙（挂职）
　　　　刘翔宇（挂职，11月任）
　　　　周　伟（挂职，11月任）
　　　　肖　矛（12月任）
　　　　吴文山（12月任）
　　　　和　劼（女，12月任）

区政协

主　席　巴怀亮（11月止）
　　　　高佑军（12月任）
副主席　郎巧莉（女）
　　　　宗兴林（11月止）
　　　　宗永福（11月止）
　　　　季　霞（女）　安少平
　　　　黄启明
　　　　尉德仓（12月任）
　　　　俞树山（12月任）

（程晓朝）

安宁区

【概况】　安宁区地处甘肃省兰州市西北黄河北岸，自古素有金城西北门户，介于东经103° 34′ ~103° 47′，北纬36° 5′ ~36° 10′ 之间。东起九州台白土梁一带与城关区毗邻，西至虎头崖与西固相接，南邻黄河与七里河、西固隔河相望，北依九州台、大青山、仁寿山、凤凰山与皋兰县接壤。东西长19.6公里，南北宽2.7至7公里，全区总面积82.33平方公里。上年末，全区共辖8个街道办事处59个社区。总人口35万人，有汉、回、蒙古、满、藏等29个少数民族。

境内依山傍河，东西两侧高，中间低缓，呈马鞍形，形成狭长河谷平原—安宁平原。海拔1517.3米至2067.2米，相对高差550米。内陆性气候特征明显，日光充足，气候宜人。年降水量349.9毫米，年蒸发量1664毫米。年平均气温8.9摄氏度。年日照2476.4小时，无霜期171天。主要自然灾害有霜冻、冰雹和风灾。区内有西北师范大学等17所大中专院校、农科院等2所科研机构，有各类科技人才3万余人。盛产蜜桃，是闻名全国的四大蜜桃生产基地。有天斧沙宫等人文自然景观。已连续举办33届的“中国·兰州桃花旅游节”在省内外享有盛名。

年生产总值实现161.17亿元，同比增长7.8%。第一、第二、第三产业增加值分别完成0.16亿元、72.13亿元、8.88亿元，同比分别增长0%、5.5%、10.1%;完成全社会固定资产投资额221.66亿元，同比增长12.3%；完成社会消费品零售总额101.39亿元，同比增长10.07%；公共财政预算收入12.82亿元，同比增长10.86%；城镇居民可支配收入29846元，同比增长9.6%。

【农业经济】　全区完成农业增加值0.12亿元，占年计划的100%。完成蔬菜播种面积1448亩；蔬菜产量3966吨；肉蛋奶产量0.12万吨；畜禽饲养量17894头（只），分别占全年计划100%。各类畜禽存栏共17894头（只），其中猪存栏1610头、羊存栏2073只、牛存栏220头（奶牛193头、肉牛27头）、鸡存栏13991只。

【城乡一体化建设】　发展以城市

化、产业化、规模化和集约化相适应的股份合作制经济。发展集体经济实体31家，建成集体商铺8.6万平方米。依托仁寿山风景区旅游资源，利用“桃花节”“蟠桃会”等节庆推介，促进白凤桃品牌保护和现代农业开发，安宁白凤桃被国家农业部认定为地理标志产品；继续做好赵家二沟农业现代示范园管理；亿嘉通仓储物流配送中心等6个集体经济产业项目进展顺利。投资37万元，完成村道防护工程7条18.5公里；修建村道2.5公里。重建安置小区，基本建成安置房1000套，分配入住2500人。完成农家乐星级评定40户，创建市级旅游专业村1个，市级旅游示范乡镇1个。新建和改建旅游厕所10个。

【工业经济】 全区完成工业总产值256.87亿元，同比增长1.6%。完成规模以上工业增加值43.1亿元，同比增长4.5%。蓝科石化、众邦电线电缆、宏宇变压器等重点骨干企业分别完成产值42.17亿元、30亿元、7.86亿元，分别增长15%、5.9%、8.9%。高新技术产业园、沙井驿工业园分别完成规模以上工业产值133.77亿元、7.35亿元。兰供电完成产值104.7亿元，同比下降2.6%，占全区产值比重40.76%。

【建筑业】 全区完成建筑业增加值22.71亿元，增长7.3 %。建筑业总产值132亿元。

【非工经济】 全区落实非工经济发展政策，完成非工经济增加值95亿元，同比增长12.43%。

【招商引资】 全区共执行新建、续建招商引资项目124个，投资总额697.16亿元。引进到位资金240.29亿元，完成年计划引进到位资金217亿元的110.73%。其中，省外引进到位资金225.15亿元，完成全年计划211亿元的106.71%。新签合同项目86个，总投资180.11亿元，引进到位资金85.38亿元，共引进亿元以上项目21个。第33届中国·兰州桃花旅游节签约项目12个，投资总额约154亿元；第22届“兰洽会”签约项目12个，总投资额132.7亿元，到位资金34.07亿元，到位率25.67%。

【项目建设】 安宁区承担的7个市列重大项目计划投资为173亿元，完成30.58亿元。甘肃省科技馆、永新华兰州国际酒店及商务中心一期主体已基本建成；中海·河山郡城市商业综合体项目一、二期已交付使用。总投资29.9亿元的五矿钢铁物流园项目前期开建的相关手续正在办理中。第22届“兰洽会”签约项目12个，开建项目10个，已建成项目1个，基本实现“签约一批、动工一批、竣工一批、储备一批”的项目建设良性循环。

【商贸市场】 全区完成限上批发业销售额1363.1亿元，同比增长0.04%。其中，中石油西北销售分公司累计完成销售额1272.61亿元，同比下降0.99%；零售业、住宿业、餐饮业销售额分别完成55.22亿元、0.53亿元、0.91亿元，同比分别增长21.14%、60.18%、28.37%。累计完成限上社零额67.6亿元，同比增长26.17%。商贸及三产相关项目44个，计划总投资582.3亿元，其中当年计划总投资120.8亿元，实际完成投资42.9亿元。全年培育四大行业龙头企业22家上规入库，新增销售额 10.16亿元。按照“着力构建‘大商贸、大物流’格局，推动‘八大商圈’建设和业态”的提升，全年经济总量达到1601.8亿元以上。

【文化产业与旅游业】 全区文化产业增加值完成5.8亿元，增速33%，占GDP比重的3.59%。文化产业机构数262家，从业人数3486人，资产总额35.72亿元。

仁寿山森林公园的审批和建设、天斧沙宫地质公园的总体规划报批工作，游客停驻点及道路建设的工程招标工作进展顺利。举办第三十三届中国·兰州桃花旅游节开幕式“桃花胜地，幸福安宁”文艺演出及各类文化节和特色品牌的宣传活动5项。利用市场化运作手段，共向市民发放价值10万元的旅游代金券6000份，“游在安宁”宣传画册5000份。全年接待游客445.1 万人（次），实现旅游综合收入38.04 亿元。

【城市建设】 加快“六横八纵”主干路网建设步伐，总投资约39884.72万元，开工建设市列计划S513#(S583#)路西段、B534#(531#)路、S573-1#（512-1#）路西段、佳园路、S505#路西段、B516#路、知行路规划道路6条。打通571#断头路1条。

建设地下停车场5处，车位1504个。投资约2.73亿元，为罗九公路安宁段安装太阳能路灯90盏。全年农村公路列养总里程38.824公里，优良路段达75%。投资约18.2万元，完成大中修工程高山 — 安宁堡（Y255）项目。投资约48万元，完成安高公路安宁段水毁路段抢修工程。投资约38万元，实施水毁路段66米的护坡工程。处理十类数字信息平台案件2881件，办结率100%。投资约350万元，在北滨河路安宁段西出口护坡制作主体为“丝绸之路”的浮雕，面积约629.04平方米。改造北滨河路银滩黄河大桥亮化设施，投资约380万元。实施城区老旧住宅楼“穿衣暖民”工程和“三无小区”改造工程，投资约3561.42万元，完成20个老旧小区（“三不管”楼院）的整治改造。

新开工建设棚改安置房2.27万平方米，调剂现房920套。建成安置房550套，公共租赁住房1230套。全年落实分户供热计量面积333.16万平方米，涉及25个供热站45个小区。

【环境保护】 全年，新增、改造绿地共计30.33公顷，其中新增绿地18.92公顷（生产绿地3.32公顷），改造绿地11.41公顷。补植补栽乔木1.38万余株、大灌木3.45万余株、小灌木119.98万余株，占年计划补植面积2147亩的100%。完成垂直绿化3万平方米，屋顶绿化3000平方米。提升改造马拉松赛道及北滨河路安宁段人行道路等市属单项工程38个；综合治理辖区道路排水防涝项目28个、沿黄河排水口61处，清淤2170亩。全民义务植树60万株。全区绿化覆盖率38.87%，绿地率33.7%，人均公共绿地13.2平方米。区生态局被全国绿化委员会、人力资源社会保障部、国家林业局评为“全国绿化先进集体”。

开展市容环境综合整治行动，共清理各类摊点、店外店经营1万余次，清理各类广告6.6万平方米；加大联合执法力度，共拆除各类违章建筑7.34万平方米。整治店外店7300多次，规范周末市场1处。监督、监测辖区企业及餐饮业单位废水约156家，监测天然气锅炉26台，煤锅炉14台（次）。安装油烟净化设备480台。落实“六个百分百”和“七个必须”措施，对全区工地现场跟进督办，设置围挡18.23万平方米，覆盖裸土总计126.3万平方米，硬化路面31万平方米，巡查工地2万多次。常规检查重点污染源和一般污染源企业污染防治设施运行情况，检查次数分别为126次和128次。

【科技与教育】 全区共推荐申报国家、省、市科技项目49项。地区性研究与实验发展经费支出总计4.22亿元，其中，区政府投入研发经费0.12亿元，驻区大专院校投入1.7亿元，科研院所投入1亿元，规模以上企业投入1.4亿元，R&D投入约占全区GDP165亿元的2.56%，比上年度增加4000万元。“螺旋板式湿空气自循环空冷器机组研发”等4项技术，申报2016年兰州市科学技术奖；“基于‘互联网+’的牧场营养工程技术与效率管理创新平台”“自主作业式轨道螺栓作业机关键技术研究与物理样机的研制”等10项技术为2016年度兰州市人才创新创业项目。西北师范大学“黏土基生态功能高分子材料研究”和兰州交通大学“西北干寒地区材料与结构耐久性研究”2个创新团队获2015年教育部“创新团队发展计划”奖。全年完成专利申请1500余件，授权专利600余件，每万人发明专利拥有量达到22.8件。构建高校、科研院所大学生创新创业综合性服务平台，各类众创空间和孵化园入孵企业达200家。

全区共有区属中小学、幼儿园19所，在校学生13340人，在职教职工926人。落实“两免一补”政策，共下达城市义务教育阶段学校公用经费1079万元。其中，中央资金859万元、省级资金220万元。实施学校中大型基建项目13个，计划投资3.74亿元，新增建设用地4.6万平方米（合68亩），新建校舍3.1万平方米。包括教学楼改造、扩建2个，操场改造工程4个，新建国际标准足球场2个，装修工程2个。投入资金3000多万，完成中小学校园网络综合布线改造及教室多媒体教学设备及服务采购项目17项。投入资金1600多万元，完成3所小学、幼儿园信息化设备的购置与装配。辖区已入学的进城务工随迁子女6178人，入学率为100%。

【医疗卫生】 区政府筹措资金1.8亿元，启动区医院翻建项目。万里医院建设项目的可研编制等前期工作进展顺利。制作“关爱生命、呵护健康，健康安宁—2016”宣传片1部。为全区4148名干部职工（含离退休干部）、33512名已婚育龄妇女进行健康体检、普查，分别投入资金425万元、约280万元。建成区域卫生信息管理平台和公共卫生服务网，城镇居民电子健康档案建档人数18.64万人，健康档案使用率65%，合格率80%。区基本公共卫生服务补助资金人均提升到49元。基本药物网上采购率80%，配备率95%。实行基层医疗卫生机构急救药品、低价药品备案制度，遴选药品配送企业15家，药品零差率销售100%。全区有5家社区卫生服务中心、6家社区卫生服务站被评为市级中医特色单位，1家社区卫生服务中心、1家社区卫生服务站被评为省级中医特色社区卫生服务机构。

【文化事业】 组织开展“安宁区迎新春群众精品文艺演出”“魅力安宁·和谐之春”“促民生幸福、展安宁风采”“桃园春香、陇原秦韵”“舞动美丽，健康快乐”等群众精品文艺活动6次；举办“跨越发展、文化安宁”“生态宜居，魅力安宁”“翰墨飘香，文韵安宁”“传承文化、引领未来”等陈展5次；“学雷锋，精神与行动”等系列活动5次；以“激情马拉松，全民嘉年华”为主题，举办2016兰州国际马拉松赛体育文化嘉年华安宁分会等各类体育比赛4次。街道社区安装健身路径11套，每套12件。顺利举办2016年国际马拉松赛（安宁段各项工作任务）及第33届中国·兰州桃花旅游节。

【史志工作】 编纂完成《安宁区志（1991–2010）》《安宁年鉴（2015

卷)》,终审稿已报出版社进行出版前最后审定。《安宁年鉴(2011-2013年)》《安宁史话》正式出版。《中国共产党兰州市安宁区大事记要(2015)》《<中国共产党兰州市安宁区组织史资料>(第二卷1987.11-2015.12)》的编纂工作进展顺利。

【社会保障】 全年新增就业人员12691人,失业人员再就业人数3937人;安置困难群众就业1973人,城镇登记失业率2.33%;完成培训各类劳动力4376人。发放小额贷款278笔2637万元,安置人数1060人,支出再就业资金2300万余元。

被征地农民累计参保26794人,占被征地农民总人数的91.6%,月平均养老金由558元提高到1240.5元,人均月增长682.5元。纳入城市低保对象1526户2931人,新增低保人数351人,低保标准从1月起由人均515元提高到567元,共发放低保金1469.17万元。发放315人临时救助金92.15万元;175人医疗救助金214.4万元。建成社区老年人日间照料中心2个。共检查涉及农民工工资支付各类用人单位612家,涉及劳动者14408人,为211名劳动者追缴工资358.3934万元。全区审核享受补贴的供热单位69家,住宅面积为752.37万平方米,补贴资金为市级346.1万元、区级346.1万元。检查燃气企业13家,下发安全隐患责令整改书1份,排查隐患50条。

全区27个蔬菜直销店共投放"一元菜"30万斤,发放补贴15.2万元。创建75家药品放心门店、14家A级零售药店、1条食品安全示范街、30家省市级食品安全示范店、1家A级餐饮服务单位。30家大型餐饮服务单位在全省率先实现远程视频监控。规范食品药品监督管理所5个。全年检定计量器具1577台件,其中固定门店416台(件),集贸市场1161台件,出具检定证书416份,粘贴计量检定合格证标贴2000余枚。重点落实"八个全覆盖""五件实事",开展精准扶贫,帮办实事1200多件。

领导名录

区　委

书　记　王　方(女)
副书记　雒泽民
　　　　薛　蕾(女,8月任)
　　　　蔡泽雄(6月免)
常　委　王　方(女)
　　　　雒泽民
　　　　魏万宏(1月免)
　　　　蔡泽雄(6月免)
　　　　薛　蕾(女,8月任)
　　　　任　钧(11月免)
　　　　孙治强(5月任)
　　　　李俊杰(6月任)
　　　　张吉彬　陈　涛
　　　　俞春秀(女,7月免)
　　　　白汝松(6月任)
　　　　郭　薇(女,10月免)
　　　　贾向红(女,10月任)
　　　　杨　军(11月任)
　　　　鞠　康(12月任)
　　　　刘宝星(8月免)
　　　　祁永安(6月免)
　　　　王耀堂(11月免)
　　　　李俊杰(6月任)

区人大

主　任　王永生(1月免)
　　　　李世祥(1月任)
副主任　魏职恩(1月免)
　　　　肖顺禄(12月免)
　　　　韩　刚
　　　　魏兴玉(12月免)
　　　　李得林(1月任)
　　　　高增新(12月任)
　　　　杨瑞峰(12月任)

区政府

区　长　雒泽民
副区长　张吉彬(12月任)
　　　　蔡泽雄(1月免)
　　　　刘宝星(8月免)
　　　　赵光辉(4月免)
　　　　杨　军
　　　　唐占文(5月免)
　　　　王亚军(12月任)
　　　　党梓文(女,12月任)
　　　　刘晶翚(女,12月任)

区政协

主　席　黄晓玲(女)
副主席　柴克庆(12月免)
　　　　王永山(12月免)
　　　　唐增寿
　　　　孙　娥(12月任)
　　　　尚亚林(12月任)

(陈天军　邹向东)

西固区

【概况】 西固区位于甘肃中部陇西黄土高原西部(兰州河谷盆地),黄河由西向东横穿全境,地势西南高、东北低,南北两山向河谷川区倾斜,海拔在1500米~2000米之间。位于北纬35°58′~36°13′,东经103°19′~103°41′。地处兰州市西南部,东与七里河区接攘,南连临夏州永靖县,西邻红古区,北与永登县、皋兰县、安宁区毗邻。境内属陇西黄土梁峁区的一部分,梁峁起伏,沟壑纵横,交错分布,成河谷川区、坪台沟坡区、南山梁峁区和北山梁峁沟壑区。最高峰在区境东南金沟乡与永靖县接壤处的关山,海拔2627米;最低点处为区境内东北陈坪街道新滩村,海拔约1522米,相对高差1100余米。西固区属温带半干旱大陆性气候,降水偏少,日照充足,蒸发量大,气候干燥。春季干旱多风;夏季炎热降水集中;秋季凉爽;冬季较冷少雪。多年平均气温10.3℃。年平均降水量297.1毫米,年平均降雨日数为68.3天。降雨集中在每年5月至9月,7月最多。境内河道,属黄河水系,自西向东贯穿全境。主要河道有一级河湟水河庄浪河2条,总长9.8公里。境内最大河

流为黄河，从永靖县至达川乡岔路村入西固区，流经西固区，东至新滩村出境，全长38千米，流域面积384平方公里，年均流量1070立方米/秒。

辖区东西最大距离30.2公里，南北最大距离19公里，总面积358.31平方公里。其中陆地面积349.14平方公里，占97.44%，水域面积9.17平方公里，占2.56%。辖5镇1乡40个村委会、7个街道70个社区，总人口36.79万人，其中城镇人口28.28万人。人口密度为每平方公里1042.84人。

辖区内已探明的矿产资源主要为建筑用辉绿岩矿，分布于新城镇青石台马岐沟，矿区面积0.1045平方公里，矿体最大厚度约为55.2米，储量约为41.1万立方米，现已开发利用。黄河流经西固境内蕴藏着丰富的水利资源，先后修建了八盘峡、柴家峡、河口峡3座水电站。有全国重点文物保护单位7家、省级文物保护单位40家；国家级非物质文化遗产1项、省级非物质文化遗产4项；A级旅游景区1家。

西固是甘肃省和兰州市的核心工业区、中国西部最大的石油化工基地，工业基础雄厚，素以“西部石化明珠”“石化工业摇篮”闻名遐迩。是国家“一五”期间重点投资兴建的大型石油化工基地之一，经过半个世纪的建设，现有各类企业1000多家，其中中石油兰州石化公司等中央、省、市属大中型企业33家，形成以石油化工、能源、装备制造和新材料“三大板块”为支柱的工业体系，工业经济总量占全区经济的3/5，占兰州市工业经济总量的近2/5、甘肃省工业经济总数的近1/10。曾获得“全国科技进步先进城区”“全国文化先进县区”和“省级文明区”。

2016年，西固区经济运行平稳。全年实现地区生产总值327亿元，增长4%，其中一产增加值4.69亿元，增长6.4%，二产增加值181.48亿元，增长-0.2%，三产增加值140.84亿元、增长9.4%；完成固定资产投资257.01亿元，增长15.98%；实现社会消费品零售总额122.3亿元，增长9.84%；一般公共预算收入达到13.22亿元，增长13.52%；城镇居民人均可支配收入达到32586元、增长9.8%，农村居民人均可支配收入达到15448元，增长8.1%。

【项目建设】 全年储备各类项目96项，总投资达到1177.7亿元。全年征收土地3251.8亩完成拆迁6.35万平方米，实施各类项目73项，总投资1063.9亿元，其中3个市列重点项目已全部开工建设，完成投资19亿元；69个区列重点项目开工建设51个，开工率达74%，完成投资67.24亿元。签约引进项目71项，总投资255.5亿元，到位资金153亿元，争取各类资金15.8亿元。

【港务区建设】 兰州国际港务区列入国家“十三五”规划，上升为全省“三个标志性工程”和兰州市“一号工程”，港务区管委会正式获批成立。“3+10”基础路网和五大核心功能项目建设全速推进，带动港务区固定资产投资达到79.3亿元。坚持建设与运营并重，争取到全国首批多式联运示范工程，获得支持资金7000余万元；同步正在向国家相关部委申报兰州铁路口岸、保税物流中心(B型)等项目。南亚国际货运班列实现常态化运营，已开行5列，出口额达到2亿元，开创全国唯一一条南亚贸易通道。融资工作取得重大突破，一次性争取市财政6亿元项目资金支持，撬动银行意向贷款93.15亿元，到位资金11.45亿元。

【现代服务业】 全年投入到第三产业发展的项目资金达到150亿元，兰州金城中心商业综合体启动实施，华奥全球商品直销中心开工建设，西港物流园有序推进。河口古镇初具规模，“十里黄河金岸”景观栈道和古堡酒店加快建设，关山森林公园核心景区主体景观基本建成，金城公园二期民俗院落商业区和综合文化展示区完成主体建设。制定出台电商专项扶持政策，丝路电商产业园一期建成运行；打造本土电商品牌8家，新增电商企业100余家、O2O[7]社区配送体验店25家。完成文化产业增加值5.46亿元，增长27%。

【农业及新农村建设】 完成土地流转2600亩，带动新增设施农业500亩；发展精细蔬菜900亩，新增特色种植1.77万亩。注重规划引导、试点带动，达川、柳泉完成撤乡设镇，河口镇、达川镇分别列入省市特色小城镇建设计划，新型城镇化建设的引领作用初步显现。推进五大棚户区改造，兰西铁苑、东川棚户区改造完成建筑面积55.7万平方米，达川安居工程一期开工，新城棚户区改造完成征拆，河口安居工程启动实施。整合资金3300万元，完成10个市级小康示范村和6个美丽乡村建设；创新成立乡镇环境综合管理所，落实“日检查、周通报”督查机制，农村环境面貌持续改善。新建农村道路25公里、水利工程4项。

【城市管理与生态建设】 开展“强基础、补短板、建长效”城市精细化管理攻坚行动，古浪路跨线大桥、7#路至西固城站前广场道路加快推进，完成9条道路排水防涝改造、13条道路整治和10条小街巷提升工程，完成体育场路、公园路电缆入地项目。更换人行道砖2.9万平方米，道路罩面补修5.8万平方米。西出口一期提升改造工程开工建设，南山路及中川铁路沿线环卫保洁实行市场化运作，工地管控在全市创出“西固标准”。拆除违法建设17万平方米，在全市实现大型户外广告全清零。查处“黑

车”320余辆。环境保洁机械化作业率达80%以上。开展“3+8”大气污染防治工作；实施水源地保护工程，一级水源保护区实现排污全清零；完成生态防护林和经济林建设1000亩，城区增改绿地11万平方米。

【社会事业】 创新驱动战略重点实施32项科技项目，扶持培育中小微特色科技企业19家，社会研究与试验发展经费占GDP比重2%。完成10所薄弱学校基建改造工程，港务区学校主体封顶，“西固教育城域网”完成硬件设施建设，全区高考上线率达到99%。区中医院和妇幼计生服务中心加快建设，区医院门诊医技大楼投入使用。民俗文化馆全面建成，金城、鲜卑两大博物馆即将完成布展。全区电子健康档案建档率达85%以上，重点人群签约率提高到86.7%，人口自然增长率控制在1.77‰。

【劳动就业与社会保障】 办理中小企业及创业贷款4100万元，开展各类岗位人员技能培训4000人（次），带动新增就业1.5万人，城镇登记失业率控制在2.6%以内。城乡低保分别提标10%和21.7%，向1937名困难群众发放慈善、救助资金700万元，为7500名失地农民办理了养老保险。新建13个老年人日间照料中心，“一站式”便民服务平台上线运行。建成保障房4000套，改造农村危旧房57户，完成“三不管”楼院整治3.6万平方米。再投放区域出租车150辆，西部市场至河口公交巴士正式通车运营。精准帮扶项目419项，对409户困难群众进行帮扶。

【社会治理】 “三调联动”大调解体系更加完善，信访工作连续5个季度实现“三无”县区目标。社会治安防控“六张网”体系全面深化，刑事案件发案率下降30.3%、破案率上升2.3%，全区治安防控实现“一平稳、两提升”。安全生产“遏重”试点工作全面启动，综合监管应急指挥平台正式启用，实现对21家危化企业的实时监控。持续开展食品药品安全专项整治，大中型食品生产经营企业全部纳入可追溯系统监管范围。智能应急广播系统加快推进，应急避难指挥中心建成投用。

【自身建设】 以“4+1”专题为重点，开展“两学一做”学习教育，遵规守纪成为广大干部的行动自觉。主动接受人大法律监督和政协民主监督，53件人大代表建议、85件政协提案已全部办结。财政资金专项整治和巡查检查，规范实施公共资源交易项目2017宗、审计财政投资项目244项，节约、审减财政资金9474万元，三公经费下降23.3%。接受社会公众的广泛监督，公开政府信息1万余条，办理“民情通”转办件8200余件。成立区市场和质量监督管理局，市场监管综合执法体系更加完善。“营改增”工作全面推开，2797户试点纳税人完成申报。公车改革顺利推进，清理公务用车近200辆。

领导名录

区　委

书　记　张国一（2月免）
　　　　钱承文（4月任）
副书记　钱承文（4月免）
　　　　王延风（1月免）
　　　　刘明旭（6月任）
　　　　马力仁（8月任）
常　委　张国一（2月免）
　　　　钱承文
　　　　马力仁（8月任）
　　　　刘明旭
　　　　张君明
　　　　刘永祥（6月任）
　　　　白万恩（6月任）
　　　　张　杰
　　　　郑　强（6月任）
　　　　李宗科（8月任）
　　　　张平华（女9月任）
　　　　王伟军（11月任）
　　　　李良岳（11月任）
　　　　王延风（1月免）
　　　　徐春花（女，7月免）
　　　　王克胜（1月免）
　　　　刘　伟（11月免）
　　　　王立山（10月免）
　　　　毛新华（女，6月免）

区人大

主　任　王习军（2月免）
　　　　王延风（2月任）
副主任　徐优文（12月免）
　　　　白应復（12月免）
　　　　刘明劲　王忠平
　　　　祁永良（12月任）
　　　　张林军（12月任）

区政府

区　长　钱承文（8月免）
　　　　马力仁（9月代，12月任）
副区长　王立山（10月免）
　　　　苏　旭（9月免）
　　　　陈玉虎（6月免）
　　　　王　岚（挂职）
　　　　李建亮（5月免）
　　　　白万恩（6月任）
　　　　张　杰（12月任）
　　　　李良岳（挂职，11月任）
　　　　王有祥
　　　　刘　军（1月任）
　　　　张笑春（女，6月任）
　　　　陈　良（12月任）

区政协

主　席　周建湖（2月免）
　　　　王克胜（2月任）
副主席　周银基（2月免）
　　　　李　军（12月免）
　　　　张耀昶（12月免）
　　　　江代莉（女）　王忠良
　　　　杨世旺（2月任）
　　　　徐优文（12月任）

（王晓蓉）

红古区

【概况】 红古区位于甘肃省中部，东接兰州市西固区，西临大通河，南濒湟水与青海省民和回族土族自治县和甘肃省永靖县相望，北部黄土山岭与永登县毗邻。介于东经102°50′~102°54′，北纬36°19′40″~36°21′之间。区境东西长53.7公里，南北宽不过24公里，最狭窄处仅3.3公里，总面积567.6平方公里。2016末，全区辖4个镇4个街道22个社区，常住人口14.09万人。有回族、满族等17个少数民族。

境内北部为黄土山梁、台地区，南部和西部为河谷川地区。地势西北高、东南低，海拔在1580米~2462米之间。为温带大陆季风气候。主要河流有湟水、大通河。矿产资源丰富，已查明的矿藏有煤、石油等11种，矿床、矿点18处。已勘查过远景储量及工业储量的矿种7种。红古区是甘肃省重要的煤炭和电解铝生产基地、全国主要的炭素生产基地、全国第一家清真明胶生产基地。

全区实现地区生产总值125.81亿元，增长9%；其中：第一产业增加值9.97亿元，增长6.4%；第二产业增加值78.49亿元，增长8.9%；第三生产增加值37.35亿元，增长10%；全年全社会固定资产投资69.24亿元，增长6.05%；社会消费品零售总额24.79亿元，增长9.02%；一般公共收入26206万元；城镇和农村居民人均可支配收入分别达到25717元、16179元，分别增长9.16%和7.7%。

【农业农村经济】 全区农业增加值完成9.97亿元，同比增长6.4%；全区农村居民人均可支配收入达到16179元，同比增长7.7%。蔬菜种植面积达到10.17万亩、产量达到67.58万吨，粮食总产量达到1.4万吨以上。招商引资落实到位资金达到2亿元；争取各类资金达到2000万元，申报各类项目共计18个。金砂台千亩果园项目，完成主体建设；现代农业科技园太空农庄建设项目维修启动；有机观光农业示范区项目进入后续收尾工作；金砂台生态农业园、鑫源生态农业科技开发、志莀农贸、金翔农贸、亨华农业科技万头猪场项目、鸿翔万只青根貂项目，均已相继投产。新增蔬菜种植面积5500亩，新发展苹果标准园2000亩和樱桃、葡萄采摘园各1000亩，完成玫瑰种植面积1000亩，实施绿色防控面积0.8万亩，新增设施农业面积600亩。全区农机总动力达到了16.2万千瓦，农民专业合作社累计达到225家,利用“互联网+”众筹农业优势，成立以网上农贸市场、数字农家乐、特色采摘旅游为主要经营服务内容的甘肃农迈特电子商务公司。新造建玫瑰、苹果、枣、梨、核桃、葡萄等经济林3000亩。

【工业经济】 全年完成规模以上工业增加值68.4亿元，增速9.8%；完成非公经济增加值81.9亿元。投资4.1亿元的方大炭素新材料科技、兰州再生资源循环经济加工产业园等7个重点项目已启动。兰亚二期、甘肃义博铝业、兰铝炭素厂焙烧改造等4个循环化项目建设落地，构建起“电解铝—铝加工—城市矿产再生资源循环利用”产业链。突出培育发展兰州兴盛源再生资源循环经济产业园、新蓝天等5家规模以上新兴产业企业。发展名牌产品培育企业2户，扶持小微企业34户。光纤网络新建和改建项目均已完成，光纤网络覆盖村委会、中小学、卫生所等公共服务机构，行政村光纤覆盖率达100%。

【项目建设】 全区完成固定资产投资69.24亿元。全区拟实施重大项目61项，市列1项，区列60项。其中：续建10项、新建40项、预备11项。“硅化硅炭砖研制”“连海地区人群尿路结石成分分析及当地水质对其影响的研究”等7个项目列入为兰州市科技计划项目库。组织申报“兰州鑫源现代农业科技开发有限公司良种肉羊繁育场建设项目”“甘肃大有农业科技有限公司红古区马铃薯良种繁育及经济林示范种植基地建设项目”“红古区梅花鹿饲养管理技术研究及应用”等红古区科技计划项目20项。

【城乡建设】 投资1250万元，完成海石湾南区复兴南路改扩建、整治，区政府周边2条小街巷改造，平安路路灯改造；完成18中东侧道路混凝土硬化，区教育局家属院场地硬化等工程；投资900万元，新建窑街民门二路北延段道路860米。协调北区商贸综合体项目；博盛大厦、幸福家园、国芳百合城项目分期实施。落实4项共521套棚户区改造任务；全面完成农村危房改造183户。组织完成窑街下街社区部分上水管网更换工程，解决了村民吃水难的问题；疏通下水管道从根本上防止了污水横流事件的发生。维修混凝土路面4500平方米、沥青路面2000平方米，维修人行道面积5000平方米，铺垫窑街民门路部分塌陷路段2500平方米。组织完成海石湾、窑街道路路灯维修任务，维修路灯861盏。

【商贸物流】 新发展限上商贸企业11家，都汇百货购物中心、金海天大酒店、常青林餐饮有限公司已联网直报。兰州都汇百货、金辉建材家居广场、汉唐美食街、海石新都、福田美域、恒力北岸星城、龙源路步行街、红古国芳农贸综合市场、北区农贸物流市场等商贸项目以全部启动运营。对新建并符合条件的3家商业网点建设项目进行130万元扶持。全区形成以煤炭、电解铝、炭素、农产品等为重点的商贸物流中心。

【文化产业】 协调推动溪龙谷水上乐园、旋子自驾游营地、马家台千亩向日葵风情园、北山公园提升改造项目、农迈特旅游采摘观光综合开发项目、星级农家乐等项目建设。实施旅游惠农扶贫工程，新建、改扩建农家乐27户。创建旋子村为旅游专业村，举办红古区首届乡村旅游节。举办红古区文化旅游产业推介会和马家台乡村旅游采摘节系列活动。现已建成村综合文化服务中心32个、乡镇综合文化站5个。

【环境保护】 大通河、湟水河地表水水质达标率为100%，饮用水源水质达标率为100%，降尘量控制在指标范围内，全区优良天数200天，主要污染物排放指标控制在指标范围内。对建设项目环境安全风险开展了专项清查和专项整治工作；对建设项目严把环评关。集中实施了以危房搬迁、煤场清理、道路拓建、绿化美化为重点的综合治理工程;整理土地，造林绿化，建成了千亩“森林公园”；海石湾北山绿化和北山公园改造工程启动实施，全区生态环境持续优化。

【教育与医疗卫生】 共争取省、市资金3800万元。投资1485万元完成窑街学校、兰州二十六中学、兰州二十四中学运动场建设项目;投资525万元完成仁和小学等12所农村学校操场硬化工程;投资113万元新建旋子小学等3所学校附属用房;投资45万元改造中和小学等2所学校卫生厕所。投资140万元对兰州二十五中学等3所寄宿学校实现热水淋浴设施配备全覆盖。全区35所义务教育中小学全部达到省级标准化学校建设标准并通过市上验收。九年义务教育巩固率99.93%，高中阶段毛入学率97.22%，均达到市列目标任务。投资2582万元，启动区妇幼疾控业务综合楼项目，完成平安镇、花庄卫生院建设项目。为各医疗机构购置价值2100余万元的大生化、CT、DR、彩超等医疗设备。总投资100万元，新建标准化村卫生所10所。新农合“一卡通”工程稳步实施。

【文化与体育】 推进“文化体育惠民工程”，建成区业余体育运动学校，成立文联及9个文化专业协会、6个单项体育协会、省市区级6个体育业余训练点。全区行政村（社区）全民健身场地、广播电视信号、农家书屋、乡村舞台等阵地设施不断完善；实现“一室三馆一站”的免费开放；区全民健身馆、区体育中心、乡镇文化站、村文化室、社区文化活动室、村文化大院、农家书屋、“乡村舞台”、国民体质监测与健身辅导站以及社区体育健身中心、全民健身场地和华夏数字影城等文化体育服务阵地运转正常。

【人民生活与社会保障】 全年全区城镇居民人均可支配收入达25716元，城镇新增就业6511人，城镇登记失业率控制在3.19%以内，新纳入失地农民养老保险1052人。安置困难人员就业468人，高校毕业生就业率达92.5%，新增小额担保贷款1665万元，发放“万企计划”贴息贷款117笔。就业、创业、岗位技能提升等培训2341人（次），劳务输转13299人。劳动合同签订率达98%，集体合同签订率达90%。依托大中型建设项目的发展，培育就近就地转移劳务基地，向中铝兰州分公司等3家企业派遣劳务工和高校毕业生3420余人。利用微信平台和门户网站等新型媒体，形成“互联网+就业服务”职介工作宣传新模式，实现“人人参保，人人享保”，全民参保登记计划走在全市前列并在全市推广。“就业和社会保障服务中心”项目土建工程已完工并投入使用。

领导名录

区委

书　记　韩显明（8月免）
　　　　武和谦（8月任）
副书记　武和谦（8月免）
　　　　李　荣（11月任）
　　　　郭德涛（9月任）
常　委　武和谦　李　荣
　　　　郭德涛　于　军
　　　　王毓亭　杨志勇
　　　　魏世民　汉晓明
　　　　张惠勇
　　　　韩显明（8月免）
　　　　王正祥（4月免）
　　　　苏宏荆（6月免）
　　　　张海滨（6月免）
　　　　刘立山（6月免）

区人大

主　任　常学明（12月免）
　　　　张玉莲（女，12月任）
副主任　金应旭（8月免）
　　　　王国鹏（12月免）
　　　　马跃贤　刘学红
　　　　温发源（12月任）
　　　　席正锐（12月任）

区政府

区　长　武和谦（8月免）
　　　　李　荣（12月任）
副区长　李　荣（12月免）
　　　　魏世民
　　　　李玉秀（女，6月任）
　　　　张奇才
　　　　颜为海（9月任）
　　　　秦剑飞（挂职，11月任）
　　　　王正祥（4月离职）
　　　　张永斌（女，6月离职）

黎立博（挂职，9月离职）

区政协

主　席　张玉莲（女，12月免）
　　　　李玉兰（女，12月任）

副主席　李玉兰（女，12月免）
　　　　安永学
　　　　王振中（12月离职）
　　　　李志敏（10月任）
　　　　俞树胜（12月任）

（马玉花）

永登县

【概况】　永登县地处甘肃省中部，全县总面积6090平方公里。东南与皋兰县、西固区、红古区相邻，西北与天祝藏族自治县、景泰县接壤。境内地形由北向南倾斜。海拔在1500～3000米之间。县城距省会兰州114公里。总人口439724人（不含中川、秦川2镇）。有汉、回、满、土、壮、藏等多个少数民族。2015年12月30日柳树乡撤乡建镇，现全县辖12镇（不含中川、秦川2镇）、4乡、200个村委会、10个社区居委会。

永登县深居内陆，大部分地区属温带半干旱气候。年降水量在405.8毫米，年均降雨量319.1毫米，年均气温5.5℃，年日照时数2381.8小时，年均无霜期173天，绝对无霜期147天。全年多为西北风，风力一般为2级～4级，四季分明，阳光充足，冬无严寒，夏无酷暑，气候温和宜人。

永登县风景秀丽，名胜颇多。位于县城西部的吐鲁沟自然风景区，山势峻峭，林木繁茂，溪流潺潺，温湿凉爽。被辟为国家级森林公园。连城石屏山峰险、林茂，俗有“小五台”之称。建于明初的连城显教寺、妙因寺、鲁土寺衙门，明弘治年间的红城感恩寺，明正统年间的城关海德寺都是省级文物保护单位。

永登县资源丰富。天然林覆盖面积达46万多亩，苦水玫瑰是全国产量最大的地区之一。境内矿产资源更为丰富，已探明的矿产23种。有色金属矿主要有铁、锰、金、铜等；非金属矿产有石灰石、石英石、大理石、白云石等。

【经济发展】　全年，固定资产投资较快增长、财政金融事业稳步发展、社会事业全面推进，全县地区生产总值完成97.9亿元，同比增长9.5%；固定资产投资完成76.38亿元，同比增长8%；社会消费品零售总额完成25.3亿元，同比增长10.5%；城镇居民人均可支配收入达到16618元，同比增长9%；农村居民人均可支配收入达到9240元，同比增长11.5%。

【农业经济】　农产品产量较上年均有增长，农业形势继续向好。全县粮食总产量达到17.42万吨，比上年增长2.72%；蔬菜产量达到37.21万吨，比上年增长12.33%；肉猪出栏12.81万头，比上年增长5.97%；肉牛出栏0.18万头，比上年增长6.59%；出售和自宰的肉用羊11.65万只，比上年增长9.51%；出售和自宰的肉用家禽34.08万只，比上年增长9.72万只；禽蛋产量5378吨，比上年增长7.23%；牛奶产量4481吨，比上年增长9.87%。特色农业种植结构调整成效明显。全县完成新增蔬菜面积2.3万亩，累积种植规模达16万亩；新增中药材面积0.55万亩，累积种植规模达3.06万亩；新增玫瑰1万亩，累积种植规模达9.66万亩；脱毒马铃薯推广面积达23.34万亩；全垄双膜沟播技术推广面积达19.38万亩。成功打造了“玫瑰川”“葡萄沟”“药材谷”“高原夏菜绿色长廊”“泉碱羊品牌养殖区”等现代农业示范基地，形成以马铃薯、中药材、苦水玫瑰、红提葡萄、高原夏菜、双垄沟播玉米以及鲑鳟鱼、七山羊为主的八大特色产业。实施“龙头带基地，协会连基地，基地连农户，订单促产业”的经营模式，加大项目建设力度，投资1.27亿元，组织实施甘肃东方天润玫瑰产业循环经济发展、兰州九香玫瑰产品、甘肃润枫源农牧生态科技有限公司中药材等7个农产品加工项目，带动相关特色产业基地和农产品加工业的较快发展，在全县农业产业化发展道路上发挥了十分重要的引领作用。

【工业经济】　全县工业下行势头5月份开始扭转，呈现出缓慢增长的态势。截至11月底，县内重点规模以上工业企业陆续恢复生产，逐步走向正常运行。经过省、市、县领导积极争取，中国铝业连城分公司、腾达西北铁合金有限公司两大支柱企业享受到电价优惠政策，自6月份起，停产产能陆续恢复生产。11月底中铝公司200千安系列全部启动运行。同时，铝产品价格继续回升，市场价格每吨达14500元，支撑企业摆脱困境，恢复生产。腾达西北铁合金有限公司15台大功率电炉也恢复正常生产。永登祁连山水泥有限公司等水泥生产企业进入生产旺季，市场需求有所增加，产品价格也有所回升。停产的泰和碳化硅、新海天铝业、盛源化工、锦鑫建材、富强微量元素5家企业陆续恢复生产。重点企业生产逐步恢复，对全县工业的支撑和拉动作用日益凸显。1-10月，全县规模以上工业企业实现工业总产值157.63亿元，实现工业增加值14.73亿元，同比增长8%。1-12月，全县规模以上工业增加值完成17.2亿元，同比增长6.5%。

【第三产业】　把现代服务业作为推动产业结构升级、扩大创业就业、扩大消费潜力的主要途径，拓宽发展新领域，培育发展新动力，发展现代服务业，助推第三产业较快发展。1-9月，全县第三产业实现增加值41.81亿元，同比增长11.6%。第三产业占全县GDP的比重达到56.2%。主要行业增速加快，人事保险业增加值同比增长23.5%，其他服务业增加值同比增长14.8%，增速分别比上半年提高3.8和0.5个百分点。三大传统服务业行业均呈现出平稳增长、健康发展的态势。1-9月，交通运输、仓储和邮政业完成增加值13.3亿元，同比增长7.4%；批发零售业完成增加值4.51亿元，同比增长7.5%；住宿餐饮业完成增加值1.73亿元，同比增长10.9%。信息服务业快速发展，1-9月，营利性服务业增加值同比增长49.6%，比上年同期提高33.5个百分点。截止年底，全县第三产业增加值达到57.5亿元，同比增长11.6%。

【消费市场运行】 按照保入库、促消费的思路，积极应对消费市场疲软的不利局面，努力实现消费市场稳中有升。1-10月，全县实现限额以上消费品零售总额5.59亿元，同比增长16.73%。实现限额以上销售额8.1亿元，同比增长17.06%。其中，限额以上批发业实现销售额3.08亿元，同比增长19.44%；

限额以上零售业实现销售额4.57亿元，同比增长15.11%；限额以上住宿业实现销售额10872万元，同比增长20.87%；限额以上餐饮业实现销售额3379万元，同比增长25.26%。

【固定资产投资】 1-10月，全县完成固定资产投资58.56亿元，同比增长6.32%，较1-9月回升2.39个百分点。其中，项目投资完成49.66亿元，同比增长6.41%；房地产开发完成投资8.9亿元，同比增长5.84%。全年完成76.38亿元，同比增长8%。

【财政金融】 1-10月，全县完成大口径财政收入6.68亿元，同比下降5.6%。完成公共财政预算收入3.56亿元，同比下降2.7%。其中，税收收入1.85亿元，同比增长16.1%；非税收入1.71亿元，同比增长8.8%。全年完成4.48亿元，同比增长11%。1-10月，全县公共财政预算支出19.34亿元，同比增长10.4%。其中，八项支出14.79亿元，同比增长25.35%，占一般公共预算支出的比重为76.45%。截至10月底，全县金融机构各项存款余额164.21亿元，同比增长12.45%。其中，住户存款93.08亿元，同比增长13.86%；金融机构各项贷款余额148.27亿元，同比增长53.87%。

【重点建设项目】 全县计划重大项目70项，总投资115.3亿元，当年计划完成投资48.5亿元。1-10月，全县项目开工建设59项，开工率84.29%，完成投资37.82亿元，占年度计划投资的78%。全县重点推进的市列重大项目1项，即永登县大天源建材物流市场项目。项目总投资6.5亿元，当年计划投资3亿元，完成投资3.52亿元，占当年投资计划的117.2%。场地平整、通水、通电、通路等工程已完成，交易棚厅和加工包装仓储区部分建成，运营面积1600平方米。截至10月底，全县执行招商引资项目71项，计划总投资218.37亿元，全年累计落实到位资金86.21亿元，占目标任务85亿元的101.42%。其中，新签项目47项，计划总投资109.19亿元，落实到位资金56.69亿元；结转项目24项，计划总投资109.18亿元，全年落实到位资金29.52亿元。第22届“兰洽会”签约项目21项，签约资金57亿元。已开工建设9项，开工率75%，到位资金13.1亿元，占签约资金的23%。

【社会各项事业】 全县新增就业3379人，占全年目标任务3200人的105.6%；困难人员就业288人，占目标任务180人的160%；职业技能培训1110人，占目标任务1100人的100.9%；城镇登记失业率3.01%。教育方面，坚持教育优先发展战略，着力推动义务教育均衡发展，2016-2017学年度义务教育阶段学生入学率达到100%，九年义务教育巩固率小学达到100%、初中达到99.28%，高中阶段毛入学率达到97%，学前1年、3年毛入园率分别达到98.6%和86.3%。医疗卫生方面，县级公立医院改革顺利推进，国家基本药物制度、分级诊疗制度、医师多占执业制度等重点改革工作进展顺利。新农合制度保障能力显著增强，全县参合人口33.83万人，参合率达到98.06%，人均筹资标准达到540元，基金总量达到1.83亿元。县妇幼保健所新建业务楼于2016年5月12日完成主体封顶，内部施工正在进行。文化旅游方面，深入开展“周末广场文艺展”活动、“文化下乡百村行”“两省三地五县区书画联展”等文化活动，群众文化生活空间活跃。成功举办“兰州树屏丹霞热气球观光基地启动仪式暨首届热气球旅游节”“中国玫瑰之乡·兰州玫瑰节”“中国·连城土司文化旅游节”“石家滩原生态草原文化旅游节”等传统民俗会，提升旅游品位。扶贫方面，按照“六个精准”要求，紧扣省市“1+17”“1+21”精准扶贫工作方案，创新“11266”扶贫工作模式，重点在夯实基础设施、发展富民产业、完善公共服务等方面持续发力，扶贫开发工作稳步推进。围绕“六大任务”，开展“大走访、回头看”活动，全县1023名科级以上干部每人联系2户贫困户，排摸出D级危房1562户，已开工建设1237户。按照《全面建设小康社会统计监测指标体系》和《兰州市小康村建设标准》6个方面34项指标，强化帮扶力量，整合项目资金，加大资金投入力度，查漏补缺，补齐全面小康“短板”，33个小康村建设顺利推进。

领导名录

县 委

书　记　魏旭昶
副书记　杨　平（女）　刘学强
常　委　魏旭昶　杨　平　刘学强
陈继军（挂职6月止）
肖　铮（挂职8月任）
马力仁（1月止）
杨　东
魏孔毅（8月止）
张天泉
陈方明（11月止）
刘宗斌
敬军旺（2月任）
周建云（6月任）
罗宏才（8月任）

县人大

主　任　保元德
副主任　毛自亮（12月）
徐大元（12月止）
张泽林（12月止）
魏元道（11月止）
吴芳贤（女）
王正坤（9月止）
李永兰（女，12月任）
桂国明（1月任）
芦天山（12月任）
朵建中（12月任）
王治民（12月任）

县政府

县　长　杨　平（女）
副县长　马力仁（1月止）
魏孔毅（8月止）
刘凤霞（女，4月止）
王兴彦（6月止）
罗宏才
颜为海（挂职，9月止）
金　梅（挂职，10月止）
王天翔（挂职）
焦　浩
李文卿（2月任）
李　琦（6月任）
马鹤林（12月任）
田　翔（12月任）

县政协

主　席　魏周菊
副主席　刘世荣
王全泰（12月止）
李玉祥
李永兰（女，12月止）
桂国明（1月止）
冯发源（12月止）
李发泉（1月任）
胡延山（12月任）
熊长青（12月任）
潘思亭（12月任）

（柳生昆）

榆中县

【概况】　榆中县位于甘肃省中部，始建于秦始皇三十二年（公元前214年）。早在春秋战国时，秦“辟数千里，以河为境，累石为城，树榆为塞”。因县地处榆塞之中，故名榆中而得名。西靠七里河区、城关区，东邻定西市定西县，西南与定西市临洮县交界，北隔黄河与皋兰县、白银市平川区相望，东北和白银市靖远县、白银市会宁县接壤。介于东经103° 50′ ~ 104° 34′、北纬35° 34′ ~ 36° 26′之间。南北长92公里，东西宽54公里，全县总面积3301.64平方公里，其中耕地面积103.02万亩，有森林面积75.83万亩。2016年末，全县有11镇12乡（2016年贡井、新营、连搭3个乡撤乡设镇）268个行政村。

2016年，全县共有户籍人口45.12万人，增长1%。其中，城镇9.58万人，占总人口的21.23%；乡村35.54万人，占总人口的78.77%。男性23.05万人，增长0.87%；女性22.07万元，增长1.14%。当年出生6048人，出生率13.4‰，死亡1202人，死亡率2.66‰，人口自然增长率为10.74‰。年末单位从业人员19988人，下降3.66%，其中在岗职工15234人，下降8.41%。单位从业人员年平均劳动报酬63517元，增长26.71%，其中在岗职工年平均工资75102元，增长34.7%。本年城镇居民人均家庭总收入16789元，增长9.59%。人均消费性支出12854元，增长14.7%。本年农村居民人均可支配收入8763元，增长8.19%。年末全县参加养老保险25.2万人，其中城镇职工1.5万人，城乡居民23.7万人。城镇居民基本医疗参保4.25万人；城镇职工基本医疗保险参保1.8万人。农村新型合作医疗参保人数357157人，参合率97.05%。

榆中县地势由西南、东南、东北三面向西北倾斜，南和北部为山区，两山之间为中部川区地带。海拔1400 ~ 3700米之间。黄河流经榆中县北部，主要支流有兴隆大河、龛谷河、黑池沟等。气候属温带半干旱性气候。年平均气温6.7℃。境内地形复杂，海拔高差大，降水量少。北山地区年降雨量300毫米，南山地区年降雨量500毫米。

境内有明肃王墓、青城古民居2处国家级文物保护单位，有青城镇、金崖镇国家级历史文化名镇，境内省级文物保护地7处，县级文物保护单位128处。境内有金崖镇的“七月官神”、和平镇的“太符灯舞”、马啣山原生态秧歌、青城水烟栽种制作工艺等省级非物质文化遗产项目4项。有兴隆山国家级自然保护区和青城古镇景区国家4A级风景区2处。

2016年，全县实现生产总值91.35亿元，同比增长9.6%。其中，第一产业16.51亿元，同比增长6.80%；第二产业22.05亿元，同比增长5.10%；第三产业52.80亿元，同比增长13.10%。三次产业的比重为18.07∶24.13∶57.80。完成固定资产投资136.49亿元，同比增长16.31%；社会消费品零售总额达到36.5亿元，同比增长10%；地区性财政收入达到10.8亿元，同比增长22%。其中，一般预算收入5.93亿元，同比增长21%；城镇居民可支配收入15323元，同比增长9%；农民人均纯收入8763元，同比增长8%。

【社会经济】 全年，全县实现生产总值91.35亿元，同比增长9.6%；其中：第一产业16.51亿元，同比增长6.80%；第二产业22.05亿元，同比增长5.10%；第三产业52.80亿元，同比增长13.10%。三次产业的比重为18.07∶24.13∶57.80。完成固定资产投资136.49亿元，同比增长16.31%；社会消费品零售总额达到36.5亿元，同比增长10%；地区性财政收入达到10.8亿元，同比增长22%，其中：一般预算收入5.93亿元，同比增长21%。城镇居民可支配收入15323元，同比增长9%；农民人均纯收入8763元，同比增长8%。

【重大项目】 全年新引进项目36个，总投资18088亿元；实施省、市、县列重大项目60个，总投资284.57亿元。成立县建投、农投、文旅投3家投融资公司，与第三方股权机构共同设立平潭兰银兴隆城市综合发展基金，融资、争取贷款累计达到67亿元。拆除县城及重点乡镇违法建筑6.6万平方米，征储土地1万亩，征地拆迁难问题得到有效解决。

【招商引资】 全年新引进国电榆中电厂、兴隆山文化旅游综合开发等项目36个，总投资180.88亿元，到位资金60.5亿元，开工建设项目25个，开工率69%。在第22届“兰洽会”上，签约各类项目26个，总投资141.06亿元。

【农业经济】 农业经济实现增加值16.51亿元，同比增长6.8%。全年种植蔬菜39.8万亩、中药材20万亩、百合3.5万亩，粮食作物播种面积71.86万亩，总产量为16万吨。其中：夏粮播种面积1858万亩，总产量449万吨；秋粮播种面积53.28万亩，总产量11.6万吨。蔬菜种植面积39.79万亩，年产量95.57万吨。全年家禽饲养总量保持在260万头（只）以上，出栏生猪15.15万头、肉羊21.3万只、肉牛3600头、肉用家禽84.2万只，肉蛋奶总产量达到2.65万吨。

【农业发展】 榆中县成功创建全省光网示范县，城关镇李家庄村建成全省首家“智慧乡村”。三角城康源、詹家营、青城魏家大坪等一大批农业示范园快速发展，成为都市观光农业新亮点。“52369”产业发展计划全面推进，全县新修高标准基本农田10万亩，流转土地2.5万亩，种植中药材20万亩、马铃薯25.7万亩，推广双垄沟播技术23.1万亩。完成生态建设30万亩，其中飞播造林10万亩，退耕还林15万亩，荒山造林1.2亩。重点扶持带动力强、优势明显的龙头企业10家，新增农民专业合作社292家。实施农村饮水安全工程，解决了和平、银山、新营3个乡镇13个贫困村1924户7984人的安全饮水问题。

【引洮工程榆中项目】 引洮供水工程是甘肃省为解决中部干旱地区城镇生活及工业用水、农村人畜饮水及生态环境用水的一项大型跨流域调水工程。榆中县是兰州市唯一的引洮供水工程受益县，每年向榆中县配水2771万立方米，其中向高崖、甘草2乡镇1.21万亩农田提供农业灌溉用水404万立方米，向龙泉、高崖、甘草、清水、贡井、上花、园子、中连川、韦营、哈岘、小康营、城关、连搭、定远等14个乡镇38.55万人提供城乡居民、牲畜及工业用水2367万立方米，规划受益区总人口38.55万人，其中城镇人口20.84万人，农村人口17.71万人，规划受益区面积2856公里，占全县总面积的86.5%。引洮供水一期榆中县配套工程概算总投资8.27亿元。向国家和省、市争取各类资金1.14亿元，其中争取第一批国家专项建设基金（国开投资发展基金）0.85亿元，争取省财政厅重大水利工程建设基金0.29亿元。

【工业经济】 全县规模以上工业产值73.73亿元，下降15.51%；规模以上工业增加值8亿元，增长3%；工业固定资产投资26.09亿元，增长62.28%；非公经济增加值56.56亿元，增长16.43%。建成行政村光纤网络；城市家庭20mbps及以上宽带接入能力达到95%；4G网络覆盖率95%。全县有战略性新兴产业21户，其中高端装备制造1户、生物产业5户，新材料产业10户、节能环保产业5户；规模以上企业16户，规模以下企业5户。积极应对工业经济下滑态势，协调榆钢公司新建钢结构加工项目，恢复轧钢生产线，着力淘汰过剩产能，榆钢公司压减炼铁产能100万吨、粗钢产能140万吨，新建钢结构加工项目，恢复轧钢生产线。编制完成安防、家居、建材、物流、文创产业布局和新型电池材料等产业发展专项规划。以甘草店片区为重点，启动建设占地1000亩的建材加工产业聚集区。着力加快和平工业园区徐家营片区、卧龙川片区基础设施建设，开工路桥等重点项目9个，不断夯实招商基础。着力培育发展生物医药、压力容器、装备制造等新型产业，强力推进国电“上大压小”异地建设、奇正藏药国家重点基药消痛贴膏、亚兰制药中药制剂、陇神戎发扩能搬迁改造等项目，全力打造工业发展新引擎。严格落实节能减排目标责任制，单位GDP能耗和主要污染物排放量均控制在指标以内。

【第三产业】 牢牢把握商贸物流和文化旅游产业发展的机遇，争取全域旅游示范县，打造以和平、定连地区为主的“商谷”，初步形成以毅德一期、瑞鑫商贸、和平家盛市场为代表的产业集群。编制完成榆中县全域旅游发展规划和兴隆山村旅游规划。陕旅集团投资19.5亿元对青城古镇进行全面保护性开发。成功举办和平牡丹文化旅游节、青城民俗文化旅游节等节会，全年接待游客350万人（次），实现旅游综合收入24亿元。

【基础设施建设】 建成投资3.8亿元的兴隆山大道一期工程，对栖云北路北段进行改造，贯通大成路中段，投资7.03亿元完成国道312、309线和省道104线改造维修137.87公里，投资1亿元改造路网及村社道路182.4公里，重点养护农村公路140公里。投资4.9亿元的招待所片区旧城改造项目已建成，西关新村教师楼片区、三角城片区、政府家属楼片区和西关新村一、二区等棚改项目加快推进。投资42.5亿元，启动市民公园、大剧院、迎宾大酒店、盛世阡陌院、县客运中心等重点项目，城市框架不断拉开。投资2亿元，实施兰州东出口、县城北出口改工程，城市形象进一步提升。投资100万元，开展兴隆山水源地保护专项治理。

【社会事业】 博雅小学建成，朝阳九年制学校已开工建设，城区学校布局进一步优化。投资3.85亿元，改扩建校舍8.79万平方米，新建幼儿园14所，启动三角城小学迁建工程。文体事业快速发展，创建为全省体育运动示范县，建成新视界兴隆影院和8个体育健身中心，行政村文化活动室、农家书屋实现全覆盖。启动实施大病商业保险，群众看病难、看病贵问题有效解决。高度关注弱势群体生活，城乡居民最低生活保障、被征地农民养老保险等各类社会救助和保险制度落实。筹资400万元为101户无能力建房户新建住房，改造农村危旧房2112户。落实创业促就业政策，新增城镇就业2395人，困难人员就业214人，劳务输转10.26万人（次）。完成县级粮食储备350万公斤，投资近1000万元的军供储备库正在建设之中。科技、广播电视、人口和计划生育等方面的工作都取得了新进步。

【金融】 榆中县金融机构各项存款余额237.54亿元，比上年同期增加32.31亿元，同比增长15.74%；各项贷款余额165亿元，比上年同期增加41.07亿元，同比增长33.14%。年末，共有银行业金融机构9家，其中：1家政策性银行，4家国有商业银行，2家城市商业银行，2家地方法人金融机构。共有营业网点83个，从业人员761人。有保险业金融机构6家，从业人员803人；证券公司1家；小额贷款公司9家，发放各项贷款共2.08亿元（未计入全县金融机构各项贷款余额）。

【脱贫攻坚】 编制完成《榆中县“十三五”精准扶贫规划(2016-2020年)》，以打造智力、电商、光伏、旅游、生态五大县域扶贫品牌为抓手，开创榆中扶贫新模式。开展职业技能培训1.25万人（次）。与阿里巴巴、乐村淘等电商企业联合建成1个县级电商公共服务中心、5个电商平台、23家乡镇电商公共服务站，开办网店380家。在238个村委会和4100户农户中实施分布式发电和农光互补项目。加快推进小康村和美丽乡村建设，投资1.2亿元建成34个小康村，投资7340万元建成7个省市级美丽乡村、34个环境整洁村。

【精准扶贫】 落实“六大任务”打造“三大工程”，脱贫攻坚工作深度融合，抓精准脱贫巩固提升。联村单位帮办实事1170件，其中捐款748.83万元，捐物折资630.74万元；宣传政策4989场（次）；开展义诊470场（次），受益群众1.37万人（次）；开展技能培训431场（次），受益群众2.74万人（次）；开展文体活动227场（次）；扶持贫困大学生594人，资金59.53万元。帮扶单位协调争取帮扶项目243项、涉及资金6819.89万元，其中富民产业65项，涉及资金2654.58万元，环境整治24项，涉及资金311.72万元，基础设施77项，涉及资金3114.23万元，社会事业77项，涉及资金739.36万元。146个驻村工作队为联系村确定帮扶项目150项，涉及资金5571.52万元，其中富民产业42项，涉及资金2589.81万元，环境整治32项，涉及资金473.89万元，基础设施45项，涉及资金2219.95万元，社会事业29项，涉及资金287.87万元。省、市、县、乡四级374个联村单位联系走访238个村，8340名联扶干部联系农户8.50万户，走访18.47万人（次）；宣传政策3.19万（次），反映民意1686条；排查出低保方面问题327个，建档立卡户方面问题105个，基本医疗方面60个，危房改造方面1380个，矛盾纠纷491件；协调基础设施项目119个，产业发展项目49个，危房改造1114户，开展技能培训43场（次），调处解决矛盾纠纷450件，解决急事难事及帮办实事好事523件。

【为民承办的实事】 为民兴办10件实事：1.新修高标准基本农田10万亩。2.引入社会资金2亿元，建成1所县城九年制学校。3.完成县城小学新建和三角城小学迁建工程，建成40所标准化学校。4.改造农村危旧房1320户，完成计生“两户”家庭建房100户。5.实施光网榆中项目建设，实现全县所有村宽带全覆盖。6.新增城镇就业2300人，开展职业技能培训800人（次）。7.改造路网及村内道路160公里。8.实施光伏扶贫项目，推广光伏发电2100户。9.建成南坡湾、潘家坪调蓄水库及水厂。10.完成兴隆山水源涵养区保护工程。

【项目建设】 成立县建投、农投、文旅投3家投融资公司，半年融资到位资金17亿元；与第三方股权机构共同设立了平潭兰银兴隆城市综合发展基金，募集资金23亿元；争取棚改注册资金4亿元，国开行棚改长期贷款23亿元；上报基础设施建设专项基金8亿元；全县银行存款余额预计突破260亿元，贷款余额预计160亿元，增幅均达20%以上。整治违法违章建设，拆除县城及重点乡镇违法建设6.6万平方米，有效遏制违法违章建设蔓延势头。理顺了征地价格和拆迁安置标准，使困扰县城发展多年的征地拆迁难问题得到有效解决，征储土地1万亩，切实保证了重大项目落地建设。大力开展“跑项目争资金树荣誉”活动，争取各类项目350个，到位资金16.65亿元。争取到位国家资金10亿元，实施政策性项目25个。实施省列重大项目3个、市列7个、县列50个，总投资284.57亿元。

【商贸旅游】 推进全域旅游示范县创建工作，编制完成榆中县全域旅游发展规划和兴隆山村旅游规划。兴隆山大景区官磨滩自驾游宿营地建设成功入选国家优选旅游项目。与常州龙控集团签约投资50亿元建设“兴隆小镇”，陕旅集团投资19.5亿元对青城古镇进行全面保护性开发。青城镇被列为全国首批特色小城镇。完成星级农家乐改造提升50户，成功举办兰州和平牡丹文化旅游节、青城民俗文化旅游节、甘肃省第六届(家盛杯)饭店业服务技能大赛暨榆中县首届乡村休闲旅游美食大赛。发展商贸物流业，打造和平、定连地区大型物流基地。推进毅德商贸城、高原夏菜副食品采购中心及兰州传化公路港等项目建设，甘草、小康营、和平3个农贸市场建成运营。

【民生工程】 打造智力、电商、光伏、旅游、生态五大县域扶贫品牌。全面落实省上“1+17”、市上“1+21”精准扶贫实施方案，编制完成《榆中“十三五”精准扶贫规划(2016-2020年)》。开展职业技能培训1.25万人（次）。抢抓“千县万村”工作试点县机遇，与阿里巴巴、乐村淘等电商企业联合，建成1个县级电商公共服务中心、5个电商平台、23家乡镇电商公共服务站，开办网店380家。在238个村委会和4100户农户中实施分布式发电和农光互补项目。完成绿化造林30万亩，带动农村人均纯收入增长280元。全力推进村容村貌改造战略、美丽乡村提升战略，投资6800万元打造34个小康村，投资3400万元改造提升金夏路、高内路高崖至龙泉段，加快推进美丽乡村建设，年内建成省市级美丽乡村7个、环境整洁村20个。

【党的建设】 建立党委(党组)中心组学习、领导干部任职培训等制度，开展“两学一做”学习教育，各级干部政治素养和理论水平不断提高。对各级领导班子适时进行调整配备，结合乡镇换届选拔一批能力强、有担当的优秀干部深化拓展“双培双带”“三争一促”活动，推进“为民服务代理制”规范化建设，推行“支部+协会”村级发展互助资金，基层组织凝聚力、战斗力不断增强。开展干部作风锤炼行动，加大效能问责力度，机关作风明显好转。落实党风廉政建设责任制，从严落实“3783”主体责任体系，在压力传导、廉政教育、案件查办等方面持续发力，推进“两个责任”落实到位。推进“保民生、促三农”“两查两保”、侵害群众利益不正之风和腐败问题专项整治行动，党风廉政建设取得明显成效。

【民主法治】 办理人大代表建议86件、政协委员提案63件。全年办理网民留言200余件，办结率、答复率100%。深化政务、村务、厂务公开，有效保障群众的知情权、参与权和表达权，重视社会治安综合治理和信访工作，化解各种社会矛盾，全县社会大局和谐稳定。强化审计监督和行政监察，工作作风和政务环境明显改善，保证权力行使的全过程“阳光运作”。“12345”政府服务热线处理投诉案件4837件，网络留言办结237条，行政审批制度改革有效落实，基本实现“一口受理、抄告相关、同步审批、限时办结、信息共享”，企业登记注册整体时效有效提升。电力、邮政、电信、地震、气象、金融、保险等部门和单位，发挥职能作用，全力服务全县经济社会发展大局，取得新成绩。

【史志工作】 配合县委纪念中国共产党成立95周年和红军长征胜利80周年活动，编辑出版了党史专辑—《红军精神在榆中》，编撰了《播火陇原 光照日月 陇上革命先驱张一悟生平事迹》和《巍巍兴隆 榆中革命斗争史》陈展大纲，并报省、市党史部门进行了系统评审。举办了“红军精神在榆中”“兰州战役在榆中”“榆中史志成果展”。完成《榆中县建立家庭联产承包责任制的回顾》《榆中发展旱作农业的历程》2个省级党史专题，《榆中在兰州战役中的重要作用》《榆中县革命遗址的现状和保护开发前景》2个市级党史专题。举办了党史宣传月活动，在《兰州日报》刊发《抗战时期的榆中县委》等9篇文章。向全县党组织发放了《陇原火种—甘肃党的创始人张一悟》《榆中县新民主主义革命时期党史资料汇编（中卷）组织斗争》《兰州战役在榆中》《中国共产党榆中历史大事记》《水泉湾村史》《东古城村志》《北关村史》《三堡拾遗》等书籍6000多册。在《榆中宣传》"榆中宣传网"和"榆中发布"设立《榆中党史》栏目，刊发党史故事160篇。征集到革命文物和书籍120件（本），丰富了党史展览内容。编辑出版的《榆中改革与发展》被评为全省党史优秀成果资政类一等奖，《中国共产党榆中历史大事记》被评为全省党史优秀成果著作类三等奖，论文《重视党史文化　建设文化大县——构建榆中党史文化的战略思考》被评为全省党史优秀成果论文类二等奖。1名同志被省委党史研究室授予"全省党史部门先进个人"荣誉称号。慰问105岁的老红军魏周存和96岁的杨荣贵，张一悟的大女儿张凌青、小女儿张荷清和儿媳雷翠英，丁益三烈士亲属，看望傅唯一的儿子傅克廉等。慰问抗日爱国将领吕继周的子女，收集吕继周将军的资料，帮助其维修坟墓。完成清康熙二十六年（1687年）《金县志》、道光二十二年（1842年）《重修金县志》和光绪三十四年（1908年）《金县新志稿》的校注影印和出版发行。编纂完成《兰州史话丛书 榆中史话》，通过了省、市、县有关领导和专家的评审。完成《榆中年鉴》（2014-2017卷）资料的征集工作。编辑出版《水泉湾村史》。指导帮助城关镇北关村农民李映武编著史志性著述《多彩人生》。完成《甘肃年鉴》（2015卷）和《兰州年鉴》（2015卷）榆中部分的稿件。

领导名录

县　委

书　记　王晓宁
副书记　王　林
　　汪永峰（挂职，6月止）
　　姜晓东（1月任）
　　杨世明（8月任）
常　委　王晓宁　王　林
　　汪永峰（6月止）
　　张学永（10月止）
　　姜晓东
　　郁积鹏（6月止）
　　高建军（11月任）
　　胡　真
　　冯具全（6月止）
　　蒋睿智　席应奇
　　金霞俊（女，6月止）
　　李小林（挂职）
　　李　晶（女，6月任）
　　卢晓春（6月任）
　　张宗福（11月任）

县人大

主　任　谢志明
副主任　刘正堂（12月止）
　　岳光武（12月止）
　　王维中（12月止）
　　骆小萍（女）
　　丁林华（12月止）
　　赵成军（12月任）
　　孙彦华（12月任）
　　刘生宝（12月任）
　　杨锡辉（12月任）
　　敬育昆（12月任）

县政府

县　长　王　林
常务副县长　郁积鹏（6月止）
　　蒋睿智（6月任）
副县长　李小林（挂职）
　　张　磊（10月止）
　　柯登科（挂职，10月止）
　　张盛华（8月止）
　　苏万成（8月任）
　　杨荣广（10月任）
　　张子龙（挂职）
　　刘燕霞（6月任）
　　孙新华（12月任）

县政协

主　席　韩悌勇
副主席　赵成军（12月止）
　　孙彦华（12月止）
　　高　权　颜　芳（女）
　　刘生宝（12月止）
　　杨锡辉（12月止）
　　金培贤（12月任）
　　魏习武（12月任）
　　孙志成（12月任）

（周学海）

皋兰县

【概况】　皋兰，因地处皋兰山北麓而得名。清乾隆三年（1738年）设皋兰县，始有皋兰县名。介于东经103° 32′～104° 22′，北纬36° 05′～36° 50′之间，地处甘肃省中部，兰州市东北部，东靠白银市白银区，东南跨黄河与榆中县接壤，南接兰州市城关区，西南与安宁区、西固区毗邻，西连永登县，北依白银市景泰县。辖区东西最大距离60公里，南北最大距离84公里，总面积2136.69平方公里。2016年末，皋兰县辖6镇3社区57个行政村，总人口14.6092万人，有藏族、回族等5个少数民族。境内属陇西黄土高原，地势西北高、东南低。最高海拔2445米，最低海拔1411米，县城海拔1650米。年平均气温为8.2℃，比历年平均值偏高0.8℃，年降水量为310.0毫米，比历年平均值偏多约26%。年均蒸发量1888.5毫米，年日照2734.5小时，无霜期145天。截至年底，全县地区生产总值达到46.4亿元，是2011年的2.1倍，年均增长16.1%。累计完成固定资产投资185亿元，年均增长24.2%。社会消费品零售总额达到20亿元，是2011年的5.66倍，年均增长41.5%。地区性财政收入达到7.2亿元,是2011年的1.8倍,年均增长13%;公共财政预算收入达到3.8亿元,是2011年的2.4倍,年均增长18.7%。城镇居民人均可支配收入达到16000元，是2011年的1.9倍，年均增长14.2%。农村居民人均可支配收入达到9400元,是2011年的2.2倍，年均增长17.1%。金融机构存款余额达到115亿元,是2011年的2.1倍;贷款余额77.8亿元,是2011年的2.7倍。

【农业农村经济】　全县新建标准化生产基地2000亩、高架大棚1230亩，建立核心示范区4个，示范面积达到8万亩。新发展大棚韭黄610亩,累计达到2000亩。新改扩建标准化规模养殖场12个，累计达到66家；新增规模养殖户50户，累计达到1183户,畜禽饲养量达到152.2万头只。新培育省级示范社5家、市级2家，规范县级合作社20家。推进农村土地承包经营权确权登记颁证工作，确权面积37.4万亩，确权率92%。加快农村土地流转，建立农村土地流转示范点6个，新增土地流转面积1.2万亩，累计流转土地面积6.88万亩，土地流转率提升到23%。着力改善农业生产条件，投资9400万元，实施牛皮岘水库等节水增效高效节水灌溉农业基础设施建设项目7项。

【项目建设】　全县签约引进合同项目新签项目23个，项目总投资93.03亿元，到位资金13.58亿元。对接国家和省、市产业政策和投资导向，争取实施政策性项目80个，完成投资1.94亿元。探索多种投融资模式，建立PPP项目储备库，储备项目10项，其中黄河奇峡旅游开发等3个项目列入省发改委项目库。组织实施500万元以上政策性项目、亿元以上招商引资项目75项。7月份，在全县开展重点项目"百日攻坚"行动，建成和完成一期建设项目36个。推进甘肃警察职业学院迁建、保利领秀山等5个市列重大项目，完成投资38.4亿元。全力支持配合国道109线拓建和盐什公路、国道341线等省市重大项目建设，完成征拆农户445户、企业11家，坟茔搬迁211棺。

【工业经济】　全县实施新、扩、续、改重点工业项目25项，开工建设22项，建成20项，完成规模工业增加值13亿元，工业固定资产投资10.12亿元。万元工业增加值能耗下降5%，单位GDP能耗下降5%。

【商贸流通】　全县推进现代物流业发展，北龙口国际商贸物流城全面建成玻璃石材、电子电器、管业不锈钢等专业市场。久和汽配城建成仓储库房3500平方米，建成农副商贸城3600平方米。新建专业店、品牌店、连锁店18家。研究制定《皋兰县加快培育电子商务发展意见》，全年电商网上销售额突破亿元大关。完成43个村的宽带光网全覆盖。

【文化旅游业】　全县共接待游客251.5万人（次），同比增长25.3%；实现旅游收入7.54亿元，同比增长30.3%。成功举办第14届"中国·花漾什川"梨花节。编制完成《皋兰县旅游业"十三五"发展总体规划》和《什川黄河·古梨园景区总体规划》。建成黄河瀑布和什川古梨园景区游客服务中心。

【园区建设】　全县完善园区基础配套设施，筹措整合资金2.1亿元，实施三川口横二路延伸、水阜至什川连接线以及北龙口供气、供水、供暖等园区基础设施建设重点项目11项，组织实施"一区五园"产业项目70项，到位资金56.32亿元。园区完成生产总值37.3亿元。

【城乡建设】　全县基本建成投资4500万元的山字墩水库至县城输水管道改造项目。加快什川特色小城镇建设，研究制定《皋兰县2016年新型城镇化建设实施方案》，建立新型城镇化试点在建建设项目库，申报各类项目12项。全面完成棚户区改造任务。大力改善城乡环境面貌，制定下发《城乡环境卫生综合整治实施方案》。建成生态小康村33个，完成9.5公里"省门第一道"绿化工程，绿化乡村主干道60多公里，森林覆盖率达到14.65%。

全县实施"6873"交通突破行动，投资2620万元，完成农村公路畅通工程建设19项88.4公里。推进城乡公交一体化，与兰州市交通发展有限公司筹资3000万元，组建"皋兰县公共交通服务有限责任公司"，购置新能源客车18辆，电动出租车30辆，增开县城公交3号线，开通4条城乡公交线路。完成什川上泥湾和九合中心、高山、头沟4村农村饮水安全工程建设。

【社会事业】　全县投资6310万元实施头沟小学教学楼等15项教育基础设施建设项目，通过国家义务教育发展基本均衡县评估验收。推进卫生项目建设，基本建成县医院外科综合楼，建设县第二人民医院。加快文化体育事业发展，举办第五届石洞寺文化庙会文艺展演，建成13个农民健身场地和3个文化广场。

【人民生活和社会保障】　全县新增城镇就业1802人，输转城乡富余劳动力3.06万人，创劳务收入6.4亿元。落实城乡居民养老保险等政策，征缴养老、失业、医疗、工伤、生育保险金15685万元，筹措补助资金1.84亿元，将5321名完全失地农民纳入了保障范围。加强城乡低保动态管理，审核取消不符合城乡低保945户2463人，发放城乡低保、农村“五保”供养资金3052万元。

【扶贫开发】 全县核查精准扶贫精准脱贫信息数据，重新核实认定贫困人口，建档立卡655户2075人。加大资金投入，争取中央和省上专项扶贫资金4077万元，整合各类涉农资金6.5亿元投入扶贫攻坚。投资1.05亿元，实施以农村安全饮水、道路建设、塘坝渠道、农村环境整治等为内容的扶贫攻坚进村项目130个。注重增强贫困户的“自我造血功能”，发放精准扶贫贷款、双联惠农、妇女小额等各类贷款2933户15586万元。县财政按照每人每年10元的标准将农村环境整治经费列入预算，将每月10日确定为全县环境集中整治日，并投资4955万元实施省市美丽乡村5个、环境整洁村6个和小康村20个，全部完成建设任务。注重发挥帮扶干部和驻村帮扶工作队员作用，调整人员104人，组织集中培训4期，开展督查指导4次，发现并整改问题52个。

领导名录

县　委

书　记　尤占海
副书记　杜宁让
　　　　张栋梁
　　　　丁慧茹（挂职，6月免）
　　　　陈卫英（挂职，8月任）
常　委　尤占海　杜宁让　张栋梁
　　　　丁慧茹（挂职，6月免）
　　　　陈卫英（挂职，8月任）
　　　　范仲阔（9月任）
　　　　薛　蕾（9月免）
　　　　何正春　白本弟
　　　　周　宏（8月任）
　　　　陈　宽（6月免）
　　　　敬国欣（6月任）
　　　　刘永祥（6月免）
　　　　凌　涛（6月任）
　　　　张延祥（6月任）
　　　　成　跃（11月免）

县人大

主　任　辛秀先
副主任　李玉星
　　　　牛万才
　　　　张国文（12月任）
　　　　魏万玲（12月任）
　　　　杨启祥（1月辞职）
　　　　魏兴勤（7月免）

县政府

县　长　杜宁让
副县长　白本弟
　　　　王锡元（5月免）
　　　　王世磊（7月任）
　　　　穆　婷（7月任）
　　　　彭斌嘉（12月任）
　　　　武晓晶（挂职，10月免）
　　　　王建成（挂职）
　　　　杨金龙（挂职，12月免）
　　　　陈永生（挂职，11月任）

县政协

主　席　魏泽邦
副主席　陈亲惠（1月免）
　　　　魏职鹏　王伊玲
　　　　彭登嘉　刘吉明

（魏周延　魏玉琪）

地方法规

兰州市河道管理条例

（2016年6月24日兰州市第十五届人民代表大会常务委员会第三十二次会议通过
2016年9月29日甘肃省第十二届人民代表大会常务委员会第二十六次会议批准）

第一章 总 则

第一条 为了加强河道管理，保障防洪安全，保护和改善河道生态环境，发挥河道综合功能，根据《中华人民共和国水法》、《中华人民共和国防洪法》、《中华人民共和国河道管理条例》和《甘肃省河道管理条例》等法律、法规，结合本市实际，制定本条例。

第二条 本条例适用于本市行政区域内黄河干流、湟水、大通河、庄浪河和宛川河等河道以及洪道、人工水道、水库库区、行洪区的保护、治理、利用和管理等相关活动。河道内的航道，同时适用有关航道管理的法律、法规。

第三条 市、县（区）人民政府应当将河道保护和治理

纳入本级国民经济和社会发展规划，建立和完善河道管理工作协调机制或者日常工作机构，并将河道管理经费列入同级财政预算。

第四条 市、县（区）人民政府水行政主管部门是本行政区域内河道的主管机关，负责本行政区域内河道的监督管理工作。

市人民政府水行政主管部门所属的黄河河道管理机构负责黄河兰州城区段河道的日常管理工作。县（区）人民政府水行政主管部门所属的河道管理机构负责辖区内河洪道的日常管理工作。

发改、国土、环保、建设、规划、城管、交通、生态、

农业、旅游等部门依据各自职责，做好河道管理的相关工作。

第五条 鼓励公众积极参与河道保护，任何单位和个人有权对破坏河道及其配套工程、危害河道水生态环境的行为进行投诉和举报。

市、县（区）人民政府水行政主管部门应当畅通公众参

与渠道，做好举报者的相关保密工作。

第六条 市、县（区）人民政府水行政主管部门应当建

立和完善河道管理档案，建立包括内部用户管理、河道利用

管理、在线监控、案件网上运行等信息化管理系统，加强河

道管理的信息化建设，实现信息共享。

第二章　规划与保护

第七条　市、县（区）人民政府水行政主管部门，应当会同国土、规划部门，按照《甘肃省水利工程土地划界标准》对河道管护范围划界确权，报同级人民政府批准实施。

第八条　市、县（区）人民政府水行政主管部门应当组织编制本行政区域内的河道防洪、河道岸线、河道治理利用、河道采砂等规划，报同级人民政府批准后实施。

第九条　河道岸线规划应当包括临水控制线和背水外缘控制线在内，且不得随意更改。因公共利益、河道管理等确需更改的，调整的河段河宽不得小于原有河宽最小值，并报原批准机关批准后实施。

第十条　河道治理利用规划应当服从流域综合规划、区域综合规划、防洪规划和城市蓝线规划。航道、城乡建设以及河道内的湿地、人文景观等规划应当与河道治理利用规划相衔接，有关部门在编制上述规划时，应当事先征求水行政主管部门的意见。

第十一条　河道采砂规划应当充分考虑防洪安全和通航安全的要求，符合流域综合规划和流域专业规划。

河道采砂规划应当包括砂石储量情况、禁采期、禁采区、采砂场地布局、采砂方式、采砂控制总量和深度以及与堤防的安全距离等内容。河道采砂规划涉及航道、海事的，应当事先征求交通运输行政主管部门的意见。

第十二条　市、县（区）人民政府城市市容环境卫生行政主管部门，应当做好本行政区域内城区段的河道保洁工作。

第十三条　市、县（区）人民政府及相关行政主管部门应当做好河道内的生物物种、植被恢复、珍稀野生动物栖息地修复和历史文化遗址、遗产的保护工作。

第十四条　在河道管理范围内新建改建扩建水库、水电站、拦河闸坝等水利工程，应当加强河道水生态环境的保护，建设相应的保证河道合理生态流量的设施，防止河道断流，并按照批准的调度方案运行。

第十五条　单位和个人在港口、码头区域内设置与航运有关的趸船等设施，应当符合防洪总体要求，航道管理机构在批准时应当事先征求市人民政府水行政主管部门的意见。港口、码头区域之外不得设置侵占河道、影响防洪安全的趸船等设施。

第十六条　市、县（区）人民政府水行政主管部门及其河道管理机构应当建立河道巡查制度，定期、不定期开展巡查，依法查处违法行为。

第三章　治理与利用

第十七条　河道治理与利用应当按照批准的规划进行，

符合国家规定的防洪标准、通航标准和其他有关技术要求。

第十八条　河道中在建、已建的影响防洪安全的建筑物、构筑物，应当根据国家规定的防洪标准，由市、县（区）人民政府水行政主管部门提出意见并报经同级人民政府批准后，责成原建设单位或产权人在规定期限内整改。

第十九条　汛期船舶的行驶和停靠、浮桥以及趸船的运营应当遵守市、县（区）防汛指挥机构的调度指挥和监督。

第二十条　城乡建设和发展不得占用河道滩地，不得将滩地作为农田或者占补平衡用地。对于当地包产到户之前已经有群众长期居住的滩地和包产到户时将滩地作为农田承包给农民进行耕种的，当地人民政府应当有计划地组织居民外迁和退耕并进行滩地的生态恢复，对外迁和退耕居民按照国家规定给予适当补偿。包产到户之后在河道滩地的居住和耕作行为由当地人民政府依法予以清退。

第二十一条　河道因修堤筑坝、防汛抢险、涵闸建设、防洪道路等工程以及河道整治需要占地及取土的，应当按照节约用地的原则，由当地人民政府调剂解决。需办理土地征收征用手续的，按规定办理并给予补偿。河道修堤筑坝用土，限定在堤防安全保护区以外。

第二十二条　在河道范围内用于河道管理的建设项目，建设单位在报请审批（核准）工程（预）可行性研究报告（项目申请报告）前，应当将工程建设方案报经有管辖权的水行政主管部门审查。未经审查或审查未同意的，项目审批（核准）部门不得办理审批（核准）手续，项目不得开工建设。

第二十三条　县级界河和城关区、七里河区、安宁区、西固区洪道范围内用于河道管理的建设项目由市人民政府水行政主管部门批准。其他县（区）河道、洪道范围内用于河道管理的建设项目，由县（区）人民政府水行政主管部门批准。

黄河风情线范围内的河道建设项目经批准后，还应当向市黄河风情线管理机构备案。

第二十四条 市、县（区）人民政府水行政主管部门应当加强对河道管理范围内建设项目位置、界限及相关措施落实的现场监督管理。建设单位应当在建设项目完工后及时清理施工现场保证河道安全畅通。

第二十五条 河道内建设项目经批准后，建设单位应当及时将施工计划报水行政主管部门。需要破堤施工的建设单位应当报送破堤开工报告，经工程所在地水行政主管部门批准后，方可破堤施工。破堤施工时应当有河道管理人员监督施工。工程竣工后建设单位应按不低于原标准进行修复。跨汛期施工的工程项目，应编制度汛施工方案，报防汛指挥机构批准后实施。

第二十六条 经批准的建设项目及其工程建设活动需要影响河道防洪兴利工程及其附属设施的，应当事先征求水行政主管部门的意见并采取功能补救措施；造成损坏的，由责任者予以修复或者承担修复费用，造成运行、养护、管理等成本增加的，还应当按照实际增加的成本予以补偿；因工程建设，确需迁建、扩建、改建、拆除原有工程设施的，建设单位应当负担所需费用和损失补偿。

第二十七条 在河道范围内禁止乱搭乱建、乱采乱挖、乱倒垃圾、随意排放泥沙、堆放物品、停放车辆、经营摊点等行为。

第二十八条 本市内以河道为边界或跨行政区域河道的治理与利用，按照下列规定执行：

（一）位于边界的河道和水工程，应严格执行有关方面共同商定的边界水事协议，实行联防联控制度；

（二）在跨行政区域的河道上，未经统一规划和各方协议，上游不得扩大排水，下游不得设置阻水障碍缩小河道的排水能力；

（三）执行协议过程中发生异议，应报请上一级水行政主管部门裁决，裁决期间，任何一方不得变更协议，强行施工。

第四章 采砂管理

第二十九条 黄河兰州段为禁采区，因航道疏浚和河道治理确需采砂的，市水行政主管部门应当会同市交通运输部门制定采砂方案，报市人民政府批准后，方可按照批准方案规定的采砂范围和采砂量科学合理安排采砂。

除黄河兰州段以外的其他河道的采砂应当按照河道分级管理的权限，由市、县（区）人民政府定期向社会公布河道采砂的禁采期和禁采区。任何单位和个人不得在禁采期、禁采区进行河道采砂活动。在禁采期、禁采区以外采砂的应当制定采砂方案，报市、县（区）人民政府批准。

第三十条 河道采砂实行许可制度，河道采砂许可按以下规定办理：

（一）除黄河兰州段以外的其他非季节性河流，采砂管理由市、县（区）人民政府水行政主管部门负责，依法实行河道采砂许可。在发放采砂许可证前，市、县（区）人民政府水行政主管部门应当征求同级国土资源行政主管部门等相关部门意见；涉及航道的，由市人民政府水行政主管部门会同市人民政府交通运输行政主管部门批准；

（二）季节性河流，采砂管理由市、县（区）人民政府国土资源行政主管部门负责，依法实行采矿许可。在发放采矿许可证前，市、县（区）人民政府国土资源行政主管部门应当征求同级水行政主管部门等相关部门意见，涉及航道的应当征得市人民政府交通运输行政主管部门同意。

第三十一条 从事河道采砂活动，应当遵守下列规定：

（一）按河道采砂许可证规定的开采地点、期限、范围、深度、作业方式采砂；

（二）及时转运、清除砂石料和弃料堆体，回填采砂坑道，汛期不得在河床堆放砂石料；

（三）运输砂石的车辆按指定进出场路线行驶；

（四）不得损坏水利工程、堤顶路面、水文观测设施、照明设施、通信电缆、宣传牌、界桩、里程桩和河道生物防护等工程设施；

（五）在禁采期、临时禁采期、临时禁采区内，应当停止河道采砂活动，并将采砂作业设备撤出河道管理范围；

（六）在通航航道进行河道采砂活动必须服从航道行政主管部门制定的通航安全要求，并在作业区域设立明显作业标志，保证航道畅通和航行安全；

（七）汛期应当服从防汛指挥机构的调度；

（八）法律、法规规定的其他行为。

第三十二条 从事河道采砂的单位和个人应当依法缴纳河道采砂管理费。

第五章 法律责任

第三十三条 违反本条例第十五条第二款规定，在港口、码头区域之外设置影响防洪安全的趸船等设施的，由市、县（区）人民政府水行政主管部门责令限期拆除，逾期不拆除的，强行拆除，所需费用由违法单位或者个人负担，并处以1万元以上十万元以下的罚款。

第三十四条 违反本条例第十八条规定，原建设单位或产权单位在规定期间内未整改的，由市、县（区）人民政府水行政主管部门责令其限期整改，并处一万元以上10万元以下罚款。

第三十五条 违反本条例第二十二条规定，建设单位的工程建设方案未经市、县（区）人民政府水行政主管部门审查同意，擅自开工建设的，由市、县（区）人民政府水行政主管部门责令停止违法行为，限期补办相应手续；逾期不补办或者补办未被批准的，责令限期拆除违法建筑物、构筑物，可以处1万元以上10万元以下的罚款。

第三十六条 违反本条例第二十四条第二款规定，未及时清理施工现场的，由市、县（区）人民政府水行政主管部门责令限期清理，并处以1万元以上10万元以下罚款；逾期不清理的由市、县（区）人民政府水行政主管部门代为清理，清理费用由建设单位承担。

第三十七条 违反本条例第二十五条第一款规定，擅自破堤施工的，由市、县（区）人民政府水行政主管部门责令停止违法行为、限期补办有关手续；逾期不补办或者补办未被批准的，责令限期恢复原状，并处1万元以上10万元以下罚款。逾期不恢复的强行恢复，所需费用由建设单位承担。

违反本条例第二十五条第二款规定，建设单位低于原标准进行修复的，由市、县（区）人民政府水行政主管部门责令限期按原标准修复，并处1万元以上10万元以下罚款。

第三十八条 违反本条例第二十七条，在城区段河道内的违法行为由市、县（区）人民政府城市行政执法部门责令限期整改，并处以1000元以上1万元以下罚款，情节严重的，处以1万元以上，10万元以下的罚款；在除城区段河道以外其他河道内的违法行为，由市、县（区）人民政府水行政部门责令限期整改，并处以1000元以上1万元以下罚款，情节严重的，处以1万元以上10万元以下罚款。

第三十九条 违反本条例第三十一条第五项规定，未停止河道采砂活动或未将采砂作业设备撤出河道管理范围的，由市、县（区）人民政府水行政主管部门责令限期改正；逾期不改正的吊销采砂许可证，并处3万元以上10万元以下罚款。

第四十条 违反本条例规定的其他行为，法律、法规已有处罚规定的，从其规定。

第四十一条 市、县（区）人民政府水行政主管部门、其他相关行政主管部门以及河道管理机构的工作人员在河道管理工作中不作为、滥用职权、玩忽职守的，由有关部门对主要负责人和直接责任人依法予以行政处分；构成犯罪的，依法追究刑事责任。

第六章 附 则

第四十二条 本条例所称城区段河道是指本行政区域内的黄河兰州城区段和其他河道在城区（含县城）段的部分。

黄河兰州城区段河道是指西起西固区柴家台吊桥、东至榆中县桑园峡吊桥的长47.5公里的河道，黄河兰州段河道是指西起西固区达川乡、东至榆中县青城镇的长154公里的河道。

第四十三条 本条例自2017年1月1日起施行。

兰州市养犬管理条例

（2016年4月27日兰州市第十五届人民代表大会常务委员会第三十一次会议通过
2016年7月29日甘肃省第十二届人民代表大会常务委员会第二十五次会议批准）

第一章　总则

第一条　为了规范养犬行为，维护社会公共秩序，改善市容环境卫生，保障公众健康和人身安全，根据有关法律、法规，结合本市实际，制定本条例。

第二条　本市行政区域内犬只的饲养、经营以及相关管理活动，适用本条例。军事机关、公安机关以及动物园、科研机构等单位因特定工作需要饲养犬只的，按照有关法律、法规的规定执行。

第三条　养犬管理遵循养犬人自律为主、基层组织参与、社会公众监督和政府部门监管相结合的原则。

第四条　市、区（县）人民政府负责本条例的组织实施，并建立由公安机关、城管行政执法、畜牧兽医、工商、卫生计生等有关部门参加的养犬管理协调机制，组织、指导和监督养犬管理工作，协调解决养犬管理工作中的重大问题。

区（县）人民政府应当组建由公安机关牵头、城管行政执法和畜牧兽医部门参加的养犬服务管理综合执法队伍，建立日常巡查制度，及时发现和查处违法养犬行为。

市公安机关主管本市的养犬管理工作。区（县）公安机关负责本辖区内的养犬管理工作。

其他有关行政管理部门在各自的职责范围内，负责养犬的相关监督管理工作。

乡（镇）人民政府和街道办事处应当配合做好养犬管理工作。

第五条　居（村）民委员会、社区、小区业主委员会、物业服务企业和犬业协会等组织，应当协助有关行政管理部门做好养犬管理工作，并在各自的公约中对养犬规范作出约定，引导、督促养犬人依法养犬、文明养犬。

第六条　养犬人应当依法规范养犬、文明科学养犬，训练犬只养成良好的行为习惯，不得损害社会公共利益和他人的合法权益。

第七条　广播、电视、网络、报刊等媒体应当加强养犬宣传教育，引导养犬人形成良好的养犬习惯。

养犬管理的有关行政部门、养犬协会、居（村）民委员会、社区、物业企业等应当经常组织开展科学养犬、依法养犬、文明养犬的宣传活动。

第八条　支持和鼓励民间犬只救助机构和爱犬人士依法从事犬只救助活动。

鼓励养犬人对饲养的犬只实施绝育手术。

第九条　养犬监督管理工作所需经费由各级财政予以保障。

第十条　对于违法养犬行为，任何单位和个人有权进行劝阻、举报和投诉。

公安机关应当公布举报、投诉电话、信箱、电子邮箱，接到举报、投诉后应当登记，及时处理，并在10个工作日内将处理情况告知举报人、投诉人。

第二章　管理与监督

第十一条　公安机关履行下列职责：

（一）办理养犬登记和年审；

（二）建立养犬管理和服务的电子信息系统，做到相关部门之间信息共享，为公众提供养犬信息服务；

（三）负责禁养犬的处理、没收，巡查、处理违法养犬行为；

（四）查处犬只扰民、伤人引起的治安案件；

（五）捕杀狂犬；

（六）受理和处理违法养犬行为的举报、投诉；

（七）其他依法应当履行的职责。

第十二条　城管行政执法部门履行下列职责：

（一）查处影响市容环境卫生的养犬行为；

（二）负责管理犬只留检所；

（三）负责流浪犬的及时捕捉和将其投送留检所的工作；

（四）收留弃养犬只，对犬只尸体实施无害化处理；

（五）查处违法占道售犬行为；

（六）其他依法应当履行的职责。

第十三条 畜牧兽医部门履行下列职责：

（一）负责犬只免疫和犬只电子标识的植入，建立犬只免疫档案；

（二）建立犬只疫情监测网络，对狂犬病等人畜共患病进行预防和控制；

（三）确定禁养犬的种类；

（四）对犬只养殖、诊疗等活动监督管理；

（五）按照方便群众的原则合理设置犬只免疫点；

（六）其他依法应当履行的职责。

第十四条 工商行政管理部门负责犬只经营者的工商登记，监管犬只交易市场的经营活动。

第十五条 卫生计生行政部门负责狂犬病等疾病的预防宣传教育，人患狂犬病等疫情的监测，人用狂犬病等疫苗的供应、运输、保存、使用和患者的诊治工作。

人用狂犬病等免疫点的设置和服务应当方便群众、及时有效。

第三章 犬只免疫和登记

第十六条 本市养犬管理按照严格管理区和一般管理区实行分区管理。

城关区、七里河区、安宁区、西固区为严格管理区，永登县、榆中县、皋兰县及红古区为一般管理区。

经区（县）人民政府决定，严格管理区内的乡村区域可以调整为一般管理区，一般管理区内的城镇区域可以调整为严格管理区。调整情况应当及时向社会公布。

兰州新区、高新区应当根据养犬实际，自行划定或调整养犬严格管理区和一般管理区，并及时向社会公布。

第十七条 严格管理区内，个人不得饲养禁养犬。

严格管理区内，禁止繁殖、经营禁养犬。

禁养犬名录由市畜牧兽医部门会同市公安机关确定，并向社会公布。

确定禁养犬目录应当采取谨慎认真、反复考察、对比研究、听取意见、专家评审等办法，根据犬只的习性和遗传变化情况，科学合理分析犬只的攻击性，动态调整，分批次向社会公布。

第十八条 严格管理区实行犬只登记、年审和免疫制度；一般管理区实行免疫制度。

犬只的免疫费用由养犬人自行负担。

第十九条 养犬人应当在犬只出生满3个月或者免疫间隔期满时，将犬只送至畜牧兽医行政部门指定地点接受狂犬病等免疫接种，取得犬只免疫证明。

第二十条 严格管理区内未登记的犬只，自取得狂犬病等免疫证明之日起15日内，养犬人应当携犬只到所在地公安机关指定地点办理养犬登记。

第二十一条 个人在办理犬只登记时应当提供下列材料：

（一）养犬人的身份证；

（二）房产证明或者房屋租赁证明；

（三）犬只的狂犬病等免疫和电子标识植入证明。

第二十二条 单位确需饲养犬只的，在办理犬只登记时应当提供下列材料：

（一）单位主体资格证明，法定代表人或者负责人的身份证明；

（二）看管犬只的专门人员的身份证明；

（三）独立场所及犬笼、犬舍、围墙等封闭圈养设施等的相关证明；

（四）犬只免疫证明和电子标识植入证明；

（五）安全养犬制度。

第二十三条 公安机关收到个人养犬申请，应当在2个工作日内作出是否准予登记的决定。需要进一步核实或者有其他特殊情况的，经登记机关负责人同意，可以延长至5个工作日内办理登记手续，并向养犬人说明理由。

公安机关收到单位养犬申请，应当对养犬的必要性及拟养犬只的品种及数量认真审查，应当在5个工作日内作出是否准予登记的决定。

公安机关应当为准予登记的，发放养犬登记证；对不予登记的，书面说明理由，并告知申请人10日内将犬只自行处置或者送到犬只留检所。

养犬人违反本条例规定，1年内被行政处罚累计达三3次，或者被没收犬只、注销犬只登记证的，自最后1次行政处罚作出之日起2年内不予办理犬只登记。

第二十四条 养犬登记实行年审制度。养犬人应当于养犬登记证书期满前30日内，携带养犬登记证和犬只免疫证明到公安机关进行年度审验。

第二十五条 公安机关应当完善养犬登记档案、与畜牧兽医部门配合做好犬只电子标识的植入和信息管理，建立养犬管理和服务电子信息系统，做到养犬管理部门信息共享，服务公众。养犬登记档案登载下列内容：

（一）养犬人的姓名、性别、身份证号、照片、住址、联系方式或者单位的名称、地址、联系人、联系方式等信息；

（二）犬只的出生时间、品种、性别、主要体貌特征、照片、免疫和年审等信息；

（三）养犬初始登记时间和养犬登记证变更、补发、注销等情况；

（四）养犬人因违法养犬受到的行政处罚记录和犬只伤人记录。

第二十六条 养犬人的相关信息发生变更的，养犬人应当自变更之日起15日内，到原犬只登记机关办理变更登记。

第二十七条 养犬人饲养的犬只死亡的，应当在15日内到原犬只登记机关办理注销手续。

第二十八条 犬只免疫证明由市畜牧兽医行政部门统一印制发放，养犬登记证由市公安机关统一定制发放。犬只免疫证明、养犬登记证遗失或者损毁的，养犬人应当在15日内到原发证机关补办。

犬只免疫和养犬登记应当做到科学规范，方便群众。

第四章 养犬行为规范

第二十九条 养犬人应当遵守下列规定：

（一）按照本条例规定，按时携带犬只进行免疫、电子标识植入和登记；

（二）不得在集体宿舍和合租屋内饲养犬只；

（三）不得因犬吠影响他人正常生活；

（四）不得放任、驱使犬只恐吓、伤害他人；

（五）不得组织、参与“斗犬”活动；

（六）不得遗弃、虐待或者擅自处死犬只；

（七）不得擅自掩埋或者随意抛弃犬只尸体；

（八）不得放任犬只在道路上乱跑影响交通秩序和安全；

（九）不得携带禁养犬进入严格管理区；

（十）不得伪造、变造、涂改、冒用、转让、买卖养犬管理相关证件；

（十一）法律、法规的有关规定。

第三十条 携犬外出时，在严格管理区应当遵守下列规定：

（一）不得由未成年人单独携带犬只；

（二）用犬绳牵领犬只，小型犬应当用长度为1.5米以下的犬绳；大中型犬应当用长度为1米以下的犬绳，并为犬只佩戴嘴套；

（三）在楼道、电梯及其他拥挤场合，应当采取怀抱犬只或者收紧犬绳、贴身携带犬只、为犬只佩戴嘴套等预防犬只伤人的措施；

（四）注意避让行人尤其是老年人、残疾人、孕妇和儿童；

（五）携带清洁用具，即时清理犬只排泄的粪便；

（六）有效制止犬只持续吠叫、追咬等攻击行人的行为；

（七）单位饲养的犬只应当拴养或圈养，因免疫、诊疗等原因需要离开饲养场所的，应当将其装入犬笼；

（八）不得乘坐除出租汽车以外的公共交通工具；乘坐出租汽车的，应当征得驾驶人员同意，可以携带体重不超过10公斤、身高40厘米以下的小型犬，并为犬只佩戴嘴套，或者将犬只装入犬袋、犬笼，或者怀抱。

第三十一条 禁止携带犬只进入下列区域：

（一）机关、团体、企事业单位办公区；

（二）学校教学区、学生食宿区、医院、幼儿园及其他少年儿童活动场所；

（三）博物馆、图书馆、美术馆、影剧院、体育场馆、会展中心等公共文化娱乐场所；

（四）候车（船、机）厅等公共场所，但符合有关规定的除外；

（五）文物保护单位；

（六）餐饮场所、宾馆、商场、公共浴室；

（七）黄河风情线、公共绿地、城市公园、广场、商业步行街范围内由市、区（县）人民政府根据管理实际需要具体划定并公布的区域；

（八）其他设有禁止携带犬只进入标志的区域。

除前款规定外，其他单位和个人有权决定其经营或者管理的场所禁止携带犬只进入。

禁止携犬进入的区域，应当设置明显的禁入标志。

第三十二条 本条例第三十条第八项、第三十一条不适用于携带导盲犬的盲人和携带扶助犬的肢体重残人。

第三十三条 犬只伤害他人的，养犬人应当立即将受害人送到医疗卫生机构进行诊治，并先行垫付医疗费用。

第三十四条 养犬人未遵守携带犬只外出规定，致使犬只伤亡的，由养犬人自行承担损失。

第三十五条 携带外地犬只进入本市养犬严格管理区的，应当携带犬只免疫、检疫证明和养犬登记证书；未办理犬只免疫、检疫证明和养犬登记证书的，应当到本市有关部门办理相关证明。

第五章 犬只留检与处理

第三十六条 市人民政府应当在远离城市和村庄的地方，按照合理布局、规范管理的原则设立犬只留检所。市城管行政执法部门负责建设和管理犬只留检所，具体承担流浪犬的捕捉、接收、检验，没收的禁养犬的接收、检验，以及饲养留检所内的犬只等工作。

养犬人放弃饲养的，应当将犬只送到犬只留检所。

任何单位和个人发现流浪犬、无主犬的，可以将其送至犬只留检所或者报告城管行政执法部门进行处理。

第三十七条 犬只留检所对依法登记的走失犬只，应当通知养犬人在7个工作日内认领，养犬人领回其犬只的，应当依法承担其犬只在收留场所发生的饲养等相应费用；养犬人逾期不认领或者无法通知养犬人的，按照无主犬处理。

犬只留检所应当采取措施防止犬只繁殖。

第三十八条 犬只留检所应当建立犬只领养制度，对收留的和按照无主犬处理的犬只，允许单位和个人按照规定领养。

领养人不得销售、屠杀、遗弃领养犬只。

第三十九条 犬只死亡的，养犬人或者犬只诊疗机构应当将犬只尸体送往犬只留检所，由犬只留检所对犬只尸体进行无害化处理。

第四十条 犬只伤害他人的，养犬人应当在24小时内将伤人犬只送到犬只留检所，进行传染病检验，并将检验情况报送公安机关载入犬只登记电子档案。

第六章 犬只经营管理

第四十一条 从事犬只经营活动的，应当符合国家规定的动物防疫条件和经营条件，依法办理相关许可、登记、证明，并接受工商和畜牧兽医管理部门的监督检查。

从事犬只诊疗活动的，还应当依法取得畜牧兽医部门发放的动物诊疗许可证，诊疗人员应当具有相应的兽医资格。

犬只救助机构不得从事犬只繁殖、经营活动。

第四十二条 开设犬只养殖、销售、诊疗、培训、展览、表演等经营场所的，经营者应当自经营之日起15日内向所在地的区（县）公安机关备案。

举办犬只展览、表演等活动的，组织者应当在活动开始7日前向活动所在地的区（县）公安机关备案。

第四十三条 禁止在居民小区、商住楼内设立犬只养殖、销售、诊疗、培训、展览、表演等场所。

第四十四条 市人民政府应当按照卫生防疫达标、不扰民和方便交易的原则合理选址，设置规范的犬只交易市场。

犬只交易应当在市人民政府设立的犬只交易市场内进行，不得流动售犬或者占道售犬。

第四十五条 进入市场交易的犬只，应当具备有效的犬只免疫、检疫合格证明和电子标识植入的证明。

未按照规定对适龄犬只进行狂犬病免疫的，禁止用于经营销售。

犬只出生不满3个月交易的可以不受本条第一款中有关电子标识植入证明的限制。

第四十六条 犬只交易市场应当实行定期休市消毒或者市场区域轮休消毒制度。

第七章 法律责任

第四十七条 养犬人违反本条例第十九条规定的，由畜牧兽医部门责令限期改正；逾期不改正的，每只处以1000元以下罚款。

第四十八条 违反本条例规定，有下列行为之一的，由公安机关予以处罚：

（一）违反本条例第十七条第一款、第二款规定的，责令限期自行处置；逾期不处置的，处以每只5000元罚款，并没收犬只；

（二）违反本条例第二十条规定的，责令限期补办手续，逾期仍不登记的，对单位处以1000元以上5000元以下罚款，对个人处以200元以上1000元以下罚款，并没收犬只；

（三）违反本条例第二十四条、第二十六条规定的，责令限期改正；逾期不改正的，处以200元以上1000元以下罚款；

（四）违反本条例第二十九条第一、二、三、八、九、十项规定的，给予警告；警告后仍不改正的，处200元以上500元以下罚款；

（五）违反本条例第二十九条第四、六项和第三十八条第二款规定的，给予警告；警告后仍不改正的，处500元以上2000元以下罚款；

（六）违反本条例第二十九条第五项规定的，没收犬只，吊销养犬登记证，处以2000元罚款；

（七）违反本条例第三十条第一、二、三、四、六、七、八项规定的，责令改正；拒不改正的，处以200元以下罚款；

（八）违反本条例第三十一条第一款第一、二、三、四、五、六、八项规定的，责令改正；拒不改正的，处以200元以下罚款；

（九）违反本条例第三十三条规定，造成轻微伤害且当事人之间达成谅解并对损害赔偿协商一致的，给予警告或者处以500元以下的罚款；造成轻微伤害以上的损害且当事人之间对损害赔偿协商不一致的，没收犬只，吊销养犬登记证，对单位处以1万元以上5万元以下罚款，对个人处以1000元以上5000元以下罚款。构成违反治安管理行为的，依法给予治安管理处罚；构成犯罪的，依法追究刑事责任；对被伤害人造成损害的，应当承担侵权责任；

（十）违反本条例第四十二条规定的，责令限期改正；逾期不改正的，处1000元以上5000元以下罚款。

第四十九条 违反本条例规定，有下列行为之一的，由城管行政执法部门予以处罚：

（一）违反本条例第二十九条第七项规定的，责令改正，并处以100元以下罚款；

（二）违反本条例第三十条第五项规定的，责令改正；拒不改正的，处以200元以下罚款；

（三）违反本条例第三十一条第一款第七项规定的，责令改正；拒不改正的，处以200元以下罚款，

（四）违反本条例四十四条第二款规定的，处以500元以上1000元以下罚款，并没收占道售犬设施和犬只。

第五十条 违反本条例规定的其他行为，法律、法规已有处罚规定的，从其规定。

第五十一条 负有养犬管理职责的相关部门及其工作人员滥用职权、相互推诿、玩忽职守、徇私舞弊的，由上级主管部门或者监察机关对直接负责的主管人员和其他直接责任人员给予通报批评、行政处分；构成犯罪的，依法追究刑事责任。

第八章 附 则

第五十二条 本条例中的养犬人是指饲养犬只的个人或者单位。

本条例中的犬只电子标识，俗称“电子芯片”，大小约为半个大米粒，由犬只医疗机构的专业人员用专用器具植入犬只耳后脖颈部位的皮下，一次植入，终身携带，内有只读和可改写的犬只身份编号，用于犬只管理具有安全、科学、方便的功能。该电子标识是养犬管理和服务电子信息系统的组成部分。

本条例中的黄河风情线是指位于黄河城区段两岸，南至南滨河路非机动车道北边缘线，北至北滨河路非机动车道南边缘线，实际已经建成的供市民休闲游览的区域。

第五十三条 本条例自2017年1月1日起施行。

政府规章

兰州市南北两山绿化上水工程管理办法

（《兰州市南北两山绿化上水工程管理办法》已经2016年8月2日市政府第148次常务会议讨论通过，现予公布，自2016年10月1日起施行）

第一章　总　则

第一条　为加强兰州市南北两山绿化上水工程的规划、建设、管理和保护，确保工程建设和安全运行，充分发挥工程效益，促进两山绿化发展，根据有关法律、法规，结合本市南北两山绿化上水工程的实际，制定本办法。

第二条　本办法适用于兰州市南北两山绿化范围内上水工程（以下简称：两山上水工程）的规划、建设、运行、管理和保护。

第三条　两山上水工程建设，坚持政府投资和承包者自筹相结合的原则。

各级人民政府应当支持、鼓励承包者按照统一规划，自筹资金兴建上水工程，保护投资者的合法权益。

第四条　两山上水工程实行统一管理，分级负责。

市南北两山绿化主管部门是全市两山上水工程管理工作的主管部门，负责全市两山上水工程的规划、建设、运行、监督管理和保护工作。

县（区）南北两山绿化主管部门是本辖区两山上水工程管理工作的主管部门，具体负责辖区两山上水工程的规划、建设、运行、监督管理和保护工作。

两山上水工程按水系组建上水工程管理单位，负责本水系的运行、保护和管理工作。

第二章　规划与建设

第五条　两山上水工程总体规划，由市南北两山绿化主管部门委托有资质的单位，依据南北两山生态建设总体规划编制，经专家论证，报请市政府批准。

两山上水工程总体规划应当将管理、生活服务设施和以水养水等综合经营项目纳入概算。

第六条　两山上水工程的建设，应当引进和采用新技术、新工艺、新材料，降低工程成本，提高工程效益。

第七条　两山上水工程建设，按照水利工程基本建设程序管理。

政府投资主要用于两山上水工程总体规划范围内主干工程的新建、改建、扩建项目，也可用于新发展绿化重点配套项目和防汛、抗旱、抢险工程项目。

建设资金应当专款专用，不得转借、挪用。

第八条　建立健全两山上水工程建设管理责任制。

所有两山上水工程竣工后，应当按有关规定和程序组织验收，合格后方可交付使用。

两山上水工程交付使用后，未经主管部门同意任何单位和个人不得改动。

第三章　工程管理与保护

第九条　南北两山绿化主管部门是两山上水工程国有资产的管理机关，负责所管辖资产的管理。

第十条　南北两山绿化主管部门应当建立健全工程运行和维修、养护制度，建立技术档案，定期组织检查。

第十一条　两山上水工程管理单位和绿化承包者应当加强两山上水工程管护，保证两山上水工程安全正常运行。

两山上水工程管理单位和绿化承包者应当在调蓄水池、水库周围设置防护栏，并在显著位置悬挂警示标志，应当委派专人管护泵房、配电室。

第十二条　县（区）人民政府对辖区内已建成的两山上水工程，依照《甘肃省水利工程土地划界标准》划定管理和保护范围，并树立标志。

跨县（区）的两山上水工程由市人民政府依照《甘肃省水利工程土地划界标准》划定管理和保护范围，并树立标志。

新建的两山上水工程，应当在规划、设计中一并考虑工程管理和保护范围。

第十三条 两山上水工程管理和保护范围内，严格控制兴建其他工程设施或建筑物。确因国家需要修建的，须先经所在县（区）南北两山绿化主管部门审核同意，并报市南北两山绿化主管部门批准。

两山上水工程管理和保护范围内的土地，任何单位或个人不得擅自占用。

第十四条 禁止在两山上水工程管理和保护范围内进行下列行为：

（一）擅自进入调蓄水池、水库、泵房、配电室的；

（二）擅自在上水工程管道、水池、渠堤等设施上设闸分水、扒口取水或设泵抽水的；

（三）妨碍水利工程管理单位进行工程改造、维修和抢险处理的。

第十五条 任何单位和个人不得收购盗窃、强抢的两山上水工程设备器材。

第十六条 依法划定的水工程保护范围内，禁止从事爆破、打井、采石、采砂、取土、修坟、建房、修建鱼池、堆放废弃物及其他危害两山上水工程安全的活动。

第十七条 两山上水工程管理单位和绿化承包者应当建立安全保卫制度，明确责任，落实管护措施，保障两山上水工程设施安全完好。

第十八条 两山上水工程运行管理人员应当按国家有关规定持证上岗。

第十九条 两山上水工程管理和保护范围内的违法建（构）筑物应当依法予以拆除。违法建（构）筑物影响上水工程维修、改建或正常运行，所造成的经济损失由违法建（构）筑物的所有人或者实际使用人赔偿。

第二十条 公安机关应当依法保护两山上水工程及附属设施，打击破坏和盗窃两山上水工程设施的行为。

第四章 用水管理

第二十一条 两山绿化实行节水灌溉，禁止浪费水资源。

第二十二条 两山绿化用水实行计划管理。

各绿化承包者用水应当向所在的两山上水工程管理单位报年度用水计划，两山上水工程管理单位汇总后编制年度水供求计划，并报县（区）南北两山绿化主管部门审查批准。

编制年度水供求计划应当统筹考虑绿化用水、经营用水等，科学合理地安排各单位的用水。

第二十三条 各绿化承包者应当按月向所在的两山上水工程管理单位报送用水统计表；用水统计表应当逐级汇总上报县（区）南北两山绿化主管部门和市南北两山绿化主管部门。

第二十四条 两山上水工程管理单位应当按照绿化灌溉定额，实行按亩配水，按方收费，按时供水，不得无故停水或减少供水。

第二十五条 南北两山绿化供水系统的用电按农业高扬程灌溉优惠电价收取。

第二十六条 南北两山绿化取自农业灌溉工程的用水，其水价按农灌标准收取。使用城市供水系统和通过城市污水处理系统供水的，免征城市基础设施配套费。

两山上水工程水价由市南北两山绿化主管部门会同市价格行政主管部门以供水成本为基础，对各类用水分别核定。

第二十七条 绿化灌溉水费遵循“谁用水、谁缴费”的原则。暂无能力支付水费的承包者，政府财政可适当给予补助。

两山林业管理站管理林区的水费实行政府财政全额补贴。

第二十八条 两山上水工程管理单位应当建立健全财务制度，切实做好水费的收缴、使用和管理工作。水费的收支情况每年度向南北两山绿化主管部门作出报告，同时向用水者公布。

收缴的水费用于列支两山上水工程的正常运行、维修养护、周边绿化，不得挪作他用。

第二十九条 国家事业单位收缴的水费应当纳入预算内管理，实行收支两条线。

第三十条 南北两山绿化主管部门可以委托审计两山上水工程管理单位的水费收支情况。

第五章 法律责任

第三十一条 违反本办法第十一条规定的，由南北两山绿化主管部门责令限期改正，并处1000元以上10000元以下罚款。

第三十二条 违反本办法第十四条规定的，由南北两山绿化主管部门予以警告，并处1000元以上1万元以下罚款。

第三十三条 违反本办法第二十一条规定的，由南北两山绿化主管部门责令改正，赔偿损失，并处1000元以上1万元以下罚款。

第三十四条 违反本办法第二十四条规定的，灌溉不达标或无故不灌溉的，由南北两山绿化主管部门予以警告，可并处1000元以上3万元以下罚款。

第三十五条 违反本办法第十五条规定的，由工商、公安、水利、司法机关依法查处。

第三十六条 市、县（区）南北两山绿化主管部门、两山上水工程管理单位及其工作人员，在两山上水工程管理工作中玩忽职守、滥用职权、徇私舞弊的，由上级主管部门或者监察机关给予行政处分；构成犯罪的，依法追究刑事责任。

第三十七条 干扰上水工程管理人员履行职责，侮辱、殴打水管人员，情节较轻的，由南北两山绿化主管部门予以批评教育；违反《中华人民共和国治安管理处罚法》的，由公安机关依法处罚；构成犯罪的，依法追究刑事责任。

第三十八条 违反本办法的其他行为，法律、法规已有处罚规定的，从其规定。

第六章 附则

第三十九条 本办法中“水系”指南北两山绿化中按区域设计建设的主干上水工程，一个水系由若干个泵站组成。

第四十条 本办法自2016年10月1日起施行。1999年8月1日颁布实施的《兰州市南北两山绿化开发上水工程管理办法》（1999年8号令）同时废止。

兰州市城市轨道交通管理办法

（2016年11月14日兰州市人民政府第156次常务会议讨论通过 2016年11月30日兰州市人民政府令〔2016〕第7号公布）

第一章 总 则

第一条 为了规范城市轨道交通建设和管理，保障运营安全，维护乘客的合法权益，根据有关法律、法规，结合本市实际，制定本办法。

第二条 本市行政区域内城市轨道交通的规划、建设、运营、安全保障及其相关管理活动适用本办法。

第三条 本办法所称城市轨道交通，是指采用专用轨道导向运行的城市公共客运交通系统，包括地铁系统、轻轨系统、单轨系统、有轨电车、磁浮系统、自动导向轨道系统、城域快速轨道系统等。

本办法所称城市轨道交通设施，是指城市轨道交通的轨道、隧道、高架桥及路基、车站（含出入口、通道）、通风亭、车辆、车辆段、机电设备、供电系统、通信信号系统等其他附属设施，以及为保障轨道交通运营而设置的相关设施。

第四条 城市轨道交通遵循统一规划、优先发展、安全运营、规范服务的原则。

第五条 市人民政府应当加强对城市轨道交通发展的领导，建立轨道交通综合协调机制，统筹协调城市轨道交通规划、建设、运营、应急事件处置等有关重大事项。

市建设行政主管部门负责本市城市轨道交通建设管理。具体建设活动由市城市轨道交通管理机构(以下简称轨道交通管理机构)负责组织实施。

市交通运输行政主管部门负责本市城市轨道交通运营管理。

规划、公安、财政、国土资源、城市管理、环保、水务、生态、价格、安全生产监督、人防等行政主管部门应当按照各自职责，做好城市轨道交通建设、运营管理的相关工作。

城市轨道交通沿线的区（县）人民政府、开发区管理委员会按照各自职责，做好有关城市轨道交通建设的房屋征收工作，配合做好城市轨道交通建设和设施保护工作。

第六条 城市轨道交通实行特许经营，经营单位由市人民政府依法确定。

轨道交通经营单位负责城市轨道交通建设、投融资、安全运营、设施维护、秩序保障、应急处置等日常工作。

第七条 城市轨道交通建设实行政府投资与社会投资相结合。鼓励企业和其他经济组织投资参与城市轨道交通建设和运营，投资者的合法权益受法律保护。

市人民政府应当设立城市轨道交通建设发展专项资金，建立城市轨道交通运营补贴机制。城市轨道交通建设、运营和综合开发需交纳的各种费用，按照有关规定予以减免。

市人民政府每年安排一定比例的市级土地出让金，专项用于城市轨道交通建设和运营。

鼓励对新建轨道交通设施用地按照市场化原则实施综合开发。实施综合开发的，开发收益应当用于轨道交通建设和运营。

第八条 建设和运营城市轨道交通，应当注重环境和生态保护，采取防噪声、防扬尘、防振动、防电磁辐射等污染防治措施，减少对周边环境的影响。

第二章 规划与用地管理

第九条 城市轨道交通规划应当符合本市城市总体规划，进行规划环境影响评价，并与土地利用总体规划衔接，兼顾中心城区地下空间及人防工程建设规划，预留必要空间以确保安全便捷的换乘条件及足够的疏散能力。

第十条 城市轨道交通规划包括线网规划、建设规划以及轨道交通与地面交通一体化换乘设施规划等。

第十一条 城市轨道交通线网规划、城市轨道交通建设规划、轨道交通与地面交通一体化换乘设施规划由市轨道交通管理机构会同规划、建设、国土资源、交通运输、人防等行政主管部门组织编制，并按国家规定的有关程序报批。

城市轨道交通规划的编制应当征求社会公众、沿线区（县）人民政府、有关单位以及专家的意见。

依法批准的城市轨道交通规划不得擅自变更，确需变更的，应当按照法定程序进行。

第十二条 城市轨道交通及配套设施建设用地由市国土资源行政主管部门根据城市轨道交通规划列入年度土地利用计划和土地供应计划。

城市轨道交通建设用地，符合划拨用地目录的以划拨方式供应；轨道交通设施用地混合开发居住、商业、办公等复合利用的土地，按主用途确定土地供应方式。主用途符合划拨用地目录的，以划拨方式供应，不符合划拨用地目录的兼容用途用地，按协议分摊出让方式办理用地手续。协议出让的土地使用权及建筑物不得转让，其所获经营收益优先用于轨道交通项目建设和弥补运营亏损。

第十三条 市规划行政主管部门应当会同轨道交通管理机构做好轨道交通沿线及车站周边用地的规划控制管理。在确定轨道交通车站用地范围时，应当根据轨道交通规划预留换乘枢纽、公共汽（电）车和出租汽车站点、机动车和非机动车停车场、公共自行车租赁点、公共厕所等公共交通和公共服务设施用地。

第十四条 城市轨道交通建设用地依法实行分层登记。土地使用权属根据土地使用权出让合同或划拨决定书确定。

第十五条 鼓励城市轨道交通的出入口、地下空间、通风亭、冷却塔等设施与周边建筑统一规划设计，相互融合。

城市轨道交通沿线及车站周边用地尚未供应的，规划行政主管部门应当将统一规划设计要求纳入规划条件；已经供应的，建设项目因与轨道交通的出入口、地下空间、通风亭、冷却塔等轨道交通设施统一规划设计造成建筑面积增加，可以不计入容积率。

城市轨道交通车站周边现有建(构)筑物的所有权人、使用权人要求与轨道交通连通的，应当征得轨道交通管理机构同意后，按法定程序办理。

城市轨道交通出入口、通风亭和冷却塔等配套设施需与周边已有建(构)筑物结合建设的，物业的所有权人、使用权人应当予以配合；因结合建设给其利益造成损失的，城市轨道交通经营单位应当依法予以补偿或者赔偿。

第三章 建设管理

第十六条 轨道交通管理机构会同相关单位，按照城市轨道交通规划的要求，组织编制轨道交通建设计划，报市人民政府批准后执行。

第十七条 城市轨道交通建设应当按照国家规定的基本建设程序进行。

城市轨道交通项目勘察、设计、施工、监理、监测、检测等，应当遵守法律、法规，执行相关技术标准，并且符合保护周围的建（构）筑物、管线、市政公用设施以及其他相关设施的技术规定。

第十八条 建设、安全生产监督、环保、城市管理等行政主管部门应当按照国家有关法律、法规的规定，对轨道交通工程建设的施工安全、工程质量和环境保护进行监督管理。

第十九条 因城市轨道交通建设需对管线迁改的，管线产权单位应当予以配合。按照原标准迁改的，管线迁改费用由轨道交通经营单位承担；管线产权单位要求提高标准迁改的，所增加费用由管线产权单位和轨道交通经营单位协商承担；废弃管线不予补偿。

因城市轨道交通建设需占用、拆除、报废人防工程的，应当按照人防工程占用、拆除、报废的审批程序办理相关手续，费用由轨道交通经营单位承担。

因城市轨道交通建设必须拆除和迁移相关市政公用设施的，轨道交通经营单位应当与相关产权单位进行协商，有关产权单位应当予以配合。建设完成后，由轨道交通经营单位对拆除和迁移的市政公用设施进行恢复，恢复方案由轨道交通经营单位与产权单位共同制定。

因城市轨道交通建设需占用公共绿地或者移植树木的，由轨道交通经营单位与市生态行政主管部门共同制定公共绿地占用、恢复及苗木移植方案，按相关规定办理报批手续。公共绿地由轨道交通经营单位负责恢复；树木由绿化管理单位组织移植，轨道交通经营单位承担移植费用。需占用其它绿地或移植树木的，由轨道交通经营单位与市生态行政主管部门及绿地（树木）产权或管理单位共同协商制定占用、苗木移植方案，并按相关规定办理报批手续，由轨道交通经营单位委托专业园林绿化企业进行移植。

第二十条 城市轨道交通地下设施的建设，不受其上方土地使用权权属的限制。

因城市轨道交通建设需要临时占用地下、地上空间的，其上方和相邻的建（构）筑物的土地所有权、使用权人应当提供必要的便利。建设单位应当采取措施，保障沿线上方及周边已有建（构）筑物、地下管线以及设施的安全。

第二十一条 轨道交通建设期间，公安机关交通管理部门应当会同建设、交通运输、城市管理等行政主管部门和轨道交通管理机构制定交通疏解方案，避免或者减少轨道交通工程施工对城市交通造成的影响。

第二十二条 轨道交通工程建成后，轨道交通经营单位应当按照设计标准和国家有关规定组织工程验收。验收合格后，轨道交通经营单位应当组织不少于3个月的试运行。试运行期满后，轨道交通经营单位应当依法办理轨道交通设施及相关项目的验收。验收合格的，按照国家有关规定进行试运营基本条件评审。评审合格的，进行不少于1年的试运营，并向市建设行政主管部门备案。

试运营验收合格的，交付正式运营。轨道交通管理机构应当对前述过程进行监督管理。

第二十三条 轨道交通经营单位应当建立城市轨道交通建设档案管理制度，对城市轨道交通建设工程档案进行收集、整理。工程竣工验收合格后向市城建档案管理机构移交建设工程档案。

第四章 保护区管理

第二十四条 城市轨道交通实行保护区管理制度，保障轨道交通规划、建设的顺利进行和建成后的安全运营。保护区分为重点保护区和一般保护区，其范围分别为：

（一）地下车站和隧道结构外边线外侧五米内为重点保护区，5米至50米内为一般保护区；

（二）地面车站、高架车站以及线路轨道外边线外侧五米内为重点保护区，5米至30米内为一般保护区；

（三）出入口(含连通道)、通风亭、控制中心、变电所、冷却塔、地面站房等建(构)筑物结构外边线和车辆段、停车场用地边界外侧5米内为重点保护区，5米至10米内为一般保护区；

（四）城市轨道交通过河、洪道、桥梁结构外边线外侧50米内为重点保护区，50米至100米内为一般保护区。

因地质条件或者其他特殊情况，需要调整城市轨道交通保护区范围的，由轨道交通管理机构会同轨道交通经营单位提出方案，报市人民政府批准公布。

轨道交通经营单位应当在城市轨道交通设施容易遭到破坏或者有较大危险因素的保护区内设置明显的边界标志和安全警示标志。任何单位和个人不得毁坏或者擅自移动。

第二十五条 建设、规划、城市管理、水务等有关行政主管部门对一般保护区内的下列活动依法实施行政许可前，应当书面征求轨道交通管理机构的意见，轨道交通管理机构应当在有关行政主管部门规定的期限内给予书面答复：

（一）新建、改建、扩建或者拆卸建（构）筑物；

（二）取土、地面堆载、基坑开挖、爆破、桩基础施工、顶进、灌浆、锚杆作业；

（三）修建塘堰、开挖河道水渠、采石、挖砂、打井取水；

（四）敷设管线、设置跨线等架空作业；

（五）在过河、洪道段实施疏浚、清淤、吹填、船舶下锚停靠等作业；

（六）其他可能影响轨道交通设施安全的作业。

在一般保护区内进行前款所列活动不需要行政许可的，作业单位应当在施工前书面告知轨道交通管理机构。

作业单位在一般保护区内进行本条第一款所列活动的，应当委托有资质的单位进行安全评估，提出保护标准，制定轨道交通设施保护方案，并经轨道交通管理机构同意；施工时应当由有资质的单位对轨道交通设施进行安全监控，产生的费用由项目建设单位承担。可能影响轨道交通设施安全的，轨道交通管理机构应当对设计、施工方案组织论证，作业单位应当在开工前落实保护措施，并按照方案组织施工。

在城市轨道交通重点保护区内，不得进行建设活动，但必需的市政、交通、环卫、国防和人防工程除外。

第二十六条 轨道交通经营单位应当对轨道交通沿线进行巡查。发现有危及或者可能危及轨道交通安全情形的，应当及时制止，并要求作业单位采取补救措施。作业单位拒不采取补救措施的，应当报告有关行政主管部门依法处理。

第二十七条 地下管线的所有权人或者使用权人应当加强对敷设在保护区内管线的巡查、维护和管理，保障管线安全，避免影响城市轨道交通安全。检查维护管线需要轨道交通经营单位配合的，轨道交通经营单位应当提供必要的便利。

第二十八条 禁止下列危害城市轨道交通设施安全的行为：

（一）损毁隧道、轨道、路基、高架、车站、通风亭、冷却塔、变电站、防护网、接触网、护坡、挡土墙、排水沟、车辆、电缆、通讯基站等设施；

（二）在高架线路、桥梁上钻孔打眼，私搭电线及其他承力绳索、设置附着物；

（三）在地面线路轨道上擅自铺设平交道口、平交人行道；

（四）其他危害城市轨道交通设施安全的行为。

第五章 运营管理

第二十九条 市交通运输行政主管部门应当会同

轨道交通管理机构制定并公布城市轨道交通运营服务规范和乘客守则，指导和监督城市轨道交通运营活动，并对其进行服务质量考核。

轨道交通经营单位应当按照服务规范向乘客做出服务承诺并向社会公布，提供安全、便捷的客运服务，保证客运服务质量，保障乘客的合法权益。

第三十条 轨道交通经营单位负责制定行车组织方案，并根据运营要求和客流量变化进行优化和调整。行车组织方案、客运组织方案及其调整应当向市交通运输行政主管部门备案。

轨道交通经营单位应当定期向市交通运输行政主管部门报送运行情况报告和运营指标的统计数据。

第三十一条 轨道交通经营单位应当提供良好乘车环境，履行下列义务：

（一）建立健全组织机构和运营管理制度，配备具备相应岗位资格能力的生产、技术、管理人员，并定期对其进行安全教育和系统岗位培训；

（二）制定落实安全运营操作规程，并建立落实安全运营风险评估和隐患排查治理制度；

（三）建立健全公共卫生管理制度，保持车站和车厢整洁、卫生；

（四）建立设施设备管理和维护制度，定期检查、维护、更新，保证其处于良好的运行状态；

（五）合理设置自动售检票设备和人工售票窗口，提供售票、检票、充值、退票、补票等票务服务；

（六）提供安全、准点的运营服务，不得擅自停运。对调整首末班列车行车时间、临时调整停靠站点、列车延误以及需要清客、不停车通过站点等情况，应当及时告知乘客；

（七）在车站和列车上设置运营路线图，提供首末班列车行车时刻、列车运行方向、站点和换乘信息，及时播报运营线路、到站情况等内容；

（八）根据有关规定在车站内设置乘车、疏散、安全、消防、禁入等各类导向标识，在车站出入口五百米范围内的公交车站和主要路段等设立清晰醒目的城市轨道交通车站导向标识，保持导向标识的正确、清晰、完整；

（九）保证无障碍设施设备完好，为老、弱、病、残、孕等特殊需要乘客提供便利和服务；

（十）车站(含出入口、通道)、车辆广告设置合法、规范、文明，不得遮挡标志标识，不得影响车站行车和客运组织；

（十一）安排工作人员巡查，维护车站和列车内秩序，及时劝阻和制止违法、违规行为；

（十二）采用多种形式向乘客宣传客运服务有关事项和安全知识；

（十三）法律、法规规定的其他义务。

第三十二条 城市轨道交通票价依法实行政府定价。票价的确定和调整应当按照国家、省、市有关价格管理的权限和程序进行，广泛听取社会各方面意见。

轨道交通经营单位应当执行市人民政府确定的票价，不得擅自调整。确需调整的，由市价格行政主管部门组织召开听证会，制定调整方案，报市人民政府批准后实施。

城市轨道交通因故不能正常运行的，轨道交通经营单位应当按照原票价退还票款。

第三十三条 乘客应当持有效票证乘车。越站乘车的，应当补交超过部分的票款；无票或者持无效票证乘车的，应当补交全程票价。

乘客应当自觉遵守公共秩序和社会公德，按照乘客守则文明乘车。享受乘车优惠的乘客应当持本人有效证件乘车。乘客不得冒用他人证件或者使用伪造证件乘车。乘客有冒用他人证件、使用伪造证件乘车和其他逃票行为的，有关信息可以纳入个人信用信息档案。

第三十四条 市公安机关负责轨道交通安全检查的监督管理，会同市交通运输行政主管部门制定安全检查设备和监控设备设置标准、人员配备标准、检查分类分级标准及操作规范，并对城市轨道交通安全检查工作落实情况进行监督和检查。

轨道交通经营单位应当按照有关标准和操作规范，设置必要的安全检查设施，配备符合标准的安全检查人员，对乘客及其携带的物品进行安全检查。

进入轨道交通车站的乘客应当接受并配合安全检查。不接受安全检查的，安全检查人员应当拒绝其进站乘车；拒不接受安全检查并强行进入车站或者扰乱安全检查现场秩序的，安全检查人员应当制止并报公安机关依法处理。

第三十五条 禁止非法携带枪支、弹药或者弩、匕首等国家规定的管制器具和爆炸性、毒害性、放射性、腐蚀性物质或者传染病病原体等危险物质进站乘车。发现携带法律、法规规定的违禁物品的，安全检查人员应当及时报告公安机关并按照有关规定处置。

禁止携带物品目录由市公安机关、安全生产监督和交通运输行政主管部门公告。

第三十六条 禁止下列危害城市轨道交通运营安全的行为：

（一）非法拦截列车；

（二）擅自操作有警示标志的按钮、开关装置，或在非紧急状态下动用应急装置或者安全装置；

（三）损毁或者擅自遮盖、移动各类标志、测量设备及安全防护设备等；

（四）损毁和干扰机电设备、电缆、通信、信号、自动售检票系统；

（五）在轨道上放置、丢弃障碍物，向城市轨道交通列车、机车、维修工程车以及其他设施投掷物品；

（六）擅自进入行车区域、隧道、控制室、驾驶室等禁止进入的非公共区域；

（七）攀爬、跨越、毁坏围墙、栅栏、栏杆、闸机；

（八）干扰车门、屏蔽门（安全门）、闸机开关，强行上下列车、进出闸机；

（九）在运行的自动扶梯上逆行等危险乘梯行为；

（十）越过黄色安全线或倚靠屏蔽门(安全门)；

（十一）追逐、打闹或者使用滑板、溜冰鞋等危及安全的危险行为；

（十二）其他影响城市轨道交通运营安全的行为。

第三十七条 禁止下列影响城市轨道交通环境卫生和妨碍他人乘车的行为：

（一）在车站、车厢内吸烟、随地吐痰、便溺，吐口香糖、乱扔果皮纸屑等废弃物；

（二）在电梯、车厢内进食；

（三）在车站、车厢内乱刻、乱写、乱画、乱张贴或者擅自悬挂物品；

（四）携带动物进站、乘车，但携带佩戴标识和防止伤人护具的导盲犬除外；

（五）携带自行车等交通工具进站、乘车(已经折叠的自行车除外)；

（六）携带充气气球、尖锐物品，易污损、有严重异味、无包装易碎物品以及超大行包进站、乘车；

（七）在车站、车厢内擅自从事商品销售、广告宣传等活动的；

（八）在车站、车厢内滞留、乞讨、卖艺、大声喧哗、收捡废旧物品，躺卧、踩踏座椅；

（九）在车站、车厢内擅自进行电影、电视剧拍摄等易引起人群围观和集结的非营运活动；

（十）其他影响城市轨道交通环境卫生和妨碍他人乘车的行为。

第三十八条 禁止在城市轨道交通车站、通道、出入口、站前广场内及通风亭、冷却塔周围堆放物品、摆设摊点、停放车辆等妨碍乘客通行、救援疏散或者影响通风设施正常运行及维护的行为。

禁止在通风口、车站出入口50米范围内存放有毒、有害、易燃、易爆等物品。

第三十九条 在城市轨道交通运营时段内，商场、宾馆等单位不得擅自关闭与城市轨道交通结合使用的通道、出入口。确需关闭的，应当征得轨道交通经营单位同意，并提前向社会公告。

第四十条 市交通运输行政主管部门和轨道交通经营单位应当建立投诉受理制度，受理乘客对违反运营服务规范的投诉。

轨道交通经营单位应当自受理投诉之日起5个工作日内做出答复。乘客对未答复或答复有异议的，可以向市交通运输行政主管部门投诉，市交通运输行政主管部门应当自受理之日起7个工作日内做出答复。

第六章 安全与应急管理

第四十一条 市建设、交通运输、公安、安全生产监督等行政主管部门应当将城市轨道交通建设、运营安全纳入重点指导、监督和检查范围，发现安全隐患的，应当责令轨道交通经营单位及时整改，消除安全隐患。

第四十二条 轨道交通经营单位应当依法承担城市轨道交通建设、运营安全生产责任，设置安全生产管理机构，配备专职安全生产管理人员，保证安全生产所必需的资金投入。

第四十三条 轨道交通经营单位应当履行下列安全职责：

（一）建立健全安全生产责任制；

（二）组织制定安全生产规章制度和操作规程；

（三）保证本单位安全生产投入的有效实施；

（四）督促检查本单位的安全生产工作，及时消除生产安全事故隐患；

（五）建立健全安全生产风险评估和隐患排查治理制度；

（六）及时、如实报告生产安全事故；

（七）法律、法规规定的其他职责。

第四十四条 轨道交通经营单位应当组织对城市轨道交通设施的关键部位和设备进行监测，定期对城市轨道交通设施设备进行安全性评估，并针对安全隐患进行整改落实。

市交通运输行政主管部门应当建立第三方运营安全评估制度，定期组织开展运营安全状况评估，及时排查安全隐患，提出整改意见，并督促轨道交通经营单位及时整改落实。

城市轨道交通因地震、火灾等重大灾害暂停运营的，市交通运输行政主管部门应当进行检查和评估，经确认符合安全运营条件后，方可恢复运营。

第四十五条 市建设、交通运输等行政主管部门按照有关法律、法规以及本市突发事件总体应急预案的规定，组织编制本市轨道交通突发事件应急预案，报市人民政府批准后实施。

轨道交通经营单位应当制定本单位城市轨道交通建设、运营突发事件应急预案，并定期组织演练。

发生自然灾害、恶劣气象条件或者发生运营安全事故以及其他突发事件时，相关行政管理部门和轨道交通经营单位应当及时启动应急预案进行处置。采取有效措施组织抢救，防止事故扩大，减少人员伤亡和财产损失，并及时向公安机关、安全生产监督行政主管部门报告。发生重大事故的，应当立即启动市级应急预案。

城市轨道交通运营期间发生安全事故或者突发事件的，乘客应当服从轨道交通运营单位的指挥。

市人民政府相关部门以及供电、供水、排水、供热、供气、通信、市政、公交、医疗等单位应当按照应急预案的规定进行抢险救援和应急保障，尽快恢复建设、运营。

第四十六条 因节假日、大型群众活动等原因引起客流量上升的，轨道交通经营单位应当及时增加运力。

在城市轨道交通客流量激增可能危及安全运营的紧急情况下，轨道交通经营单位可以采取临时限制客流量等措施，确保运营安全。

因突发事件、恶劣气象条件等严重影响城市轨道交通安全，难以保证城市轨道交通安全运营时，轨道交通经营单位应当及时报告市交通运输行政主管部门，经同意后，可以停止线路运营或者部分路段运营，同时向社会公告。

采取限制客流量等措施后仍然无法保证运营安全时，轨道交通经营单位可以停止城市轨道交通线路部分区段或者全线的运营，并应当立即报告市交通运输行政主管部门。

采取临时限制客流量、停运措施造成客流大量积压的，市交通运输行政主管部门应当会同公安等部门，组织采取疏运等应对措施。

第七章　法律责任

第四十七条 违反本办法规定的行为，有关法律、法规已有处罚规定的，从其规定。

第四十八条 违反本办法第二十五条规定，作业单位未制定轨道交通设施保护方案并经轨道交通管理机构同意的，或者未由有资质的单位对轨道交通设施进行安全监控的，或者未按照轨道交通经营单位认可、论证的方案施工的，由市建设行政主管部门责令改正；拒不改正的，处1万元以上3万元以下罚款。

第四十九条 违反本办法有关城市轨道交通运营和交通设施管理规定，有下列行为之一的，由市交通运输行政主管部门按照下列规定予以处罚：

（一）违反本办法第二十八条规定，实施危害城市轨道交通设施安全的行为的，责令限期改正，并对行为人处1000元以上5000元以下罚款；情节严重的，处5000元以上3万元以下罚款；

（二）违反本办法第二十九条、三十条、三十一条、三十四条规定，轨道交通经营单位未履行其责任和义务的，责令限期改正；拒不改正的，对轨道交通经营单位处5000元以上2万元以下罚款；

（三）违反本办法第三十七条规定，有影响城市轨道交通环境卫生和妨碍他人乘车的行为的，责令改正；拒不改正的，对行为人处50元以上200元以下罚款；

（四）违反本办法第三十九条规定，商场、宾馆等单位在城市轨道交通运营时段擅自关闭与城市轨道交通结合使用的通道、出入口的，责令改正，并处1000元以上5000元以下罚款；情节严重的，处5000元以上2万元以下罚款；

第五十条 违反本办法第三十六条第一项至第六项规定，实施危害城市轨道交通运营安全的行为的，由公安机关依照《中华人民共和国治安管理处罚法》规定，予以行政处罚；构成犯罪的，依法追究刑事责任；

违反本办法第三十六条第七项至第十二项规定，有危害城市轨道交通运营安全行为的，由市交通运输行政主管部门责令改正；拒不改正的，对行为人处100元以上500元以下罚款；

第五十一条 有关行政主管部门和单位工作人员不履行本办法规定的职责，或者有玩忽职守、滥用职权、徇私舞弊行为的，由其所在单位责令改正；情节严重、造成责任事故的由其上级行政机关或行政监察部门依法追究行政责任；构成犯罪的，依法追究刑事责任。

第八章　附　则

第五十二条 本办法自2017年2月1日起施行。

兰州市机动车停车场管理办法

（2016年11月14日兰州市人民政府第156次常务会议讨论通过，2016年11月30日兰州市人民政府令〔2016〕第8号公布）

第一章 总则

第一条 为了加强机动车停车场的管理，规范停车秩序，保障城市道路交通安全、有序和畅通，根据《中华人民共和国道路交通安全法》等有关法律、法规的规定，结合本市实际，制定本办法。

第二条 本市城市规划区范围内停车场的规划、建设、使用及其相关管理活动，适用本办法。

第三条 本办法所称停车场，是指供各类机动车停放的露天或者室内场所，包括公共停车场、专用停车场和道路临时停车泊位。

公共停车场，是指为社会车辆提供停车服务的场所，包括独立建设的公共停车场、建设工程配建公共停车场。

专用停车场，是指为本单位、本住宅区车辆提供停车服务的场所，包括建设工程配建专用停车场、建筑区划内共有部位施划的停车泊位。

道路临时停车泊位，是指在城市道路上依法设置的机动车停放场地，包括免费停车泊位和收费停车泊位。

第四条 市人民政府应当建立综合协调机制，加强对停车场规划、建设和管理的统一领导，决定工作中的重大问题，督促有关部门做好相关工作。

公共停车场建设由市人民政府统一领导、统一规划，实行市区两级分级筹资、分级建设、分级管理。

第五条 市人民政府公安机关交通管理部门负责本办法的具体组织实施，对本市停车场使用进行统一监督管理。其所属的兰州市机动车停车场管理办公室，受其委托，负责日常管理工作。

发展改革、规划、建设、国土资源、财政、价格、交通运输、人防、工商、税务等行政管理部门在各自的职责范围内，做好停车场的管理工作。

第六条 停车场的规划、建设、使用和管理应当遵循政府主导、统筹规划、方便群众、有效管理的原则。

第二章 停车场规划与建设

第七条 市城乡规划行政管理部门应当会同市国土资源、公安机关交通管理部门以及建设等行政管理部门，根据城市总体规划和停车需求状况，编制停车场专项规划，报市人民政府批准后实施。

城市绿线范围内的绿化用地，应当予以严格保护，不得进行经营性开发，不得擅自改变绿线性质。

第八条 新建的公共建筑、居民住宅区等，应当按照停车场配建标准和设计规范，配套建设停车场。

城市公交枢纽、首末站、城市轨道交通换乘中心、城市出入口、大中型商贸或者公共活动场所，应当规划建设公共停车场。

配套建设的停车场应当与主体工程同步设计、同步施工、同步验收、同步交付使用。

第九条 下列公共建筑未按照配建标准和设计规范配套建设停车场的，应当在改建、扩建的同时补建：

（一）火车站、客运站等交通枢纽；

（二）学校、体育（场）馆、影（剧）院、图书馆、展览馆、博物馆、医院、旅游景点、商务办公楼等公共场所；

（三）商场、旅馆、餐饮、娱乐等大（中）型经营性场所；

（四）承担行政事务的办公场所。

改变建（构）筑物使用性质，导致原有配建的停车位达不到规定标准的，应当就近补建或者以其他方式达到配建标准。

第十条 停车场应当按照停车场设置规范和标准，建设照明、通信、排水、通风、消防、安全防范、充电设施等停车场配套设施，并设置相应的标识和交通安全设施，大型公共停车场应当配建残疾人专用停车位。

第十一条 建设工程竣工后，城乡规划行政管理部门应当依据规划设计条件和配建标准，对停车场建设情况进行规划核实；凡不符合规划、不满足配建标准和有关工程建设标准的，有关部门不得通过竣工验收。

第十二条 既有住宅区域内的车库、车位，应当优先满足本区域内业主的需要，不能满足需要的，在不影响消防安全、道路通行的前提下，经业主大会或者业主委员会同意，可以在小区内空置场地、道路划设业主共有的停车位。

第十三条 城市道路规划红线外与建筑物外缘之间的开放式场地，沿街单位和个人不得擅自设置停车场进行自行管理，若停车供需矛盾突出，确需划设停车位的，属于业主共有的开放式场地，由业主大会或者业主委员会向市公安机关交通管理部门提出申请，符合要求的统一划设临时停车场；属于非业主所有的开放式场地，由市公安机关交通管理部门提出意见，经市城乡规划行政管理部门同意，划设为临时停车场。

第十四条 未经市城乡规划行政管理部门批准，任何单位和个人不得将停车场挪作他用，不得变更规划确定的停车位，不得改变公共停车场为社会车辆提供停放的用途。

已经改变用途的，应当自行恢复；未自行恢复的，由市人民政府组织有关部门进行清理，限期恢复。

第十五条 鼓励社会资本投资建设公共停车场；鼓励综合利用地下空间等资源建设公共停车场；鼓励建设机械式立体停车库等集约化的停车设施；鼓励通过旧房改造、功能性改造等方式新增公共停车场。

鼓励企事业单位、居民小区及个人依法利用自有土地、地上地下空间建设停车场，对外开放并取得相应收益。

单位和个人投资建设公共停车场的，按规定给予公共停车场建设优惠，具体优惠办法由市建设行政管理部门会同相关部门另行制定。

第十六条 市公安机关交通管理部门组织建设城市区域停车诱导系统，指导停车场经营者、管理者应用现代信息技术、通信技术提高停车设施利用率。机动车停车场经营者、管理者应当按照有关规定和标准，配建停车诱导子系统，并将其停车信息纳入本区域停车诱导系统。

第三章 公共停车场与专用停车场的管理

第十七条 市、县（区）政府投资建设的公共停车场，应当通过招标、拍卖等方式确定公共停车场经营者。招标或者拍卖收入应当纳入政府非税收入管理，用于公共停车场的建设和管理。

非政府投资建设的公共停车场，按照“谁投资、谁受益”的原则，自行确定专业管理人员进行日常维护和管理。

第十八条 从事公共停车场的经营，应当按照规定办理工商和税务登记，并在领取营业执照之日起15个工作日内向市公安机关交通管理部门备案，备案时应提交下列材料：

（一）经营者基本信息；

（二）营业执照及其复印件；

（三）土地使用权权属证明及红线图；

（四）建设工程竣工验收、消防验收合格证明；

（五）停车场设施清单和交通组织图，包括出入口、标志标线、停车泊位设置等内容；

（六）经营服务及安全管理制度、管理运营维护方案和应急处置预案；

（七）法律、法规规定的其他材料。

停车场经营者变更登记事项或者注销的，应当按规定向工商、税务部门办理相关变更、注销登记手续，并自变更、注销登记之日起15个工作日内向市公安机关交通管理部门办理备案手续，相应调整或拆除停车场标志牌，同时向社会公告。

临时公共停车场经营者申请备案的，除提供前款第（一）（二）（三）（五）（六）（七）项规定材料外，还应当提供公安机关消防机构出具的书面意见。

第十九条 公共停车场的经营者应当遵守下列规定：

（一）使用公安机关交通管理部门统一监制的停车场标志；

（二）在停车场出入口的显著位置明示服务时间、收费标准、监督电话等；

（三）确保照明、消防、排水和通讯设备及交通安全设施、电子监控设备等防盗、防破坏系统正常使用；

（四）制定并落实车辆停放、安全保卫、消防管理等制度，发生火灾、盗窃、抢劫及场内交通事故等情况，应当采取相应紧急措施并及时向有关部门报告；

（五）指挥车辆有序进出和停放，维护停车秩序；

（六）定期清点场内车辆，发现长期停放或者可疑车辆，应当向公安机关报告；

（七）不得利用或者容纳他人利用停车场从事道路旅客运输、货物运输以及未经许可擅自从事机动车维修等经营活动；

（八）国家和省、市其他相关停车管理规定。

第二十条 经营性公共停车场不得擅自停止经营。经营者确有特殊原因需要停止经营的，应当报市公安机关交通管理部门同意，并在停止经营的10日前向社会公告。

第二十一条 机动车驾驶人在公共停车场停车时，应当遵守下列规定：

（一）服从停车场管理人员指挥，有序停放车辆；

（二）按照价格行政主管部门确定的价格标准交纳停车费；

（三）正确使用停车场设施、设备；

（四）不得停放载有易燃、易爆、有毒、有害等危险物品的车辆；

（五）法律、法规的其他规定。

第二十二条 停车场收费标准由市价格行政主管部门会同市公安机关交通管理部门制定。

停车场经营者应当按照有关规定，持市公安机关交通管理部门出具的证明材料，到市价格行政管理部门办理价格确定手续。

第二十三条 停车场收取停车费应当使用税务部门监制的发票。

停车场经营者未按照规定开具发票的，机动车驾驶人可以拒付停车费。

残疾人驾驶的专用车辆凭本人残疾证在公共停车场免收停车费。

第二十四条 有条件的单位在满足本单位停车需求的情况下，可以将专用停车场向社会开放，实行错时停车。

专用停车场实行错时停车的，机动车驾驶人应当按照约定的时段停车。超过约定时段拒不驶离的，停车场经营者有权终止约定的停车服务。

专用停车场向社会提供有偿停车服务的，其管理参照本办法有关公共停车场的规定执行。

第四章 道路临时停车泊位管理

第二十五条 城市道路范围内，市公安机关交通管理部门可以依法施划道路临时停车泊位，并规定停车泊位的使用时间。

任何单位和个人不得设置、毁损、撤除道路临时停车泊位、标志和标线，不得妨碍道路临时停车泊位的停车功能，不得将道路临时停车泊位据为专用。

第二十六条 公安机关交通管理部门施划道路临时停车泊位应当严格实行总量控制，对全市道路停车泊位状况进行评估，根据道路交通状况和相关单位、市民的意见，适时增减道路停车泊位，并向社会公示。

第二十七条 施划设置城市道路停车泊位应当符合下列要求：

（一）不影响行人、车辆的通行；

（二）符合区域道路停车总量控制要求；

（三）与区域停放车辆供求状况、车辆通行条件和道路承载能力相适应；

（四）按照国家标准划设道路停车泊位标志和标线。

人行道上未施划停车泊位的路段由市建设行政管理部门通过安装道钉、提升道牙高度等方式防止车辆进入。

第二十八条 下列区域禁止施划道路临时停车泊位：

（一）城市主干道、快速路；

（二）人行道上设置停车泊位剩余宽度不足3米的；

（三）消防通道、无障碍通道；

（四）设有燃气管道、光缆线路等地下设施的；

（五）距离能够提供充足停车位的公共停车场300米以内的；

（六）交叉路口、铁路道口、急弯路、桥梁、陡坡、隧道以及距离上述地点50米范围内的路段；

（七）学校、幼儿园、医院门前以及距离上述地点50米范围内的路段；

（八）法律、法规规定的其他禁止临时停车的路段。

第二十九条 有下列情形之一的，公安机关交通管理部门应当撤除道路临时停车泊位：

（一）道路停车已妨碍行人、车辆正常通行的；

（二）妨碍市政设施安全运行的；

（三）道路周边公共停车场已能满足停车需要的；

（四）其他情形需要撤除的。

第三十条 道路临时停车泊位应当由市公安机关交通管理部门通过招标、拍卖的方式确定经营者。招标、拍卖所得纳入财政非税收入管理，实行收支两条线。

第三十一条 道路临时停车泊位经营者应当依法办理工商、税务登记，并遵守下列规定：

（一）在停车地点显著位置按规定设置停车标志和载明停放时段、收费依据、收费标准、监督电话的信息公示牌；

（二）按照公安机关交通管理部门施划的停车泊位指挥车辆有序停放；

（三）按照价格行政管理部门核定的标准收费，并出具税务部门统一监制的专用发票；

（四）按照“先到先使用”的原则，不得以任何形式将停车泊位确定给任何单位和个人固定使用；

（五）采用电子管理系统收费的，应当在醒目位置明示使用说明，并确保设施完好、整洁。

第三十二条 举行重大活动或者遇有突发公共事件时，相关区域道路停车泊位的经营者应当按照市公安机关交通管理部门的要求，暂停道路停车泊位的经营。

第三十三条 在道路临时停车泊位停车时，机动车驾驶人应当按照规定时间、准停车型和标示的停车方向停放，并按停车实际占用的停车泊位数交纳停车费用。

第三十四条 市公安机关交通管理部门根据社会发展程度，逐步推行地磁等车位检测器，实现道路临时停车泊位收费由车主自助电子支付。

第三十五条 任何单位和个人不得在道路和其他公共区域设置地桩、地锁或者其他障碍物影响机动车停放和行人通行，不得利用公共免费停车泊位收取费用。

第五章 法律责任

第三十六条 违反本办法第十三条规定，擅自设立临时停车场的，由公安机关交通管理部门责令限期改正；逾期未改正的，处一万元以上3万元以下罚款。

第三十七条 违反本办法第十四条规定，经营者擅自将已投入使用的公共停车场、专用停车场挪作他用的，由市公安机关交通管理部门责令限期改正；逾期未改正的，处1万元以上3万元以下罚款。

第三十八条 违反本办法第十六条规定，停车场经营者、管理者未按照有关规定和标准设置与城市公共停车信息系统相配套的实时停车信息数据传输系统，未将停车信息纳入全市公共停车信息系统的，由公安机关交通管理部门责令限期改正；逾期未改正的，处3000元以上1万元以下罚款。

第三十九条 违反本办法第十八条规定，公共停车场经营者未按照规定向市公安机关交通管理部门备案的，由市公安机关交通管理部门责令限期改正；逾期未改正的，处1万元罚款。

第四十条 违反本办法第十九条规定，公共停车场经营者未遵守相关规定的，由市公安机关交通管理部门责令限期改正，逾期未改正的，处2000元以上1万元以下罚款。

第四十一条 违反本办法第二十条规定，公共停车场经营者擅自停止经营的，由市公安机关交通管理部门责令限期改正；逾期未改正的，处1万元以上3万元以下罚款。

第四十二条 违反本办法第二十五条规定，擅自设置、毁损、撤除道路临时停车泊位、标志和标线的，由公安机关交通管理部门责令改正，并按照泊位数量，每个泊位处1000元罚款。

第四十三条 违反本办法第二十一条、第三十三条规定，机动车驾驶人未遵守相关停车规定的，由公安机关交通管理部门责令改正；拒不改正的，处50元以上200元以下罚款。

第四十四条 违反本办法第三十五条规定，在道路和其他公共区域设置地桩、地锁或者其他障碍物影响机动车停放和行人通行的，由市公安机关交通管理部门责令限期改正；逾期未改正的，处1000元以上5000元以下罚款。

第四十五条 停车场内的机动车受到损害或者丢失的，应当及时报警，向机动车投保的保险公司要求赔偿，停车场管理单位应当提供必要的协助。

收费性停车场的经营者与机动车所有人就车辆损害赔偿发生纠纷的，双方协商解决，协商不成的通过诉讼途径予以解决。

第四十六条 违反本办法规定的其他行为，法律、法规已有处罚规定的，从其规定。

第四十七条 公安机关交通管理部门及其他有关部门工作人员在机动车停车场管理工作中滥用职权、玩忽职守、徇私舞弊的，由有关行政机关依法给予行政处分；构成犯罪的，依法追究刑事责任。

第六章 附则

第四十八条 榆中县、皋兰县、永登县、红古区的停车场管理参照本办法执行。

第四十九条 本办法自2017年2月1日起施行。2012年7月10日市人民政府发布的《兰州市机动车停车场规划建设和管理暂行办法》(兰州市人民政府令〔2012〕第1号)同时废止。

兰州市市容环境卫生“门前三包”责任制管理办法

〔2016〕第9号《兰州市市容环境卫生“门前三包”责任制管理办法》已经2016年12月6日市政府第158次常务会议讨论通过，现予公布，自2017年2月15日起施行。

第一条 为加强城市市容和环境卫生管理，提高城市管理水平，创造清洁、优美的城市环境和良好的社会秩序，健全和完善市容环境卫生责任制，根据国务院《城市市容和环境卫生管理条例》、《兰州市城市市容和环境卫生管理办法》等有关法律法规，结合本市实际，制定本办法。

第二条 本办法所称的“门前三包”责任制是指责任单位对责任区范围内的环境卫生、绿化美化和市容环境秩序承担维护和管理责任的制度。

第三条 凡在本市市区、永登县、榆中县、皋兰县、红古区政府所在地的镇和各类开发区范围内的机关、团体、部队、学校、企事业单位、个体工商户（以下简称责任单位），应当与所在辖区的街道办事处或镇人民政府签订“门前三包”责任书，遵守本办法。

第四条 “门前三包”工作应当遵循统一领导、分级管理、多方参与和公众监督相结合的原则。

第五条 市人民政府市容环境卫生行政主管部门组织、协调本市“门前三包”责任制的实施工作，负责指导、监督、检查和考评，并统一规范“门前三包”责任书的格式和内容。

县（区）人民政府市容环境卫生行政主管部门负责本行政区域内“门前三包”责任制的监督、检查和考评，按照统一格式印制“门前三包”责任书。

街道办事处、镇人民政府按照属地管理原则，负责与辖区内的责任单位签订“门前三包”责任书，并监督、检查责任单位“门前三包”责任制的具体执行情况。

公安、财政、环保、建设、交通运输、生态、文化旅游、卫生计生、食药、工商等部门应当按照各自的职责分工，协同做好“门前三包”责任制的管理工作。

第六条 “门前三包”包括以下内容：

（一）包环境卫生。负责责任范围内的环境卫生。及时清扫、保持地面整洁、实行垃圾袋装化、容器密闭化管理，并按规定时间、地点倾倒；定期清洗、粉刷、维护建（构）筑物、临街墙体、匾牌、橱窗、亮化灯饰等；制止和劝阻随地吐痰、乱扔瓜皮果核、烟蒂纸屑等行为；制止乱倒垃圾、污物、污水、粪便和损坏环境卫生设施等行为。

（二）包绿化美化。负责责任范围内绿地、花草树木和绿化设施的管护。保持绿地、树穴干净整洁和花草树木生长良好；禁止攀折花木、践踏草坪和在树干上刻字、拉绳、挂物；禁止破坏绿化设施和违章占用绿地。

（三）包容貌秩序。负责责任范围内市容市貌。建筑物立面应当保持整洁，店招牌和夜景灯光按要求设置；制止和劝阻乱摆摊设点、乱堆放杂物、乱搭乱建、乱拉乱挂、乱贴乱划、乱停车辆及毁坏、擅自改动或迁移市政、环境卫生设施等行为；禁止擅自挖掘、占用人行道，禁止擅自设置户外设施，禁止倚门设摊、占道经营。

第七条 责任单位“门前三包”的范围，包括责任单位的建筑物及周围地面和设施。

责任单位“门前三包”的具体范围，由所在地管理单位划定。临街责任单位“门前三包”责任范围以建筑物立面、围墙、围栏至城市道路道牙为界，左右以通道或隔墙的中心线为界。有围墙（围挡）的农贸市场、工业品市场、建筑工地等责任区域以围墙（围挡）为界，外墙根至人行道道牙为责任区域；无围墙的以相邻交接中线为界，门前墙根至人行道道牙为责任区域。街巷内的责任单位以相邻交接中线为界，门前墙根至道路边线、屋后延伸至共用空地中线为责任区域。

无责任单位的地段,由所在地的管理单位做好环境卫生、绿化和容貌秩序的管理工作。

第八条 责任单位签订“门前三包”责任书后，须在其场所内显著位置悬挂统一制作的“门前三包”责任牌，明确“门前三包”责任人、责任范围及责任内容。

第九条 市、县（区）人民政府市容环境卫生行政主管部门应当建立挂牌公示、台账、巡查、联动、考评、奖惩等管理制度。

街道办事处、镇人民政府应当加强对“门前三包”

责任制的管理，进行抽查，并将抽查情况计入考评成绩。

第十条 市、县（区）人民政府市容环境卫生行政主管部门应当加强对“门前三包”责任制落实情况的监督检查。对管理责任落实成绩突出的责任单位，由市、区（县）人民政府予以表彰和奖励；对管理责任落实不力的，应当及时督促改进，并予以通报批评。

第十一条 责任单位违反本办法规定的行为，法律、法规已有处罚规定的，从其规定。

第十二条 责任单位违反本办法规定，不签订“门前三包”责任书的，由市容环境卫生行政主管部门给予警告，责令其限期改正；拒不改正的，由市容环境卫生行政主管部门对责任单位处一百元以上一千元以下的罚款。

第十三条 责任单位年度内三次以上违反本办法规定的，除由市人民政府市容环境卫生行政主管部门依照相关法律、法规的规定予以处罚外，并可以挂牌警示、同时在主要媒体曝光。

第十四条 责任单位在“门前三包”责任区内，发现其他单位或者个人违反“门前三包”规定的，应当予以劝阻和制止。劝阻和制止无效的，应当及时报告市容环境卫生行政主管部门。

任何个人有权对不认真履行“门前三包”的责任单位向有关部门举报。

第十五条 “门前三包”责任单位和其他人员阻碍管理人员执行公务的，由公安机关依照《中华人民共和国治安管理处罚法》的相关规定予以处理。

第十六条 市、县（区）人民政府市容环境卫生行政主管部门、街道办事处、镇人民政府及其工作人员在管理工作中玩忽职守、滥用职权、徇私舞弊的，由其所在单位或者其上级机关给予行政处分；构成犯罪的依法追究刑事责任。

第十七条 本办法自2017年2月15日起施行。

兰州市地质灾害防治管理办法

（2016年12月6日兰州市人民政府第158次常务会议讨论通过 2016年12月27日兰州市人民政府令〔2016〕第10号公布）

第一章 总 则

第一条 为了有效防治地质灾害，保障人民群众生命和财产安全，避免和减轻地质灾害造成的损失，根据《中华人民共和国突发事件应对法》、《地质灾害防治条例》、《甘肃省地质环境保护条例》等法律法规的规定，结合本市实际，制定本办法。

第二条 本办法所称地质灾害是指在自然或者人为因素的作用下形成的，对人类生命财产、环境造成破坏和损失的地质现象，主要包括山体崩塌、滑坡、泥石流、地面塌陷、地裂缝等。

第三条 本办法适用于本市行政区域内地质灾害的防治管理活动。

第四条 地质灾害防治应当坚持统一规划、突出重点，预防为主、避让与治理相结合的原则。

地质灾害防治管理工作坚持属地管理、分级负责和职能部门分类监管相结合的原则。

第五条 市、县(区)人民政府应当建立地质灾害防治工作联动机制，加强对地质灾害防治工作的领导，组织有关部门采取措施，做好地质灾害防治工作，并将地质灾害防治经费列入本级财政预算。

乡(镇)人民政府、街道办事处应当按照相应职责做好本辖区内地质灾害防治工作。

第六条 市、县(区)人民政府国土资源行政主管部门负责本行政区域内地质灾害防治的组织、指导、协调和监督管理工作。

发展改革、建设、规划、水务、交通运输、国资、城市管理、人防、气象、地震、教育、民政、安全生产监督、文化旅游、卫生计生、生态、农业、公安等相关部门按照各自职责，做好地质灾害防治工作。

第七条 市、县(区)人民政府应当建立健全辖区内地质灾害调查评价、监测预警、应急保障和综合治理体系，建设应急救援和避难场所，定期组织演练，提高协同联动和应急处置能力。

第八条 市、县(区)人民政府应当建立地质灾害灾情信息发布制度，按照有关规定统一、准确、及时向社会公众公布本行政区域内的地质灾害灾情、险情信息和应急处置工作信息，及时发布地质灾害预警预报信息。

任何单位和个人不得编造、传播地质灾害灾情、应急处置工作的虚假信息。

第九条 市、县(区)人民政府应当支持和鼓励地质灾害防治科学研究，采取多种形式宣传、普及地质灾害防治知识，增强单位和个人的地质灾害防治意识和自救、互救能力。

鼓励社会和个人在市、县（区）人民政府及国土资源行政主管部门指导下开展和参与地质灾害防治工作，市、县(区)人民政府应当对在地质灾害防治工作中做出突出贡献的单位和个人给予奖励。

第十条 受地质灾害威胁的单位和个人应当积极开展和配合协助地质灾害防治工作。

任何单位和个人不得妨碍或阻挠地质灾害防治工作。

第二章 地质灾害防治规划和年度防治方案

第十一条 市、县（区）国土资源行政主管部门应当会同相关部门，根据本地区地质灾害防治现状，依据上一级地质灾害防治规划，组织编制本级地质灾害防治规划，并广泛征求社会各界意见，经本级人民政府批准后实施，并报上一级国土资源行政主管部门备案。

地质灾害防治规划一经批准，必须严格执行，任何单位和个人不得随意修改；确需修改的，应当按原批准程序进行。

第十二条 地质灾害防治规划内容包括：

（一）地质灾害现状与发展趋势；

（二）防治原则、目标和主要任务；

（三）地质灾害易发区、重点防治区；

（四）地质灾害防治项目及保障措施等。

第十三条 市、县（区）国土资源行政主管部门根据本级人民政府公布的地质灾害防治规划和上年度地质灾害防治工作情况，拟订市、县（区）本年度地质灾害防治方案，对本年度地质灾害防治任务作出明确安排，报本级人民政府批准后实施。

第十四条 年度地质灾害防治方案的内容包括：

（一）本行政区域内受地质灾害威胁的对象、威胁范围；

（二）年度地质灾害趋势预测、重点防范期、重点防范区域、重点预防的地质灾害隐患；

（三）地质灾害调查与监测工作安排；

（四）防治项目与防治措施等。

第十五条 地质灾害防治规划和年度地质灾害防治方案应当及时向社会公布，并为公众查询提供服务。

第三章 地质灾害预防

第十六条 县(区)、乡镇人民政府和街道办事处应当组织建立地质灾害易发区内以基层群众性自治组织为主体的群测群防队伍，组织开展防灾知识技能培训，增强识灾报灾、监测预警和临灾避险应急能力，加强地质灾害险情的巡回检查，建立巡查档案。

群测群防人员有权劝阻、制止可能引发地质灾害的行为，对发现的险情应当及时处理和报告。

群测群防人员补助经费列入当地人民政府年度地质灾害防治经费预算。

第十七条 县（区）国土资源行政主管部门、乡镇人民政府和街道办事处应当做好地质环境群测群防监测的技术指导，帮助群测群防监测人员掌握地质环境监测基本知识，指导基层组织设立群测群防简易监测点。

村（居）民委员会等基层群众性自治组织应当向当地群众宣传地质灾害防治的重要性，协助组织受隐患威胁群众开展简易监测，落实群测群防监测人员做好临灾预报，并协助组织灾害发生前的救助、避险工作。

第十八条 县(区)人民政府应当建立健全地质灾害隐患调查、排查制度，组织对本行政区域内地质灾害隐患点开展经常性巡回检查、核查和调查，掌握隐患发育特征、动态变化情况和防治措施落实情况。对可能威胁城镇、学校、医院、集市、工矿区和村庄、部队营区等人口密集区域的重大隐患点，制定落实监测和防治措施，及时消除灾害隐患。

第十九条 县（区）人民政府应当制作本辖区内的《地质灾害防灾避险明白卡》和《地质灾害防灾工作明白卡》并发放给监测、预防责任人和防治责任单位。

《地质灾害防灾避险明白卡》应当标明：地质灾害类型、规模、灾害体与住户的关系、灾害诱发因素、监测人员及其联系电话、预警信号及发布人、撤离路线、安置地点、负责人及其联系电话、救护单位、住户注意事项等。

《地质灾害防灾工作明白卡》应当标明：地质灾害位置、类型及其规模、诱发因素、威胁对象、监测负责人、监测的主要迹象、预警的主要手段和方法、临灾预报的判据、避灾地点、疏散路线、报警信号、疏散命令发布人、抢险单位负责人、治安保卫单位负责人、医疗救护单位负责人值班电话等。

《地质灾害防灾避险明白卡》和《地质灾害防灾工作明白卡》的主要内容应当在地质灾害隐患范围内公告。

第二十条 市国土资源行政主管部门应当会同市气象行政主管部门建立地质灾害气象风险预警信息系统，联合向公众发布地质灾害气象风险预警信息。

第二十一条 市、县(区)国土资源行政主管部门应当组织建立由地质环境监测点、地质环境监测站和地质环境监测信息系统组成的地质环境监测网络，对地质灾害隐患进行动态监测。

第二十二条 县(区)国土资源行政主管部门负责本行政区域内地质环境监测设施管护工作，保障其防灾减灾效能的发挥。

第二十三条 因工程建设确需占用、挪移地质灾害防治工程设施和监测设施、标志的，应当报设施、标志所在地国土资源行政主管部门批准，并采取补救措施。

第二十四条 县（区）人民政府应当根据地质灾害防治规划和年度地质灾害防治方案确定的主要地质灾害隐患分布情况，设定本辖区内的主要地质灾害隐患的边界警示。

第二十五条 对出现地质灾害前兆、可能造成人员伤亡或者重大财产损失的区域和地段，县级人民政府应当及时划定为地质灾害危险区，予以公告，并在地质灾害危险区的边界设置明显警示标志。

在地质灾害危险区内，禁止爆破、削坡、进行工程建设以及从事其他可能引发地质灾害的活动。

第二十六条 对已建、新建工程可能引发、加剧地质灾害的情形，其所有权人、建设单位等相关监测、预防责任人应当设置警示标志并采取防护措施。

第二十七条 有可能导致地质灾害发生的工程建设项目和在地质灾害易发区内进行工程建设，项目申请人应当在可行性研究阶段同步进行地质灾害危险性评估，评估结果应当作为工程项目可行性研究报告的组成部分。

对经评估认为可能引发地质灾害或者可能遭受地质灾害的建设工程，建设单位应当建设配套地质灾害防治工程。

第二十八条 建设项目的配套地质灾害防治工程应当与主体工程同步设计、施工、验收和交付使用，县（区）人民政府相关监督管理部门应当按照各自职责分工加强对治理项目实施过程的质量监督和安全管理。

主体工程与配套地质灾害防治工程同时验收合格后，其所有权人或者实际使用人应当负责配套地质灾害防治工程日常维护工作，定期巡查，发现问题及时处理并报告县（区）人民政府或国土资源行政主管部门。

配套地质灾害防治工程未经国土资源行政主管部门验收或者经验收不合格的，建设项目主体工程及防治工程均不得投入使用。

第四章 地质灾害应急

第二十九条 市、县（区）人民政府国土资源行政主管部门应当会同相关部门编制突发性地质灾害应急预案，报同级人民政府批准后公布实施。地质灾害应急预案每5年修订1次，遇有重大变故及时修订。

第三十条 发现地质灾害灾情、险情时，群测群防人员、事发单位应当及时报告乡（镇）人民政府、街道办事处。乡（镇）人民政府、街道办事处应当及时报告县（区）人民政府和同级国土资源行政主管部门。

小型以上地质灾害灾情或者险情发生后，事发地县（区）人民政府和县（区）国土资源行政主管部门，应当于1小时内向市人民政府和市国土资源行政主管部门报告，同时将灾情或者险情及时通报相关部门和可能受影响的相邻县（区）人民政府。

第三十一条 地质灾害或者险情发生地的县（区）人民政府、乡（镇）人民政府、街道办事处接到报告后，应当立即组织人员赶赴现场，进行现场调查，采取有效措施，防止灾害发生、险情或者灾情扩大。

情况危急时，基层群众性自治组织应当先行组织受威胁群众躲避险情。

第三十二条 发生地质灾害或者险情，需立即应急抢险处置的，市、县(区)人民政府应当及时启动突发性地质灾害应急预案，开展应急抢险救援工作。

应急抢险处置方案由应急抢险现场指挥部确定，并指定符合要求的勘查、设计、施工、监理单位开展应急抢险排险处置，同时明确排险经费结算原则。

人为因素引发的地质灾害应急抢险费用，县（区）人民政府组织应急抢险处置后，有权向责任单位、责任人依法追偿。

第三十三条 地质灾害应急工程勘查、设计、施工及监理单位应当从应急抢险救援储备库中抽取确定，可不进行招投标，但应当抄送同级招投标行政主管部门备案。

第三十四条 根据地质灾害应急处置需要，市、县(区)人民政府可以调集人员，征用物资、交通工具和相关设施、设备，必要时可以采取交通管制、组织避灾疏散、拆除直接威胁人民群众生命安全或者妨碍抢险救灾的建(构)筑物等措施。

征用单位和个人的物资、交通工具、设施、设备的，事后应当及时归还，并依法给予补偿；拆除建(构)筑物的，应当依法给予补偿。

第三十五条 县(区)人民政府应当妥善安置受灾群众，做好社会稳定工作，并根据地质灾害灾情和防治工作的需要，统筹规划、安排受灾地区的灾后重建工作。

第三十六条 市、(县)区人民政府应当建立地质灾害应急平台和物资储备制度；组建地质灾害应急工程勘查、设计、施工、监理队伍和应急专家队伍等应急抢险救援储备库，并向社会公示；组织开展突发性地质灾害应急预案演练，增强突发性地质灾害的处置保障能力。

第五章 地质灾害治理与搬迁避让

第三十七条 经专业监测、调查认为需采取搬迁避让或工程治理的地质灾害危险区，由县（区）人民政府国土资源行政主管部门明确治理工程或搬迁避让措施。

地质灾害治理工程的确定，应当与地质灾害形成的原因、规模以及对人民生命和财产安全的危害程度相适应。

无法治理或者治理成本过高的，市、县(区)人民政府应当根据实际情况组织生命、财产受威胁的住户搬迁避让。

第三十八条 市、县(区)国土资源行政主管部门应当组织专家分析论证地质灾害的成因，认定治理责任主体。

因工程建设等人为活动引发的地质灾害，由引发地质灾害的责任主体承担治理责任。存在多个治理责任主体的，各自承担相应治理责任。

因自然原因产生的治理费用由市、县（区）人民政府承担。

第三十九条 人为活动引发的地质灾害，其防治责任主体应当履行以下义务：

（一）负责地质灾害治理工程，依法委托具备相应资质的勘查、设计、施工和监理单位开展勘查、设计、施工、监理工作；

（二）在治理工程施工前，应当将勘查、设计资料报国土资源行政主管部门；

（三）负责治理工程实施期间的监测、管理工作；定期向国土资源行政主管部门报送施工进度情况；发现问题及时处理，并报告县（区）人民政府及国土资源行政主管部门；

（四）竣工验收时报请国土资源行政主管部门参加，验收合格的，于30日内将竣工验收资料送交国土资源行政主管部门。

第四十条 市、县（区）人民政府应当将搬迁避让措施与扶贫开发、生态移民、棚户区改造、经济适用房建设、廉租房建设、新农村建设、小城镇建设、土地开发整理等相结合，统筹安排资金，有计划、有步骤地组织受地质灾害威胁群众的搬迁避让工作。

第四十一条 搬迁避让住房安置可采取集中建房、分散自建、自行购房等多种方式，按照节约、集约用地和因地制宜的原则组织开展。

市、县（区）人民政府应当组织对搬迁避让安置项目进行验收。

第四十二条 实施搬迁避让或无法治理的地质灾害危险区，应当划定为禁建区或慎建区。

地质灾害禁建区内，除进行危岩滑坡整治、绿化和必不可少的市政工程外，严禁其他建设活动。地质灾害慎建区内，从严控制工程建设活动。凡在慎建区内申请选址，必须先进行建设用地地质灾害危险性评估，并经国土资源行政主管部门审查认定。

第四十三条 从事勘查、开采矿产资源活动的单位和个人，应当严格按照国家有关规定处置废渣、废石和尾矿等废弃物，对形成的危岩、危坡等地质灾害进行恢复治理，消除安全隐患，防止产生地质灾害。

第四十四条 市、县（区）国土资源行政主管部门、同级相关部门应当严格遵守地质灾害防治资金管理使用规定，接受审计等有关部门的监督检查。

市、县（区）财政行政主管部门和审计行政主管部门应当加强对地质灾害防治资金的监管。

第六章　法律责任

第四十五条 违反本办法第十条规定，妨碍或阻挠地质灾害防治工作的单位或个人，由县级以上国土资源行政主管部门处3000元以上3万元以下罚款。

第四十六条 市、县（区）人民政府及其有关部门、乡（镇）人民政府、街道办事处及其工作人员有下列行为之一的，对直接负责的主管人员和其他直接责任人员，依法给予行政处分；构成犯罪的，依法追究刑事责任：

（一）截留、挪用地质灾害防治经费的；

（二）未及时向社会公布地质灾害防治规划、年度地质灾害防治方案，或者拒绝提供查询服务的；

（三）接到地质灾害险情或者灾情报告后，未立即派人进行现场调查或者未采取有效措施的；

（四）违反地质灾害防治规定办理建设项目的有关手续的；

（五）其他滥用职权、徇私舞弊、玩忽职守的行为。

第四十七条 违反本办法规定的行为，法律、法规已有处罚规定的，从其规定。

第七章　附 则

第四十八条 本办法自2017年2月15日起施行。

文件选目

中共兰州市委文件

标　　题	发文号	发文时间
关于推进农业现代化加快全面建成小康社会进程的实施意见	兰发 [2016]1 号	4 月 6 日
关于进一步做好新形势下民族工作的实施意见	兰发 [2016]3 号	1 月 19 日
关于改革安全生产管理体制加强基层基础工作的意见	兰发 [2016]4 号	1 月 27 日
关于加强和改进党的群团工作的实施意见	兰发 [2016]5 号	2 月 1 日
关于全面深化法治兰州建设打造全省法制建设 先行区的实施意见	兰发 [2016]11 号	4 月 14 日
关于加强和改进新形势下党校工作的实施意见	兰发 [2016]13 号	7 月 6 日
关于召开中国共产党兰州市第十三次代表大会的决议	兰发 [2016]16 号	7 月 18 日
关于印发《兰州市为民服务首接责任制办法（试行）》的通知	兰发 [2016]19 号	8 月 8 日
印发《关于贯彻落实《中国共产党统一战线工作条例（试行）》的实施办法》的通知	兰发 [2016]21 号	9 月 8 日
关于进一步加强反恐怖主义工作的意见	兰发 [2016]22 号	9 月 20 日
关于构建 和谐劳动关系的实施意见	兰发 [2016]23 号	10 月 21 日
关于再废止和宣布失效一批党内规范性文件的决定	兰发 [2016]25 号	10 月 26 日
关于印发《兰州市实施全面两孩政策改革完善计划生育服务管理的实施方案》的通知	兰发 [2016]26 号	11 月 23 日

中共兰州市委办公厅文件

标　　题	发文号	发文时间
《关于做好农村特殊困难群体关爱救助工作的实施意见》的通知	兰办发 [2016]2 号	1 月 19 日
关于加强民兵常备应急分队建设的实施意见	兰办发 [2016]5 号	2 月 22 日
《关于落实全面从严治党主体责任进一步强化党风监督工作的实施办法》的通知	兰办发 [2016]6 号	2 月 29 日
《关于深入推进农村社区建设 试点工作的实施方案》	兰办发 [2016]7 号	4 月 6 日
关于印发《兰州市档案事业发展“十三五”规划》的通知	兰办发 [2016]8 号	4 月 12 日
关于印发《兰州市大气污染防治考核、评价及奖惩暂行办法》的通知	兰办发 [2016]9 号	4 月 15 日
关于印发《兰州高新区全面深化人事制度改革的总体方案》的通知	兰办发 [2016]10 号	4 月 18 日

关于印发《兰州经济技术开发区关于构建 “小管委会、大园区”管理模式及创新人事制度改革实施方案（试行）》的通知	兰办发 [2016]15 号	5 月 17 日
关于印发《中共兰州市委常委会开展“两学一做”学习教育方案》的通知	兰办发 [2016]16 号	5 月 19 日
关于印发《关于加强全市社会组织党的建设工作的实施意见（试行）》的通知	兰办发 [2016]18 号	5 月 23 日
关于印发《兰州市深化商事制度改革》等 10 个实施方案的通知	兰办发 [2016]20 号	5 月 24 日
关于印发《关于加强兰州市社会组织参与国际非政府组织活动协调管理工作的实施意见》的通知	兰办发 [2016]23 号	5 月 26 日
关于印发《中共兰州市委全面推进依法治市工作领导小组工作规则》、《中共兰州市委全面推进依法治市工作领导小组专项工作组成及工作职责》《中共兰州市委全面推进依法治市工作领导小组办公室工作细则》的通知	兰办发 [2016]24 号	6 月 6 日
关于印发《兰州市公务用车制度改革实施方案》的通知	兰办发 [2016]26 号	7 月 8 日
关于印发《市委全面从严治党主体责任贯彻落实推进工作领导小组议事规则》《市委全面从严治党主体责任贯彻落实推进工作领导小组办公室工作职责》的通知	兰办发 [2016]28 号	7 月 12 日
印发《关于进一步加强网络队伍建设的实施方案》和《兰州市突发事件和热点敏感问题网络舆情应急预案》的通知	兰办发 [2016]33 号	8 月 22 日
关于印发《兰州市深化国税、地税征管体制改革实施方案》的通知	兰办发 [2016]35 号	9 月 7 日
关于中秋国庆节日期间严格落实中央八项规定、省委“双十条”规定精神和市委十四条规定的通知	兰办发 [2016]36 号	9 月 9 日
关于印发《兰州市深化农村改革综合性实施方案》的通知	兰办发 [2016]38 号	9 月 19 日
关于印发《兰州市党委（党组）意识形态工作责任制实施细则》的通知	兰办发 [2016]39 号	10 月 9 日
关于印发《兰州市全面推进政务公开工作实施方案》的通知	兰办发 [2016]43 号	11 月 18 日
关于印发《中共兰州市委关于依法治市重要举措实施规划（2016–2020 年）》的通知	兰办发 [2016]44 号	11 月 18 日
关于认真学习贯彻市第十三次党代会精神的通知	兰办发 [2016]45 号	11 月 30 日
关于印发《兰州市党政领导干部选拔任用工作监督 检查实施细则（试行）》的通知	兰办发 [2016]46 号	12 月 6 日
关于做好春节和“两会”期间维护稳定工作的通知	兰办字 [2016]2 号	1 月 15 日
关于印发《兰州市 2015 年度精准扶贫精准脱贫工作考核验收方案》的通知	兰办字 [2016]3 号	1 月 22 日
关于印发《2016 年春节期间兰州市群众文化体育活动方案》的通知	兰办字 [2016]4 号	1 月 23 日
关于印发《兰州市落实“一带一路”建设 战略规划涉外工作实施方案》的通知	兰办字 [2016]5 号	1 月 26 日
关于印发《兰州市精准扶贫精准脱贫“十抓”任务分解方案》的通知	兰办字 [2016]7 号	2 月 14 日
关于做好 2016 年市委市政府领导接访和包抓信访积案化解工作的通知	兰办字 [2016]15 号	3 月 14 日
关于印发《兰州市有关部门贯彻实施 < 中共兰州市委关于制定国民经济和社会发展第十三个五年规划的建议 > 重要举措分工方案》的通知	兰办字 [2016]18 号	3 月 21 日
关于印发《市委经济工作暨扶贫开发工作会议主要目标任务分解表》的通知	兰办字 [2016]19 号	3 月 21 日
关于市、县区党委部门开展基础党建调研和帮助工作活动的通知	兰办字 [2016]20 号	3 月 25 日
关于印发《关于加强城乡社区协商的实施方案》的通知	兰办字 [2016]30 号	4 月 6 日
关于印发《市委全面从严治党主体责任贯彻落实推进工作领导小组 2016 年工作要点》和《兰州市深化落实全面从严治党主体责任工作方案》的通知	兰办字 [2016]33 号	5 月 3 日

关于印发《关于推进城市社区治理工作的实施方案》的通知	兰办字 [2016]34 号	4 月 25 日
关于进一步做好当前维稳工作的通知	兰办字 [2016]35 号	4 月 29 日
关于印发《第六届敦煌行·丝绸之路国际旅游节开幕式及丝绸之路国际旅行商大会方案》的通知	兰办字 [2016]38 号	5 月 24 日
关于印发《兰州市加快全省环保督察相关问题任务分解表》的通知	兰办字 [2016]41 号	6 月 8 日
关于认定兰州市第一批"金城文化名家"、第二批"金蓝领"高技能人才、第二批"乡村致富之星"的通知	兰办字 [2016]44 号	6 月 17 日
关于印发《兰州市"双审"反映问题整改工作方案》的通知	兰办字 [2016]46 号	6 月 22 日
关于印发《省委 2015 年度党风廉政建设考核情况反馈意见整改方案》的通知	兰办字 [2016]47 号	6 月 29 日
关于印发《开展"八查八促"落实全面从严治党主体责任的推进行动方案》的通知	兰办字 [2016]48 号	7 月 12 日
关于印发《兰州市建设山水城市宜居城市活力城市重点突破三年行动计划（2016–2018）》的通知	兰办字 [2016]49 号	7 月 12 日
关于转发《市委宣传部、市委政法委、市"扫黄打非"工作小组办公室 2016 年"扫黄打非"行动方案》的通知	兰办字 [2016]52 号	7 月 22 日
关于印发《贯彻落实省委省政府促进经济平稳健康发展重点工作任务分解方案的实施方案》的通知	兰办字 [2016]54 号	7 月 26 日
关于建立全市重要领域密码应用推进工作联席会议制度的通知	兰办字 [2016]55 号	7 月 29 日
关于印发《关于进一步理顺黄河风情线管理体制的工作方案》的通知	兰办字 [2016]58 号	8 月 24 日
关于印发《进一步发展和壮大全市村级集体经济的实施方案》的通知	兰办字 [2016]61 号	8 月 30 日
关于印发《兰州市中小学"一体化办学"工作方案》的通知	兰办字 [2016]64 号	9 月 12 日
关于印发《关于落实兰州市与北京大学新媒体研究院战略合作协议的实施方案》的通知	兰办字 [2016]65 号	9 月 12 日
关于深入践行"两学一做"学习教育切实做好城乡困难群众工作的紧急通知	兰办字 [2016]66 号	9 月 12 日
关于认真学习贯彻《中国共产党问责条例》和《甘肃省实施 < 中国共产党问责条例 > 办法（试行）》的通知	兰办字 [2016]68 号	9 月 19 日
关于印发《兰州市 2016–2017 年度冬季大气污染防治工作方案》的通知	兰办字 [2016]70 号	9 月 22 日
关于开展纪律作风建设专项督查的通知	兰办字 [2016]72 号	9 月 28 日
关于印发《兰州市公共资源交易平台整合方案》的通知	兰办字 [2016]73 号	9 月 28 日
关于印发《兰州市加强"一带一路"建设境外安全保障工作实施方案》的通知	兰办字 [2016]75 号	10 月 9 日
关于印发《兰州市纪念红军长征胜利 80 周年活动安排方案》的通知	兰办字 [2016]77 号	10 月 17 日
关于印发《兰州市第二批数据资源整合及信息惠民试点单位任务分解表》的通知	兰办字 [2016]78 号	10 月 19 日
关于印发《兰州市争创双拥模范城"九连冠"实施方案》的通知	兰办字 [2016]80 号	11 月 1 日
关于认真做好 2016 年度全国文明城市测评迎检工作的通知	兰办字 [2016]86 号	11 月 23 日
关于印发《全市村党组织委员会和第九次村民委员会换届选举工作实施方案》《全市社区党组织委员会和第六次居民委员会换届选举工作实施方案》的通知	兰办字 [2016]88 号	12 月 12 日
关于印发兰州市城乡环境综合整治攻坚实施方案的通知	兰办字 [2016]94 号	12 月 30 日
关于印发兰州市背街小巷综合整治攻坚战实施方案的通知	兰办字 [2016]95 号	12 月 30 日

兰州市人民政府文件

标　　题	发文号
关于公布兰州市第三批非物质文化遗产代表性项目名录及市级非物质文化遗产代表性传承人名单的通知	兰政发〔2016〕3号
关于命名城关区团结新村街道等30个乡镇街道为2015年度兰州市食品药品安全示范乡镇街道的决定	兰政发〔2016〕17号
关于印发兰州市2016年城乡基础设施项目计划的通知	兰政发〔2016〕20号
关于2015年度兰州市科学技术奖励的决定	兰政发〔2016〕23号
关于印发兰州市近郊四区城镇国有土地基准地价更新成果的通知	兰政发〔2016〕24号
关于调整红古区财政管理体制的通知	兰政发〔2016〕26号
关于印发2016年兰州市承担省委省政府为民办实事实施方案的通知	兰政发〔2016〕27号
关于印发2016年市委市政府为民办8个方面24件实事实施方案的通知	兰政发〔2016〕28号
关于印发进一步完善城乡义务教育经费保障机制实施方案的通知	兰政发〔2016〕34号
关于分解落实2016年第二季度主要经济发展预期目标任务的通知	兰政发〔2016〕36号
关于进一步完善困难残疾人生活补贴和重度残疾人护理补贴制度的实施意见	兰政发〔2016〕37号
关于印发《兰州市建设工程项目模块化审批实施办法（试行）》的通知	兰政发〔2016〕39号
关于印发促进健康服务业发展的实施意见	兰政发〔2016〕48号
关于进一步加强森林资源保护管理工作的通知	兰政发〔2016〕49号
关于兰州市发展夜市经济的意见	兰政发〔2016〕50号
关于印发全面推开营改增试点后调整市与各区增值税收入划分过渡方案的通知	兰政发〔2016〕51号
关于公布市政府部门第十三批取消调整和下放行政审批等事项的通知	兰政发〔2016〕58号
关于兰州市国土资源管理供给侧改革的意见	兰政发〔2016〕59号
关于对兰州市国土资源历史遗留问题的办理意见	兰政发〔2016〕60号
关于加快推进残疾人小康进程的实施意见	兰政发〔2016〕63号
关于印发兰州市推进简政放权放管结合优化服务改革实施方案的通知	兰政发〔2016〕64号
关于促进兰州新区和兰州高新区房地产健康稳定发展指导意见	兰政发〔2016〕70号
关于印发兰州市地下综合管廊管理办法的通知	兰政发〔2016〕72号
关于加强农村留守儿童关爱保护工作的实施意见	兰政发〔2016〕79号
关于加强困境儿童保障工作的实施意见	兰政发〔2016〕80号
关于公布市政府部门第十四批调整和下放行政审批项目目录的通知	兰政发〔2016〕83号

兰州市人民政府办公厅文件

标　　题	发文号
关于印发《兰州市土地开发整理项目管理办法》等6件行政规范性文件的通知	兰政办发〔2016〕3号
关于认定2015年度兰州市两化融合示范企业的通知	兰政办发〔2016〕4号
关于进一步做好近期影响全市社会安全稳定的隐患及苗头性问题排查防范工作的通知	兰政办发〔2016〕5号
关于印发兰州农村产权流转交易中心组建方案的通知	兰政办发〔2016〕6号
关于印发《2016年兰州市自来水安全联防联控工作方案》的通知	兰政办发〔2016〕8号
关于印发《兰州市城市供热保障金统筹归集使用管理办法（试行）》的通知	兰政办发〔2016〕9号
关于印发兰州市新型农村合作医疗市级统筹实施细则（暂行）的通知	兰政办发〔2016〕10号
关于印发兰州市权责发生制政府综合财务报告制度改革实施方案的通知	兰政办发〔2016〕11号
关于印发兰州市加强政银合作优化配置财政资源实施细则（试行）的通知	兰政办发〔2016〕14号
关于开展2015年度土地矿产卫片执法监督检查工作的通知	兰政办发〔2016〕15号
关于印发全市集中整治违法建设工作实施方案的通知	兰政办发〔2016〕18号
关于印发兰州市各类管线井盖改造工作方案的通知	兰政办发〔2016〕20号
关于印发兰州市建设工程安全事故应急预案的通知	兰政办发〔2016〕21号
关于印发兰州市贯彻国土资源部协议出让国有建设土地使用权规范（试行）的实施意见的通知	兰政办发〔2016〕22号
关于印发对甘肃兰东房地产开发有限责任公司违法建设进一步整治处罚实施方案的通知	兰政办发〔2016〕23号
关于印发兰州市财政支出绩效评价管理暂行办法的通知	兰政办发〔2016〕24号
关于印发兰州市城市建设整体战实施方案的通知	兰政办发〔2016〕25号
关于印发兰州市城市管理攻坚战实施方案的通知	兰政办发〔2016〕26号
关于印发2016年兰州市人民政府重大政策措施落实情况跟踪审计实施方案的通知	兰政办发〔2016〕33号
关于印发黄河风情线景区亮化建设实施方案的通知	兰政办发〔2016〕35号
关于印发《兰州市未利用地开发管理办法（试行）》的通知	兰政办发〔2016〕36号
关于印发《兰州市低丘缓坡沟壑等未利用地综合开发利用试点项目管理办法（试行）》的通知	兰政办发〔2016〕37号
关于印发《兰州市粮食安全省长责任制考核办法》的通知	兰政办发〔2016〕38号
关于印发市政府对企业兑现优惠政策审核拨付资金流程的通知	兰政办发〔2016〕39号
关于印发2016年兰州市组团参加省外境外展会工作方案的通知	兰政办发〔2016〕40号
关于印发全市精准脱贫推进全面小康社会建设改善农村人居环境实施方案的通知	兰政办发〔2016〕41号
关于印发兰州市生活饮用水卫生监督监测工作方案的通知	兰政办发〔2016〕42号
关于全面开展健康促进模式改革的实施意见	兰政办发〔2016〕43号
关于印发兰州市农村集体资金资产资源管理办法的通知	兰政办发〔2016〕44号
关于开展中川铁路等新建项目安全保护区规定和公告工作的通知	兰政办发〔2016〕47号
关于全市特色小城镇建设试点工作的指导意见	兰政办发〔2016〕48号
关于印发兰州市工业稳增长调结构增效益重点工作实施方案的通知	兰政办发〔2016〕49号
关于印发兰州市支持榆钢公司钢结构产品推广应用方案的通知	兰政办发〔2016〕50号
关于印发2016年兰州市“小康村”建设计划的通知	兰政办发〔2016〕52号

标题	发文号
关于印发兰州市2016年度地质灾害防治方案的通知	兰政办发〔2016〕53号
关于开展天然气管线占压隐患专项整治工作的通知	兰政办发〔2016〕54号
关于印发兰州市2016年度大气污染防治实施方案的通知	兰政办发〔2016〕57号
关于分解2016年环保目标任务的通知	兰政办发〔2016〕58号
关于做好2016年度重点招商引资项目推进工作的通知	兰政办发〔2016〕59号
关于印发2016年兰州市病媒生物防制实施方案的通知	兰政办发〔2016〕60号
关于印发兰州市企业出城入园资金列支补充办法的通知	兰政办发〔2016〕61号
关于印发2016兰州国际马拉松赛总体方案的通知	兰政办发〔2016〕62号
关于印发兰州市地下综合管廊专项规划的通知	兰政办发〔2016〕63号
关于印发《兰州市质量信用信息发布制度》的通知	兰政办发〔2016〕64号
关于印发兰州市加快公共安全产业发展重点工作任务的通知	兰政办发〔2016〕67号
关于印发兰州市社会治安视频监控系统七期工程建设方案的通知	兰政办发〔2016〕68号
关于印发2016年兰州市“民企陇上行”活动实施方案的通知	兰政办发〔2016〕69号
关于印发2016年兰州新区水性科技产业链招商工作方案的通知	兰政办发〔2016〕70号
关于印发第二十二届中国兰州投资贸易洽谈会兰州市工作方案的通知	兰政办发〔2016〕73号
关于印发兰州市发展中欧国际货运班列工作方案的通知	兰政办发〔2016〕74号
关于印发兰州市乡村教师支持计划（2015—2020年）实施方案的通知	兰政办发〔2016〕75号
关于印发兰州市2016年供热计量工作要点的通知	兰政办发〔2016〕77号
关于印发兰州市2016年度水污染防治行动工作方案的通知	兰政办发〔2016〕79号
关于进一步加强城区四区及周边乡镇烟花爆竹安全监督管理工作的通知	兰政办发〔2016〕83号
关于印发加快推进政府和社会资本合作的实施意见的通知	兰政办发〔2016〕89号
关于印发兰州市保险业三年发展规划（2016—2018年）的通知	兰政办发〔2016〕91号
关于成立阿干矿区采煤沉陷区综合治理工作推进领导小组的通知	兰政办发〔2016〕92号
关于做好省审计厅交由兰州市政府督促整改并进一步追责问题整改工作的通知	兰政办发〔2016〕94号
关于印发兰州市落实水污染防治行动计划总体工作方案的通知	兰政办发〔2016〕95号
关于印发兰州市兰白科技创新改革试验区2016年工作要点任务的通知	兰政办发〔2016〕98号
关于印发兰州市科技企业孵化器“十三五”发展规划的通知	兰政办发〔2016〕99号
关于印发兰州市简化优化公共服务流程方便基层群众办事创业实施方案的通知	兰政办发〔2016〕100号
关于印发《兰州市排污权抵押贷款管理办法（试行）》的通知	兰政办发〔2016〕101号
关于印发《兰州市企业欠薪预警报告和监管办法》的通知	兰政办发〔2016〕102号
关于印发《兰州市城乡规划和国土管理委员会工作章程》等4个文件的通知	兰政办发〔2016〕104号
关于印发兰州市土地节约集约利用实施意见和关于进一步规范土地熟化工作的实施意见的通知	兰政办发〔2016〕106号
关于拨付招商小组2016-2017年度招商引资工作启动经费的通知	兰政办发〔2016〕107号
关于调整永登县皋兰县兰州新区2015年2020年2030年用水总量控制指标的通知	兰政办发〔2016〕109号
关于加强林区葬墓管理工作的通知	兰政办发〔2016〕110号
关于印发兰州市2016年主要污染物总量减排计划的通知	兰政办发〔2016〕111号
关于贯彻落实全省金融工作会议精神的意见	兰政办发〔2016〕112号

标题	发文号
关于进一步明确高新区托管定远镇连塔乡有关工作的通知	兰政办发〔2016〕114号
关于印发兰州市2016年食品药品安全重点工作的通知	兰政办发〔2016〕115号
关于印发兰州市市级部门财务核算集中监管实施方案的通知	兰政办发〔2016〕116号
关于印发兰州市加快电子商务发展扶持政策的通知	兰政办发〔2016〕117号
关于印发兰州市实施全国精神卫生工作规划（2015-2020年）方案的通知	兰政办发〔2016〕118号
关于印发《兰州市社区菜市场建设管理办法》的通知	兰政办发〔2016〕120号
关于项目建设和固定资产投资督查情况的通报	兰政办发〔2016〕124号
关于印发加快兰州本地电子商务发展的实施意见的通知	兰政办发〔2016〕126号
关于印发《政府购买棚户区改造服务的管理办法》的通知	兰政办发〔2016〕127号
关于对兰州市棚户区改造项目免征行政事业性收费和政府性基金的通知	兰政办发〔2016〕131号
关于印发2016中国兰州科技成果博览会总体方案的通知	兰政办发〔2016〕133号
关于印发兰州市城区线缆入地工作实施方案的通知	兰政办发〔2016〕140号
关于印发构建安全风险分级管控和隐患排查治理双重预防工作机制坚决遏制重特大事故实施方案的通知	兰政办发〔2016〕142号
关于印发全市工业经济精准服务调查摸底工作方案的通知	兰政办发〔2016〕143号
关于印发2016年老旧（三不管）楼院整体改造工作实施方案的通知	兰政办发〔2016〕147号
关于印发兰州市夜市街区改造建设实施方案的通知	兰政办发〔2016〕148号
关于印发枯水期水污染联防联控工作方案的通知	兰政办发〔2016〕151号
关于印发《兰州市社会保险基金非现场监督管理规定（试行）》的通知	兰政办发〔2016〕153号
关于印发《兰州市“小康村”建设标准（试行）》和《兰州市小康村建设项目资金管理办法（试行）》的通知	兰政办发〔2016〕155号
关于进一步做好全市污水处理厂运行管理工作的通知	兰政办发〔2016〕161号
关于印发兰州市2016年宽带中国示范城市建设考核办法的通知	兰政办发〔2016〕163号
关于印发《兰州市雁滩地区市容环境综合整治实施方案》的通知	兰政办发〔2016〕164号
关于印发兰州市推进“互联网+政务服务”开展信息惠民试点工作实施方案的通知	兰政办发〔2016〕166号
关于印发2016年兰州市打击侵犯知识产权和制售假冒伪劣商品工作要点的通知	兰政办发〔2016〕167号
关于印发兰州市城区河洪道黑臭水体综合治理工作方案的通知	兰政办发〔2016〕170号
关于印发《兰州市地质灾害应急排险工程管理办法》的通知	兰政办发〔2016〕173号
关于印发《兰州市农业农村工作目标责任考核办法》的通知	兰政办发〔2016〕174号
关于分解落实加快推进2013—2015年兰洽会签约非公经济项目建设发展任务的通知	兰政办发〔2016〕175号
关于印发全市工业促发展稳增长精准服务工作方案的通知	兰政办发〔2016〕177号
关于印发《兰州市政策性贷款投资公益性项目政府购买服务管理办法》的通知	兰政办发〔2016〕180号
关于印发2016“一带一路”中国（兰州）国际跨境电商物流大会总体方案的通知	兰政办发〔2016〕181号
关于印发《兰州市农村产权交易管理办法》的通知	兰政办发〔2016〕184号
关于印发兰州市落实新一轮草原生态保护补助奖励政策实施方案（2016—2020年）的通知	兰政办发〔2016〕185号
关于开展在兰高校校园及周边环境综合整治的通知	兰政办发〔2016〕191号
关于进一步加强全市病媒生物预防控制管理工作的通知	兰政办发〔2016〕193号
关于加强全市旅游市场综合监管的通知	兰政办发〔2016〕194号

标　　题	发文号
关于切实加强和规范自然灾害救助工作的实施意见	兰政办发〔2016〕195 号
关于印发兰州市创建国家食品安全城市工作方案的通知	兰政办发〔2016〕201 号
关于印发兰州市体育产业发展“十三五”规划的通知	兰政办发〔2016〕202 号
关于印发兰州市加快发展生产性服务业促进产业结构调整升级实施方案的通知	兰政办发〔2016〕204 号
关于印发兰州市中国传统村落整体保护实施方案的通知	兰政办发〔2016〕209 号
关于建立兰州市农村留守儿童关爱保护工作联席会议制度的通知	兰政办发〔2016〕211 号
关于印发《兰州市行政审批电子监察系统运行管理办法（试行）》的通知	兰政办发〔2016〕212 号
关于印发优化兰州市建设工程项目施工许可证办理的实施方案（试行）的通知	兰政办发〔2016〕213 号
关于印发推进兰州市项目投资评审中心和兰州市公共资源交易中心“放管服”改革的实施方案（试行）的通知	兰政办发〔2016〕214 号
关于印发兰州市“十三五”质量发展规划的通知	兰政办发〔2016〕222 号
关于印发兰州市“十三五”气象事业发展规划的通知	兰政办发〔2016〕223 号
关于印发城市建成区违法建设专项治理工作五年行动实施方案的通知	兰政办发〔2016〕227 号
关于印发兰州市教育事业发展“十三五”规划的通知	兰政办发〔2016〕228 号
关于印发 2016—2017 年冬防期间煤炭管控区洁净型煤补贴办法的通知	兰政办发〔2016〕231 号
关于印发全市节能减排跨部门发展和工作平台建设工作实施方案的通知	兰政办发〔2016〕232 号
关于促进中医药健康服务发展的实施意见	兰政办发〔2016〕233 号
关于印发 2016 年兰州市小康村建设实施方案的通知	兰政办发〔2016〕234 号
关于印发兰州市中铺子生活垃圾焚烧发电项目收运系统建设实施方案的通知	兰政办发〔2016〕237 号
关于切实做好兰州市公共资源交易平台整合工作的通知	兰政办发〔2016〕238 号
关于印发兰州市开展大气污染防治工作“回头看”行动工作方案的通知	兰政办发〔2016〕239 号
关于印发兰州市夏季臭氧污染防治工作方案的通知	兰政办发〔2016〕240 号
关于开展 2016 年度粮食安全省长责任制考核工作的通知	兰政办发〔2016〕241 号
关于进一步健全完善与非公有制企业联系沟通机制的意见	兰政办发〔2016〕242 号
关于加强兰州市近郊四区物业收费管理工作的实施意见	兰政办发〔2016〕243 号
关于重新划定火葬区和土葬改革区范围的通知	兰政办发〔2016〕244 号
关于印发兰州市街道社会综合性文化服务中心建设实施方案的通知	兰政办发〔2016〕245 号
关于进一步做好全市固定资产投资工作的通知	兰政办发〔2016〕246 号
关于印发兰州市设立产业投资基金实施方案的通知	兰政办发〔2016〕247 号
关于印发兰州市政府投资基金风险投资管理暂行办法的通知	兰政办发〔2016〕248 号
关于进一步加强全市政府网站抽查及整改工作的通知	兰政办发〔2016〕250 号
关于印发兰州市中小微企业互助贷款工作实施方案的通知	兰政办发〔2016〕252 号
关于做好公交 A 卡（普通卡）升级换代为三维市民卡有关工作的通知	兰政办发〔2016〕253 号
关于印发兰州市“十三五”统计改革与发展规划的通知	兰政办发〔2016〕254 号
关于印发兰州市开展消费品工业“三品”专项行动实施方案的通知	兰政办发〔2016〕257 号
关于印发兰州市加快推进工业企业“走出去”实施方案的通知	兰政办发〔2016〕258 号
关于印发兰州市建材工业转型发展实施方案的通知	兰政办发〔2016〕259 号

标　　题	发文号
关于进一步加强和规范公文管理的通知	兰政办发〔2016〕262号
关于印发《兰州市政府数据资源共享管理办法》的通知	兰政办发〔2016〕263号
关于今冬明春上浮我市非居民用天然气销售价格的通知	兰政办发〔2016〕264号
关于印发兰州市贯彻落实国家“11+6+3+1”重大工程建设实施方案的通知	兰政办发〔2016〕265号
关于印发兰州市既有住宅增设电梯试点工作实施方案的通知	兰政办发〔2016〕267号
关于印发运用大数据加强对市场主体服务和监管的实施方案的通知	兰政办发〔2016〕269号
关于印发兰州市加快推进生态文明先行示范区建设实施方案的通知	兰政办发〔2016〕270号
关于印发兰州市医疗卫生与养老服务相结合工作实施方案的通知	兰政办发〔2016〕274号
关于印发兰州市推进分级诊疗制度建设实施方案的通知	兰政办发〔2016〕276号
关于印发《兰州市城区道路地质安全突发事件应急处置办法》的通知	兰政办发〔2016〕277号
关于扶持加快推进全市燃煤锅炉治理改造工作的通知	兰政办发〔2016〕281号
关于印发2016年兰州市天然气冬季调峰供气预案的通知	兰政办发〔2016〕282号
关于印发兰州市进一步巩固提升“兰州蓝”工作方案的通知	兰政办发〔2016〕285号
关于印发第六届中国・兰州黄河文化旅游节暨首届兰州文化旅游惠民季活动方案的通知	兰政办发〔2016〕286号
关于开展无干扰地岩热供暖和太阳能热电联产系统试点工作的通知	兰政办发〔2016〕287号
关于市区公交延时服务免费乘车等工作落实情况的通报	兰政办发〔2016〕289号
关于印发兰州市建立完善守信联合激励和失信联合惩戒制度加快推进社会诚信建设实施方案的通知	兰政办发〔2016〕291号
关于扶持大数据企业发展的实施意见	兰政办发〔2016〕292号
关于印发兰州市“十三五”生态建设与发展规划的通知	兰政办发〔2016〕293号
关于印发《兰州市推进小康村建设工作评估验收办法》的通知	兰政办发〔2016〕294号
关于印发兰州市促进医养结合服务发展配套政策的通知	兰政办发〔2016〕296号
关于做好2016年第三批国家专项建设基金申报相关工作的通知	兰政办发〔2016〕298号
关于印发兰州市“先照后证”改革后加强事中事后监管实施方案的通知	兰政办发〔2016〕299号
关于继续做好原残运人员就业补助有关工作的通知	兰政办发〔2016〕300号
关于加快推广工业余热利用技术的通知	兰政办发〔2016〕302号
关于印发兰州市食品药品安全工作评议考核办法的通知	兰政办发〔2016〕303号
关于深入开展我市钢铁行业违法违规建设项目清理整顿工作的紧急通知	兰政办发〔2016〕305号
关于印发兰州市企业信用信息公示与共享工作方案的通知	兰政办发〔2016〕308号
关于调整兰州市城区污水处理收费标准的通知	兰政办发〔2016〕311号
关于印发兰州市城市道路照明智能化节能改造项目工作方案的通知	兰政办发〔2016〕313号
关于印发兰州市污水厂污泥集中处置及污水再生利用项目实施方案的通知	兰政办发〔2016〕314号
关于印发《兰州市初始排污权分配确权管理办法（试行）》的通知	兰政办发〔2016〕315号
关于印发兰州市移动源排污权有偿使用和交易实施方案的通知	兰政办发〔2016〕316号
关于进一步深入开展钢铁行业违法违规建设项目大摸排大清查行动的紧急通知	兰政办发〔2016〕317号
关于印发兰州“1+百千万”文化惠民工程实施意见的通知	兰政办发〔2016〕318号
关于印发兰州市交通运输能耗统计监测实施方案的通知	兰政办发〔2016〕320号

2016年甘肃省国民经济和社会发展统计公报

甘肃省统计局 国家统计局甘肃调查总队

（2017年3月22日）

2016年，面对复杂严峻的国内外环境和持续较大的经济下行压力，省委、省政府团结带领全省各族人民，全面贯彻落实党中央、国务院的决策部署，统筹推进“五位一体”总体布局和协调推进“四个全面”战略布局，适应把握引领经济发展新常态，坚持稳中求进工作总基调，以新发展理念为引领，以推进供给侧结构性改革为主线，保持发展定力，聚力深化改革，突出结构调整，坚持创新驱动，着力改善民生，加强风险防控，全省呈现出经济平稳发展、改革有序推进、民生持续改善、社会和谐稳定的良好局面。

一、综　合

初步核算，全年全省实现生产总值7152.04亿元，比上年增长7.6%。其中，第一产业增加值973.47亿元，增长5.5%；第二产业增加值2491.53亿元，增长6.8%；第三产业增加值3687.04亿元，增长8.9%。三次产业结构为13.61：34.84：51.55。按常住人口计算，人均生产总值27458元，比上年增长7.2%。

年末常住人口2609.95万人，比上年末增加10.40万人。其中，城镇人口1166.39万人，占常住人口比重为

2016年甘肃省年末人口数及其结构

单位：亿元、%

指标	年末数	比重
全省常住人口	2609.95	
其中：城镇	1166.59	44.69
乡村	1443.56	55.31
其中：男性	1331.86	51.03
女性	1278.09	48.97
其中：0~14岁人口	455.18	17.44
15~64岁人口	1884.12	72.19
65岁及以上人口	270.65	10.37

2016年甘肃省居民消费价格比上年涨跌幅度

单位：%

指　标	全省	城市	农村
居民消费价格	1.3	1.2	1.5
食品烟酒	3.2	2.8	3.8
衣着	1.4	1.7	0.9
居住	0.8	0.4	1.5
生活用品及服务	0.4	0.3	0.7
交通和通信	−1.0	−0.9	−1.1
教育文化和娱乐	持平	−0.1	0.1
医疗保健	0.8	1.1	0.4
其他用品和服务	1.5	1.5	1.6

2016年甘肃省主要农产品产量情况

单位：万吨、%

产品名称	产量	比上年增长
粮食	1140.59	2.6
# 夏粮	307.07	−4.5
秋粮	833.52	−1.9
油料	76.02	6.2
# 油菜籽	34.23	0.8
棉花	1.99	−53.2
甜菜	16.63	3.6
烟叶（未加工烟叶）	1.10	−9.9
# 烤烟（未去梗烤烟叶）	0.89	−139
中草药材	115.45	6.7
园林水果	506.44	9.7
蔬菜	1951.48	7.0
# 设施蔬菜	560.49	3.7
肉类	101.90	1.4
# 猪肉	50.86	−3.6
牛肉	21.44	6.5
羊肉	2.68	7.2
禽肉	4.63	5.5
奶类	64.07	5.9
水产品	1.53	2.7

2016年甘肃省规模以上工业重点支柱行业增加值

单位：亿元、%

行业	绝对数	占行业以上工业增加值比重	比上年增长
合计	1345.5	86.0	5.9
石化工业	528.2	33.7	6.0
有色工业	194.9	12.5	16.1
电力工业	206.4	13.2	1.2
冶金工业	29.0	1.9	−6.6
机械工业	87.2	5.6	5.2
食品工业	214.6	13.7	−5.3
煤炭工业	85.2	5.4	7.36

2016年甘肃省分行业项目投资及其增长速度

单位：亿元、%

行　业	投资额	比上年增长
农林牧渔业	678.30	26.81
采矿业	178.78	−41.63
制造业	1315.18	6.71
电力、热力、燃气及水的生产和供应业	722.86	−5.23
建筑业	1004.16	−11.41
批发和零售业	481.15	1.91
交通运输、仓储和邮政业	1100.04	34.99
住宿和餐饮业	195.60	15.05
信息传输、计算机服务和软件业	105.02	45.43
金融业	22.51	69.44
房地产业	494.65	15.39
租赁和商务服务业	145.00	14.55
科学研究、技术服务和地质勘查业	79.00	35.17
水利、环境和公共设施管理业	1073.57	40.78
居民服务和其他服务业	141.98	−8.09
教育	294.28	43.36
卫生、社会保障和社会福利业	155.09	51.69
文化、体育和娱乐业	291.72	43.10
公共管理和社会组织	205.17	−32.53

2015年甘肃省主要运输方式完成货物、旅客运输量及其增长速度

指 标	单 位	绝对数	比上年增长（%）
货运量	亿吨	6.07	4.13
铁路	亿吨	0.59	−1.27
公路	亿吨	5.48	4.74
货物周转量	亿吨千米	2170.23	−2.50
铁路	亿吨千米	1220.33	−7.10
公路	亿吨千米	949.64	4.11
航空	亿吨千米	0.20	4.66
客运量	亿人次	4.18	2.92
铁路	亿人次	0.36	15.40
公路	亿人次	3.79	1.85
航空	亿人次	0.01	9.63
旅客周转量	亿人千米	635.68	−0.69
铁路	亿人千米	359.96	−2.91
公路	亿人千米	253.26	1.81
航空	亿人千米	22.29	9.12

2016年甘肃省金融机构本外币各项存贷款余额及其增长速度

单位：亿元、%

指 标	年末数	比上年末增长
金融机构本外币各项存款余额	17515.66	7.46
#境内存款	17509.12	7.43
#住户存款	8530.60	9.30
活期存款	3377.89	8.23
定期及其他存款	5152.72	10.02
非金融企业存款	5553.91	5.01
活期存款	3524.41	16.51
定期及其他存款	2029.50	−10.36
广义政府存款	2911.48	1.29
财政性存款	360.69	58.19
机关团体存款	2550.79	−3.61
金融机构本外币各项贷款余额	15926.41	16.01
#境内贷款	15826.95	15.96
#住户贷款	4065.71	14.49
短期贷款	1505.38	9.51
中长期贷款	2560.33	17.64
非金融企业及机关团体贷款	11761.24	16.47
短期贷款	3335.93	1.47
中长期贷款	7432.76	26.19

2016年甘肃省保险业务情况

单位：亿元、%

指　标	绝对数	比上年末增长
原保险保费收入	307.66	19.76
财产险收入	100.61	11.42
人身险收入	207.04	24.28
寿险收入	167.9	26.49
健康险收入	29.04	11.87
意外伤害险收入	10.1	27.95
赔付支出	109.38	17.93
财产险赔款	51.43	12.59
人身险赔付	57.95	23.11
寿险赔付	41.64	25.95
健康险赔付	13.81	18.41
意外伤害险赔付	2.49	6.37

2016年甘肃省城乡居民家庭人均收支情况

单位：元、%

指　标	城　镇		农　村	
	绝对数	比上年增长	绝对数	比上年增长
可支配收入	25693.5	8.1	7456.9	7.5
工资性收入	16751.2	10.3	2125.0	7.6
经营净收入	1960.6	8.6	3261.4	7.8
财产净收入	2355.8	2.7	128.4	0.3
转移净收入	4625.9	3.3	1942.0	7.4
生活消费支出	19539.2	12.0	7487.0	9.6
食品烟酒	5777.3	8.1	2342.6	4.4
衣着	1776.9	1.0	482.5	3.5
居住	3752.6	6.0	1341.1	9.8
生活用品及服务	1329.1	18.2	458.7	3.1
交通通信	2517.9	36.1	954.6	17.6
教育文化娱乐	2322.1	13.6	965.5	13.1
医疗保健	1583.4	13.8	821.3	22.6
其他商品和服务	479.9	21.3	120.9	2.3

44.69%，比重比上年末提高1.50个百分点。全年出生人口31.79万人，人口出生率为12.18‰，比上年下降0.18个千分点；死亡人口16.13万人，人口死亡率为6.18‰，上升0.03个千分点；人口自然增长率为6.00‰，下降0.21个千分点。

年末共有城乡就业人员1548.74万人，其中城镇就业人员591.01万人。全年城镇新增就业人员43.75万人，失业人员再就业14.9万人。年末城镇登记失业率为2.2%。

全年居民消费价格比上年上涨1.3%，其中城市居民消费价格上涨1.2%，农村居民消费价格上涨1.5%。商品零售价格上涨0.9%。

全年工业生产者出厂价格比上年下降5.1%，工业生产者购进价格下降5.4%，固定资产投资价格下降1.3%，农产品生产价格上涨1.4%。农业生产资料价格下降0.1%。

全年完成一般公共预算收入786.81亿元，比上年增长8.78%。其中，税收收入525.97亿元，增长3.51%；非税收入260.84亿元，增长21.84%。从主体税种看，国内增值税173.16亿元，增长103.18%；营业税110.62亿元，下降40.27%；企业所得税54.94亿元，下降7.20%；个人所得税20.55亿元，增长8.53%。一般公共预算支出3152.72亿元，增长6.57%。其中，教育支出548.62亿元，增长10.09%；农林水支出481.44亿元，增长8.35%；社会保障和就业支出468.35亿元，增长11.16%；一般公共服务支出295.51亿元，增长8.64%；医疗卫生与计划生育支出274.12亿元，增长9.61%。

二、农　业

全年粮食总产量1140.59万吨，比上年减产2.6%。其中，夏粮产量307.07万吨，减产4.5%；秋粮产量833.52万吨，减产1.9%。

粮食作物种植面积281.39万公顷，比上年减少3.57万公顷；棉花种植面积1.32万公顷，减少1.25万公顷；油料种植面积33.20万公顷，增加1.18万公顷；蔬菜种植面积54.70万公顷，增加1.98万公顷，其中设施蔬菜种植面积10.55万公顷，增加0.15万公顷；中药材种植面积29.05万公顷，增加2.18万公顷。果园面积47.29万公顷，增加1.42万公顷。

主要经济作物中，蔬菜产量1951.48万吨，比上年增产7.0%，其中设施蔬菜产量560.49万吨，增产3.7%；园林水果产量506.44万吨，增产9.7%；中草药材产量115.45万吨，增产6.7%；未加工烟叶产量1.10万吨，减产9.9%。

全年肉类总产量101.90万吨，比上年增长1.4%。其中，猪肉产量50.86万吨，下降3.6%；牛肉产量21.44万吨，增长6.5%；羊肉产量22.68万吨，增长7.2%；禽肉产量4.63万吨，增长5.5%。禽蛋产量11.55万吨，下降1.2%。牛奶产量63.77万吨，增长6.5%。年末生猪存栏644.08万头，下降3.3%；生猪出栏719.61万头，下降3.7%。全年水产品产量1.53万吨，比上年增长2.7%。全年新增有效灌溉面积2.63万公顷。

三、工业和建筑业

全年全部工业增加值1729.0亿元，比上年增长6.4%。规模以上工业增加值1565.4亿元，增长6.2%。在规模以上工业增加值中，国有及国有控股企业完成工业增加值1105.9亿元，增长3.9%；集体企业完成工业增加值10.3亿元，下降20.5%；股份制企业完成工业增加值1052.4亿元，下降0.9%；外商及港澳台投资企业完成工业增加值27.6亿元，增长24.3%。轻工业增加值297.4亿元，下降26%；重工业增加值12681亿元，增长83%。

石化、有色、食品、电力、冶金、机械和煤炭等重点支柱行业完成工业增加值1345.5亿元，比上年增长5.9%，占规模以上工业增加值的比重为86.0%。高技术产业完成工业增加值72.9亿元，增长11.3%，占规模以上工业增加值的比重为4.7%。非公有制企业完成工业增加值414.6亿元，增长13.8%，占规模以上工业增加值的比重为26.5%。

全年规模以上工业企业实现利润总额116.1亿元，比上年净增185.9亿元，其中国有及国有控股企业实现利润59.0亿元，比上年净增179.7亿元。规模以上工业亏损企业亏损额143.2亿元，比上年下降52.0%，其中国有及国有控股亏损企业亏损额109.9亿元，下降58.1%。

年末规模以上工业产成品库存513.9亿元，比上年末下降5.6%。国有及国有控股企业产成品库存334.1亿元，下降8.0%。煤炭工业产成品库存18.6亿元，下降33.5%。有色工业产成品库存234.7亿元，下降9.9%。

全年建筑业实现增加值776.35亿元，比上年增长7.7%。

四、固定资产投资

全年固定资产投资9534.10亿元，比上年增长10.52%。按三次产业分，第一产业投资678.30亿元，增长26.81%；第二产业投资3220.99亿元，下降6.23%，其中工业投资2216.82亿元，下降3.68%；第三产业投资5634.81亿元，增长21.00%。

全年项目投资8684.07亿元，增长10.50%。其中，制造业投资1315.18亿元，增长6.71%；交通运输、仓储和邮政业投资1100.04亿元，增长34.99%；水利、环境和公共设施管理业投资1073.57亿元，增长40.78%；建筑业投资1004.16亿元，下降11.41%。

全年房地产开发投资850.03亿元，比上年增长

10.67%，其中住宅投资563.75亿元，增长7.06%。房屋施工面积8933.24万平方米，增长4.04%，其中住宅施工面积6191.65万平方米，增长1.71%；房屋新开工面积2331.71万平方米，增长0.82%，其中住宅新开工面积1587.23万平方米，增长2.59%；房屋竣工面积991.73万平方米，增长3.07%，其中住宅竣工面积730.25万平方米，下降4.56%；商品房销售面积1679.49万平方米，增长17.04%，其中住宅销售面积1478.81万平方米，增长13.10%。

五、国内贸易

全年社会消费品零售总额3184.39亿元，比上年增长9.5%。按销售单位所在地统计，城镇社会消费品零售总额2535.91亿元，增长9.5%；乡村社会消费品零售总额648.48亿元，增长9.8%。按消费形态统计，商品零售额2679.16亿元，增长9.5%；餐饮收入额505.23亿元，增长9.8%。

全年批发业实现商品销售额5215.93亿元，比上年增长9.2%；零售业实现商品销售额3134.66亿元，增长12.4%;住宿业实现营业额106.65亿元，增长13.5%；餐饮业实现营业额628.91亿元，增长15.9%。

全年限额以上企业实现商品零售额1251.55亿元，比上年增长7.3%。其中，石油及制品类零售额323.23亿元，下降4.2%；汽车类零售额309.13亿元，增长10.8%；粮油、食品类零售额240.57亿元，增长20.9%；服装、鞋帽、针纺织品类零售额72.24亿元，增长0.1%；中西药类零售额46.24亿元，增长21.9%；烟酒类零售额34.98亿元，增长1.3%；家用电器和音像器材类零售额30.99亿元，增长1.6%；家具类零售额23.31亿元，增长33.6%。

六、对外经济

全年进出口总额453.2亿元，比上年下降8.3%。其中，出口268.2亿元，下降25.7%；进口185.0亿元，增长39.3%。一般贸易出口223.9亿元，下降33.4%；一般贸易进口84.8亿元，增长25.6%。加工贸易出口36.8亿元，增长1.1倍;加工贸易进口86.3亿元，增长45.0%。

全年外商直接投资合同项目30个，外商直接投资实际使用金额1.15亿美元，比上年增长5%。对外承包工程完成营业额2.7亿美元，下降8%。对外承包工程新签合同金额4.7亿美元。

七、交通、邮电和旅游

年末全省新建铁路投产里程264.10公里，增、新建铁路复线投产里程371.70公里，电气化铁路投产里程425.60公里。公路里程14.31万公里，其中等级公路12.52万公里。新建二级以上公路648.00公里。全年各种运输方式完成货物周转量2170.23亿吨公里，比上年下降2.50%；旅客周转量635.68亿人公里，下降0.69%。

年末民用汽车保有量330.37万辆，比上年末增长11.30%，其中私人汽车保有量260.06万辆，增长14.03%。民用轿车保有量121.23万辆，增长17.30%，其中私人轿车保有量105.47万辆，增长19.28%。

按2010年不变价格计算，全年完成邮电业务总量559.23亿元，比上年增长53.80%。其中，电信业务总量537.04亿元，增长54.64%；邮政业务总量22.19亿元，增长35.97%。邮政业完成邮政函件业务1028.97万件，包裹业务50.70万件。快递业务量6065.10万件，增长71.26%。快递业务收入12.50亿元，增长72.41%。电信业年末局用电话交换机总容量116.51万门，下降58.10%；移动电话交换机容量3127.99万户，增长437%。年末固定电话用户31226万户，减少13.73万户。其中，城市241.19万户，减少20.66万户；农村71.07万户，增加6.93万户。年末移动电话用户2203.84万户，其中4G移动电话用户1332.49万户。固定电话普及率12.03部/百人，减少0.57部/百人；移动电话普及率84.78部/百人，增加3.38部/百人。年末互联网宽带接入用户数392.86万户，增长29.80%；互联网宽带接入端口944.67万个，增长54.61%。

全年接待国内游客19089万人（次），比上年增长22.11%；国内旅游收入1219.2亿元，增长25.11%。接待境外旅游人数7.15万人（次），增长31.19%。其中，接待外国游客3.96万人（次），增长25.32%；接待港澳台同胞3.19万人（次），增长39.30%。国际旅游外汇收入1890万美元，增长33.28%。

八、金融、证券和保险

年末全省金融机构本外币各项存款余额17515.66亿元，比上年末增长7.46%，其中人民币各项存款余额17411.68亿元，增长7.87%。金融机构本外币各项贷款余额15926.41亿元，增长16.01%，其中人民币各项贷款余额15650.47亿元，增长17.74%。

年末全省共有境内上市公司30家，比上年末增加3家。年末股票总市值2767.86亿元，下降2.77%。发行、配售股票筹集资金99.43亿元，下降8.55%。公开发行创业板股票1只。创业板股票筹集资金17.25亿元。上市公司发行公司债35亿元。

全年保费收入307.66亿元，比上年增长19.76%；赔付额109.38亿元，增长17.93%。

九、人民生活和社会保障

全年全省居民人均可支配收入14670.3元，比上年增长8.9%。按常住地分，城镇居民人均可支配收入25693.5元，增长8.1%；农村居民人均可支配收入7456.9元，增长7.5%。全省居民人均消费支出12254.2

元，比上年增长11.9%。城镇居民人均消费支出19539.2元，增长12.0%；农村居民人均消费支出7487.0元，增长9.6%。

年末全省参加城镇职工基本养老保险人数315万人，比上年末增长2.87%，其中职工201万人，增长2.03%，离退休人员114万人，增长4.40%。参加城乡居民基本养老保险人数1253.7万人，增长1.37%。参加城镇基本医疗保险人数643.3万人，增长1.32%，其中参加职工基本医疗保险人数314.4万人，增长2.11%；参加城镇居民基本医疗保险人数328.9万人，增长0.58%。参加失业保险人数164.3万人，增长0.92%；参加工伤保险人数188.4万人，增长3.18%；参加生育保险人数162.7万人，增长5.58%。全年各项社会保险基金总收入538.66亿元，各项社会保险基金总支出486.48亿元。

十、教育和科学技术

全年研究生教育招生1.07万人，在学研究生3.12万人，毕业生0.88万人。普通本专科招生13.07万人，在校生45.72万人，毕业生11.99万人。中等职业教育招生8.05万人，在校生21.07万人，毕业生7.46万人。普通高中招生1934万人，在校生6035万人，毕业生2191万人。初中招生29.02万人，在校生87.62万人，毕业生31.24万人。普通小学招生32.67万人，在校生182.16万人，毕业生29.88万人。特殊教育招生0.22万人，在校生1.14万人。幼儿园在园幼儿89.21万人。全省学龄儿童入学率99.89%，比上年提高0.06个百分点。

全年全省共有国家工程研究中心5个。国家认定企业技术中心22家。省部级以上科技成果1276项，其中，基础理论成果354项，应用技术成果899项，软科学成果23项。获得奖励149项。受理专利申请20276件，比上年增长39.0%；授予专利权7975件，增长15.4%，其中授予发明专利权1308件，增长5.7%。共签订技术合同5252项，增长11.25%；技术合同成交金额150.81亿元，增长15.7%。

十一、文化、卫生、体育

年末全省共有文化馆103个、公共图书馆103个、博物馆152个、艺术表演团体69个（不含民间职业剧团）。广播综合人口覆盖率98.12%，比上年提高0.11个百分点。电视综合人口覆盖率98.55%，比上年提高0.08个百分点。有线电视用户206.14万户，有线数字电视用户171.37万户。省级报纸出版5.10亿份，期刊出版9713万册，图书出版6792万册（张）。

年末全省共有卫生机构28144个，其中医院、卫生院1822个，妇幼保健院（所、站）103个，专科疾病防治院（所、站）7个，社区卫生服务中心（站）582个。医疗卫生机构拥有床位数13.66万张，其中医院、卫生院拥有床位12.55万张。卫生技术人员13.52万人，其中，执业医师和执业助理医师5.32万人，注册护士5.07万人。疾病预防控制中心（防疫站）103个，疾病预防控制中心（防疫站）卫生技术人员3472人。卫生监督所（中心）92个，卫生监督所（中心）卫生技术人员1385人。乡镇卫生院1376个，乡镇卫生院卫生技术人员2.55万人。

全年体育获得各类奖牌169枚，比上年增加63枚。

十二、资源、环境和安全生产

全年水资源总量205.53亿立方米，人均水资源量787立方米，比上年增长2.9%。平均降水量287.4毫米。年末全省大型水库蓄水总量36.75亿立方米，比上年末下降5.3%。全年总用水量118.4亿立方米，比上年下降0.7%。其中，生活用水增长5.1%，工业用水下降3.7%，农业用水下降1.9%。人均用水量453立方米，比上年下降1.0%。

全年完成造林成活面积32.56万公顷，其中人工造林面积26.01万公顷。全民义务植树10039.6万株。截至年底，全省自然保护区达到60个，其中国家级自然保护区20个。共有国家地质公园10个，地质遗迹保护区36个。

省内68个地表水监测断面中，达到或优于III类断面比例占95.6%，IV类断面比例占2.9%，劣V类断面比例占1.5%。

全年全省空气质量优良天数比率为83.6%，比上年提高3.3个百分点。

省内监测的14个城市中，城市区域声环境评价好的城市有11个，评价较好的有3个。

全年平均气温9.3℃，较上年上升0.2℃。全省气象雷达观测站点15个，卫星云图接受站点9个。

全省地震台站（点）413个，有人值守的地震监测台站21个，无人值守的地震监测台站（点）392个。

全年农作物受灾面积84.4万公顷，比上年增长27.0%；农作物成灾面积49.97万公顷，增长20.0%。发生森林火灾10起。实际发生各类地质灾害34起。

全年各类生产安全事故共死亡978人，按可比口径比上年下降15.98%。亿元生产总值生产安全事故死亡人数为0.14人，按可比口径下降20.23%。发生12类道路运输车辆事故1053起，造成794人死亡、961人受伤，直接经济损失1.0亿元。

2016年兰州市国民经济和社会发展统计公报

兰州市统计局 国家统计局兰州调查队

（2017年3月23日）

2016年以来，面对错综复杂的国内外经济环境，全市上下坚持以"创新、协调、绿色、开放、共享"五大发展理念为引领，以推进供给侧结构性改革为主线，积极应对经济下行压力，全市经济运行呈现总体平稳、稳中有进、结构向好的良好发展态势，转型升级步伐不断加快，民生福祉持续改善。但经济稳步增长基础仍不牢固，下行压力仍然较大，实现"十三五"良好开局还需付出较大努力。

一、综　合

经济增长：初步核算，全年完成生产总值2264.23亿元，比上年增长8.3%。其中，第一产业增加值60.36亿元，增长6.0%；第二产业增加值790.09亿元，增长4.3%；第三产业增加值1413.78亿元，增长10.9%。三次产业结构比为2.67∶34.89∶62.44，与上年的2.68∶37.34∶59.98相比，第一产业所占比重回落0.01个百分点，第二产业所占比重回落2.45个百分点，第三产业所占比重提高2.46个百分点。按常住人口计算，人均生产总值61207元，比上年增长7.7%。

图1：2011-2016年兰州市地区生产总值完成情况

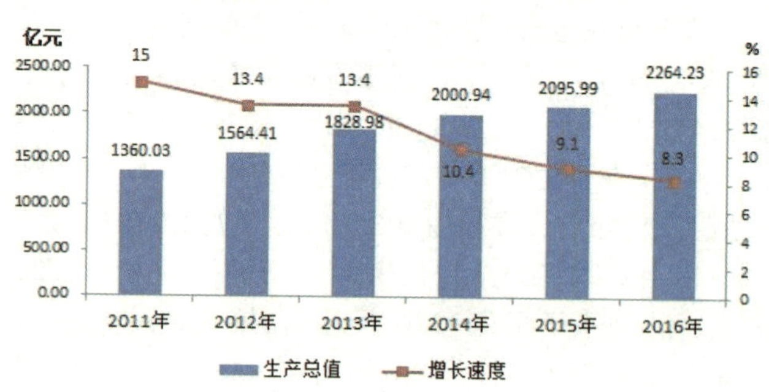

非公经济增加值1015.76亿元，比上年增长11.4%，占生产总值的44.9%。

战略新兴产业增加值305.7亿元，比上年增长13.4%，占生产总值的13.5%。

文化产业增加值70.56亿元，比上年增长15.84%，占生产总值的3.12%。

表1 2016年兰州市居民消费价格

类 别	累计比（%）
居民消费价格总指数	100.8
商品零售价格总指数	100.7
服务项目价格指数	100.1
食品	102.4
其中：粮食	100.6
食用油	101.2
畜肉类	104.5
禽肉类	102.9
蛋类	97.3
水产品	101.6
菜	106.2
食糖	105.0
干鲜瓜果类	97.7
奶类	100.3
在外餐饮	101.1

物价：全年居民消费价格总水平比上年上涨0.8%，全市商品零售价格总水平比上年上涨0.7%。

二、农 业

全年粮食总产量45.07万吨，比上年下降1.8%。其中，夏粮产量16.15万吨，下降5.29%；秋粮产量28.92万吨，增长0.24%。

粮食作物种植面积178.72万亩，比上年减少5.47万亩；蔬菜种植面积108.12万亩，增加7.7万亩，其中设施蔬菜种植面积11.62万亩，减少0.06万亩；中药材种植面积21.21万亩，增加1.76万亩。

主要经济作物中，蔬菜产量311.99万吨，增长7.46%，其中设施蔬菜产量48.12万吨，增长1.49%；中药材产量3.61万吨，增长8.84%；园林水果产量17.23万吨，增长7.25%。

年末大牲畜存栏839万头，比上年末下降395%；牛存栏499万头，下降079%；羊存栏6569万只，下降242%；猪存栏36.05万头，增长1.31%。牛出栏0.98万头，羊出栏33.17万只，猪出栏34.48万头，牛、羊出栏分别比上年增长15.4%、5.52%，猪出栏下降0.14%。

三、工业和建筑业

全年完成工业增加值526.83亿元，比上年增长2.8%。规模以上工业企业完成工业增加值502亿元，比上年增长2.6%。规模以上市属工业完成增加值154.7亿元，比上年增长20.6%。规模以上工业企业产品销售率92.9%。

规模以上工业增加值中，国有企业完成工业增加值45.1亿元，下降1.0%；集体企业完成工业增加值4.8亿元，增长3.0%；股份制企业完成工业增加值432.7亿元，增长1.0%；外商及港澳台投资企业完成工业增加值18.6亿元，增长42%。轻工业完成增加值154.1亿元，下降1.7%；重工业完成增加值347.9亿元，增长4.7%。

全年发电量147.53亿千瓦时，同比下降17.33%；原油加工量823.02万吨，下降14.91%；粗钢产量78.4万吨，下降63.1%；钢材135万吨，下降45.3%；水泥1130万吨，增长4.4%。

建筑业：全年建筑业完成增加值267.12亿元，比上年增长7.3%。全市具有建筑业资质等级的总承包和专业承包

表2　2016年兰州市主要农产品产量

产品名称	产 量（万吨）	比上年增长（%）
粮食	45.07	–1.8
油料	2.02	–0.73
# 油菜籽	0.46	–0.26
中药材	3.61	8.84
园林水果	17.23	7.25
蔬菜	311.99	7.46
# 设施蔬菜	48.12	1.49

表3 2016年规模以上工业增加值

指 标	总 量（亿元）	比上年增长（%）
规模以上工业增加值	502	2.6
# 轻工业	154.1	–1.7
重工业	347.9	4.7
# 国有经济	45.1	–1.0
集体经济	4.8	3.0
股份合作	—	—
股份制	432.7	1.0
外商及港澳台	18.6	42.0
其他	0.8	37.7
# 国有控股	369.9	–3.4
# 大中型企业	392.1	–2.7
# 国有企业	44.4	–1.4

建筑业企业完成总产值1003.20亿元，增长9.3%。

四、固定资产投资

固定资产投资：全年完成固定资产投资1990.95亿元，比上年增长10.38%。其中，项目投资1599.80亿元，增长9.22%。按三次产业分，第一产业投资36.68亿元，下降7.34%；第二产业投资446.19亿元，增长17.6%，其中工业投资405.64亿元，增长11.26%；第三产业投资1508.08亿元，增长8.91%。

房地产开发投资：完成房地产开发投资391.15亿元，增长15.38%，其中住宅投资250.28亿元，增长13.10%。房屋施工面积4368.69万平方米，增长4.33%；房屋竣工面积306.12万平方米，增长32.43%。商品房销售面积883.93万平方米，增长30.65%；商品房销售额570.31亿元，增长33.48%，其中期房销售额472.53亿元，增长34.34%。

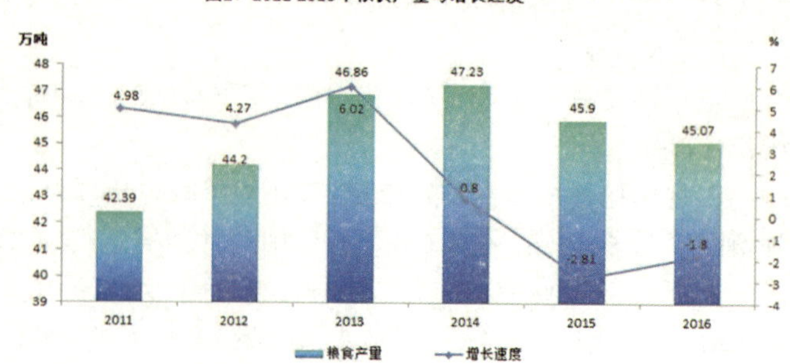

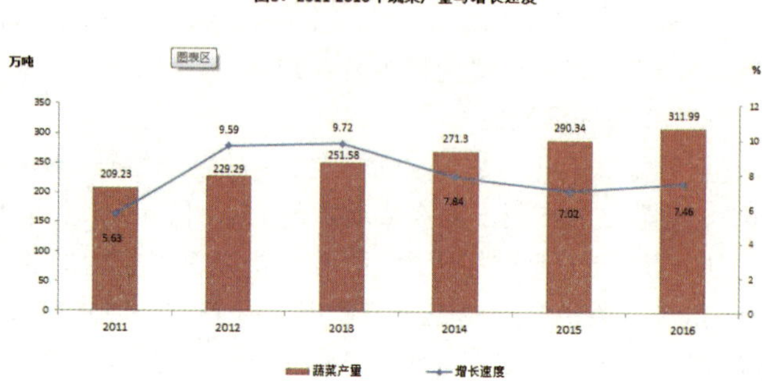

五、交通、邮电和旅游

全年交通运输、仓储和邮政业实现增加值124.28亿元，比上年增长2.3%。

交通运输：全年公路运输完成货运周转量148.45亿吨公里，旅客周转量38.48亿人公里。

年末全市民用汽车保有量89.88万辆，比上年末增长11.71%。其中，轿车30.10万辆，下降5.05%；本年新注册汽车11.85万辆，增长3.86%。

邮电通讯：按2010年价格计算，全年完成邮电业务总量143.49亿元，比上年增长55.31%。其中：电信业务总

表4 2016年主要工业产品产量

产品名称	单 位	产 量	比上年增长（%）
啤酒	万升	38012.7	-1.5
卷烟	亿支	293.8	-15.1
原油加工量	万吨	823.02	-14.91
汽油	万吨	203.7	-17.36
水泥	万吨	1130	4.4
平板玻璃	万重量箱	600.9	381.6
钢材	万吨	135	-45.3
发电量	亿千瓦时	147.53	-17.33
铁合金	万吨	25.3	-13.6

表5 2016年兰州市重点支柱行业主要经济指标

支柱行业	增加值		利润总额	
	绝对量（亿元）	增长（%）	绝对量（亿元）	增长（%）
石化工业	116.4	-9.2	3.5	—
有色冶炼工业	52.5	38.8	2.3	—
农副产品加工业	118.7	-4.5	13	-53.2
黑色冶炼工业	4.2	-17.7	-3.2	—
电力工业	59.7	-2.5	2.3	-68.1
装备制造业	51.6	9.9	9.8	7.7
煤炭工业	8.8	-10	-2.9	—

表 6 2016 年兰州市分行业项目投资及其增长速度

行 业	投资额（亿元）	同比增长（%）
农、林、牧、渔业	36.68	-7.34
采矿业	8.81	-19.77
制造业	298.96	1.43
电力、热力、燃气及水生产和供应业	97.87	66.29
建筑业	40.55	173.59
批发和零售业	101.48	-30.01
交通运输、仓储和邮政业	199.98	3.64
住宿和餐饮业	34.35	-10.21
信息传输、软件和信息技术服务业	36.97	0.47
金融业	9.17	32.75
房地产业	125.32	-18.07
租赁和商务服务业	56.72	54.57
科学研究和技术服务业	18.97	72.27
水利、环境和公共设施管理业	322.26	12.21
居民服务、修理和其他服务业	13.92	59.75
教育	100.87	71.09
卫生和社会工作	37.06	25.16
文化、体育和娱乐业	33.13	120.21
公共管理、社会保障和社会组织	26.72	4.17

量135亿元；邮政业务总量8.49亿元。年末固定电话用户74.81万户。其中：城市68.06万户；农村6.75万户。本年减少固定电话用户9.036万户。年末移动电话用户335.53万户，本年新增 97万户。其中，4G移动电话用户319.19万户。年末固定互联网宽带接入用户数达116.71万户，互联网宽带接入端口345.5万个。

旅游：全年接待国内旅游人数5337.57万人次，比上年增长29.63%；入境旅游人数4.4万人次，比上年增长23.26%。国内旅游收入447.07亿元，比上年增长33.83%。

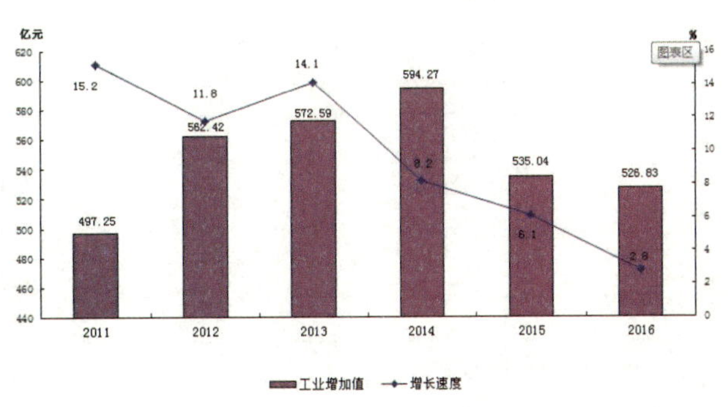

六、国内贸易

全年完成社会消费品零售总额1263.35亿元，比上年增长9.7%。按销售单位所在地统计，城镇完成社会消费品零售总额1065.39亿元，增长9.6%，其中城区完成社会消费品零售总额892.4亿元，增长13.1%；乡村完成社会消费品零售总额197.96亿元，增长10%。

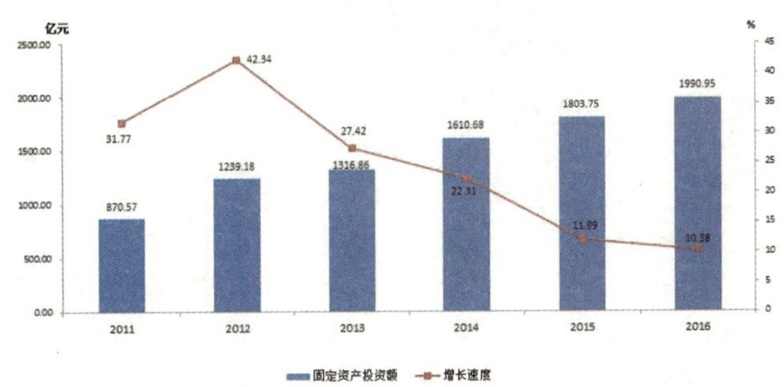

全年限额以上批发和零售企业实现商品零售额644.1亿元，比上年增长11.1%。其中，石油及制品类零售额111.9亿元，下降2.1%；汽车类零售额199.7亿元，增长12.4%；粮油、食品类零售额162.7亿元，增长27.3%；服装鞋帽、针纺织品类零售额44.7亿元，下降2.5%；中西药类零售额31.6亿元，增长24.1%；家用电器和音像器材类零售额15.7亿元，下降3.9%；金银珠宝类零售额13.3亿元，下降4.1%。

七、财政、金融、证券和保险业

财政：全年全市地区性财政收入为606.75亿元，比上年同口径增长2.24%。一般公共预算收入为215.48亿元，

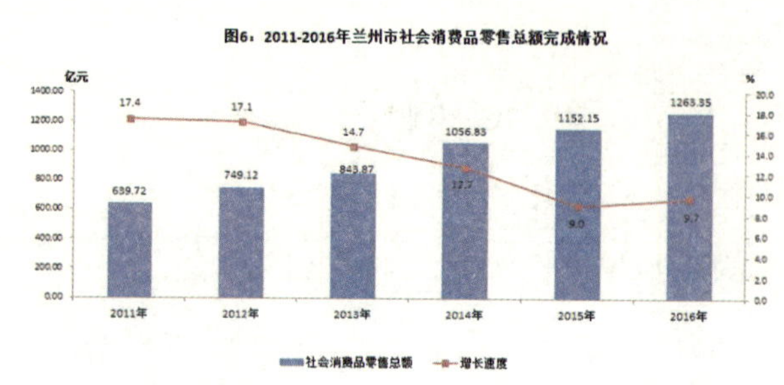

图6：2011-2016年兰州市社会消费品零售总额完成情况

增长16.35%。其中，增值税45.21亿元，增长88.5%；营业税23.98亿元，下降44.47%；企业所得税13.84亿元，下降1.14%；个人所得税5.66亿元，增长11.36%。一般公共预算支出为424.16亿元，增长23.3%。

金融：全市年末金融机构本外币各项存款余额8707.76亿元，同比增长9.59%。金融机构人民币各项存款余额8623.11亿元，同比增长10.51%。年末全市金融机构本外币各项贷款余额8663亿元，同比增长19.85%。金融机构人民币各项贷款余额8401.56亿元，同比增长21.90%。

证券：2016年年末全市共有境内股票上市公司17家。年末股票市价总值为1621亿元，同比下降21.38%。发行、配售股票筹集资金231.92亿元，同比下降0.71%。

保险：2016年全年保费收入98.4亿元，同比增长13.9%。其中，财产险收入34.7亿元，同比增长11.9%；寿险收入48.9亿元，同比增长23.5%；意外险保费收入3.3亿元，同比增长32%。健康险保费收入11.47亿元，同比下降12.9%。

八、科学技术、教育

科学技术：全年全市登记科技成果864项，比上年增加326项。其中，基础理论成果346项，应用技术成果495项，软科学成果23项。全年获得奖励198项，比上年增长33项。专利申请受理7488件，比上年增长31.3%；授权专利3505件，增长20.28%；授予发明专利权867件，增长2.24%。全年共签订技术合同4178项，增长6.66%；技术合同成交金额46.72亿元，增长16.13%。

表7 2016年兰州市主要运输方式完成货物和旅客运输量

指 标	单 位	总 量
货运量	亿吨	1.17
铁路	亿吨	0.07
公路	亿吨	1.1
航空	亿吨	0.0009
货物周转量	亿吨公里	148.45
铁路	亿吨公里	–
公路	亿吨公里	148.45
航空	亿吨公里	–
客运量	亿人次	0.52
铁路	亿人次	0.16
公路	亿人次	0.25
航空	亿人次	0.11
旅客周转量	亿人公里	38.48
铁路	亿人公里	–
公路	亿人公里	38.48
航空	亿人公里	–

表8 2016年兰州市各类教育招生和在校生情况

指 标	招生数(万人)	比上年增长(%)	在校生数(万人)	比上年增长(%)	毕业生数(万人)	比上年增长(%)
研究生教育	1.06	6.35	3.1	5.66		
普通高等教育	8.78	3.56	31.89	1.22		
中等职业教育	1.58	–5.51	4.90	–18.01	2.31	–7.16
普通高中	2.29	–0.80	6.88	–1.75	2.41	–5.50
初中学校	3.29	5.52	9.81	–1.93	3.40	–4.63
普通小学	3.76	4.61	21.20	1.92	3.33	6.30

教育：全市研究生教育招生1.06万人，比上年增长6.35%，在校研究生3.1万人，增长5.66%；普通高等教育招生8.78万人，增长3.56%，在校学生31.89万人，增长1.22%；中等职业教育招生1.58万人，下降5.51%；普通高中招生2.29万人，下降0.80%；初中学校招生3.29万人，增长5.52%；普通小学招生3.76万人，增长4.61%；特殊教育招生33人，增长6.45%；幼儿园在园幼儿11.28万人，增长47.65%。

九、文化、卫生、体育

文化：年末全市共有文化馆9个(不含省级)，公共图书馆8个(不含省级)，博物馆(含纪念馆)30个(不含省级)，国有艺术表演团体1个(不含省级)。广播和电视综合人口覆盖率分别为99.64%和99.70%，分别比上年提高0.01和0.02个百分点。有线电视用户46.43万户，下降6.8%；有线数字电视用户41.65万户，下降6.9%。

卫生：年末全市共有卫生机构2379个，其中医院、卫生院162个，妇幼保健院（所、站）10个，专科疾病防治院（所、站）2个，社区卫生服务中心（站）235个。医院、卫生院拥有床位2.24万张。卫生技术人员2.11万人。其中执业医师和执业助理医师0.79万人，注册护士0.95万人。

体育：2016年全市共获得国家级金牌5枚、银牌4枚、铜牌5枚，省级金牌23枚、银牌20枚、铜牌19枚，合计奖牌总数为76枚。

十、人口、人民生活和社会保障

人口：年末全市户籍人口324.23万人，其中，城镇人口222.73万人，乡村人口101.50万人。年末全市常住人口370.55万人，比上年末增加1.24万人。其中，城镇人口300.18万人，占81.01%，比重比上年提高0.06个百分点；乡村人口70.37万人，占18.99%。

全年出生人口3.75万人，人口出生率为10.11‰，比上年提高0.32个千分点；死亡人口1.76万人，人口死亡率为4.74‰，比上年提高0.03个千分点；人口自然增长率为5.37‰，比上年提高0.29个千分点。

人民生活：全年城镇居民人均可支配收入29661元，比上年增长9.5%；城镇居民人均消费性支出22893元，比上年增长13.6%；城镇居民家庭恩格尔系数(即居民家庭食品消费支出占家庭生活消费支出的比重)为31%。农村居民人均可支配收入10391元，比上年增长8%；农村居民人均生活消费支出8717元，比上年增长9.8%；农村居民家庭恩格尔系数为33%。

社会保障：年末全市参加城镇职工基本养老保险人数为71.73万人，比上年末增长4.32%；参加城镇职工基本医疗保险人数为90.73万人，增长5.84%；参加城镇居民医疗保险人数为105.91万人，下降0.85%；参加失业保险人数为56.76万人，增长0.02%；参加工伤保险人数为49.91万人，增长8.69%；参加生育保险人数为48.49万人，增长7.16%；城乡居民社会养老保险参保续保人数为72.78万人。年末参加新型农村合作医疗农民人数为113.04万人，参合率为98.05%。全年新型农村合作医疗基金支出总额为5.97亿元，比上年增长4.98%，累计受益225.37万人次。

十一、安全生产与自然灾害

安全生产：全年安全生产事故死亡176人，比上年下降12.42%。亿元生产总值生产安全事故死亡人数为0.079人，下降20%。煤矿百万吨死亡人数为0.44人，上升4.5%。全年发生道路交通事故709起，造成223人死亡（其中：生产经营性道路事故死亡132人）、176人受伤，直接经济损失224.4万元。

市区全年平均气温11.4℃，平均降水量332.2毫米。

自然灾害：全年农作物累计受灾面积25.33万亩，比上年减少8.76万亩。其中累计成灾面积9.95万亩，比上年减少9.07万亩。

注：

1.本公报各项统计数据为初步统计数。正式数据以《兰州统计年鉴2017》为准。部分数据因四舍五入的原因，存在着总计与分项合计不等的情况。

2.公报中的生产总值、各产业增加值绝对数按当年价格计算，增长速度按可比价格计算。

3.文化产业增加值为年快报数据，增长速度按现价计算。

4.本公报中安全生产数据来自兰州市安全生产监督管理局，合同投资数据来自兰州市经济合作服务局，财政收入数据来自兰州市财政局，金融、保险数据来自兰州市人民政府金融工作办公室，旅游数据来自兰州市文化和旅游局，文教数据来自兰州市教育局，科学技术数据来自兰州市科学技术局，医疗数据来自兰州市卫计委，户籍人口数据来自兰州市公安局，城镇就业人员、失业率、社会保障数据来自兰州市人力资源与社会保障局、兰州市新型农村合作医疗管理局，交通运输数据来自兰州市铁路局、兰州市交通委、兰州中川机场管理有限公司，邮电通讯数据来自兰州市邮政管理局、兰州市工信委、中国电信有限公司兰州分公司、中国联合网络通信有限公司兰州分公司、中国移动通信集团兰州分公司，气象数据来自兰州市气象局。

（王栗杰）

2016年—2017年兰州市经济形势分析与预测

一、2016年兰州市经济社会发展情况及运行特点

2016年以来，面对错综复杂的国际形势和经济下行压力，全市坚持稳中求进工作总基调，在努力扩大总需求的同时，着力加强供给侧结构性改革，全年主要经济指标符合预期，结构调整深入推进，经济发展呈现总体平稳，稳中有进的态势：，

（一）工业生产平稳增长

2016年1–8月，全市完成规模以上工业增加值307.7亿元，增长1.8%，较上月回落0.3个百分点。其中：轻工业增加值99.9亿元，下降2.2%，重工业增加值207.8亿元，增长2.5%。8月份当月工业增加值36.7亿元，增长0.7%。从经济类型来看，国有企业增加值完成状况不如集体及其他经济类型企业，1–8月国有企业完成增加值29.8亿元，下降2.7%，集体企业完成增加值3亿元，增长4.6%，股份制企业完成增加值264.2亿元，下降0.7%，外商及港澳台商投资企业完成增加值10.3亿元，增长21.9%，其他经济类型企业完成增加值0.4亿元，增长24.5%。从企业隶属关系来看，中央企业完成：工业增加值186.6亿元，占全市规上工业经济总量的61%，同比下降8.3%；省属企业完成工业增加值27亿元，同比增长3.3%；市属企业完成工业增加值94.1亿元，同比增长19.6%。从行业类别来看，全市33个行业大类中，增长的有18个行业，下降的有15个行业。重点支柱行业中增长的行业有：医药制造业增长4.1%、有色金属冶炼和压延加工业增长31.2%；下降的行业有；烟草制品业下降7.7%、石油加厂业下降10.3%、化学原料和化学制品业下降2.2%、黑色金属冶炼和压延加工业下降13.3%、电力、热力生产和供应业下降6.1%。

（二）固定资产投资保持平稳

1–8月，全市完成固定资产投资1010.66亿元，增长11.98%，其中：项目投资799.50亿元，增长12.81%，房地产开发投资211.16亿元，增长8.97%，全市500万元以上项目投资增长12.81%，增幅较上年同期回落6.70个百分点。从三次产业投资结构来看，全市第一产业完成投资23.02亿元，下降16.18%，第二产业完成投资233.43亿元，增长23.01%，其中工业投资218.57亿元，增长17.92%，第三产业完成投资754.20亿元，增长10.06%。从结构比看，三次产业投资结构比由上年同期的3.04：21.03：75.93调整为2.28：23.10：74.62，第一、第三产业投资比重有所回落，第二产业投资比重上升，特别是第二产业中电力、热力、燃气及水的生产和供应业高速增长。2016年以来，基础设施建设投资快速增长。1–8月，全市基础设施建设（含电力）完成投资421.30亿元，增长28.64%，占全社会固定资产投资的比重为41.69%。其中，电力、热力、燃气及水生产和供应业完成投资53.67亿元，增长123.31%；教育行业完成投资55.55亿元，增长196.27%；文化、体育和娱乐业完成投资16.84亿元，增长108.10%。

（三）消费市场运行平稳

1–8月，全市实现限额以上社会消费品零售总额397亿元，增长9.3%。其中城镇实现零售额354.4亿元，增长8.1%，乡村实现零售额42.6亿元，增长20.5%，乡村市场零售额增长速度较快。1–8月，全市限上批发业实现销售额1717.28亿元，增长3.9%；限上零售业实现销售额308.50亿元，增长2.4%；限上住宿业实现营业额10.45亿元，增长9.3%；限上餐饮业实现营业额13.44亿元，增长9.4%。从县区看，近郊4区共完成限上社会消费品零售总额361.9亿元，增长8.4%，对全市的贡献率为83.4%，拉动全市社零额增长7.8个百分点；远郊4县区、兰州新区共完成限上社会消费品零售总额35.1亿元，增长19.0%，对全市的贡献率为16.6%，拉动全市社零额增长1.5个百分点。从商品类别看，1—8月限额以上批发和零售法人商品零售分类销售中，基础型消费稳步提升，升级型消费增幅放缓，药品类、家具类消费快速增长，汽车零售继续保持高速增长，石油大宗商品消费仍处低迷状态。

（四）战略新兴产业快速发展

2016年，兰州市制定了《兰州市战略性生新兴产业“十三五”发展规划》，整合工业专项资金建立了战略性新兴产业融资增信平台，市政府印发了加快战略性新兴产业发展三年攻坚战工作方案，市工信委出台了战略性新兴产业贷款贴息暂行管理办法等一系列政策措施。上半年，为65户战略性新兴产业及中小企业协调担保贷款28250万元，2016年还将为战略性新兴产业企业安排贷款贴息专项资金3000万元，最大限度降低企业融资成本。1–6月份，全市战略新兴产业实现增加值137.5亿元，同比增长13.6%，高于GDP增速5.1个百分点，占CDP比重达到13.8%，战略性新兴产业已成为

我市促进产业转型升级的突破口和带动经济发展的新引擎。

（五）房地产投资保持平稳，销售持续火热

1-8月，兰州市固定资产投资保持平稳，全市完成固定资产投资1010.66亿元，增长11.98%，其中，项目投资799.50亿元，增长12.81%；房地产开发投资211.16亿元，增长8.97%。房地产开发投资保持低位运行，商品房销售持续火热。1-8月全市累计销售商品房510.43万平方米，增长32.23%。从绝对量和增速的对比看，全市商品房去库存的力度在持续加大。

房地产开发投资保持低位运行，商品房销售持续火热。从投资看，全市房地产开发完成投资211.16亿元，增长8.97%，从5月份开始，全市房地产开发投资增速处于5% ~9%区间范围，基本保持低速平稳增长态势。从商品房屋供求关系看，1-8月，房地产开发房屋施工面积4122.90万平方米。增长7.06%，其中本年新开工面积622.65万平方米，增长34.68%；本年房屋竣工面积104.94万平方米，下降6.12%；1-8月全市累计销售商品房510.43万平方米，增长32.23%。从绝对量和增速的对比看，全市商品房去库存的力度在持续加大。

二、兰州市当前经济运行中需关注的问题

尽管我市目前经济运行显示出稳中有进的良好态势，但也存在稳中有忧的运行特征，面临的问题和困难既有宏观的也有微观的，既有长期的也有暂时的，我们必须清醒认识积极应对。

（一）工业经济继续保持低位运行

受市场需求不足、工业品价格指数持续下降、金融环境未见好转等诸多 因素影响，2016年来，工业经济低位运行。2016年开年以来，兰州市工业经济总体上保持了“稳中趋缓，缓中有进”的态势，完成了“开门红”工作目标，但与奋斗目标还有一定差距。除受到宏观经济下行影响外，兰州市工业企业普遍面临市场需求疲软、流动资金不足、营业成本上升、产品创新不足、生产技术落后等制约因素，兰州市工业经济运行中存在的几个突出问题：

规模以上央企和省属大型企业工业增加值有所下降，影响全市总体工业增长进度。中央和省属在兰企业有60户，虽然数量仅占全市规上企业户数的16.8%，但增加值却占到全市的72%。1-6月，31户央企中，减产有21户，减产面67.7%;29户省属企业中，减产有19户，减产面65.5%，分别减少产值121.3亿元、18.6亿元，同比下降18.8%和i5.79%，下拉全市增速11.1和1.7个百分点，对全市工业增速影响明显。

受宏观经济去库存供给侧改革的影响，我市部分重点企业加工指标有所减少，导致企业生产下降。1-8月全市33个行业大类中，增长的有18个行业，下降的有15个行业。重点支柱行业中增长的行业有：医药制造业增长4.1%、有色金属冶炼和压延加工业增长31.2%；下降的行业有：烟草制品业下降7.7%、石油加工业下降10.3%、化学原料和化学制品业下降2.2%、黑色金属冶炼和压延加工业下降13~3%、电力、热力生产和供应业下降6.1%。重点企业中除了兰石集团产值增长外，其他重点企业不同程度地减产，特别是兰州石化、甘肃烟草、两大铝厂、两大电厂、榆钢等企业增加值下降幅度较大，对我市工业经济总体增速下拉作用明显。

工业项目建设缓慢。目前，全市工业和信息化项目主要面临用地规划指标批复、拆迁等进度缓慢，水电气、污水处理、道路交通等基础配套设施建设滞后，资金短缺等各方面问题，建设投产进度较慢，难以对全市形成有效弥补，截至8月，全市谋划的176个工业和信息化项目仅建成33个。兰州市工业项目招商难、引进难、落地难的现象依然严峻。受2016年宏观经济形势影响，兰州市拟培育上规入库企业普遍存在订单不足现象，截至8月底，全市仅完成l户企业入库，新增长点的不足对我市工业经济稳定增长形成较大压力。

（二）大宗产品价格低迷，消费缺乏新的热点

2016年以来，受国际油价调控影响，石油价格持续低迷，而石油及其制成品是我市限上批发零售业的主要组成部分，其销售走势对全市批发零售业发展走势产生绝对性影响。1—8月，我市两家龙头石油及制成品批发业企业销售额累计同比下降6.7%，下拉限上批发业销售额4.1个百分点，下拉全市限上零售业2.2个百分点。

受宏观经济不稳影响，全市消费品市场发生明显变化，刺激政策对消费的影响逐步消化，消费更趋理性，消费品市场需求动力有所减弱。在国家出台的一系列严规下，集团消费下降明显，以公务、商务为主的中上和高端消费大幅减少，一些住宿餐饮经营企业由于追求高端消费路线，过于单一的经营形式使经营无法及时转型，造成企业收入持续下降。

（三）产业结构调整还需进一步加快

虽然近年来我市不断加大产业结构调整力度，加快推进转型跨越发展，但传统产业对经济增长和吸纳就业的支撑作用仍然较强，以石油化工、装备制造等七大产业支柱产业为主导的产业格局从未发生过根本性变化，支柱产业单一的格局未发生明显改善，不仅制约了经济快速发展，也制约着“中心带动”作用的发挥。只有突破传统单一的产业格局，转变发展方式，发展培

育多元支柱产业，形成具有持久活力的多元支柱产业体系，提升产业发展的层次、水平和实力，增强产业竞争活力，才能强化省会中心城市的首位度和带动力。结构调整缓慢主要原因在于新兴产业发展不快、规模不大，产业集群发展缓慢，对现有产业的置换能力有限，结构优化和产业转型的任务还相当艰巨。

（四）电子商务的迅猛发展，导致传统消费模式遭遇较大挑战

随着互联网的不断普及发展，网络购物已经成为重要的消费方式。相比较网络销售的快速发展，百货店、大商场及超市等传统消费业态销售平淡，有些没有网上销售的实体店面临消费日益分流的困境，大型超市、百货店、专业店等主要传统业态增长乏力。

（五）新旧增长动力转换压力加大

目前兰州正处于工业化中期向后期发展的过渡阶段，竞争优势从低成本向资本和技术转变的关键阶段，适应新常态、引领新常态，转方式、调结构、促转型，比以往任何时候都更加刻不容缓。但全市新旧动力转换较为缓慢，高载能行业固定资产投资增速高于高成长性制造业投资增速，高技术产业增加值仍然偏低。短期内新兴力量还难以对冲传统动力的下行力量。

三、2017年兰州市经济运行环境分析与预测

从国际形势来看，全球经济复苏远不如预期，增长乏力。美国经济复苏放缓，美联储加息仍存在不确定性，下半年大选对其经济会产生巨大的影响；新兴经济体中，南非、俄罗斯、巴西经济都出现了不同程度的下滑；英国脱欧等难以预见的事件不断出现都将是世界经济增长疲软的因素。10月5 月国际货币基金组织最新发布的《全球经济展望》称在贸易走软和低通胀的情况下，全球经济复苏乏力，将全球2016年和2017年经济增幅预期分别维持在3.1%和3.4%。发达经济体2016年仅将增长1.6%，低于2015年2.1%的增速，相比7月1.8%的预测也有所下调。美国2016年经济增长预期下调至1.6%，明年很可能加速到2.2%。自2008年同际金融危机以来，全球经济低迷、需求萎靡，我国国际贸易增速已连续4年低于世界经济增速。在这种情况下，我国工业产能过剩问题日益凸显。更令人担忧的是，全球经济可能进入一个低增长、低通胀、低利率的新周期，这很可能是一个长期停滞的时期。

从国内的经济形势来看，尽管国内外环境错综复杂，但在供给侧结构性改革深入推进和一系列扩内需、稳增长、调结构、惠民生政策的作用下，我国克服了多重困难和挑战。总体来看，宏观经济继续保持基本平稳，多项经济指标运行符合预期；从发展质量看，工业发展加速迈向中高端，服务业发展保持良好势头，经济结构持续优化；从动能转换看，新经济发展势头良好，新动能不断增强。

8月全国制造业PMI回升至50.4，创2014年11月以来新高，指向制造业景气短期改善。8月地产、汽车销量增速走高，粗钢产量、发电耗煤增速略升，需求生产均现反弹，经济短期稳定。而居民加杠杆买房令8月百城房价涨幅创11年以来新高。地产泡沫严重令政策收紧预期重燃，钢铁、煤炭去产能偏慢，未来或加大力度，均意味着未来一段时间工业经济依然面临较大压力。今后几年，总需求低迷和产能过剩并存的格局难以出现根本改变，我国经济增长或将延续趋缓的“L形”走势。在这样一个新旧动能接续转换、经济转型升级的关键时期，我国经济在上半年的表现仍然可圈可点，二季度经济增长6.7%，与一季度持平。7月8日习近平总书记时隔两年再次召开经济形势专家座谈会，并强调宏观经济政策要坚持稳中求进工作总基调。我们可以期待，中国经济在2016年全年及2017年仍将保持稳定发展，2017年全年CDP增速大于6.2%。

从甘肃省内的情况来看，近年来国家深入实施西部大开发战略，支持民族地区贫困地区革命老区加快发展，采取超常规措施对西部地区脱贫攻坚、基础设施、公共服务和产业发展等方面倾斜支持，“一带一路”战略深入推进，加快向西开放步伐，东部产业向中西部转移速度加快，经济、文化、生态三大国家战略平台深入实施，经济转型升级产生巨大需求等政策、市场机遇多重叠加，释放了一系列发展利好政策，为我省经济平稳较快增长、实现全面小康带来了新契机、增添了新动力、提供了新空间。总体上，未来几年甘肃省仍处于可以大有作为的重要战略机遇期，机遇和挑战并存、机遇大于挑战。

结合国际国内大环境宏观经济政治形势，我们认为兰州市目前仍处在战略机遇期，具有保持中高速增长的动力和潜力。工业化和城镇化仍处在加快发展的过程之中，发展型和享受型消费方兴未艾，后发优势比较明显。从经济运行轨迹看，兰州经济增长的稳定性在提高，经济增速在向这个阶段的潜在生产率收敛，波动空间收窄。从政策措施效应看，前期㈩台的一些政策措施效应将继续释放。综合判断，兰州市有信心、有能力能够实现预期增长目标，增速仍然能够保持在较全国和全省略高的合理区间。根据我们对兰州经济增长与消费、投资和净出口的预测模型，综合考虑各种因素，2016年兰州GDP的预测值为2272亿元，增速约为8.4%，高于同家和省上增长速度。

四、兰州市经济运行发展的对策建议

总体来讲，针对兰州市经济发展中存在的问题和

困难，我们要紧紧围绕中央和省委的重大部署，坚定不移地深入贯彻“创新、协调、绿色、开放、共享五大发展理念和习近平总书记“八个着力”的重要指示精神，抓住“一带一路”发展战略机遇，积极推进供给侧结构性改革，持续增强发展内生动力。

（一）坚持以工业经济为主导，走新型工业化发展道路

我市目前处于工业化的中期阶段，全市经济总量的提升和财政收入的增加还主要依靠工业经济的发展。工业经济还有很大的发展空间，因此，当前必需倍加重视工业经济的发展，通过工业经济的发展，逐步缩小和发达地区的发展差距。同时加强服务业对工业经济发展的支持作用，进入工业化中期之后所面临的产业升级，一定离不开服务业的配套发展。例如现代工业所必须的人员培训、金融支持、物流配送等，因此，工业化中期阶段对服务业发展提出了更高的要求，所以在重视工业经济发展的同时，协调二、三产业协调发展，推动经济全面可持续发展，是转变发展理念的重要方面。

当前兰州市工业经济的发展必须要走新型工业化发展道路，它不是简单的规模化工业发展模式，而是一种以工业产业升级为主要内容的发展模式。对我市来说，在招商引资时，要坚持“招商选资”的理念，严把企业入门关，坚决限制高耗能、高污染的企业进入，要重点招引新能源、新材料、节能环保等国家鼓励发展的新兴产业。在走新型工业化道路同时，仍要重视传统产业的发展，积极发展高新技术产业，并用高新技术和先进适用技术改造提升传统产业。

（二）进一步调整优化供给侧结构

兰州市工业经济去产能去库存虽取得了一定的成效，传统产业供给与消费需求升级的矛盾仍然存在，中低端产品产能过剩、高端产品产能不足问题依然是兰州市工业经济发展的掣肘，兰州市新兴产业规模尚小，有技术含量、有竞争力的装备制造业发展缓慢。要实现稳增长中心任务就要持续用力推动供给侧改革。一是要从产业调整升级添动能。加快淘汰落后产能、整合同行业企业，大力发展战略新兴产业、高新技术产业、高端装备制造业等；二是要从科技创新中增动能。加快实施创新驱动战略，大力推进大众创业、万众创新，落实好各项创业创新、科技研发的扶持政策；三是要从工业投资中增添发展后劲，要选准投资方向，有效启动民间投资，补齐发展短板，提高投资效益，增强经济发展后劲。

（三）大力发展现代服务业，加快第三产业发展

兰州市2016年上半年第三产业增加值621.19亿元，增长11.1%，第三产业对GDP的贡献率达78.0%，占GDP总量的62.39%，可见第三产业的发展对兰州市经济总量的影响举足轻重，要保持兰州市经济又好又快平稳发展，必须继续加大第2产业的扶持力度。在发展第2产业上，建议以新兴服务业态为主攻方向，一是在决策思路上一定要重视新兴服务业态的创新与发展问题，在继续促进现代旅游产业和文化产业的深度融合发展的基础上，第三产业的发展要多层次、多形式、多路径展开。二是在战略重点的选择上一定要突出现代服务业中的关键行业和领域，比如金融业、物流业、信息业、现代旅游业、二孩服务业、体育保健业、环保产业等，扶持新业态要有小政策和措施。三是明确信息产业的主攻方向，在办公自动化、扶贫信息体系、虚拟养老院、城乡基本公共服务体系等方面继续提升水平，开发出更多的、实用的、有市场需求的管理软件，支撑数字城市和管理系统升级。四是加快发展农村新兴服务业态，特别是电商服务站店，提高农村经济发展的市场化和信息化水平，对贫困县和乡镇的电商发展进一步政策倾斜。

（四）积极顺应消费新模式，提升电子商务在拉动消费的作用

兰州市电子商务发展起步较晚，虽然近年来以30%以上的速度迅速增长，但与南方电子商务发达城市相比，增长潜力还很大，以互联网为基础的消费仍将在很长时期保持高速增长。加快引进培育知名电子商务企业，形成电子商务发展平台和产业聚集区；加快推进新型物流配送体系工程建设，满足电子商务发展基础支撑需求；加快传统商业转型升级和模式创新，促进线上线下融合发展，带动消费模式、商业模式、流通业态等创新发展；加快农村互联网基础设施建设，推进信息技术进村入户。加快物流公共服务平台建设，加快云计算、物联网及地理信息技术在物流智能化方面的应用，优化城乡配送网络；创新发展信息技术服务，加快重点行业知识库、数据库建设；积极扶持融资租赁、融资性担保、小贷、拍卖、典当等金融服务业发展，切实为中小流通企业发展提供快捷、便利化的金融服务；倡导发展服务外包业，创新公共服务供给模式，构建多层次、多方式的公共服务供给体系，积极培育服务外包市场。

（五）实施人才战略，加强人才队伍建设

首先，应该重视企业家人才队伍建设。企业是现代经济发展的核心，有了好的企业，经济发展才能有活力，而好的企业需要优秀的企业家来领导，兰州发展，离不开优秀企业，离不开优秀的企业家。兰州要实现跨越式发展，必须依靠大量优秀人才，实行优秀企业家引进制度。可通过股权激励或多补激励方式，从世界各地或沿海引进优秀企业家落户兰州，引领兰州经济发展。

其次，应该加强专业技术人才队伍建设。目前，兰州专业技术人才总量少且结构不尽合理。数量低于全国平均水平，而且从事教学和卫生等社会公益性技术人员约占2/3，直接为经济发展做贡献的人少。为此，在专业技术人才建设方面，要优化人才结构，弘扬工匠精神，完善科技评价和奖励制度，尊重智慧劳动，解决他们的后顾之忧，激活人才活力，大力充实生产科研第一线人才队伍，其中关键是要解决好公平竞争问题，进一步规范人才选拔激励制度。可以探索在专业技术人才评选激励方面实行全面公开制度。所谓全面公开制度，就是所有过程和环节都公开。实行全面公开制度的好处是可以最大限度制约潜规则弊端，防止人才挤对，解放思想，解放生产力，解放和增强社会活力。

（六）推动互联网+平台的广泛应用，促进经济社会发展与进步

2016年10月，国务院印发了《关于加快推进“互联网+政务服务”工作的指导意见》，按照《意见》，到2020年底前，全国将建成覆盖全国的整体联动、部门协同、省级统筹、一网办理的“互联网+政务服务”体系，大幅提升政务服务智慧化水平，让政府服务更智慧，让企业和群众办事更方便、更快捷、更有效率。兰州市应该按照这一政策的指导精神，充分利用现有的互联网平台上的众多服务和应用，助力各行业的信息化与服务能力的提升。在政府治理方面，建议推进“互联网+公共服务”模式，鼓励政府利用新媒体、社交网络等互联网平台建立“智慧城市”的管理和服务体系。同时，政务民生服务平台应该本着开放的原则与市场各方合作，分类逐步开放相关数据和接口，降低企业进入与运营成本，并鼓励和引导相关成熟案例在全国其他城市的推广。在企业信息化方面，支持和推进广大的中小微企业进一步对低成本、高效率的互联网平台资源进行开发利用，深入挖掘互联网价值，全面提升企业竞争力。整合办公环境、信息资源、扶持政策、融资平台在内的综合性创业载体，扶持创业企业和助推中小微企业发展。

（执笔：刘旭挺）

摘自兰州市社科院编著的《兰州市经济社会发展蓝皮书》（2016-2017）

说 明

一、本索引采用分析索引法，按标引词首字汉语拼音字母顺序排序；第一字相同，按第二字音序排序。以此类推。

二、类目、分目用黑体字标示。标引词后阿拉伯数字表示内容所在页码。数字后的拉丁字母 a 、b 、c 分别表示从左到右第一、二、三栏。

三、标引词后有多个页码，则表示互见、内容所在位置。

四、本年鉴的“特载”“大事记”“法规文件”“附录”等均未作索引。

D

E

F

J

K

T

W

X

Y

Z